HERMES

在古希腊神话中，赫耳墨斯是宙斯和迈亚的儿子，奥林波斯神们的信使，道路与边界之神，睡眠与梦想之神，亡灵的引导者，演说者、商人、小偷、旅者和牧人的保护神……

西方传统 经典与解释 **HERMES**
Classici et Commentarii

古今丛编

刘小枫 ● 主编

货币哲学

Philosophie des Geldes

[德] 西美尔 Georg Simmel ｜ 著

陈戎女 耿开君 文聘元 ｜ 译

华夏出版社

古典教育基金·"资龙"资助项目

"古今丛编"出版说明

自严复译泰西政法诸书至20世纪40年代,因应与西方政制相遇这一史无前例的重大事件,我国学界诸多有识之士孜孜以求西学堂奥,凭着个人禀赋和志趣奋力迻译西学典籍,翻译大家辈出。其时学界对西方思想统绪的认识刚刚起步,选择西学典籍难免带有相当的随意性和偶然性。1950年代后期,新中国政府规范西学典籍译业,整编40年代遗稿,统一制订选题计划,几十年来寸累铢积,至1980年代中期形成振裘挈领的"汉译世界学术名著"体系。尽管这套汉译名著的选题设计受到当时学界的教条主义限制,然开牖后学之功万不容没。80年代中期,新一代学人迫切感到必须重新通盘考虑"西学名著"翻译清单,首创"现代西方学术文库"系列。这一学术战略虽然是从再认识西学现代典籍入手,但实际上有其长远考虑,即梳理西学传统流变,逐步重建西方思想汉译典籍系统,若非因历史偶然而中断,势必向古典西学方向推进。正如科学不等于技术,思想也不等于科学。无论学界迻译了多少新兴学科,仍与清末以来汉语思想致力认识西方思想大传统这一未竟前业不大相干。

"五四"新文化运动以来,学界侈谈所谓西方文化,实际谈的仅是西方现代文化——自文艺复兴以来形成的现代学术传统,尤其是近代西方民族国家兴起后出现的若干强势国家所代表的"技术文明",并未涉及西方古学。对西方学术传统中所隐含的古今分裂或古今之争,我国学界迄今未予重视。中国学术传统不绝若线,"国学"与包含古今分裂的"西学"实不可对举,但"国学"与"西学"对举,已经成为我们的习惯——即"五四"新文化运动培育起来的现代学术习性:凭据西方现代学术讨伐中国学术传统,无异于挥舞西学断剑切割自家血脉。透过中西之争看到古今之争,进而把古今之争视为现代文教问题的关键,于庚续清末以来我国学界理解西方传统的未竟之业,无疑具有重大的现实意义和历史意义。

本丛编以标举西学古今之别为纲,为学界拓展西学研究视域尽绵薄之力。

古典文明研究工作坊
西方经典编译部甲组
2010年7月

目　录

中译本前言：金钱、性别、生活感觉（刘小枫） …………… 1

译者导言（陈戎女） ………………………………………… 1

前　言 ………………………………………………………… 1

分析卷

第一章　价值与货币 ……………………………………… 7

第一节 …………………………………………………… 7

§实在与价值是相互独立的范畴，通过之我们的观念内容变成了世界图景 7　§客观价值的心理事实 11　§实践中的客体性作为主观价值之统一体的标准化或保证 13　§经济价值作为主观价值的客观化，对于直接享有［生活］的主体和对象之间的距离化有影响 14　§［经济价值］与美学价值的类比 23　§作为距离化（通过辛劳、放弃、牺牲）的经济活动，同时也克服距离 25

第二节 …………………………………………………… 30

§交换是克服对象纯主观的价值意义的起因 30　§在

交换中,事物彼此相互表现其价值 31　§通过把一个对象与另一个对象交换,对象的价值被客观化 33　§交换作为生活形式,作为经济价值的条件,作为主要的经济事实 33　§实用理论与稀缺理论的还原 43　§价值与价格:社会确定的价格是客观上调整的价格的最初阶段 48

第三节 ··· 55

§经济价值在一种相对主义的世界图景中的排列 55　§在认识论方面相对主义世界图景的草图示范 57　§无止境地构建证据,和循环求证以确证彼此的合法性 59　§真理的客观性和价值的客观性作为主观因素之间的关系 63　§货币作为交换关系自主的表现,它将被需要的对象化为经济对象,并且建立了对象的可替代性 76　§按货币的价值稳定性、发展与客观性,对货币性质的分析 79　§货币作为一般的存在形式的物质化,依据之事物从它们彼此的相互关系中找到了其意义 87

第二章　货币的物质性价值 ································· 90

第一节 ··· 90

§作为货币度量价值的功能,货币具有一种内在价值表面上是必不可少的 90　§度量的问题 93　§有效货币的量 98　§货币有内在价值吗? 103　§货币之纯粹符号特征的发展 108

第二节 ··· 116

§对货币质料之非货币性使用性的放弃 116　§反对符号货币的第一个理由:货币与货物的关系——这将为过剩的货币制造内在价值——并不是可精确规定的;内在价值补救了这一缺憾 120　§反对货币仅是符号的第二个理由:货币符号之无限的可增性;相对主义对货币数量之绝对界限的漠然处之,以及由此导致的错误 125　§货币的供应 128　§现实性作为对纯概念相互的限制 132

第三节 ··· 135

§货币从物质到功能的历史发展 135　§社会互动及其结晶为特殊结构;买者、卖者与社会统一体——作为货币交往贸易的社会学前提——的一般关系 138　§货币方针:经济社会的大与小、集中与分散之于货币的物质特性的意义 141　§社会互动与交换关系。货币的功能:使商业便利,作为价值尺度具有稳定性,使价值流动和浓缩化 144　§经济社会的大与小、分散与集中之于货币的物质特性的意义 150　§货币向其一般职能特征的过渡 155　§货币之物质性意义的下降 163　§货币之价值意义的上升 173

第三章　目的序列中的货币 ················· 179

第一节 ··· 179

§作为主客体之间有意识互动的目的性行动 179　§目

的论序列的不同长度 183　§工具作为被强化的手段 185　§货币：最纯粹的工具 186　§货币之利用可能性的无限性 188　§财富的自然增值现象 195　§等量的金钱数额，作为一笔大宗财富的一部分与作为一小笔财富的一部分之间的差别 197　§货币能使其纯粹的手段特征成为那些不被社会圈子所容的人的领地 201

第二节 ………………………………………………………… 210

§手段变为目的的心理发展过程 210　§货币：手段变为目的的最极端的例子 215　§货币的目的特性倚赖于时代的文化趋向 216　§货币的目的论地位造成的心理后果 218　§贪财和吝啬 223　§奢侈 235　§禁欲式的贫困 240　§犬儒主义（Zynismus）244　§乐极生厌的态度 246

第三节 ………………………………………………………… 248

§货币的量即为货币的质 250　§风险概率的主观差异 251　§由于量变的原因造成质的不同结果的一般现象 254　§经济意识的阈 256　§在经济刺激方面的差异感受性 259　§在货币领域中外部刺激与情绪反应的关系 263　§［金钱］拥有者的人格统一性的意义 265　§形式与数量在物质和文化上的关系 267　§事物的量与质在物质和文化上的关系，以及金钱对此的意义 273

综合卷

第四章　个体自由 279

第一节 279

§自由与义务并存 279　§因义务而来的自由取决于义务是个人役务还是劳动产品而分级 280　§货币义务是与最大程度的自由协调一致的形式 282　§产权变更引入了价值最大化的问题 289　§文化发展增加了人们可以依赖的人的数量,同时降低了对特定个人的人身依附 293　§货币是人与人之间不涉个人的关系的载体,且是个体自由的载体 296

第二节 303

§占有是行动 303　§财产拥有与存在 306　§借助于占有金钱,这种相互倚赖被解除了 308　§不自由是诸种心理序列 314　§不自由应用到从经济利益而来的义务中 316　§自由就是在对事物的占有中清楚地形成自我 324　§货币占有对自我的无条件及有条件的顺从 331

第三节 336

§个人与占有的分化 336　§通过货币造成的空间距离化与技术的客观化 338　§个人总体从其个别的劳动成果分离出来,及其对劳动成果等价物造成的后果 341

§个体从集体中独立 350　　§货币使新的聚合形式成为可能；为特定目的而组成的团体 351　　§货币经济与个人主义原则的一般关系 356

第五章　个人价值之货币等价物 365

第一节 365

§偿命金 365　　§对人的估价从功利主义的向客观的、绝对的估价过渡 368　　§罚金与文化发展阶段 375　　§人的分化之进展与货币的不偏不倚之进展，这是它们越来越不相称的原因 378　　§买卖婚姻 383　　§买卖婚姻与妇女价值 385　　§男女性别的劳动分工，以及嫁妆 388　　§货币与卖淫现象的典型关系，其发展可类似于偿命金的发展 390　　§为钱结婚 395　　§贿赂 400　　§凸出的理念与货币 406

第二节 413

从内容确定的权利向支付货币需求的转化 413　　§强制性要求 416　　§实物价值转化为货币价值 418　　§自由之负面意义和个体被根除 420　　§个人劳动成果与货币等价物之间的价值差异 425

第三节 430

§"劳动货币"及其基本原理 430　　§无偿的脑力劳动成果 433　　§劳动类型的差异作为量的差异 436　　§体力劳动作为计算劳动的单位 441　　§脑力劳动的价值简化为体力劳动价值 445　　§劳动实用性的差异——反对

"劳动货币"的观点;借此促进对货币意义的理解 450

第六章　生活风格 ········· 455

第一节 ········· 455

§通过货币经济促成的理智功能对情感功能的优势 455
§生活风格之无特性和客观性 458　§理智与货币的双重角色:关于二者超个体的内容 461　§理智与货币的双重角色:关于二者个人主义和利己主义的功能 464
§货币与法律、逻辑之理性主义的关系 470　§现代的算计特征 472

第二节 ········· 475

§文化的概念 475　§物质文化的上升和个体文化的滞后 478　§思想的物化 482　§劳动分工是主观文化与客观文化彼此分歧的原因 484　§主观文化偶尔的优势 495
§货币与这些相对立运动的载体的关系 500

第三节 ········· 504

§自我与诸事物间距离的变化——生活风格差异之表现 504　§距离增大和距离缩小的现代趋势 508　§货币在这一双向发展过程中发挥的作用 511　§信贷 514
§技术的宰制 517　§生活内容的节奏或对称,及其对立面 522　§节奏与对称的前后继替和同时并存 525　§货币作为节奏与对称的类似物、作为其载体的发展 529　§生活的速度与变化,以及货币贮存的速度与变化 537　§金钱往来活动的集中 544　§价值的流动 546　§恒定和

运动:理解世界的范畴,这两个范畴在存在的相对性中的综合 550　§货币是存在之相对性的历史象征物 553

重要术语与人名对译表·· 555
再版补记·· 567

中译本前言

金钱、性别、生活感觉
——纪念西美尔《货币哲学》问世一百周年*

刘小枫

据说马克思写《资本论》时正好患了痈症,身体的骚乱令心中无名火起,对资本主义发泄了更为尖刻的批判。按照这类心理分析传记学的逻辑,西美尔写《货币哲学》时对资本主义显得十分温和,是否因为他的身体状态十分好呢?

心理分析传记学的逻辑会让人感到好笑,但另一种与心理分析其实性质上差不多的分析逻辑看起来就要严肃多了。西美尔生活在19世纪末那样一个现代化突飞猛进、同时令人感到晦气的时代,社会运动、国家独立的事情此起彼伏,殖民主义的火车和军舰到处乱闯,无数黄花闺女沦落窑窟。作为一个"社会学家",西美尔没有像马克思那样投身社会平等问题,也没有像韦伯那样,为资本主义精神的"铁笼"忧心,却在那里把玩现代性中的个人生命感觉,结果被称为"审美主义"、"印象主义"社会学家,似乎西美尔太小资产阶级情调,而且思想方法有问题,没有历史感、没有阶级意识……

西美尔的思想是否因此就肤浅、不重要了?是否就不足以同马克思、韦伯相提并论?

西美尔提出过这样一个"社会学的假设"。

---

* 本文所引西美尔文字,均见西美尔,《金钱、性别、现代生活风格》,刘小枫编,顾仁明译,李猛、吴增定校,上海:学林出版社,2001。

从前有个地方，人与人之间"惊人地不平等"。虽然人人都有一片土地，足以供其所需，但有些人却能种玫瑰。"也许他们比别人钱多一些，也许他们肯在这上面多花时间，或者正好拥有玫瑰所需的土壤和阳光，总之，他们有玫瑰花，别人没有。"

本来，这种情况没有引起纠纷，好像是自然而然的事情，就像有人漂亮、有人相貌不佳，有人聪明、有人笨些，天生如此，没有什么好抱怨的。终于有一天，有人发现自然差异不应该天生如此，激烈地站起来号召：人人生来都有拥有玫瑰的权利，只有少数人有玫瑰是一种"盲目的偶然性"，必须改变。"蒙昧的无欲时代已经过去"，按照人的自然权利，每个人都可以欲求自己应该有的东西。何况，从科学角度看，玫瑰在少数富人那里积累过多，他们会在玫瑰丛中窒息。

"在人民的呼声中，灵魂的最后渴望和最深层的文明思想同人民过于人性的冲动紧密相连。于是，一个革命政党形成了。"玫瑰人跟着就成立了保守政党，以便保护自己对玫瑰的占有，"保护现在才意识到的那种诱惑：拥有某些别人羡慕和渴望的东西"。革命最终不可避免，而且平等主义党派必然大获全胜，"因为该政党的道德观念最终潜入敌方阵营：社会正义的理想超越了一切利益冲突"。

西美尔根据这个"社会学的假设"问：人类从此有了永久和平、平等和幸福？重新分配土地方案使每个人有了同等的种植玫瑰的条件，但是，自然份额仍然不可能像数学一样精确地均匀分配给每一个人，"总有一些人培植玫瑰时手气更好，另一些人得到的阳光稍稍充足，有的人嫁接的嫩枝更为结实"。"自然状态"似乎并不认同自然权利，总是出人意料地干扰现代人设想的平等理想。

在马克思那里头等重要的平等问题，西美尔用一枝社会学假设的玫瑰就打发掉了。从西美尔讲的玫瑰故事来看，他并非对于动荡的现实生活和历史的巨大变迁没有感觉。显然，西美尔对于这一切有自己根本不同于马克思和韦伯的看法？史称马克思、西美尔、韦伯为现代资本主义理论的三大经典思想家，但据说西美尔更像文化哲学家，因而他对资本主义社会的理解与马克思、韦伯相当不同。可是，马克思、韦伯就不算文化哲学家?这三位大师对于资本主义的理论分歧是形而上学的差异,如此差异倒与他们每个人的个人性情相关,与身体的病痛不相干。无论心理分析或者阶级分析的逻辑多么引人入胜,都不可能解释思想者个人性情的形而上学差异。

西美尔的形而上学个人性情究竟是怎样的?

西美尔的社会思想从社会分工论开始,并非如有的专家以为的那样,从"货币哲学"论开始。但与马克思或涂尔干的社会分工论不同,西美尔从一种文化哲学的角度来看作为现代生活之基础的分工,分工产生的"极端和彻底的专业化,只是普遍的文化困境的一种特殊形式"。所谓普遍的文化困境就是客体文化与主体文化的相互离异——也就是异化,其结果是现代人的生命和生活都成了碎片。《货币哲学》正是在这种社会分工论的文化哲学基础上对现代生活的碎片化过程做了详细的分析,按照这种形而上学,现代性中日渐加剧的生命本身的碎片化,并非是人的伊甸园面目的历史扭曲,毋宁说是人的生存在体性悲剧的历史片断。

西美尔的分工论和货币哲学中,潜隐着一种与当时如日中天的历史主义思想了不相干的关于人的形而上学——而且是悲观主义的。这一悲观主义的形而上学使得西美尔与马克思及其追随者对资本主义的社会—文化批判毫无共通之处,倒是与韦伯的形而上学个人性情相近。不过,韦伯是尼采的信徒,西美尔是叔本华的信徒,对于他来说,"叔本华是比尼采更有意思的哲学家"。所以,尽管韦伯欣赏西美尔的思想感觉,最终无法认同他的形而上学的个人性情。

与其现代性碎片感相一致,西美尔思想由诸多片断组成,这里我选取了三个主要片断。

人无法居住在"纯粹手段"的桥上

《货币哲学》是西美尔唯一一部结构完整的大部头论著,20世纪开头的那一年问世。不过,西美尔的基本思想已经反映在1896年发表的

《现代文化中的金钱》一文中。文章的题目已经讲得很清楚:西美尔感兴趣的是作为文化现象的货币,因此,自然要"从货币经济学结束和尚未开始的地方起步"。

西美尔并非不晓得货币首先是一个"历史现象",但历史唯物主义的货币政治经济学并没有触及货币"对内在世界——包括个人的生命力、个体命运与整个文化关联的影响"。它当然也有一套人的哲学,但在西美尔看来,恰恰是它的人的哲学(而非其经济哲学)过于肤浅。"只能用哲学方式来处理"现代货币经济与真正人的历史现象的关联,意味着要"从生命的一般条件和关系来考察货币的本质"。

西美尔的货币文化哲学也不是实证的经验社会学的货币研究。按照当今主流社会学界的"学统"观念,西美尔的货币研究就算不上社会学论著。西美尔当然看不起经验的实证社会学,如果要"从货币的作用来说明生命现象的本质和肌理",仍然需要哲学思想,而经验的实证思想并不思想——其实也不分析。

货币古已有之,现代经济生活使得它发生了意义深远的变化。对于韦伯,这一变化的深远意义在于理性化机制的形成。对于西美尔,其深远意义首先在于:货币成了个人生命中"不受条件限制的目标"。

从前,人们渴求的人生目标——比如美好的爱情、神圣的事业——并不是任何时候都能期望或者追求的,金钱这样的人生目标却是人随时可以期望或者追求的。换言之,前现代的人生目标乃是一个恒定、潜在的生活目的,而非一种"持续不断的刺激"。如今,金钱成了现代人生活最直接的目标,成了"持续不断的刺激"。从前,宗教虔诚、对上帝的渴望才是人的生活中持续的精神状态。如今,对金钱的渴望成了这种持续的精神状态。所以,在西美尔看来,"金钱是我们时代的上帝"的说法绝非比喻。

就生活产生的生命感觉而言,以金钱为中心与以上帝为中心所产生的生命感觉有形式相似:上帝的观念超越了所有相对事物,是终极性的抽象综合;在上帝观念中,生活的矛盾获得了统一,生命中所有不可调和的东西找到了和谐。同样,货币超越了所有具体事物,显得可以调解一切生活矛盾。"金钱越来越成为所有价值的绝对充分的表现形式和等价物,它超越客观事物的多样性达到一个完全抽象的高度。"人们相信金钱万能,如同信赖上帝的全能。

西美尔又将金钱模拟语言。

语言不等于具体的富有特性和差异的言语,它本身没有特性和差异,但能让言语富有特性和差异。同样,金钱的独特性恰恰在于其"没有独特性的力量,但这些力量仍然能够给生活添加各不相同的颜色"。金钱显得像纯粹的形式,使得具有质地的生活内容和方向产生质的变化。生活的各种因素通过语法形式而成为接触、冲突、交往的言语,金钱就是现代生活的语法形式,生活中"彼此尖锐对立、遥远陌生的事物找到了它们的共同之处,并相互接触",成为活的言语。

这种货币的上帝模拟论和语言模拟论并没有先设定某种对金钱的道德立场,相反,西美尔看到,金钱一视同仁地支持截然相反的生活品质道德诉求,平等推动"大相径庭的思想方向和情感方向",就好像上帝观念可以被不同的人利用,任何人都可以通过语法形式表达其道德偏好。

比如,货币经济生活改变了人与人之间的关系,产生了持续的个人自由主义诉求。原因很简单,在前现代的生活形式中,人与人之间的相互依赖关系是明确、固定、人身化的;在货币经济生活中,人们很少依赖确定的人,每个人只依赖自身。人们固然依赖供货商,但人们可以经常随意更换具体的供货商——就像在现代货币经济生活中,婚姻关系仍然是一种人与人相互依赖的形式,但货币使得人们可以随意更换具体的依赖对象。在前现代社会,人同他人的外在联系都带有人身的特征,货币经济生活结构能够使人的日常活动与其人身色彩——也就是其真正的身体自我显得不相干,人身自我能够退出日常关系,从而更关注自己的内在。人与人的联系固然极大地增多了,但人对他人的人身[Person]反而冷漠得多。所谓现代的自由,不过是货币生活为个体性和内在独立感带来的广阔空间。

然而,货币经济生活并非仅仅为个性的发展创造了更多空间,使个体化和自由成为可能,同样导致利益、关系、理解的平均化、无差异化,为平等诉求提供了广阔空间,而平等诉求与个体自由根本上就无法共荣。

所谓平等,实际上就是"一种夷平过程":所有高贵的东西向低俗因素看齐,这恰恰是金钱的作用。金钱是所有事物"低俗"的等价物,把个别的、高贵的品质(这恰恰是自由的个性要寻求的)拉到最低平均水平。"当千差万别的因素都一样能兑换成金钱,事物最特有的价值就受到了损害。"西美尔敏锐看出,各个阶级在现代生活中其实都有自己独特的现代式"贪婪",因为,金钱成了概括一切值得追求的目标的通用语,"就像神话中有魔力的钥匙,一个人只要得到了它,就能获得生活的所有快乐"。

对于西美尔来说,价值意识集中在平等或自由,同价值意识集中在金钱身上一样,都是现代货币经济的产物。平等或自由的价值同金钱的价值一样,最终都不过是纯粹手段。无论为自由呐喊,还是为平等战斗,都是太现代货币经济式的激情。

作为一种道德激情,平等主义以为自己超越了资产阶级的历史局限,因而其道德立场可以具有超历史的道义力量,在西美尔看来,这是相当可笑的自以为是或自己哄自己。现代文化中的冲突总显得是两个截然相反的激情在厮打:革命—保守、自由主义—平等主义、激进主义—原教旨主义。最为基本的是平等与自由的厮打:要么追求同样条件、夷平差异、平均化,扩大社会阶层的包容性;要么追求最具个体性的东西——人的独立性和自主性。实际上,平等主义者与极端的个人自由主义者都希望借助金钱的力量重新安排自然的等级秩序,这两种现代社会的基本感觉倾向都由货币经济来支撑并提供激情能量。平等主义期待摆脱个人仅仅为生存而劳累,"保障低收入者和生活困顿的人能够得到较高的经济价值",恰恰是地道的货币经济式的诉求,而且同样会带来新的社会分化。以为只有资本主义才与金钱的罪恶相干,平等主义就是对这种罪恶的克服,这样的哲学眼睛过于近视。

西美尔的货币哲学超逾了自由主义与平等主义的两极,不少西方论者以为西美尔没有批判资本主义,据说这等于肤浅——其实这种说法才真正是肤浅。从现代生活中自由主义与平等主义这两种截然相反的激情背后,西美尔看到更为根本的现代性痼疾——生命感觉致命的萎缩。"货币给现代生活装上了一个无法停转的轮子,使生活这架机器成为一部永动机,由此就产生了现代生活常见的骚动不安和狂热不休",然而,在个人灵魂的最深处,却是对生命本身的无聊感。

货币经济生活中生存感觉的变化,才是西美尔的货币哲学的最终落脚点。从社会学角度看,西美尔的观点似乎显得无关痛痒。可是,西美尔关注的并非社会性问题,而是精神内在性问题:货币从一种纯粹手段和前提条件成为最终目的,对于人类的自我理解究竟有什么意义。

"金钱只是通向最终价值的桥梁,而人无法栖居在桥上。"同样,平等或自由的价值只是通向最终价值的手段,人最终无法栖居在纯粹的手段上。西美尔的货币文化哲学本质上是悲观主义的,尽管他具体分析了货币经济的作用,但这种分析仅仅为其普遍的文化悲剧论提供基础。

形而上学孤独对男人和女人一视同仁

女性主义已经成为后现代理论中的重要成分,然而,女性主义的真实意义究竟何在?

如果人们将西美尔在差不多一个世纪以前的观点与当今的女性主义理论加以对比,就可以理解,为什么西美尔的"女性文化"论和性别形而上学迄今仍然堪称经典。

谈论女性主义的"女性文化"论,对于西美尔来说,重要的不是具体的女性作品——像当今女性研究喜欢发掘的那些被历史遗忘的女人文化成就,不是个别女人的渴望和痛苦的成品,而是其文化"形式的永恒意义"。因为,所有的文化形式都有持久的特征,其意义超然于个体生活及其时间的流逝。同样,西美尔思考女性文化运动时,其出发点是女性精神与文化形式的关系,而非是否塑造了特别女性的东西。

首先要搞清西美尔所谓的"文化"。

文化是个体身上的一种教化活动,与个体灵魂的智能和美、幸福和德性相关。文化的教化作用直接触及具体灵魂,这是就文化的主体方面而言。所谓主体文化,指个体灵魂拥有财富的多少——"主体文化可以称为对灵魂财富的分享,个体以偶然的、不固定的方式共享了其中的部分,而这个部分对整体库存量没有影响"。文化的"整体库存"就是文化的"客体"方面——与在个体身上表现的内容和意义完全不同的物质形式方面:语言、法律、习俗、艺术、职业、宗教、家具、服饰,都是文化的"物质"形式,"这些形式在其内在的客观意义上超越了个体,都是已有的文化活动及其未来规范的客观化结果"。个体灵魂可以通过接受某些形式来教化自己,这些文化形式本身却并不依赖于个体灵魂,尽管它们是个体灵魂在表达自身时创造出来的。

人类文化在一开始就并不是没有性别的,绝对不存在超越男人和女人的纯粹客观性文化,"历史上从未实现一种不问男女的人类文化的美妙想法"。无可否认,迄今的文化是完全男性的,男人创造了工业、艺术、科学、贸易、国家和宗教,它们不只具有男人的特征,而且在维持和不断更新中也需要男性力量。这意味着,人类的个体灵魂拥有的财富基本上是男性积累起来的,而且当然是男性的。

女性文化运动究竟提出了什么新的问题?

女性文化运动的文化意义不可能是:至今为止男人创造和积累起来的生活形式和成就形式要由女人完成。所谓女性文化的意义,并非是要在文化的客体形式——它们已经历史地是男性的——方面去增添旧的灵魂品质,创造出所谓女性化的工业、艺术、科学、贸易、国家和宗教——像一些女权主义者所号召的那样。根本问题是:女性文化运动是否能为人类的个体灵魂拥有的财富增添女性质素,使文化的主体方面在品质上与至今为止的不同。女性文化运动的方向,不是要向男性看齐,而是要认清自身的女性品质——被男性文化压制、排斥了的"女人性"。

问题跟着就来了:什么叫做女性品质?

作为男人的西美尔认为,女性"更倾向于献身日常要求,更关注纯粹个人的生活"。人的生命本质上是一个献身过程,女人的献身不像男人那样,指向某种纯粹客观的东西或抽象性观念,而总是指向生命的具体性——"一种时间性的、似乎一点一滴的东西"。女人的生命直觉就在生命本身当下的流动中,不像男性的生命直觉那样置身这种流动之外。如果用上面提到的文化的二元性区分来讲,女性灵魂最内在的生命与所谓文化的客体方面天生抵触。"问题不再是,女性的灵魂是否拥有极具特性的内容,是否能够最终在历史性的文化生活中体现出来。女性的心理节奏确立的典型的内在生活方式,与我们称之为客观文化的价值的生产完全不同。"

就身体感觉的性别差异而言,男人身体的性别感是一种行为,性别感在女人却是自己的身体本身。性别差异对女人而言是自为的,就是女人的女人性本身。

> 女人生活在存在与女人存在最深刻的同一中,生活于自在地规定的性别特性的绝对性中。这种性别特性,就其本质而言,不需要同异性的关系。

男人性只有在两性关系中才能实现,或者说需要女人才能实现,女人性原则上并不需要男人就可以实现自身,"在女人自身中就已经包含了性的生活"。所以,男人的性别活动看起来似乎强烈得多,其实追女人不过是男性的生活兴趣之一,容易激动的性感觉不过是生命的部分功能。对于女人恰恰相反,性别活动是生活因素本身,性感觉是生命的整体。

从性感觉上讲,女人需要的是具体的男人,男人需要的却是抽象的女人——在性行为方面,男人可以觉得只要对方是女人就得,女人却要看对方是哪一个男人。"男人只需要一种完全普通的兴奋,只是一般性地依恋女人"——或者说,男人可以因女人而普遍兴奋,女人的兴奋却只为确定的某一个男人勃发。

作为男人,西美尔对男性品质下了这样的判词:男性追求的不是生命整体,而是生命的载体;不是灵魂本身,而是灵魂的功能;不是存在本身,而是存在的方式——结论是:女人比男人更接近存在,从人的纯粹性而言,女人比男人更是人。"女人与男人因此是完全不同的。就自己是女人这一点对女人来说,比起自己是男人这一点对男人来说,更具本质性。"西美尔的这些论点令我想起舍勒的说法:"男人感到与自己的身体有一种距离,好像牵着一只小狗"……"女人是更契合大地、更为植物性的生物","女人像娴静的大树,男人就像树上乱嚷嚷的麻雀"——舍勒的这些有趣说法,很可能是从他的老师西美尔那里来的。

既然如此,迄今的历史文化——已经是男性文化——就文化的主体方面来说,就不能令人赞赏了,女性文化运动的真实意义就显得像一种新的贵族统治诉求。所谓贵族统治,就是"真正由最好的来支配"。既然女性品质比男性品质更富有灵魂的财富,当然就比男性品质"好",因而,文化领导权就应该交给女性品质。接下来的问题因此是,在女人品质遭到历史的压制后,女人品质的权利如何经历某种形式阶段形成女性的客观文化。所以,对于西美尔来说,女性运动比工人运动的意义要深刻得多。仅从这一点来看,西美尔与关注工人运动的马克思就足以平分秋色。

据西美尔说,这个"所谓女性文化生产在男性文化生产旁边或之中的未来成长的问题",无法科学地来回答,"只能出于个人的类似预感的决断"。女性文化运动既然是一场生存性的政治运动——性别起义(当今的女性主义理论本质上是一种政治理论),当然就是一场根本性的历史转折。面对现代生活中这样一种深刻的转折,据说人的理解力就不够用了,决断只能依靠本能的、出自灵魂深处的感觉,而非理性的判断,因为"理智从来都不能从一个完整的统一体出发来理解所有的生成和自我发展"。

这一相当含混而且看起来有点不负责任的解答究竟是什么意思?

答案恐怕要到西美尔自己关于性别形而上学的观点中去找,而他的性别形而上学就不像其性别文化论那样乐观了。

性别形而上学来自这样的哲学命题:人就是"二元性的生物",其生命本身呈现为二元对立的形式运动。性别形而上学就基于这种在体论的二元性别,每一性属的人都需要自己的对立面,从性属的对方来规定自己、找到自己。人这一生物分为两性,表明人类这一物种是"终极性分裂"的存在:"这一物种的要素永远相互寻找、相互补充,决不会克服它们的对立面。"从这样的意义上说,无论男人性还是女人性,最终都不过是"人类孤独最纯粹的形象"。这种人的"具有深刻的个体形而上学意义"的孤独,最终都是男人性或女人性不可能抹去的。这无异于说,女性主义运动的政治意义在形而上学层面遭到了否定。

既然"带着这种孤独,人最终不过是一个陌生人,不仅在世界万事万物的关系中如此,而且在与最亲密的人的关系中同样如此",女人性的新贵族统治也无法克服这种孤独。从性别形而上学的观点来看,两性关系是人的二元性生命本身无法拒绝的,异性关系是生命中必然要发生的关系,可是,由于个体生命在性别形而上学意义上的孤独,生命中又没有这种必然要发生的关系的确定位置。就其两性形式而言,孤独就是有限生命中的错位、误会、摩擦、冲突,终生不可能找到克服生命体的"终极性分裂"的感觉位置。这就是生命中的悲剧性环节,西美尔的性别形而上学仍然是悲观主义的。

也许可以用游戏的、"不介入"的方式来对付生命中的悲剧性环节:同生命"卖弄风情"。"卖弄风情"这样的两性关系现象,在西美尔那里成了一个严肃的形而上学命题:

> 这种关系自身已经将生活中或许最黑暗、最具悲剧性的关系,隐藏在生活最令人陶醉和最魅力四射的形式背后。

如果说,在西美尔那里的确有一种审美主义,它一定与这种悲剧性生命哲学相关。

据说,西方文化是二元性的,中国文化是一元性的。如果按西美尔的说法,女人性的形而上学本质是一元性的,男人性的形而上学本质是二元性的,是否同样可以说,西方文化是男性的,中国文化是女性的?文化的性别问题的确切位置究竟在哪里?

不让感觉逾越灵魂的界限

西美尔的货币文化哲学所关注的现代社会中的无聊和性别形而上学所关注的性别中的孤独,都不是资本主义时代特有的,从无聊和孤独的寂寞中产生出来的个体法则也不仅仅是一个现代性问题。毋宁说,现代性不过使得在形而上学的无聊和孤独中担负个体法则的个体心灵的负担更为沉重而已。

西美尔的社会哲学精细入微地描述普通的日常经验,对于建构一种带有历史整体性质的社会理论毫无兴趣,乃因为这样才与生命感觉的碎片化相适应。西美尔的现代性理论关注人的生命感觉碎片化,根本原因在于:无论这些碎片如何具有现代性,如何是社会化的碎片,都与人的形而上学意义上的生命感觉相关。生命感觉的碎片化根本上来自这样一个形而上学事实:生命形式——它总是历史、民族、宗教地有所不同的——使个体灵魂与生活实在总有一定距离,生活实在有如康德的那个自在之物,总是"从遥远的他方"对人说话,人的感觉都触摸不到生活实在,遑论理性。

个体灵魂的生命感觉一触摸生活实在,生活实在立即就退缩回去了。尽管如此,个体灵魂的生命感觉毕竟是个体生命与生活实在发生接触的唯一途径,如果个体灵魂的生命感觉也丧失了,个体生命也就丧失了承负在体性的无聊和孤独的机体。可是,现代人偏偏不再满足于事物的自然魅力,反而看重自己的感官刺激,不再看重自己的灵魂拥有什么、自己的生命感觉如何,而是看重自己和别人拥有什么东西。这才是西美尔意义上的异化:

假如生命缺少内在差异,以至于人们害怕天堂里持久的幸福会变成持久的无聊,那么,无论生命在何种高度、以何种深度流淌,对于我们来说,都显得空洞和无谓。

现代人喜欢追求种种伪造的理想。在这些名目繁多的理想中,生活的所有实质内容变得越来越形式化地空洞,越来越没有个体灵魂的痕印,生命质地越来越稀薄,人的自我却把根本不再是个体生命感觉的东西当做自己灵魂无可置疑的财富。就像书写本来是一种体现个体生命特性的形式,自从有了打字机——如今有了计算机,书写摆脱了个体性,成了"机械的千篇一律"。技术代替了感觉,也把个体灵魂的生命气息从生活中驱除出去了。西美尔说,这就是为什么"一个具有纯粹审美态度的个性人物会对现代深感绝望",为什么"关心内心救赎的人的灵魂"总与现代生活格格不入,总神经质紧张兮兮地活在大城市中。

克服现代性货币生活方式,就可以扭转客观形式对主体灵魂的优势?

这个问题就好像那个"社会学的假设"问的:平等主义革命后就能得到永久的幸福和公正?

并非如此。货币经济对于现代生活感觉的影响,在西美尔看来,绝不仅是负面的。固然,物性文化之所以在现代社会中变得凌驾于具体的个体灵魂的文化,不过因为文化生产的技术性和物品化(本雅明所谓文化的技术复制论来源于此)使得文化的客体形式更加具有自主的封闭性。"这种形式上的自主,这种将文化内容统一为自然关系的一个对应形象的内在压力",最终是通过货币得以现实化的。但货币经济也支撑着主体精神的潜力,促成了个体自主性的提升和自我发展。"货币好比血液,连续的流动渗透到肢体的所有末端,均匀供养所有的末端,从而担负所有功能的统一。"货币介入了人与物之间,人才成为一种"抽象的存在,一种不再直接考虑事物,也不再同它们有直接关系的自由存在,没有这一点,我们的内心世界就不可能有某种发展机会"。

生命感觉的异化,因此不能完全归罪于货币生活——或者资本主义,这是西美尔与他的那些后来纷纷跑到马克思主义文化批判论中去了的学生们(卢卡奇、本雅明)的根本分歧所在。"什么东西有价值"的问题实质上越来越被"值多少钱"的问题取代了。的确,金钱可以使人的个体感觉的对象范围大大增加,但金钱也使生活中的诱惑无限地增多,轻易地占据了个体的感觉中心,让个体以为任何满足自己愿望的机会都近在咫尺。货币本来是一种获得其他东西的纯粹手段,是"通向最后目标的一系列步骤中的一个环节",在现代生活中却成了人的目的意识本身——人们的追求意识在通往最后目标的桥上停留下来——昆德拉式的自由主义伦理美其名曰:最后目标根本就不见了。

现代人把自己生命的大部分时间用于赚钱,将其当做人生首要的追求目标,以至于以为生活中的所有幸福和满足都与拥有一定数量的金钱紧密联系在一起。金钱成了个体和自己的愿望之间的中介,人们就以为幸福更容易了,"随着对幸福的接近,对幸福的渴望也不断增长。点燃我们最大的渴望和激情的并非遥不可及和禁止我们涉足的东西,而是我们暂时没有拥有的东西"。这样的现代伦理根本搞错了什么是幸福。

所谓 fin de siecle[世纪末]情绪是叔本华而不是尼采带来的。西美尔从现代性中首先感觉到一种 blasé urbanite[幽雅的厌倦],一种感伤主义的"情感文化",但西美尔不是从唯物主义的历史文化论,而是从叔本华式的生命悲剧形而上学来看待现代性的厌倦症:世界是涕泪之谷、幸福是漂浮的梦,现代性的厌倦症也不过是形而上学的无聊的一个历史片断。

> 欲求和挣扎是人的全部本质,完全可以和可能解除的口渴相比拟。但是一切欲求的基地都是需要、缺陷,也就是痛苦;所有的人从来就是痛苦的,因为他的本质就是落在痛苦的手心里。如果相反,人因为易于获得的满足随即消除了他的可欲之物而缺少了欲求的对象,那么,可怕的空虚和无聊就会袭击他,即是说人的存在和生存本身就会成为他不堪承受的重负。所以,人生来在痛苦和无聊之间像钟摆一样来回摆动。(叔本华)

当西美尔说,"在叔本华之前,还没有人把幸福与受苦等同起来",①这是否意味着,也有两种本质上不同的幸福?在西美尔看来,"现代人对幸福的巨大渴望"有两种,一种"体现在叔本华身上,也同样毫不逊色地体现在康德身上",另一种"体现在我们这个时代正在兴起的美国模式[Americanismus]中,也体现在社会民主制中"。这两种对于幸福的理解的不同,就像形而上的悲情与历史主义的悲情的差异,或者像社会与自然的不同——社会就是对立、冲突、敌对,而自然是差异、多样、二元性的热情。

差异是自然的躯体,就像它"用玫瑰的颜色和形式、芳香和魅力显示"自己那样。这些差异仅仅在社会人那里激起种种仇恨、嫉妒、傲慢、匮乏,可是,历史主义政治经济学却以为这是社会本身的罪过,不晓得将"幸福与痛苦的根据"归结为对东西的占有与否,很可能"恰恰是世界历史的错误"。

问题始终在于,个体灵魂如何为自己保留"主观存在的自留地"。如果在现代以前的时代,人们依靠的是宗教的生活风格,现代人可以依靠什么呢?

可能是艺术的生活风格。当然,这不是社会意义上的,而是一种更加深刻的形而上学意义上的生活风格。

现代性问题对于西美尔显得完全与马克思或韦伯不同,也就容易理解了。现代性问题的要害在于人的生活感觉的品质:人们对于事物的微妙差别和独特性质不再有细腻的感受能力,用平泛一律的方式去感受一切。所谓西美尔社会哲学的印象主义的真正含义,乃是一种生命哲学诉求:如何恢复细腻感受事物有差异的魅力的能力,使主体灵魂保持高雅、独特、内在。西美尔赞赏"纯粹的灵魂",以享受的方式拥有自己,"依靠自己最本真的内在性来生存,而不是让感觉逾越灵魂的界限"。

---

① 参西美尔,《柏拉图的爱欲与现代的爱欲》,见拙编:《现代性困境中的审美精神》,上海:学林出版社,1997。

西美尔的现代性理论显得像是一种贵族主义式的现代生活感觉学。

寂静主义的社会哲学家

1983年,我在北大念书时,因研究法兰克福学派而接触到本雅明。本雅明的触觉和文笔令我心仪——不久,我又转向德国19世纪末20世纪初的生命哲学,西美尔著作的小品文风和敏锐思想让我产生了这样的感觉:本雅明的思想和写作风格与西美尔相当接近——显然受过西美尔影响。但本雅明的言辞多于思想,过于文人化的嘟囔中并没有说出什么尖锐的见识。即便就言辞来说,本雅明显得夸张、繁复、兜圈子,西美尔的言辞典雅、节制、有质感。

波德莱尔对于西美尔和本雅明都有过相当大的影响,但这两个人对于波德莱尔的理解完全不同。其实,19世纪中期以后的德国思想家没有不受浪漫主义影响的,马克思、韦伯、西美尔概莫能外。只不过,浪漫主义并非一个统一的思想现象,马克思沾染的是早期浪漫主义,韦伯浸染的是尼采反浪漫的浪漫主义,西美尔心仪的却是尼采迷拜过又抛弃了的叔本华悲观浪漫主义。马克思、韦伯、西美尔的形而上学个体性情差异,就来自不同的浪漫主义精神。西美尔是康德—叔本华的后裔,马克思是卢梭—黑格尔的后裔。西美尔对现代性的悲情是形而上的,而不是任何一种历史主义的。受历史主义影响的社会理论家在对西美尔说了一些无关宏旨的赞美之词后,批评西美尔缺乏所谓历史感,不是风马牛不相及吗?

回到本文开头那个"社会学的假设"。

西美尔在19世纪末说过,人们将看到"革命——总是围绕着不平等的残余——如何频繁地一再上演。……但是,玫瑰继续生活在自我欢娱的美丽中,以令人欢欣的漠然对抗所有变迁"。一个世纪真的就在频繁上演的革命中过去了,玫瑰也倒依然自在。现代人是否像西美尔指望的那样,终于认识到,"外在协调的西西弗斯式辛劳的幻象总一再驱使着我们,直到自然为这种幻象划定界限",从而明白"想向外来逃避的那种受苦从内在方面追赶着我们"呢?

这是一位寂静主义的政治哲学家在上个世纪末的劝言。西美尔思想中的寂静主义这一决定性特征,不幸被许多评论家——甚至像弗里斯比这样的专家——忽略了。当然,问题还在那里:寂静主义可以有一种政治哲学,与当今无处不在的文化批判理论在品质上根本不同的哲学?

被遗忘了一百年的西美尔已经回答了这个问题。

1999 年 8 月

译者导言

陈戎女

一、西美尔：过渡哲学家？

西美尔（Georg Simmel，1858—1918）对国内汉语学界是相当陌生的一个名字，他只是偶尔在社会学概论或简介之类的教科书中卑微地占据一小节，或露一下名字而已。早早就盖在他身上的"新康德主义者"和"形式社会学家"的印记，更加模糊了西美尔独特的学术成就和富有生命力的多维文化思想。作为古典社会学思想家，他早在19世纪末20世纪初就成为与斯宾塞、孔德、马克思等人齐名的欧陆思想型学者。① 在20世纪声名鹊起的卢卡奇（Georg Lukács）、布洛赫（Ernst Bloch）、舍勒（Max Scheler）、布伯（Martin Buber）等人都曾师承西美尔，却无人长久忠诚地继承他的思想遗产。在西美尔身后，将近有五十年的时间，人们似乎已经忘却了他和他的学术思想的存在。他的学说"飘到四方，消散于他人思想之中。"② 难道正如卢卡奇对其师的评价，西美

---

① Theodore Abel, "The Contribution of Georg Simmel", in David Frisby (ed.), *Georg Simmel: Critical Assessments*, Vol. III, London: Routledge, 1994, pp. 264-266。当时，帕累托、滕尼斯、韦伯乃至涂尔干的影响力均不及西美尔。

② 皮兹瓦拉（E. Przywara），《齐美尔、胡塞尔、舍勒散论》，参王岳川等编，《东西方文化评论》，第四辑，北京：北京大学出版社，1992，页256。

尔从不是什么伟大的育人者,只是"整个现代哲学最重要、最有趣的过渡人物(bergangserscheinung)","我们时代最伟大的过渡哲学家(bergangsphilosoph)"?① 或者西美尔追随尼采似真似假的说辞,以其过渡式的、毁灭性的存在方式昭示后人其悲观主义哲学思想?②

出版于 1900 年的大部头著作《货币哲学》(1907 年增订版)是西美尔为数不多的大部头著作之一③,因他更以数量众多的学术小品文著称。这部几近 600 页、洋洋几十万言的作品,其中多数篇章也是由之前撰写的诸多小品文章敷衍扩展而成。西美尔在写作那些短文之时,已然在头脑中形成了一套有关金钱及其作用于社会和个体的哲学构想,因此这部书虽然论述面极广(纵向从古代社会推演至现代,横向则涉猎社会、经济、心理、宗教等层面),却并无支离破碎之感,堪称体大精深。全书分为"分析卷"和"综合卷"两大部分,按西美尔自己的说法,"第一部分将从那些承载货币之存在实质和意义的条件出发阐释货币,"第二部分则从货币对内在世界的影响的角度考察"货币的历史现象、货币的观念与结构",即"对个体的生命情感、对个体命运的连结、对一般文化的影响。"顾名思义,"分析卷"从社会生活入手剖析货币的本质,剖析产生货币的需求以及货币所满足的需求,"综合卷"则反之,综合考察货币对整体的人类生活的影响,以此建立起西美尔式独特的世界图景(Weltbild)。据说,西美尔具有一种将分析与综合完美结合的

---

① Georg Lukács,"卢卡奇忆西美尔",参 Gassen, K. /Michael Landmann(eds.),*Buch des Dankes an Georg Simmel*,Berlin:Duncker & Humblot,1958, p. 171,172。当然,卢卡奇这番话更多是想说明其师作为一位地道的"印象主义"哲学家的思维方式。这篇发表于 1918 年的文章对西美尔赞誉有加,但卢卡奇转向马克思主义后,于 1955 年发表的《理性的毁灭》则对其师观点进行了全面的清点批判。见《理性的毁灭》,王玖兴等译,济南:山东人民出版社,1997,页 389 以下,对《货币哲学》的批判,399 页以下。

② "人之所以伟大,是因为他是一座桥梁,而非目的。人之所以可爱,是因为他是一种过渡,一种毁灭。"尼采,《查拉图斯特拉如是说》,"前言",黄明嘉译,桂林:漓江出版社,2000,页 8。

③ 西美尔的其他专著还有在《货币哲学》之前的《论社会分化》《历史哲学问题》《道德哲学导论》和此后的《社会学》《生命观》等。

天赋,是否这就是他如此安排该书的篇章布局的内在缘由呢?通常的研究者认为,"综合卷"更出色、更敏锐地体现了西美尔对金钱文化问题的真知灼见,西美尔本人更以"综合卷"最后一章"生活风格"为最,但也不乏侧重"分析卷"者(如 Altmann、涂尔干),毕竟该部分所处理的乃是全书根基性的问题。

《货币哲学》一书出现伊始就带给学术界很大的迷惑和震撼,迷惑是因为学界不清楚应该把它归为哲学类、社会学类、还是经济学类①,震撼是由于韦伯等名家对此书尤为重视,据说他在书中发现了一种精辟的货币－文化学说,在西美尔之前,尚未有人对货币这一经济－社会现象作如此透辟的文化现代性解说。与马克思的《资本论》和韦伯的《经济与社会》一样,《货币哲学》主要也阐释自近代以来的货币经济现象以及与它相关的社会文化现象:"它不仅从社会学角度关注货币经济对社会及文化生活产生的作用,而且显示出建立一套文化哲学乃至生命形而上学的努力。《货币哲学》的立意并非那么单一,这也许是其同时代人难以全面理解这部书的原因。"②《货币哲学》并非一部纯粹的经济学著作(西美尔言称"本书的这些考察没有一行字涉及经济学问题"),尽管它讨论了许多与金钱相关的经济现象。而且西美尔所倚重的独特阐释路向显然不同于韦伯对经济制度的分析,以及马克思对资本主义经济体系的批判,《货币哲学》是这位自称"哲学社会学家"以"哲学沉思精神"写就的(R. Goldscheid 语),书中暗暗浮现着一种形而上的悲情。分析货币的社会经济机制不是西美尔货币理论的重点,货币及其制度化的现代发展对文化生活的影响,尤其是对人的内在生活、精神品格的影响,才是西美尔货币文化－现代性理论的要旨所在。因此,弗里斯比

---

① 含糊其辞的说法是,该书方法是形而上学的,内容是经济学的,论述人与人的关系的大框架是社会学的。B. H. Meyer,"Review of *Philosophie des Geldes*",参 *Georg Simmel*: *Critical Assessments*, Vol. I, p.152。

② David Frisby,《货币哲学》"英译本导言",阮殷之译,见西美尔著,《金钱、性别、现代生活风格》,刘小枫编,顾仁明译,李猛、吴增定校,上海:学林出版社,2000,页200。(此书中的文章此后简称《金钱》并随文注页码)

(David Frisby)认为:"对西美尔而言,现代性以前的发展状况(prehistory)在于货币经济的发展。他认为后者,而非资本主义,对社会关系的转型和都市生活主要特征的根源负有责任……西美尔对成熟货币经济后果的反思代表了他的现代性分析的内核。"[①]西美尔认为货币制度是树根,而文化就是在树枝上开放的花朵。认识越接近树根,就越能揭示出货币制度与文化的内在关联。由此看来,西美尔主要是从货币经济所产生的社会文化效果,来探测这一对现代生活施以重大影响的经济事件。

货币和货币经济是经济现象,却又不只是经济现象,在西美尔看来,更是重要的文化事件。可以说《货币哲学》"处理了货币之前和之后的经济面;作者讨论的是金钱,但通过金钱,他让我们看到的是人和生活"。[②] 西美尔认为,货币在社会经济事务中产生了宏观效应,但更重要的是,它所引发的社会文化主导精神观念的转变和对个体心理气质施加的影响。所以在《货币哲学》的"前言"中,西美尔声称其货币研究的方法论目标就是"为历史唯物主义建造底楼,从而,经济生活被纳入精神文化的原因的这种说法仍保证其阐释性价值,而与此同时,这些经济形式本身却被视为心理学的、甚至形而上学的前提的更深层的评价和潮流之结果"(《货币哲学》,页56。后文引用本书仅随文注英译本页码)。西美尔的货币学说并非要研究一种严格意义上的货币经济学,他所谓的"货币哲学","货币心理学"是对货币在现代社会中引起的现代性现象作文化效应的分析,因而也是对货币的一种哲学式文化解说。特纳认为西美尔致力发展的是"货币作为人类社会现实中的经验之中介的现象学……《货币哲学》是对现代性和现代

[①] David Frisby, *Fragments of Modernity: Theories of Modernity in the Work of Simmel, Kracarer and Benjamin*, Cambridge: Polity Press, 1985, p. 87.

[②] S. P. Altmann, "Simmel's *Philosophy of Money*", 参 *Georg Simmel: Critical Assessments*, Vol. I, p. 130.

意识根源的经典研究"。①

二、《货币哲学》:过渡性作品?

《货币哲学》所确立的研究内容和研究方法当然不会令平庸的经济学家、政治经济学家满意,实际上也没有被涂尔干②、帕森斯(T. Parsons)等社会学家所接受。难道《货币哲学》(同其作者的命运一样)注定只是一个"过渡性作品",一个"瞬间图景"?

最早从1889年撰述《货币心理学》一文开始,西美尔就开始着手检讨金钱所激发的形形色色的心理效应,尤其是金钱在现代产生的社会文化效果。在1896年撰写的《现代文化中的金钱》一文中,他论述了货币经济同时支撑着两种不同的文化发展方向。

> 现代文化之流向两个截然相反的方向奔涌:一方面,通过在同样条件将最遥不可及的事物联系在一起,趋向于夷平、平均化,产生包容性越来越广泛的社会阶层。另一方面,却趋向于强调最具个体性的东西,趋向于人的独立性和他们发展的自主性。货币经济同时支撑两个不同的方向,它一方面使一种非常一般性的、到处都同等有效的利益媒介、联系媒介和理解手段成为可能,另一方面又能够为个性留有最大程度的余地,

---

① Bryan S. Turner, "Simmel, Rationalisation and the Sociology of Money", in *Georg Simmel: Critical Assessments*, Vol. II, p. 288.

② 《货币哲学》甫现,涂尔干就在《社会学年鉴》(1900—1901)上撰文评论,语多否定,尤其是"综合卷"被斥之为毫无分析、全无逻辑,"能抽绎出最概括性的内容我们就相当满足了",而西美尔的整体思维方法则被讥讽为混杂了像艺术中的主观性(但未企及艺术的鲜活生动性)和像科学中的抽象性(但缺乏科学的准确性)的不合逻辑的玄思。E. Durkheim, "Review of Georg Simmel's *Philosophie des Geldes*", trans. Peter Baehr,参 *Georg Simmel: Critical Assessments*, Vol. I, pp. 156 - 159。

使个体化和自由成为可能。(《金钱》,页6)

如果说前一种倾向是货币经济引发的社会文化的平均化、量化和客观化倾向,后一种倾向则同样是货币使之可能的现代社会保存个体自由和内心独立性的潮流。对于这两种势不两立的社会 - 文化倾向,货币不偏不倚、一视同仁地予以支持。但货币是如何决定性地导致如此截然相反的社会品质产生,又如何不带偏见地游刃于两种发展方向之间,值得作一番深究。

1. 金钱与现代生活的客观化

货币的诞生可说是社会关系中的一个决定性因素,自此改变了人们对价值的看法。这与货币相伴相随的一个经济行为——交换相关联。现代社会中交换的形式与内容的脱节,导致了货币功能的转化。

西美尔持一种主观的价值论,认为主体欲望的满足即可创造出价值,但他同时提出,通过经济活动主观价值得以客观化。在经济活动中,创造价值的——也就是满足千差万别的人的占有欲的——正是交换。"经济活动的明确特征……与其说是交换价值,毋宁说是交换价值。"[1]交换的意义在于使主体获得了各自所需的物品,满足了主观的需求,同时这种满足不只针对一个人,价值的主观性因此超越个体而客观化,"客观性 = 对主体的普遍有效性"(页81)。西美尔对交换的强调源于他的一个世界观原则——世界处于"基本互联性"之中。与马克思的经济理论不同,西美尔认为商品的价值不可能产生于单独的因素,无论是劳动还是生产力,而是产生于相互的关系之中——此处即

---

[1] G. Simmel, *The Conflict of Modern Culture and Other Essays*, translated by K. Peter Etzkorn, New York: Teachers College Press, Columbia University, 1968, p. 48.

指交换。①

  传统社会的交换是人的社会化（Vergesellschaftung/ sociation）最纯粹、最原始的形式，"交换是创造了人与人之间内在联系的功能之一——社会，只不过替代了单纯的个体集合而已"（页175）。货币经济出现之前即已出现了自然经济中的物物交换行为，但由于物的价值依然固着于实物，并未导致人们价值观的转型。现代之前的货币交换由于经济活动的不发达（如雅典后期和罗马后期），还未形成真正意义上的货币经济和所谓的货币经济文化。现代的货币经济出现后，这一情形改观了。劳动分工的复杂化和社会关系互动的密集与扩大，是货币经济产生的前提，货币付酬方式也促进了劳动分工的发展。在货币经济的日渐发展中，货币作为交换媒介的功能变得越来越纯粹，逐渐脱离了与其质料的关系。这就是在《货币哲学》第二章一开始，西美尔问的那个问题："货币自身是否或应否成为某种价值？"或者："货币可否仅仅是一种没有内在价值的符号或代用品呢？"

  货币的双重本性——它是一种具体的、被衡量的物质实体，同时，它拥有自身的意义取决于把物质性彻底消解于运动和功能之中这一过程——源自这样一个事实：货币是人与人之间交换活动的物化（reification），是一种纯粹功能的具体化。（页176）

货币兼具实物与功能的双重本性是一个历史的现象，货币的功能才是其本质特征：现代社会中的金钱早已没有什么实物的概念，而唯独是履行交换功能的载体，恰好印证了这一事实。所以，货币的双重本性在现代社会中的分野越来越加大，货币的功能化倾向越来越显著。这对经济领域意味着什么？意味着货币的经济价值不需假手物质实体（只需交换）便可获得。货币因其功能获得价值。这对文化领域意味着什么？意味着货币成了价值的缔造者和符号表征。货币即价值，或可称

---

① ibid., p. 60.

为价值的流动(Mobilisierung)。

> 货币对文化过程的其他部分提供的所有隐含的意义都来自它的本质功能——为事物的经济价值提供最简明的可能表达形式和最凝缩的符号形式。对于价值的贮藏和转移功能,传统的看法是把它视为货币的主要功能,但这只是货币基本功能中较粗糙和第二位的表现。这种功能显然与货币的质料价值没有内在联系,但有一点也确实是通过这一功能而变得明显的,即:货币的本质所在正是结合于这种功能之中的那种远远超越了货币物质符号意义的观念。(页198)①

如果再联想到,如今的金融贸易直接通过银行转账完成,金钱只是数字,作为流通币的实在体消遁于无形——这一金融现象不正是把西美尔的"不管表征什么,货币都不是拥有功能,而是本身就是功能"(页169)的论断推向极端吗?质料性地使用货币是实物经济时期的事情,货币经济说到底就是要把货币货币性地使用。

西美尔观察到,现代货币经济的特点是货币交换在社会生活中的普泛和深入。随之,创造价值的货币作为衡量社会经济价值乃至个体价值的标准,以客观化、量化和平均化的导向渗透经济、文化和精神生活。货币如何实现它对物质世界和精神世界的统治呢?仍然是通过交换。在货币交换中,它把各种性质不同、形态迥异事物联系在一起,货币成了各种相互对立、距离遥远的社会分子的黏合剂;货币又像中央车站,所有事物都流经货币而互相关联,比重相等的万事万物都在滚滚流动的金钱浪潮中漂浮,由于漂浮在同一水平面上,它们之间的区别就只有覆盖的尺寸大小的不同而已(页392)。"这一

---

① 弗里斯比认为,西美尔对货币的象征意义的研究预示了后现代的消费理论:即我们消费的是商品的符号或象征,而不是它的具体实用性。参 David Frisby, *Simmel and Since*, London: Routledge, 1992, p. 171。

过程或许可以称作是货币日益增长的精神化过程(steigende Vergeistigung des Geldes),因为它是从多样性中实现统一的精神活动的本质。"(页198)

占据着社会-文化运作中心的货币经济重新组合了社会的各种质料,锻造出现代生活平均化、量化的价值取向。它赋予事物前所未有的客观性——一种无风格、无特点、无色彩的存在。

> 货币使一切形形色色的东西得到平衡,通过价格多少的差别来表示事物之间的一切质的区别。货币是不带任何色彩的,是中立的,所以货币便以一切价值的公分母自居,成了最严厉的调解者。货币挖空了事物的核心,挖空了事物的特性、特有的价值和特点,毫无挽回的余地。事物都以相同的比重在滚滚向前的货币洪流中漂流,全都处于同一个水平,仅仅是一个个的大小不同。①
>
> 我并不想断言:我们的时代已经完全陷入这样一种精神状态。但是我们的时代正在接近这种状态,而与此相关的现象是:一种纯粹数量的价值,对纯粹计算多少的兴趣正在压倒品质的价值,尽管最终只有后者才能满足我们的需要。(《金钱》,页8)

货币是"一切价值的公分母",将所有不可计算的价值和特性化为可计算的量,它平均化了所有性质迥异的事物,质的差别不复存在。货币最直接也最有效地实现了社会价值平等的诉求。人的价值被物质化、客观化。更甚于,身处在这种完全以金钱价值为价值的文化中,人们已然忘却其他价值的存在。

> [货币经济]最终让货币价值作为唯一有效的价值出现,人们越来越迅速地同事物中那些经济上无法表达的特别意义擦肩而

---

① 齐美尔,《桥与门——齐美尔随笔集》,涯鸿、宇声译,上海:上海三联书店,1991,页265-266。

过。对此的报应似乎就是产生了那些沉闷的、十分现代的感受:生活的核心和意义总是一再从我们手边滑落;我们越来越少获得确定无疑的满足,所有的操劳最终毫无价值可言。(《金钱》,页8)

现代文化价值的平等化、量化和客观化,造成的是终极追求和意义的失落。

货币经济也使人与人关系中的内在维度不再必需,人与人内在情感的维系被人与金钱物质的抽象的关系取代,人跟钱更亲近了,人跟人反倒疏远了。但令人悲伤的是,金钱对人跟它对其他所有东西一样,是完全中性的。

> 因此我们也抱怨货币经济:它以其核心价值充当一种完全百依百顺的工具为最卑鄙的阴谋诡计服务;尽管高尚的行动和卑鄙的行动得到的是同样的服务,这也于事无补。相反,这明显说明了一系列的金钱操作与我们的高级价值概念之间的关系纯属偶然,用这一个来衡量那一个毫无意义。(页432)

现代人对金钱或是拜神般地狂热,或是不屑一顾地清高,金钱根本无所谓。人的情感一旦寄托于这个无动于衷的中介物之上,生命感觉注定要随之萎缩。在西美尔看来,无论是聚敛钱财的吝啬还是挥霍无度的奢侈,无不折射出金钱文化对人的生存意义的吞噬,只对金钱产生感觉以及对金钱的毫无感觉不过是生命感觉越来越枯萎,越来越无聊罢了。

货币对价值的僭越,在根本上表现为货币从方式上升为目的。价值与目的仅仅是一个事物的两面,一个物体的观念在它的理论感情意义上是价值,在实际意志意义中变成了目的。在《货币哲学》中,西美尔分析了货币从手段成为价值或目的的内在原因,认为这是渐趋发达的现代文明的痼疾,与经济上的劳动分工不无干系。劳动分工使整一的劳动分裂为碎片,在此基础上,在越来越成熟的现代物质文明中,完成一个目标需要愈来愈复杂的手段。而对价值或目的最大的危险,就

是人们过分专注于手段的应用,最后遗忘了要实现的目标。西美尔不无讽刺地写道:

> 现代,尤其看起来是在最近的阶段,浸透着焦虑、期望和没有消除的渴望的感觉,好像最重要的、终极性的事情要来了,那就是生活和事物的真正意义与中心点。这当然是手段剧增在感觉上带来的结果,我们复杂的生活技术迫使我们在手段之上建筑手段,直至手段应该服务的真正目标不断地退到意识的地平线上,并最终沉入地平线下。在这个过程中,影响最大的因素就是金钱。(《金钱》,页11)

金钱不是一般的手段,而是纯粹的、绝对的手段,因为它完全由西美尔所谓的"目的序列"(Zweckreihen)决定,决不受其他序列的影响,而且,金钱从来没有自己的目的,从而可以作为目的序列里的中介一视同仁地发挥着功能(页211)。但是,金钱这个纯粹的手段过于完美,它似乎可以兑现成任意一种物质的价值,于是,产生的心理效果则是:金钱攀升至价值与目的的高度,从手段一跃而成为目的。

> 有这么一些东西,其自身价值完全来自其作为手段的特质、来自其能够转化为更具体价值的能力,但从来还没有一个这样的东西能够像货币一样如此畅通无阻地、毫无保留地发展成为一种绝对的心理性价值,一种控制我们实践意识、牵动我们全部注意力的终极目的……货币本质的内在两极性有两个原因:一,货币是一种绝对的手段;二,对大多数人来说,货币因此在心理上成为一种绝对目的。(页232)

货币从"绝对的手段"向"绝对目的"的转换是现代货币经济深度化的逻辑产物,西美尔认为,经济活动导致了人们心理认识和心理依附的重心偏移,货币替代其他的价值上升为生活追求的最终目标。货币僭越了终极目的,引起现代社会全面的方式与目的、技术与价值、物质与精神、外在与内在的倒置。不唯经济领域,美学和艺术中出现了装饰艺术、工业艺术,知识领域里盛行对方法和技术过程的青睐。这种生活的外在化"依靠的是物的完美,而不是人的完美"。① 货币引发的手段与目的倒置的文化转型现象深入到现代人的精神领域。"方式凌驾于目的的过度增长,在外部生活凌驾于我们灵魂生命的力量中,找到了它的顶点。"②最终,人的精神中最内在、最隐秘的领域也被货币这种"绝对目的"导致的物化和客观化占领了。

这一切都加深了社会本已存在的世俗化倾向。现代精神中神性－形而上的品质消退,以货币为象征的工商主义精神取而代之,它的精神结构因子正是物化、理性化和世俗化的品性。从金钱的角度来看,世俗化在现代社会中的含义就在于,金钱不仅成为物质－经济世界的流通物和统辖者,它还成为精神世界的流通物,占据了精神世界的地盘。这一过程加深了现代社会世俗化的精神景观。

> 因为对于大多数的人来说,货币象征着目的论序列的终点,并提供给他们以各种兴趣统一联合的一个尺度、一种抽象的高度、对生活细节的统合,以至于它竟然减少了人们在宗教中寻找满足的需要。(页238)

> 人们经常抱怨金钱是我们时代的上帝……金钱越来越成为所有价值的绝对充分的表现形式和等价物,它超越客观事物的多样性达到一个完全抽象的高度。它成为一个中心,在这一中心处,彼此尖锐对立、遥远陌生的事物找到了它们的共同之处,并相互接触。所以,事实上也是货币导致了那种对具体事物的超越,使我们相信金钱的全能,就如同信赖一条最高原则的全能。(《金钱》,页12－13)

---

① Simmel, "Tendencies in German Life and Thought since 1870", in D. Frisby (ed.), *Georg Simmel: Critical Assessments*, Vol. I, pp. 6－7.

② ibid., p. 141。

一言蔽之，货币成了现代社会的宗教。或者援引一位德国作家汉斯·萨克斯的说法，"金钱是世界的世俗之神"。但这个世俗之神本身并不据有价值，实际上也无法成为实质性目的，所以当金钱统辖精神世界后，凭借平均化的手段，将一切带有目的性的东西降格，损害了事物特有的价值。

> 货币到处都被视为目的，迫使众多真正目的性的事物降格为纯粹的手段。但，由于货币自身是无处不在的手段，存在的内容因而就放置于一种无所不包的目的论关系中，在这个关系中存在的要素既没有排第一名的也没有排最末一位的。（页431）

因此，货币在形式上——也只有在形式上——具有类似于上帝观念的客观性，它几近是现实的宗教，只不过是较低级的宗教。因为终究金钱只不过是手段，它是承载一切千差万别事物的等价物，而自身却空无一物。"金钱只是通向最终价值的桥梁，而人是无法栖居在桥上的。"生命的情感若要寄托在这个空洞的世俗之神身上，最终的空虚就无从避免。"低俗"的金钱在现代社会无孔不入，注定使现代人的生命感觉枯萎凋零。所以现代人的拜金教缺乏对神性的宗教体验和虔诚的宗教感情。西美尔看到，由货币激发而壮大的现代精神力量只有一种——理智或理性。

理性本身只是精神手段。"尽管这种理智（Intellekt）自身包含着尽善尽美的手段，它却还不能把任何一个手段转变成现实，因为要使这些手段起作用，首先要确定一个目的；只有与这一目的相联系，这些现实的力量和关系才能成为手段，而目的本身唯有靠意志行为才能被创造出来。客观世界是没什么目的性的，除非有意志存在；理智世界亦然；理智仅仅是对世界内容或完美或不太完美的再现。"（页429）但现代社会的理性主义倾向却超越了手段和方式的设置，成为生活中"最富有价值的观念"——理性主义以及实证主义等价值观在现代社会生活（特别是大城市生活）中成为主导潮流。价值观一经转变，现代生活的意义话语随之改变,伴随着货币经济在文化生活中登场亮相。在讨论现代社会注重抽象符号表征所体现的理性主义倾向时,西美尔论述道:

> 当第二级符号在实际生活中日益替代了实体性的事物和价值的时候,指导我们生活的理智能力的重要性也就被提高了……这种生活形式不仅预示了精神过程的一种令人瞩目的扩张(例如,我们只要想一想用现金存储来代替钞票需要怎样一种复杂的心理先决条件),而且也预示了文化在朝向理智性(Intellektualität)发展中所表现出来的对精神过程的强化和根本的方向重新调整。生活在本质上是建基于理智能力之上的,而理智能力在实际生活中是作为我们的精神力量中最有价值的东西被接受下来的,这二者表现的观念与货币经济的增长是携手并行的……理智能力和抽象思维的发展刻画出我们这个时代的特征,在这个时代,货币就其内在价值而言越来越变成一种纯粹的符号、中立者。(页151 – 152)

货币带来的价值观的量化和物化已为生活的理性化基调作好了准备,因此,货币是现代社会理性化过程的基本条件。理性主义遂成为社会行为、经济行为和个体行为的行为准则,进一步加深了现代生活各方面的价值和结构的现代性转化。

2. 金钱与个体自由

夷平一切差异的金钱文化固然平庸至极,但西美尔以为,金钱也为人带来了另一个文化向度。在一开始我们就提到,货币支撑着文化的两个截然不同的发展方向。货币既承载和关联着千差万别的事物和社会阶层,使它们日趋平均化,从而导致社会文化价值的量化、世俗化和理性化;同时,货币又最大程度地保持和促进了个人自由和个体性的发展,经济 – 文化上的个人主义、自由主义几乎是与货币经济的兴起和发展齐头并进的。作为中介,金钱表征的是彻头彻尾的客观性,所以,文化发展倾向中就必然有强调个性和自由之类的东西与之平行发展,否则人的内心生活就会失衡。西美尔不带任何道德批判,论述了货币如何"不偏不倚"(Indifferenz)地促进了这两种文化向度的形成。

人身自由与个性解放的实现,历史地观之,是从封建社会的个人役务和财产占有方式的改变肇端的。在实物经济时代,役务者与主人、领臣与领主之间牢不可破的人身依附关系几乎没有给前者留下任何自由活动的空间。只有当货币租税决定性地取代了实物役务和租税时,义务关系才彻底去个人化(entpersonalisiert),承担役务的人才获得了人身自由。实物经济时代的人与人之间是一种打上个人印记的、温情脉脉的关系,这种主观性的关系需要付出代价:过于紧密的关联束缚了人身的自由。以西美尔的话说,个体自由是"随着经济世界的客观化和去人格化而提高"(页303),即货币使人与人关系客观化,这正是保证个人自由的前提。① 同样地,货币转化了财产的性质和拥有方式,使个体从与有形实物的外在维系和外在局限中解放出来。西美尔认为,从人的存在(Sein)到财产拥有状态(Haben),再从财产拥有返回人的存在状态,这之间有一条链条,二者相互影响。人们越是根深蒂固地、强烈地把财产实际地据为己有,财产对主体的内外本质的影响就越清晰可见、越具有决定性,而由于对金钱的占有只是占有一种使用的可能性,所以"货币形式"的财产——钱财,最大限度地缩小了对人的存在的影响,赋予人最大程度的自由。故而,从传统的土地财产向金钱财产的转变绝不只是一种经济现象,还导致了人的存在状态的改变——现代意义上的自由的来临。

---

① 西美尔认为,去个人化和客观化,是文化发展的重大进步,这涉及他的基本文化观。"我已经指出过,客观性如何减少了竞争的人类悲剧。文化过程真正的教化(Versittlichung)就是越来越多的生活内容以超个体的形式被客观化:书籍、艺术、诸如祖国这样构造的观念、一般文化、生活在概念的和审美的形象中的形式,有关成千上万种饶有趣味且意义重大的事物的知识——所有这一切都可以被人们享用,任何人也剥夺不了任何他人。被嵌入这样客观的形式的价值越多,为每个灵魂提供的空间就越大,像在教堂里一样。现代竞争若不是伴随着各种生存内容——它们不受彻底的ôte-toi que je m'y mette[让开,我要占这个地盘]态度的影响——被日益客观化的话,或许竞争之野蛮痛苦完全不堪忍受。"(页291)

除了财产方式的转变,从社会整体来看,西美尔认为,金钱也成为个体在社会关系网络中的润滑剂,为个体扩展交往和生存的空间创造了便利。货币经济领域的扩展可以说是跟个体生活空间的扩展同步进行的。现代人在社会中彼此依赖的方式前所未有:

> 虽然现代人比原始人——他们可以在非常狭小孤立的人群中过生活——更多地倚赖社会的整体,但我们却特别地不依靠社会的任何一个确定的成员,因为他对于我们的意义已经被转化成其劳动成就的单方面的客观性,这一成就可以轻而易举地由个性截然不同的其他任何一个人完成,我们与他们的联系不过就是完全以金钱表现的利益。(页298)

现代人特别少地依赖于任何一个单独的、确定的人,或者说在货币经济条件下,现代人无可比拟地只依赖于无名无姓的、数量众多的第三者,这就为个性和内心的独立感觉打开了一个特别大的活动空间,于是乎产生了强大的个人主义潮流。社会性意义上的自由,一如不自由,是人与人之间的一种关系。现代自由的发展意味着这种关系从固定的、一成不变的形式转变为不稳定的、人与人互换的形式。如果说自由就是不倚赖于他人的意志,那么首先它就是不倚赖于特定的个人意志。个人自由是在人际关系的互动中的自由,人与人交往的可能性越多,交往圈子越大,就越拥有自由。

> 如果说自由应该意味着个体性之发展,意味着确信以我们的自我之所有个别的意志和感情揭示出自我的内核,那么自由这一范畴包含的就不是纯粹的与他人脱离干系,而毋宁说是一种与他者完全确定的关系。这些他者必须在那儿存在,必须被感觉到在那儿存在,他们才能成为一种无关痛痒的存在。个体自由并非一个离群索居的主体纯粹内在的状态,而是一种互为关联的现象,没有对立面它亦丧失了意义。假设任何一种人际关系均由近的要素和远的要素组成,那么不依赖性指的是远的要素达到了最大值,但

是相互接近的要素可能并未消失得无影无踪,一如从左的概念才产生了右的概念。现在唯一的问题就是:为了促进不依赖性(作为客观事实以及主观意识)起见,什么是远近两边的要素最有利的具体状态。这样的状态似乎只有在下面这种情况下才存在,尽管跟他者之间还有大范围的关系交往,但一切真正是个人性质的因素都从关系中剔除出去了。(页298－299)

西美尔对自由的理解包含两层意思。首先,个体自由非关一人,而是与他人相关联,是一种相互制约的关系。其二,所谓个体的自由就是人与人的关系尽量地客观化,排除了主观的、人为的意志干预,或者说个体宁肯服从客观化的规则,也不臣服于他人的意志之下,这样他才感到是"自由"的。对于个体自由和客观性之间的关系,西美尔说得很清楚:"如果个性观念作为客观性观念的对立面和相关物必须与之同等幅度地发展,那么在这样的关联中显而易见的是,与一种更严格的客观性概念的形成携手并进的是一种更严格的个体自由概念的发展。"(页302)由于金钱是人与人的连结中不带任何感情的"客观"中介者,所以,金钱给现代人的个性和自由开辟了无限大的活动空间,现代人无疑享受到前所未有的巨大自由和个体化。利文(Donald Levine)甚至认为,西美尔的现代性理论根据现代社会史无前例的个体化而"指示出一种人性的巨大提升"。[1]

看来,金钱在封建义务、财产占有、社会关系中均扮演的是同一个角色——把个体从各种各样主观的、"确定"的关系中解脱出来,不管这种关系是跟主人、有形财产、社会成员的关系中的哪一种。但是,当这种主观"确定"的关系如人所愿地随着货币经济而去时,现代人的自由也出现了问题。在西美尔看来,金钱说到底只能给人一种负面的、消

---

[1] 利文挑战以往对西美尔的诸多定论,包括其思想倾向的冷淡主义(indifferentism)和悲观主义,力图建立起西美尔非常正面的、积极的教育家形象,但有矫枉过正之嫌。Donald Levine, "Simmel as Educator: On Individuality and Modern Culture",参 *Georg Simmel: Critical Assessments*, Vol. II, pp. 352–354。

极的自由。自由并非只具有纯粹的负面性,并非只有相对于束缚,自由才有意义。按俗见,

> 自由一向是指不做某件事的自由(Freiheit von etwas),充盈着自由的是无所阻碍而表达出的概念。但自由的概念并不限于这层负面含义。假设摆脱责任的同时没有填补上获得财产或权力的话,自由就毫无意义、一钱不值:不做某事的自由同时蕴含的是做某件事的自由(Freiheit zu etwas)……但凡只有纯负面含义的自由在起作用,自由就被视为残缺不全、有辱人格……自由本身只是一个空洞的形式,这种形式只能在其他生活内容的发展中,以及凭借这种发展变得卓有成效、生机勃勃、富有价值。(页401-402)

金钱的确在、也只在纯粹消极的意义上,解决了人类实现自由的任务。但似乎只有自由主义——这种被西美尔称作"唯智论和金钱交易的历史代表"的观念——的自以为是,才把消极自由奉为圭臬。① 对交纳现金租税而获"解放"的农民而言,他们确实得到了自由,但只是不做什么事的自由,而非做什么事的自由。这种消极的自由使农民不知所措,因为它没有任何确定的内容。西美尔提醒我们,自由只是形式,需要以切实的内容填充。而金钱式的自由恰恰是充满种种可能性的、不系于任何实在之物的自由;它在解放我们的同时,只给了我们空虚的生命感觉。

> 这种自由的状态是空虚、变化无常,使得人们毫无抵抗力地放纵在一时兴起的、诱人的冲动中。我们可以把这样的自由与无安

---

① 这里自然让人想起,20世纪的自由主义大师伯林在1958年那篇著名的教授就职演说中提出的,对"消极自由"和"积极自由"进行划分的"两种自由观",按自由主义的思路,伯林当然以"消极自由"为贵,视"积极自由"为绝对主义、集权主义的温床。殊不知早在半个多世纪以前,西美尔就已指出,"消极自由"不过是金钱式的自由,在看似相当自由的外表下隐藏的是生命的空虚和无聊,和最终的混乱。

全感的人的命运作一比较,他弃绝了上帝后重新获得的"自由"只为他提供了从一切短暂易逝的价值中制造偶像崇拜物的机会。商人整天为生意忧心忡忡,迫切希望无论如何要把货物出手,他遭遇的是和弃绝上帝的人同样的命运。但,最后当钱到手商人真的"自由"了后,他却常常体会到食利者那种典型的厌倦无聊,**生活毫无目的,内心烦躁不安**,这种感受驱使商人以极端反常、自相矛盾的方式竭力使自己忙忙碌碌,目的是为"自由"填充一种实质性的内容……出钱获得解放的农民,变成赚钱机器的商人,领薪水的公务员,这些人似乎都把个体从种种限制——即与他们的财产或地位的具体状态紧密相关的限制——中解放了出来,但事实上,在这里所举到的这些人身上却发生了截然相反的情况。他们用钱交换了个体之自我中具有积极含义的内容,而钱却无法提供积极的内容。……因为货币所能提供的自由只是一种潜在的、形式化的、消极的自由,牺牲掉生活的积极内容来换钱暗示着出卖个人价值——除非其他价值立即填补上它们空缺后的位置。(页 402 – 403)

本来,个体占有货币后无穷无尽的"可能性"充满诱惑且含含糊糊地暗示了自我的扩展,但西美尔的锐利目光看到,其实金钱带来的是"自我的萎缩",所以占有金钱所意味的自我扩展是非常与众不同的——在某种意义上是最彻底的,而另一方面又是最受局限的。在前现代,具体的租税或财产也许限制了个体,但它们的确定内容也支撑着个体。一旦人们摆脱了与各种存在物之间的关系束缚后,也就绝不可能再发展内在于这些东西中的那种约束、融合、献身的质素了。

一如货币经济哺育出现代人对自由观念的诉求,金钱文化也支撑了现代社会构想中对平等观的追求。在消除差别、寻求平等这一向度之外,货币经济的确给现代文化带来了另一向度——诉诸自由,并且这一持续不断的自由解放过程在现代生活中占据了一个格外广阔的领域,不唯经济领域。在思想和精神品格上,西美尔明确地指出,货币经济确实和自由主义关联甚密,二者之间具有更为深刻的关联。但正由于金钱式的自由追求的是形式化的消极自由,所以自由主义的自由产生了如此多的不稳定、秩序混乱、令人不满。这也解释了,"为什么我们这个时代尽管从总体而言的确比过往任何年代都有更大的自由,我们却无法好好地享受自由"(页403)。在现代金钱文化不明就里、毫无定性的自由中,现代人品尝到十足的现代情绪的恶果:满心期望占有某件东西得到满足,一瞬间马上又有了超出这件东西的欲望,生命的内核与意义总是从人们手中滑落。现代人越是自由,对生命益发感到厌倦;越放纵个性,个人的价值何去何从益发没有着落。个人价值在金钱文化中已被连根拔起(Entwurzelung),所以"自由"的现代人现在带有几分疑惑、踌躇不决地要重新寻求物体自身当中那种力量、稳定性和内在的统一。他们慌不择路地要给予事物一种新的意义、一种更加深刻的意义、一种事物本身的价值,这就是为什么会有这么多活跃于现代艺术、宗教中的骚动,有这么多对新颖风格的探索,从象征主义一直到通神学、招魂术。这些蠢蠢不安的躁动均是渴望了解一种新的、更易察觉的事物意义的征兆——而不管是否每一件事物自身便拥有更具价值的,更精神性(seelenvollere)的着重点。

现代性条件下的个体自由和个性化,正如文化的夷平过程一样,在西美尔眼中亦是悲观的,尽管在一定程度上,这依然是货币及货币经济予以现代生活的不那么负面的影响。在这位哲学家眼中,亘古至今(现代金钱文化时期也不例外),生活从来都是悲剧性的。

> 各种各样的矛盾冲突、无价值和令人失望的事(作为日常生活里单个的事件它们是可以忽略不计的),甚或那些具有幽默性的事件,都呈现出一种悲剧般的、深深令人不安的特性,这是当我们意识到它们惊人地四散弥漫、日复一日无从避免以及它们所影响的不是某一天而是一般意义上的生活的时候,才认识到的。

(页264)

三、西美尔的思想肖像

西美尔貌似客观冷静的现代文化描述,一向令文化批判者们或产生道德义愤,将其归咎为折衷的相对主义,或斥之为浅薄的印象主义和审美主义。西美尔对资质平庸的金钱文化的描述,虽然带有悲剧性的基调,却绝无马克思批判资本主义"金钱社会"时的激愤。不去追究西美尔为什么不承纳马克思的批判立场,只贴上相对主义的标签,等于什么都没有说。西美尔在《货币哲学》中言明,每个时代都有与之相契合的理论世界观,恰如初期文化青睐绝对主义世界观,现代的相对论世界观则是由社会和主观生活的截然对峙决定的,金钱就是存在相对性之历史象征物。但西美尔决非历史阶段论的拥趸,在描述这种相对主义时,他流露出的是典型的(但非传统的)形而上学的心性——这从《货币哲学》结尾部分对"恒定"和"恒动"两种理解世界的范畴的论述可窥一斑。至于把西美尔的文化立场判定为审美主义,姑且不论其中的贬义色彩,如果说其意指西美尔超越历史主义的视野,倒还恰当。

西美尔其人其说,究竟该归于哪一类呢?

狄尔泰的弟子马克斯·弗里塞森-科勒(Max Frischeisen-Khler)曾在1919年西美尔辞世一周年时撰长文纪念,称西美尔这位"哲学小品文大师"(Meister des philosophischen Essai)从建构"货币哲学"起,就意图对迄今为止的社会-文化批判做"积极的补充",《货币哲学》的问题意识一如松巴特和韦伯的国民经济研究、特洛尔奇的宗教研究,共同驳斥了历史唯物主义,以把握理解"资本主义精神"

(Geistes des Kapitalismus)。① 西美尔的思想立场不同于马克思和法兰克福学派是明摆着的——这种不同正如《货币哲学》和《资本论》的差异一样大,②他是否因此就跻身于重塑"资本主义精神"的行列,倒值得一问。

不错,《货币哲学》里描述的文化景观、分析的文化事件大多属于资本主义社会,但真正使西美尔忧虑的是更普遍意义上的文化问题,或人的在世问题。所谓"文化悲剧"是人的永恒命运——既非特定的历史阶段的罪恶使然,也非重塑某个历史阶段的文化精神所能够逃逸。毋宁说,西美尔所承纳的是超越左右两派的审美式悲观哲学立场,它实质上已在现代性文化景观中构成与文化保守主义(如丹尼尔·贝尔)和新老马克思主义文化批判(如法兰克福派)的三足鼎立。这三者涉及的完全不是文化言说形式的差异,而是理论精神气质的迥异,涉及对待资本主义现代文化的三种态度。法兰克福派扮演的是资本主义社会文化抨击者的角色,贝尔则是文化监护人形象。作为资本主义社会的文化抨击者,法兰克福派的文化批判是从马克思的政治经济学出发,从对资本主义社会政治意识形态理念、经济体制的批判转入对资本主义现代文化的批判。它所秉承的道义价值立

---

① Max Frischeisen – Khler, "Georg Simmel", in Peter Ulrich Hein (ed.), *Georg Simmel*, Frankfurt a. M. : Verlag Peter Lang, 1990, p. 38.

② 试比较《货币哲学》和《资本论》对相关问题的处理。对于物化和客观化,西美尔首先认为这是文化或文明成熟的标志,意味着人类的劳动和知识等超越了个体的人的局限——以价值为例,经济价值使主观价值客观化,而金钱则是经济价值最物化、最客观化的载体;以财产更替方式为例,交换比抢劫和赠礼的方式更客观化,也更文明——所以客观化的程度就意味着文明发达的程度。但另一方面,文化的客观化,尤其是现代文化趋向于极致的物化、客观化又对主体文化构成致命的威胁。有诸多论者提出西美尔关于物化、客观化的论题与马克思的"异化"命题的相关性(卢卡奇更是借助前者的"物化"重新发现了后者的"异化"理论),但二人的理论立场显然不同:前者是从其悲观形而上学理解这一文化悲剧,或可说,客观文化与主观文化的冲突就像生命与形式永恒的冲突一样是无法从根上完全解决的,而后者则站在文化批判的立场,以为"异化"是资本主义的病症,用另一套社会制度安排则可克服之。

场是很明显的。以贝尔为代表的文化保守主义①反对批判理论的过激倾向和批判立场,偏向节制、实际的观点,文化保守主义的理论实质在于恢复资本主义社会道德与文化秩序,因此文化保守主义扮演的是社会文化理念监护人的形象,或可归于科勒所谓重塑"资本主义精神"之列,它对后工业社会中"现代主义"的文化时髦的批判,乃是出于文化监护者对资本主义社会"文化困境"、"文化危机"的疗救心态。②

  关于西美尔的思想肖像,各种交相缠绕、砥砺交锋的说法颇多。即便在同时代人眼里,西美尔的形象也算不上清晰。他既是同仁认可的社会学和哲学思想的"启发者"(韦伯),又是"没有奠定社会学的牢固基础"的人(涂尔干);他既是学生眼里的"智者"(Arthur Salz),又是没有任何思想继承人的学院外的"局外人"(科瑟);他既是所属的那个时代不可或缺的"时代哲学家"(约尔),又似乎是迟早会被替代的"过渡哲学家"(卢卡奇)。及至现代,对西美尔的学术评价也是莫衷一是,弗里斯比称他为"游手好闲者"(flneur)③,严肃一点哈贝马斯说他是时代诊断者(Zeitdiagnostiker),④更有激进的左翼论者提出西美尔是"先锋派"、"毁灭性思想家"。⑤然而后现代主义

---

① 贝尔声称:"我在文化领域里是保守主义者,因为我崇敬传统……认为有必要在判断经验、艺术和教育价值方面,坚持依赖权威的原则……现代文艺的贬值,是由于它突出'自我表现',并抹杀艺术与生活之间的差别……真正富有意义的文化应当超越现实。"丹尼尔·贝尔,《资本主义文化矛盾》,赵一凡、蒲隆、任晓晋译,北京:三联书店,1989,页24。

② 丹尼尔·贝尔,《后工业社会的来临》,高铦等译,北京:新华出版社,1997,页527－528。

③ 此乃弗里斯比借用本雅明评价波德莱尔的提法,参 D. Frisby, *Sociological Impressionism: A Reassessment of Georg Simmel's Social Theory*, London: Routledge, second edition, 1992, pp. 68－101。

④ Jürgen Habermas, "Simmel als Zeitdiagnostiker", G. Simmel, *Philosophische Kultur*, Neuauflage, Berlin: Wagenbach, 1983, pp. 243－253。

⑤ Ralph M. Leck, *Georg Simmel and Avant-Garde Sociology: The Birth of Modernity*, 1880－1920, New York: Humanity Books, 2000, p. 82。

者却抨击和扭转了左翼批评者的说法,他们借用列维－施特劳斯的提法,称西美尔是"利用现成工具干零碎杂活的人"(bricoleur),是"差异思想家"和零敲碎打补缀思想碎片的后现代主义者。① 左翼评价从传统到激进变化很大,②而且和后现代评论截然对峙,使得现代西美尔阐释的格局呈现出某种紧张的态势,但,二者都弄错了西美尔肖像的底色。

西美尔的思想形象虽然带有审美主义倾向,但决非事事无所住心的"游手好闲者",他像悲观主义哲学家叔本华一样,从思考一开始就洞察到生命与形式的冲突无法通融,人的幸即不幸的悲剧性命运,以悲观－寂静主义(pessimistisch－quietistischen)化解于字里行间——对于思想得很彻底的西美尔,舍此别无他法,他只能带着形而上的悲情诠释对生命的自我理解。正是在此意义上,他是一位地道的悲剧性思想家。

西美尔谈到"冒险家"时曾说:

> 哲学家是精神上的冒险家,他毫无希望地但并非因此而毫无意义地企图把一种精神上的姿势,它对自身、世界、上帝的态度塑造成概念性固化成的知识。他处理这不可解决的问题就好像它是可以解决的。③

这段话仿佛西美尔的精神自况。"冒险家"的说法别具深意,哲学家西美尔就是这样一个"精神上的冒险家":他的思想探险"毫无希

---

① Deena Weinstein/ Michael A. Weinstein, *Postmodern（ized） Simmel*, Routledge, p. 53.

② 综览近百年的西美尔阐释资源,即便在后现代的"众声喧哗"中,左翼的声音仍显得更铿锵有力。这当然与长久以来深厚的左派西美尔阐释传统相关:从卢卡奇的反叛出师,经由法兰克福学派"怀疑的眼光"(虽然早期有本雅明的微妙继承),到当代弗里斯比的赞赏和雷克的激烈推进,左派的西美尔阐释足可勾画出一幅精彩绝伦的西美尔思想肖像的演进史。而万变不离其宗的是"审美主义"的阐释底色(雷克的颠覆其实也是在此基础上完成)。

③ 西美尔,《冒险》,见《时尚的哲学》,费勇等译,北京:文化艺术出版社,2001,页210。

望",因而是悲剧性的,但又并非"毫无意义",故此会沉思到底。尽管是"悲剧性的思想家",但西美尔的哲学-文化思想一直试图用一种精英主义的姿势、绝对主义的立场处理那些不可解决的精神问题。他的思想形象是一个寂寞而疏离的精英角色,一个要保护自己的精神个性的贵族主义哲学家——西美尔的古典主义和形而上气质正在于此。虽然被当作"时代哲学家",虽然置身于现代喧闹的思想冲突中,他却超越了左翼和右翼的思想立场,保持着古典哲人的爱智传统。也许对他来说,做哲人,或做"精神冒险家"就意味着对任何一种现代的思想立场保持警醒和距离。哲学家作为"精神上的冒险家",其思想气质在于孤绝、疏离、古典,因此西美尔的思想形象上承斯宾诺莎、叔本华、尼采,后启舍勒、马丁·布伯、海德格尔。

西美尔的文化哲学虽然在根本上是形而上的、哲学式的,但具体的文化分析使用的是景观角度,带有"碎片的"风格。在《货币哲学》中,西美尔分析了很多琐细的、与货币这一纯粹的经济物相关联的社会精神-文化现象,诸如贪财吝啬、奢侈、禁欲式的贫困、血钱与罚金、买卖婚姻和嫁妆、卖淫,其中又有特别涉及现代生活的现象,如乐极生厌的腻烦、犬儒主义、算计特征、股票交易、信贷等不一而足。西美尔的形而上学思考一直盘旋在这些形形色色的感性碎片之上,但他却"以沉思的姿态凝视这些流动的场景,把喧闹背后的寂静从容不迫地揭示出来。因而,他的生命感觉并非印象式的、散乱的,而是有着深厚的哲学与历史底蕴"。①

按主流社会学史家的眼光,西美尔忝列古典社会学的四大导师之末,不过排在他前面的三位,马克思、涂尔干、韦伯历来被认为是"神圣三位一体",西美尔充其量是最有实力的"替补"。② 所谓的历史叙述向来眼光近视得厉害。一个世纪过去了。西美尔到底是不是"过渡哲学

---

① 费勇,《时尚的哲学》"译者前言",见西美尔著,《时尚的哲学》,费勇等译,北京:文化艺术出版社,2001,页5。
② 成伯清,《格奥尔格·齐美尔:现代性的诊断》,杭州:杭州大学出版社,1999,页193-194。

家",《货币哲学》到底是不是"过渡性作品",看来不是由眼光近视的历史主义说了算的。西美尔思想的火花以其独特的熠熠之光启发了同时代和之后的社会文化人,虽然他自己在生前并未在当时的主流社会学中获得多大的理解。因此,恰切地重塑西美尔的思想肖像,对当今的西方和汉语学术界都不乏意义。

本书汉译参考的翻译底本有:英译本 *The Philosophy of Money*, trans. by Tom Bottomore, David Frisby, London: Routledge & Kegan Paul Ltd.,1978;德文本 *Philosophie des Geldes*, Berlin: Duncker & Humblot Verlag,1900(1. Auflage)。

本书的翻译分工如下:前言、第一章,文聘元译;第二章、第三章,耿开君译;第四章、第五章、第六章,陈戎女译;重要术语与人名对译表,陈戎女制作。正文所有注释均为各译者所注。

前　言

任何一个研究领域都有两条界线，在这两条界线上思想运动不再精确且进入了一种哲学形式。认知的普遍前提条件，像每个特殊领域中的公理一样，不可能在认知领域之内被描述与检验，而是把对前提条件的描述与检验转换成一门更为原则性的科学。此门业已被置于无限之中的科学的目标就是：不带前提地思考——这也是为各门具体科学自身所拒绝的一种目标。因为具体的科学如果没有根据，也就是说没有实质性的、方法论性质的前提的话，将寸步难行。哲学就是描述与检验这些前提条件，它本身也不能彻底地超越这类前提条件。在这里，每一个认识的终点都产生了一种绝对命令以及对不可明证性（Unbeweisbare）的诉求，并且，鉴于可证明性的发展进步，此认识的终点从来无法明确地固定下来。如果哲学领域的开端在这里好像被标记成精确的思想运动的底线，那么其上限就在于，实证知识从来残缺片断的内容试图通过明确的概念修补成一幅世界图景（Weltbild），并力图关联到生活的整体。如果诸门科学的历史实际上揭示出哲学的认知模式是初级的模式、是以一般的概念对现象的一种纯粹的概括，那么这一暂时的过程在遭遇到某些问题——即那些特别是与精神生活的价值评断和最一般的关联有关的问题，对这些问题我们迄今为止既无确定的回答、也无法摆脱——时，就是不可或缺的了。的确，臻于完美的经验也不能取代哲学作为对实在的一种意义阐释、着色与个人性的强调，同理，对现象的机械复制术的日趋完善也不会使视觉艺术成为多余。

从这一对哲学地位的一般性勘定出发，引发了哲学对个别对象拥有的权力。倘若有一门货币哲学，那么它只可能从货币经济学结束和尚未开始的地方起步:一方面,它可以表现货币是在哪些前提条件——它们被置于精神状态、社会关系、实在与价值的逻辑构造之中——下获得其意义及其实际的位置。这并非货币的源起问题,因为这类问题属于历史,而非哲学。并且,不管我们如何重视从某一现象历史上的来龙去脉去了解该现象的好处,这一历史演变内容上的意义与重要性通常取决于一种概念性的、心理性的、伦理性的关联,这些关联不是时间上的,而是纯客观的。这类关联当然已被历史力量化为现实,但并没有被历史力量的偶然性所穷尽。正义、宗教、知识之意涵、尊严及内容完全超出于它们在历史上如何被实现的问题。因此,本书的第一部分将从那些承载货币之存在实质和意义的条件出发阐释货币。

在本书第二部分,即综合卷,我试图从货币作为前提的诸种价值感、对事物的实践、人的相互关系,研究货币的历史现象、货币的观念与结构对内在世界的影响:对个体的生命情感、个体命运的连结、一般文化的影响。这一方面涉及与货币的关联,这些关联在本质上需要精确细微的研究,但鉴于目前的知识状态无法如此研究,这些关联只能以哲学方式来处理,即一般、大致的方式,把个别现象与抽象概念相联系以呈现个别现象的方式。另一方面是精神层面的种种原因,这些原因在任何时代都是具有假设性意义的解释与人为的、从来无法彻底摆脱个人色彩的重构。本书第二部分把货币原则与内在生活的发展与评价相结合的做法远远居于货币经济学之后,正如本书第一部分的问题域(Problemgebiet)远居于货币经济学之前。本书的第一部分试图从一般生活的条件与联系理解货币的本质,另一部分则反之从货币的影响说明一般生活的本质与构造。

本书的这项研究没有只字片语是国民经济学式的。也就是说,那些国民经济学从一种立场观察的估价与购买的现象、交换与交换手段的现象、生产形式和财产价值的现象,本书将从另一个立足点予以考察。这些现象中国民经济学感兴趣的仅仅是那些最实际利益的,业已被彻头彻尾地研究过了的,可最精确地表现的方面——仅仅这样人们似乎有表面上的理由把这些现象只看作"国民经济学事实"。但,正如某个宗教创始人的现象绝不仅是宗教现象,而且也是心理学范畴,甚至是病理学、普遍历史学、社会学范畴的现象;或者,正如一首诗并不只是一种文学史的事实,而且也是一种美学的、语文学的、传记学的事实;总而言之,正如一门单独科学(它一向是基于分工的)的观点从来没有穷尽一种实在的总体——所以,两个人互相交换其产品的这一事实绝不只是一桩国民经济学事实而已。这样一种事实,也就是说其内容可能被国民经济学对它的表述穷尽的事实,并不存在。相反,这种交换的事实可以同样正当地被当作一种心理学的、道德史的(sittengeschichtliche)甚或美学的事实来处理。即使它被当作国民经济学的事实来考虑,也并非到达了一劳永逸的终点,相反在国民经济学形式的掩盖之下它也是哲学研究的对象,哲学检验它在非经济学的概念和事实中的前提以及它对非经济学的价值与关系所产生的后果。

在这个问题范围里,货币不过是手段、质料或实例,用以表现最表层的、最实际的、最偶然的现象与存在最理想的潜力之间的关联,表现个体生命与历史最深刻潮流之间的关联。本书整体的意义和目的无非是:从经济性事件的表层衍生出有关人类终极价值和意义的一条方针。抽象的哲学系统结构与个别现象,特别是与实际的存在之间保持着一种距离,那哲学结构看来仅仅假设它们把现象从孤立、非精神性(Ungeistigkeit)甚至事与愿违(Widrigkeit)中解救出来。但是,在本书中这种解救唯有在货币这样一种情况下才得以证实,货币不仅揭示了纯粹的经济技术的不偏不倚性(Gleichgültigkeit),而且本身似乎就居中无偏向(Indifferenz),因为它全部的目的意义不在于它自身,而在于转化为其他价值。然而,因为两方面的对峙,即最表面的、无质的东西同生活的内在实体之间的对立,在这里达到了巅峰,所以,如果这一个别情况不但(主动和被动地)渗透到精神世界的整个范围,而且它自己显现为精神世界本质的运动形式的象征,那么此种对峙必须达到最有效的协调。因此,本书考察的整体并不在于对一种个别知识内容的主张及其逐渐累积的证据,而在于寻求那种可说明的可能性,即从生活的任何细节中寻求生活意义的整体的可能性。艺术之于哲学的巨大优势乃是,它每一次都给自己设定一个单独的、严格界定其范围的问题:一个人、一道风景,一种情绪。它从这些东西向一般性的每一次延伸中、从对世界情感的宏伟特征的每一次增添中感受到一种丰盈、恩赐、似乎受之有愧的幸福。另一方面,哲学——其问题完全等于存在的整体——相比于它自身习惯于约减存在整体的范围,且哲学所提供的比它似乎应当提供的要少。相反地,本书的意图是将这种问题看作受限制的小问题,以便把该问题扩展和延伸到整体性与最一般性时公正地对待它。

就方法论而言,我们可以这样表述这一基本意图:为历史唯物主义建造底楼,从而,经济生活被纳入精神文化的原因这种说法仍保证其阐释性价值,而与此同时,这些经济形式本身却被视为心理学的甚至形而上学的前提的更深层评价和潮流之结果。对于认知的实践,上述这种方法必须在无限的相互关系中发展:依据某一经济结构对某一理念结构(Gebild)的任何一种意义阐释必须导向这样的要求,即反过来经济结构从更理念化的深度被理解,同时对这些深度自身而言也要再度去寻求普遍的经济下层建筑,如此以至于无穷。在概念上相互对立的认知原则的这种轮替与交织中,事物的统一体——它对我们的认知来说似乎不可捉摸,但依然建立起其关联——对我们而言是实际而生动的。

这里所提及的本书的意图与方法,如果它们不能服务于哲学的基本信念的一种内容多样性,它们就不得声称任何原则性的权力。将生活的细节、表面事物同它最深层的、最本质的运动衔接在一起,并且按照生活的总体意义可以把对它们的意义阐释建立在唯心论的基础上,一如在唯实论的基础上,可以建立在唯理性的基础上,一如在唯意志的基础上,可以采取一种绝对主义对存在的理解,一如采取一种相对主义的理解。本书接下来的探讨就奠基于这些世界图景之一上面——我认为这个世界图景是对当今的知识内容与情感取向最为恰切的表现,并且非常显著地排斥与其相反的世界图景——在最糟糕的情况下,可能使它们沦为一个纯粹范例的角色,即便它不符合客观的情况,也显示出它作为未来正确性的形式的方法论意义。

第二版所作修订丝毫不影响本书基本主旨。不过,我试图藉由新增事例与讨论,尤其通过深入根基,提高这一主旨为人理解和接受的更多可能性。

分 析 卷

第一章　价值与货币

第一节

　　实在与价值是相互独立的范畴,通过之我们的观念内容变成了世界图景

　　事物作为自然存在的实体而置其中的那种秩序奠基于这样的假设,即事物性质的多种多样性取决于存在的整一性:事物在自然规律面前的平起平坐、物质与能量连续不断的总量、千差万别的现象彼此的可转换性,这一切将初看来明显的差异性转变为一种普遍的近似性,一种权利平等。但更细致地观察,这一观念只不过意味着,诸如自然机制的产物之类的东西超出了任何法则设定的提问。自然存在物绝对的确定性不允许任何可能对它们的存在和如此存在(Sosein)表示赞同或者提出质疑的强调。但对于自然科学对事物所设定的这种漠不关心(gleichgültig)态度的必要性,我们并不满足。相反,我们不考虑事物在那个序列里的位置,把它们按内在特性安置在另一个秩序里——即按价值进行排序——在这个秩序里完全取消了一致性,在这里某一点的最高层面与另一点的最低层面毗邻,在这个系列里基本的特性不是整一性而是差异性。对象、思想、事件的价值从来不是从它们纯自然的存在与内容中推断出来,而且它们依据价值而来的秩序与其自然的秩序有很大的分野。在很多时候自然破坏对象,这些对象就其价值而言可能是要求被保留的,并且自然保留着无价值的对象,它们占据了更有价

值的对象的存在空间。然而这也并不是说两个序列之间有一种根本上的对立,或者说它们是互相排斥的。这样的观点总是会意味着两个序列之间的一种关系,并且确实会建立起一个由价值确定的、但有着相反的标记的怪异世界。不如说,两个序列之间的关联是绝对的偶然性。自然以同样的漠不关心,一会儿提供给我们有极高价值的对象,另一会儿又拒绝把它们给予我们。两个序列间偶然的和谐、来自价值序列的要求通过实在序列而实现,这表明它们之间缺乏任何逻辑的关联,明显反之亦然。我们可能意识到同一生活内容既是实在的又是有价值的,但该生活内容在两种情形下导出的内在命运却有截然不同的意义。自然现象的序列可以在不提及事物价值的情况下完全地描述出来,且我们的价值尺度仍是有意义的,无论其内容是经常地或者根本没有出现在现实当中。对于被完全地确定的、客观的存在的现实性而言,价值仿佛是附加在上面似的,好似光与影子一样,价值自身并不出自现实性,而另有其源头。然而我们必须要避免一种误解,即价值观念的构成(作为心理学的事实)极其不同于自然规律般的生成过程。一种超凡的精神——其能够按照自然规律绝对彻底地了解世上的事情——也会理解人们具有价值观念这一事实。但对于一个纯粹理论化地认知它们、超越它们的心理意义上的存在去设想它们的人而言,这些都将没有意义或失效。在这里,被自然视作机械的因果体系而予以否定的仅仅是价值观念客观的、内容上的意义,而同时灵魂里发生的事件——它使价值内容成为我们意识的一部分——却恰恰属于自然。评价,作为一种实际的心理上发生的活动,是自然世界之一部分;但我们经由评价活动所指涉的含义、其概念上的意义,是独立于这个世界之外、与世界对峙的东西,所以不是自然世界的一部分,从一个特殊的观察角度观之,毋宁说它就是整个世界。人们很少意识到,我们的整个生活(从其意识方面来看)是由价值感觉和价值判断组成的,并且根本上生活只从下述的事实获得其意义与重要性,即现实的机械地摊开来的元素超出它们的客观物质意义之上为我们拥有了无限多种类的价值。在任何时刻,当我们的灵魂不是单单被动地反映现实的镜子——这也许从没发生过,因为即便客观的认知也只能从评价活动中产生——时,我们就生活在价值的世界里,这个世界以一种完全自主的秩序安排现实的内容。

这样,价值从某种意义上说乃是存在的一个对应物,并且与存在——它作为世界观的一个广泛的形式与范畴——是可相比较的。如康德所言,存在不是对象的一种性质;因为如果我说一个对象——迄今为止它只存在于我的思想之中——存在,它并没有获得一种新的性质,因为否则它就不是我所想的那一个对象,而是另一个了。同样,我称之为有价值的一个对象并没有因此获得一个新的性质,它之有价值仅仅因为这是其已有的性质,使它得以进入价值圈子里的正是它整个的已被确定的存在,这可以通过对我们思想的彻底分析而得到支持。我们能够设想我们的世界观的内容,不管这些内容真的存在还是不存在。我们能够设想我们称之为对象的性质的集合,包括它们在客观与逻辑的意义上的相互联系与发展的所有法则,并且我们能够拷问——这是十分独立的——所有这些概念与内在观念是否、在何处及怎样得以实现。对象的概念意义与规定性(Bestimmtheit)是不会被诸如它们是否存在,或者说它们是否被置于价值的尺度之中以及被置于价值的尺度的何处这类问题所影响的。然而,如果我们要建立一个理论的或实践的规则,我们就免不了要回答这两个问题。我们必须能够说出这些对象每一个是存在抑或不存在,并且每一个对象必须有一个对于我们而言在价值尺度内明确的位置,从最高的价值,到对价值的漠视,到否定性的价值。漠视是对正面价值的拒绝,但存在着兴趣的可能性,它不活跃然而一向存在于背景中。这一要求——它决定了我们世界观的结构——的意义并不被我们的理解力通常不足以决定概念的真实这一事实所改变,也不被我们情感的范围与确定性通常不足以按事物的价值来给事物分等级尤其是以任何永恒与普遍的方式给事物分等级这样的事实所改变。在纯粹概念的世界对面、在客观性与规定性的世界对面,屹立着存在与价值这两个伟大范畴,包括从纯粹概念的世界中获取其质料的形式。这两个范畴具有基本的性质,即无法彼此还原成另一个范畴,或还原为别的更简单的元素。因此,对象的存在从来就不能被逻辑地推断出来；不如说存在是我们感知的原始形式，对于某些还不了解存在的人，它可能被感觉、经验与相信，但不能被推断。一旦这个感知的形式掌握了一个特定的内容——通过一种非逻辑的行为——那么它就能够在其逻辑的语境下得到解释与发展，直到这个逻辑语境可及的地方。作为一项规则，我们能够表明我们为什么假定了一个特殊现象的实在；也就是说，因为我们已经假定了另一个现象，这个现象是通过它的特殊性与另一个相联系的。但第一个特殊现象的实在性只能够通过在一种相似的形式中将它追溯到一个更为基础的现象而得以表达。这一追溯过程需要最后一名成员，其存在仅仅依赖于一种接受、肯定与坚信的感觉，一种直接被给予的感觉。估价与对象有着完全一样的关系。一个对象的价值的所有证明只不过是必须承认，这个对象的价值正和已经假定的价值一样，并且承认，在这个对象被接受的时间里，对于另一个对象同样是毋庸置疑的。我们以后会分析这个行为的动机。在这里只需说明我们所认为的对价值的证明，不过就是把一个现存的价值转移到一个新的对象身上就足矣。它并不揭示价值的本质，也不揭示为什么价值原来是从其他对象那里转移过来，附着在这个对象身上的原因。

如果我们接受一种价值的存在，那么它的现实化过程、它的演化就可能理性地被了解，因为总的说来它遵循实在内容的结构。然而，在根本上存在着一种价值，这是一个首要的现象。价值推论仅仅使我们知道在其之下价值得以实现的条件，价值却不是由这些条件所生成，这就像理论证据仅仅为支持肯定感或支持存在感准备了条件。至于价值到底是什么的问题，一如存在是什么的问题一样，是无法回答的。并且正因为价值和存在与对象有着同样形式上的关联，它们彼此是相异的，就像思想（Denken）与延展（Ausdehnung）之于斯宾诺莎是相异的一样。因为二者表示了同样的绝对的质，每一个都有其自己的方式并对它自身而言是完满的，其中一个从来不会侵入另一个。它们从来不会彼此伤害，因为它们是从完全不同的观点去拷问对象的概念的。但这一互不相连的平行论并没有将实在与价值分割成枯燥的二元性，心灵及其需要是永远不会接受这个的——即使其命运与探讨的方法可能不停地从分散走到统一又从统一回到分散。价值与实在的共同性位于这些东西之上：即质的内容，柏拉图称之为"理念"，它能够用我们的实在与价值的概念去指称与表达，并且能够进入二者之任何一个以及其他的序列。在这两个范畴之下有二者共有的东西：灵魂，在其神秘的统一体里灵魂吸收一个或创制另一个。好比说，实在与价值是两门不同的语言，通过语言，世界上逻辑地相关联的内容在语言观念的统一体中成为对整一的灵魂而言可理解的，或者说，实在与价值是这样的语言，在其中灵魂能够表达超出它们的分殊或对立之上的那些内容之纯粹的想象。这两个由灵魂制造出来的集通过感知与评价，也许可能在形而上学的统一体里再次被聚在一起，对形而上学的统一体而言没有什么语言的术语可以表达，除非它是在宗教的象征里。也许有一个广大无垠的场地，在那里我们在实在与价值之间所经历的异质与分歧不再存在，在那里两个序列显现为一个统一体；这统一体或者不受这两个范畴影响，以一种庄严的冷漠站在它们之上，或者它意指这两个范畴的一种和谐的交织，只有通过我们看待这种交织的方式，它才被扭曲和粉碎成碎片，截然对立，就好像我们有一种有缺陷的视觉能力似的。

客观价值的心理事实

价值的个性特点在与实在相比较而出现时被称为主体性。同一个对象对于一个灵魂可能有最高的价值，而对于另一个只有最低的价值，反之亦然，并且因为另一方面在客体之间最广泛的、极端的差异可以与价值的等同和谐共处，所以看上去保留下来作为价值范围的只是主体及其惯例或例外、永恒或变动、心情与回应。不用说，主体性与涉及对世界整体的"我的感知"这样的主体性没有任何关系。不管它们被想象的方式，价值的主体性可与被给予客体的价值相对照。换句话说，了解所有客体的主体与同客体相冲突的主体是不同的，价值与所有客体分有的主体性在这里并不起什么作用。其主体性也不仅是任意多变的,独立于实在并不意味着价值能在这里或那里被赋予任意的、无限制的自由。价值存在于我们的意识之中,作为一个事实,它和实在自身一样是不可改变的。因此,价值的主体性首先只是否定意义上的,价值不附着于客体之上,其意义就像颜色与温度不会如此一样。颜色与温度(虽然为我们的感觉所决定)伴随着直接依赖于客体的一种感觉,但在价值的情形里我们不久就会忽视这类感觉,因为实在与价值所构成的两个序列彼此是非常独立的。比这一总特性更有趣的唯一情形在于,心理事实似乎导致了一种相反的观点。

无论是在经验还是超验的意义上,主体与客体之间的差异都是可以设想的,价值从来都不是客体的"性质",而是一个仍保留于主体之内的判断。并且,无论是价值概念性的内容还是更深刻的意义,无论是它对于个体精神生活的意义还是基于其实践的社会事件与安排,都不能通过提及对于"主体"的价值而得到充分的了解。对价值的了解途径存在于这个范围之内,在这里主体性仅仅是临时的,并且事实上不很重要。

主体与客体之间的差异并不像这些范畴在实践生活与科学世界中业已被接受的分裂令我们相信的那样大。精神生活开始于自我及其客体仍没有被区分时的无差别状态;意识充满了印象与感知,但这些内容的载体还没有将自己从内容中分离出来。而意识与其内容的分离是第二阶段意识的结果,是后面的一个分析的结果,即在特别真实状态下的一个主体,将逐渐从他在那些状态下的意识内容中区分开来。这一发展明显会导致一种情况,在这里一个人以"我"称呼他自己,且认识到别的客体的存在是外在于此"我"的。形而上学有时声称,存在之超验的本质是完全统一的,超越于主-客体的对立之外,并且这在素朴的、原始的存在状态——它被感知内容占为己有——里有一个心理上的对应物,就像一个孩子还不会称自己为"我"一样,或者就像在生活的所有阶段我们或许可观察到的初级形式那样。这个从主客体范畴彼此的相关性——这一过程以后将会被检验——发展而来的统一对于我们而言是作为主体性的统一而呈现出来的,因为我们运用了以后才会发展起来的客体性概念来接近主体性的统一,并且因为我们对于这个统一尚未有恰切的术语,而通常是以组成部分的诸要素(它们将出现于随后的分析中)之一去称呼它。这样就宣告了所有行为本质上都是以自我为中心的,但利己主义只有存在于一个行为系统之内并与其相关者利他主义相对照才有意义。同样地,泛神论已经描述了像上帝这样的存在的普遍性,虽然对上帝的正面定义取决于它与任何经验性事物的对照。主客体之间的这一进化关系最终将在一个大的范围内重复出现:古典时代的理性世界与现代的理性世界的差别主要基于这样一个事实,即一方面只有后者发展了一种广泛的、清晰的自我概念,就像自由问题的重要性(这在古时并不为人所知)所显示的那样,另一方面后者又通过不可改变的自然规律的观念表达了客体概念的独立性与力量。古代较之后来的历史时期更近乎一种不偏不倚态度的阶段,世界的内容被设想成是不偏不倚的,无须分出主体与客体。

实践中的客体性作为主观价值之统一体的标准化或保证

这一区分主体与客体的发展似乎经由同一主题在两边都得以保持,但却在不同层次上运作。这样,作为一个主体而存在的意识已经是一种客观化的东西了。这是心灵在其个性形式中的一个基本特性。我们心灵的一个基本活动——它决定了心灵作为一个整体的形式——就是我们能像对任何别的"客体"一样观察、认识与判断我们自己,就是我们将作为一个经验统一体把自我分割成感知的主体与被感知的客体而无需失去统一性,相反,通过这种内在的对立而意识到了它的统一。主客体的相互依赖在这里、在一个单独的点中被带来了一起,它业已影响了主体自身,否则的话它就会起来作为客体面对世界。这样,当人一旦意识到自己并且用"我"来称呼,就说明他已经认识到了其与世界的关系的基本形式、他接受世界的基本形式。但在那发生之前存在着——在意义与心智成长的角度——对内容的一个简单感知,这感知没有在主体与客体之间作出区分,同样也没有将它们分离。从另一方面来看,这个内容自身作为一个逻辑的、概念的实体可能位于主客体实在性的区分之外。我们可以径直按照客体的性质以及这些质的内在联系来思考任何客体,而不用询问这些性质的这一观念综合体是否有一个客观的存在物。诚然,只要这样一个纯粹的客观内容被思考,它就成了一个概念并且在此意义上成为一个主观的构造。但主体性在这里只是构想概念的动态行为、只是理解内容的功能;这一内容自身是被作为独立于概念构想的行为之外的。我们的心灵有一个将思考的内容从思索行为独立出来的非凡的能力,这是它主要的能力之一,并且不可能被进一步还原。内容拥有它们概念的或客观的性质与关系,它们可能被了解,但不能完全被吸收,不管内容是否是我的表象(representation)的一部分,以及是否是客观实在的一部分,它们都存在着。表象的内容与内容的表象并不是一致的。仅仅由内容的意识到的部分组成的简直不可区分的概念不能定性为主体的东西,因为它仍没有认识到主体与客体之间的对立。相似地,对象或概念的纯粹的内容并不是客观的,而是同样脱离了这一差异的形式及其对立面,同时准备在一者或另一者中表现它自己。主体与客体都脱胎于同一个行为:在逻辑上,首先通过把概念性的、观念性的内容呈现为一种表象的内容,然后再呈现为客观实在的内容;从心理上,当仍然没有自我意识的表象,即在其中个人与客体是无区别的,变成可分的并且在自我及其对象之间产生了距离时,通过这个过程它二者中的每一个都成了一个独立分离的实体。

经济价值作为主观价值的客观化,对于直接享有[生活]的主体和对象之间的距离化有影响

这一最终造就了我们理性世界观的过程,也出现在我们的意志的实践活动领域中。这里,在欲求的、消耗的与评价的主体与被评价的客体之间的区分并没有包含精神生活的所有方面,也不包含实践活动的所有客观情况。人对一个客体产生的快乐是一个完全不可分的行为。在这样的时刻我们有了一种体验,它并不包括我们对面对我们的客体

的意识,也不包括区别于客体目前情况的自我意识。最卑下的与最高尚的现象在这里相遇。原始的冲动,特别是一种非个人化的、普遍性的冲动,想要面对一个客体释放它自己且得到满足,不管用什么办法;意识唯独关心满足,意识一方面对它的载体、另一方面对它的客体不加注意。从另一方面而言,强烈的审美愉悦表现了同一种形式。在审美中也是"我们忘了我们自己",且同时我们不再把艺术品体验为某种与我们对峙的东西,因为我们的心灵已经完全沉浸在其中,已经包围着它而吸收了它。在这种情形里,就像在别的情形中一样,我们的心理状态仍未被、或者说不再被主体与客体之间的对峙所影响。只有一个新的意识过程从它们未被扰乱的统一中释放出,并且只有如此之后内容的纯粹愉悦才被一方面看作是主体遭遇客体的状态,另一方面又被看作是独立于主体的客体所制造的结果。这一张力——它割裂了主体与客体质朴的-实践的统一,并且使得我们在它们的彼此相关性中意识到其中任何一个——最初是通过欲求这一纯粹的事实产生的。当需求我们尚未拥有或者中意的东西时,我们将欲求的内容置于我们自己之外。在经验生活中,我承认,被完成的客体站在我们面前,并且只有在那时才会被需要了——只要因为,除了我们的意愿之外,许多其他的理论的、情感的事件对精神内容的客体化有所贡献。然而,在实践的世界之内,与其内在秩序与清晰性相关,客体自身的起源及其为主体所需要的存在,是相关的——这就是分裂了愉悦过程的直接统一性的这一差异过程的两个方面。前面已经说过我们关于客观性实在的概念起源于客体对我们的阻抗,特别是通过触觉。我们马上能将这运用于实践之中,只要客体没有为了我们的用处和愉悦立即被给予我们,我们就会需要它们,那就是说,从更广一点来看是它们抵制我们的需要。当我们需要的内容一开始反对我们,它就变成了客体,这不仅在它不为我们所动的意义上,而且也是因为它作为仍没有给我们愉悦的东西,与我们保持着距离,然而在这种情况下主体是需要它们的。就像康德已经说过的:经验的可能性就是经验对象的可能性——因为有经验就意味着我们的意识从感觉印象里创造了对象。以同样的方式,需要的可能性就是需对象的可能性。对象因而就形成了，它的特性是通过与主体的分离而被赋予的，主体同时建立它并且试图以他的欲求征服它，对我们而言这就是价值。在它自己愉悦的一刻，当主客体之间的对立被抹去时，也就消耗了它的价值。价值仅仅作为对照、作为分离于主体的客体才能被恢复。这些琐屑的经验就像我们只有在失去之后才会欣赏我们所拥有的价值，就像单纯地抑制一个想要的对象通常会给予它远远不成比例（同它可能产生的一切可能的愉悦感相比）的价值，就像我们所喜爱的对象的疏离，不管是文字上的还是比喻的疏离，会把它们展现在一束理想化的光束下，并且使其带有高度的吸引力——所有这些都是基本事实的派生、变异与混杂，所以价值并不源于愉悦时刻的不可打破的统一，而是源于主体与作为客体的愉悦内容的分离，这个客体作为某种被欲求的东西站立在主体的对立面，并且唯有通过克服距离、障碍与困难才能得到它。这里复述一下更早时候的类比：也许在最后的分析中，实在并不通过现象所施加的阻力而施压于我们的意识，但是我们记录了那些具有阻碍和压抑情感的表象，它们是客观真实的、独立并且外在于我们。客体不因为它们有价值就难于获得，但我们称那些拒绝我们想占有它们的欲望的客体是有价值的。因为欲求遭到了抵制与挫败，所以客体获得了一种意义，这是它们不阻止愿望永远也不会获得的意义。

价值，即在同一时间以及同一分化过程中作为欲求的自我及其相关物出现的价值，附属于另一范畴。当运用于在理论的表象之中被设想的对象时它是同一个范畴。在那种情形里，我们作出这样的结论，在客观世界中被认识，也存在于我们的主观表象中的内容另外有一种特殊的观念的高贵。三角形或者有机体、因果关系或者重力定律都有逻辑的意义与内在结构的有效性，这确实决定了它们在空间与意识中的了解，但即使它们从来没有被了解，它们仍然属于有效的与重要的且最终不可分析的范畴，并且将完全不同于幻想的与矛盾的概念上的观念——当它们与物理的和精神的非实在相关时可能看起来是想象的，这在它们涉及物理的与精神的非实在时也许是类似的。被赋予客体的主体的需要的价值也与这类似，但有被不同的领域所需求这一限制。

就像我们认识到某一个论题的真独立于我们的表象时我们就表达它为真,这样我们就感觉到客体、人们与事件不仅在有人欣赏它们时是有价值的,在没有人欣赏它们时仍是有价值的。最突出的例子是我们用以指示人们的外表与性格的价值,像有道德的、尊严的、强壮的或者美丽的。是否这些内在品质在一些使得它们可能或需要被认识的事件中显示它们自己,以及是否它们的载体即人用自己的价值去反映它们,对于我们而言无关乎它真正的价值,并且,这种对承认的不关心使得这些价值带上它们的个性色彩。进一步地,理性的能量以及它将最隐蔽的力量和自然的安排带入意识的光照之下的事实;情感的力量与节奏,即在个体精神的有限范围之内,情感的力量与节奏仍是比外在世界重要得多,即使世上痛苦之事十之八九的悲观主义观点是真的;还有这样的事实,即不管人怎样,自然依据可靠的固定的常规运作,多样的自然形式与更为深刻的整体的统一并不是不能和谐共存的,自然的机械运行也可以通过观念而得到解释,并且也是美丽与优雅的——所有这些事实都令我们设想世界是有价值的,不管这些价值被有意识地经验与否。这在所有的方面都与我们给任何交换对象指出的经济价值是一样的,即使没有人愿意付价,并且即使这对象根本就没人需要,一直卖不出去。这里也使心灵的一个基本能力变得明显了:将它自己从这些观念分离开来,它设想与表达了这些观念,好像它们独立于心灵自己的表象一样。这也是真的,即我们所经验的每一个价值都是一个意见,但是通过这意见所意味的是一个重要的内容,它经由意见被心理地认识,但这意见既不等同也没有穷尽内容。明显地这一范畴超出了关于价值的主观性或客观性的争执之外,因为它否认这种关系,即一个主体对于它的"客体"的存在是必不可少的。这范畴更是一个第三项,是一个主观的概念,它进入了二元性但并没有被它所穷尽。与它所属的实践范围一致,这范畴与并不仅仅为我们的理论概念的抽象内容而存在的主体有特别形式的关系。这一形式可能被作为一个要求或需要而描述。与任何客体、人、关系或事件相关的价值需要承认。这个需要存在着,作为一个事件,它仅仅作为主体存在于我们自己,但在接受它们中我们感到我们并不仅仅满足于一个被我们自己强加于我们自己的要求,或者仅仅承认对象的性质。在我们的宗教感情中唤醒可触及的象征的能力,宣传生命的特殊条件或者将它们单独弃于一边的道德挑战,责任的情感不是对重大的事件保持漠视,而是回答它们,将被感知到的在一个美学的背景中进行解释的权力——所有这些都是在自我之内被经验与广泛认识的要求并且在客体自身中并没有对应物或者分离的对立点,但这个,作为要求,既不能被追溯到自我也不能被追溯到它们所涉及的对象。从一个自然主义的观点来看,这样的要求可能表现为主体的,同时从主体的观点来看,它就表现为客体的,事实上,它是一个第三范畴,既不能从主体,也不能从客体中得来,但是,可以说,它处于在我们与客体之间。我已经观察到,事物的价值属于这些东西:那些精神内容,当我们想象它们,我们同时经验到某些在我们的表象之内独立的东西,并且它们与它们通过之而存在于我们之内的功能相分离。这一表象,当它的内容是价值的时候,可以更为切近地检验,正像提出这样的要求一样。这"功能"是一个这样的需要:它并不存在于我们之外,而是起源于并不存在于我们之内的观念的领域。它不是被估价客体的一个特殊的质,而是客体对于我们主体的意义,即藉由客体在这一观念领域的秩序中所处的位置获得的意义。这一价值,我们想象它是独立于对它的认识的,是一个形而上学的范畴,并且同样地,它位于主客体的二元论之外,就像位于它之下的直接的欢愉一样。后者是一个差异的范畴尚未应用于之的具体的统一,而前者是一个抽象的与主观的统一,在它的自足的意义里二元论已经再次消失了,就像在费希特所称的自我的全知的意识系统里经验自我与经验的非自我之间的对比消失了一样。在功能及其内容完全融和的一刻,愉悦不能被称作主体的,因为并没有将证明主体概念的对立的客体。同样地,独立的、自明的价值并不是简单地客观的,因为它被设想它的主体设想成是独立的,虽然它在主体之内提出了重新认识的要求,但如果这一要求没有得到满足,它也不会因之丧失任何东西。

这一价值的形而上学升华在日常生活的价值中并没有起任何作

用，日常生活仅仅关心在主体意识中的价值，以及在这价值的心理过程中出现的作为一个对立客体的客体性。我在前面已经说过价值的形成过程是随着在消费者与他的愉悦的原因之间的距离的增加而发展的。在价值中必得被区分为主体的与客体的差异，源于在距离上的变化，它不是用愉悦来测量的，在这里距离消失了，而是用需要来衡量，它源自距离并且努力克服之。至少在那些对象——其价值组成了经济的基础——的情形里，价值是与需要相关的。就像存在的世界是我的表象一样，因此价值的世界是我的需要。然而，不管每一个需要期望通过客体来得到满足的逻辑的－物理的必要性，需要的心理结构是这样的东西，在绝大部分情形里它集中注意于满足自己，并且只要它满足了自己，客体就成了一个可以漠视的东西。当一个男人被无论什么女人满足时，他就没有运用个人需要，当他无论什么能咀嚼和消化的东西都吃时，当他在任何可休息的地方都睡觉时，当他的文化需要能被自然所提供的最简单的物质满足时，那么他的实践的意识就完全是主体的，他能被广泛地刺激且被自己主体情况的满足所鼓舞，并且他在客体中的兴趣被限于这些客体之作为这些结果的原因。这样的事实可以通过原始人在他的幼稚需要中观察到，他将他的生活朝向外在世界并且对他的内在生活采取想当然的态度。但是有意识的希望并不总能被当作真正有效的价值的足够的标准。通常在我们的实践活动的指导之中这是一些充分的权宜之计，它引导我们将一个对象看作是有价值的，并且事实上之所以这样不是因为对象的重要性而是那激动我们的可能的主观之满足。从这种情形来看，它并不总是临时地更重要，而可以说是最简单的与最基本的，这样在一个系统的感觉里也是更重要的——意识沿着两条道路被引向客体，最终这两条道路会融为一体。当一个相等的需要在许多可能的满足中拒绝了除一个之外所有其他的时，并且当这个不是同样地满足而是通过一个被需要的特殊对象而得到满足时，这就开始了一个从主体到客体的基本的再定位。也许可以说这仍然只是一个需要的主体的满足的问题，但在第二种情形里需要是在如此大的程度上不同，以致只有一个特殊的对象才能满足它。在这种情形里客体也只是感觉的原因,它自身并不是有价值的。这样一个缺陷确实会取消差异,如果是这样的情形,即冲动的差异在一个单独满足的对象上专门指导了它并且排除了通过任何别的对象满足的可能性。但这是非常稀罕的与例外的情形。甚至最大区别的冲动由之产生的更为宽广的基础,以及仅仅包括一个驱动但仍没有一个明确、单独的目的需要的最初的发散,这些都仍是基础,在之上为了满足更为特殊的欲求的个体特征发展了。能够满足主体需要的客体的范围,在他变得更为仔细时就被缩减了,并且被欲求的客体被置于与所有别的可能满足主体需要、但不再被接受的客体更为尖锐的对比里。从心理研究不难知道客体之间的这个差异在很大的程度上必须为引导意识朝向它们并给予它们以特别的重要性负责。在这个阶段需要看来是被客体决定的,在冲动不再冲向每个可能的满足这个范围里,感情逐渐地被它的终结点而不是被它的出发点指引。结果,客体在我们的意识之中所占据的地盘就更大了。这也有另一个原因。但凡人受其欲望支配,世界对于他就是一片没有差异的物质。因为对于他而言物质仅仅代表着满足他的冲动的一个不相干的手段——这一结果可能源于各式各样的原因——他对于客体自身的本质不感兴趣。正是我们需要一个特别的单独的客体这一事实使我们敏锐地意识到我们根本是需要一个客体的。但这样的意识可以说是更为理论化的——并且它熄灭了那种只会自取灭亡的盲目的蠢动。

因为需要的差异与它的基本力量同步减少,意识就更能适应客体了。或者说从别的角度来看:因为意识为需要的精细和特殊化所限制,在客体上表现出更大的兴趣,所以一部分力量就被从复杂的需要上分开。在任何地方情感的弱化,也就是说自我绝对地向它的瞬间的情感屈服,被与表现的客体化相关联起来,与它们一种起来反对我们的存在的形式的外表关联起来。这样,譬如说,讨论一件事物是征服情感的最强有力的办法之一。内心过程似乎被语词抛入外在世界,它现在像一个可触摸的结构一样起来反对个体,并且情感的强度改变了。热情的趋于平静,以及作为存在的、重要的客观世界的表象,是同一个基本过程的两个方面。内在的兴趣从单纯的需要及其满足向对象自身的改变,作为取消满足需要的可能性的结果,可以明显地从对象一边产生且得到加强,如果后者使满足变得困难、稀少并且只有间接地或通过额外的努力才能得到的话。即使我们假定一种极度分化不同的需要集中在选定的对象上,只要没有困难与阻力,其满足仍可能多少被看作是当然之事。为了设想客体的独立的重要性,那些真正重要的东西是在它们本身与我们对它们的印象之间的距离。这是许多情形之一,在这里一个人不得不求助于对象,以便在它们与他自己之间建立一段距离,以此得到对对象的一个客观的印象。在距离太大或太小时,我们也可以获得一些不清楚的或扭曲的图像,但确乎没有比这更为主观的观点了;然而我们认识的内在的灵活的理性将特别的重点放在这些极端情形里的主观性上了。首先,客体仅仅存在于我们与它的关系之中,并且完全地为这种关系所吸收,只有在它从这一关系之中脱离出去的情况下才变成了某种外在于我们或反对我们的东西。甚至对对象的需求,在克服它们之时认识到了它们的独立性,也仅仅当需要与其满足不能一致时才能发展。对于我们而言,为了需要那些现在与我们尚有一定距离的东西,快乐的可能性必须作为将来的一个想象,与我们现在的处境分离开来。就像在理性的范围之内一样,感知的原始同一性,这我们可以在孩子们那里观察到,仅仅慢慢地被分成自我意识与客体意识,因此客体的朴素的欣悦只在对事物的重要性的意识之前退让,并且尊敬它们——当客体多少也退却的时候。这里,在需要的弱化与价值客观化的开始之间的关系也是明白的,因为意志与情感的力量的衰退支持了自我意识的成长。只要一个人毫无保留地向一种瞬间的情感屈服,并且被它占据,那么自我就无法发展起来。只有当存在于它的各种情感之外的自我的意识作为所有这些变化出现在其中的恒久的实体而出现,并且当这些情感吸收所有自我之时,这自我意识才能产生。情感也必须留下一部分自我不去触动它,并将之作为它们的对照物的中立点,所以情感的某一还原与局限允许自我作为各种内容的不变的载体而成长。在我们生活的所有领域中,自我与客体都是相关的概念,在表象的原初形式中它们还没有被分开,并且它们只是通过彼此才显示差异,又正是在同样的方式中,只有通过与业已独立了的自我相对照,客体的独立价值才能发展。只有我们所经验到的冲动、达到客体的困难、立于希望与其满足之间的等待与劳作,使得自我与客体分离,否则它们在临近需要及满足中将仍是未曾发展、不加区分的。无论客体的有效定义是来自它相对于需要的稀缺性,还是来自获得它的确实的努力,无疑地,只有在这种方式中被建立于对象与我们自己之间的距离才使得我们给予它以超越于愉悦的价值。

因此,也许可以这样说,客体的价值确实依赖于对它的需要,但这个需要不再是纯粹直觉的。另一方面,如果一个客体保留着经济价值,它的价值也必不会变得太大,以至成为绝对。在自我与需要的客体之间的距离可以变得非常之大——由于获得它的困难、由于它过高的价值、由于反对为它们而努力的道德的或别的疑惑——这样,意志行为没有发展起来,并且需要被消灭了或者仅仅成为一个模糊的愿望。主体与确立价值的客体之间的距离,至少在经济意义上而言,有着更高或更低的限制,价值总量等于获得客体的在自然的、生产的与社会机遇等方面的难度这个公式是不对的。确实,如果获得钢铁所遇到的难度并不比获得所呼吸的空气大,那么它就不会有经济上的价值,但是如果使得钢铁有价值的工具被制造出来了,这些困难就必须被保持在一定限度之内。举另一个例子:假使两个画家具备同样的才能,那么那个多产的画家的作品的价值会比作品不那么多的画家的作品的价值要小。但只有在某一个数量水平上这句话才是对的。因为一个画家为了获得提高他的作品价值的名誉,他必须画一定数量的画。又如,在一些使用纸币的国家里,黄金的稀有使得普通人不愿意接受它,即使有人给他们黄金代替纸币。在稀有金属的一些特殊情形里,它们之所以合适作为货币材料是在于它们的稀缺性,但也当注意到只有当它们到达一定数量的时候,这种稀缺性才是有意义的,没有这个条件这些金属就不能用于作为货币的实践需要,也就不能具有它们作为货币所拥有的价值。也许,只是对于商品数量的无限制贪求,使得所有的价值都太少,令我们忽视了是稀缺与不稀缺之间的某个比例,而非稀缺自身,才是价值的条件。稀缺因素必须与它的意义差别的重要性联系起来,而丰富因此必须与习惯的重要性联系起来。总的说来,生活是被这二者之间的比例决定的:我们需要内容的多样性与变动性就像我们需要它的熟悉性一样,并且这一总的需要在这里以一种特殊的形式出现,即一方面,客体的价值需要稀缺性,也就是说,差异性与特殊性——同时在另一方面,为了客体能够进入价值的领域,它也需要某种程度的广泛性、经济性与恒久性。

[经济价值]与美学价值的类比

我想通过一个与经济价值无关的例子来显示对于所说的客体的价值而言,距离的普遍重要性,这个例子只描述总的原则,即美学价值。我们所称的对事物的美的愉悦相对来说发展要迟一些。因为在今天个体的情形中,无论存在多么直接的感觉愉悦,美学愉悦的特殊性质乃是欣赏与喜爱客体的能力,而不是简单的感觉经验或者说超感觉刺激。每一个文明人都原则上能够在对一个美女的美学的与感官的愉悦之间作出清楚的区分,即使在特殊的情形里他可能不能在他的印象的组成部分之间划出一条界线。在一种情形里我们向客体屈服,同时在另一种情形里客体向我们屈服。即使美学价值,像别的价值一样,并不是客体的总体部分,而更是我们情感的投射,它也有投射完成了的特性。换句话说,情感的内容似乎被客体吸收了,并且像具有独立的重要性、内在于客体的某种东西一样与主体照面。假使作为任何更为精细高雅的欣赏的基础的原始愉悦业已跟直接的主体的满足与实用分不开,那么什么是这种对事物的客观的审美愉悦出现的那个历史的心理过程呢?也许我们可以通过一个简单的观察发现线索。倘若任何一个客体给了我们极大的欣悦或者益处,我们以后每次看到这一客体时就会经验一种喜悦的感情,即使现在什么用处或者愉悦都没有了。这个类似于回声的喜悦有一个独有的心理特征,这一特征决定于我们不再从这一客体中要求任何东西这一事实。用客体代替了前面具体的关系,现在唯有注视是喜悦的感觉的来源了,我们不去理会客体的存在,我们的情感只依赖于它的外表,而在任何意义上都不依赖于可能被消耗的东西。简而言之,鉴于从前为了我们的实践的与幸福论的目的,客体作为一种手段是有价值的,那么现在它变成了被观照的客体,在观照中我们带着矜持远远地打量它,不触动它,由此获得愉悦。对我来说似乎美学愉悦的基本特征在这里已被预示了,但如果我们顺着感情从个人心理领域到人类整体领域变动的话,就能够更简单地显示这些特征了。人们经常尝试从实用中得出美,但作为一个规则这只会导致美的粗俗化。这也许是可以避免的,如果实际的权宜之计与感觉幸福的直接性被置于人类历史足够遥远的过去的话,那时产生的一个结果就是我们的有机体的一种本能的、像反射的愉悦感觉附丽于客体的表面之上了,这时生理－心理的联系就成为了遗传的并且这种联系在个体这一边还没有意识到客体的实用性时就变成是有效的了。没有必要对这种后天获得的联系的遗传进行争执,在这里只要知道事情显示出来好像这种性质是遗传的就够了。结果是,美对于我们而言将是那些一度被证明对人类有益的东西,并且它的关注将在没有给作为个体的客体带来实际利益的情况下给我们以快乐。这当然不意味着个体的口味整齐划一或者向平均或集体的水平还原。这些更早的普遍的实用的回声已经被吸收进个体心灵的多样性并且被转化成新的独特的性质,因此我们可以说愉悦的感觉与它的起始原因的实在性的分离已经最终成为我们意识的一种形式,它极其独立于开始产生它的内容,并且准备吸收任何别的心灵的星座允许的内容。在那些情形里它提供了现实的快乐,我们对于客体的欣赏并不特别是美感的,而是实践的,它仅仅是在作为距离增长、抽象化与升华的结果才成为了美感的。在这里所发生的只是普通的现象,它一度是某种已经建立起来了的联系,但因为不再需要它,所以联结的环自身消失了。在某些有益的对象与快乐的感觉之间的联系对于某些种类而言通过遗传或一些别的技巧已经被建立得非常之好,因此在第一眼看来这些对象即使在没有任何实用性的情况下也是快乐的。这就解释了康德所谓的"美感的无利害",即缺乏对一个对象的真正存在的关心，而只关心它的"形式"，即视觉形象。因此同样也发现了美的光辉与超验，它来自真实动机的临时的远离，在其中我们现在发现了美感。因此美感是一些典型的、超个体的与普遍有效的观念，因为在动机与经验中，种的进化在很久以前已经从这些心灵的内在状态中排除了任何特殊的与个体的东西。结果，要在理性的基础上证明美学的判断或反对，即它们有时表现为对个人是有益的或愉悦的，是不可能的。对象的从实用价值到美学价值的整体发展是一个客观化的过程。当我称一个对象为美时，较之它仅仅是有用的，它的性质与重要性都变得更为独立于主体的安排与需要。只要客体仅仅是有用的，它们就是内在可变换的，并且每一件都能够被别的有同样用处的任何东西所代替。但是当它们是美的时，它们就拥有了唯一的个别存在，并且一者的价值不能够被另一者代替，即使它可能以它自己的方式表现得跟另一者一样美。我们无需将这些关于美学价值的起源的简短评论追溯到对于主体的所有分支的讨论，以便认识到价值的客观化起源于出现在客体价值的直接主体来源与我们关于客体的一时情感之间的距离。对于种而言，更为遥远的是开始造就了利益与价值并且现在被忘却了的客体的实用性，而更生疏的是来源于客体的纯粹形式与外表的美学满足。在我们面前它越保持自己的尊严，我们就会赋予它越多没有被偶然的主观喜爱而穷尽了的重要性，越多被一种它们的独立价值的情感所代替了的客体价值关系。

作为距离化（通过辛劳、放弃、牺牲）的经济活动，同时也克服距离

我已经选择了上述例子，因为当它是时间中的一个距离问题时，我已经称之为"距离"的客观化结果特别清楚。当然，这一过程是强烈的与质的，所以任何关于距离的数的指称都多少是象征性的。同样的结果能够通过许多别的因素而得来，像我已经指出的那样：例如，通过客体的稀有、通过获得的困难、通过放弃的必要性。即使在这些经济上重要的例子里，客体的重要性也仍是对于我们的重要性并且依赖于我们

的肯定,决定性的变化在于,当这些发展成为独立的力量之后,客体与我们产生了对抗,就像一个通过它们自己的性质决定是否以及在什么程度上它们将会满足我们的需要、决定那些在向我们屈服之前需要努力与克服困难的物质与力量的世界。只有当放弃的问题产生了——放弃真正重要的感情——注意客体自身才成为必要。有这样一种情形,在典型的形式里是以天堂的概念作为代表,在这情形里主体与客体、需要及其满足尚未彼此分离——这是一种并不限于一个特殊的历史时期,而是在变化之中出现在每一处的情形——这种情形不但是注定要分裂的,而且注定会达到新的妥协。建立距离的目的就是要克服它。令我们与客体分离的渴望、努力与牺牲同样令我们朝它们走去。远离与接近在实践中是两个互补的概念,其中的每一个都假定了另一个,它们是我们与客体关系的两面,我们称之为主观上是我们的需要而客观上是它们的价值。为了再一次欲求它,我们不得不使客体喜欢离我们更远一些,在与远隔的客体的相关中,这种欲求是接近它的第一步,是第一个相关于它的理想的关系。这一需要的双重重要性——它只能在与客体的距离中产生,这是一个它努力克服的距离,并且为了能够经验这种距离,它仍假定了在客体与我们自己之间的切近性——业已由柏拉图极美地表达了,在一个论题中他说爱是介于拥有与丧失之间的中间状态。牺牲的必要性、需要的满足这类有代价的经验仅仅是这种关系的强调与强化。这使得我们更加明显地意识到在我们当前的自我与对事物的愉悦之间的距离,但这只会引导我们走向征服这距离的路。文化造就了一个不断加宽的利益之环,也就是说,利益的客体位于其中的外围越来越远离自我这个中心。然而,这一距离的增长依赖于一个同时更加切近的图景。倘若对于现代人而言,成百上千英里之外的客体、人与事件获得了极度的重要性,那么这距离对于他们而言要比对于原始人而言更切近,对于原始人而言这距离只不过是不存在的,因为在近与远之间的明确区分还没有产生出来。这两个概念从起始的无差别状态起就在一种互惠的关系中得到发展。现代人不得不以一种不同的方式工作,比原始人付出更大的努力,在他与他为之努力的客体之间的距离是大得多了,并且有更大的障碍挡在他的路上,但是在另一方面,主观上通过他的需要,客观上通过他的工作他获得了更大数量的客体。文化过程——它将冲动与愉悦的主体条件调换为客体的价值——更加明显地区分了我们关于近与远的双重关系的元素。

　　冲动与愉悦的主观事件在价值中得到了客观化,也就是说,因为某些种类的"价值"从主观条件中发展出了障碍、丧失与需要,通过之冲动与愉悦的原因与内容首先被从我们这里分离出来,并且,正是通过这一行为,它们成为客体与价值。关于价值的主观性与客观性的基本概念问题被误会了。价值的主观性被十分错误地基于这样一个事实:即没有对象可能获得普遍的价值,而是,价值从一个地方到另一个地方,从一个人到另一个人,甚至从这个小时到下一个小时都在变化着,这就是混淆价值的主观性与个性的情形。就我想要愉悦、我确实愉悦了这个事实来看,有些东西确实是主观的,因为它在客体之中既没有意识到,也没有兴趣。但是一个全新的过程开始了:这就是价值的过程。意志与情感的内容假定了客体的形式。这个客体现在在某种程度上独立地面对主体,它可以交给主体,也可以拒绝,为获得主体,它提出了条件,这就把主体原来任意的选择放到了一种使主体受法律约束的、必然发生的与有制约性的范围之内了。在这里这些客体性的形式的内容对于所有主体是否一样是完全没有关系的。假使我们假定所有人都恰恰用同一种方式评价客体,这并不会增加存在于个体情形中的客观的程度,因为如果任何客体不只是简单地用满足需要来评价它,那么它就会与我们之间存在一个客观的距离,这一距离是经由真正的阻碍与需要的努力、经由得与失、经由利益的思索与经由价格等而建立起来的。为什么关于价值的主观性与客观性的误导性的问题会一次又一次地产生,原因就在于我们凭经验发现无限多的客体都整个地是表象的产物。但如果一个客体在它的完备的形式下首先产生于我们的意识,它的价值看起来就完全居于主体之中,我由之开始的表面,在两个系列的存在及价值中客体的分类,看起来就等同于在主体性与客体性之间的区分。

但这没有能够考虑到意志客体(object of volition)与表象客体(object of representation)之间的区分。即使二者在空间、时间与性质序列里占有相同的位置,被欲求的客体(the desired object)也以一个不同的方式与我们相对且与被表征的客体(the represented object)有极其不同的意义。考虑一下爱的类似现象,我们所爱的人与我们有理由爱的人不是同一个人。我在这里不是指感情可能在认识客体时产生扭曲与误差,因为即使内容被更改了,这些依然保留在表象与理性的范畴之内。被爱的人对于我们是一个客体的方式完全不同于理性表象成为我们的客体的方式。不管逻辑的等同,它对于我们而言有着完全不同的意义,就像米洛斯的维纳斯这块大理石对于一个结晶学家与对于一个艺术批评家有着不同的意义一样。一个单独存在的元素,虽然公认是同一个元素却以截然不同的方式成为我们的客体:作为一个表象客体以及作为一个需求客体。这些范畴的每一个在主体与客体之间的冲突中有着另外的原因与结果,因此如果人及其客体之间的实践关系等同于只有在理性的表象领域内才有效的主体性与客体性之间那种二者择一关系的话,只会导致混淆,因为即使客体的价值与颜色或者重量不是一回事,它在与这种客体性相对应的意义上而言也根本不是主体性的,这样的主体性会宁愿运用基于感觉欺骗的颜色知觉或者基于一个错误结论上的客体的任何别的性质的知觉,或者是为迷信所建议的性质的知觉。然而,相关于客体的实践关系产生了完全不同的客体性,因为实在的条件将需要与愉悦的客体从主体领域内撤退出来并且因此产生了我们称之为价值的特殊范畴。

在经济范围内,这一过程用这样一种途径发展起来,即插入人及其需要对象之间的牺牲或放弃的内容同时也是别人所需之对象。一个人不得不放弃他所拥有的或愉悦的而为他人所欲求的东西,这是为了劝说后者放弃他拥有而前面的人想要的东西。我将表明一个孤立的制造者的生存经济能够简化到同一规则。两个价值形式相互交织,为了获得一个价值,另一个价值不得不被提供出来。这样看起来就有一个经由客体价值的相互的决定性。通过交换,每一个客体都通过别的客体获得了其价值实际的实现及其方法。这就是建立于主客体之间距离的最重要的后果与表达。只要客体接近于主体,只要需要的差异、稀缺、困难与获得的阻力仍没有将对象从主体移开一段距离,它们,可以说,就是需要与愉悦本身,但仍不是需要与愉悦的对象。我已经通过它们成为客体而规划好了的程序,当客体,它同时是远离的且仍克服了距离,为了这个目的被特别地制造出来时,也就完成了。这样,纯粹的经济客体性,客体从纯粹的主体关系到主体的分离,就被建立起来了,并且因为制造为了别的客体,它也有相应的角色,交换的目的被实现了,两个对象就进入了互惠的客体关系。在交换中被价值采用的形式将价值置于一个超越了严格的主客体意义的范畴之外。在交换中,价值成为超主体的,超个人的,但仍然没有成为客观性质与事物自身的实在。价值作为客体的需要而出现,超越了固有的实在性,仅仅为了另一个相应的价值而被交换与获得。自我,即使它是价值的普遍来源,由于如此远离客体,在任何一种情形中它们都能彼此度量意义而无需提及自我。但在价值之间的这种真正的关系,它为交换所实施与支持,明显地在最终的主观愉悦中有其目的,它存在于这样的事实之中:较之没有交换我们获得了更大数量与强度的价值。我们知道神的原则是,在创造了世界万物后,就离开它们而让万物凭自己的力量去运行,因此我们现在能谈论一个客观的宇宙,坚持它自己的关系与法则,并且进一步地,神的力量选择这个宇宙进程的独立性作为达到它自己关于这世界的目的的最方便的方法。以同样一种方式运用价值数量考察经济客体,就像那是它们内在固有的性质一般,然后我们将它们交付交换的过程,交付为那些数量所决定的机制,交付价值之间非个人的冲突,由之它们会更加多样化且对于最终的目的更好,如此即它们的起源之点:主体的经验。这就是那个价值的基础与源泉,这个价值在经济生活中找到了它的表达,并且其结果代表了货币的意义。我们现在就转向对它们的探讨。

第二节

交换是克服对象纯主观的价值意义的起因

经济事务的技术形式制造了一个价值领域,它多少完全地从主观-个人的基础上分离出来了。虽然个人购买了他重视与需要消费的对象,但他的要求只有经由在交换中的一个客体才能有效地表达。这样,主体的过程——其中的差异、功能与内容之间加大的紧张造就了一个作为"价值"的客体——变成了客体之间客观、超个人的关系。那些为他们的需要和价值判断所激励而一时做这个交换、一时又做那个交换的个体只有在建立价值关系时才是有意识的,这一内容组成了部分客体。一个客体的数量在价值上与被给予的另一客体的数量相适应,并且这一比例作为某些客观上适当且为法所决定的东西而存在——它在此开始,又在此终结——正是以这种方式我们设想了道德及别的领域的客观价值。完全发展起来了的经济现象至少将在这片光明中出现。这里客体依据在任何给定时刻都固定的标准与尺度而流通,由此它们作为一个客观的领域而与个体相遇。个人可能参与也可能不参与这一领域,但是如果他想参与,他只能作为这些外在于他的决定因素的代表或执行者才能做到这点。经济是朝向发展的——从来不是完全的真实也不会完全实现——在这里客体的价值是被一种自动构造所决定的,而不管在这构造中有多少主观情感业已被作为前提或内容注入了进去。通过一个客体被提供给另一个这样的事实,一个客体的价值获得了这样的可见性与可触性,像它真的拥有它们一样。这一互惠的平衡,通过之每一个经济客体在另一个中表达了它的价值,将两个客体都从仅仅是主观意义的领域推移开来,价值的相对性预示了其客观性。对于人的基本关系,在其情感生活中所有的价值过程都公开地发生了,被预先假定出来了,它业已被吸收了,也就是说,被客体吸收了,并且就这样装备起来了,它们进入了相互平衡的舞台,这并不是经济价值的结果,而是其代表或者内容。

在交换中,事物彼此相互表现其价值

因此,经济交换的事实将客体从主体纯粹的主体性的束缚中解放出来,并且通过赋予客体经济功能而允许他们相互决定自身。客体不仅通过需要自身而且通过需要别的客体而获得价值。价值并不是通过它与需要的主体的关系而被决定的,而是由这一关系依赖于牺牲者的消费这一事实而被决定的,这个牺牲者对于另外的部分而言,是作为一个被喜爱的价值而呈现的,但同时客体自身也作为牺牲者而出现。因此众客体就彼此平衡且在极特殊的方式中,作为客观、内在的品质而呈现。交易时对象在运作下去,换言之,它所代表的牺牲正在被决定着,它对于两部分的意义看起来是外在于它们的某些东西,就像每个个体都只有在与它自己的关系中才体验着对象一样。以后我们将看到一个孤立的经济为了客体的获得也将利用同样的牺牲的必要性,因为它用同样的自然需要面对着经济的人,因此在这一情形里,即使在交换中只有一个参预者,同样的关系也会以同样客观的、有条件的意义赋予客体。主体的需要与情感乃是处于背后的动力,但它不能通过它自己产生价值形式,这是相互对立的客体平衡的结果。经济通过交换形式传输所有的价值,在作为所有人类活动之源的需要与在其中它们达到顶点的需要的满足之间创造一个中介的区域。作为行为与交流之特别形式的经济的特殊个性并不只由交换价值组成,还由价值的交换组成。当然,客体在交换中获得的意义并不整个地独立于原初地决定了关系的它们的直接的主观的意义。二者是不可分的,就像形式与内容。但客观的过程,它也极经常地统治着个体意识,忽视了价值乃是它的物质内容的事实,它的特殊特点乃是处理价值的等价物。在同样的方式中,几何也有其目的,就是决定物体尺度之间的关系,而不涉及对于它这些关系都是有效的质料。一旦一个人认识到在每一个意识活动领域中人类行为运用抽象的程度,那么不仅对于经济研究,而且面对经济自身都是通过对价值广泛的实在性的真正抽象而构成的这样的情形就不会如第一眼看起来时一样的惊奇了。事物的能量、关系与性质——包括我们自己的自然之质——客观地组成了一个统一整体,但它必得被我们的影响分解至一个有许多独立系列或动机的多样以使我们能够处理之。每一门科学都要考察同类现象且明显地区别于别门科学的问题,然而实在却忽略了这些界线,并且世界的每一个片断都聚积了所有科学的任务。我们的实践排除了许多来自事物外在与内在复杂性的单独的系列,并且正是这些组成了文化之兴趣的伟大体系。这对于我们的情感而言也是真实的,当我们经验着宗教的或社会的情感之时,当我们忧郁或者快乐之时,它总是从我们的感情的对象的总体实在抽象而来的——不管是因为我们仅仅对那些能够产生于一些共同的文化兴趣领域之内的印象作出反应,或者因为我们赋予每一个对象以某一种色彩,其有效性来自与别的色彩交织且组成了一个客观的整体。这样,下面的公式就是一种在之中人与世界的关系可以得到表达的途径:我们的实践就像我们的理论一样连续地从绝对的整体与对象的交织中抽象出单独的元素,在这里面每一个对象都支持别的对象并且所有的都有相等的权利,它们将这些元素组成相关的实体与整体。除了在每一样普通的情感之中,我们与存在的整体没有关系;我们只有通过对现象不断进行抽象(按照我们思想和行为的需要),并且赋予这些抽象活动以纯内在的联系——这是世界过程的不绝之流向客观实在所否定的——才能达到与世界的明确关系。经济体系确实基于抽象、基于交换的相互性、基于付出与获得之间的平衡,并且在它的发展过程中,它是同其基础与结果、渴望与需要水乳交融的。但这一存在的形式并不将它与别的领域区分开来,就像我们为了自己的利益而将现象的整体分开一样。

通过把一个对象与另一个对象交换，对象的价值被客观化

在经济价值客观化中一个决定性的事实，它使得经济成为研究的一个特殊领域，乃是它的有效性超越了单个的主体。一个对象必得与另一个对象交换的事实指出了它不但对于我是有价值的，而且这价值是独立于我的，这也就是说，对于另外的人也是有价值的。这个等式：客观性=对主体的普遍有效性，在经济价值中找到了最明确的证明。我们意识到了这个等值，并且在这里面我们通过交换发展了利益，这给价值注入了特殊的客观性。因为甚至每一个这些元素在交换中都可以是个人的或者仅仅是主观有价值的，它们彼此等值的事实是一个并不包含在这些元素任何一个之中并且同样不位于它们之外的客观因素。交换预先假定了主观价值的一个客观测量方法，但不是在时间优先的意义上，而是在两个现象都来自同一动作的意义上。

交换作为生活形式，作为经济价值的条件，作为主要的经济事实

应该可以认识到人与人之间绝大部分关系都能够作为交换的方式去解释。交换是最纯粹与最充分发展了的交互作用，当它寻求获得物质与内容时它规范了人们的生活。有一点经常被忽略了，即这一开始好像是单方面的行动事实上是基于互惠的：演讲者像是领导，听众们聚集起来，就像教师与他的班级、记者与公众，但是，事实上，每一个处于这种情形的人都感到了明显是被动的群体的决定性的与坚定的反应。在政治政党的情形里流行的说法是这样的："我是领导，所以我必须顺从他们"，一个杰出的催眠师最近强调在催眠暗示里——很明显这是一方的行动绝对地依从于另一方的最为清楚的情形——存在着一种被催眠者对催眠者的影响，它也许是难于描述的，便如果没有这种经验的话催眠就难以实现。每一种交流都必须被看作是一种交换：每一次交谈、每一回情感（即使它被拒绝了）、每一项运动、每一眼对他人的注视。似乎存在的差异是在交流里一个人提供了他并不拥有的东西，而

在交换里他只提供他拥有的,而且这个差异并不能被证实。在第一种情形里,总是个人的能量、个人物质的奉献被卷入交流之中,但相反地,交换并不是为了别人所拥有的对象的缘故而被建立起来的,而是为了满足一个人并不曾拥有的私人情感。正是交换增长了价值的总量,每一个当事人都向他人提供了比其从前更多的东西。这也是真的:即交流是一个更为广泛的概念,而交换则要狭窄一些,但在人的关系中前者在绝大多数情况下都可以被解释成为交换。我们生活中的每一天都由生命内容的获得与失去、增加与减少的过程组成,这在交换之中被理性化了,因为在那里一个对象替代另一个成为有意识的了。将事物单纯的共存转化为系统化关系的同一个综合的意识过程、以它自身的统一性影响物质世界的同一个自我,业已掌握了我们存在的自然节律并且通过交换在一个充满意义的内在交流中组织了它的元素。特别重要的是卷入了代价概念的经济价值的交换。当我们以爱换爱时,我们并没有另外使用它内在的能量,并把任何别的后果置之度外,我们并没有牺牲任何利益。当我们在一场讨论中分享我们的智力资源时,它们并没有因之而减少,当我们展示我们的、并且吸收他人的个性形象时,我们对自己的拥有并没有因这种交换而有丝毫的减少。在所有这些交换的情形里价值的增长并没有包括获得和失去的平衡,在每一当事人中的任何一方都超越于这个对比之外,或者它已经是一个能够产生它的获取,并且我们接受这样的回答,它是一件独立地产生于我们自己所提供者之礼物。但是经济交换——不管它是劳动对象的交换还是投资于对象的劳动力的交换——总是显示了一样有益的东西的牺牲,然而由此获得了很多的愉悦。

在代价性的交换的特殊意义上把经济生活解释为互动引起了一种反对意见,即反对把经济价值与交换价值之间画等号。有人认为即使不买也不卖的完全孤立的制造者也不得不估价其产品和制造方法,并且构造一个独立于交换之外的价值概念,看看是否他的成本和产品被恰当地关联起来了。但这个事实恰恰证实了被其提出来反对的东西。对一个特定产品的估价是否表明了既定数量的劳动或别的东西的耗费，与在交换中所供的与所得的估价是完全一样的。交换概念经常被误会了，就好像它是一种存在于它所提及的元素之外的关系。它仅仅预示了在相关主体之间的一种情形或变化，而非存在于他们之间的某个对象，这个对象能够空间地定位于两个别的对象之间。通过把事实上正在进行的两个事件或者情况的变化纳入"交换"概念之下，再通过把当事者联结起来，人就会被引诱去假定某些别的体验之外的东西。就像"接吻"的概念一样，它也被"交换"了，可能引诱我们把接吻看作是某些超越于两对嘴唇的运动和体验之外的东西。只要它当下的内容被关注，交换就只是两个事件之间的因果联系了，在此某个主体现在拥有他以前不曾拥有的东西并且已放弃了某些他以前曾经拥有东西。这样，那些牺牲某些东西以制造某些产品的孤立个体，他们的行为与主体之间的交换几乎完全是一样的，唯一的不同是他的伙伴不是另一个主体，而是自然秩序和事物的规则，它们就像另一种人类，如果没有得到供奉就不会满足我们的需要。决定其活动的价值总的来说与包括在交换之中的价值是很一样的。倘若对于他结果是一样的话，没有人会关心经济主体是否把其财产或劳动投资于土地或者把它们与另一个人来交换。这个牺牲与获得的主观过程在个体心灵之中绝不次于，也不是个体之间交换的照搬，相反地，在个体之内的牺牲与获得的互换乃是基本的假定，好比说，是两个人之间交换的基本内容。交换只是一个次多样性，在这里牺牲是因为别的个体的需要而导致的，但对于主体而言也可能通过事物的技术的－自然的条件而导致同样的结果。在每一个经济主体的意识之中把经济过程减少到事实上发生的程度是极其重要的。一个人不应当被交换是相互的这个事实蒙蔽，自然或自给自足的经济可以被追溯到与两个人之间的交换同样的基本形式——追溯到在个体之内两个主观过程彼此衡重的实践。这个活动是不会被次一级的问题所影响的，如这些刺激是出自物的本性还是人的本性，它是在自然经济还是在市场经济之中运转。每一个利用了能得到对象的价值愉悦只有在忘了别的价值的情形之下才是可靠的，它不但可能采取通过为别人工作而间接地为我们自己工作的形式，而且经常以直接为我们自己的目标而工作的形式。这一点也澄清了交换仅仅是生产性的还是它自己就是创造价值的产品的观念。在这两种情形里一个人关心的是在交换中为别的商品付出价格而得到商品,在这样一种途径之下最终的情形显示出与这一行为之前的情形比较起来有了多余的满足。我们既不能创造物质也不能创造能量,我们只能尽量多地把它们从实在领域转换到价值领域。这一在给定物质之中的形式转换是通过人与人之间的交换、同时也是通过与我们称之为生产的性质的交换而实现的。二者都属于价值的同一个概念,在两种情形里我们让出的空档都被更高价值的对象占据了,并且只能通过这一活动以前与自我混同的对象才能把自身分离出来并成为价值。价值与交换之间的深刻联系,作为它们相互决定的结果,通过它们在生活实践之中是等量的这一事实而得到了解释。即使我们的生活看起来被事物的结构与客观性决定,如果没有赋予对象以指导我们行为的价值的话我们事实上也不能采取任何步骤或想象任何思想。这些行为的实现是与交换的轮廓一致的,从需要的满足的最低层次到最高的智识与信仰的利益的达到,每一价值无不以别的价值的牺牲而得到。精确地断定何为起点何为结果也许是不可能的。因为在基本的过程里两个元素不可能被分开,它们组成了实践生活的统一体,这是一个我们不可能作为一个整体来掌握的统一体,我们把它区分成这两个元素。或者,二者择一地,一个没有终点的过程在两者之间出现了,在这里,每一个交换回溯到一个价值,每个价值回溯到一个交换。出于我们的目的把价值回溯到交换更具有启发性,因为反面看起来更加可知也更加明显。认识到价值是牺牲的结果揭示了我们生活的无限财富都是来自这个基本过程。我们对于代价的痛苦的经验以及我们的努力消除之使得我们相信它的完全消除将使生活走向完美。但在这里我们忽视了代价绝不是一个外在的障碍,而是目的本身的内在要求以及通过之可能达到这个目的的道路。我们把我们与事物的实践关系的谜一般的结合分成牺牲与获取、阻碍与达成,以及由于不同的阶段经常在时间中被分开,我们忘了如果没有阻碍要克服,目的将不会是同一个。唯有我们不得不克服的抵抗能证实我们的力量,唯有对罪过的征服能保证灵魂的"天堂之喜",这是正直的人们所不可能满意的。每一个综合都需要分析的原则,但它被忽视了,因为没有这个原则它就不是不同元素的综合而是一个绝对的统一体,相反,每一个分析都需要一个综合,没有它就分裂了,因为分析仍然需要某种内在联系,没有这个就是单纯的无关:即使最强烈的仇恨也是一种比仅仅的漠不关心更强的关系,而漠不关心又是比根本没有意识更强的关系。简而言之,为了排除所需要的代价,被抑制的相对运动常常是、甚至永远是目的可实证的前提。代价丝毫也不属于它不应该属于的范畴,可肤浅与贪婪会使我们相信如此。牺牲不仅是特殊价值的条件,而是所有这些价值的条件,对于我们在这里所关心的经济行为,它不仅是为了特别的已有的价值所付的价格,而且唯有通过这价格单独的价值才能被建立起来。

交换以两种形式来完成,在这里我建议用劳动价值的观点来解释。因为有休闲的需要,或者因为为了休闲目的使用能量,或者为了避免痛苦的努力,所有劳动无疑是一种牺牲。然而,也有某种潜伏的劳动能量,我们既不知如何雇用,它也在一种既非被需要也非被伦理动机引发的自愿劳动的冲动中显示了自己。有许多需要在竞争这种劳动之力,它的用处并非在于它自身是一种牺牲,而在于并非它们的所有都能被满足。为了能量的每一使用,一个或者更多的别的可能的和需要的使用不得不被牺牲掉。除非我们能够用进行劳动 A 的能量也用于劳动 B,那么我们在做劳动 A 时就不会有任何代价,反之如果我们运用 B 代替 A 也成立。被幸福论地牺牲的并非劳动,而更是非劳动,我们为 A 付酬不是通过牺牲劳动——因为,像我们所假定的一样,这里劳动不包括任何无用——而是通过拒绝 B。我们在交换中通过劳动所付出的代价可能是,可以说好比是,或是绝对的或是相对的:无效或者与劳动直接相连,这在苦干和痛苦中被体验到,或者它也是间接的,在劳动与幸福无关甚或是一种可实证的价值的情形里都是如此。然而我们唯有通过放弃一个以获得另一个。这样,令人愉快的劳动也能与赋予经济以特色的交换的形式相关起来。

这一观念,即对象在它们进入经济关系之前有特殊的价值——在这里交易的两个对象中的每一个都指出一者给当事人以所需的利益,而另一者则付出代价——仅仅对于发展了的经济是有效的,但对于经济停滞于之的基本过程并不如此。这一逻辑难题,即两个事物要有相等的价值的话必须每一个都有自己的价值,似乎可以通过一个类比得到解释,这个类比就是:两条线只有在每一条都有有限的长度时才可能是一样长的。但严格说来,一条线段的长度来自它与别的线段的比较。因为它的长度并不是被它自己所决定的,——因为它并不仅仅是"长"——而是通过另一条来测量它的:这同样的服务也被运用于其他线段上面,虽然测量的结果并不依赖于这一比较活动而是依赖于这条线独立存在于别的线。让我们回想包括客观价值判断的我称之为形而上学的范畴,从我们与对象之间的关系发展出了要达到某种判断的冲动,然而其内容并不居留于事物自身之中。在判断长度中这也是对的,对象自身需要我们去判断他们,但具体长度并不是对象给出的,只有通过我们自身的行为才能认识到。我们没有意识到长度只有通过比较过程才能确立,以及长度并不是在它所依赖的个体对象中天生就有的这一事实,因为我们从特殊的相对的长度之中抽象出了长度的普遍概念——这一普遍概念排除了确定性(Bestimmtheit),而没有确定性就没有具体的长度。在将这一概念运用到对象时我们假定,事物在通过比较被独一无二地得以确立之前必须有长度。此外,明确的标准已经从无数的长度比较之中发展出来了,并且它们决定了可触摸物体的长度的基础。这些标准具体化了,就好像它是长度的抽象概念,它们看起来不再是相对的,因为每样东西都被它们测量,同时它们自己并不被测量。这一错误与一个人相信掉下来的苹果被地球所吸引而地球并不被掉下来的苹果所吸引这样的错误是一样的。最后,由于成分的多样性、决定实质的关系已经存在于个体的部分之中这些事实,我们在关于长度的与生俱来的性质上欺骗了我们自己。如果我们假定在整个世界上只有一条线,那就不会有任何特殊的长度,因为它缺乏与别的线的任何关系。不可能把世界作为一个整体来测量,因为在世界之外没有任何东西,而只有与之联系起来世界才有特殊的尺寸。这对于线段也是成立的,只要它被认为没有与别的线段相比较,或者它自己的部分之间也没有彼此比较,它既不是长的也不是短的,而是存在于整个范畴之外。这一类比使得经济价值的相对性明了了,而不是否认了它。

倘若我们把经济看作交换的普遍形式——为了获得某物而失去某物——的一种特殊情形,那么我们马上就会怀疑所获得的价值并不是准备妥当被创造出来的,而是部分或全部地从被要求牺牲的程度中自然地产生出来。这些经常发生的和理论上很重要的例子看起来确实包含着一个内在矛盾:为了无价值的对象将会要求牺牲有价值的东西吗?没有一个理智的人不会在没有获得相等的价值作为回报的情况下放弃一个价值,而且如果所欲求的对象只能在为其支付价格的情况下才能获得价值的话,这将是一个颠倒黑白的世界。只要考虑到我们当下的意识,这就是重要的一点,比流行的见解将会承认的更为重要。事实上,在某一时刻的特定情形下,一个主体所牺牲的价值从来不会比他得到的作为回报的价值更大。所有相反的外表都依赖于被主体所体验的价值和在别的交换中的对象依据别的明显的对象形式所进行的评估而来的价值之间的混淆。这样,在饥荒期间有人会为了一片面包而放弃一件珠宝,因为在这种情形之下对于他而言面包比后者更有价值。这总是依赖于是否有价值的情感被置于一个对象之上的情状,因为每一价值都被一个情感的总处于流动、调整与变化过程中的复杂情结所支持。原则上这一状况是暂时的还是相对持久的并没有意义。如果一个快要饿死的人放弃了珠宝,那就无疑表明对于他而言这片面包更有价值。无疑,在交换的一刻,在提供代价的一刻,所接受的对象的价值达到了在交换中所提供的对象能够产生的价值。十分独立于此的问题是关于所接受的对象何处生成了其价值,是否它也许是所提供的代价的结果,因此在所获与所费之间被代价先验地建立了平衡。一会儿我们会看到价值经常在这种似乎不合乎逻辑的形式之中心理地产生了。价值一旦被建立——不管怎样被建立——就会有一个把它与代价看作价值均等的心理的需要。

甚至浅显的心理观察也能揭示出一些例子,在其中代价不但增加了所欲求对象的价值而且事实上产生了它。这一过程揭示了某个人证实其力量、为了克服困难或者仅仅是为了唱反调的欲求。为了获得某样东西,在一个迂回的路上前进的必要是一种常见的情景,也经常是认为它们有价值的理由。在人类的关系之中,最经常与清楚的是在爱欲的关系之中,很明显地,含蓄、冷漠或拒绝激起了最为热烈的克服这些障碍的欲望,并且也是努力与牺牲的原因,在许多情形里,如果没有这些反对,那目的就看起来不会这么值得了。如果不是要付出极艰辛的努力与危险的代价,爬山的美学愉悦就不再会被许多人高度注意了,正是这些组成了它的魅力、号召力与刺激力。古董与收藏的吸引力通常也属于同一种类。如果不是对美学的与历史的兴趣去接近它们,那就仅仅是因为获得它们的难度,它们的价值与为它们付出的价钱一样大,这就导致了这样的结论:花了多少钱,它们就值多少。进一步地,道德利益总是表明了相反的冲动,并且为了道德需要的行为欲望不得不被征服和牺牲。倘若这样一个行为只是作为自然冲动的结果没有什么困难就实现了,它就不会被认为有主观的道德价值,不管它的客观内容是多么必需。道德利益只能通过牺牲掉低级的然而十分有魅惑力的好处才能达到,魅惑越是动人它就越大,牺牲越困难它就越广大。在人类的所有成就之中,最高的尊敬与欣赏被给予那些象征了或者至少看起来象征了整个人类的身体力行、能力与坚持力的最高境界,在这里其他所有东西都被放弃与牺牲了,并且投入了客观的意念。即使在那些情形里,相反地,美学的表演以及来自自然冲动的轻松与魅力也展示了最大的吸引力,这要归因于为了如此成就经常需要的努力与牺牲的共振。在我们的精神生活之中,相连的意义经常被相联系的运动和无止境的力量转向它的反面,例如,两个陈述之间的联系可能作为一个事实的结果而产生,它们既可相互证实也可相互否证。我们认识到我们没有经过什么困难并且只通过运气而获得特殊的价值是困难的,那需要付出代价,它有着同样的价值,但有一个否定的符号,并且它是由前面的价值得以产生的主要源泉。

当然,这些也许被夸大了或者只是例外的情形。为了在经济领域内找到它们的普遍形式,首先要做的就是把作为特殊特点或形式的经济的一面与作为物质普遍性质的价值这一事实区分开来。倘若我们接受价值是一种被给予,那么就像前面所表明的一样,经济价值并不是一个对象的内在价值,而是由在交换时被给予的另一个对象的消费所建立的。野谷不用费力就可以收获并且马上就可以消费,只有在它的消费能节余一些别的花销的情况下才是一种经济利益。但如果所有的生活必需品都能够通过这种没有任何代价的方式获得,那就没有什么经济体系了,就像那些生活在流奶与蜜之地的鸟、鱼或居民一样。不管两个对象 A 与 B 如何成为价值,A 只有因为我用它来交换 B 时才成为经济价值,并且 B 只有因为我能在交换、在利用它获得 A 才可如此。是否代价是通过内在个体的交换而把价值转向另一个人而完成的,或者通过在个人自己的利益范围之内平衡努力与收获而完成的都没有什么不同。除非直接或间接地处于我们的消费之中并且出现在他们之间的交换之中,经济就对象没有什么意义。单独的前者是不足以令一个对象成为经济对象的,只有后者能给予它以我们谓之为经济的特殊性质。然而在价值与经济形式之间的这一区分是人为的。首先,虽然经济在它为了在牺牲与可能的收获之间达成平衡而假定了价值就是它的内容这一意义上看起来可能是纯形式的,事实上这一过程,通过之一个经济系由被预先假定的价值构造出来了,可能作为经济价值的开山祖而得到解释。

价值的经济形式存在于两个限定之间:一方面是对对象的需要,它来自对拥有与愉悦的预期的满意,另一方面就是愉悦本身,它严格地说来并不是一种经济行为。倘若以前的争论之点被接受了,即野谷的直接消费并不是一种经济行为(除非在它在经济价值的生产之中被经济化了的程度上),那么真正的经济价值的消费自身也不再是一种经济行为,因为这两个消费行为总体上是不可区别的。对于消费行为及其直接的后果而言,人们是发现、偷窃、培育还是购买了谷物,这中间没有任何区别。对象,如我们已经看到的一样,只要它仍只是直接的刺激物与来自主观过程的我们的不可分的情感的自然部分,它就仍然不是价值。为了获得我们称之为价值的特殊意义,对象不得不从这里被分离开来。欲求自身并不能产生价值,除非它遇到了障碍,如果每一个需要都能不经过努力而得到完全的满足,那么价值的经济交换就永远也不能发展起来,并且欲求自身永远也不能发展到一个高水平。只有因障碍而离开满足、害怕永远得不到对象、为之而奋斗的紧张才能把欲求的各元素、热情的努力与不断的获取撮合到一块。但即使欲求的最强烈的成分也只能来自个体之内,如果它多得随便可以得到,那么满足它的对象仍将没有价值。保证我们愿望的满足的事物的整个种类对于我们都是重要的,但并不包括我们得到的那一特定的部分,因为这可能不费什么力气就被任何别的部分所代替。我们对整个种类的价值的觉察来自它是全体的缺失这一观念。在这种情形里,我们的意识就会在没有给中介对象一点注意的情形之下被主观愿望和满足的节奏所决定。单独的需要与愉悦既不能了解价值也不能了解经济生活,这只能通过在两个主体之间的交换同时被认识到,它们中的每一个为了获得满足都需要付出另一个(或者在自给自足经济中的等价物)所需的牺牲。交换,也就是经济,乃是经济价值的来源,因为交换是将主观情感转化为客观价值的主客体之间距离的代表。我较早时提及的康德认识论的摘要:经验的条件同时也是经验对象的条件——通过之他意指我们称之为经验的过程与组成其内容与对象的表象都是支持同一个理解的法则的。对象能够被经验是因为它们乃是我们之中的表象,并且决定着经验的同一个力量也决定着表象的构成。以同一种方式我们能够表明:经济的可能性同时也是经济对象的可能性。建立了被称为"经济"——也就是互惠的放弃——的关系的两个对象的(物质的、劳动力的或者任何种类的权利的)所有者之间的过程产生了这些对象同时使之进入价值的范畴。逻辑难题,即价值不得不作为价值而存在以进入经济的形式与领域,现在被我们指明为在我们与对象之间的距离的心理关系的意义排除了。这一心理关系区分了知觉原初的主观条件而进入了需要的主体与拥有价值的相对的客体。在经济上,这一距离通过交换,通过屏障的两方面——即障碍与放弃——的影响而产生。经济价值经由同样的互惠与决定价值的经济特征的相对性而产生。

交换并不仅仅是给予与获得两个过程的附加,而是一个新的第三现象,其中每一个都同时既是原因又是结果。对象通过放弃获得的价值因此成为一种经济价值。总之,价值在愿望及其满足之间的障碍、放弃与牺牲的间歇中插入。交换过程由取走与给予的相互决定组成,并且它并不依赖于此前已经为了一个特别的主体而获得了价值的特别的对象。一切所需的都在交换自身的行为之中得以完成。当然,在一个实际的经济体系中对象的价值通常当它们进入交换时就被指出来了。在这里我仅仅指价值与交换概念的内在的、系统化的意义,它仅仅以未发展的形式,或者作为在历史现象中的观念意义,或者作为它们的观念含意而存在。我并不是指它们在历史起源意义上的真正形式,而是指它们的客观逻辑形式。

实用理论与稀缺理论的还原

经济价值的概念由抽象领域向实践关系领域的转化可能在实用与稀缺概念(utility and scarcity/Brauchbarkeit und Seltenkeit)——它们通常被看作是价值的组成成分——的帮助之下得到更进一步的解释。对于经济对象的存在、基于经济主体的部署的第一个要求是实用。对此而言,如果对象会获得特殊价值,稀缺就必须作为第二个决定性的因素而加上来。倘若经济价值被看作是为供需所决定,那么供将与稀缺一致,而需与实用一致。实用将决定是否对象根本上被需要,而稀缺将决定我们被迫付出的价格。实用将作为经济价值的绝对部分而出现,并且必须了解它的度以便对象能进入经济交换。稀缺只是一个相对因素,因为它仅仅指出了问题中对象可达到的数量关系的总额。对象的质的性质在这里并不起任何作用。然而,实用看起来先于任何经济体系、与别的对象的任何比较与关系而存在,它是决定经济运动的实质性因素。

　　然而,这一情况并没有被实用的概念正确地描述。真正的意思是对对象的需要。除非能够导致需要,且它并不总是这样,实用永远也不会导致经济过程。某些种类的"希望"也许伴随着对有益的对象的感觉,但只要持续的贫穷、天生的无力、兴趣往别的领域的偏移、对只就理论而言有益的冷漠、意识到不可能得到以及别的肯定或者反对的因素抵销了这样的发展,那么真正的需要,它有实践意义并且能影响我们的活动,就不能出现。另一方面,我们欲求着,因而从经济上估价万事万物,这些事物就是不任意引申日常语言的用法人们就无法称之为有益或有用的。倘若有益的概念包含被需要的每一样东西,那么在逻辑上就必须接受对某物的需要乃是经济活动的决定性因素,因为否则的话并不是每样有益的东西都处于需要之中。即使有这些修正,这也不是一个绝对的因素,也并不排除价值的相对性。首先,如我们所见到的,除非在对象与主体之间有障碍、困难与牺牲,需要并不能被清楚地认识到。事实上只有当对象的愉悦马上被估量到了,当耐心的代价、对别的努力和愉悦的放弃使得对象似乎可得,并且需要与克服困难的努力相匹,只有在这样的情形之下我们才能有一个需要。其次,对象的经济价值基于对它的需要可以解释为对植根于需要的相对性的提高与升华。因为处于需要之中的对象只有当对它的需要与对别的东西的需要相比时才能成为对经济具有实践重要性的价值,只有这个比较才建立起了对需要的测度。只有当有一个我们愿意为第一个而放弃的第二对象,或者相反,它们两个中的每一个才有一个可以测量的价值。最初在实践的世界上没有单独的价值,也没有最初的单独的对数"一"的意识。通常认为"二"的概念的存在先于"一"。一根破手杖的碎片需要一个复数的术语,整根手杖是根手杖并且无需称之为一根手杖,除非两根手杖彼此有一些被考虑到了的关系。这样,仅仅对一个对象的需要仍不能创造一个经济价值,因为它不包括所需要的测量,只有需要的比较,也就是它的对象的可交换性,才为它们的每一个指定了明确的经济价值。没有相等的范畴——这是那些基本概念之一,这些概念从细节中形成世界观,但只是慢慢地要求心理的实在——也就没有什么"实用"和"稀缺"(不管多么伟大)会产生经济交易。是否两个对象在需要上和价值上是相等的只能被臆断——因为缺乏一个外在的标准——通过在观念或实在中的彼此交换,同时在价值情感中没有体验出变化。事实上,可能最初可交换性并没有指出价值的相等是事物的一个客观性质,但相等仅仅是一个被用于可交换性的术语。需要的强度自己并不一定会增加对象的经济价值,因为价值只有通过交换才能得到表达,需要只在它能变更交换这一点上才能影响价值。即使我渴望一个对象,这也不能决定它在交换中的相等物。或者我仍不拥有该对象,在这种情形里我对于对象的渴望,除非我已经表达了它,将不会对其现在的拥有者的需要产生任何影响,并且他将要求一个这个对象的与他自己的或平均的兴趣相适合的价格,或者我确实拥有这对象,并且在那种情形里我的要价可能会高到使对象的交换根本不能成立(也就是说它不再是一个经济价值),或者我将不得不降低价格使之与一个可能的购买者所显示出来的兴趣相一致。决定性的事实是实践的经济价值从来不只是一种泛泛而言的价值,而就其本质来言是一个价值的明确总量,这一总量来自对两个需要的强度的测量,这一测量在经济之内采取的形式是牺牲与获得的交换,这样,结果是,经济对象并不拥有——像第一眼所看到的一样——作为对它的需要的结果的绝对价值,而是作为真正的或想象的交换的基础的需要,赋予了对象以价值。

价值的相对性——作为需要中的对象只有通过相互交换的过程才能成为价值的结果——看起来表示价值的仅仅是价格,并且在它们的层次上没有什么不同能够存在,在这种情形里,价值与价格之间经常的差别会拒斥理论。但若没有我们称之为价格的普遍现象的话,理论就会主张价值永远不会被建立起来。一个对象是经济上有价值的意味着它对我是有价值的,我愿意为了它花费某些东西。只有通过与别的价值相等,也就是通过变成可交换的,价值 A 才能成为实践有效的。相等与可交换性是两个互惠的概念,它们以两种不同的形式表达同一个事态,好比说,以运动与静止的形式。是什么可能促使我们在对象所负担的朴素的主观愉悦之外再赋予它们以我们称之为价值的特殊意义？不能简单地归因于稀缺性。因为如果稀缺性简单地作为一个我们不能改变的事实而存在——在现实中我们不仅通过富有成果的劳动而且通过产权更替而改变事实——我们应该把它作为一种外在世界的自然性质而接受，我们甚至可能不会意识到这种自然性质，而且自然性质不会予以对象的实际特性之外的任何强调。这种强调源于如下的事实：要获得对象就不得不付出代价，耐心等待，努力找寻，筋疲力尽地劳动，以及放弃所需的其他东西。没有代价——用这个词的最普通的意义来说——就不会有价值。在一些南太平洋岛民的信仰中，有一种朴素的形式表达了这种情感：只有得了报酬的医生开的药方才会有效。两个对象中一个比另一个更有价值只能通过一个人愿意用某一个来交换另一个而不愿意用另一个换这个才能得到表达。在实践的关系仍然是简单的和有效的地方，一个更高或低的价值只可能是直接的实践的交换愿望的结果或者表达。并且当我们说我们交换了东西因为它们有相等的价值时，那仅仅是一个常有的概念——语言颠倒的例子，就像在某种情形里，我们相信我们爱某人是因为他有某些品质，然而我们想当然地认为他有这些品质是因为我们爱他，或者我们认为道德戒命起源于宗教教条，然而我们事实上信仰教条是因为道德戒命极为关注我们。

在概念术语里，价格与客观的经济价值相冲突，没有价格的话就不可能在利益的客观价值与主观愉悦之间划一条分割的线。从合约主体的观点来看，交换假定了价值相等性的陈述是不对的。A 与 B 可以交换他们拥有的 α 和 β，因为它们的价值是相等的。但 A 没有任何理由放弃 α，如果他通过获得 β 仅仅接受了一个相等的价值。对于他而言 β 必须是一个比他以前拥有的 α 更大的价值。同样地，B 通过交换也必须获得比他失去的更多。因此，如果对于 A 而言 β 比 α 更有价值，对于 B 而言 α 比 β 更有价值，只有考虑到一个观察者，它们彼此之间的差异才客观地得到了平衡。但是对于较之其失去得到了更多的合约当事人这一价值的相等并不存在。虽然如此，如果他相信他做了一场公平的交易并且交换了相等的价值，在 A 的角度上，这也是可以证实的:客观上,他已经给了一个相等的价值给B,价格α对价格β,但主观上,对于他而言β的价值比α的价值更大。但是A与β的价值的意义是一个统一体,并且在客观价值与主观盈余之间的分界线不再是可以感知的了。只有对象被交换的事实,那就是用花掉一个价值得到一个价值,才画出了这条线,并且决定了主观价值的额度,凭此这个对象作为一个客观价值而进入了交换过程。

另一个观察也表明交换根本不是由前面的价值客观相等的陈述来决定的。如果注意孩子们、冲动的个人与明显原始性的人们是如何实现交换的,很明显,在一个既定的时刻,为了得到他们强烈渴望的东西,他们愿意把任何珍宝拱手相让,不管总的盘算一下价格是不是太高了,甚至当他们自己有了一个机会平静地想想这件事时也一样。这与每一个交换必须是主体有意识地认为有利的概念相矛盾。这并非实情,因为整个活动在主观上都超出了交换对象的相等与不相等的问题之外。牺牲与获得之间的平衡领先于交换并且必然导致它们之间平衡的观念是那些理性的陈腐观念之一,它们彻头彻尾地是非心理的。这就会要求对一个人的欲望进行调节的客观性,而我刚才讨论的人们是没有这个能力的。没有受过教育的或者有偏见的人们没有充分的能力摆脱暂时的兴趣以作出比较,在某一时刻他就是要那一件东西,用其他东西作牺牲并不会使他认为所渴望的满足减少了,也就是说付出了代价,而使他遭受打击。天真的、没有经验的并且冲动的人们会"不计代价"获得所渴望的对象,在这种轻率的观点看来,更为可能的是相等的观念是许多次交换经验的产物,进行这些交换时没有丝毫获得与失去之间的恰当权衡。在与别的对象的比较成为可能之前,困扰心灵的独占的欲求首先就通过对对象的成功获得而得到了平静。在流行于未经训练与不受羁绊的心灵之中的一时的兴趣与所有别的观念与价值之间的巨大差异允许交换在任何价值判断、也就是在各种渴望的对象之间的关系的判断被作出之前发生。当价值的概念高度发展了并且一个合理的自我克制流行之后,对价值相等性的判断才可能优先于交换,但这不应该被允许用来模糊这种可能性,即合理的关系——这是常有的情形——已经从一种心理的反面关系中发展出来的,以及,拥有物的交换起源于纯粹主观的冲动,只有以后它才告诉我们事物的相对价值。(因此,在心灵的范围内,最终,πρὸς ἡμας[对我们而言的东西]首先出自 φύσει[两种原初的本性]。)

价值与价格:社会确定的价格是客观上调整的价格的最初阶段

价值可以说是价格的追随者,并且它们必须是等同的说法,乃是同语反复。我的这个观点基于一个更早的陈述,那就是在任何个别的情形里,没有合约当事人会付出在当时的环境下看起来太高的价格。如果——像在查米索(Charmisso)的诗里所讲的一样——强盗用手枪指着某人强迫他把手表和戒指用三分钱卖给他,在这种情况下他所接受的就值这个价,因为这是救他性命的唯一途径。没有人愿意只为不致饿死的薪水而工作,只要他不是处在有这样的薪水总比一点没有好的情况下。这一断言明显自相矛盾,即价值与价格在每一个特别的情形里都是相等的,来自这样一个事实,即关于价值与价格的别的相等性的某种观念被引了进来。决定大多数交换的条件的相对稳定性以及依据传统标准以确定价值关系的类似性,这些都有助于一种主张,即在交换时一个个别对象的价值需要相等的另一个特殊对象,这两个对象(或者说对象的范畴)具有相等的价值,并且,纵使在特殊情况下它们总是一致的,如果不正常的情况允许我们用过低或过高的价格交换一个对象,那么价值与价格就偏离了。我们不要忘了,价值与价格的客观与公正的相等,我们将之看作实际的与特定的情形的标准,只有在特殊的历史与技术条件下才是有效的,并且只要这些条件发生变化,它随之便会崩溃。在标准与被认为偏离或符合了标准的个别情形之间没有一般的差异,只有具体的不同。我们也许可以谈论一个极其优秀或者极其低劣的个体,说他真说不上是一个人,但这个人的概念只是一个平均数,只要大多数人上升或者下降到这些特别类型之一,这个平均数马上会失去其标准地位,然后特别类型就会被接受为真正的"人"。然而,为了认清这一事实,我们必须把我们自己从根深蒂固并且事实上也是公正的价格概念中脱身出来。在更进一步的情形里,这些概念包括重叠的两层:一层是由社会传统、习惯经验、明显的逻辑必然而形成的,另一层则是由个别情况、一时的需要以及环境之力而形成的。在后一个领域内的迅速变化对我们的感觉隐瞒了前一个领域的缓慢变化以及它是通过后者的升华而形成的。因此第二个领域,作为客观比例的表达,似乎在经验上也是有效的。任何时候,在给定的境况下被交换的牺牲与获取的价值至少是相等的——否则的话只要比较一下就没有人会搞交换了——但在更为普遍的条件下被衡量有差异时,价值与价格之间的差异就会被提出来。在两种情况之下这是最明显的,它们通常一齐出现:第一,一个单独的经济特征被作为经济价值而接受,并且两个对象只有在它们代表同样的价值总量时才被承认具有相等的价值,第二,在两个价值之间的明确的比例被看作是恰当的,在道德和客观条件下都是如此。这一观念,例如,价值的基本特点是在其中被客观化了的社会必要劳动时间,在这两种意义上都被用于为价值与价格的偏离提供一种测度。但这个价值的统一的标准的概念并没有回答劳动力自身如何成为价值的问题。除非在制造所有这些产品的劳动活动中已经产生了交换的可能性,并且劳动的努力已经被作为一种牺牲提供出来作为产品的回报。只有通过交换的可能性与实在性,劳动力才能进入价值的范畴,虽然它以后可能在这个范畴之内为别的价值提供一个测度标准也是一个事实。即使劳动力是每一个价值的内容,它也只有通过进入牺牲与获取或者价格与价值的关系(这里是就其狭义而言)才能接受它的价值形式。依据这一理论,如果价格与价值偏离了,一个合约的当事人靠较少数量的劳动力交换了一定数量的客观化了的劳动力,但这一交换是被别的不包括劳动力的情况影响了的。例如紧急需要的满足、怪念头、欺骗、垄断,等等。在一个更广的和主观的意义上,所交换的价值的相等在这里被保持下来,然而劳动力的统一标准,它使差异成为可能,并不起源于交换。

诸对象的性质上的不同,这意味着,主观地,它们处于需要之中,并不能要求产生一种绝对的价值数量,在交换中认识到的、总是需要的内在关系给予对象以经济价值。这一相对性通过价值的别的构成因素——相对稀缺——得到了更清晰的描述。交换只是一个内在个体的尝试,它试图改善利益稀缺的情况,那也就是,通过对所给予的供应的分配的变更而降低主观需要的努力。这已经指明了在被称之为稀缺价值(它已经被合理地批判了)与被称之为交换价值之间的总的关系。但在这里看到相反的关系更为重要。我已经强调了利益的稀缺并不能产生价值,除非它通过人的努力是可变的。这只有通过两种方式才是可能的,或者通过劳动力的运用,它增加了利益的供应,或者通过已经拥有的利益的供应,它消除需要中的对象的稀缺。因此,也许可以证明利益的稀缺以涉及对那些利益的需要的客观存在的交换为条件,这样,只有交换才能使得稀缺成为价值中的一个因素。在许多价值理论里这是一个错误,那就是,在实用与稀缺的基础之上,他们想象着经济价值——交换生意——是某些明白东西,是这些假定的概念上的必然后果。这根本就不对。如果某些假定导致了美的放弃或者搏斗与抢劫——事实上这是经常的事——就没有任何经济或者经济生活会产生。

　　人种学揭示了在原始文化中,只要讨论的不是最为紧急的当前的需要,那价值概念就令人惊奇地任意、不稳定还有不足。无疑这是原始人对交换厌恶的结果,至少与这个有联系。这样做有许多原因:在交换中他总是害怕被欺骗,缺乏任何客观的和普遍的价值标准,或者也许会丢掉他人格的一部分和施以罪恶的力量来统治他,因为劳动的产品总是被他、为他自己而创造的。也许原始人对劳动的厌恶也是同一个起源。在这里也缺乏一个在努力与收获之间的可靠的交换标准,他害怕会被自然欺骗,自然的客观性作为一个不可预测的、可怕的事实对抗他——直到他能把自己的活动变为客观的、有规则的、可证实的同自然之间的交换。被淹没于他与对象的关系的主观性之中,交换——同自然的或者别人的——与事物的客观化和它们的价值相一致,对于他而言是不适宜的。好像就是这样造就了焦虑情感的第一个意识,像自己的一部分被分离出去了。这也解释了对象的神话的与迷信的解释,一个解释是,一方面,实体化这个焦虑使原始人可以了解之,另一方面通过将对象人性化而减轻它,这样就使它与人的主体性谐和起来了。这种情形解释了一系列的别的现象。首先是对抢劫的普遍接受与赞成,像对那些当下就渴望的东西的主观的和正常的无秩序的掳获。在荷马时代之后好久,在希腊落后的农业地区,海盗行为继续被看作是合法的生意,并且有的原始人把暴力抢劫看得比老实的付款更为高贵。这也是可以理解的,因为在交换和付款之中一个人被一个客观的标准所屈服,而那些强有力的和独立的个性不得不抹杀它自己,这是不愉快的。这也可以解释那些顽固的贵族气派的个人对商业的厌恶。另一方面,交换支持了人们之间和平的关系,因为他们接受了一个超个性的和标准的规则。

像有人希望的一样,在所有权变更的纯粹的主观性(它通过抢劫和礼物为例证)与交换形式的客观性(在这里事物依据它们所包含的相等价值而被交换)之间存在着许多中介现象。这通过在制造礼物的传统的互惠中得到了例证。这样的观念存在于许多人们之中,即一个礼物只有当它可能是互惠的时应该被接受,也可以说,那就是以后能够有所获。这就直接导向了规则的交换,这经常出现在东方,一个卖者把东西作为一件"礼物"送给买者,但如果对方不能给相应的一件礼物作为交换他就会感到痛心。在紧急的情况下免费干的活、邻居之间的合作或者不要报酬的朋友,这在世界上每一个地方都找得到,在这里也有其位置。但经常地这些工人得到了丰盛的款待,什么时候一有可能就被宴请,例如,据报道,在塞尔维亚,只有富人才负担得起请这样的志愿帮工。这也是真的,现在在东方甚至意大利,对买卖双方主观想要的利润都加以限制的公平价格并不存在。每个人都尽可能地卖得贵买得便宜,交换只是两个人之间的主观活动,其结果依赖于两个当事人的精明、热心与耐心,而非对象及其被超个体的关系决定的价格。一个罗马古董商人对我解释道,当要价太高的卖者与给得太少的买者最终达到了双方都能接受的地方时,一桩生意就做成了。这里可以清楚地看到一个客观上合适的价格是如何从两个主体的讨价还价之中产生出来的,整个过程是一个前交换状态的残余,在这里交换经济处于优势,但并不完全是交换经济。交换已经作为价值之间的客观活动而存在,但它的实行仍然是主观的,并且它的模式与数量完全依赖于个人性质的关系。在这里我们可能发现了在早期文化中伴随着商业交易的神圣的形式、法的规则和公众与传统的保护的最终原因。它是一种超越主体性以满足交换的需要的方式,它仍不能通过对象之间的真正关系而建立起来。只要交换和事物之间价值相等的观念是异常的,在两个个体必须由他们自己作出决定时就不可能达到彼此一致。结果,我们在中世纪不但找到了公众交换的交易,而且更特殊地有一个对日常用品的交换比率的精确规定,没有一个交易者会轻看它。这也是真的,即这一客观性是机械的与外在的,它以位于特殊的交换交易之外的原因与力量为基础。一个真正足够的客观性抛弃了这样一种先验的决定,并且在交换的计算之中包括了所有那些特别状况,在这样的情形下,它们被忽略了。但意图与原则是同一的:在交换中价值的超主观的决定性,它以后被更多的客观的与内在的方法建立起来了。通过自由与独立的个体而继续的交换经由客观标准而假设了一个判断,但在更早期历史中,交换不得不通过社会来固定和保证,因为否则的话个人对于对象的价值将缺乏任何轮廓。在原始劳动的社会规则中相似的原因可能也是有影响的,它表明了交换与劳动之间的相等,或者更精确地说,是劳动从属于交换。在客观有效——既实践地又理论地有效——与其社会的影响与接受之间的多重关系经常以后一种方式历史地呈现出来。社会交感作用、传播与标准化为个人提供了生活方式的尊严与可信度,这以后会被确认是公平的。因此,孩子并不接受基于内在理性的解释,但因为他信任解释这一情形的人,所以他不是相信某物而是相信某人。在口味这件事上我们依赖时髦,那就是以社会接受的方式做或者欣赏一件事,直到这样的时候,在足够久之后,我们才学会了从美学的角度判断对象自身。这样,对于个体而言,超越自己从而获得比个人的支持与稳定更多的需要成了在法律上、知识上与道德上的传统力量。这一不可缺少的标准,它超越了个别的自我,而仍没有超越普遍的自我,慢慢地被另一个标准代替了,这一标准来自实在知识和对观念的标准的接受。那居于我们之外,我们需要之作为我们方向的,在我们遇到它作为实在与观念的客观确定性以前,已经采取了社会普遍性的更加容易接受的形式。在这个意义上就要求文化的发展是一个整体,交换本来就为社会所决定的,直到那个时候,作为个体才足够地了解了对象及他们自己的价值从而能够决定各个情形下的交换比例。这就说明在社会和法律上建立起来的控制交易的价格在所有的史前文化里它们自己也仅仅是许多单个交易的结果,这种交易早就以一种无规则的方式出现于个体之前。然而这一反对在这情形里并不比在语言、道德、法律、宗教的情形里有更大的价值,简而言之,所有那些出现于集体并且统治之的基本生活形式,长期看起来它们好像只有作为个体的发明才是可以解释的。事实上不折不扣地,从一开始,它们是作为个体间的结构而进化的,处于个体与群体的交互作用之中,因而它们的起源不能归结于任何单独的个体。我认为,社会地规范好了的交换的先驱者很可能不是个体的交换,而是一种所有权的改变,它根本谈不上是交换,而是,例如,抢劫。在那种情形里,个体间的交换可能只不过是一个和平协约,并且交换与规范了的交换都可能共源于此。一个类似的事件也许是,在制订与邻部落异族和平通婚协议以规范妇女购买与交换之前的以暴力抢劫妇女。这一新引进的婚姻形式立刻被当成了一种强制个体的形式。同类的特殊的自由协议应该优先于它是完全没有必要的,相反,社会的规范以这种形式一并产生出来。假定每一个由社会规范的关系都历史地起源于相类的形式,即是个体地而非社会地规范的形式,乃是一种偏见。先于它的很可能是一种相类的内容,但具有关系的完全不同形式。交换超越了占有外来财产的主观形式,例如抢劫与赠礼——就像给首领的献礼及他所强征的罚款只不过是朝向税收的第一步——且因此交换在超主观性的第一种可能的形式里被社会地规范了,这种形式此后导致了真正的客观性。在个体之间财富的自由交换中社会标准是朝向客观性的第一步,这就是交换的本质。

所有这一切都表明交换是一种 sui generis（自成一格的）社会学现象、一种原初的形式以及社会生活的功能。它根本不是那些事物的质的与量的特征的逻辑结果，这些特征被称作实用与稀缺，只有当交换被预先假定时它们才获得了其对于价值过程的意义。倘若交换——就是牺牲一件东西以换取另一件的愿望——被预先排除，那么就没有任何程度的被需要对象的牺牲能够产生经济价值。对于个体而言对象的意义总是为对于它的需要所决定，且其实用性依赖于它所具有的性质，如果我们业已拥有该对象，那么其意义根本不会被它们存在的多少或者有否该种类的别的品种所影响。（在这里我没有考虑那些情形，在那里稀缺自身成了对象的一种性质，例如那些没有美学和历史价值的邮票、古董与文物。）当然，对于愉悦是必要的差别之感觉可能依赖于对象的稀缺，它存在于这样一个事实之中：它不可能在任何地点与任何时间都被喜悦。然而，这种愉悦的内在的心理条件并没有任何实际的影响，因为，如果它有的话，就会导致稀缺的永恒或者增长，而这，如同经验所显示的一样，并没有出现。在这里与我们相关的，除了对对象性质的直接的喜悦之外，就是通过之达到它的方法。倘若这一过程是漫长的、复杂的，需要作出远离、失望、工作、不便以及放弃等形式的牺牲，我们就称这一对象为"稀罕物"。可以用这样一种方式表达之：并不是因为对象是稀罕物而难以获得，而是因为它们难于获得才成其为稀罕物。一些商品的供应太少而不能满足我们所有人对它们的需求这一不可避免的外在事实自身并不重要。有许多东西事实上是罕物，它们并不是就经济意义上而言的罕物。是否它们在后一个意义上是罕物决定于通过交换获得它们所需要的力气、耐心与牺牲的程度——这一牺牲预先假定了对对象的需要。获取的难度、在交换中提供的代价，乃是价值的唯一组成成分，它的稀缺仅仅是一个外在的证明，仅仅是数的形式的对象化。有一样常常被忽略了，那就是稀缺仅仅是一种否定的情形，它通过不存在而表示存在的特色。然而，不存在并没有任何结果，每个肯定的结果必须通过一个肯定的质量和力量而产生，在其中否定只不过是阴影而已。这些肯定的力量显然是那些被卷入交换中的东西。它们的肯定特征应该被看作被从这一事实中分离了,这一事实就是它并不依赖于个体。事物的相对性有超越个别情形的单一的特征,即仅仅生存于多样性之中,然而并不仅仅是概念的概括与抽象。

在相对性与社会性之间的深刻的关系——它是一种人类在这里表达了肉体相关性的直接展示——在这里被描述出来:社会是一个超越了个体的结构,但那并不是抽象的。这样历史就避免了要在要么是诸个体发生、要么就是抽象的概要之间发生的二者择其一。历史是普遍性的,同时它又分明是活生生的。由之产生了独特的意义,这即是交换,作为事物相对性的经济-历史的实现,是为社会而进行的,交换给个体产生了特殊的对象及其意义,它的独特性并不在于抽象领域,而在于生动的交互作用领域,这就是经济生活的实质。不管多么切近地对一个对象的内在性质进行考察,也不会揭示专居于互惠关系之中的经济价值,这种互惠关系产生于几个对象之间,并且是以它们各自的性质作为基础的。这些关系中的每一个都以另一个为条件,并且互换它从别的对象那里得来的意义。

第三节

在将货币概念发展成为经济价值概念的体现与最纯粹的表达之前,必须显示后者乃是理论世界观的一部分,由之货币的哲学意义能够被了解。只有当经济价值的公式符合了世界的公式,它的实现的最高阶段——超越了其直接的表面或者更恰恰是通过了它的表面——才能声称有助于对存在的解释。

经济价值在一种相对主义的世界图景中的排列

我们经常通过将一种稳定和与本质性的实质从多动、多色与偶然性之流中区分开来的方法来系统化我们混乱的、破碎的、令人困惑的对客体的第一印象,而且这些并没有改变本质自身。这个世界的作为在一个无常的表面之中一个稳定的核心与这样的表面的持久的载负者之偶然的显示之间的接合产生了一个在绝对与相对之间的对比。正像我们认为我们能在我们自身之内找到一个其存在与特性是以我们自己为中心的存在、找到一个独立于外在世界的最高权威一样,并且就像我们将这一存在从我们的思想、经验和发展的存在与特性——它们只有通过与别的对象的关系才能成为真的与可证实的——中区分开来,我们就这样在世界中寻找本质、实体与力量,它们的存在与意义仅仅有赖于它们自己。我们将它们从所有相关的存在——它们只有通过与别的对象比较、对比或者相关才能是其所是——中区分开来。我们的生理-心理倾向与我们对于世界的关系决定了在其中这一对立者发展的方向。即使动与静、外在活动与内在反省可能是彼此相连的,以便它们只能通过对方获得重要性与意义,然而与那些变化的、不安静的和外在的东西比较起来,我们也将这对相反的概念之一——我们生活内容的静止、本质与内在稳性——看作是本质上有价值的与决定性的。结果,我们思想的目的就是,要在转瞬即逝的外表与事件之流的背后找到什么是稳定的与可信赖的,并且由相互依赖发展到自足与独立。通过这种方式我们得以到达那个能够指引我们通过现象之迷宫的固定点,那代表着我们在自身中设想为有价值的与决定性的对应物。开始这种趋向的一个明显的例子是:光被看作一种从物质上发射出来的精细的物质,热被看作一种物质,躯体的生命被看作物质的、活着的、精神的活动,心理过程为一特殊的灵魂物质所支持。断定在雷电后面有一个雷神,有一个在地底下的固定的基础防止它落下来,或者一个神灵在天上制造它们——所有这些都在寻找一种物质,不仅仅作为被观察到的性质与运动的体现,而且作为起源的活动之力。一个绝对被搜寻着,它超越了仅仅是对象之间的关系,超越了它们偶然的和临时的存在。早期的思想模式不能在它们自己与变化之间、在身体与心灵生活的来来往往之间作出妥协。对于它们,每一种生命的造物都代表着一种单独的创造活动,结构、生命的形式、价值已经像它们现在存在一样永久和绝对地存在,世界的现象不仅对于人及其组织生活有价值,而且就像我们所观察到的一样,它们自己是有价值的。简而言之,思想的第一趋向,由之我们寻求将印象的混乱之流引导入一根规则的管道并且在它们的波动之中发现一个固定的结构,被聚焦于物质(Substanz)与绝对(Absolute)之上,相对于它们,所有特殊个别的事件与关系都被归入一个认识不得不超越之的基础阶段。

在认识论方面相对主义世界图景的草图示范

所给出的例子表明,思想的这一趋向已经被颠倒了。反之,几乎所有文化最初就采用了这样的途径:现代科学的基本趋向不再通过具体物质或作为具体物质去了解现象,而是作为运动理解现象,其载体越来越被剥离任何特殊性质;并且这种趋向以数量的,也就是相对的形式表达了事物的质。科学假定,组织的、心理的、伦理的与社会的形式不是绝对稳定的,而是不断发展的,在这一发展中每一个元素都有一个为它自己的过去与将来所确定的严格限定的位置。它业已放弃了对于事物本质的追求,并且妥协于从我们人类的精神的视点来看客体与人类精神之间的关系。地球表面上的稳定性不仅仅是一个复杂的运动,而且其在宇宙中的位置是通过同别的物质团块(Materienmassen)的相互关系而确立起来的,这是一个十分简单但非常突出的例子,说明了世界内容从其稳定性和绝对性转向其被消解为运动和关系。

但所有这些,即使考虑到它的结论,也仍然允许甚至需要一个固定之点,一个绝对的真理,认识自身,它完成了那一终结,看起来排除了永恒的变动之流,以及其内容仅仅是相对的决定性。仅仅对人有效的认识模式的绝对客体性的终结假定了某处的一个不能从任何其他地方得出来的终点。心理过程的流动性与相对性并不能影响这些假设与规则,依据之我们去断定是否我们的认识有这个或那个特点,然而唯一的心理的起源——所有的绝对客观的知识被认为起源于之——依赖于某一公理,如果我们要避免在一个恶性循环中运动,它就不可能只有心理的影响。对于以后的讨论将基于之的事物的观念,这不仅仅是最重要之点,而且它对于许多特别情形都提供了一个模式,值得更仔细地考察。

无疑,命题的真值,只能基于完全确定的与普适的标准,这样的标准可能限于特殊的领域且也可能是被更高层次的标准合法化的,在这种形式里一种等级式的认识序列被构建起来了,其中每一个的有效性都依赖于前一个。然而,如果这个序列不是被悬于空中——并且,确实,它很可能正是这样——它必定在某处有一个终极的基地,一个超级权威,它为序列中的成员提供合法性,而自己并不需要合法性。这就是我们的经验知识将会整合于之的系统,它把所有有限与相对的知识同无条件的知识关联起来。然而我们将永远也不会知晓这绝对的知识究竟是什么。它的真正的知识永远也不会建立得如同它的普遍形式一样确定,如同说,形式的存在,因为在一个更高层次的规律上的结合过程,试图发现一个终极规律的先行者的努力是无穷的。无论我们发现什么前提是最终的一个,坚信别的前提都是相对的,我们仍要继续认识到对于一个更为高级的而言,这个也可能仅仅是相对的与有条件的,这一可能性是一个明确的挑战,思想史已经几次描述了这个,也许在某处知识有一个绝对的基础,但我们从来没有能一劳永逸地证明这个基础在哪里,结果,为了避免教条主义思想,我们不得不把我到达的每一个位置看作是倒数第二的。

知识的整体并没有因此而被怀疑主义污染。混淆相对主义与怀疑主义,同因为康德将时间与空间作为经验的条件就责备他是怀疑主义犯了同样大的错误。人们一定会这样判断这两种观点,倘若他们把其对立面径直当作实在的绝对正确的图景而接受的话,因此否定这一点的任何一种理论都显得像是对"实在"的震惊。如果实在的概念被用这样一种方式构建起来,它就会需要一个绝对,排除绝对而不自相矛盾是不可能的,但是,我们研究的过程将表明绝对并不必作为事物的相对性的相关物而必需。这样一个假设包括了一个从经验关联的领域——在这个领域中,的确,超出任何经验性的关联的(且就是此意义上)诸要素之间的一种"关联"是"绝对的"——向关涉到一切经验主义之根基的那一领域的转移。倘若我们承认我们的知识在某处有一个绝对的标准,一个自证自明的超级权威,但由于知识的进步以及每一个所涉及的内容都会引致另一个更为深刻也更为适合于这一任务的内容,因此知识的内容仍然是不断流动的,这并不是怀疑主义,当我们承认,像通常所做的一样,在自然现象支持普遍的法则时,当我们的知识增长时,这些法则必得被不断地修正,它们的内容总是历史地有条件的,并且它们缺乏其概念所意味的绝对的特性,同样地,关于完美的知识的终极假设也不能仅仅被看作是有条件的,且仅仅是主观真实的或相对真实的,而是,在任一时刻有效的每一个单独的假设也应该而且必须被如此看待。

无止境地构建证据,和循环求证以确证彼此的合法性

这样的事实,即每一个概念只有在与别的概念的相关之中才是真的——即使知识的理想之体无限地远离我们,可能包含一个无条件的真理——也在我们的行为之中指出了一个同样会扩展到别的领域的相对主义。也可能,实践活动的标准是为人类社会而存在的,它为一个超人的心灵所认可,可能被称作绝对的与永恒正确的。这就必会被看作一种法律上的 causa sui(自因),也就是说,它必得只有一种自我合法性,因为倘若其合法性来自一个更高的基准,那么后者就是法律的绝对的决定性因素,它在任何情形下都是有效的。事实上,没有任何单独的法律规则能要求永恒不变,每一个都只有临时的变化着的历史情形所允许的有效性。倘若法的内容是合法而非任意的,它的有效性来自以前就存在的法律标准,这个标准证明对前面法律内容的搁置与先前对它的坚持是同样合法有理的。每一个司法体系自身之内都包含着其力量——观念的与外在的——正是这力量使得它自己变化、扩展与废除。这样,例如,赋予国会以立法权的法律不仅提供法律 A 的合法性基础,废除法律 B 的也是同一个国会,而且,对于国会而言,将合法权赋予另一个实体也是一种合法的行为。这就意味着,从另一面来看,每一法律

的价值都依赖于它同另一个法律的关系,没有法律凭自身就有价值。就像新的甚至革命性的知识,只有通过以前知识的内容、公理与方法的方式才能被证明——虽然一种原初的真理,它不能被证明,并且我们将永远不能达到其自足的确定性,不得不被假设出来——因此我们缺乏一种自立的(selbst ruhende/ self-subsistent)权力,虽然它的概念翱翔于相关法律规则序列之上,但每一个的合法性都依赖于另一规则。确实,我们的知识依赖于在任何时刻都不能被证明的第一原则,因为没有这些我们就不能达到已经得出的相关证据,但它们并不拥有被证明的逻辑尊严。它们的真实与那些已经被证实的真实不是一回事,并且我们的思想,只有当它已经到达一个更高的阶段,在那个阶段被接受为公理的它们能够被证明的时候,才能把它们当作终极点予以接受。当然,相应地,有一些绝对与相对的前法律情形,在这里一个经验的权力是通过武力或别的方式而确立起来的。然而,这一权力,它并非合法地建立起来,一旦存在就被接受为法律,但它的存在并非一个合法的事实。它整个地缺乏基于法律的尊严。事实上,每一个建立了这样的非合法权的权力都在为其合法性或者虚构的合法性而奋斗,就如同效忠于这种绝对的权力一样,它超越于一切相对性之外且不为其所左右,但对于我们而言,只有通过从前面的法律规则推导出每一个现存的法律规则,才具有合法性的象征。

但即使这个无限的回溯仍然没有把我们的知识建立为有条件的,这也许会用另一种方式完成。如果一个命题的证据被追溯到它的基础,然后追溯到基础的基础,如此以往,那通常就足够清楚说明这证据仅仅是可能的,也就是说:它自身是可以证明的——倘若最初的命题自己被假设是可被证明的。在任何个别的情形里,这使推论陷入虚幻,因为它卷入了循环推论,但我们的知识,就整体而言,被禁锢在这个模式里并非是不可想象的。如果人们考虑到数目庞大的按等级秩序排列假设命题,它们延伸到无限,所有具体的知都取决于它们,那么看起来切实可能的就是:命题 A 被命题 B 证明,而命题 B 则通过 C、D、E 如此等等的真值,直至最后它只能被 A 证明。C、D、E 的推理链仅仅只需足够长到看不出来能回到起点。正像地球的尺寸隐瞒了它球的形式并且给了我们能以直线一直延伸到无限的幻觉。在我们关于世界的知识中我们假设的内在关系——从每一个点我们通过证明能够达到每一个别的点——看起来令得这个似乎有道理。如果我们不教条地一劳永逸地保留一个不需要证据的唯一真理,那么就容易假设这种证明的互惠关系乃是知识的基本形式,是被构思为其完美的状态的。这样认识就是一个自由浮动的过程,其成分决定了其相互的位置,这就像物的重量与体积一样。真理就像重量一样是一个相对的概念。我们关于世界的想象是飘浮在空中的。这非常容易接受,因为世界自己本来就是这样的。这并非词语偶然的碰撞,而是暗指一个基本联系。对于我们的心灵而言,通过证据知晓真理内在的必需性,或者将真理的发现导向无穷,或者将之导向一个圆环,以便一个陈述只有在相关于另一个时才是真的。这别的一个,无论如何,最终只会与另一个联系起来。那些我们的知识之整体之真就像物质整体之"重"一样,关于部分的相互关系的断言如果被宣布为适用于整体的话就可能会导致矛盾。

这种相互关系(Gegenseitigkeit/reciprocity)——在其中认识的内在成分彼此证明了真理的意义——看起来被相对性的另一种形式所支撑,这种相对性位于我们生活的理论与实践的旨趣之间。我们相信所有存在的表象(Vorstellungen/representations)都是一种特殊的物理与心理组织的功能,它并非以任何机械的方式映照出外在世界。一个昆虫的马赛克似的眼睛中的世界图像,一只鹰的几乎不可想象的锐利的眼睛中的世界图像,一只洞鼷的被掩盖了的、没有功用的眼睛中的世界图像,还有我们自己的和无数别的物种的眼中的世界图像,这些图像之间必定彼此有深刻的不同,并且,我们必须得出结论:它们之中没有哪个在其内在的客观性中复制了世界的内容。虽然如此,这些表象它们至少已经被否定地特征化了,对于我们的实践活动而言,组成了前提、内容与指令,通过之我们建立了与世界的关系,对于被我们主观地决定了的表象而言它是一种相对的独立。我们希冀着对我们行为的某些反应,并且这些通常以一种适当的形式出现,也就是说,以一种于我们有益的方式。自然对于动物的反应也是如此,它被十分相同的世界的完全不同的图像所决定。对于我们而言这看起来是一个十分引人注目的事实:行为在表象的基础上得到实行,这些表象根本不等于客观存在,然而却得到了一个可信的、方便的,而且十分精确的结果。倘若我们了解它们自身的客观情形,就会知道这是再了不起不过的了,反之,它的基于"错误的"表象的活动,却试图伤害我们。我们同样能看到,动物也会欺骗与修正误会。那么,"真理"意味着什么呢?当其客观地异于动物,也异于我们自己,并不与客观的真实符合,却仍然能达致所希望的结果,并且具有好像同真实符合的确定性的话。在我看来只有用下面的假设才可以解释:组织的差异需要每一个物种,为了生存并且达到其生命的根本目的,必须用一种独特的、不同于其他物种的方式行为。一个被表象指导的行为是否将产生有益的结果并不能被这种表象的内容所决定,即便它可能与绝对的客观性一致。结果将完全依赖于这种表象作为有机体内一个真正的过程,与别的身体的与心理的力量结合并且考虑到生命特殊的需要,所能够完成的东西。倘若我们宣告人只有在真正的表象的基础上才能承受并且支持生命,而错误的则会伤害它,那么这个"真理"——它的内容不同于每一物种并且从来不能反映真正的对象——意味着什么呢,除了一些表象与一个特殊的组织相连且其力量与需要导致有益的结果?一开始,真理并非因为是真的而于人有益,但反之亦然。我们以"真理"的名义令得那些表象崇高,它们作为内在于我们之中真正的力量与运动非常活跃,激发了我们有益的行为。这样,有多少各不相同的组织和生命状态;就有多少基本不同的真理。对于昆虫是真的感官知觉明显地对于鹰就不是真的,这是因为这个知觉,在此基础上昆虫相关于内在与外在的群体都能正确地行为,却将令得鹰在其条件之下导致不合理的与有害的行为。这些知觉并不缺少合乎规范的稳定性:确实,每一个知觉到的存在都拥有一个普遍地建立的"真理",其表象可能掌握或错过这个"真理"。重力法则是"真的",不管我们是否认识了它,也不管这样一个事实:那就是对于人而言,如果用不同的空间概念、不同的思想范畴和不同的数字系统,它都不会是真的。对于我们是"真的"的内容有着完全依赖于我们存在的模式的特殊结构——因为这是不被任何别的生物所分享的——但其真值是完全独立于其物理性的实现的。一方面一个事物有其组织与需要,另一方面,一个客观的存在是被给予的,这样就理想地建立了对于生物而言的真理。因为对于这个生物的真理意味着最有用的表象,一个选择就发生在其心理过程之间:那些有益的被普遍的选择方法固定下来,并且作为一个整体组成了表象的"真"世界。事实上对于所谓表象的真理而言,我们没有任何别的明确的标准,除了基于它的行为导致所需要的结果。一旦这些表象的模式最终通过选择和培养被建构成合目的的,它们就在其自身之内构成了一个理论的领域,它依据内在的标准决定每一个表象的括入或者排除;就像几何规则依据严格的内在自立被建立起来,反之令得整个结构可能的公理与方法论标准自己却不能被几何地证明。整个几何系统的有效性与它的单个前提根本不同。后者能彼此证明,反之整个系统只有在与一些外在因素,如空间的性质,我们的感知、我们感知的模式以及我们思考方式的力量等关联起来时才是有效的。个别的判断可能彼此支持,因为业已建立的标准与事实证明了其他的,但这些标准与事实的整体只有在与特殊的生理——心理组织、它们生活的条件以及它们活动的进展关联起来时才是有效的。

真理的客观性和价值的客观性作为主观因素之间的关系

作为彼此相关的表象的真理(Wahrheit)概念,而不是作为它们之中的任何一个的绝对的质,真理的概念也因为特别的对象而被确定。康德认为认识一个对象就是意指将整一性带入感觉的多样性。从一些关于我们的世界图像的无序的材料以及连续的意识之流,我们先区别一些纠结在一起的东西又按单位组织起来,然后我们指定它们为"物体",一当我们将一些聚集一起的印象组合成一个实体,一个物体就被观察到了。这个实体能够代表什么呢?除了那些感知单独的印象与原料的功能的独立性?这些元素的统一体并非外在于这些元素自身的什么东西,它乃是它们所代表的关系的持续的形式。当我通过将我的意识组成一个整体印象而认识到对象蔗糖——白的、硬的、甜的、结晶的——时,这就意味着我以为这些感知的内容是联系在一起的,在特定的情形之下,一个联系或者相互交感作用存在着,一种性质在这一点和这种关系里存在着。因为别的性质的存在,它们如此相互作用着,社会组织的个体或者作用单位的社会组织也是如此,它仅仅指出了吸引的力量或者在它的个体成员之间的凝聚力,因此,单个物体的个体,对其的观察乃是其知性的实现,仅仅是在进入对其感知的元素之间的相互作用。在被称为艺术作品的"真理"之中,它的成分之间的相互关系与它同所描绘之对象的关系相比也可能有一个比通常所承认的远为重要的意义。画不计——因为其主题就是纯粹的个人从而使问题更加复杂——那么美术作品或文学作品里单独的成分不会传送真的或假的印象,把这些成分孤立起来看它们不在真假的范畴之内。或者从另一方面看看这一事件:从艺术作品出现之时起看看这些最初的成分时,艺术家是自由的,只有在他选定了一个角色、一种风格、一种颜色或构图、一种气氛之后,别的部分才被决定了。这些别的部分现在遇到了被第一步所激起的期待,那可能是空想的、任意的与不真实的。只要详尽的细节是和谐一致的,整体将产生一个"内在真"的印象,而无论个体的部分与外在的实在是否相符并且满足通常与实质意义上对"真"的要求。在一部分艺术作品之中的真意指作为一个整体保有部分所有的,好比说,是自愿提供给我们一样。它可能是任何一个部分,因为部分之间的相互一致把真的性质给予了它们中的每一个。因此在艺术的特殊性背景的概念之中真也是一个相对的概念,它被作为艺术作品成分之间的关系,而不是作为成分与组成绝对标准的外在客体之间的精确一致而被认识。倘若一个对象的了解意味着作为一个"个体"去了解它,也意味着在它的"必然性"之中去了解它。必然性乃是一种关系,通过它两个元素的不同成分成为一个整体。必然性的公式就是:如果 A 存在,那么 B 也如此。这种必然的关系表明 A 与 B 是存在或显现的一个特殊单位的成分。且"必然关系"指一种完全紧密的关系,它只能被语言分解与重构。艺术作品的个体很明显与这个必然性是一致的。因为它被不同元素之间的相互条件发展而来,倘若另一个被给予,那么它们中的一个也会必然随之而来,反之亦然。必然性不仅是一种关于相互关联的事物的关系现象,而且其自身及其概念也是如此。作为我们关于世界的知识的基础的两个最普遍的范畴,都不包含着必然性。从任何规则的角度看,真实生活的存在并非必然,倘若无物存在,将不会与任何逻辑的或自然的法相违背。同样自然法的存在也不是"必然的",它们仅仅是事实,就像存在仅仅是一个事实一样,仅到目前为止它们的存在乃是一个使它们服从"必然性"的事实。可能根本没有必须存在的自然法。那些我们谓之必然的存在仅仅是存在与法之间的一种关系,它们是其关系的形式。两者都是严格地彼此独立的实在。因为不服从法的存在是可以想象的,而如果没有一致的存在,法的系统也会是同样有效的。只有两个采取了存在的形式的存在服从于必然性,存在与法才是统一的基础,我们不可能直接地了解之,而只有通过必然性的关系。这个整体将存在与法连在一起,它并不分别地固有任何一个,而是,规则的存在仅仅因为法的存在,而给予意义与重要性至法则仅仅因为人存在着。

  从另一方面也带来了同一问题,关于感知原理的相对主义可能用下面的方式组织起来:要求一劳永逸地表达对象本质的构造原则被转换成仅仅是知识进步中的几个观点的调整原则。思想的最终、最高的抽象、简化与综合必得放弃在知识领域中作为最终判断的教条的要求。在最发达与普遍的观点的背景之下,宣称事物在一种明确的方式下行为的断言必得被这样的概念代替,那就是我们的理解必得前进,就好像事物是如此这般地行为一样。这使得在与世界的真正关系之中足够地表达我们了解的形式与方法成为可能。我们存在面的多样性(Vielheit)与任何一种概念表达(即表达我们与事物的关系)的单面性(Einseitigkeit)符合并引起了这样的事实,即这样的概念表达不是普遍与永恒地让人满意的,而是通常被一种相反的断言历史地补充。在很多情况下这就产生了一种未决定的动摇,一个矛盾的混合或者一种对采纳放之四海而皆准的原则的厌恶。倘若意图确定事物本质的构造性主张被转变为一种仅仅寻求通过明确地叙述观念的终点以决定我们达到知识方法的启发式主张，那么这就会使得相反的原理同时有效成为可能。倘若它们的意义仅仅是方法论上的，它们可能没有矛盾地二者择一地被运用，那么在从归纳到演绎的方法的变动中就不会有矛盾了。真正理解的整体只有通过将这种教条的严格性消解为活生生的与运动的过程而被寻求到。其终极的原理不是以相互排除的形式，而是在相互依赖、相互促进以及相互补充的形式之中被认识。这样，例如，形而上学世界观的发展就会在整体和绝对实在的多样性——所有特殊感知都基于之——之间移动。这样，思想的性质就是我们为它们中的每一个而奋斗，却有一个明确的结论，就是我们一个也不能弄清楚。只有当事物所有的有效性与差异都在一个单独的集合中被调和时，为了整体的理性的与感情的奋斗才能被满足。然而，一旦这个统一被达到，就像斯宾诺莎的物质概念一样，很明显地在了解世界中人不能用它做什么，为了令得它有所结果，至少一个第二原理是需要的。一元论导向二元论或多元论，但它们又创造了统一的需要，因此哲学与个体思想的发展都是从多元走向一元、从一元走向多元的。思想史表明将这些观点中的任何一个看成是决定性的都是徒劳的。与客体有关的我们理性的结果需要两个原理相等的有效性，并且通过寻求从多元带来一元而清晰地表达一元论原理以达到之。也就是说，好像我们应该以绝对一元论作为终结一样。同样，也通过清楚地表达没有任何一元内容而仍总是寻求更简单成分与创造性的力量的多元论原理去达到之。也就是，就好像最终的结果应该是多元论的一样。倘若谁在质的意义上，在事物与命运个体的差异上，在它们依据性质与价值而来的分离上，去寻求多元论，那么也会是同样的情形。我们最内在的生命意识在这个我们存在的基础的分裂与团结中摇摆。有时通过享受喜悦的幸福以及完全从痛苦与压抑中分离的福佑，并且通过保持这罕有的时刻，使之从对任何不那么轻松的与矛盾的经验的回忆中分离，这样生活看起来仅仅是可以承受。然后，通过经验欢喜与悲伤、力量与衰弱、德行与罪恶，这些作为一个活生生的整体,每一个都是他者的条件,每一个都是神圣的并且献给他者,通过这一切,生活又显得更加值得赞美了,并且确实是十分富于挑战性的生活。我们很少意识到这些相反的趋向中的普遍原理,但它们决定了在我们的努力中、我们的目标中、我们断续的行为中对生活的态度。即使一个人的性格看起来完全被这些趋向之一引导,它也不断地被别的方向阻拦,例如转移、阻滞与诱惑。人们并不会通过对他们生活经验的差异与一致的对比而被分类。这一对比存在于每一个个体之中,虽然他最内在的私人形式在同其社会形式的交互作用之中进化、在个人化与社会之间动移。本质之点在于,并非这两个趋向组成了生活,而是它们是在一种启发性的形式中相互依赖的。看起来好像我们的生活使用了一个我们并不能整体把握的基本功能或者由之组成。我们不得不通过分析与综合去解剖它,这就组成了那一对比的最普遍的形式,并且其共同合作恢复了生活的整体。但是单一的实体在它的分裂中对我们产生了一个绝对的要求,并且了解每个单一事物的整体也产生了同样的要求,因此,一个矛盾出现了,生活常为之痛苦。因为,两种成分在它们的存在之中都以彼此为前提,这样矛盾就成为一个逻辑的矛盾:如果另一个不站在对立面的话,两者之中任何一个都不会有任何客观的意义。这样,特殊的难题就产生了——就像许多别的对比组一样——当某个无条件的东西被另一个无条件的项目变成有条件的,然后就轮到它来依赖于前者。我们看来绝对的然而仍然是相对的事实只有通过如下的方式才能得到解决:即承认绝对指出了一条通向无限的路,无论我们走了多远,其方向仍然被标明着,每一个片断的运动,只要它持续着,都有了一段看来朝向一个终点的路程,即使在一个点假定了另一个支持同一标准的方向,这个方向的标准也会保持不变。

所有知识的普遍与个别的系统都会在这种思想过程的相互依赖中会合。倘若有人试图去了解政治的、社会的、宗教的或现阶段任何别的文化概貌,只有通过历史才能达到,也就是说,通过知道与了解过去。但这一过去,只有片断地到来,通过沉默的证人与或多或少不可靠的传说与传统,才可能来到生活并且只有通过直接的当下的经验才能得到解释。不管需要多少个转换与多少数量的变化,当下,作为通向过去的不可或缺的钥匙,它自己也只有通过过去才能被了解;并且唯有过去能帮助我们了解现在,只有通过当下的理解与情感才可进入之。所有历史的图像都是这个作为说明的原理的相互关系的结果,它们没有哪个会允许别的停止移动。终极了解被转入无穷,因为在一个序列中的每一个点都为了其了解而提及了别的序列。心理的知识是一个相似的情形。对于我们的直接经验而言,遇到我们的每一个人都只是一个声音的制造者和做动作的自动机器。我们只能推测在这个现象背后有一种思想,以及这种思想是什么,同我们自己的思想类似,它直接呈现于我们时仅仅是一精神实体。另一方面,自我知觉只能通过对别人的知觉才能发展,把自我分裂为被观察部分与观察部分的基本分裂只有通过在自我与他人之间关系的类比才能产生。因此关于我们自己的知识只有通过别人才能得到,然而,我们能够解释的人的生命只能从自觉知识中来。这样,精神现象的知识只是一种你我之间的交互作用。每一个都在一种固定的互换与彼此之间元素的交换中涉及了他者,通过之真理,正如经济价值一样,产生了。

  最后,从一种更为广泛的观点来看,现代理想主义从自我之中制造了世界。依据它的感受性与构造形式的能力,心灵制造了世界——我们能够讨论的并且对于我们是真的唯一的世界。但另一方面,这个世界也是心灵的第一源流。从发光的物质球体,我们可以想象为它是地球有任何生命以前的状况,一种逐渐的发展导致了生命的可能性;并且这些活生生的存在,首先是纯粹的物质且并没有意识,最后,以某种一直未知的方式产生了精神。历史地看来,心灵连同它所有的形式与内容,是世界的产物——这同一个世界也是心灵的产品,因为它是一个表象的世界。倘若这两个起源的可能性被严格地概念化,它们就会导致一个混乱的矛盾。但是,倘若它们被看作居于交替与交感之中直观式的表象,这种情况就不会出现。没有什么能阻止我们企图追寻从世界任何存在的状态到意识的情形,这种情形已经使得世界成为表象的内容,就像没有什么阻止将这些情形追溯到宇宙的、历史的或者社会的事实,这些事实能产生具备这些力量与形式的意识。这些事实的图像,外在于意识,又可能从科学与历史知识的主观假设中得出,并且这些又可以从其起源的客观条件中得出,如此以至于无穷(ad infinifum)。当然,这些知识从来没有在一种清晰的轮廓中被认识到,两种倾向乃是用一种破碎的、被打断的、偶然的方式相混合。但这一首要的矛盾被一种把两者均视为直观性原理这样的解释解决了;它将它们的反对转化为一种交互作用,将它们互相的否定转化为无穷的交互作用过程。

我在这里要介绍两个别的例子——一个十分特殊而另一个十分普遍,在这两个例子里相对性,也就是知识标准意义的相互性,用一种连续的与交替的形式出现。在世界的图像中,概念与基本元素的实质上的相互依赖,经常被一种在时间中的交互节奏所表达。经济学中在历史与科学的方法之间的关系可能被用这样的形式解释,这也当然是对的,也就是说每一个经济过程都只有在这特殊的历史——心理群体的背景中才可能被了解。但这样一种识见总是基于明显的次规则关系这样的前提。倘若我们不假设总的条件、普遍的动力以及后果的有规律的序列是特殊情形的一个基础,那就根本不会有任何历史的解释。整体将会破碎化为原子化事件的大混乱。虽然如此,人可能承认,普遍的规则,它令得特殊事件或者状态与其可能的条件之间的联系成为可能,依赖于更高的法则,所以它们自己只有作为历史的组合才是有效的;在一个更早的阶段中的其他事件与力量已经在我们之中与围绕我们组成了事物,它们现在作为普遍有效的与给予更后期的因果原理以特殊形式的面目出现。这样,当这两个方法被教条地陈述并且每一个都声称自己是客观真理时,就陷入了不可调和的冲突与相互的否定,它们可能用一种交感的形式假定了一种有机的关系。这两个方法中的任何一个都成为一种启迪学①的(heuristisches)原则,也就是说,采用一个方法的任何一点都必定要诉诸另一个方法,而将前者实体化。对于在认识过程中最普遍的先验(a priori)与经验之间的对立,这同样是真的。自从

---

① 启迪学:研究解决问题的方法过程的学说和科学。

康德之后，我们知道所有的经验，除了单独的感觉印象，需要明确的形式，它在意识之中与生俱来，通过之被给予被构架成为意识。这个先验，它被我们带入了经验，因此对于所有意识都必须绝对地有效，并且对于任何变化与对于任何被偶然的感觉经验改正的可能性都是免疫的。但有这些标准的确定性并不与这些标准是什么的确定性相称。许多以前被视作是先验的以后就被认作是经验的与历史的结构。一方面，我们有这样的任务，即在每一种现象中，在感觉印象提供的内容之外，追寻内容藉之得以形成的、永恒的先验准则。但另一方面，格言说我们应该试图把每一单独的先验（但并非先验本身！）至回溯到其在经验中的根源处。

这两种方法相互支撑与依赖是某种完全不同于将方法混杂在一起的廉价的妥协，后者的方式中一方的所失通常大于另一方的所得。这里我们所关心的是给予无限的效率到相对应的一组的每一部分的可能性。并且虽然这些方法中的每一个多少都仍是主观的，但通过其应用的相对性，它们看起来仍足够地表达了事物客观的意义。这样，它们就与我们对价值原理的考察的总的原则协调了，它们中的每一个在内容上都是主观的，通过它们相互关系的客观性也能够达到它们当下的客观性。就如我们在上面所见，单独的感官知觉，通过被彼此相连，能够指明或者建立对象。个性——它是一个极为牢靠的结构，以致一种特殊的精神实质被当成了其基础——至少对于经验心理学而言，起源于出现在个体观念之间的联系与统觉。这些产生物，主观的并且是无常的，为它们的相互作用所产生，它们中没有哪一个是独立存在的，也就是说，个性是理论的与实践的世界的客观成分。客观法则也是这样发展的：通过平衡主体的利益与个体的力量，通过决定它们的位置与维度，以及通过经由要求与约束的交换达到平等与公正的客观形式。用这种方式，客体的经济价值也从主观的个人需要被明确化了，因为平等与交换的形式是可以达到的，因为这些关系有单个成分所缺乏的、超越于主观性的公平性。那些认识的方法也许也是主观的与自发性的，但它们都到达了——即使是通过互相引起的无限之过程——客观真理的理想,这样,它们每一个都发现了其补遗并随之通过他者发现了其合法性。

真理意味着表象(Vorstellungen)之间的关系,它可能作为无限的构造被认识到,因为,即使我们的知识是基于不再是相对的真理,我们也可能永远不会知道是否我们达到了真正的最后阶段,或者是否我们又一次站在了通往更为普遍与深刻的概念之路上;或者真理可能由一些表象系统之内的互惠关系组成,且其实证也是互惠的。但这两个思想的过程通过功能的特殊区分被关联起来了。认识到我们的精神存在是在两个互相补充的范畴之下是必需的:一个关于其内容,另一个关于其过程,这一过程,作为一个意识的事件,延续并且认识了这一内容。这些范畴的结构是极为不同的。我们必须把心理过程想象为连续不断的流,在其中没有明显的裂缝,因此以机体成长的方式一个意识就可以不间断地通达到下一个。从这一过程中抽象出来并且以一种理想的独立状态而存在的内容,以一种完全不同的形态出现:作为一种集合,一个渐进的系统,一个单独的概念的系统或者彼此清楚区分开来的命题。两个概念之间的逻辑联系减少了它们之间的距离,但并非是中断,就像梯级一样,它们彼此分隔明显,但仍然提供了身体连续运动的方法。思想内容之间的关系是被这样一个事实定性的:即思想的基础,它被看作一个整体,看起来在一个圆周里运动,因为思想不得不通过"被悬搁"才得以成立,并且,也没有任何来自外部的使之得以成立的 $ποῦ\ δτῶ$ [不论在哪儿的东西]。思想的内容互相提供背景,因此每一个都从他者获得其意义与风格;它们是相互排斥对立的对子,但为了一个可能的世界的创造彼此仍然相互假定。通过那条可知的整体之链,每一项特别的内容都成为他者的证据范围。不管怎样,思想的过程,通过之这关系被心理地完成了,跟随着一个直接的与连续的年代的线路,它根据自身内在的意义而连续,虽然个体之死带来了它的一个终结。我们思考的两个范畴被分成这两种形式,它令得知识在特别的情形里成为一种幻觉,但在总体上是可能的。知识沿着一条无限退缩、无限连续、无边无际的线路而行,但在任何一个特别的时刻它仍是有限的——鉴于此其内容展示了别的无限的形式、循环的形式,在这里每一个点都是开始与终结,并且所有的部分都彼此互为条件。

与我们没有注意到重力的相互性一样,我们通常也对证明过程的相互性熟视无睹。我们表象的绝大部分被认为是理所当然的且对其真的疑问仅仅在一些特别的情形里才被提及。然后,依据和谐的原则或者依据那些已经假设被建立起来的表象的集合,一个判断就此作出。在另一种情形里,在这一整个联合体里,任何表象都可能成为可疑,并且被考察的一个表象可能属于占决定性的多数。在有疑问的表象与那些被建立起来的表象之间巨大的数量上的不平衡也有助于隐瞒这种交互的关系。以这种方式,在一个长时期里,重量的不平衡导致我们注意到地球之于苹果的而不是苹果之于地球的重力的吸引。结果,有重量对于一个物体而言就显得是一个独立的性质,因为只有这个关系的一边被观察到了。因为真理居于其中的元素之间的交互关系没有被考虑到——与此时未在考虑之中的表象的总体相比较,这单个的元素是无限小的,这样,真理就可能被看作一个个体表象的特殊性质。

"真理的相对性",在我们所有的知识都是偏颇的与可修正的意义上,经常被重点地陈述,这与这个无可争议的事实的显明性令人奇怪地不成比例。我们在这里通过真理的相对性概念所了解的却明显地十分不同:相对性并非对一个在其他情况下独立的真理概念而言的一种有所减弱的附加规定性(Zusatzbestimmung),而是真理自身的一个基本的特征。相对性是表象成为真理的那种模式,正如需求的对象成为价值的那种模式一样。相对性并不意味着——就像在通常的用法上一样——真理打了折扣,由之人们可能期望某些更多的东西,相反,它是对真理概念的一种积极的满足以及使其生效。并非没有相对性,而恰恰是因为这种相对性真理才是有效的。

在使它们自己的内容服从于它们对于知识整体的意见时,伟大的认识论原理也遭受了它们所有的困难——因为它们也是一种知识的形式。这样,它们或者是空洞的或者否定了自己。教条主义者可能将知识的确定性基于一些标准就像基于一块岩石一样——但什么支撑着岩石呢？倘若某一知识的可能性来自那个标准，那就必须假定那一知识是确定的。知识的确定性的断言预先假定了知识的确定性。同样地，怀疑主义可能宣称所有知识的无可避免的不确定性与不可靠性或者甚至可能断言任何真理都是不可能的——在真理概念内部就存在着矛盾，但接着就必须将这个想法付诸怀疑主义思想自身。倘若知识是错误的，然后怀疑主义自身也如此，这又否定了它自己，这确实是一个恶性循环。

最后，批判的哲学可能将所有的客观性，所有的知识内容的基本形式都归源于经验条件，但它却并不能证实经验自身是有效的。将矛头对准了每一超验的东西的批评基于一个假设，其同样不能经受同样严格的形式检验而不伤害到它自身的基础。在这里认识论遇到了一个典型的祸害。在分析自己时，它也审判了自己。它需要一个外在于自身的有效点，并且面临着这两者之间的一个选择：或者从加诸于所有其他知识的检验与规则中排除它自己，这样就令得它自己遭到从后而来的攻击，或者让它自己也受它所发现的法则与过程的支配，这样就陷入了循环推理，正如怀疑主义的自我否定已经一清二楚地说明的那样。唯有相对主义的认识论不要求从它自己的原理之中排除自身，它不被那样的事实伤害是因为其有效性仅仅是相对的。因为即使它的有效性——历史地、事实地或者心理地——只在与别的绝对的或者实质上的原则轮流交替与和谐共处时才成立，它与它自己的对立面的关系本身不过是相对的。启迪学（Heuristik），它仅仅是相对性原理加诸知识范畴的后果或者运用，能够没有矛盾地承认它自己是启迪学的原理。关于这一原理的基础的问题，它并不包含于这个原理自身之内，对于相对主义而言同样不构成困难，因为这个基础被推向了无穷。相对主义努力融入一切绝对如此呈现自己的关系之中，并且也以跟绝对——绝对让自己成为这种新关系的基础——一样的方式前行。这是一个永远也不会结束的过程，其启迪学排除了二者择一：或者否定或者接受这个绝对。人们如何表达它是没有关系的：要么有一个绝对，但只有在一个无限的过程中才能被把握，要么只有关系，但它们只有在一个无限的过程中才能代替绝对。相对主义能够产生根本性的让步,即对于心灵而言,将自身置于自身之外是可能的。保留一个概念的内容并且因此排除连续不断的成果丰富的发展的认识论原理在这样一种自我矛盾之中终结了:心灵被期望判断自身,它或者支持它自己的有限定性的陈述或者从之脱身出来,这两者必有一个给其有效性以相等的伤害。但相对主义已经充分地接受了这一事实,即对于每一个命题而言都有更高的一个,它决定了是否这个命题是对的。但这个第二命题,我们自己建立起来的逻辑权威,需要——这被看作是一个心理过程——被一个更高的命题赋予进一步的合法性,对于之,或者通过在两个命题之间的交替的有效性,或者通过在处理同一内容中,在一种场合里视为心理的实在,而在另一种场合里又视为逻辑的原理,又来一个同样的过程,如此以至于无穷。这一观念也拔除了别的认识论原理由于靠自己的命题支持自己而面临的在自我否定之中终结的危险。争辩说怀疑主义由于否认真理的可能性,因而自己也是错误的,这也是不对的,这就像悲观主义并不因为认为所有存在的一切都是恶的因而它自己也是一种邪恶的理论一样。因为,事实上,判断自身并且在自身之上建立自己的法则乃是我们心灵的基本的能力。这只是自我意识这一基本事实的表达与扩张。我们的意识并没有物质性的整体,而仅仅只有源自主客体交互作用的个体,在这种交互作用中意识分离出了自身。这并非意识一个偶然的形式,它可以不同且并不改变我们的基本性质。它更是意识的决定性的形式。有一个意识只是意味着实行这一内在的分离,它令得自我成为对象,从而能够了解自身。"没有主体,就没有客体,没有客体,就没有主体"首先在意识之内被认识到,作为在自身之上了解主体,作为被了解的客体,它抬出了自己;并且通过了解它自身的知识,意识的生命有必要继续 progressus ad infinitum(前进以至于无穷)。它事实上的形式,它的剖面图,好比说,是一个圆周运动。主体作为一个客体而了解自己,又作为一个主体去了解客体。作为一种认识论原理的相对主义经由它的服从于它自己的原理而证明了自己,对于许多绝对的原理而言这一过程被证明是至关重要的。这样相对主义就最清楚地表达了它也能够履行那些别的原理:意识判断自己的能力的合法性,且不管这一判断的结果可能如何,而没有令得这个过程成为一种幻想。这个将自己置于自身之外现在成为意识的基础,意识同时成为主体与客体。只要这一了解与判断自己的无限过程在任何一条线上被砍断,然后就会作为一个绝对遭遇所有的问题,它就一定会成为自相矛盾的,这就是说知识判断自己就要求它自己从这一判断的内容之中排除出去以便能在它这里通过这一判断。

相对主义的观点经常被看作是事物的价值、可靠性与意义的堕落,而全然不顾这样的事实,即只有那种天真幼稚地坚持绝对的观点——在这里是成问题的——才把相对主义置于这样的地位。但事实上反过来才是对的,即只有通过把所有那些铁板一块的独立存在(Fürsichsein)消解融化为交互作用(Wechselwirkungen),我们才能达到宇宙所有元素的功能的统一,在这里任何一个元素的意义都影响任何一个别的元素。结果,相对主义比人愿意想象的更为接近它的极端对立面——斯宾诺莎的哲学——无所不包的 substantia sive Deus(神即自然)。这一绝对,比起存在的普遍概念来并没有别的内容,在它的结合之中包括了存在的每一样事物。个别的事物自身不再有任何存在性了,因为所有的存在事实上都在神圣的本质里统一起来了,就像存在的抽象概念组成了一个统一体一样。所有特别的连续性与实在性、所有第二级次的绝对都被如此完全地融合在那一单独的绝对之中以至可以说:所有世界观的内容都已经在斯宾诺莎似的一元论里成为相对。包括一切的物质,留存下来的唯一绝对,现在能够被忽略了而不至于影响到实在的内容——如马克思对一个形式上类似的过程所言,剥夺者将被剥夺——并且没有什么东西能够留存下来,除了事物相对地消解于关系与过程。事物之间的相互依赖,相对主义建立之作为它们的本质,仅仅在表面的观点上排除了无限的概念,或者说倘若相对主义并不是在一种足够激烈的方式上被构想时是如此。相对的确实是真的:一个精确的无限在我看起来只有在两种方式里是可以想象的。第一,作为上升或下降的序列,在这里每一条线都依赖于另一条,并且第三条也依赖于它——这可能是空间分配、能量的因果的转换、年代顺序或者逻辑起源的情形。第二，这个序列在一种扩张的形式之中呈现是以一种简洁的圆周形式为交互作用所规定的。倘若一个元素在另一个之上造成的结果又成为了一个原因，这个作为原因的结果又反过来影响前面的元素，然后通过成为反作用的原因又一次重复这一过程，那么我们在行动之中就有了一个真正的无限。这是一个内在的无限，可以同圆周的无限相提并论，因为后者也只在一种完全的相互性之中发展而来，在其中圆周的每一部分都决定着别的部分的位置——与别的线比起来，它也回到了起点，但在之中每一个点并不为所有部分的相互作用所决定。倘若无限被看作是一种实质，或者绝对的尺度，那么它仍总是保留着一些有限，尽管十分巨大。恰恰只有靠存在的内容(Daseinsinhalt)相互的制约(即另外一个制约这一个，而这另外一个也同样受到制约，要么是经历第三个内容对其同出一辙的制约过程，要么是与第一个交互作用)，才克服了存在的有限性(Endlichkeit)。

这种可能经由暗示而满足一种哲学的观点，令得关于种种事物的解释达成最后一致成为可能，并且它为经济价值的解释提供了总的背景。因为一切事物所有可知的存在、相互依赖与交互作用的基本特征也反映了经济价值，并且将这一生活的原理付诸经济质料，所以货币的基本性质现在变得可以了解了。因为事物的价值，它被理解为事物的经济交互作用而解释，在货币中找到了它最纯粹的表达与体现。

货币作为交换关系自主的表现，它将被需要的对象化为经济对象，并且建立了对象的可替代性

无论货币有什么样的历史根源——并且这远没有被清楚地确立起来——至少一个事实是确定的，即货币在经济之中并不是作为一个与其纯粹的概念一致的业已完成的元素而突然地出现的。货币只有从以前已经存在的价值中以这样一种方式才可能得以发展起来，也就是说货币性(Geldqualität/quality of money)——也即任何一种可交换的对象——一直在很大程度上是在一个特定的对象里被实现的,货币的功能首先仍然好像是与对象以前的价值意义紧密相关的情况下被运用。在下一章里我们将检测货币与非货币价值的这一起源学的联系是否已经或者曾经被终结。在所有的情形里,由于这样的事实,即货币的本质与意义没有在概念上区分于那些价值的性质,这些价值是由货币通过提升这些性质中之一而产生的,因而已经有了数不清的错误。我们将首先考虑货币而不涉及以物质形式表现货币的材料,因为这些材料加之于货币的特殊性质导致货币从属于那些商品之下,而作为货币,它是与商品截然对立的。乍一看来,货币好比是说组成了一个部分,而被货币所购买的商品的总体构成了另一部分,只要考虑到它的纯粹的本质,它就必须被径直理解为货币,必须与所有那些次要的,把它跟相对立的那方联系的性质毫无瓜葛。

在这个意义上,货币已经被定义成了"抽象的价值"。作为一个可见的物体,货币乃是体现了抽象的经济价值的物质,这有点像词语的发声,它是一个听觉-生理的显现,但对于我们只有通过它所承载或用符号表达的陈述才有意义。倘若对象的经济价值由它们的可交换性的相互关系所组成,那么货币就是这一关系的自立的表达。货币乃是抽象价值的代表。这一关系的事实是从经济关系,也就是,从对象的可交换性被提取的,与那些对象相对照,它需要一个可见符号的概念的存在。货币是经济对象中共通的东西——以学术语言说,人可以称之为 universale ante rem, or in re or post rem[在事物前,或在事物中,或在事物后的普遍性]——的一种具体的实现,并且人类生活普遍意义上的不幸最充分地被这个符号反映出来,这也就是货币的持续的短缺,这是绝大多数人所遭遇的。

一件商品的价格指出了在这件商品与所有别的商品积累之间的可交换的程度。倘若一个人在抽象的意义上想象货币,独立于它具体代表的所有结果,那么在货币价格中的一个变化就预示了在特殊商品与所有别的商品之间的交换关系已经改变了。倘若价格 A 从 1 马克上升到了 2 马克,当 B、C、D 与 E 商品的价格保持稳定时,这就说明在 A 与

B、C、D 和 E 之间的关系变化了,这也可以用另一种方式来表达,即当说 A 的价格保持稳定时,就说后者的价格下跌了。我们宁要第一种说法,因为它更加简单,就像我们说,倘若一个物体改变了它的位置,即它移动了——例如,从东到西——但这事实上的改变也可以这样描述,说是环境(包括观察者)从西到了东、而那个物体仍保持静止。物体的位置并非物体自身的一个性质,而是一种对于别的物体的关系,并且在位置的每一个变化之中,这些别的,就像物体自身一样,可以被看作是活动的或者被动的主体。在同样的方式之中,因为 A 的价值由它与经济世界之间的关系而组成,它也应该被相等地判断,只是在解释 A 的价值的变化中与 B、C、D 与 E 之中一样,没有那么方便罢了。这一相对性,例如在物物交换中所实践的,已经在货币作为价值的表达中被具体化了。这是如何发生的,将在以后检测。A 的价值是 1 马克这一陈述已经纯化了每一样东西的 A,它可能并不是经济的,也就是,不是对 B、C、D 和 E 的一个交换关系。这个马克,被认为是 A 的价值,乃是从它的承载者之中分离出来的,涉及了别的经济对象。A 在它自身之中以及独立于这种关系的其他每一样东西,在这里都是不相关的。在性质上不同的每一个 A1 或者 A2 对于 A 都是相等的,因为它的价值是 1 马克,这也因为它对于 B、C、D 和 E 也有同一种数量交换的关系。货币简单地是"那有价值的",而经济价值意味着"可以用来交换某些其他的东西"。所有别的对象都有由之产生了其价值的特殊内容。货币从价值获得其内容,转化成物质的乃是价值,是没有事物自身的事物的价值。通过升华事物的相对性,货币看起来避免了相对性,就像实在的标准并不支持统治实在的同样的相对性一样,不是不管而是因为在事物,在它们独立的生活之中,意义与一致性之间的关系乃是这些标准的内容。每一个存在着的事物都服从法则,但统治着的法则自身却不服从法则。要是假设有一个承担着自然法的自然法,这就必须在一个圈子里运动了。我将这个问题悬置起来,但是,不管怎样,这个圈子却是合法的,因为它乃是思想回到它们的起源或者针对一个位于无限之中的终点的基本过程的一部分。标准是在实在的特殊现象之间发展,并给予其形式的类型与形式——不管它们是柏拉图与叔本华的理念，或者斯多噶学派的逻辑，或者康德的先验，或者黑格尔的理性的发展阶段。这些标准与对象服从于它们的意义并不是相对的，因为它们自己正表达了对象的相对性。这样，货币抽象的价值只是表达了构成价值的事物的相对性，就变得可以了解了，并且，与此同时，货币，作为稳定的一极，与对象永恒的运动、波动与平衡形成了对照。基于货币并没有达到这一点，它并不会依据其纯粹的概念，而是作为与所有别的对象合作的特殊的对象起作用。这样的反对也是错误的：即在货币借贷与对外贸易交换中，货币是用货币来购买的，并且货币因而（虽然保存了其概念的纯粹性）也获得了个别价值对象的相对性，人们认为货币不应是拥有、而就是代表了这种相对性。这一事实，即货币表达了有价值对象的价值关系，将它从这一关系之中免除掉了并将之置于一个不同的秩序之中。通过表述这一讨论中的关系及其实践的后果，货币自身获得了价值，通过之，它不但在自己的排除了有形对象的领域之内建立了对所有具体价值的关系，而且指出了在价值数量之间的关系。一个数量被提供作为当下的货币，另一个作为将来的承诺，一个数量在一个范围中被接受，另一个在另一个别的范围内如此——这些都是产生价值关系的变化，它并不被这样一个事实所影响，即对象与其分配的量作为一个整体表达了其价值意义十分不同的对象之间的关系。

按货币的价值稳定性、发展与客观性，对货币性质的分析

从这一双重的角色——既在具体价值序列之内，又在其之外——如我已经说过的，在货币的理论与实践的处理中导致了数不清的难题。在货币表达了商品之间的价值关系、计量它们并令它们的交换变得容易这个范围里，它作为一个完全不同于其起源的力量，也作为一个抽象的计量系统或者作为一个在有形的商品之间移动的交换的方法进入了有益的商品的世界，就像以太在有重量的物体之间移动一样。为了履行这一职能，这依赖于它外在于所有别的商品的位置，货币自身不得不

成为一个具体或者特殊的价值,并且通过履行这一职能它成为这样的价值。在这种方式之中,它成为这一序列中的联结与条件之一,同时,它与一些东西形成了对照:它的价值变得依赖于供需,它的产品的消耗在它的价值上发生了一些影响,虽然是微小的,它以一种性质上不同的价值呈现,如此等等。利息的支付就是这种来自货币功能的价值的表现。或者从另一个角度来看:货币的双重角色,在一方面,由测量被交换商品的价值关系组成,而另一方面,却是由这些被交换的商品组成,这样,它自己就成为一种支持计量的数量。货币靠被交换而为商品所计量,同时也被货币自身所计量。因为不仅货币被以货币来支付,像货币市场和有息贷款所显示的一样,而且一个国家的货币对于另一个国家的货币而言也成为价值的计量,这在对外贸易中得到了说明。货币因此成为那些遵守它们自己代表的标准化观念之一。所有这些案例都导致了思想的第一顺序的复杂与循环运动,虽然这些可能被解决:宣称所有克里特人都是撒谎者的克里特人,因为谴责自己的话是谎言而栽在自己的格言之下,给整个世界都贴上罪恶标签的悲观主义者,它自己的理论也必定因之而如此,怀疑主义才不能坚持怀疑主义的真理因为它否认了所有的真理,如此等等。这样,货币就维持作为有价值对象之上的计量与交换的方式,并且由于它的诸功能最初需要一个有价值的代表并且给予价值到它们的代表,货币就被归类于那些对象并且被包括在那些自身也来自货币的标准之下。

被作为价值最后加以衡量的并不是货币——它不过是纯粹的价值表现——而是对象,并且其价格上的变化指出了它们彼此关系的变化。货币,在它纯粹的功能看来,并没有改变它的价值,但一个更大或更小的货币数量反映了它自己的变化,它被从其载体中抽象出来并且形成了一个独立的表现形式。货币的这一情形明显地与我们观察到的它的内在品格,即所谓的无特质(Qualitätlosigkeit/lack of qualities)或无个体性(Unindividualität/lack of individuality)是吻合的。因为它立于个别对象之间并且与它们的每一个都保持着相等的关系,它就必得是完全中立的。这里,货币在一个连续不断的序列中也代表了发展的最高阶段,这一序列逻辑上是困难的但对于我们的世界图景具有重要的意义,在这个序列中每一个环节,虽然是依据序列的程式构建的并且是其内在力量的一个表达,同时却又作为一种补充的、调控的或者反对的力量异于这一序列。序列的起点是被不可替代的价值构建的,这价值的特殊性质很容易因为与货币等价物类似而被掩盖。对于我们拥有——就该词的广义而言——的绝大多数东西来说都有一个替代者,以至于倘若我们失去一样东西而得到另一样来代替,我们的存在物的总价值就仍会保持一致。幸福的总量能够经由成分的多样化而保持在同一水平上。但是,就某些特定对象而言,这种可交换性不灵验了,这不仅仅因为别的拥有不能给我们同样程度的幸福,而且因为价值的意义被系于这一个体对象之上,不是系于幸福之上,而提供幸福是这个对象与其他对象都可以做到的。这是一个错误的概念实在主义——把一般概念看作是特殊实在的完全正确充分的表现——它令得我们相信我们经验到了对象的价值,通过它们归结于一个价值公分母,通过指向一个价值中心、在那里价值作为数量上不同但基本上是同一种类的东西呈现出了它自己。我们经常给个别事物以价值,因为我们恰恰只要这个而不是别的,即使别的东西也许会给我们同样甚至更大的满足。一种更高程度的感受性在某一个拥有物所提供的满足的总量之间作出了精细的区分,通过之它变得可以同别的拥有物进行比较与交换了,而那些在它的幸福的后果之外的特殊性质可能令得他对于我们而言是有价值的,并且在那个角度上完全是不可替代的。在那些由于个人的感情与经验而令得一个标准的与可互换的对象变得对于我们而言不可替代的情形里,这可以用一个细小的改变很好地说明。同一种类的一个完全相同的标本在任何情况之下都不会令得益处丧失。这可能通过一个其性质与情感属于完全不同的范畴的对象而更好地完成,它将根本不会令我们想起前面的对象或者提起任何比较!这一价值的个别形式就在对象成为可互换的程度上被否定了,因此货币——交换的表象与表达——就是我们的实践世界的最小的个别创造物了。在事物被用来交换货币这一角度上——但不是当它们被物物交换时——它们分有了这个个体性的缺乏。在一个对象之中任何内在价值的缺失都不可能比用相等的货币等价物来替代它而没有任何意义的不足得到更清楚的表达了。货币不仅是绝对的可互换的对象,其每一个性质都可能被替代而没有任何别的区分,它是,好比说,具有人格化的可互换性。所有价值都居于其间的两个极端:在一个极端,其意义不位于可以被另一个对象代替的任何价值的总的数量之内,其在我们的价值系统中的位置不可能被任何别的对象所填补,在另一个极端里,它则明显是可以互换的。在这两个极端之间,事物被依据其可代替的程度而排列,它们的位置由它们可替代的程度以及由能够代替它们的事物的范围而决定。这也可以通过在每一个对象之中区分可交换与不可交换部分而表达出来。绝大多数事物具备这两种性质,虽然我们经常在这点上被欺骗,一方面,被我们交易的易变性欺骗,另一个相反的方面,被心胸狭窄与倔强欺骗。甚至那些可以被货币购买与交换的事物也可能拥有(更近一点仔细看的话)一些其价值不可能完全被别的财产所代替的性质。我们实践世界的界限在那些情形之中被显示出来,在这里这些性质中之一无限地小:一方面,我们个体的自我完整性依赖于十分少的价值,这里可交换性是完全不可能的,另一方面,货币——对象的被提取出来的可交换性——其个体性的绝对缺乏来自这样一个事实,即它表达了事物之间的关系,一种不管事物自身的变化而固守的关系。

货币的这种代替每一个特殊经济价值的能力——因为它并不与任何这些价值相连,而仅仅与它们可能进入的关系相关——假定了经济事件序列的连续性。这一序列存在于商品的生产与消费两者之中。但这仅仅是这一序列的原料,并且仍然没有回答连续性与非连续性的问题。消费的每一个动作一开始就破坏了经济过程的连续性,其与生产的关系太缺乏组织、太多偶然性,而没有能保持发展之线的连续性。人可以将这条线想象为一种观念,这令得它通过具体对象的路线可以与一束光通过以太的震荡的部分趋向相比。进入这个川流,它充满了严格分离的对象且控制着它们价值的意义,货币现在进来了,以便补充可能来临的中断。通过为了一个我所要消费的对象而给予货币,填充了因为我的消费所产生的,或者将要产生的价值运动中的沟壑。物物交换的原始的形式——抢劫或者送礼——并不允许连续性的这样一种补充,在它们的情形里,在经济过程的观念联结中的逻辑联系,可以说,被打断了。这一联系原则上只有通过等价物的交换,并且事实上只有通过货币才能建立起来。货币能够补充存在于任何物物交换系统中的不平等,并且能填充起因为被消费的对象的移去而致的沟壑。明显地,货币只有通过其位于序列之外的观念的位置才能达到这个在经济序列之内的实践的位置。假设货币自身是一个特殊的对象,它可能永远不能平衡每一个单独的对象或者成为在分离的对象之间的一座桥梁。货币能够充分地进入构成经济连续性的关系只是因为,作为一个具体的价值,它只是以一种实在的物质为表征的在经济价值自身之间的关系。

货币的这种意义以经验的方式进一步表现为价值恒定性(Wertkonstanz),这源于货币的可互换性和无特质性。这被看作是货币突出的、最合目的性的特点之一。经济活动序列的长度——对于经济的连续性、整体性与生产力都是一个前提——依赖于货币的价值的稳定性,没有它的话,长远的计算、大规模的企业、长期的信用都将是不可能的。只要人们考虑的仅仅是单个对象的价格的波动,就不能确定是否对象的价值在变动以及是否货币的价值保持稳定,或者反之亦然。只有当一件或者一系列商品价格的下跌伴随着别的地方价格的上涨时货币价值的稳定性才能成为一个客观事实。价格的普遍上涨将表明货币价值的下跌,并且当那出现之时货币价值的稳定就被破坏了。这仅仅是可能的,因为货币作为特殊对象的价值关系的指示具有某一些超出其功能的品质,这些突出的品质使货币成为一个市场对象并且支持商业循环、数量变化以及自动运行。它们剥夺了货币作为关系的表达的绝对身份,并且强迫它进入一种关系的身份,因此它不再反映一种关系,而是拥有关系。只有在这个程度,这对于其本质也是真实的,货币才从它有一个稳定的价值这样的影响之中分立出来,由之随后价格的波动就不指出货币对于其对象关系的改变,而是仅仅改变了对象自身之间的关系。这就暗示了一个对象的价格的上涨对应地有另一个对象价格的下跌。至于货币拥有价值稳定性的基本性质，这归因于它表达对象之间经济关系或者使事物经济地有价值的关系的功能，这种表达是用抽象的数量术语进行的，它自身并没有进入这些关系。这样，货币的功能就更加重要了，更加真实与更加广泛的则是经济价值中的变动。无论在哪里，商品的价值都是确定的与永恒固定的，很容易实现种类中的交换。在相互的价值关系中货币适合于交换的条件，因为它为每个价值的变化提供了一个精确的与富有弹性的等值。这些关系的多样性最清楚地描述了一个对象的经济价值由它对于所有别的对象的交换关系组成，每一个部分的变动都需要别的平衡的运动并且令得我们意识到在整体之内的相对性。货币只是这一关系的表征，并且这样我们就能够了解更早提及的事实，即对于货币的需要是同价格的波动联系在一起的，但以物易物假定了固定的价格。

　　货币的突出的意义理论地同时也是实践地与一个充分发展的货币经济一同出现。在其渐进的第一阶段代表货币的符号同时也保持在那些对象之中，那些对象彼此之间的唯一关系也正是这符号所要象征的。中世纪的理论把价值看作某些客观的东西。它需要卖者为其商品要求"公平的价格"，并且偶尔还试图通过规则来固定这一价格。价值被认为是作为孤立存在的一个性质而为对象所固有的，由之它进入了交换的行为，而不管买者与卖者之间的关系。这个价值的概念——它符合于时代的物质的–绝对的世界观——特别地适合于以物易物经济。用一小片土地交换劳役、一只山羊换一双鞋子、一颗珠宝为死者换二十次弥撒，这就是那些对其价值的感觉是如此的紧密联系以至于它们的价值好像是客观地彼此适合的事物。交换越直接并且情形越简单——因此对象的位置并不是被可比的关系之和所决定的——价值就越作为对象的性质而出现。对这样一种交换会实现的简单的确信被反映在这样的观念之中，即它是由事物自身的客观性质产生的。只有在多样的产品中与多边的交换活动中单独的对象的结合才能显示出其经济的意义在于它与别的对象的关系之中且是互惠的，并且这与货币经济的增长是一致的。经济客体的意义是由这一相对性所组成的，并且货币的意义将成为这一相对性的清楚的表达,这些就是将被它们的互惠的影响所认识的事实。中世纪时,假定在对象与货币-价格之中有一个直接的关系,也就是,一种基于每一者的独立价值的关系,它能够并且应该发现一个"公平"的表达。这种本体论者解释的错误同断言在一个个体与任何权利的内容之间有直接的联系是一样的,好像人的本质,同样地,不管任何外在的条件,对这种资格都能有一个"公平"的要求。人的权利的个人主义概念为此提供了一个范例。事实上,权利仅仅是人之间的一种关系,并且只有在与利益、对象与绝对权力这些我们称之为法的内容——在狭隘的意义上的"权利"——的相关之中才能完成。这一权利对于一个可能被解释为"公平"或"不公平"的个体而言没有任何可预见的关系。只有当这样的关系发展起来并且已经在标准之中建立了它自己时,对于标准——关于在一个特殊事件里的单独的人——赋予那个人对于某事的安排的权力以公平的特色才是可能的。这样,对于一件商品确实就可能有一个公平的价格,但这仅仅是作为在这件商品与所有其他商品之间的一种明确的、安排得很好的交换关系的表达,而不是作为商品自身或者货币总量自身的本质的结果,它没有代替彼此之间的任何关系并且与公平或者不公平没有任何关系。

在代表对象的经济相对性中货币的意义——它乃是其实践功能的根源——并不是一个现存的实在,就像所有历史现象一样,它仅仅渐渐地揭示了其纯粹的概念——它在观念领域中的功能与位置。这就使得事实上所有商品在某一种程度上都可能被看作是货币的对应物。每一个被交换对象 B、后又交换 C 的对象 A 都在它的有形的性质里独立地扮演了货币的角色。它表达了这样的事实,即 B、A 与 C 都是彼此可交换的,并且它表达了它们可能的交换比率。这发生于无数的对象身上,事实上,我们在文化发展史上往后追溯得越远,我们就会发现越来越多的不同种类的对象,它们或多或少在一种初步的形式上完成了货币的功能。只要对象 in natura (实际上)依靠彼此来计量并且彼此交换,它们主观的与它们经济的、客观的性质,它们的绝对的与相对的意义都仍然没有被分离,它们就停止作为货币或者在货币停止成为使用对象时程度上停止了能够成为货币。货币越来越成为经济价值的象征,因为经济价值只是可交换对象的相对性。这种相对性,依次地、逐渐地支配着对象的别的进化成为货币的性质,直至最后,这些对象只是具体化的相对性。

倘若货币在物物交换中有其起源,那么只有当一个单独的对象不是只同另一个单独的对象交换,而是与许多别的对象交换时,它才开始发展。如果一头母牛交换一个奴隶、一件衣服交换一个护身符、一只船交换一支矛,价值判断的过程就仍没有被分离成它的元素,它并没有通过将对象还原成一个公分母而以之作为计算数种事物的每一个单位的价值的基础而得以实现。但是,如果一群牛被用来交换一栋房子,或者十根砍好的木头交换一件珠宝,或者三杯酒换一样服务或者劳动,然后,这些多样性的单位,——一头母牛、一根木材或者一杯饮料——就是计量,其多样性等同于别的交换对象。在不能分割的对象的情形里,价值心理的意义并不轻易放弃单独对象的整体。但是一旦讨价还价开始了——这件珠宝的价值是十二根或者也许仅仅是八根木材吗?——然后,通过一根木材的价值单位,珠宝的价值就被计量出来了,尽管它是不可分的,用八倍、十二倍或者最后十倍木材似乎可以组成它的价值呢。这样,如果一个对象是不可分的,两个交换对象的价值就变得更容易地可用同一标准计量了,两个对象的价值都不需要用一个并且同一个单位来表达了。可分性的最为发达的形式就通过与货币的交换而达到了。货币是交换的可分的对象,它的单位是与每一个不可分对象的价值单位同一的,这样它就促进了,或者甚至假定了抽象价值从它的特殊的具体的内容分离。经济对象的相对性——这只能颇为艰难地在不可分割的物品交换中被认识到,因为此种交换中的任意一方似乎都拥有独立自足的价值——通过还原为一种价值公分母(gemeinsamen Wertnenner)而凸现出来,首要的价值公分母就是货币。

我在更早已经表示相对性在一个客观的意义上创造了对象的价值,因为只有通过相对性,事物才被放置到了与主体保持距离的地方。货币乃是这两个特点的巅峰与体现,并且因此再一次阐明了它们的内在关系。货币永远也不能被直接地享用——后面将要处理的例外情况否定了它的特殊性质!——并且它因此得以从任何主观的关系之中被排除出来了。货币令一般以经济贸易予以表现的主体的外在活动客观化了,因此货币就将其内容发展成为了最为客观的实践,最合逻辑的、纯粹数学的标准,从每一样私人的东西中获得了绝对的自由。因为货币不过是获得对象的手段,它在与自我(自我渴求它、喜悦它)保持无法逾越的距离的意义上保持了它的真实本性。并且因此它就是自我与客体之间的不可或缺的手段,它也将客体置于一定距离之外。确实,货币再一次取消了这一距离,但是这么做的时候,通过把客体转为主体所用,货币把它们从客观的经济宇宙转移出去。主观与客观最初的统一业已出现的分裂似乎是由货币具体化的,但在另一方面,货币的功能乃是——与以上提及的远距与接近的关系一致——把以其他方式所不能达到的东西向我们拉近了。可交换性乃是经济价值的前提,通过之后者达到了它们客观的互为存在(Füreinandersein)。它在一个行为之中统一了将被交换的远距与接近。在货币之中可交换性不但获得了技术上完美的手段,而且获得了一个包含其所有不同特点的分立的、具体的存在。

货币作为一般的存在形式的物质化,依据之事物从它们彼此的相互关系中找到了其意义

这就是货币的哲学意义:它在实践世界之内代表了最为确定的可见性(Sichtbarkeit)与所有存在公式最为清楚的具体化,依据之事物互相找到了它们的意义,并且令得它们的存在和如此存在(Sein und Sosein)为它们的关联的相互关系所决定。这是精神生活的一个基本事实,即我们通过特殊的对象去象征我们存在的不同元素之间的关系,这些对象自身是一些物质实体,但它们对于我们的意义则仅仅是或多或少同它们紧密相联的关系的可见的表象。这样,一个结婚戒指、一封信、一句誓言、一件官式的制服,都是一个道德的或者理性的、法律的或者政治的、人们之间的关系的符号或者表象。每一个圣礼的对象都以一种物质的形式具体化了人及其神之间的关系。联系不同地区之间的电报线,与表达他们的冲突的军队武器一样,都是这样的物质,对于单独的个体而言它们几乎没有意义,但只有当相关于结晶在它们之中的人之间或者人的团体之间的关系时,它们才有意义。当然,这些关系与联系的表象自身能够被视为一种抽象,因为只有在它之中的那些元素是真的,我们在特殊的概念里结合了其相互决定的条件。唯有形而上学的质询,它追寻超越于经验论限制的认识,可能通过消解所有的物质的成分于交互作用与过程而消除二元论,这时其载体将在一种同样的必然上成为主体。然而实践的意识通过关系与交互作用的过程已经发现了一种形式,在这里实在扮演了角色,能够与在实践之中的物质存在、抽象关系的必然形式统一起来。

纯粹的关系投射入特殊的对象乃是精神的伟大的成就之一,当精神在对象之中被具体化时,这些对象对于心灵就成为运载工具并且赋予精神以更加活跃与更加广泛的活动。构造这样的符号对象的能力在货币之中达到了最伟大的胜利。因为货币在最纯粹的形式上代表着纯粹的交互作用,它令得最为抽象的概念也是可以了解的,它是一种其基本意义超出于个体性之外的个体的事物。这样,货币就成为人与世界关系的充分的表达,它只能在单独的与具体的例子之中才能被掌握,只有当个别成为活生生的精神过程的具体化,这一具体化交织着所有的个别,并且,在这种形式里,创造了实在,只有当这时,货币才能被真正地被设想。货币的这一意义将保持着,即使经济对象的价值相对性并不是最初的事实而是发展的最后阶段。我们通常用之定义一个现象的概念经常并不是来源于现象自身而是来源于更为发达与纯粹的形式。我们不能从孩子的牙牙学语来推断语言的性质,我们在界定动物生命时,发现它在从植物生命向其过渡的阶段中仅仅被不完美地表现出来,这并不会令我们为难。同样地,我们有时能够发现更低级的现象的意义只是在我们精神生活的最高现象之中,虽然我们也许在这些之中根本无能描绘它。现象序列的纯粹概念通常是一个永远无法实现的理想,但是,朝这个理想努力却可能有效地阐释概念的意义和内容。

货币的意义,它表达了需要的对象的相对性,通过之这对象成为经济价值,并没有被这样的事实所否定,即货币也有减小或者模糊这个意义的别的性质。就这些性质是有效的而论,这并不是货币本身。经济价值由对象取决于我们对它们的主观反应的交换关系组成,但对象的经济相对性只是从它们的别的意义逐渐地发展的,并且它从来没有能够在总的表象或一个对象的总价值中整个地支配这些意义。对象通过可交换性获得的价值,也就是,通过之它们的价值成为经济价值的这一变形,随着经济的广泛而强烈的增长更为清楚而强烈地出现了——这一事实,马克思把它阐述为在一个基于商品生产的社会中为了有利于交换价值而取消了使用价值的——但是这一发展看起来并没能达到它的圆满完成。唯有货币,从纯粹概念的角度看,已经达到了这最后的阶段,它只是可交换性的纯粹的形式。货币具体体现了那种事物据之成为经济性事物的要素或功能。这种功能并非事物的总体性,但却囊括了金钱的总体性。在下一章我将检测货币在其历史的展现中究竟在多大程度上着实表现了货币的观念,并且货币是否多多少少并不试图朝另一个重心发展。

第二章　货币的物质性价值[*]

第一节

作为货币度量价值的功能，货币具有一种内在价值表面上是必不可少的

在所有关于货币性质的讨论中，始终贯穿着这样一个问题：为了实现度量、交换和表征价值的功用，货币自身是否或应否成为某种价值？或者也可以这样来问这个问题：货币可否仅仅是一种没有内在价值的符号或代用品呢，就像账目上的数字仅仅代表着某种价值而自身不是某种价值？对这个问题的所有技术性和历史性的讨论——它们都涉及货币和价值理论中最深刻的争论——如果可以为下面这种人们耳熟能详的逻辑论证一锤定音的话，那就显得太过肤浅了。据该种论证说，一种度量工具必须具备与度量对象相同的性质：长度的量具必须有长度，重量的量具必须有重量，空间的量具则必须有广延性；所以，价值的度量手段就必须具有价值。两种东西不管在所有其他方面怎样地不相关，当我用它们彼此度量的时候，它们必须要共同具备我正在比较的那一方面的性质。当我在断言任何量的、数的相等或不等的时候，如果这指的不是同一种性质的相关数量的话，那

---

[*] 物质（Substanz）：有物质、质料、物体、实体、本体等词义，译文根据上下文有不同译法，但多数译为与货币的"功能"相对的"物质"、"物质实体"或"质料"等。

么我所断言的相等或不等将没有任何意义。是的,这种质的同一性还一定不是某种太过笼统性质的东西;例如,比较一座建筑的美与一个人的美就是不可能的,即使二者都有美的性质也不行。只有特别的建筑之美或者特别的人类之美才使比较成为可能。但是,即便缺少一种共同性质,人们也仍可以考虑把观照美的主体之反应作为比较的一个基础。如果观照一座建筑之美和观照一个人之美的愉悦量是可比较的,那么尽管二者的外表极为不同,它们在性质上的一致性或许是可以被确定的。对同一个主体产生类似的效果反映了我们所说的处于关系中的客体的相同性。两种完全不同的、给同一主体以相同的愉悦的现象(超越了其所有差别之上)对该主体产生了相同的作用力,或与之发生了相同的关系;这就好比在我们前面所举的一股风和人的一只手折断树枝表现的是相等的力量,尽管二者在质上不具有可比性。所以,货币实体及任何被之所度量的事物或许完全不同,但却必须在这样一点上相一致——它们都有价值;即使价值不是别的、只是对我们从事物那里所得的印象的一种主观感觉,至少二者影响人的价值感的那种性质必须是相同的,虽然说此性质不能从事物中孤立出来。所以,据说因为货币与价值相比较,也即是说因为货币进入跟价值的一种数量上的相等中,所以货币非有价值特性不可。

我将把这种形式的论证与另一种得出了不同结论的论证相对照。不错,在我们所举的例子中,我们可以比较风折断树枝的力量与人手折断树枝的力量,仅就这种力量是作为一种量而显现于两者之中而言。但我们也可以用风所折断的树枝的粗细来度量风力的大小。我承认,被折断的树枝所表示出风的能量的大小,同它可能表现的人手的力量大小的意义是不同的;但是,两股风的力量大小的比较以及因此每股风相对的力量大小,却可以通过这样的事实来度量:一股风折断了某一树枝,而另一股风却做不到。下面这个例子对我来说似乎是决定性的。我们已知的最不相同的对象、世界观的两极——无论形而上学还是自然科学都不能够成功地在它们之间进行通约——是物质的运动与意识的状态。一个的纯粹的广延性(Extensität),另一个的纯粹的内在性

(Intensität)，迄今人们还没有在这二者之间找到任何普遍令人信服的、作为其统一性的点。然而，心理物理学家却通过刺激我们的感官所引起的外在运动的变化，能够测量到内在意识的相对强弱的变化。其理由是：在这两种因素之间，存在着连续的量变相关性，其中一个因素大小的变化决定着另外一个因素大小的变化，而不需要在二者之间有任何质的相关性或同一性。因此，货币度量价值的能力必须取决于它自身的价值这种逻辑原理就被打破了。不错，只有在具备相同性质的前提下，两个不同事物的量才是可比的，任何在两种量之间径直的比较都预设了这二者具备质的同一性。但是，无论在任何时候度量两种量之间的某种变化、差别、关系，被度量者的比例反映了度量者的比例这一点就完全足以确定这些关系了，而根本不需要二者本身存在任何质的同一性。两个不同质的事物不可以对等，但两个不同质的事物之间的比例关系却可以对等。两个对象 m 与 n 之间可能存在着某种没有任何质的同一性可言的关系，以至于我们不可能用一个来直接充当另一个的度量尺度。它们之间存在的关系可能是因果关系、象征关系、与第三个因素所具有的共同关系或任何其他关系。我们假设给定的条件是：我已知 a 对象是 m 的四分之一，而人们仅知 b 对象为 n 的若干分之一。如果在 a 与 b 之间存在着某种关系，这种关系与 m 和 n 之间的关系相对应，那么得出的结论是，b 一定等于 n 的四分之一。尽管在 a 与 b 之间存在着质的不同，不存在直接可比性，但还是可以通过一个对象的量来决定另一个对象的量。例如，在一定数量的食品与可被这些食品满足的食欲之间并没有一致关系；但是，如果这么多的食品可以满足一半的需要，我就可以直接推断出这些可支配的食品数量相当于一半的需要。在这样的情况下，只消存在一种整体的关系就足以测量出其部分的量。如果我们现在能以这种思路来阐释货币对对象的度量，那么，货币与对象的直接可比性以及随之而来的对货币本身应具有价值特性的逻辑要求就站不住脚了。

为了从这种逻辑可能性过渡到现实性，我们只需要在商品量与货币量之间假定一种非常一般性的关系（这种关系经常被隐藏或被割裂)即可,这种一般性的关系经常表现为:在增长着的货币供应量与上升着的价格之间的联系,以及,在增长着的商品供应量与下降着的价格之间的联系。这样我们就形成(保留所有更为精确的规定性)一种商品总供应量的概念、一种货币总供应量的概念以及二者之间相互依存关系的概念。

现在,每一件单独的商品都是可支配商品总量中的一个确定的组成部分;如果我们称可支配的商品总量为 a,那么这件单独的商品就是 a 的 m 分之一。该商品的价格是货币总量中相应的组成部分;如果我们把货币总量称为 b,那么这件商品的价格就相当于 b 的 m 分之一。假如我们已知 a 与 b 的数量大小,并且假如我们了解一个确定的对象可出售的价值占了多大的比例,那我们也就应该知道它的金钱价格,反之亦然。一定量的货币因此就可以确定或度量一件物品的价值,不管货币与这个有价值的物品是否具有质的同一性,也不管货币自身是否具有价值。

度量的问题

人们必须时刻牢记于心的是度量的彻底相对性。绝对数量(absolute quantities)——它们彼此被设定为相等的——的比较与此处所讨论的部分数量(partial quantities)具有截然不同的意义。如果假设(在特定的限度下)货币的总量与待售商品的总量相同,那么,这种等量不必被看作是其中一个的量对另一个的量的比较。货币总量与待售商品总量被置于一种等量关系之中,仅仅是通过二者相对于度量的个体及其实践目的而言都具有的关系。下面这些司空见惯的情况说明,通常那种把货币与商品简单地对应的倾向是多么强烈。假如有一个原始部落,他们使用一种商品来作为交换单位,而他们的邻近部落较为发达一些,交换的时候使用的是货币,那么,当他们之间进行商品交易的时候,两种交换单位就经常被看作价值相等。所以,当古代爱尔兰人与罗马人发生接触的时候,他们就把自己的价值单位——也就是奶牛——与一盎司的白银等量齐观。安南①偏僻山区只进行物物交换的部落以水牛来作为基本的价值度量单位；当他们与较开化的平原地区居民交易的时候，后者的价值度量单位———一块特定大小的银块——就被视为等于一头水牛的价值。在老挝的一个未开化部落那里也可以发现类似的情况，他们靠贸易活动为生。他们的价值单位是铁锄，但他们也出产黄金，这是他们卖给邻近部落的东西，是他们唯一称重的东西。为了给黄金称重，他们除了用谷物来度量别无他法，所以他们出售与一定重量谷物相当的黄金来换取一把铁锄！在这些大致的总量对等关系中，一对一是等量关系的朴素表达。在物物交换中，单个的商品示范性地表达了所有商品的价值，就如单个的货币单位代表了所有货币的概念一样。因为这个原因，我们或许可以假定：在单个的度量单位之间的关系被理解为总量之间的关系，至少是象征性地如此。

如果这些总量之间的对等是作为一种有效的、尽管是无意识的先验性基础而存在，则超出主观偶然性之上在部分量之间出现了一种客观的比例关系。因为现在可以说在商品与货币两方面确实存在着完全相同的某种东西，也就是说，在两种部分量中的任何一个与其所属的总量之间的分数关系。如果我们假设价格彻底地平衡，那么，在金钱－商品的交换中每一件商品都与其价格相关，就像所有的待售商品都与可消费的货币总量相关一样。货币与商品之间到底是否具有一种概念性的、质的关系是完全无关紧要的。如果一件商品花费了 20 个 m，即花费了货币供应总量的 n 分之一，那也就等于是说这件商品的价值是商品供应总量价值的 n 分之一。通过这种方式，20m 就可以来衡量商品的价值，即使它们在类属上没有任何共同之处。但是我们也必须记住：在所有商品与所有货币之间所假定的一种简单关系只是一个初步的、粗略的、框架性的步骤。如果一件单独的商品必须要与一种货币价值直接对等，那么坚持商品与其度量之间必须有某种质的共同性可能是有道理的。但是对于交换与价值衡量的目的来说，只需要确定不同商

---

① Annam：越南旧称。

品(或所有商品)彼此之间的关系(即:以单个商品除以其余所有商品总量所得的结果),并把这种关系与可支配的货币供应量中相对应的分数部分对等就行了。这只要求一种数字上可确定的量。如果商品 n 与所有待售商品总量 A 相关,一如货币单位 a 与所有可用的货币总量 B 相关,那么 n 的经济价值就表达为 B 分之 a。这种关系通常不会以这种方式被认识到,因为 A 以及 B 总是被认为是理所当然的。它们的变化不易被观察到,且我们也不会意识到它们作为分母所起的作用;我们总是单单对每一种个别情况下的分子 n 和 a 感兴趣。因此,可能出现的观念就以为:n 和 a 相互之间以某种绝对的、直接的方式相对应;如果真是这样的话,那它们就真的具有某种质的一致性了。如果上述关系所赖以为基础的一般性要素被忘记了的话,如果这种一般性要素只在实践中而不在意识中起作用的话,那么它将揭示人性的一种深刻特征。人的意识有限的接受性以及对这种接受性经济实用的使用方式意味着,尽管在我们感兴趣的对象那里有无数的特性与方面,但我们却只对其中一小部分有所考虑。对于不同的观点而言,把吸引我们注意力的要素选择和排列确定下来,以至于这些要素可以被组织为一个系统的序列,这就足够了。此序列始于一些相继而起的现象,在这些现象中只有那些对所有人共通的东西才会被加以考虑,只有一切现象所共享的基础才会被我们纳入考虑之列。在这一等级序列的另一端,只有每一个现象独特的特性、绝对的个体性才会进入我们的意识之中,而那些最一般和最基础的因素我们意识不到。在这两个极端之间,存在着总体现象的那些点和面各不相同的水平,人们把最大的注意力集中于它们身上。一般而言,人们可能认为,理论兴趣指引着人的意识更多地指向一般性,而实践兴趣则更多地指向事物的特别性。对于那种对形而上学感兴趣的思想者来说,事物之间的个体差别屡屡被视为非本质的,他关注诸如"存在"(Sein)、"生成"(Werden)之类的、对所有事物都是共通的一般性概念。而另一方面,实践生活却要求我们深刻地意识到更切身的人与环境的不同性、特殊性、细微差别性;而一般的人类特性和对所有的问题状况而言普遍的基础却似乎是显而易见的,无需特别关注,尽管这样的特别关注确实会大费周折地使问题更明晰。例如,一个家族的成员之间的关系的发展以那些个人性的经验为基础,通过这些个性特质,每一个家族成员与其他人区分开来;而这些家族关系的一般性通常却不是该家庭成员特别关注的主旨。只有家族之外的旁观者才能描述这种一般性质。然而,这并非意味着那些不被意识的一般性基础在心理上是不起作用的。事实上,家族每一成员的个别特质都将根据家族整体的一般特性和氛围而产生不同的情况。这种氛围提供了一种不常为人所察觉的基础,在此基础之上,个人的特质以其各自独特的方式而发展。同样的结论也适用于更大规模的群体。尽管人与人之间的所有关系都依赖于每一个体的特殊贡献,但实际上,这些关系之所以能够以某种特别的方式被建立起来,正是因为存在着普遍的人类现象和条件,是它们形成了那个公分母,而个体的差别性则是分子,由此构成了关系的整体性。对于货币价格来说,也存在着十分相似的心理关系。在商品价值与一定数量的货币价值之间的对等关系并不意味着是某些简单因素之间的对等,而是一种比例性的对等,即在两个比率分数之间的对等;在一定的经济区域之内,它们的分母一个是商品总量,一个是货币总量。当然,这两个数量还必须有更严格的对应关系。这个对等关系是由这样一种事实所建立起来的:对于一定的实践理性来说,这两个总量是预先被设置为对等的;或者更严格地说就是,我们处理两种范畴的实践情境是以对等的方式反映在我们的理论意识之中的。然而,因为这只是存在于特定商品与特定价格之间的所有对等关系的一般基础,所以它并未进入我们的意识之中,但是却为我们提供了无意识的操作因素,离开了这种因素,那些令人感兴趣并因此而单独进入我们意识之中的个别情况就不可能构成任何关系。那种绝对和基本的对等关系所具有的极端重要性,将使其余留的无意识的事实变得可能发生,正犹如我所描述过的类似情况那样。

如果我们假定货币不具有物质性的价值,那么单独的货币价格与商品不会有任何的关系,而此商品的价值是被假定可以用货币来表达的,只要我们的观察限定在货币与商品这两个因素内的话。我们不会知道:为什么一件物品的价格比另一件物品的要高或低一个确定的量。但是,如果我们建立起一种绝对的假设——任何待售物品的总量与可用货币总量是对等的(我们将会在下面讨论"总量"的意义),那么,每一件单独商品的价格都简直就成了其价值与商品总价值之间的比率,这种比率又被重现于单个商品价格与货币总量的关系当中。我在这里必须要再次强调,这不是那种循环推理,即:一定数量的货币去度量某商品的能力,是建立在所有货币与所有商品的对等之上的——这已经假设了以一个来衡量另一个的可度量性。是否每次度量都要求在度量对象和度量者之中存在着某种质的一致呢? 这个问题将会因此与特殊情况无关,但是却将在未解决的情况下被保留在假设之中。然而,如果在绝对的量之间存在着某种关系——绝对的量不必是可度量的关系或一致的关系——那么对相对的量的度量还是可能的。在一个铁管的尺寸和一种特定的水压之间肯定不存在度量的一致性或可能性,但如果这二者是某个有一定输出功率的机械系统中的组成部分的话,那这种度量还是可能的,即:如果已知水压的变化条件,就可以从流出水的能量变化来推算系统中水管的直径。以同样的方式,商品和货币或许在一般意义上是不可相互度量的,但是,这二者都在人类生活中发挥着作用,在人类的目的性实践系统中扮演角色,并且其中之一在数量上的调整成为另一方变化的指针——这也就足够了。罗马人根据相对重量而非绝对重量来标记钱币的价值(除了一些有根有据的例外),这种行为与那种把每一货币量的意义归约为一个分数的原理是相关的,即使那个分数的绝对量(分母)及其部分(分子)还尚未被确定也无妨。因此,爱斯(as)①只代表一个由十二个部分组成的整体;它可以指称一个遗产,就像指称数量与重量,或是指称英镑以及一英镑的任何部分。我们曾假设在古代"爱斯"这个词代表具有一种明确而绝对重量的一块铜币,下述的事实,即只有度量的相对性进入意识并发挥实际作用,并不被我们的这个假设所影响。

---

① 古罗马货币和重量单位,1 爱斯等于 12 盎司。

有效货币的量

现在,我们必须更特殊地来处理货币总量这一概念的限定性。要想确定与待售商品相等的可用货币是不可能的,这并非因为在待售商品与可用货币之间存在着不可度量的差异。在这两者之间不存在或多或少的直接关系,因为在两者之间不存在像同质性对象之间的那种共同度量标准。商品的量不会与确定数量的货币发生关系,原因是:在道理上,货币的目的可以通过任意少量的货币量而达到。在不导致交易中断的前提下,货币的这种目的在实践中能够实现的范围可以从下面这个有文字记载的例子中得到说明。几个世纪以前,在俄罗斯存在着银币,但是这种银币却小到你不可能用手把它们从桌子上拾起来的程度;人们通常把银币从钱袋中倒出来,然后把该付的和余下的分开,大家都是用舌头把自己的那一份舔起来,然后再吐到钱袋里去。有人或许会说,只要货币还行使着它的功能,那么不管可用货币的绝对量是多少,都应该永远有足够的"货币"留存下来。所有的不同可以说都是这些货币(钞票或钱币什么的)量作为物质材料种类方面的不同;它们之作为货币量这一方面则不必受到影响。因此,在所有商品和所有货币之间的直接比较不会得出任何结论。在货币总量与商品总量(这里的"总量"是指作为表达价值的分数的分母)之间缺少相关性源于这样一个事实:货币总供应量较商品的总供应量要周转得更快。如果可能的话,没有人会留着大把的钱而不用,事实上通常也一向如此;但是,商人们却无法避免在货售出之前要先把它们储存一段时间。如果我们把非待售商品也算在内的话,周转速度的差别还要更大,这些非待售商品只有当有人求购的时候才成为偶然性的可售出之物。如果全部商品销售所需要的货币量是以实际支付这些商品的货币价格为基础来计算的话,那么,它将要大大超过实际的货币供应量。从这种观点来看,我们可以说:货币量要较商品量少,而且,在商品价格比例与所有商品和所有货币比例之间也是根本不相等的,而是要较此小许多。但是,我们可以有两种方式来补救我们的前述命题。首先,我们可以把正在实际销售过程中的商品量视为商品总量。用亚里士多德的说法就是:未售出的商品只是可能的商品,只有在售出的那一刻它才成为真正的商品。就像货币只有在它进行购买时,即行使其功能那一刻才是货币一样,商品只有在其被售出的时刻才是商品,在此之前,它只是一可能售出之物、一种观念中的参与物。从这种观点出发,就会得出一个显而易见和分析性的结论:货币的量与待售商品的量是相等的——当然,也包括那些由银行和信贷系统所提供的货币替代物。可以肯定地讲,暂时排除在销售过程之外的商品并非没有经济上的影响,如果商品总供应量或货币总供应量全部被投入流通领域中的话,经济生活将会发生巨大的变化。如果进行更细致的考察,在我看来,储备商品只有通过三个途径才能对实际的销售发生影响:货币的流通速度,货币原料及货币等价物的产量,以及货币的支出和储备关系。这些因素已经对实际的周转发生了影响;它们造成了商品和价格之间的经验性的关系,它们也不排除把商品的总量解释为特定时刻的实际销售商品量。

第二,这也可以被看作是下面这样一个事实的结果:同样数量的货币(因为货币不像商品一样被消费)可以进行无数次的交易;同时,当与商品的量进行比较的时候,货币的微不足道的数量将会从流通的速度那里得到增补。较高水平的金融活动清楚地表明了货币实体在价值交易中只起到了非常小的作用。1890年,法国银行的活期存款周转率是实际货币存款的135倍(即540亿比4亿法郎),而同时期在德国帝国银行的这个比率是190。在投入使用的货币总量——它决定着商品的货币价格——中,实际的货币量在与可用货币总量(作为货币流通的结果)的关系中可以忽略不计。因此,我们可以断定:在特定的时期而非某一单独的时刻,流通中的货币的总量与此一时期可售出商品的总量是相对应的。

同时,个体为更进一步的购买所作的开支及对价格的接受与其暂时性的用钱方式并无关系,而是与他在更长时期内的收入相关。在我们的比例式中,货币分数可以通过一个事实而与商品分数实现等量,这个事实就是：货币分数的分母不是作为实体的可用货币的量，而是一定时期内由货币流通所决定的可变动的量。从这种观点来看，在储备商品与相应于货币价值的商品之间的矛盾就可以得到解决了；同时，认为在某个自足的经济地域内，商品总量与货币总量之间不会有基本的比例失调这种看法也可以得到支持了。在关于某一特殊商品与其价格之间到底具有什么样的恰当关系问题上，还存在着异议；另外，如果某一特定规模的这种比例已经在心理上被建立起来，而另外一个不同的比例却由于客观变化的原因而更为合适的话，那么，浮动与失调就可能还会有进一步的发展；当交易量急速增长的时候，在交换中会出现暂时的短缺现象。尽管存在着上述这些诸多事实，我们的前述结论还是正确的。在一个特定的国家里，与商品价值相关的、由货币的短缺或过剩所导致的金属的进口和出口只不过是在一个更大经济区域内的调整，在这个更大的区域内，特定的国家只不过相当于一些省份而已；它们表明：当两个省份中的一个发生变化后，它们之间的正常关系就已经得到了恢复。在这种条件下，关于一个特定价格是否合适这个问题的答案，可以直接从前面的两个问题中得出：第一是，在当下时刻，到底什么是货币的数量以及待售物品的总量？第二是，在可售商品总量中，我们所考虑的那些物品形成了什么样的比例？这后一个问题是关键性的。商品分数与货币分数之间的对等，在数量上和客观上都可以是正确的，也可以是错误的；而在一般性商品与一般性货币之间的对等则只是一个权宜之计，并不能从逻辑上推出其为正确的结论来。在两个总量之间的关系可以说具有一种自明性的公理意义，它的正确无误并非与建立于其上的那些陈述相同；只有后者可以被证实，而自明性的公理却不能指涉任何对象，尽管它可以从这些对象中被逻辑地推导出来。这里我们建立起了一个非常重要的方法论，我将从一种完全不同的价值范畴来说明这一点。悲观主义的基本判断是：生活的苦难大大地超过了幸福，从全体或是平均水平来看，生命所体验到的痛苦远较快乐要多。几乎不可能假定快乐和痛苦可以被直接地平衡，和把它们当作两个性质上重要性均等的、带有截然对立的表征的东西而彼此抵销。在现实中这也是不可能的,因为不存在着一个共同的度量标准。当我们遭受痛苦时,我们不能体验到究竟要有多少快乐才能补偿我们的这些痛苦。那么我们又怎样来解释总是在进行这样的比较呢?在每天的日常事务中,在持续的命运中,在一个个体生命的总体中,我们又怎样来解释我们判断快乐已经超过了或是低于痛苦的量呢?只有在下述理由中才可以断定痛苦与快乐的比较关系:在不同程度的严格意义上,生活的经验教给我们,幸与不幸是怎样分配的,或是为了获得快乐到底要接受多少痛苦,以及,一个人应得的份额到底是多少等这些问题。只有当我们形成了诸如此类的观点之后——不管是多么无意识或是空洞无物——才可能说:在特别的情况下,为快乐所付的代价过于昂贵了,即与快乐相伴随的痛苦真是太多了;或者,在一个个体的生活中,痛苦远远超过了快乐。平均水平自身是不能"比例失调"的,因为它是我们决定在个体情况中的感受是否公平的标准。同样,也不可能说:按平均水平人们是高还是矮,因为正是平均水平提供了人们作出这一判断的标准。还有,说"时间"过得真快或是真慢也是一个误导,因为时间的流逝——即被经验事件的平均速率——正是度量的标尺,通过这个标尺我们来度量单个事件被经验的快与慢的时间流逝,而平均水平自身既不是"快"也不是"慢"。因此,悲观主义断定人类生活所拥有的痛苦要超过快乐的说法在方法论上是不成立的,同样的道理,乐观主义的判断也是不成立的。对快乐或痛苦(或,以不同的表达方式来说,痛苦与快乐对于个人或是一段时间来说的平均水平)的感受是一种原初现象,这种现象的组成成分是不能相比较的,因为这要求存在着一个独立于二者又能同样包含二者的度量方式。

  这已经足够概括我们在此所处理的知识类型的特征了。在我们所提到的领域内(以及其他的许多领域内),基本要素是不可比较的,因为它们有质的不同,也就不能被相互度量或是被第三者所度量。但这样一个事实——即同时存在着一定数量的某种因素和一定数量的另一种因素——为涉及两种要素的个别情况、事件和问题提供了一种度量。就此而论,在个别情况中,这些要素再现了在总体的量中所发生的比例,所以这些要素就有了一个"正确的",即正常的、平均的或典型的关系,而偏离这种比例就显得是某一要素的"失衡"(übergewicht)或"不成比例"。在其自身,在个别情况中的要素并不比总体更具有对或错、等量与不等量的关系存在;只有通过被作为绝对存在而建立起来的总量,它们才获得了这种关系,据此单个的或是相关的要素才可被计算。这个绝对的存在也不服从于比较的原则,比较的原则只对相对的东西才成其为可能。

销售对象与其货币价格之间的关系就可以归于这样的类型。在内容方面或许它们之间根本没有任何共同之处,特别是在质的方面或许根本不相同,以至于它们在量的方面也是不可比的;但是,因为每一件可售商品与货币总量一起构成了一个经济的完整体系,就像一个商品构成商品总量的一部分那样,如果一个商品的价格构成了有效货币总量的一部分,那么该价格就可以成为"合适的价格"。双方之成比例并不需要依赖于商品与特定量的货币之间存在相等的"价值"。货币的价格根本就不需要非得代表某一价值,或至少它不需要代表同样意义的某一价值;它只需要像一个商品构成所有商品价值中的一部分那样构成货币总量的一部分就行了。单个的经济交易活动说明了某一商品的货币价格是怎样依赖于它与商品总量价值之间的关系的。我们说:只有当我们获得了合算的替代物或等价物的时候,我们才愿意出钱(我们当然总是不情愿花钱的)。对这些钱的任何节省都被看作是一种积极的利润,当然只有在它们可以在另外的场合被消费的时候,它们才成其为利润。如果我的钱没什么别的用处,那我可能会毫不犹豫地把它们消耗在某一种需要的商品上。所谓合适的价格也就是:像一般的普通人那样,我还有足够剩余的钱去买我所需要的其他商品。我花钱买每一样东西时都得想到,我还有其他东西要买。如果在购买任何一件商品的时候他都以这样的方式来调节其花费,以便与他的整体收入成比例,那么这意味着:这种对单件物品的消费与其消费总量相关,就像单件物品的重要性与他所需要的和能够买到的所有物品相关一样。这种个体的私人经济学的模式显然不仅是对一般经济学的一种类比,它的一般性应用还决定了平均价格。持续不断的主体均衡活动影响着商品与价格之间的客观关系;这种关系不仅依赖于有效商品供应总量与货币总量之间的关系,而且(视各种各样的变化而定)它还依赖于个人需求总量与其收入中可用货币总量的关系。

货币有内在价值吗?

前面所进行的论证尚未触及货币实际是否具有价值这个问题,而只是意在表明货币度量价值的功能并未因此赋予其自身以价值物的特性。当然,仅仅是货币可能具有价值这一点就不仅为理解货币发展史开辟了道路,更重要的是,它也为理解货币的本质特性开通了道路。在经济活动的原始阶段,使用价值即被视为货币:牲畜、盐、奴隶、烟草和兽皮等等。不管货币以怎样的方式演化,在最初它一定是以这样一种价值形式出现的。我们可以用最有价值的东西来与印制的纸片进行交换,这只有当目的的链条是向前广泛延伸并可靠的情况下才是可能的,并且,它还要能为我们提供保证,使那种现在无价值的东西能帮我们很快兑换到我们想得到的其他价值才行。正是通过这种方式人们才可以实现一系列的逻辑推导,通过不可能与矛盾的阶段达到一个有效和有束缚力的结局,但这一思维过程也只有在确保其方向性和正确性的前提下才有可能。原始的、仍然摇摆不定的思维方式将很快地在中间阶段迷失方向;因此,只有在每一步都具体而明确无误时这种思维才能发挥其功能,代价则是在思维的变通性和目标的范围上大打折扣。类似地,价值借助无价值物而延伸极大地增加了这些价值的范围和可用性,但其成为可能的前提是社会群体不断地组织化以及个体智力水平的提高。没有人会愚蠢到用一个有价值的东西去交换一个无价值的东西,除非他有把握能把那个无价值的东西再换成有价值的东西。交换首先总是不可避免地以物物交换的形式进行,也就是在直接价值之间进行交换。有人这样假定：某些物品是广为需要的，因此，它们被频繁地交换和流通，它们与其他物品相关的价值也因而被频繁地度量，这些物品从心理上来讲就最适宜作价值的普遍度量标准。我们先前所做的比较的结论是：这样的货币并不一定非得具有价值；但是在这里，从这种直接地比较来看，我们会发现最为需要和最有价值的物品最易成为货币。我并非从生理学的意义上来说"最为需要"。例如，对装饰品的需求也会成为最重要的"必需品"。实际上也是如此，据说，对于原始人来说，身体的装饰以及所需要的装饰品要比我们所认为的急需物品更具价值。对于我们来说，物品的必需性只是我们对自己赋予它们的情绪性所作的一种强调，而其本身则没什么两样或就是"中性的"，这依我们的目的而定。所以，我们并不能从理论上计算出什么是最急需的价值，以及什么是适合于行使货币功能的物品。在我看来，唯一必不可少的假设是：与其他各种各样的物品比较起来，有一些物品由于被看作是必需品，所以表现出特别频繁的交换频率，货币的特点最初就系于这些物品之上。只有在货币的物质实体被看作是具有直接当下的价值的时候，它才会发展成为一种交换的手段或是价值的度量手段。

现在，相比较而言，货币之所以有价值不再是因其实体被视为是必需品，即一种不可或缺的价值。今天，没有一个欧洲人会因为一个钱币能够换来一粒珠宝而把这个钱币看作是有价值的。如今的货币价值不能追溯至其金属价值，因为现在可以搞到的贵重金属实在是太多了，以至于要想从中获利，就只能把它们用来打造首饰和用于技术的目的。从关于作为金属的货币的价值理论来推论，这一过程最终的结果只能是：由贵重金属所制造的物品将会多至无数，以至于它们的价值最后竟变得极其微小。货币具有被转换成其他物品的可能性，由此而有可能对货币进行价值衡量，但这种衡量的可能程度却是有限的，即这种衡量必须是已经发生了或是只在非常小的规模上发生。在这种发展的最初，即当只存在有限的贵重金属来源的时候，货币的价值可能是由其用在装饰方面的功能所决定，但当金属的产量增加以后这种情况就消失了。下面这个事实也可进一步支持我们的说法:尽管原始人把一种自我装饰品的特别款式看作是绝对必需的,但紧接着的对价值大小的评估实际上又把这种兴趣视为"可有可无的"或是"多余的"。在现代文化中,装饰品根本就不会像我们在人种学或中世纪文献中所发现的有趣情况那样,在社会中扮演如此重要的角色。这一事实也必然削弱以物质为制造基础的货币的意义。或许可以说:货币的价值逐渐地从 terminus a quo(起点)变成了 terminus ad quem(终点);同时,由于从心理上对金属价值的一视同仁,金属币同纸币便都立足于同样的基础之上了。如果把纸币仅仅视为金属的一种汇票(Anweisung),由此把纸币的无价值性看作是无关紧要的,那就大错特错了。这将遭到这样的事实的驳斥,即无担保的纸币仍然是有价值的货币。即便有人指出,单靠政治力量就可决定当时的纸币兑换率,这也恰好意味着:除了直接物质性用途之外的其他原因可以或实际上已经把货币价值赋予了一种特殊的物质。金属货币不断为纸币所代替以及各种形式的信贷,都不可避免地对货币的特性起作用,就好比在人际关系中,如果某人允许自己经常被他人所代表的话,那么,最后他所能得到的尊敬就不会多于他的代表所得到的。货币行使功能的范围越大、方式越多,以及流通的速度越快,货币的价值功能也就可能越会超出它作为物质实体所具有的价值。现代商业越来越趋向于淘汰作为价值的物质体现者的货币,这一趋向是不可避免的,因为即使贵重金属的产量增长到了最大的限度,它也仍然不适于让所有交易都成为现金交易。票据交换业务(Giroverkehr)和国际汇票往来只是这种趋势中较为突出的例子,我们将会在本章的最后一部分讨论它们的早期特征。

一般来说,经济概念越是不发达,度量就越是涉及所比较价值之间直接的、物理上的关系。根据我们先前的解释,在一件商品和一定货币量之间的对等构成了两个分数之间的对等——在这两个分数中,个别商品和一定的货币量是分子,而所有商品的总量和所有货币的总量则是分母。这一点很明显是普遍有效的,因为只有这个阐释把一个特别的对象转换成了货币。然而,因为货币的进化发展过程实际是很缓慢的,所以在更原始的模式中我们也可发现上述对等方式,即对交换对象进行直接比较。新不列颠岛(Island of New Britain)①的一个个案研究报告或许可以说明这种最原始阶段的情况。那里的土著使用一种串在一起的贝壳来作为货币,他们称之为"德瓦拉"(Dewarra)。这种货币在买东西时是根据长度进行度量的(如,一臂长,等等);如果是买鱼,那么一般就要付给和鱼的长度相等的德瓦拉。从贝壳货币使用区来的研究报告还声称,在那里还流行另一种购买模式,即两件具有相同长度的商品被看作是等值的;因此,一定度量的谷物就值相等度量的贝壳。商品和价格之间的直接对等在这里获得了最彻底、最简练的表达。在没有几何一致性的价值之间进行的比较代表着一种更高的心智发展阶段。关于这种处于萌芽阶段、从表面现象上的等量来进行的价值对等的方式,帕克②曾在对18世纪西非部落的研究报告中论及。在那里,铁棒作为货币流通,并且用来表示其他商品的量;因此,一定量的烟草或是甜酒经常被称为一"铁棒的烟叶"或是一"铁棒的甜酒"。在这种情况下,视价值等量为数量等量的倾向被转换为语言的表达;这种倾向显然是在形成原始价值时的一种强有力的、来自感官印象的因素。另外有一些在表面上很不相同的现象也同样可归结为这种一般性的态度。现在保留的来自第聂伯河流域的奥尔比亚(米利都③的殖民地)的古老铜币上刻有鱼(可能是金枪鱼)的形象,还有鱼篓的形象。据猜测,这些以捕鱼为生的部落最初是以金枪鱼为标准进行交换的,当钱币被引入的时候(可能是因为要与邻近的较不发达的部落进行交换),他们认为有必要在每一枚钱币上都刻上一条金枪鱼代表一条金枪鱼的价值;这样,便以与实物同样的形式使钱币的可交换性和等量价值符号

---

① 位于巴布亚新几内亚。

② Mungo Park(1771—1806):苏格兰探险家,曾先后两次勘查非洲尼日尔河道,以《非洲内地旅行》(*Travels in the Interior Districts in Africa*,1797)一书闻名。

③ Miletus:古希腊在小亚细亚的殖民地,位于安纳托利亚以西,曾经是希腊东部的最大城市。

化。其他一些地方,并没有把类似的视觉形象关联强调到如此地步,即没有把代表物物交换时期最基本交换单位的物品图像(一条公牛、一条鱼或是一把斧头等)及其价值刻在钱币上。同样的情况也在阿维斯陀古经①中出现,书中规定:一个医生如果是医好了一个房主的病,那么他应收的诊费是一个次等的牛;如果他医好的是一个村长的病,诊费则是一头一般的牛;医好镇长诊费是一头上好的牛;若他医好的是省长的病,那就要收一架四匹马车的价值作诊费了。另外,若医生医好的是村长妻子的病,那么诊费是一头母驴,医好贵族妻子的诊费是一匹母马,医好省长太太的病,诊费是一头雌骆驼。在病人性别与等价物性别之间的这种一致性说明了把价值对等建立在直接外部对等性上的倾向。还有一个同样的事实是:货币在最初都是由一些大的和重的物品所组成,如兽皮、牲畜、铜或青铜等,或者是由一些较大数量的东西组成,如以贝壳为货币的例子。我们现在已知最早的纸币来自 14 世纪末的中国,足有 18 英寸长、9 英寸宽。农民们常说:"越有钱就越有钱"(Viel hilft viel),这仍然是一个非常有影响的、反映了自然情绪的说法,只有在有了更精密的、反思的经验主义之后,这种说法才被证明是错误的。外形最大的钱币,即使是由贵重金属所制成的钱币,无一例外发现于较不发达地区,在那里物物交换仍然非常流行。最大的金币有安南地区的路尔(lool),相当于 880 个马克,日本的御暮②,相当于 220 个马克,以及阿散蒂地区③的班塔(benta);安南还有一种相当于 60 马克的银币。类似的重视数量的情况也反映在把铸造最大钱币的特权只赋予最高权力的现象上,而较小的钱币,尽管都是由同样的金属所制,则由较低的权力机关来铸造。波斯皇帝铸造最大的钱币,波斯地方总督则铸造小的金币,其价值不足皇帝所铸钱币的四分之一。这种重视数量的特点不仅是金属货币的早期形式,也是货币前身的一种。公元 1 世

---

① Zend‐Avesta:波斯琐罗亚斯德教圣书。

② 原文为 Obang,也写作 oban,一种日本古代金币,零星地发行和流通于室町(1333—1568)至江户(1600—1868)时期,通常用于馈赠、奖赏、献礼等特殊用途。

③ Ashanti:加纳一地区,曾是一王国。

纪居住在萨勒河和易北河①之间的斯拉夫人是一支非常原始的部族，他们以亚麻布作货币使用；一块布的交换价值相当于 100 只鸡或是足够 10 个男子吃一个月的谷子。即使是在更高级一些的货币体系中，我们也应该注意到货币的概念是怎样越来越不被金属价值所决定的。中世纪的古尔登②是值一个达尔特③的金币,在今天它只值 100 个铜十字币；最早的格罗森④是一种很厚的(grossus)银币；最早的马克相当于一磅重的白银，而一英镑则相当于 70 马克。在原始的物物交换条件下，货币交易的产生不是为了日常生活的目的，而只是为了得到更大和更多价值的物品。在那些原始文化中有对对称性的要求，它也制约了货币交换活动，较大的货币被用来购买较大体积的物品。只有在文化发展的较高级阶段，才可以允许在数量上的相当不一致性与能力、意义和价值的一致性相对应。如果实际生活是建立在对物体的对等上，那么人们就会首先要求有一种直接的对等性，就像原始货币的大小与交换的实物之间的关系所说明的那样。同样的，后来出现的抽象性就可以承认一小块金属可以与任何大小的物品相对等，这就接近了这样一种目标：对等的一方本身已经不再行使价值的功能，而只是对另一方价值的一种抽象表达。货币的度量功能很松散地与物质内容联系在一起，所以，在现代经济的一切变化里面，货币自身是最少变化的。

货币之纯粹符号特征的发展

人类的最大进步之一是在旧世界的形态之外发现了新世界，这种发现就是要在两种数量之间建立一个新的比例关系；不是通过直接的比较，而是在这样一个事实上说它们可以比较，即，如果两个量中的任

---

① 易北河(Elbe)是欧洲最主要的河流之一，发源于捷克境内，流经德国，入北海。萨勒河(Saale)是易北河的一条支流，发端于德国南部的费希特尔山脉，向北和西北流经霍夫、萨尔费尔德、鲁道尔施塔德等地区，最后汇入易北河。
② Gulden：旧时德国、奥地利金银币名。
③ Dukaten：旧时在欧洲许多国家里使用的一种货币名。
④ Groschen：奥地利最小的货币单位，等于百分之一的一奥地利先令。

何一个都与第三个量相关,那么在这两个相关的关系中,它们或者是相等或者是不相等。我们不可能比较两种完全不同性质的行为表现,但如果它们在所要求付出的努力上面都表现出相同的意志力和自我牺牲精神,那么二者就可以进行比较了。两种不同的命运会展示出程度极为不同的幸福,但只要两种命运中的每一个都根据命运的主角承受命运的程度来衡量,那它们也是可以比较的。两种速度非常不同的运动也可以发生关联,只要我们观察到运动的初始加速度相等就行。在两种实质不同的因素之间是可以发现同质性的(不仅仅是相对于我们的感觉),条件是这两种因素与第三种因素或第四种因素具有同等的相关关系。这样,一种因素对于另一种因素就是可计算的了。更进一步,不管两个人在外表特征上表现得怎样不可比较,他们之间的相互关系可以建立起一种对等性;只要其中一个对于某一第三者与另一个人对于某一第四者表现出同样的恨或爱、主宰或是服从,在他们的关系中就已建立起了某种对人格特性的可分析性。最后一个例子是:不同种类的艺术作品不能比较,其价值也不能在某一标准上排下去,除非它们中的每一个首先与其所属艺术品种类的特殊理念有确定的关系。从这一问题出发,每一件艺术品的风格和材料中会发展出一种规范,实际的艺术品会越来越靠近这种规范,正是这种关系使得最不相同的艺术品也可以进行比较。从当初极不相同的个别艺术品中,这些关系与某种规范所具有的可能的一致性,会造就出一个美学的宇宙、一种精确的秩序和一个价值关系上的理想化的同质性来。这不仅仅只适用于艺术世界。从我们互不关联的评价素材中可以发展出一种意义等级模式。只有在我们要求一种连续一致的秩序和诸价值的一种内在关系时,才会体验到不和谐。我们把我们世界观的这种本质特征归结为我们平衡事物的能力——不仅仅是在两个事物之间,也是在这两个与那两个之间,并通过对它们之间的相等或相似性的判断而把它们统一起来。作为我们这种精神上最基本的能力与形式的产品,货币不仅是一个极端的例子,而且似乎也是其纯粹的具体化。在某一特别量与某一总量之间存在着一定的关系,在相应数量的商品与可交换商品总量之间也存在着一定的关系,货币只有通过这二者之间的对等才能表达出物与物实现于交换中的价值关系。并不是说货币在本性上是这么一种有价值之物:它的组成部分之间或与其整体之间碰巧就存在着其他价值之间相同的比例关系。货币的意义只是用来表达其他物品之间的价值关系。之所以能成功地做到这一点,完全是通过人的智力的发展,是人的智力水平使得那些本不具一致性或相似性的对象之间有了对等关系。这种能力是逐渐进化而来的,即脱胎于那种较原始的、直接判断和表达两物一致性和相似性的能力,我们前面所提到的在货币与交换价值之间建立直接关系的企图是这种能力的最初根源。

在现代经济中,这种转换起始于重商主义体系(Merkantilsystem)。政府的所作所为就是要在国家中得到尽可能多的钱币,其行为原则就是"多财善贾"(Viel hilft viel),但他们增加这些措施的最终的目的还是要刺激工业与市场的发展。超越此阶段的再下一阶段就是发现了支持这一目标的价值并非来自物质性的货币,而是来自直接的劳动产品。早期的国家政策都极为相似,就是要尽可能多地得到土地,并尽可能多地在土地上面发展人口数量。直到18世纪,没有任何政客想到,除了扩展领土之外还有其他什么强国之道。但是,在特殊历史条件下对这种目标的正确判断并没有妨碍人们发现一个事实:这种形式的富足只有在作为动态发展基础的前提下才是重要的,而事实上这样的发展对上述收益(货币和土地)的需要是有限的。现在已经明朗:对于财富和产品的增加来说,即使对确定的功能性目的的追求已经超过了对大量货币本身的追求,货币等价物在物质上的可用性也已经越来越不是本质性的了。如同国际贸易所表明的那样,这些功能性的目的可以通过不涉及物质形式的货币的独立过程而实现。根据我们先前所作的讨论,在与任何内在价值的关系中,作为表达商品相对价值的货币的意义是相当独立的。这就好像度量空间大小的仪器跟它是由铁、木或是玻璃做的没有什么关系一样,因为只有其各部分之间的关系或是各部分与另一度量标准之间的关系才是我们关心的,所以用来确定价值的货币的度量与其物质性之间没有任何关系。这种作为标准和商品价值表达的理想化的货币意义完全保持不变,变化了的或仍然在某种程度上变化着的是货币作为中介和储藏、转移手段的特性。货币从它最早所具有的直接性及物质性的形式最终演变成为一种理想化的形式,即现在它只行使其体现在某种符号性表达形式之中的作为一种理念的有效功能。

货币的发展似乎是一种深刻的文化趋势中的一种要素。文化发展的不同阶段可以这样予以区分,一方面在什么程度上以及在哪一点上这些阶段与那些关乎其身的对象有一种直接的关系,另一方面这些阶段在什么程度上使用符号。根据下述的这些区别,可以发现生活方式有着天壤之别:宗教需求的满足是通过象征性的仪式和规则,还是以个体直接通向上帝的方式;人们表现彼此的尊敬是通过已建立的规范(这些规范通过特殊的仪式表明了相对而言的身份),还是通过非正式的礼貌、友谊和尊敬;购买、协议和契约的履行仅仅是通过使其内容被知晓,还是通过严肃约定的外在符号使之法律化和受到约束;理论知识是直接处理感性的现实,还是通过一般性的概念或形而上学和神话学的符号而处理感性现实的载体。当然,这些区别也非绝对严格的,而毋宁说人类历史显示了在这些区别之间的一种持续的波动。一方面,现实的符号表征在日益增加,而同时在另一方面,作为一种相反的趋势,符号也日益被解析和归约到其本源基础上去。我举一个在这方面比较奇特的例子。性器一直被隐藏在礼节和羞耻感背后,而用来指称它们的词语本身却被毫不犹豫地使用着。只有在最近的几个世纪,这些词语才又受到了同样的禁忌。符号因此与对现实的情绪态度之间达成了一致。但是在新近的时代,这种联系又一次被消解了。艺术中的自然主义让我们又看到了这种区分的消失和感受的自由;如果同样的感觉被附着在那些词语上面,那么它们只是一些被用于艺术目的的符号,就像被用于性本身一样。下流的表征与下流的展示根本就不是一回事;对现实的知觉则必须与艺术(包括自然主义)存在于其中的符号性的世界区分开来。或许在这种环境里,有教养的人们中间会有更大的自由来谈论敏感的话题。只要先假定了客观和贞洁的前提,那些被正式禁止了的事现在就是允许的;羞耻的感觉越发被限制在事情本身上面,而不影响到仅仅作为符号的语词的使用。因此,现实与符号之间关系的波动既表现在更一般的领域内,也表现在更狭窄的范围内。人们几乎倾向于认定这么一种一般性的存在(尽管它是不能被展示出来的):在文化的每一阶段(最后是每一民族、每一群体和每一个人)中,在对待其各种兴趣的符号方式和直接现实方式之间,都展示出一种特别的比例关系;要么就是另一种结果,这种比例关系在总体上保持稳定,只有受到其影响的对象才会变化。但或许应该特别指出:一种符号象征体系的大肆流行,既是文化发展的原始朴素阶段的一部分,也是文化发展较高和较复杂阶段的一部分。可能正是渐进的发展使我们从认识领域的符号中解放出来,但也使我们在实践事务中更加依赖于它们。与神话世界观中那种蒙昧模糊的体系相比,现代哲学对对象的阐释显出一种不可比拟的直接性。另一方面,生活经验那种深远广阔的多样性造成了一种后果:与更简单、更有限的条件下的情况相比,我们现在必须在更大程度上以符号形式来包融、凝缩和表现生活经验。在文化的较低阶段,符号体系经常意味着绕远和浪费精力;而在文化的较高阶段,它则更多意味着合算和节省精力。在这里人们或许会想到如同党派政治领域一样的国际领域的外交技术。的确,正是实际的权力等级之间的关系决定了利益斗争的结果,但这已经不是以相互之间直接的身体争斗来衡量的了,而只是一种概念式的表达。在每一个集体权力的代表背后,以凝缩的潜藏的形式站立着他所在政党的实际权力,恰恰是在与这种权力相称的关系中,他的声音才是有实效的,他的兴趣才能够占上风。他自身乃是这种权力的一个符号。在不同权力集团的代表之间的智力交换使可能实际发生的战斗过程被符号化,以这种方式,被击败者就像他在实际过程中真的被击败一样接受了最后的败局。例如,我在此处想到了发生在雇主和雇工之间为了避免一场即将来临的罢工所进行的谈判。每一方都根据罢工实际发生时将会发生的影响来估量自己一方的力量变化,以此来相互让步。通过想象的发挥来预测实际的后果,就避免了诉诸实际的 ultima rationis(最后手段)。如果这样对真实力量的象征和度量总是能被想象准确地实现,那么,每一场战争都是可以避免的。一种乌托邦式的建议是在将军们之间进行一场象棋比赛来决定未来战争的结局,这当然显得有些荒谬,因为象棋比赛的结果并不会说明军队之间战斗的实际结果到底会怎样,所以也就不能以有效的方式来符号化或象征真实的战争。然而,假如这么一场游戏真的可以被设计出来的话,那么,这种战争游戏——在其中可以使整个军事力量、所有偶然发生的事件和所有军事首领的智力找到一种合适的、符号的表达方式——就可能避免肉体的格杀。

在现代生活中运作着的各因素的多样性(如力量、物质和事件的多样性等)要求在综合的符号中有一种凝缩,这可以保证在使用这些符号时所引出的结果与所有具体细节都被考虑在内之后的结果一样,因此这个结果也就可以被用在所有特殊的具体例子中。如果事物之间的数量关系是相互独立的,那么这就是可能的。我们所使用的表征符号的日益分化产生了一种后果:"多少"的问题(在一定程度上)与"什么"的问题在心理上分道扬镳了——不管这有多么奇怪,从逻辑上看却可能是合理的。这种现象首先也是最成功地发生在数字的建构中,即通过把"多少多少"从"这么多东西"中抽取出来并使之成为一个独立的概念而实现。在有关质的内容上,这个概念越是稳定,人们的注意力也就越是被集中到它们的数量关系上。最后,知识的理想被看作是把现实所具有的一切质的范畴都消解到纯粹量的关系中去。这种对量的特殊化和强调使得以符号化方式来处理事物变得更加容易,因为那些在内容上不同的东西可能会在量上一致,它们其中某一个的关系、特征和运动都可能为另一个提供有效的表征。最简单的例子就是表征任何物品数量价值的纸钞,或者是显示冷热程度的温度计。在今天,符号应该从事物量的积累中而得出这一想法似乎已经显而易见;实际上,这是人类精神所取得的一项成就,并将会产生惊人的后果。货币的创制依赖于此,因为货币是以数的形式来表征纯粹的量,而不管被衡量价值的对象所有特殊的质如何。古代俄罗斯的一个事例说明了从质到量的符号表征上一个颇具特点的转换。在古代俄罗斯,最初是以貂皮作为交换手段。当贸易进一步发展之后,单张兽皮的大小和质量对于交换价值来说丧失了意义;每一张兽皮都与其他兽皮别无二致,只有兽皮的数量才是重要的。再往后只有兽皮的一角被用来作为货币,到最后就只有小片皮革被用作流通的货币了,或许再在这些小片皮革上盖上政府的印章。这清楚地说明了归约为量的说法是怎样支持价值符号化进程的,这是货币功能真正得以实现的基础。

然而,尽管由于理想的货币与特殊价值之间没有关系,只是一视同仁与所有价值都具有同等的关系,因而特别适于被人们所接受,但是在一开始这种理想的货币似乎并不能满足更高经济活动的需求。贝壳货币在非洲的大部分地区都已被使用有上千年之久了,在早期的印度洋地区及史前的欧洲地区也都有使用,如果不是因为贝壳货币这种纯粹的理想性,它的广泛传播是不可能的。在较低级的经济发展阶段,极端不同的货币价值形式是共存的。一方面,存在着价值形式绝对很具体的货币,如牲畜和棉布等,它们在已经出现大量货币的情况下仍然流通着;另一方面,也存在着理想的货币,如贝壳,还有马可波罗在中国发现的桑树皮,或是流通在暹罗①的印有汉字的磁片等等。在具有具体价值的货币类型之上发展某种特定的功能,这一过程始于那些自然产品(同时也是出口产品)成为交换手段的地方:弗吉尼亚的烟草、卡罗林那的稻米、纽芬兰的鳕鱼、中国的茶叶和马萨诸塞的皮毛等等。在出口产品的情况中,价值在心理意义上被与在国内使用货币的直接性分离开来。但是,在抽象货币(如我们前面所提到的)和那些具有内在价值的货币之间,最有用的中间物仍然是首饰类货币,也就是黄金或白银;这既不像抽象货币那样离奇和不可感知,也不像实物货币那样粗糙和独特。金银很显然有可能最容易、最确定地成为符号的形式。货币必须通过这种具体化以取得其最大的效用,在可预见的将来要想脱离这种具体的过程似乎还是不可能的。

与素朴心灵状态所具有的素朴符号体系相对比,抽象符号可以被

---

① 泰国旧称。

称作是第二级符号(sekundäre Symbole)。当第二级符号在实际生活中日益替代了实体性的事物和价值的时候,指导我们生活的理智能力的重要性也就被提高了。只要生活不再游移于某些特定感觉印象之间,而是受制于抽象的、一般的和概要式的观点,那么,一种更快捷和更准确的抽象过程就会发挥优势,特别是在人类关系领域内尤其如此。如果说,在今天的公共秩序中,仅仅有一个官员露面就能够解决问题的话,那么,在过去的时代里,同样的问题就需要靠体力来决定;如果说在今天仅仅靠签字就能从内在方面和外在方面同时无条件地约束我们的话,如果说在今天仅仅一个暗示或是一个面部表情就足以使文明人保持一种持久的关系的话,那么,在欠发达条件下,这一切却只能通过冗长的解释或长期的行为才可以做到。如果说献祭活动在我们现代人这里只通过书写的程序就可以实现的话,那么,同样的事情在蒙昧人那里却必须要通过真正起作用、可见的要素才行。所以,符号化事物与行动的意义只有作为一种理智能力的极度提高以及独立的心灵力量的存在造成的结果,才明显是可能的,以至现象中的特别细节已经不值需要注意了。

我提出这些观察的目的,就是要澄清在上述的这种文化发展趋势中货币的角色问题。经济化力量与物质影响日增的原则导致越来越广泛的以符号与象征表征的经验,这些符号与象征实际上与其所表征的内容并无关系。价值操作日益通过符号来实现,这些符号越来越失掉了与其所在领域中的特别现象之间的物质关系,从而成为单纯的符号,我们对符号与象征经验的日益拓展过程也同样随之发生。这种生活形式不仅预示了精神过程的一种令人瞩目的扩张(例如,我们只要想一想用现金存储来代替钞票需要怎样一种复杂的心理先决条件),而且也预示了文化在朝向理智性(Intellektualität)发展过程中所表现出来的对精神过程的强化和根本的方向的重新调整。生活在本质上是建基于理智能力之上的,而理智能力在实际生活中是作为我们的精神力量中最有价值的东西被接受下来的,这二者表现的观念与货币经济的增长是携手并行的,正如我们进一步的讨论所明白地展示的那样。理智能力和抽象思维的发展是我们这个时代的特征,在这个时代里,货币越来越变成一种纯粹的符号,就其内在价值而言变得越来越中性。

第二节

对货币质料之非货币性使用性的放弃

我们必须要记住:到现在为止,我们只确证了一种发展趋势,这种趋势发端于货币内在价值与所有其他价值互相协调一致之时。因此,我们还必须对另外的一些概念进行否证,那些概念显然与我们关于货币无内在价值的说法相一致,即:它们强调了货币与其他所有价值之间的不同,并由此而企图证明货币不可能与它们是同一类价值。因为这种情况极为常见,所以它只是以一种僵化和预期的方式确证了那种只能以无限接近的方式而确证的东西。在反驳货币内在价值论这一教条的时候,我们也不应该同时成为货币无价值论的牺牲者——下面这种说法可能会导致这一错误。一般的看法是:即使是最有用的东西,它也必须放弃它的有用性以便行使货币的功用。举例来说,在阿比西尼亚[①],人们专门把盐坨砸成小块当作钱币使用,这时候这些盐坨就是钱币而不是别的什么东西,因为它们根本不是被当作盐来使用的。在索马里海岸地区,蓝色的棉布片被当作货币使用和流通,每一块布片大约有十二厄尔[②]长。这是一个值得注意的过程,在这个过程中被当作货币使用的布片只是被随便地剪切和组合;但是这一过程却表明了一种放弃把布作为布来使用的趋势。只要黄金和白银仍然被当作货币使用和流通,它们就不可能被用于技术和装饰的目的,其他种类的货币也有

---

① Abysssinia:东非国家埃塞俄比亚的旧称。
② Ell:英国旧时量布的长度单位,1 厄尔等于 45 英寸。

同样的境遇。一旦当作货币来使用,货币质料的各种用途就都必须放弃。而一旦这些货币质料恢复其实用和装饰作用时,它们就必须撤出流通领域不再是货币了。根据用途大小,可能所有其他物品都可以进行比较和交换以便来获得其特殊价值,但是货币却完全与此无涉。理由是:一旦货币被以它要购买的物品的价值在同样方式上使用,它就停止行使其货币功能。它们可以很容易地以钱币而非其他的方式来被储存,这一点应归功于用它来作货币质料的贵重金属所独具的那种适合性。但是,在任何时候,它们都可以随时成为货币或首饰,即可以随时行使货币的功能或是使用价值功能。这样一来,货币似乎又与其他的价值范畴极为相似。如果我买了一米长的木头来作燃料,那我只是根据它能够产生热量来衡量其质料的价值,而不是根据这块木头其他可能的用途来衡量。但是在现实中,情况会很不同。如果有人声称货币的价值是由货币质料的价值所决定的,这就意味着它的价值是由这个质料的质或力量所体现的,而不是由货币的质或力量所体现的。这种明显的矛盾表明:货币的价值不一定非要建立在有内在价值(即有其他方面的价值)的质料之上。如果行使货币功能的能力被转移到了其他任何质料上去,我们可以有把握地说,这种货币质料的其他的特质也就变得无关紧要了。结论还是一样:对于货币必须具有内在价值那种理论来说,对支持这一理论的所有价值功能的放弃证实了我们的结论——货币只能是货币而不能是任何其他别的什么。

问题的要点是关于事物的一个非常重要的现象:对于一件东西,它可以具有数个功能,但是却只有其中一个与其他所有功能都相排斥的功能才可以发挥出来,以及,这个发挥出来的功能是否因其他功能的隐退而在其意义和价值上都有所修正。为了理解不同可能性的共存,我们或许可以首先指出那些不同的功能是如何影响那个最后剩下的功能的。假如在世界的道德秩序中,与一个从未犯过错误的义人相比,一个悔过了的罪人被给予了更高的地位,那么,这种对罪人道德优越性的评价并不是来自当下的情境——因为根据我们的假设,当下情境中的道德内容与义人所处的情景完全相同——而是来自先前的情境,在那种情境中，道德行为是不同的，也来自先前的道德情境已经不存在了这样一个事实。另外，如果存在着对我们行为的阻碍和外在的强力限制，那么当自由和自我决定恢复后，我们就会觉得自己的行为是得体和有价值的；这种感觉不是来自行为的内容或它的成功，而是来自这样的事实——造成我们依赖性的情况已经被排除了。相比较而言，同样的行为如果处于独立的、一直未被打断过的情况中，就不会有这么大的吸引力，而仅仅是简单地从已经过去的先前生活向现在生活的过渡。这种由非存在者（Nichtseiende）对存在者（Seiende）的影响，也在抒情艺术或音乐艺术中的直接情绪生活中显示出来，虽然在某种程度上略有不同或是更明显些。因为，尽管抒情和音乐是建立在内在情绪之上的，但它们作为艺术的特点要求这些情绪的直接性应该被克服掉。尽管情绪的原材料与其冲动性、情绪的个人局限、情绪不稳定的偶然因素都是一件艺术品的先决条件，艺术的纯粹性还是要求一种距离的存在，一种情绪的释放。艺术的根本意义在于，对于艺术家以及对于艺术的欣赏者，艺术使我们超越了艺术与我们自己的关系的直接性以及艺术与世界关系的直接性。艺术的价值依赖于我们对此种直接性的克服，以至于艺术就仿佛根本不存在着这种直接性一样地发挥着作用。如果能够肯定地说，艺术品的魅力毕竟是依赖于与原始情绪的共鸣，正是这种原始情绪从根本上激动了我们的灵魂，那么，我们也得承认，艺术的特别之处不在于情绪的美学形式和直接性，而在于当直接性隐退之后艺术品所获得的新面目。

最后，让我们来考虑一个最具决定性和最一般性的例子，由于这个例子的情况根植于我们最基本的评价经验中，所以它很少被人们考虑到。对于我来说，人们所享受到的绝大多数人生经验好像都得益于这样一个事实：为了所享受到的经验本身，我们总是留下很多可享受的机会不去利用，也留下很多其他可以展示我们自己的机会不去利用。一种帝王式的奢侈或是一种高傲尊贵的生活方式，是藉由人们彼此的目中无人或是不冷不热的态度表现出来的，也是通过我们对许多可以相互给予更多帮助的人们的漠然视之表现出来的。但正是从这种不愉快的评价经验中我们获得了一种新的、升级了的和更凝聚的快乐。这种在许多可能性中仅取其一的经验事实赋予它一种胜利者的感受;生活中没有尝试过和被漠视的丰富性像一种背景衬托效果,使经验的主角成了带领侍从的主人。再进一步地说,给予别人的一切是因为有所保留才具有价值,或者说是因为有些东西别人永远也不可能得到才有价值。一种热诚的赞助,特别是当针对相对较低地位的人来说,如果做得太过分了,或是毫无保留,就会失去价值。最重要的是:对于接受者来说,即使你把你的全部所有都给了他,他还是会觉得你仍然有所保留。最后可以说的是:我们自己的行为和劳作中也有同样的情况。突然和强迫的要求往往会使我们发现完成任务所具有的特殊的能力和能量,而在此之前这些能力和能量好像根本不可能似的;如果不是偶然地发生紧急情况,我们的这种特殊能力和能量将会一直潜伏在我们体内而不表露出来。这说明,除了我们通常在使用着的能力和力量之外,我们每个人的体内都沉睡着无名的潜力;所以,或许每个人都可能成为与现在不同的人。生活只成就这无数可能性中极小的一部分;因此,那些实现者乃是众星捧月的结果,还有许多形式的功能没有施展机会而不得不为他人作嫁衣裳,我们越是理解了这一点,这种道理的意义也就越发明显。由于有这么多可能的成就不得不为了一个特殊者的发展而牺牲自己,那么也就是说,这个特殊者应该是更宽范围内的生命能量中的一个精华。通过否定这些其他能量的生长,而使它脱颖而出,获得了一种特殊的意义,一种与众不同、凝聚的力量,这使它能够成为我们人格的中心和代表,使它能够超越它所在的那一领域。

　　货币或许可以属于这种价值构成的一般类型。我们可以肯定:为了成为货币,货币质料的其他价值必须被抛弃掉;但是,货币所具有的价值以及使货币功能形式成为可能的,或许正是货币那已经被遗忘了的其他那些可能的用途。正如在我们刚才所讨论的那种情况,得到发展并显露出来的功能既是由其积极内容来决定的,也是由对其他所有功能的排除来决定的。这里,发挥作用的不是那有为者,而恰恰是那无为者。如果说,任何事物的价值都是由他者的牺牲来决定的,那么对于货币质料来说,它的价值正是因其放弃了其他用途才使其最终成为货币。当然,这种评价方式也是双向的;即,如果货币作为货币的用途被放弃掉的话,用于其他目的的货币质料价值也将会得到提高。在北美洲,印第安人所使用的贝壳念珠由一些贝壳串成,它们可以被用来作货币使用,但也可以被用作装饰品佩带。这些功能显然都是相互关联的;作为首饰的贝壳角色已经获得了一种独特性,因为:它们不得直接被用来作货币使用。这种价值的整体形态可能会被看作是物以稀为贵的一个例子。这通常意味着一种被更多人或更大数量的需求之物是供不应求的。如果一件物品可以满足数种不同的需要——不管这些需要是发生在一个人还是多个人身上——对这件物品的需要都自然会受到对供给限制的影响,它使得多种需要不可能同时得到满足。就像在以谷物作为交换物的例子中,谷物作为货币可以追溯到这样一个事实:没有足够的谷物来满足所有饥饿人们的需要;在把这种质料作为货币用途之外,没有足够的这种东西来满足所有人对它的需要,货币质料所具有的交换价值就是源于这一事实。到此为止,我们已经看到,作为货币的金属的价值被约减,它的其他用途被放弃掉而终至于变成了一种没有价值的质料;从这种现象来看,质料的这些没有实现出来的用途反而极大地促成了货币本身价值的实现。

反对符号货币的第一个理由:货币与货物的关系——这将为过剩的货币制造内在价值——并不是可精确规定的;内在价值补救了这一缺憾

关于货币不能是一种价值的论断——即我们刚刚否定的那个论断——还存在着另外一个企图说服我们的更直接的论证。让我们想象一下,在一个特定群体内有这么一个全能的独裁者,他有权支配他想得到的所有东西;例如,像大洋洲的那些酋长们,据说他们"不能偷窃",因为所有的东西都已经是他们的了。像这样的一个人将不会有机会攫取其部落里的金钱,因为不管在什么情况下他都能够占有那些用钱可以买到的东西。如果货币在它的其他价值之外本身也是一种价值的话,那么我们就会得出结论说:货币只是实际价值的一种象征,而一旦实际价值可以不用钱就能得到的话,那么货币就完全是没有必要的了。但是这种简单的想法已经预设了它想要证明的结论,即:货币质料除了其作为货币的功能外自身不具备价值。因为,如果它具备这样的价值的话,当权者就会觊觎于此,不是像想得到钱那样占有它,而是要作为有价值之物那样占有它。如果这样的价值不存在,那么也不需要格外地昭示这种不存在。但是,抛开逻辑上的毛病不说,这种情况也说明了货币所具有的特殊价值。货币已经获得了它作为交换手段的价值。如果没有任何东西可以用以交换,那货币也就没有什么价值可言了。因为很明显,货币作为价值储存和转移的功能并不那么重要,它们反倒是对其交换功能的一种偏离;离开货币的交换功能,它的其他功能也都形同虚设。对于一个人,如果货币可以购买的东西毫无价值,那货币也就是毫无价值的;如果他不需要通过钱就能得到他想要的东西,那货币同样是毫无价值的。简言之,货币是这样一种关系的表现和载体,这种关系使得一个人需要的满足总是取决于相互关联的另一个人。没有相互关系的存在,也就没有货币;这种不存在相互关系的情况要么是因为一个人不想从他人那里得到任何东西,要么是因为一个人生活在一个完全不同的层面上——似乎不需要任何与他人的关系——并且他能够满足一切所需,无需任何来自他人的服务。以这种方式来看,货币世界与具体价值世界的关联,与斯宾诺莎体系中的思想与延展之间的关系相似:任何一个都不可能干涉另一个,因为它们中的任何一个,其自身以自己的语言表现了整个世界。因此,价值的总量不是由事物价值总量加上货币价值总量而构成的;存在着某种特定数量的价值,它们可能是以物的形式实现的,也可能是以货币的形式实现的。

如果货币被完全归约为这种价值并剥去它与其他有价值之物的一切相关性,那么在经济学领域内,货币将成为一种特别的概念,这种特别的概念是柏拉图理念论的基础。柏拉图对我们的经验世界很不满足,这使他构造了一个处在时空之外的形而上学理念世界,在这个理念世界里,存在着的是事物的真实、和谐和绝对的本质。所以,尘世的现实性是所有真实存在和意义的一种缺乏;但是在另一方面,从理念的世界也反射过来一些东西照射在现实身上;现实至少有某些部分沐浴在绝对者王国的光辉里,就像那个王国投下的微弱的影子一样,现实事物因此也获得了原本不属于它的某种意义。这种关系又在价值领域内被重复和确定。感知着的精神所遇到的事物的现实性是没有价值的,就像我们在开头讨论时所肯定的那样;它以一种与价值无关的形式发展着,而且还经常同时摧毁着最高贵之物、保存着最卑贱之物,因为它并不按照价值、旨趣及意义等所处的等级秩序来发展。然后我们就把这种客观存在划归到一种价值等级秩序中,并在好坏、贵贱和高低意义上对之加以构造。这种构造绝不会影响每一个存在的经验现实性,反而倒是我们可能已有现实性的全部意义的源泉;尽管我们也意识到它可能源于人为因素,但我们还是把它看作是与虚幻和主体性相对立的经验。事物的价值——既是幸福论①的也是伦理学意义上的,既是美学的也是宗教意义上的——如同柏拉图的理念一样盘旋在世界之上;这是一个被一种独立、不可知的内在规范所统治的世界,但这个世界仍然赋予现实性以解脱和色彩。经济上的价值起源于对这些原始的、直接经验着的价值的提炼,也起源于对那些被赋予了价值的客观对象之间的相互比较,当然前提是它们必须是可交换的。但是在这一领域内,不管经济价值自身是如何构成的,它都与个别对象之间具有特别的关系,就好像它具有一般性价值一样。这是一个别样的世界,在这个世界中各个对象根据特别的规范来进行分类和排列,这些规范并非这些对象自身固有的。根据经济价值来划分和关联的对象形成一个有秩序的系统,此系统完全不同于由那些对象的自然和直接现实性所构成的系统。如果货币真的只是外在于它自身的某些事物价值的表达,那么它与这些事物相关联的方式就与柏拉图的理念与经验性现实关联的方式相仿,而理念在柏拉图看来也是本体性的(substanziell)和形而上学的实

---

① eudaimonism:亚里士多德的幸福论,被看作是理性活动的终极基础。

存物。货币的运动——收支的平衡、资本的增益和货币的外流——将直接表征事物之间的价值关系。价值的世界高居于现实世界之上，与现实世界显然是没有直接的联系但又统辖着它；这个价值世界将在货币的"纯粹形式"中得到表达。柏拉图的理念是从对现实世界的观察和提炼中得来，现实世界仅仅是对这些理念的反映；类似地，具体事物在经济上的关系、发展阶段和波动就是其自身派生物的派生物，也就是像它们的货币对应物之意义的影子和符号一样。没有任何其他种类的价值能像经济价值这样处于这么一种情况当中。宗教的价值通过教士和教堂而具体化，伦理－社会的价值通过权力国家的管理者和有形机构而具体化，知识的价值则是通过逻辑规范而具体化；但是其中没有任何一个能比经济价值更疏离于具体的价值物或具体过程；没有任何一个能比经济价值更彻底地成为价值之纯粹的抽象符号；也没有任何一个能如此忠实地反映相关价值的整个世界。

　　货币的发展就是努力完成一个它永远也达不到的理想，即成为经济价值的一个纯粹的符号。首先，就像我们必须清楚记住的那一点那样——货币属于与所有其他价值物同样的序列，其具体的质料价值与此保持着平衡。随着对价值交换手段与标准需求的日益增长，货币越来越从价值等价物之间的联结纽带而变为代表这些等价物的符号，并且因此而越来越独立于其质料的价值。但是货币也不能完全抛弃掉其残余的质料价值，这并非因为某种内在的原因，而是由于经济技术上的某种特定缺点使然，其中之一则必须与作为交换手段的货币有关。以符号意义来取代货币的内在价值只有通过我们前面曾提到过的一些因素才有可能，即：在特定范围内，单个商品与实际发挥经济效用的商品总量之间的比率，相当于特定数量的货币与实际发挥经济效用的货币总量之间的比率。这两个分数中的分母有实际的效用，但并不被明确地意识到，因为只有变化着的分子才是决定交易的兴趣之所在。在这种交易中，商品与货币总量之间似乎有对等关系的发生，尽管与原来存在于物品与货币质料价值之间的对等关系相比，其基础肯定有所不同。即使这种对等方式的发展被接受了，从两种价值总量中各自得出的因数(Faktoren)依然处于浮动限度之内,而且以直觉方式对这些价值大小的估算则一向难以精确。或许这就是为什么不可能撇开商品与货币之间的直接价值对等的原因。包含在货币内的内在质料价值部分为我们的需要提供了支持和补充,因为我们关于精确比率的知识是不够的;否则,在被度量价值和度量标准(这是货币的内在价值)之间的同一将是不必要的。只要经验和经济实践表明某一比率是不精确的,那么度量过程就需要在此标准和价值自身之间有一特定质的统一性存在。我们这里举一个用于装饰工艺的贵重金属的例子或许不无益处。有一位专家在1851年的伦敦博览会上讲到金银器在英国和印度境遇的不同。英国工匠似乎刻意地把尽可能多的金银打造在一个尽可能小的造型中,而印度的工匠则"用涂釉、镶花和透雕等方式把尽可能多的技艺显现在一块尽可能少的金银上"。但即使是在后一种情况下,至少还有一小块贵重金属在发挥着作用这一点对首饰的审美意义还是不可缺少的。即使在这种工艺中只使用了很小的一块金属,但为了装饰和审美的快乐,这一小块金属仍然必须是贵重金属。质料的内在价值并不重要,只有这一事实才是最重要的——统一各个部分的那种完美形式关系的唯一合适承担者必须是贵重金属。

顺便说一下,这种把货币的质料价值归因于一种涉及不确定关系的补充和支持原则,显然只是对发生在经济主体自身的潜意识过程的一种诠释。经济互动通过对无数细节精微有序的整合而具有如此令人赞叹的合理性,这不能不使人作出一种假定——如果我们不诉诸人类的潜意识适应能力的话,那么这种经济互动肯定是被一个高级精神以超人的智慧整合而成。个人有意识的意向和预见都不足以使经济活动如此和谐,而不陷入可怕的紊乱和无效之中。我们不得不假定:存在着无意识的经验和推敲,在经济的历史发展中,这些无意识的经验和推敲不断积累并调整着积极的历史发展过程。但是,我们也应该记得:无意识的概念并不提供一种满意的解释,而只是助长了那种实际是建立在谬误基础之上的理解。从特殊的概念以及推理的链条等要素中,我们最后得出了确定性的思想,做出确定性的行动。但是,如果这些结果的出现都是没有先兆的,那么,我们得出结论说:那些先兆实际上是存在的,只不过我们没有意识到罢了。从逻辑角度来看,这很显然也是不可靠的。神不知鬼不觉地,我们把仅仅是我们忽略了因果性概念这一否定性事实转变成了一种肯定性的结论,即:无意识的表征活动是存在的。实际上,我们对不依赖于有意识的先兆而产生了灵力的过程一无所知,而无意识表征、经验和推理的说法只能说明一个事实:实际效果的发生,只是显得仿佛它们是有意识动机和观念的结果一样。对解释的需求不得不诉诸把这些过程视之为(无意识地)发生作用的原因,并以此来对待和处理它们,尽管它们仅仅是事件实际原因的符号化。在我们目前的知识状态中,不可避免地因此也就合理化地把价值的形成——它们的稳固和波动——看作是按规范和有意识推理形式而进行的无意识过程。

反对货币仅是符号的第二个理由:货币符号之无限的可增性;相对主义对货币数量之绝对界限的漠然处之,以及由此导致的错误

不把货币看作仅仅是符号的第二个理由与交换中一种因素的重要性相联系。尽管一般来说,货币的交换功能可以仅仅通过纸币来完成,但是,面对可能的误用,却不存在能提供充分保证的人为力量。交换和计算的功能显然依赖于货币数量的限度,依赖于它的"稀有性"(就像人们常说的那样)。如果商品和货币的单量与总量之间的比率被认作有效而被接受的话,那么这个比率似乎不会因货币数量的随意性增加而有所变化,并且能够为建立价格而具有某种重要意义。货币的比率分数(Geldbruch)在分子和分母两方面都可相应地增加,但却不改变这一分数的值。但是在现实中,如果货币的数量有了极大的增长,这些变化却不会以同样的比率产生。货币比率分数的分母事实上是增加了,但是在交换交易活动没有被调整到新的基础之前,货币比率的分子是不会发生变化的。因此,相当于分子绝对大小的价格在此时尚不会发

生变化;而与此同时,作为货币总量的一个比率分数,价格却已经降低了。新的货币量的拥有者——首先是政府——相对于所有的商品销售者,占有一种非常有特权的地位。针对交换活动最严重的反应于是由此而产生,特别是当政府自己的税收被用贬了值的货币交付的时候尤其如此。在大批量的货币已经被政府消耗了之后,政府就会发现自己碰到了货币量减少的情况;只有在此之后,货币分数的分子——商品的价格——才会按比例对应增加的货币供应而有所上升。这样一来,发行新货币的诱惑一般来说都变得不可抵挡,随后这个过程又周而复始地重新开始。我这里所说的情况,只是把它作为那种随意发行纸币而造成失误的例子,对此我们已经多次频繁地讨论过了。在任何时候,如果货币与有限供给的物质联系不那么紧密的话,这种随意发行纸币会成为一种诱惑。有一个明显对立的例子再清楚不过地说明了这种情况。在 16 世纪,一个法国政治家提议:不应该再把白银作为货币,而应该以铁来铸币,因为从美洲大量进口白银已经使这种金属不再稀缺。对有价值的金属的使用只有通过政府的行为,才能为货币数量必需的限度提供可靠的保证,因为如果每一个白银的拥有者都因此而自动地成为货币的拥有者的话,那么货币的供应就失去了限度。那位政治家的这个独特的建议表现出对这样一个事实的清醒理解:一种贵重金属并不就是货币的合适质料,而只是说它为货币供应建立了一个必要的限度。如果一种金属做不到这一点,那么它就得让位给另一种质料,以便使其能被更有效地控制。对作为交换手段的金属的选择是某种功能性特质的结果;如果一种金属因任何原因而缺少某种功能,那么它就将被在这方面有更合适特质的交换媒介所代替。在 1673 年的热那亚①,由于不胜枚举的各种货币的涌入所造成的恶劣情况,交易只好根据银行汇票来进行。今天,我们已经知道只有贵重金属——实际是只有黄金——才能保证这种必需的特质,特别是对货币量的限制;纸币,只有通过法律或经济而建立起与金属价值的联结,才会避免由任意的通货

---

① Genoa:意大利西北部港口城市。

膨胀带来的对纸币的滥用。下面这个例子说明了这样的限制是怎样发挥作用的,甚至在控制个人投机行为时也是如此。在美国内战时期,南方邦联流通的纸币——"绿背纸币"(Greenbacks)①——在西部各州是被禁止使用的,尽管它也是法定货币。没有人敢用它来偿还过去的借贷,那意味着偿还者已经获得百分之一百五十的利润。在18世纪的法国,政府发行的用来弥补税收不足的国债,其情况与此有些类似。按照法令,这些国债的支付能力只有百分之二十五,就是这样这些国债还是迅速贬值到了最低点。这些例子表明了硬通货的价值是由交换自身的规律来维护的。这种情况不仅只发生在到现在为止我所举出的例子中。在1796—1819年之间,当英国银行停止偿付纸币的时候,黄金价值的下跌只有三到五个百分点,但是商品的价格却因此而上涨了百分之二十至五十。每当强制兑换率使流通中只存在纸币和小面值硬币的时候,要想避免严重的后果,必须要使交换率表现出在长时间内只有最小的波动才行,而且,为了保证这一点,纸币的发行也必须要受到严格的限制。黄金之不可或缺的调节功能(过去是白银)并非来自它的价值与其欲交换物品的价值之间的互相对应,而是来自这种金属的相对稀缺程度,正是这种稀缺程度防止了货币在市场上的泛滥,也防止了随之而来的对某一商品与一定数量货币之间比率之基础的损害。这种比率的失调可能来自双方。货币的过度增加会造成人们悲观和不信任的情绪,以至于他们会废弃使用货币,重新回到物物交换或是契据交换的方式上去。这种对货币需求的缩减导致了流通中货币的进一步贬值。负责发行货币的权威为了阻止这种贬值,会继续增加货币的发行量;这样一来,供需双方就愈加分离,循环往复的结果是使得货币持续地贬值。这种因政府的铸币行为而造成的对货币价值的不信任——与对硬通货价值的信心相对照——可能会形成如发生在罗马

---

① 发行于1861年。

共和国①时期的这么一种情况:钱币只在零售交易中使用,而在大规模的交易中,货币的支付是以重量来计算的。据信,在这种方式下,贸易可以受到保护而不受政治危机、政党利益和政府干涉的影响。

货币的供应

从前面的论述我们可能会觉得:货币量无限制的增加所造成的不便并非完全应归咎于这种增加本身,而毋宁说应归咎于货币分配的方式。震荡、过度增长和停滞的发生都是因为一个原因:新货币最初产生于某一只控制之手,然后由此而以一种不平衡、不成比例的方式扩散出去。如果我们能发现一种平等分配货币的方式或是能根据某些平等性原则来分配货币的话,这种现象也许是能克服的。因此,据说如果每一个英国人都突然发现他们口袋里的钱增加了一倍,那么所有商品的价格也都会相应地增加一倍,结果是没有人得到任何好处;唯一的区别是英镑、先令和便士将不得不以更大的数量来计算。一般的经验是,更多的货币意味着更多的交易,更大的福祉、权力以及文化;从这个经验事实来看,上述说法将不仅否定了对代用币的反对,而且也将会说明货币量增加的好处。

这样的假说建立在极不可能实现的预设之上,从讨论这样的假说出发也得不出太多的结论,但是却可以使我们更好地理解那些真实的条件,正是这些真实的条件使得货币的内在价值不可能被逐渐地去除掉。让我们来假设有一种理想的条件,在这种条件下,货币量的增加已经带来了对每一个个人货币拥有量的平等增加;那么,那种认为由于价格也同等地上涨而使得一切都保持不变的结论就和另一种结论相抵触——货币量的增加带来了贸易的调整和扩展。人们会倾向于作这样一种假设:在我们所举例子的情况中,个人之间的关系——也就是高低

---

① 公元前509年以罗马为中心而建立的古代共和国,至公元前27年成为罗马帝国,公元5世纪西罗马帝国灭亡,东罗马帝国(拜占庭帝国)继续存在至1453年。

贵贱的相对社会地位——将会保持不变,而客观的文化商品总量则会有所增加;一种绝对意义上的生活内容和享受将会在个人和一般两方面都有所上升,而无需改变贫富的相对关系,这种关系通常是相互制约的。或许应该指出:现代商业文化已经为穷人提供了相当数量的商品——公共娱乐、受教育的机会、生活资料,等等——这些东西在过去的时代,如果不改变贫富相对关系的话,即使是富人也难以享受到。是否存在下面这种可能性是值得详察的:货币量的增加及有比例地分配在绝对的意义上扩展了客观文化及个人生活文化两方面的内容,而个人之间的关系却同时保持不变。但是,通过更缜密的考察,我们似乎发现:那些真正成功的情况似乎只有通过对增加的货币供应量进行不平等的分配才会取得,起码在第一个例子里是这样的。货币完全是一种社会性的规则,如果只把它限制在个人范围内就变得没有任何意义了;货币可以通过改变个人之间的相对关系而引发一般状况的改变。由货币量的过剩所造成的商业活力和强度的增加,都可以追溯到与此同时对货币需求增加的这一事实。希望从别人那里得到尽可能多货币的愿望尽管总是存在着的,但只有个体清醒地意识到自己的钱比别人的少的时候,这种愿望才会变得急不可耐,从而带来努力和勤奋;这就是那句话——Les affaires – c'est l'argent des autres [商业就是赚别人的钱]——的意义所在。如果上述理论的预设是真实确凿的——也就是说,货币量的增加将不改变人们之间的相互关系和商品之间的相对价格——那么,就不会出现这样的工作能量的调整。更进一步,货币量魔术般的翻番也将影响到个体之间的关系,因为个人的经济状况的起点就是不同的。三种不同收入的翻番——例如1000马克、10000马克和100000马克的翻番——将改变收入被翻番者的相互关系,因为第二个1000马克和10000马克所购买的物品,并不仅仅简单地是第一个1000马克和10000马克所购买的物品的翻番,等等。在第一种情况下,或许增加食品营养,而在第二种情况下可能会是艺术文化的陶冶,在第三种情况下则会是更多地进行金融投机。如果我们假定在个体之间存在着一种先在的绝对平等性,那么在人们生活的主观和客观两方面都将不会产生什么变化,因为如果后者改变了,那么它将会是以一种不可预见的方式改变;只有在个人的收入之间的差别变得或是被感觉变得比以前更至关紧要的时候,人们才会表现出高涨的活动积极性。

与我们的目的更有关系的是对这种理论实际上隐含的推理的考虑;即,所有货币收入的翻番将不会使任何事情发生变化,因为所有的商品价格都将同时也翻一番。这种推理是错误的,因为它忽略了货币的一个特殊且决定性的特点,这个特点或可称为是货币相对意义上的僵化性(inelasticity)。这种僵化性基于这样一个事实:在特定经济领域内对额外货币量的分配并不相应地提高所有的价格,而是创造出新的价格关系,此价格关系不一定非得产生于个人的利益驱动力。僵化性又是另一个事实的后果——商品的货币价格尽管是相对的,而且不具有与商品的内在关联,但它却获得了一定的稳定性,并显得如同是一种客观上适合的等价物。如果在一定的限度内一个物品的价格保持不变的话,那么通常它不会仅仅因为货币的价值已经发生变化就也发生变化而不遇到什么阻力。在物品和其价格之间的联系——既是利益的联系也是概念的联系——已经在心理意义上变得如此稳固,以至于卖家没做好准备接受价格下降或买家接受价格上涨。假设货币价值与商品价值之间的平衡是由类似温度计的不受限制的机制所实现的,即温度计的汞柱根据温度的升降而升降,不会遇到因运动的阻力造成的变化而对任何精确因果关系的干扰,如果这样的话,那么商品与价格之间的联系当然就成问题了。如果一个人口袋里的钱在短时间里突然翻了一番,他不会乐意出同样翻了一番的价格来买每一件商品。或者相反,在穷人乍富的心态下,他会以过去的标准来衡量现在的财富,从而根本不屑于考虑价格问题。但是,愿意支付更多和不愿意按新价格来支付这两种现象都表明:在货币增多的最初阶段里,对价格的适当调控是不可能的,同时,在商品和传统价格范围之间建立起来的联系发挥着持续地影响。更进一步,随着货币量的增加或减少,对商品的需求将极大地发生改变,虽然说这种增加和减少对每个人的影响都是相等的。例如,如果货币量有所减少,那么一直有着充足稳定销售量的某种物品可能仍然会以半价销售出同样或甚至更大的量,但一旦超出了某一特定限度,这些物品可能会根本找不到任何买主。另一方面,在货币供应一般性增长的情况下,对那些为大众所渴求的物品,即刚好超出他们现有生活水平的物品,需求可能会更活跃和有所增长。而对那些基本消费品的需求则不会有太大的增长,对于它们只要有一定量的供应就够了;而那些只对社会小圈子有意义的最精致最高雅的商品,也不会有什么增长。价格的增长主要影响到处于这两个极端之间的商品,而正处于这两个极端点上的商品则相对保持价格的稳定。对于货币供应之增长会同等地影响到所有商品这一点是没有什么疑问的。一般说来,那种认为价格的相对性造成了货币绝对量不变的理论是不正确的,因为这种相对性在实践中被一种心理过程不断地打断,这种心理过程使得特定商品的价格变得固定和绝对化。

人们或许会提出这样的疑问:货币供应无限制增长的无害性,只有针对不同价格水平之间的调整转换阶段才是有效的。他们的预设是:整个的过程是从商品量与货币量之间的比例关系而演化出来的。在不同的水平上建立这种关系必定是可能的,未来可能发生的波动像在先前曾发生的波动一样也都可以被免除掉。上述怀疑只可能针对变动期,而非针对变动之完成期,变动完成期不应对变动期的各种调节不良、错位和困难负责。我们不可能设想会存在任何那样的交换手段:它不会最终地强化某种调节,因此某种商品的货币价格能够表达出它的价值与商品总量价值之间的比例关系,并且,对货币的随意增加也因此而不能始终对这种比例关系有所破坏。这种推理完全正确,但是在考虑到人类所处的匮乏境况时,这种推理并不能证明去除货币供应增长的全部限度是可能的。对于过渡期来说,如果它的不稳定和困难被接受了的话,就会成为一种持久的条件,而原则上对于任何数量的货币可以达到的调整状态将永远不会实现。

现实性作为对纯概念相互的限制

上述讨论或许可以概括如下。货币行使其职责最好的时候是当它不只简单地是货币的时候，或者说是当它不仅仅以纯抽象的形式表征事物价值的时候。贵重金属在当作首饰或是为技术目的服务的时候也具有价值，但贵重金属必须在概念上作为第一事实，从而与第二事实区分开来，所谓第二事实就是在第一事实基础上所具有的价值；而第二事实是货币之所以有价值的第一特质，也是唯一的特质。要在技术上完成在概念上正确的事情是不可行的，即把货币功能转化为一种纯粹的符号货币，并把货币彻底地从限制货币量的质料性价值中剥离出来，尽管货币的实际发展过程暗示着这将是最终的结局。这并不自相矛盾。有许多过程是以这种方式发生的；它们逐渐地趋近于一个确定的目标，通过这个目标它们的过程被明确地确定了，但是当它们达到这一目标的时候，却肯定会失去引导它们走向这一目标的那种独特的东西。标志货币经济的一个显著现象或许可以说明这一点，同时，在谈到个人境遇的时候，这个现象也为无限制供应货币的结果提供了一种类比。个人拼命挣更多的钱这种现象是社会经济的最大意义所在。通过对最大可能的获益的追求，证券经纪人带来了交易的活跃、对供求的调整，或者也会把无用价值带进了经济流通中。然而，只有当存在着交换率的过度浮动和投机因素占上风的时候，股票交换的高额利润才可能实现。在这样的情况下，商品的生产和消费这种社会的最大利益所在，在一个领域中受到了过度的刺激，而在另外一个领域中却被忽视了；在任何一种情况中，它都从正常的发展的过程中被引开了，这个过程是与其特殊内在条件和实际需要相一致的。在这里，货币的特质成为个人与社会利益之间分化的基础；而在过去的某一点之前，二者一直是吻合无间的。物品的价值从物品自身中被分离出来并以一种独特的质料形式而取得独立的存在地位，只有通过这个事实货币才有可能发展它自己的旨趣、运动和规范，并在某些场合与被它符号化的物品的旨趣、运动和规范相对立。只要努力保持这一点，与货币相联系的私人企业就在促进着社会在生产和消费商品两方面的利益,虽然有可能其目的的最后实现会损害社会的目标。这种类型的情境最经常和最关键性地发生在这样一些案例中:在这些案例中,情绪性冲动追求一种最终的目标,但却意识不到所有期望的满足都是相对进步的结果,当这些目标达到的时候,那些期望或许会转变成其对立面。我在这里提请您注意关于爱的现象。爱欲渴求最亲密的和最持久的结合,爱的内容和色彩即来自这种爱欲,但是当爱的目标达到之后,它常常同时失去这二者。也可以以政治理想为例。政治理想可以为整整几代人的生活提供力量和精神热情,但是一旦理想得到实现,它却并不能带来理想的状况,反而是实用的唯物主义、麻木不仁及庸庸碌碌。或者以对和平宁静生活方式的想望为例,那是所有努力和辛苦的目标,可是实现之后却又总是带来懒散和内在的失望。有一种早已是陈词滥调的说法:尽管幸福是我们所有努力的目标,但如果这目标一旦被实现并成为永恒的状态,那么幸福将变得仅仅是一种烦恼。尽管我们的意志驱使我们朝着这个方向前进,但是目标状态的获得却将与我们的努力相抵触,只有与那种我们竭力想避免的痛苦状态混合,才使我们对幸福的追求有意义。或许可以这样来概括上述过程:生活中某些或是全部因素的效用取决于同其对立因素的并存。一种因素与其对立因素结合和协作的比例本来是各种各样的,有的时候一种因素会稳定地增加,而另一种则会有所下降,所以,发展趋势似乎是一种因素最终将替代另一种。但是一旦这种情况发生,而且后一因素消失得无影无踪,那么前一因素的意义和效用也将失去,陷于瘫痪。譬如,这种情况就发生在社会主义和个人主义的对立之间。有这么一些时期,社会主义决定了历史的发展,不仅在现实中如此,而且社会主义是对理想信念推断的结果,是对一种竭力趋于完善的、发展中的社会概念的表达。但是,如果在这样一个党派政治时代,我们因此而得出结论说:因为所有的进步都依赖于社会主义因素的增长,它们的胜利将会产生事物最高级和最理想的状态,那么就忽略了这样一个事实:社会主义措施的一切成功都有赖于这样的环境,即引入了个人主义的经济体系的环境。社会主义手段的相对增加带来的进步并不能证明,彻底推行社会主义将代表着更大的进步。对于个人主义日趋高涨的时期也一样。个人主义手段的意义取决于中央集权的社会主义制度继续存在的这一事实;它们可以被逐渐减少,但彻底地取消它们将导致不可预料的后果,这些后果与先前个人主义所产生的结果极为不同。在艺术领域,自然主义和风格主义这两种对立的企图(naturalistisch und stilierend Bestrebungen)也表现出类似的模式。在艺术发展的每一特定时刻,都存在着对现实简单写实与主观的变形两种模式的混合。从现实主义立足点来看,艺术通过客观因素的增长而日臻完美。但是当这种趋势成为艺术品的唯一内容时,日益增长的现实主义兴趣会突然变得淡漠起来,因为这时艺术品已经与现实没什么差别,将失去其作为独立存在物的意义。在另一方面,尽管概括性和理想性因素的提高会在某些时候使艺术更精致,但是它必须达到这么一点,在这一点上,艺术与现实的关系——理想化的运动理应以一种更纯粹、更完美的形式再现这一关系——完全丧失了,这是剔除了一切个体的偶在性造成的结果。总之,有一些极为重要的过程是以这种模式进行的,一种要素不断增长的重要性导致了更大的成功,但如果这种要素彻底地唯我独尊,把对立的要素彻底排除出去,则并不会取得全部的成功。相反,这将使最初的要素丧失其独特之处。在货币内在价值与其纯粹功能的和符号的特性之间的关系可能会以一种类似的风格发展;货币的符号特性不断地取代其功能,但是功能的一些特性还必须保留,因为如果这种趋势发展到极端,货币的功能和符号特性将会失去其基础和意义。

我们这里所讨论的不仅是一种形式上的类比,而且也是生活更深刻意义上的统一性,这种统一性以这种外在的相似性表现出来。在实践中,我们必须允许一种整齐划一的、一边倒的原则在任何一种环境、任何一段时间统辖我们的行为,只有这样,我们才能对付构成我们生活的形形色色的要素和倾向。但现实的多样性以这种方式一而再再而三地修正我们,并重新设计我们的主观努力,把它们和所有那些对立的要素一同构造成为一种经验的存在,这种经验的存在使得理念得以进入现实。这并非意味着对理念的否定;生活适应了这样绝对的努力,以之为其组成的要素,正如物质世界适应了运动,而如果没有任何阻力的话,运动将会有不可想象的结果,而运动只有作为与反作用力的合力的结果,才造就出自然事件的有序世界。如果实际的世界是以这么一种方式构成,即我们的意志专注于永恒之上,只通过被扭曲、被怠慢的方式接触现实的世界,那么,实际生活的结构已经预先确定了理论的结构。在无数的场合,我们关于事物的概念都被打造得如此纯粹和绝对,以至于它们并不反映我们的经验,而只有通过对立的概念的限定和改动才使概念具有了经验的形式。但是,这些概念并不因此就变得糟糕之极了;恰恰是通过这种独一无二的夸张过程——随着这个过程而来的是缩回到概念和格言的构成形式中——与我们的理解保持一致的世界观才会出现。我们的心灵通过一种公式来与事物的同一性建立关系,这个公式并不是借助于对其加以补充和再创造然后直接可以达到的,这种公式在实践中和在理论中一样,是一种原初的过多者、过高者和过于纯粹者。它只有通过约束对立的东西的方式,才能获得现实性辖域与真理辖域的一致性。因此,作为事物之间进行相互价值度量的纯粹表达形式,货币的纯粹概念,也即自身没有内在价值的货币概念,保留着其存在的完全正当的理由,尽管在历史现实中,此货币概念一直遭受着作为拥有内在价值的、对立的货币概念的贬抑和限制。我们的理智只有通过对纯粹概念的修正才能把握现实,不管纯概念怎样地偏离现实,都因其在对现实的诠释中所行使的职责而具有了合法性。

第三节

货币从物质到功能的历史发展

现在,我们必须来考虑我们的理论建构的历史表现。货币性质和意义的宽泛的文化分化可以在其运动中看到,这种运动使货币朝着纯粹的概念发展,也使其逐渐脱离对特殊物质的依附,尽管这个运动从来也没有达到其预定的目标。因此,货币无非卷入了那种一般性的发展过程,这种过程在任何一个生活领域内、在任何一种意义上竭力趋向于把物质消解于自由流动的过程。一方面,货币构成了这个综合性发展过程的一部分;另一方面,像那些使货币符号化了的价值一样,货币与具体的价值之间还存在着特殊的关系。更进一步说,货币还受到更广范围内的文化发展趋势的影响,同时,货币也是这些发展趋势的一个独立的原因。在谈到货币的形式是由人类社会的需要和条件所决定的时候,我们也对这种相互的关系感兴趣。尽管说这种过程从来也没有达到其预定的目标,但现在我还是要考察一下作为功能或符号的货币日渐增长的重要性,它逐渐掩盖了货币作为物质的意义。

如果作更深刻的考察,我们会发现,作为物质的货币的概念与最初的印象比起来显得并不是那么极端;因为,从严格的意义上来讲,货币的物质性价值也是一种功能性价值。仅仅作为物质,不管贵重金属被怎样赏识,它们事实上只是因为其装饰、独特、在技术上有用及能提供美学上的愉悦才被人们所欣赏,也就是说,因为它们能够行使某种功能。它们的价值不在于其独立自主的存在,而一向在于其功能的行使。离开了这一点,它们这样的物质性会像其他所有现实物品的物质性一样与我们毫无干涉。可以说绝大多数物品不是自身有价值,而是变得有价值;为了变得有价值,这些物品必须不断地超出自身,与其他物品相互作用。我们对价值的感觉受限于物品所产生出来的效用。对于贵重金属,如果我们抛开所有认知和愉悦的因素,认为仅仅因其存在本身就把某种特别的美学情绪赋予了它,并认为它丰富了我们这个世界,那么,也不能说它们会通过这种价值而进入到经济体系中来。在经济活动中,所有价值都与其运作相联系。有一种说法认为,贵重金属具有的物质性价值不同于它作为货币的运作具有的物质性价值;这实际上是一种很随意的说法,它掩盖了实际情况。除了其作为货币的功能性价值之外,贵重金属作为物质的任何一种价值也是一种功能性价值。贵重金属的所有价值形成了一个序列,这个序列也就是一个功能的序列。这乍听起来不太容易理解,在现实中这些功能也不那么活跃。在中世纪所有对获得利息的疑虑都源于这样一个事实:货币在当时似乎——实际上也是——更稳固,更具物质性,更赤裸裸地与其他东西针锋相对;相对而言,现代货币则更具活力、多样性和易变性。中世纪文化中接受了一系列的教条,如:采纳亚里士多德关于"以钱生钱是不正常的"的说教;把利息谴责为偷窃行为,因为偿还的资金与被借贷的资金是相等的;采纳哈莱斯的亚历山大①的观点所做的论证:金钱并不会因使用而损耗,像出租的物品那样,所以对于债权人来说不应该有利可图;还有阿奎那②的教条——对于金钱来说,它只有一个唯一的目的,就是被花费,在这里使用和花费是同一的,因此不像对房屋的使用,对金钱的使用是不能被单独出售的。所有这些教条都说明,货币显得多么不顺服,它与生活的波动是多么没有联系,以及货币是怎样地不被看作是生产力。货币在现实中效用的无关紧要掩盖了它的功能性特征。当把货币看作是一种金属物的时候,也存在着同样的基本情绪。像中世纪时一样,这种观点把货币作为一件独立的存在物与经济物品的流通对立起来,而不把货币引入到流通中来,并且承认:不管表征什么,货币都不是拥有功能,而是本身就是功能。

与中世纪的心态截然对立的另一极是信贷经济(Kreditwirtschaft),在信贷经济中汇票是作为货币来使用的。中世纪的主导思想是货币的物质性,而不是它的效用性;尽管货币的效用性还不能被完全消除掉,但在事实上已经被缩减到了最小的程度。在奠基于金属之上的现代货币概念中,最关键的一点是物质的运作;最终,在信贷经济体系中,存在着一种彻底去除货币物质性的趋势,而把效用视为唯一重要的事情。

这种肤浅的看法要归咎于较早些的一种思想框架,即在所有现象

---

① Alexander Halesius(约 1185—1245):英国经院哲学家,英文名为 Alexander of Hales。

② St. Thomas Aquinas(1224—1274):意大利经院哲学家,中世纪经院哲学集大成者。

中都区分出实体与偶性(Substanz und Akzidenzen)。的确,这在历史上是极为重要的:把任何一种现象都分析为物质性的核心和相对的、可变的表象和特质是首要的定位之举,也是贯穿在事物的神秘无形中的首要引导线索,它可以为事物给出一个结构,并把它归并到一种一般性的范畴中,这才是容易为我们的心灵所接受的。这样,最初的单纯的感觉差异就变得井然有序,并且彼此相互制约。但是如此这般的形式及社会组织的本性就是显得、并且声称成是永恒的。正如摧毁一种社会秩序而肯定另一种社会秩序时给予人的印象好像所有的秩序都被抛弃了,在理智领域里的重构也是一样。与对世界的主观理解一样,当形成世界观支柱的范畴被废弃的时候,客观的稳定性也似乎被摧毁了。但是就好像光、热和生命很难保持其特别的物质性特质或是很难抵御其被消解为运动的形式一样,货币价值也将很难抗拒被归约为功能性价值。

社会互动及其结晶为特殊结构;买者、卖者与社会统一体——作为货币交往贸易的社会学前提——的一般关系

我现在将要考察经济活动所具有的特定结构性关系。下面这个从一般性观察中得出的否定性例子或许可以说明:货币之作为货币所行使的功能,究竟是在什么程度上依赖于这种结构关系而非依赖于货币的物质性。我们注意到:在两个人的某种关系中,外在的形式很少能恰当地表达其内在关系的强度。这种不恰当性源于这样一个事实:内在关系在持续地发展着,而外在关系的发展却是时断时续的。即使这二者在任何的特定时间都保持一致,后者也总是在其传统形式中延续着自身,而前者却处于发展之中。在某一点上,外在关系会有一个突然的发展,但其特点却是:这种发展通常并不停留在与内在关系相对应的某一点上,而是预期着在更高程度上的亲和。在与朋友说话时所使用的亲密形式——"你"(du)——是对已经存在了很长时间的温情的最终表达形式,但在一开始使用的时候总是让人觉得有些夸张,它突然产生

了一种外在的接近,而接着发生的相对应的内在亲密却总是姗姗来迟,有的时候甚至根本就没有内在的亲密接着发生。有的关系中途就破裂了,因为尽管在某种特定程度上这种关系并无问题,但是外在形式却过早地走在了内在亲密的前头。我们可以在一些客观领域中发现类似的现象。在某一套法律框架、交换模式和政府形式中寻求表达自己的社会力量经常会遭遇失败,因为在这些领域中传统的形式很容易变得顽固不化。如果我们所希望的外在变化不发生的话,那么通常它总是超越了内在力量的有准备状态,其随之而来的合法性并不总是能获得成功。在有些例子中,货币经济就是通过这种方式被引进的。当一般性的经济状况已经一直在朝着货币经济发展的时候,它所采取的外在形式就表现为这么一种强有力的现象——似乎一般的经济条件已经不能适应它了,如果内在经济力量的增长不能尽快地赶上预期的外在形式的话,新的体制可能就要遭遇到悲剧性的结局。这就是富格尔家族①——实际上也是所有南德地区的大银行家——倒霉时所遭遇到的情况。他们的金融运作可以与现代世界的银行家相媲美,但是却发生在这么一个时代——金融运作已经超出了中世纪式的物物交换形式,但尚不能抛弃掉与那种交易相关联的交流、担保或商业实践方式。总的状况不像在西班牙或是其他领主的领地那里收债那么容易。新形式的货币经济误导了安东·富格尔,使他把这种经济延伸到了超出当时欧洲实际状况允许的地步。由于同样的原因,这些金融实业巨头的债务人的经济状况也并不好。发生在16世纪西班牙的金融危机起源于这么一个事实:尽管在西班牙通常不缺少货币,但在尼德兰②却很缺少货币,而那里正是最需要货币的地方。结果,各种困难、延误和损失接踵而来,造成了西班牙金融的崩溃。在其他的当地条件下,货币以一种

---

① Fugger family:富格尔家族,德意志实业家族,由 Hans Fugger 起家,后来发展成为15 至 16 世纪欧洲贸易、采矿和银行业康采恩,其子 Jacob Fugger 和其孙 Anton Fugger 时达到了全盛,到 17 世纪中叶随王朝的三十年战争而衰落。

② Netherlands:16 世纪前的莱茵河、马斯河、斯凯尔特河下游及北海沿岸一代,约现在荷兰、比利时及法国东北部一代。

颇为不同的方式在发挥着作用。在与西班牙的战争中,尼德兰获得了巨大的好处,因为他们的货币可以随处使用。在荷兰人手里,钱才真叫"钱",因为它可以畅通无阻地被使用,尽管从物质货币的意义上来说,荷兰人的钱要比西班牙人少得多,因为西班牙人的经济生活是建立在借贷基础上的。当地的状态越是有利,货币的功能就越少以货币的物质形式发挥;也许有人会吊诡地说:货币越是在本质意义上成其为货币,人们也就越不会在物质意义上需要货币。

除了地区性的影响之外,社会互动的稳定性和可靠性——即经济领域中的连续性——为物质意义的货币的消解做好了准备。这可以通过一个事实得到说明:货币带来了大量、持续增长的效果,而其自身却保持静止不动。有一种说法认为,货币的经济意义只是源于其自身的价值和在特定时刻流通的频率;这种说法忽略了货币通过与此过程相联系的那些希望、恐惧、欲求和焦虑等心理现象所产生的强有力的效果。这些心理现象辐射出重要的经济意义上的情绪,就像天堂和地狱同样辐射出的效果那样,只不过这种效果是纯粹观念上的。在一个特定时刻,有钱或没钱的想法会产生出努力或麻木不仁的行为;作为纸币价值保证者的那些躺在银行金库里的黄金储备清楚地告诉我们:单单是货币的心理符号就足够发挥作用的了。在这个例子中,货币的确是可以被表述成所谓的"不动的推动者"①了。很显然,仅仅作为一种潜在的货币,它所依赖的是经济组织的精密化和稳定性。而只要社会关系是松散、断续和迟滞的,那么销售就将只依赖现金才能进行,而静止的货币也就不能利用原本可以发挥作用的心理渠道了。在这里,借来的钱所具有的双重角色也应被考虑在内——首先是货币理想化的但却很有意义、有息债务的形式,其次是货币被掌握在债务人手中的这种现实。作为一种拥有,被借的钱是债权人有价值之物的一部分,尽管它不是立刻可以被使用的,但却仍

---

① unbewegte Beweger(Unmoved mover):语出亚里士多德《形而上学》,或称为"第一推动者"。

然在发挥着效用;从另一方面来看,尽管被借的钱并不构成债务人财产的一部分,但它仍然像其本人财产一样发挥作用。借贷这种行为把自身分为两个部分并且极大地增加了经济能量所产生的结果。这种过程依赖于理智上的抽象,而这种抽象只有在社会秩序被稳定和文明地建立起来后才能起作用,只有在这样的社会秩序中才可能有安全感地借钱,并把经济活动建立在货币的这一部分功能之上。货币要想发挥效用必须要求社会关系有一定的综合性和强度——否则它就与其他的交换物没什么区别了——而为了使这种效用进一步理智化,还要求对社会关系进行更进一步地强化。这种显著的现象清楚地说明了货币的内在性质只是松散地与其质料基础联系在一起;因为货币完全是一种社会学现象,是人类互动的一种形式,其特性愈是脱颖而出,社会关系也就愈是集中、可靠和和谐。是的,文化互动的普遍稳定性和可靠性影响了货币的所有外在方面。在一个稳定和严密组织的社会中,针对各种各样的危险,双方的关系可以得到保证和保护;只有在这样的社会中,从外在和心理的双重意义上,才有可能使纸币这种脆弱的、极易被摧垮的质料成为最高的货币价值的表征符号。中世纪的一大特点是,皮革货币被经常地使用。如果说纸币意味着货币价值被逐渐地消解到功能性价值中的话,那么,皮革货币或许可以被看作是迈向这种发展的第一步。从标志着物质性货币的所有特质当中,皮革货币保存了相对的不可破坏性的特质;只有当个体和社会关系的结构达到一个较高级的阶段时,这种特质才能让位。

货币方针:经济社会的大与小、集中与分散之于货币的物质特性的意义

货币政策的理论和实践肯定了货币从物质意义货币到功能意义货币的发展过程,以及后者对社会条件的依赖性。中世纪的财政主义(Fiskalismus)和重商主义可能会被视为唯物主义式的货币政策。正如

唯物主义把精神的现象和价值结合到物质中去一样,财政主义和重商主义也把社会－政治生活的性质和能量与货币的质料联系在一起。然而,财政主义和重商主义之间的差别,正如粗糙的唯物主义和老练的唯物主义之间的差别一样。前者宣称认知自身是一种物质过程,大脑产生思想的机理与肝脏分泌胆汁的机理是一样的;后者则肯定认知自身不是物质,而只是物质运动的一种形式,思想是物质元素的一种特殊的振动,就像声、光、电那样。与这两种理论观点上的差别一样,财政主义把政府的旨趣看作是让诸侯(Fürsten)能为政府的目标,即直接地使用货币而尽量去获得最大限度的金钱;而在另一方面,重商主义不是把重点放在金钱的积聚上,而是放在对经济活动的调整上。货币政策的这些唯物主义倾向与那种认为货币代表着自身价值的观点相联系,但是从这种质料粗糙的客观意义向一种功能性意义变化的趋势已经清晰可辨了。在这些时期里,财政体制与这种形式是相符的。在中世纪财政体制施行的地方,诸侯与国家只有一种外在的而非有机的关系,这种关系通常是通过婚姻或是统治建立起来的,并且总是表现出这些诸侯们在想方设法从国家攫取尽可能多的金钱。为了钱的目的而频繁出售领土的现象就是这种趋势的必然结果。在统治者和被统治者之间纯粹的货币联系,表明缺乏一切其他的关系。在这样的社会关系中,中世纪统治者对货币的不断贬值是一种适当的手段;因为,这样的方法使所有的利益都倒向一边,而把损失都倾倒于另一边,这只有在缺乏有机社会关系的条件下才是可能的。对现金的热爱——这似乎是东方民族的一种内在性格——可以在其统治者那里找到根源,这些统治者把铸币当作一种特权来使用,而不顾及货币的贬值。与这种政策必然对应的是其臣民以黄金和白银的形式积聚金钱。中央集权独裁统治涉及不同政治因素之间更为紧密和活跃的关系;而关于有机整体的观念则为诸侯式的理想提供了共同基础,即从"l'état c'est moi"("朕即国家")到把国王看作是人民的第一公仆。尽管在这种情况下政府的兴趣仍然还是进口大量的货币质料(即金条),但是在国家首脑和国家成员之间的更为活跃的互动和政治生活都反映在这样一个事实中:现在获取货币的终极目的已经不再是仅仅为了拥有,而是要通过货币来扶植和增加工业。当这些自由趋势已经产生了一种更为自由的政治生活潮流的时候,一种无所阻碍的灵活性、一种较不稳定的对等性因素及物质性的基础就为亚当·斯密的理论做好了准备——黄金和白银仅仅是工具而已,它们与厨房用品没什么两样,进口黄金白银增加不了国家的财富,正犹如增加厨房用品无法提供更多的粮食产量。当对货币质料的传统式调整被废弃以后,为了给更自由的观念让路,这种新的货币理论的趋势——可能会如我们所期待的那样——会走向另外的一个极端。普鲁东①主张废除所有已建立的国家形式,只承认个体之间自由、直接的互动才是合理的社会生活形式;他从根本上反对货币的使用,认为货币的使用是权威与个人之间关系的一种精确的模拟,即把货币的使用看作是权威对个体之间活的互动关系的吸纳和在其自身内的限定。价值的可交换性应该在没有金钱这种中介的条件下来组织和进行,就像社会的管理应该在没有国王的干预下由全体公民来直接进行一样。就像每一个公民都有投票权一样,每一件商品都应该直接表征价值,无需货币作媒介。这种货币理论的倾向大概可以概括为与唯物主义针锋相对的超验主义,其最早可以追溯到亚当·斯密那里。唯物主义认为精神是物质,而超验主义哲学则认为物质本身就是精神。这并非在唯灵论意义上把精神视为一种实体(Substanz)和一种自主性的存在(尽管是一种非质料性的东西),而是说任何对象,不管是物质的还是精神的,都只在其可以为精神活动过程所认识这一点上才是存在的,或者更准确地说,它的存在只是因为它是精神的一种功能而已。如果唯物主义对货币的解释现在看起来像是错误的,那么历史的分析则表明:这种错误并非偶然,而是对一种实际的社会状况恰当的理论表述,在这种社会状况的理论摹本被从理论上克服掉之前,它自己不得不首先被实际的力量克服。

---

① Pierre Joseph Proudhon(1809—1865):法国经济学家,社会主义者,无政府主义的创始人之一。

社会互动与交换关系。货币的功能:使商业便利,作为价值尺度具有稳定性,使价值流动和浓缩化

货币的社会学特性的出现还有更进一步的前因后果。个人之间的互动是所有社会构形的起点。社会生活真实的历史起源仍然晦暗不明,但不管怎样,一种系统的发生学分析一定要从这个最简单、最直接的关系出发,即使到了今天,这种关系也仍然是无数新的社会构成形式的源泉。更进一步的发展创造了更高的、超越个体的构成形式,从而取代了互动作用力的直接性;这种构形以这些互动力的直接代表形式而出现,并吸收和调和了个体之间的直接关系。这些构成形式的存在极其多样:它们是可感知的现实,也是纯粹的观念和想象的结果;它们是复杂的社会组织,也是个体性的存在。通过这种方式,习俗中的客观规则、法律和道德都从实践和需要而发展出来,这些实践和需要最初是偶然地起源于群体成员的关系并最终固定下来。它们是人类概念和评价活动的理想化产物,在我们心中,直到今天,它们依然以"纯粹形式"超越我们的个体意志和行动。因此,在这一过程的持续发展中,国家的法律就体现在法官和整体的行政管理等级体系中;一个政党凝聚起来的权力全靠执行委员会及其议会代表;军团的统一被具体化在其旗帜上,而神秘团体的力量则有赖于其圣物的象征力量,等等。原初要素之间的彼此互动曾经造就了社会存在的单元,但现在却要被取而代之:这些要素中的每一个都与一个更高级的中介机构建立了一种独立的关系。货币就属于这种物化的社会功能的范畴。作为个体之间直接的互动,交换功能作为一种独立的结构结晶于货币这种形式中。劳动产品或任何其他的财产的交换,显然是人类社会化中最纯粹、最原始的形式之一;这不是从"社会"已经存在并带来了交换行为这个意义上说的,相反,交换是创造了人与人之间内在联系的功能之一——社会,只不过替代了单纯的个体集合而已。社会并不是这么一种绝对的存在物,非得它先存在,以便让其成员的个体关系——高低贵贱的地位、凝聚、模仿、劳动分工、交换、普通的攻击与防卫、宗教社团、政党的形成,诸多其他等等——能够在其框架中发展或者由它来表征(represented):社会只是对所有这些明确的活动关系总体的综合或一个总的名称而已。当然,这些互动关系中的任何一个都可以被剔除出去而"社会"却依然存在,但是只有具有足够数量的其他互动关系还在那里,"社会"的这种存在才能保证。如果所有的互动关系都不存在了,那么"社会"也就不存在了。同样,如果某一活的机体功能(即此机体中各部分之间的互动)中的某一个功能终止了,那么,这个机体却仍然可以存活,但是如果所有的功能都终止了,那么此一机体也就寿终正寝了,因为"生命"不是别的,而是机体原子之间互动作用力的总和。因此,我们这里再啰唆一遍:交换产生了社会化,因为交换是一种社会化的形式。交换是那些关系之一,通过这些关系众多的个体构成一个社会群体,而"社会"则等同于这些关系的总和。

我们一再强调的物物交换的不便和不足,可以与那些仍处在直接交换阶段的社会互动相比较。如果所有的政府手段都必须由全体公民来讨论和认可的话,如果一个群体对外部敌人的防卫都必须由为全体成员服务的军事力量来保证的话,如果机体的努力和组织都完全依赖于个人性的权威和力量的话——如果所有这些都是必需的话,那么群体日渐增长的规模和复杂性将会造成所有的不适、阻碍和瘫痪,最终会产生两个要求:一方面,要求这些功能向特殊组织进行转换;另一方面,要求创造出表征性和整合性的典范和符号。交换功能在事实上导致了两种结构:一个是商人阶层,另一个就是货币。商人是交换功能分化了的表征,要不然这就非得由生产者直接来进行才行;在生产者与商人之间建立起新的关系,而不是在生产者之间进行直接的互动,就像群体成员之间的整合和控制被他们与政府机构之间的关系所代替了一样。如果更精确一些,有人或许会说,货币处于交换物品之间的位置与商人处于交换主体之间的位置相仿。交换物之间的对等已经不再直接实现,其浮动也不再被隐藏;相反,每一件物品都要求与货币有一种对等和交换的关系。商人是人格化的交换功能,而货币则是物化的被交换功能。如我在前文所说,货币是表现在经济运动中的物与物之纯粹关系的物化。货币超越了与之相关的个别物,其所在的领域是根据其自身的规范来组织的,这种规范是交换与平衡运动的客观化,而这原本是由它们自己完成的。但这还只是一种初级的看法。因为,从最后的分析来看,不是物而是人实现着这一过程,物与物之间的关系实际是人与人之间的关系。个人之间的交换活动是由货币以一种具体的、独立的、似乎是凝固的形式予以再现,正如政府再现了社会中的成员相互的自我调节,守护神或约柜(Lade ihre Kohäsion)表征着一个群体的凝聚力,战时编制(Kriegerstand ihr Sichverteidigen)表征着自我防卫。所有这些都是一般性的例子,在这些例子中,某种个别特征从其原初的现象、实体或事件中分离出来,而在过去,这种个别性的特征与这些现象、质料或事件结合的方式与某种质与其质料或某种行为与其主体相结合的方式是一样的。于是这种特征就呈现出某种属于自己的结构,当抽象的过程被凝固到一种具体的构成中以后,这种抽象的过程也就有了一个结局。在交换之外,货币没有什么意义可言,就好像离开了集体的进攻与防守,军团和军旗便没什么意义可言一样,或犹如独立于社区宗教活动之外,牧师与寺庙就没什么意义一样。货币的双重本性——它是一种具体的、被衡量的物质实体,同时,它拥有自身的意义取决于把物质性彻底消解于运动和功能之中这一过程——源自这样一个事实:货币是人与人之间交换活动的物化,是一种纯粹功能的具体化。

货币质料的发展越来越清楚地表达了它的社会学特性。对简单交换手段的使用——如盐、骆驼、烟草和谷物等——纯粹取决于个人兴趣,是一种唯我论的风格;也就是说,它们最终是被单个的人所消费,因为其他人在那一特定时刻对之没有兴趣。把贵重金属作为首饰来使用,目的是表明个人之间的关系:所谓"女为悦己者容"。装饰是一种社会需要,而贵重金属特别适合用金光闪闪吸引他人的注意。结果,特定的装饰品被用来为特定的社会阶层服务:在中世纪的法国,黄金是不允许被特定阶层以下的人们拥有和使用的。因为装饰的所有意义都在于它的心理过程,这个心理过程是由佩带者在他人心中所激起的,所以贵重金属从根本上就与原始的交换手段有所不同。作为最纯粹的社会学事件和最完全的互动形式,交换在首饰这种东西中找到了自己合适的表达方式,首饰对于首饰的拥有者来说,其意义仅仅是间接的,也就是说其意义是一种与他人的关系。

如果某一种特殊形式的交换行为的具体化在技术上是以下面这种方式来完成的——每一个对象都首先与这种形式的东西进行交换,而不是与另外一个对象进行直接地交换——那么就有一个问题:如果更仔细地考察,在这些对象背后那些与之相对应的人的行为是什么呢?他们与商人相关的一般性行为,不管在怎样的程度上可以视为货币交易的原因和结果,都只提供了一种类比。对于我来说,有一点似乎很清楚——物品与货币之间关系的基础和社会学表现,就是存在于具有经济活力的个人与发行并担保货币的中央权力之间的关系。只有当铸币行为使货币超越了其单纯的金属特性之后,货币才会作为所有商品之间的绝对中介来行使其功能,更不用提那些更简单的货币种类了。从特殊的实际交换中抽象出来的交换过程,以及对这种交换过程独特地具体化,它们的发生都有一个必要条件——交换已经成为不是存在于两个个体之间那种局限于个体行动的私人化过程。由一方所给出的交换价值对另一方并没有直接价值意义,而仅仅是表明了对其他一定量价值它是一种拥有的可能性;只有在这时候,上述交换行为所具有的那种新的和更宽泛的特性才会得以建立;而这种拥有可能性的实现取决于作为整体的经济社会(Wirtschaftskreis)和作为其代表的政府。当物物交换被货币交易所代替的时候,一个第三者的因素就被引入到了上述双方之间,即社会整体,是它提供了与货币相对应的现实的价值。双方互动的核心就从双方直接的接触线上撤退,转移到了下面这种关系上来——双方中的每一方都通过自己对货币的兴趣而与经济社会发生关系,此经济社会接受货币,并通过拥有由最高当局所铸造的货币而把这一事实表现出来。有种理论认为:货币只是一种宣称其对社会拥有权利的声明;上面所说的即是这一理论的真理之核心所在。可以说,货币表现得像没有受票人的汇票一样,或者换种方式说,它是被担保了的而非被接受了的。有人反对这一理论,他们认为金属货币涉及借贷,借贷创造了债务,而金属货币的偿付还清了所有的债务;但是这种说法忽略了一个事实:对个人债务的清偿可能仍然涉及对社会的义务(Bindung)。货币对每一私人性义务(privat Verbindlichkeit)的偿付意味着社会现在假定由债权人来承担这种义务。物物交换的支付方式中所产生的义务可以用两种方式把它除去:提供直接等值的偿付,或为这种等价偿付创造一种要求权或汇票(Anweisung)。货币的拥有者就拥有这后者,并且通过把这种要求权转给随便什么可以提供这种偿付的人,他就把自己引向了一个匿名的生产者那里,这个匿名生产者在自己的经济社会成员资格基础上,为交换中的货币提供必要的偿付。在谈到货币信用的时候,我们在纸币和非纸币之间做了一个区分,即前者有某种东西支撑(即黄金),而后者则没有;这种区分在这里并没有多大关系。我们已经假定:只有当纸币是不可兑取的时候,它才是真正的货币,而当它能够被兑取的时候,它只不过是一种应当被偿付的要求权或汇票。但是从另一方面来看,也有很强烈的主张认为:对于买卖双方来说这种区分不是很有意义,因为,即使是有担保的纸币也不是作为一种支付承诺发挥功能,它就是最终的支付本身;这可以与支票进行比较,支票仅仅就是买卖双方的一种承诺而已。这种提出问题的方式并没有触及社会学意义的背景。从社会学观点来看,金属货币毫无疑问也是一种承诺,它与支票的唯一区别只是它所保证自己能被接受的群体有大小之别。货币拥有者及商品销售者针对社会群体具有一种共同的关系——前者声称对某项服务的权利,而后者相信这种可能的权利将会得到兑现——这种共同的关系提供了社会学意义上的格局,在这个格局中,与物物交换不同的货币交易得以实现完成。

金属货币——它通常被视为信用货币(Kreditgeld)截然对立的一种形式——事实上包含对信用的两个纠结不清的预设。第一,对钱币的金属质料进行检查在日常生活中是不可行的。现金交易离开了公众的信任是无法进行的,这种信任既可以是对政府的,也可以是对其他任何能够决定钱币价值与其票面价值关系的人。铭刻在马耳他钱币上的铭文——"non aes sed fides"("此乃信用,而非铜币也")——正说明了信任因素的重要性,离开了这种信任,即使是一个具有完全价值的钱币在大多数的场合也难以行使其功能。那些五花八门的、经常相互矛盾的接受某种钱币的理由表明:客观的证据并不是本质性的。在非洲的某些地区,玛丽亚银币①必须是洁白无瑕的,而在另外的地区则必须是污渍斑斑的,只有这样,才会被看作是真货而被接受。

　　第二,除此之外,还必须有一种信任——被接受的货币可以以同样的价值再次花掉。必要的、结论性的东西正是"此乃信用,而非铜币也",即对一个经济社会的信任,这个经济社会可以保证对于某种交换中的过渡性价值或钱币,都可以丝毫无损地被替代。离开这两个方面的保证,没人敢使用货币。只有这种双重的信任才赋予一个脏兮兮的或者已经辨认不清的钱币以某种特定数量的价值。离开了人们之间的一般性信任,社会自身将变成一盘散沙,因为几乎很少有什么关系能够建立在对他人确定的认知之上。如果信任不像理性证据或个人经验那样强或更强,也很少有什么关系能够持续下来。同样,货币交易离开了信任也将陷于崩溃。这种信任另外还有极微妙之处。有一种看法认为:货币永远是一种信贷,因为它的价值依赖于接受者对它的信赖,即接受者相信自己能够在交易中以这些货币去获得足够数量的商品。这种看法并不完全恰当,因为不仅仅是货币经济,而是任何经济都依赖于这种信任。如果一个农夫对他的土地将像前一年那样出产粮食没有信心,他就不会去播种;如果一个商人不相信公众会需要他的商品,他就不会提供这些商品,等等。这种信任只是推理知识的一种弱形式。但是在借贷的例子里,以及对他人信任的例子里,还有另外一个难以描述的因素,它最清楚地体现在宗教信仰里面。当某人说他相信上帝的时候,这并不仅仅表明是一种对上帝知识的尚不完善阶段,而毋宁说是一种与知识无关的心灵状态,它既比知识少,也比知识多。说"信仰某人",而不管或不知道这种"信仰"是何物,就是在使用一个微妙和深刻

---

　　① Maria-Theresa Thaler:18世纪在奥地利发行的货币,币面铸有匈牙利和波希米亚女王玛丽亚·特蕾莎(1717—1780,1740—1780在位)的肖像。

的成语。它表达了一种情感:在我们关于存在的思想和那个存在自身之间存在着一种确定的联系或整合,在我们关于这个存在的概念中存在一种特定的连续性,在自我对这个概念的顺服中存在着一种确信和顺从。这可能依赖于某些特殊的理性,但却无法以它们来解释。经济上的信用不包含这种超理论的信仰因素在内,同样,我们对社会的信心也是如此,我们不知道社会是否会保证货币的有效性,而我们已经用我们的劳动所得换得了这些货币。如我已经说过的,这大体上只是一种简单的推论,但是它包含着一种更深的、社会心理学的、准宗教信仰因素在里面。拥有货币在个人安全感方面所造成的感觉或许是最集中和最直接了当的,并且也表明了对社会政治组织和秩序的信心。这个过程中的主体性可以说是那种首先创造了贵重金属价值的主体性所具有的更高级的力量。这种更高级的力量是预先假设的,但是现在它已经通过双方的信任在货币交易中产生了实际的结果。这也说明了从质料性货币到借贷性货币的发展并不如其当初显示的那样极端,因为借贷货币必须被解释成这些信任因素的演化、日益的独立和孤立,而这些信任因素事实上早已经存在于质料货币中了。

经济社会的大与小、分散与集中之于货币的物质特性的意义

对货币的持续有用性的保证是相互接触着的整个社会群体关系的本质所在,但是,这种保证却有着特别的形式。从一种抽象的观点来看,这种保证并不存在,因为货币的持有者不能强迫任何人为了货币而给他些什么,即使对那些无可争议的优良的货币也不例外;这在那些联合抵制(Boykottierung)的例子中表现得最为明显。有一种可能性,即货币所表征的要求权将不会得到满足,这种可能性证实了货币作为纯粹信贷而具有的特性;因为信贷的本质就是:它的实现总不可能是百分之百的,不管它可以怎样地接近百分之百。事实上,个人有这样的自由,是把他的产品和其他财产转给货币的持有者,还是继续保留它们,而社会则对货币持有人负有义务。这种自由和束缚的分配尽管是矛盾的,

但却经常地作为一种知识的范畴起作用。因此,"统计法则"(statistichen Gesetze)的提倡者已经肯定了:在任何特定条件下,社会必然产生出一定数量的杀人犯、盗贼和私生子,但是个人并不因此一定会这样做,他们仍然有自由选择做道德的或不道德的事。统计法则没决定一个特定的个人必须去做出这样的行为,只有他们所属的社会整体才必然产生出确定的这种数量。或者,我们也可能被告知:作为整体的社会或种族在宇宙的神圣计划中,或是在人类朝向其终极超越目的进化进程中,具有某种已被决定了的角色;但是它们与其在个人身上的表现则了无关系,个人也有自由在社会整体中各行其是,任何个人都有自由对整体的行为作壁上观而不与之配合。最后,我们可以肯定地说:群体的行为总是被其利益导向、以自然律的方式被严格地决定,就像有质量的物体永远都受重力的作用一样;但是个体可能被理论和冲突所误导,他会遇到多种选择,而他的选择可能对、也可能错——相反,集体行为是没有自由的——因为引导这些个体的是背离常轨的本能和目的。这里我们没有必要去追究这些观念是对还是错。我只想指出:集体性存在与个体性存在之间关系的模式是在许多不同环境下被接受的;前者被看作是由必然律所左右的存在,而后者则是自由的;前者的限制由后者的自由来实现,而这种自由本身又要受集体的限制并且要适应整体结果的必然律。货币的一般有用性的保证是由统治者或是所处社会的代表者通过铸币(金属币或纸币)来实现的,这种保证是对一种不可抵挡的可能性的接受,即尽管每一个个人有自由拒绝使用货币,但最后他还是将接受货币。

  上述这些境况就引出一个结论:货币有效适用的群体规模越大,货币的价值也就越高。在一个小的、地区性的群体中,流通的可能是价值性较差的货币。这种情况发生在最原始的文化中:在达尔福尔[①],地区性的交换工具——锄头、烟草、棉球等等——只在某一地区流通;好一些的货币——布匹、奶牛和奴隶等——则对所有地区都有效。甚至可

---

① Darfur:苏丹西部一地区。

能发生这样的事:由国家发行的纸币被限制在某一单独的省份流通;土耳其在1853年发行了一种纸币,它们被认为仅仅在君士坦丁堡才是有效的。偶尔,也会有非常小的、联系非常紧密的团体会对接受某种符号作为货币达成一致,有的时候甚至只是一种筹码。但是,贸易关系的扩展要求一种有价值的货币,原因无非是长距离的货币运输要求价值应该被集中在较小体积的货币上。因此,历史上有着开阔市场的帝国和贸易国家总是被驱使着向有较高质料价值的货币发展。有些对立的趋势也证明了同样的原则。中世纪铸币的最基本的好处在于这样一个事实:任何时候,君主或诸侯都可以在他的领地里铸造新货币,以便加强旧币或由于贸易原因而进入这一地区的外国货币与新币的交换;每一次他的货币贬值时,他都会通过新币和被交换货币之间的差异而受益。但是这种好处有赖于较大的领地,在较小的地区,这种铸币特权得不偿失,因为货币的市场太小。如果从铸币贬值带来的益处不是与地区大小一致的话,德国货币的混乱还会更严重,因为有铸币特权的修院和每一小镇对铸币的随意妄为已经到了可怕的地步。正因为领地的社会经济结构要求有稳定的货币,所以强化低级货币带来的好处才是相当可观的。这将进一步由下面这个事实得到说明:在14世纪,欧洲贸易的增长导致了把古尔登币作为货币的一般单位来接受,以及以金本位代替银本位制。先令和便士是由小国和小镇为了内部的交易而铸造的小面值货币,它们可以被随意贬值。中世纪的铸币特权首先限定在铸造银币上;铸造金币的特权更需要有特别的许可,只能由具有大面积领土的政府才能行使。在这种关系上非常有特点的一个例子是:拜占庭宫廷一直保留到公元6世纪的罗马主权的最后遗迹就是铸造金币这个唯一的特权。纸币的流通总是限制在发行此货币的国家中的某一特别地区内,法国就是一个例子。曾经有一段时间,纸币曾作为法定货币在整个法国流通,但却不包括海港地区,因为在那里存在涉外贸易。当贸易范围扩展了的时候,就必须使货币也可以为外国人以及其他贸易伙伴所接受和需要。经济地域的扩展——在其他情况中也同样——导致了直接接触的减少;双方对环境条件的知识更不完备,信任更加有限,要想使拥有的权利得到更加满意的可能性也变得更不那么确定。在这种情况下,如果在交换中提供的货币只能在买方领土上使用而在其他地方其价值变得可疑,那么就没有人会愿意拿商品来交换。卖方将会要求自身有其价值的货币,也就是说,是在任何地域都能被接受的货币。货币质料价值的增加使得主体活动范围的扩展有了意义,在这样的范围内,货币一般都可被接受,而在较小的范围内,可流通性则可能要由社会、法律和个人的担保和关系来保证。如果我们假定货币的有用性是其可被接受的理由的话,那么其质料价值或许会被看作是对那种有用性的一种保证;而如果它的可流通性是由其他手段来保证的话,那它的价值可能就会是零,价值越高,危险性就越大。但是,扩张的经济关系最终还是在被扩展了的(最终是国际的)社会圈子内产生出了原本仅仅在封闭群体内所具有的特点;经济和法律条件越来越克服了空间的隔离,它们现在在远距离上运行的可靠性、精确性和预见性不逊于原来在地区性社区内的表现。当这样的事发生以后,作为货币内在价值的保证现在就可以被降低了。复本位制(Bimmetalismus)提倡者的观点认为,上述事情的发生只有在国际规模上才是可能的;这样的观点也肯定了我们的说法。即使在国家内部或国际上我们还远没有达到一种紧密的和可信的相互关系,但它的趋势也仍然是毫无疑问地朝着这个方向发展着。不断扩展的诸社会群体的联系和整合——由法律、风俗和利益所支撑——是货币内在价值日渐萎缩及其被功能性价值取而代之的基础。

贸易关系的扩展最初使交换手段的内在价值得到增加,而在现代文明中,这种扩展则通过银行和汇票以地区间和国际上的账目平衡而最终使这种内在价值完全被去除。同样的发展也出现在使用货币的部分特殊地区。在今天,税收从道理上是根据收入而非财产的多少予以调节。在普鲁士,如果一个富裕的银行家在过去的几年里遭受了损失,那么,除了最近才开始征收的小额财产税之外,他是不用付税的。不是仅仅有钱就得有付税的义务,而是要看你从这些钱上获了多少利、由钱生了多少钱,才决定你付税的义务;选举权取决于付税义务,就此而言,它也决定了纳税者在社区内的权利。我们简单地看一下货币资本在古罗马的角色,将会发现这种发展的一般方向。正如货币可以通过非生产的方式获得一样——如战争、捐款和货币兑换等,货币的借贷也可能只是为了消费,而非为了生产。因此,利息显然不能被解释作资本的自然产品;从这种情况中所产生的资本与利息间模糊、无序的关系,反映在把握利息问题的困难中,这种困难一直延续到基督教纪元后。只有生产资本的概念和事实才最终提供了一种实践的解决方式。早期的情况与现在的情况构成了鲜明的反差,在现代,资本的意义不是取决于它是什么,而是依赖于它在行使着什么功能。资本已经由一种僵化的、与生产疏离的因素,演变为一种在生产中活跃的功能。

担保是货币最敏感的神经,当代表着社会的客观机构事实上只代表社会和其利益中有限的部分时,货币的担保就自然地失去了部分力量。例如,私人银行是处在个人利益间的交换上的一种超个人的、相对性的客观存在;这种社会学特性使它能够发行钞票,但是如果它的钞票发行不能很快地转到国家监控的某一中央机构下面,它所代表的地区性限制就会在钞票的"货币"不完美性上表现得非常明显起来。北美纸币经济的缺陷部分地来源于这么一种观点:铸币是一种国家事务,而提供纸币则是私人银行的责任,对此国家不应该干涉。这种观点忽视了一个事实:作为货币,每一个都仅仅依赖于其交换功能得到证明,这种证明是通过在利益群体与一个客观机构之间的共同关系而实现的,货币行使其功能只能有一定的限度,即货币发行机关需代表和表达整个地区的利益。结果,地方统治者有的时候要尝试着让他的货币至少在表面上像是由更具广泛性的机构所发行的。即使在腓力和亚历山大①死后几个世纪,有他们名字和印玺的钱币仍然在一些地方被铸造,给人以皇家钱币的感觉,尽管它们事实上只是一些个别城市的货币。在现实中,渐进的发展一直在为着能保证货币价值的国家和权力的扩

---

① 这里指马其顿国王、科林斯同盟(公元前337年)时代希腊各城5邦霸主的腓力二世(Philip II,前382—前336)和其子亚历山大大帝(Alexander the Great,前356—前323)。

张以及最后的中央集权而努力。这种发展中一个有意义的特征是：政府在 18 世纪以前发行的库存债券（Schatzanweisung）是最早发明的对作为整体的国家税收所具有的要求权形式。在这个例子里，可获得偿付的确定性不依赖于那种一定非得查明的特别情况，而是依赖于对国家偿付能力的一般性信任。这说明了现代的中央集权化的大趋势，这种趋势与个人化趋势根本就不矛盾；它们形成了同一过程的两个部分，即个人越来越清晰的分化和新的中心化，其中的一个指向社会，而另一个则指向自我。这一发展从货币的性质中一笔勾销了所有个人化的和孤立的因素，从而使包容最广的社会领域中的中央集权化力量成为货币的代表。个人信贷像国家信贷一样，都是通过货币财产的抽象形式的发展而获益。单个的诸侯在 15 世纪和 16 世纪早期只有很少的个人信贷；这并非由于他们的偿付能力有限，而是因为其保证人的价值和担保存在问题。个人信贷是基于这样一个假设：借贷人财产的全部价值有能力偿付其债务，而不管其财产的具体构成会有什么变化；只有当以货币为标准对个人资产的全部价值进行了全面估价之后，他才能进行长期借贷。即使是在 18 世纪，大部分的债务都表示成以特定的钱币计算的特定的数量，这似乎是转向现代的一个过渡阶段。在那时，从一切特殊的形式中抽离出来的抽象价值的概念——即价值不再通过一种客观的质料予以担保，而是仅仅由国家或个人来担保——尚未完全发挥作用。

货币向其一般职能特征的过渡

然而，与通过社会机构对货币的功能性价值的保护相比，最主要的还是金融事务中金属的重要性正在日益退缩到背景中去。因为金属在最初向来是私人财产，公共利益和公共力量永远也不能彻底地控制它。有人也许会说：货币这个词在其严格意义上正在日益成为一种公共制度；公众权威、公共制度和一般公共交往及各种各样的担保形式，还有使其合法化的范围和程度，都越来越构成货币的含义。因此，早期货币尚不能立基于其抽象功能之上这一点，是非常重要的：那时，货币交易与特殊行业、货币生产技术或是贵重金属的交易都联系在一起。在13世纪之初，维也纳的日常交换业务是由染匠进行的，在英格兰以及在德国的某些地区，则是由金匠来进行的。钱币交换在中世纪是货币交易的核心，因为任何地方的货币支付都不得不使用当地的货币；这种钱币的交换最早是铸币厂自己的特权，是"铸币厂伙计们"（Münzer Hausgenossen）的特权。只有到了后来，当各城镇也要求铸币权力的时候，贵重金属的交换和贸易事务才从铸币业中分离出来。钱币的功能原本是与其质料联结在一起的，这差不多是一种个人性的联结；但是，当贸易的权威对钱币的价值有了担保之后，它就获得了独立性以及兑换的权力，同时，在货币质料——钱币之所由来——方面进行的交易也就对每一个人都开放了，特别是在货币功能得到集体担保这一点上，就更是如此。货币日益增长的去个人化（Entpersonalisierung），以及它与日益中央集权化和扩张的社会之间更紧密的关系，都直接地、有效地与对独立于货币金属价值的货币功能的强调联系在一起。货币的价值建立在中央政治权力的担保上，这最终取代了金属的重要性。在这里，有一个与价值衡量的被忽视的那一方面的类比。如果某件物品之所以有价值，是因为它具有获得另外一个物品的可能性，那么，这件物品的价值就由两个因素所决定：将获得的那一物品的内在价值，以及它能够获得那个物品的把握程度。在特定的界限内，如果这两个因素中的一个有所增长，那么，与此同时的另一个因素的缩小可能不会影响到整体的价值。因此我们可以举一个例子：在我们的各种感知内容中，其中某一个的意义同时依赖于它的可靠性和被感知者的重要性。在自然科学中，可靠性因素正在变得越来越重要，而在社会科学中，则是被感知者的意义变得越来越重要；因此，在这两个领域中的感知内容的价值可能具有相等性。只有当我们按照亚里士多德的思路而不去怀疑知识的确定性的时候，感知内容的价值才能被看作是唯独依赖于对象的价值。一个彩票的价值是其中彩或然性的产物，也是中彩奖金多少的产物；一个行动的价值也是一种或然性的产物：它的目的将完成和此目的的所具有的重要性的产物；一个债券的价值则是由其稳定性和利息率构成。货币并非严格地以同样方式发挥功能,因为它增长着的可靠性不是与它所能获得之对象的正在降低着的价值联系在一起的。但是,我们的类比还是有效的,理由是:在不触动整体价值前提下,钱币将按其面值接受的、增长着的可靠性,使其金属内容的内在价值有所减少。另一方面,货币社会学地位的原因和结果一样,带来了这样一种局面:群体的中央权力与其个体要素之间的关系变得越来越坚实和紧密,因为现在这些要素之间的关系自身是通过中央权力来发挥作用的。加洛林王朝①曾明确尝试以货币经济来取代物物交换和牲畜交换。他们频繁地颁布命令使钱币不致被拒绝使用,并对拒绝者给予严厉惩罚。铸币为皇家独有特权,对货币交易的加强意味着皇家权力在过去以私人或个人方式进行交易的那些地区中的扩展。同样地,在奥古斯都②时代,罗马帝国的金银币只能凭借皇帝的名义和命令来铸造,而较小面值货币的发行权力则可赋予元老院和地方政权。那些伟大的皇帝们经常创造出强有力的铸币体系的现象只是上述趋势的普遍化而已,这些皇帝如大流士一世③、亚历山大大帝、奥古斯都、戴克里先④等等,一直到拿破仑一世。在物物交换经济中,支撑一个巨大社会权力的整体技术鼓励自给自足和建造国中之国,例如,从墨洛温王朝⑤时代开始,这种情况就发生在那些较大的领地中;相比较而言,货币经济中对等的权力机构则在与国家保持一种联盟关系中发展并持续。所以,现代的中央集权国家就部分地是庞大的货币经济的结果,这里所说的庞大的货币经济就是伴随着美洲金银资源的开发而来的货币经济。依赖于钱币使用的每一次交易逐渐被视为商业系统较深层的意义所在,钱币的使用涉及一个中央集权的

---

① Carolingians:由中世纪欧洲的丕平家族(Pepins)所建立,赫里思图尔的丕平二世(Pepin II of Heristal,687—784)创建,其孙矮子丕平(Pepin the Short)于公元751年正式称法兰克国王,矮子丕平之子查里曼(Charlemagne,468—814)于公元800年加冕为罗马帝国皇帝。
② Augustus(前63—14):罗马帝国第一代皇帝,原名屋大维。
③ Darius I(约前550—前486):波斯帝国国王。
④ Diocletian(约243—约316):罗马皇帝(284—305在位)。
⑤ Merovingians(486—751),法兰克王国的第一个王朝。

权力和对超越铸币自身、相互接触各方关系的扩展,伴随着的结果是货币的力量使个人与王权的联系愈加紧密。这一事实最终摧毁了封建制度的自给自足。从德国皇帝开始的各领主对这种中央集权手段的争夺被看作是日耳曼帝国崩溃的本质原因之一;另一方面,13 世纪和 14 世纪的法国和英国国王借助于这种货币交易的趋势建立起了统一的国家。在俄罗斯帝国已经统一之后,伊凡三世①把他的部分领土分封给他的儿子们,但是他始终为中央保留着铸币权和司法管理权。法定货币最终使自己被广为接受,并把贸易地区与其最初所在国家结成更紧密的关系;一旦当这样的事情发生以后,政治边界以外那些松散的贸易关系的范围和连续性都有了显著地发展。英镑的兑换率在与葡萄牙和巴西的贸易中赢得了相当好的名声,使得英国与这些国家的贸易关系变得非常密切。在加洛林王朝之后不久,德国国王就把铸币权赋予不同的个人和宗教机构,但是仍然控制着确定钱币的金属成色、质量和形式的权力。在 12 世纪之前,有铸币权的那些人可以为了自己确定铸币的形式和标准,因此能够随心所欲地获利。铸币与中央权力的分离也伴随着货币的贬值;货币的本质功能也有所下降,而不如在它被最大的社会群体或中央机构所担保时那样强有力了。相反的过程也说明了同样的问题:货币的贬值引发了它原来所依赖的统一的最大群体的解体和崩溃。一种纯粹的形式化、符号化的关系可能也对这些现象的出现起过作用。黄金和白银相对的不可销毁性,是这两种金属的本质特性之一,并且由于采矿业所增加的这两种金属的数量无关宏旨,所以其总量差不多在很长时间内一直保持稳定不变。当大多数其他物品在一个无限过程中可以被消耗殆尽、销声匿迹、被取而代之的时候,货币却以其几乎是无限的耐久性而保持不受个别物品变化的影响。结果,货币超越于这些物品之上,就像一个群体的客观统一体超越于其各种各样的成员之上一样。这种群体功能存在于实际中的个体的具体形式之

---

① Ivan Ⅲ of Moscow:蒙古统治时期莫斯科大公,1462—1505 在位,于 1480 年宣布脱离蒙古帝国。

外，是在转化着的个体表现中所具有的稳定的构成过程，也就是说，它们被结合于其中、被它们所形成并最后从中释放出来。这正是那些被具体化了的群体抽象功能的生命的独特形式。例如，所谓国王的不朽就是如此，这种不朽独立于国王个人的偶然性、他特殊的行为或是他所在社会的命运沉浮；铭刻着国王肖像的近乎不可毁坏的钱币就是这一事实的一个符号和表现。较大规模的金融事务在16世纪才在与诸侯们的商业交易中开始；随之而来的与诸侯们的交往使金融家们的地位有了一种皇家高贵色彩，而商品贸易则显得更为平民化。因此，社会主义者对金融所具有的仇恨就不仅仅是针对私人企业中盘踞工人头上的资本主义权力，它可能来自反君主统治的本性，因为尽管社会整体的具体化形式——这是货币存在的前提条件——不一定必然地要采取君主政体的形式，但事实上，君主制最喜欢的就是在群体的经济功能运作中以中央权力进行干涉。而且，诸侯们居所的固定——这需要中央集权化——只有在有货币税收的条件下才有可能，因为以实物支付的税收不好运输，它们只适合于缴纳那些个游牧王朝，他们可以很快地消费掉那些东西。同样，现代税收政策倾向于把财产税归当地政权，而收入税则归国家。中央政府通过对个人工资收入的税收权力的强调，就准确地把握了与之有密切关系的财产的性质。因此，官僚主义的发展，以及它与金融的密切关系，只是中央集权化倾向的一种表现而已。封建制度的管理是分散型的(Dezentralisation)，远在边陲拥有财产的大臣的利益把他与中央权力分离开来，相反，定期的金钱报酬却把官员们吸引到了中央权力附近，并持续地强化了他们对中央权力的依赖。在19世纪开始的时候，高门政府①由于货币的不断贬值，不得不铸造双倍重量的钱币来支付官员和行政的开支，因为在官员与国家的关系中，必须要有实足价值的货币才行。行政部门惊人的增长和分化只有在货币经济下才是可能的；然而，在一个特殊的中央机构中，这只是存在于群体凝聚的客观化表现与货币之间那种关系的症候之一。在希腊文化中，这种

---

① Sublime Porte：指1923年前的奥斯曼帝国政府。

关系不仅表现在政治统一体上,而且还表现在宗教统一体上。所有的希腊货币曾经都是神圣的,它来自祭司阶层,就像其他普遍有效的度量概念——比如重量、大小和时间等——也由祭司决定一样。祭司的身份同时象征着不同地区的统一。人们早期的联系的发展是建立在宗教基础之上的,在有些例子中,这种情况覆盖了相对比较广大的地区。神殿有一种超越特殊性的中心化的意义,而货币通过铭刻共同拥有的神的符号表现了这一点。宗教性的社会统一体——凝固在神庙上——通过进入流通的货币又再次变得活跃起来,而货币也获得了远远超过了单枚钱币之金属内容的意义。通过社会学结构的支持和反过来对这种结构的支持,货币的功能通过牺牲其物质性而更具意义。一些例子和反思将会更清楚地说明这一过程。对于货币的诸多作用,在这里我将仅仅说一下其对贸易的促进、价值标准的稳定性、价值的流动性和对流通的加速作用,以及它以凝聚的形式所表现出来的价值精华。

  这里我想通过介绍的方式来强调:君主对新币的贬值(这一点我在前面讨论过),通过这种贬值对大众的盘剥,最清楚不过地揭示了货币的功能价值之意义,与货币金属的价值之意义截然对立。百姓们之所以在交换中能够接受贬值的钱币并支付实质价值更好的钱币,是因为前者实现了货币的交换功能。铸币业的把持者以不成比例的高利润进行了勒索,都是因为货币的功能性价值;因为这种功能性价值,百姓不得不同意进行钱币交换,从而牺牲了他们钱币的金属价值。但这只说明了一种非常一般性的现象,即:货币,从其形式上来说比任何其他的东西都更好地为贸易服务,但它并不单纯因为其质料性而有什么优越的地方,因为它也可以超越其自身的质料意义,就像我们下面这个例子所说明的那样。在 1621 年,当德国泰勒①在低地德国地区(Niederdeutchland)贬值的时候,它从值 48 个先令升到值 54 个先令,霍斯坦②、

---

 ① Reichsthaler:德国在 15 至 19 世纪所使用的钱币,1 泰勒值 3 马克。
 ② Holstein:位于北德日德兰半岛,公元 1111 年在神圣罗马帝国时期先后成为一个郡、大公国,至 1815 年成为日尔曼邦联成员。

波美拉尼亚①、卢卑克②、汉堡和其他地区发布了一项政令,根据这项政令,从某个时刻起,德国泰勒只能值 40 个先令。尽管这项规定被普遍接受并被认为是公平合理的,但是德国泰勒仍然继续保持其 48 个先令的价值,因为这更容易找零和计算。在更高级和更复杂的阶段,当债券以大的和小的面值发售的时候,同样的事情也可能发生;股票交易以较高的价格对小面值债券进行报价,因为它们更为急需,并能以其小面额更好地为贸易服务,尽管按股份计算其价值还是完全一样。事实上,1749 年在北美殖民地的一个委员会就曾声称:在那些经济欠发达的国家里,因为人们的消费要超过生产,所以他们的货币价值向来比那些较为富裕的邻居小,要不然的话,这些国家的货币将不可避免地流向富裕的国家。这个例子以更明确的方式说明了我们前面曾经提到过的一个事实:以计算和结账为目的的货币之特殊形式所具有的稳定性为这种形式创造了一种价值,这种价值被有意地提高到了其实际有效价格之上。在这里,货币的功能性价值大大地超过了其质料性价值,以至于它竟扭转了双方的重要性和意义。我们可以以价值性功能的增长为例,来作为与质料性价值的比较。在这些例子里,较低等的钱币在与贵重金属的关系中保持了一种令人难以相信的价格。这样的事情发生在如金矿一类的地区,在那里财富刺激了活跃的贸易,但是现金却在每个人的日常交易中显得较为缺乏。在 19 世纪末的巴西金矿矿工们中间,对现金的需要增长极快,于是葡萄牙国王就用提供白银货币来换得惊人数量的黄金,以此来剥削矿工们。其后,在加利福尼亚和澳大利亚,也发生了矿工们不得不用两倍到十六倍价值的黄金进行支付,以便换得价值较小的零钱。这类现象中的最糟糕之极者表现在一直延续至今的土耳其货币状况中,但现在已经有所改观了。在那里,根本就没有镍币和铜币可用;所有较小的硬币都由质量低劣的合金打造而成,比如像阿尔梯利克(altiliks)、波什利克(beschliks)和迈塔利克(metalliques)这些

---

① Pomerania:中北欧波罗的海沿岸一历史地区,现属波兰和德国。
② Lübeck:德国东北部港市。

钱币，它们的供应是绝对不够的。结果，这些硬币的价值虽然由政府在1880年指定贬值一半，但却始终保持不变，并与黄金同等地进行交换；而迈塔利克这种被认为是全世界最差的代用币反而在有的时候超出了黄金的价格。这样的现象最有特点，最小的钱币在交换中成了最重要的，并且其价值也因此而决定，所以这些小面值的钱币总是最先被贬值。迈塔利克的价格说明了这样一个悖论：一种钱币可能会比实际情况更具价值，因为质料价值的缺乏会使它更适用于某些功能性目的，如此一来，这种钱币的价值就会无限制地增加。

对银本位的反对建立在对货币功能性意义和地位的逐渐增长的认识之上；也就是说，使用上的方便性是对货币最基本的要求。一种粮食可能会被保存和使用，只要它有营养和好吃，尽管它可能用起来不太方便；一种服装可能会被保留，只要它是漂亮或保暖的，尽管它可能是不太合适的；但是不方便使用的货币却像不可口的食物或不合身的衣服一样，因为货币主要的目的是为商品的交换提供方便的手段。货币与其他商品不同，因为除了其主要特性之外，它具有并应该具有较少的次要特性。因为货币是超越所有具体商品之上的一种绝对抽象的存在，任何在其原始特性之外的次要特性都会对它产生妨碍和扭曲。

通过对货币功能的扩展和压缩，货币的价值就可以独立于其质料价值而增加或减少，即使在价值稳定的情况下也是如此，虽然说稳定的价值与其质料价值有更密切的关系。罗马的皇帝们有铸造金币和银币的独一无二的特权，而在日常交易中使用的铜币则由元老院来铸造，在东部省份是由城镇一级的权威来铸造。这提供了某些保障——皇帝将不会使具有较小实质价值的钱币在国家里泛滥。最后的结果是：皇帝继续他们对银币的贬值，这在特定的过程中，导致了罗马铸币业的彻底崩溃。在价值关系上这也产生了一种奇怪的逆转：作为贬值的结果，银币成为日常交易的手段，而铜币却在价值上没有发生变化，并逐渐成为价值的标准。金属价值所具有的相对稳定性所发生的变化，扭转了作为货币价值表征的金属的最初角色。在谈到与质料性价值相对立的价值稳定性所具有的更大意义问题时，最近有人已经在强调：从纸币到金本位的转换不一定非得涉及重新启用黄金支付手段。在奥地利这样的国家里，纸币与白银价值对等，所以向金本位的转变不会带来货币价值稳定的决定性的好处，还会在不使用质料本身的条件下实现黄金的最重要功能。最近，对货币价值稳定性的兴趣甚至导致人们提出废除作为纸币担保的金属储备。只要这样的储备还存在，不同的国家就仍然属于一个共同的体系，这样的体系使每一个国家的交易都受到其他国家政治和经济事件波动的影响。因为没有担保的纸币是不能出口的，所以它们将对那些国家国内的各种企业有益处，并且特别能保持货币的彻底稳定性。不管这种理论面临了多少批评，它最起码的主张说明了：在心理意义上，货币的概念是怎样与货币质料的概念分离开的，以及它是怎样通过对其功能性作用的关注而逐渐变得完美起来的。货币的所有功能都显然服从于某些条件，这就是使得货币逐渐消融到其功能性存在当中去的那些条件；在任何特定的时刻，它们都只是部分地有效，上述这些概念显示出一条发展的线索，而线索终点的目标是它永远也达不到的。货币要度量的价值和它所要表达的双方关系是纯粹心理学意义的，这样的事实使得其度量之稳定性的存在不可能像在空间和重量的度量中那样稳定。

货币之物质性意义的下降

在实践中，当货币的价值已改变后再偿付欠款而招致任何问题的时候，价值的稳定性是被作为事实而接受下来的。如果货币的价值已经在总体上下降了，以至于当偿付欠款的时候，同样数量的货币在价值上已经不足，那么这个规律就忽视了价值稳定性的事实：同样数目的钱被认为价值也相等。如果钱币已经通过合金或改变标准的方式而被贬值了的话，那么根据这个规律或许可以决定所欠债务应该按照新的标准来偿付，或是按照新标准的金属内容，或是只简单地按照其面值来偿付。一般来说，货币可以保持其价值不变的观点还是颇为流行的。当然，这样的稳定性也是一种虚构，在这种虚构中，涉及了一些其他的物品,并且也没有人会怀疑,例如,在春季里借的五十磅土豆以实物偿还的时候可能会值更多钱,也可能值更少钱。但是,在这样的情况下,我们可以谈论物品的直接意义;当土豆的交换价值可能波动的时候,它们予人以满足和营养的价值是保持不变的。然而,货币并不具有这一类的价值,而只具有交换价值,并且关于其价值稳定性的假设因此也更加引人注意。倾向于权宜之计的理由会确保这种基本的虚构变为现实;我已经指出过:在货币由贵重金属铸造而成的情况下,它与首饰的联系有助于其价值的稳定性;因为对首饰的需求具有很大弹性,它吸纳了大量的、增长着的贵重金属的供应,因此而防止了对其价值过大的压力;另一方面,对货币增长着的需求可以通过使用首饰的库存而得以满足,库存既使得需求的数量得到满足同时也避免了贵重金属价格的上涨。这种趋势的持续似乎是在表明其作为目标的、对货币物质基础的彻底去除。因为,即使是像贵重金属这样合适的质料也不能同时避免由于需求、生产和工艺过程等特殊条件所造成的波动;金属发挥着交换中介的功能,并且也是商品相对价值关系的表达方式,而上述特殊条件与这些事实并无太大关系。货币要想取得其自身完美的价值稳定性,就必须自身什么也不是,而只是具体商品之间价值关系的纯粹表达。这样,货币就将取得一种中性的地位,这种地位将很少受到商品波动的影响,就像尺子不会受到它所度量的不同长度对象的影响一样。通过这种功能的行使而建立起来的货币价值就将达到其最大限度的稳定性,货币质料的量是我们难以控制的因素,与此相比,供求关系就可以更容易地被调节。这并不是否定,在特定的历史和心理条件下,当货币价值附着于金属时比它脱离金属时更加稳定——正如我在前文所观察到的事实。

因此,我们回到前面所说的类比上,虽然说最深沉、最崇高的爱可能是两个灵魂之间的爱,排除了一切肉体的欲望,但只要这样的爱是不可企及的,那么爱的感情就只有在一种精神关系由一种亲密的感性纽带予以补充和调停的时候才会完满地实现。天堂乐园可能会实现对永恒极乐的承诺,但条件是在天堂乐园中,对极乐的意识不再要求相对立的情绪的对峙;但,只要我们还是人,积极的幸福就依赖于它跟我们其他体验的对照,如痛苦、冷漠和沮丧。因此,尽管没有内在价值的货币会是理想的社会秩序中最理想的交换工具,但在这一点实现之前,货币最完美的形式总是与某种物质质料联结在一起的。这一条件并非意味着货币偏离了那种一直持续发展的方向,即货币转向其本质功能的一种纯粹符号的载体。

在货币的质料性价值和功能性价值分化的过程中,有些例子说明存在着一个特别的阶段,在此阶段中,某种特定种类的货币被用作一种价值的标准,但并不充当实际的支付手段。在此同时,如果离开了它的度量性价值,货币则不能行使其交换功能;但是在某些特定方面,货币的交换功能是独立于其度量功能的。在古代埃及,价格是由尤顿(uten)——即一段卷曲的铜线——来决定的,但是支付却是用各种各样的商品。在中世纪,价格经常是以货币的名义来决定,但是买者却有自由以任何方便的形式来支付。在今天非洲的许多地方,商品交换根据某种货币标准实现,这种货币标准有时非常复杂,而货币本身可能根本就不存在。在16世纪的热那亚,有一种非常重要的市场交易建立在以斯秋道为标志的价值单位体系①标准之上。这种标准差不多完全是虚拟的,在实际中根本就不存在:100个这种斯秋道最多值99个最好的金斯秋道。所有的义务或责任都以斯秋道价值标准体系来表示,由于这种理想化的特性,价值的标准是绝对稳定的、不受实际货币的非连续性、波动性的任何影响。为了对付人们对印度钱币的贬值、蔑视和仿造,东印度公司引进了卢比(rupee current)——即一种根本就没有铸造过、但与一定量的白银相对应的货币——只是用它来提供一种标准,以此来度量实际中被贬值货币的价值。通过这种理想化标准的存在,实际中的货币也获得了一种相对稳定的价值。以这种方式,一位19世纪早期的理论家所构想的一种事态几近被建构出来了。他把所有的货

---

① Werteinheit des Markenscudo:意大利文为 scudo de'marchi,scudo 复数为 scudi,是一直用到"二战"为止的意大利金币,一个相当于5里拉。

币——不管是硬币还是其他的什么形式——都看作是对可交换商品声称的权利,最后达到对货币现实性的否决。货币(Geld),在其严格意义上来说,是与通货(Münzer)相对立的,通货只是以货币的名义来表达的"指令"(Anweisung),而货币自身则是一种理想标准,通过这种标志所有财产的价值得到度量。这里,"斯秋道价值单位体系"原理已经成为一种一般性的理论;货币已经被理想化为一种纯粹形式和一种关于关系的概念,以至于它已经不再与可感知的现实一致,它与可感知的现实发生关系的方式就是抽象的规律与经验特例发生关系的那种方式。在上面引述的例子里,度量价值的功能已经被从其质料符号中分离出来;用于计算的钱币被有意地与金属币对立起来,以便建立起它能够超出后者范围之外的地位。在这种关系中,理想的货币实现了像"善的货币"(gute Geld)想实现的同样的目的,说它"善"只是因为它是一种可靠的价值度量。

货币所行使的基本功能之一是使价值更具流动性,上述说法说明了这一点;就此而言,这一说法也把我们引向了以等价物表征货币价值这个主题上。在与质料性价值的关系中,作为交换手段、价值标准和存储价值方法的货币,其重要性越是有所增加,它就越容易以一种非金属的形式在世界流通。同样的发展——即从货币的僵化性和质料规定性发展为货币的符号性——也发生在这些表征自身上;例如,从一个人给另一个人的债据(Schuldshein)这种形式发展到了持有者手中的不记名债券(Inhaberpapier),就属于这种进化过程。这种发展的不同阶段仍然还需要进一步地追溯。在中世纪就已存在着认定债务的契据,在这种契约中,持有者和原始债权人都被赋予收债的权力;但是,这种契据的目标只是让债权人的代表能更容易地收债,而不允许转让应收价值。这种纸币价值的纯粹形式化的流动性在法国的"空白欠据"(billet en blanc)中被赋予了更实际的内容,"空白欠据"在当时里昂的股票交易中使用。它在字句上仍然提到债权人,但却没有具体的人名;只有当欠据上的空白处被填上名字之后,债权人才算是确定下来。汇票交易首先在16世纪的安特卫普被完善地建立起来。最初,如果没有转让书一同递交,这些汇票常常在到期的时候被拒绝接受,所以,政府不得不颁布一项法令来肯定它们的普遍有效性。这里我们就看到了一系列非常清晰的连续性阶段。也就是说,我们所讨论的价值通过个人指定的汇票而被界定在债权人和债务人之间。它首先要求一种至少可以支付给另外某人的流动性,尽管这仍然是出于对原始债权人的原因的考虑;于是这个过程通过延期而得以扩展,但仍然明指一个个体债权人;直到最终,同不记名债券一道,这种价值成为完全可流动的,它也就可以像钱币一样易主了。这好像是我们在国库债券(staatliche Schatzanweisung)中所看到的发展过程的相反或是主观的方面。因为这些债券在最终意义上可以从一般性国家税收中而不是国王的特别税收中予以偿还,所以从债务人角度来看,它们就丧失了其僵化性;它们从其受限制的范围而发展到一般性的经济运动中,并成为价值更具流动性的符号,因为此时对它们价值的特殊检测已经没必要了。

价值流通的普遍加速也决定了货币质料与功能之间的关系。与那种对货币和货币替代物关系解释的片面观点相对立,人们已经确认了:货币的替代物——如支票、汇票、保单、转让书——并没有取代货币,而只引起了流通速度的加快。有一个事实较好地说明了这种货币符号功能——钞票连续地从较大和缓慢的流通价值转向较小的价值。英格兰银行在1759年以前不发行20英镑以下的钞票,而法国银行在1848年以前则只发行500法郎的钞票。货币的替代物使个人能有可能摒弃大量的现金储备,但是主要的好处还在于现在流动资金可以以其他的方式来使用了,例如被银行使用。被经济化的不是货币自身,而是其作为被动的现金储备的用途。人们可能会普遍地注意到:借贷和现金并没有简单地取代对方,相反倒是在对方身上造成了更活跃的结果。当有时在市场上存在着较多现金的时候,借贷活动也常常比较多,甚至到了一种病态的程度,如在16世纪的德国,大量的贵重金属进口就与大量的、甚至是没有保障的借贷以及狂热的扩大公司规模活动联系在一起。货币和信贷范围同时增长的事实表明它们在提供着同样的服务,而当其中任何一个得到提高的时候,另一个会受到刺激变得更具活力。这并不与货币信贷的另一个关系——即信贷使现金变得多余——相矛盾;例如,据说在1838年的英格兰,比起五十年前,尽管生产产品已有了巨大增长,但可用现金反而变得少了,而在法国,可用现金也要比大革命前有所减少。这种存在于两种现象之间、源自同一动机的双重关系,一方面相互刺激,另一方面也相互限制对方的过剩,这是很容易观察到的、一点也不罕见的一种现象。我想提醒读者注意:爱的基本情绪可以以感性和精神两方面彼此加强的方式来展示爱自身,但也同样以一方试图排除另一方的方式展现出爱;并且,大多数情况下,正是这两种可能性的交互作用最丰富、最生动地表现了爱的基本情绪。

我也想提醒您注意:追寻知识的多种多样的活动,不管它们是相互刺激还是相互补充,都揭示了其基本旨趣的同一性;一个群体的政治能量,根据个人的性质和环境,会注入不同的党派中去,但是这些党派对他们力量的展示不仅表现在相互之间的情绪化争斗上,还表现在为整体的群体利益而共同行动偶尔的联合上。信贷的意义既是对更大的现金周转的刺激,也是一种对这种现金周转的代替,它表明这两种交换手段所提供的服务之间相互联合的统一性。

贸易的增长导致了货币更快速地流通,而不是增加了货币的质料。我在前面曾提到过:1890年,法国银行因当时的原因投入流通的资金是其存款的135倍,而德国帝国银行的货币流通量则是其存款的190倍。人们很少能体会到货币行使其功能所需的质料量少到了什么地步。在战争或其他灾难中,货币了无痕迹地销声匿迹是一种惊人的现象,但这只意味着:货币流通出现了中断,这种中断是个人人为的原因所引起或强化的,从而使得流通过程与货币有暂时的分离。在正常的时代,货币储备似乎比其实际的数量要大,因为有流通速度的原因——就像一个闪亮的火点,当它在黑暗中很快地旋转的时候,看上去就像一个闪光的圆圈,但是当它一停下来,又缩回成一个闪亮的火点。这种现象在货币贬值的情况中表现得最为剧烈,因为货币属于这样一种现象的范畴:在这种现象的范畴中,正常的活动决定了界限和范围,而任何偏离或功能失调都会引起巨大的、几乎难以想象的损失,典型的例子是水与火的能量。纯正的货币没有贬值货币那么多的副作用,并且,因为它的使用不需要被很严格地调节和管理,它可以比劣质货币更容易和更平稳地流通。货币发挥其功能的形式越是精确,必需的货币量就越小,它也就越容易为更快的流通所代替。交易的增加也可以通过减小钱币的价值而非增加流通中实际的货币来实现。货币铸造总的趋势是钱币的由大到小。一个很有特点的例子是英国的法寻①(相当于 0.12 克的白银),它在很长的时间里一直是英国最小的币值;只有从 1843 年起,二分之一法寻的硬币才被铸造出来。在那以前,所有低于一个法寻的价值都被排除在货币交易之外,并且任何在两个整法寻之间的价值交换也都有困难。一个从阿比西尼亚来的旅行者报道说,贸易受到相当大的阻碍,因为只有一种钱币可以被接受,那就是铸于 1780 年的玛丽亚一元银币,再小些的钱币从使用上来讲根本不存在。如果一个人想要买半块钱的东西,他不得不买一些其他的东西来抵应找的钱。另一方面,据说,在 1860 年代的婆罗洲②贸易活动特别容易,因为一个泰勒③差不多相当于 4000 个宝贝贝壳④,因此穷人们可以有钱来买最少数量的商品。作为钱币可分割性的结果,确实可以不再提供无偿帮助来辅助交易;一旦搞得到一种货币的等价物,并且因此它成为必需物,甚至对最小的交易也是必需的时候,借贷和双方互助这些在原始条件下的规则就消失了。但是双方互助,这种最初是社会必需物,后来又成为一种道德义务或单纯善意的行为,并未比它的对立者——强抢——使某种适当的经济活动的可能性变得更有意义。只有当贸易及其目标变得具体化了,礼品馈赠行为才会发展成为一种经济体系。礼品的交换这种主观的程序肯定具有很大的价值,甚至会是一种经济价值,但是它却为经济设定了一个非常狭窄的界限,而这些只能通过可以摧毁这

---

① Farthing:英国旧时值四分之一便士的硬币或币值。
② 东南亚的加里曼丹岛。
③ 即一元钱。
④ Cowry:一种海生腹足动物,壳光滑明亮,生于暖海中,其贝壳旧时在亚非等地被用作货币。

一类价值的手段才能除去,这种手段之一就是引入小面值钱币。货币物质实体化解为微量单位,可以说极大地增加了交易量;通过对货币流通的加速,这种化解在实际效果上增加了货币的数量。换句话说,货币发挥功能的方式可以替代货币质料在数量上的增加。

最后,某些货币实效具有了与货币质料自身性质不和谐的意义。货币的功能之一,是以自己特有的方式浓缩以及表征物品的经济意义。支付某一物品的货币数量的统一体把货币功用的所有要素都整合起来,还有那些在空间上相互分离的特殊价值,以及所有为货币铺路并最终形成货币的力量与物质,这些过程可能都延伸了一个相当长的时间。不管一个货币的价格包含了多少钱币,它仍然是一个统一体。货币各部分之间的完全可互换性把货币的意义唯一地限定在其量上,它的各部分形成了整个的统一体,这在实际生活中的其他地方很难见得到。如果有人说到某个极其有价值、复杂的物品,如一个值五十万马克的乡村庄园,那么,不管这个数量是建立在多少前提和考虑之上的,它都把这个价值凝聚在了一个独一的概念里,就像一个单一物品是以一个单一的钱币概念来表达的一样,例如说一小时的工作值一马克。这只能与某种概念的统一性相比,这种概念统一性从数个个别例子中把它们的本质特性集中起来。例如,当我使用一个共性的名称"树"的时候,我从每一棵非常不同的树的表象中抽象出来的特性不是单纯地排列在一起,而是整合在一个单一整体存在者之中。概念的深层意义是:它不是一种简单的特性集合,而是一种理念的统一,在其中,这些特性邂逅其他概念并与之融合,尽管它们各不相同;货币价格就是以这种方式把对象各种不同的、较大范围内的意义都集中在一个凝聚的统一体中。乍看上去,似乎货币的数量特性会使这一点的实现不可能;比如,一个马克怎么也不会以有机体或社会元素的方式与第二个马克构成一个统一体,因为任何双向的关系都不会出现,它们将总是保持一种单纯的排列关系。但这与货币量表达物品价值的情况有所不同。五十万马克自身只是一些独立单位的集合,但如果作为一个乡村庄园,它们就是一个符号统一体,是其价值替代品的表达。它们不是一些马克单位的堆积,就像摄氏二十度的温度不是二十个特定温度的堆积,而是一种热状态的统一体一样。这与上述货币凝聚价值的能力都是一样的。因此货币是伟大的文化要素之一,它的功能就是把巨大的力量凝聚到一点上,并通过这种对能量的凝聚,战胜与我们目的相对立的各种消极和积极的对立者。说到这里我们应该想到机器,不仅仅是因为有一个明显的原因,即机器把它的力量作用于我们欲求的目的,而且也是因为机器的每一次改进和速度的提高都迫使工人以更大强度工作。这正是为什么技术的进步和工时缩短能够并必须同时进行的原因,因为自然和人的力量通过改进机器以一种更凝缩的形式为我们的目的服务。在塑造我们的世界观时自然规律越来越突出,在这里面我们可以观察到同样的文化趋势在起作用;与对个别现象的关注或原始经验的偶然性和片面性相比,一个自然律代表了一种对知识的高度凝缩,它在一个简略的公式中概括了无数例子的特点和运动。通过自然律,心灵把巨大范围里空间和时间的事件都压缩成一个可理解的系统,这个系统可以说就包含了整个世界。

  在一个非常不同的领域里,枪炮取代手工武器表现了同样的发展形式;火药提供了能量的巨大集聚,我们只需以最小的肌肉运动就可以触发以其他方式绝不可能获得的效果。还有一个例子:在历史的发展中,个人取代了宗族组织、家庭和行会,它的意义和分化可能也遵循了同样的原理。积极的力量越来越从个体化的、规模限制较小者中辐射出来;它们似乎比过去更为凝缩,在过去,只要个体是与群体紧密联系着的,那些决定群体命运的要素就都分布在群体之中,但现在却更加凝聚在个体自身之内。如果一种活动手段日益增加的数量尚未被整合到某一个体存在的凝缩形式当中,那么现代人自我决定的权利就不能出现。同时,这样说也并不存在什么矛盾,那些早期的、较紧凑团体的功能大部分已经被转移到了某种更具广泛性的联系之中,即国家。从其实际成效来看,现代国家的生活,包括它的官僚制、它的能量和集权化,要比过去较小的社群强化得多。现代国家建立在一个所有政治力量都特别集体化、整合和统一的基础之上;在那些分成许多小规模自治区的国家里，有很多能量的浪费，与此相比，自由和分化了的人格以及现代国家都代表了一种无与伦比的力量的凝聚。以这种方式，社会能量就需要有一种形式，它允许所有最小的努力在面对每一个特别需要的时候都能取得最大的实效。我们感到有趣的是：货币以最简明、最凝缩的方式表达事物价值的方式与这种集聚力量的历史趋势相一致，不仅如此，它还通过与许多极不相同领域内的特别情况的直接关系，进一步地证实了这一历史趋势。例如，在枪炮发展的早期阶段，金钱为战争提供军费（pecunia nervus belli）；它把武器从骑士和市民手中夺过来，把它们交到雇佣兵手中，从而使对武器的拥有和使用成为有钱人的一种特权。我们几乎用不着说明机械技术的起源和过程与货币体系是如何紧密联系的，但是我将在稍后说明那些曾给予个人以自由的最原始群体的起源和发展过程，同时我也将说明国家的发展与货币经济的出现有很密切的关系。我们可以看到：力量集聚的文化发展趋势与价值的货币形式有着许多直接和间接的联系。货币对文化过程的其他部分提供的所有隐含的意义都来自它的本质功能——为事物的经济价值提供最简明的可能表达形式和最凝缩的符号形式。对于价值的贮藏和转移功能，传统的看法是把它视为货币的主要功能，但这只是货币基本功能中较粗糙和第二位的表现。这种功能显然与货币的质料价值没有内在联系，但有一点也确实是通过这一功能而变得明显的，即：货币的本质所在正是结合于这种功能之中的那种远远超越了货币物质符号意义的观念。货币在集聚价值方面的角色越是重要，它就越是不那么需要与物质实体相联结；货币在价值集聚方面角色的变化不仅仅是通过其数量的增加而达到的，它更是通过使其功能延伸到越来越多的对象上面以及以这种方式对更加多样性的价值进行整合而实现的；这种现象的原因是，与投射和整合到货币概念中的价值丰富性、可变性及多样性比较起来，物质质料的机械单调性和刻板性显得越来越不合时宜。

　　这一过程或许可以称作是货币日益增长的精神化过程（steigende Vergeistigung des Geldes），因为它是从多样性中实现统一的精神活动的本质。在感性世界里，事物都是比肩而立，只有在精神领域内，它们才会被整合起来。概念的诸元素形成一个统一体,就像在一个命题里的主词和谓词那样;直接感知的现象中是没有类似者存在的。作为物质与精神的桥梁,有机体是迈向这种统一体发展的第一步;互动融合了有机体的各个元素,有机体也在持续地向着一种不可能最终实现的完美统一前进。交换的互动产生了价值在精神上的一种统一。在空间上延展的物质实体只是货币的一个符号而已,因为作为物质实体而存在的东西的非连续性,与作为一种互动的抽象表征的货币本性是相互对立的。只有在质料要素后退的意义上,货币才真正成其为货币,那是价值互动着的要素的一种真正的结合和统一,这只有靠精神才能成就。

货币之价值意义的上升

如果货币的功能可以部分地与其质料共同实现,而部分地又独立于这种质料的数量,并且,如果货币的价值因此而下降,那么,这并非意味着货币价值有种一般性地下降,而实际只是其有限数量的价值上的下降。这二者并不协同一致,并且,我们或许差不多可以这样来说:任何特定数量的货币其价值变得越少,货币在总体上反而变得越有价值。因为只有当货币便宜和任何特定量的货币价值较少时,它才会有更广的扩散、更快的流通以及更为通用的性能,这都是保证其目前角色所必备的。在货币的特别量和一般性之间所存在着的同样关系也盛行于个体精神中。比如说挥霍,它最容易为了购买而购买,从而与金钱脱钩,但同时它又最依赖于一般意义的金钱。这就是通常那种说法的意义之一:只有家财万贯,才能挥金如土。在和平时代的环境里,经济生活的速度较慢而货币的流通也较迟缓,一定数量的货币较现代城市生活中经济竞争场上的货币更具价值。货币的快速流通使人养成消费和获取的习惯;在心理意义上,它使得特定数量的货币更缺少意义和价值,而在一般意义上的货币则变得愈发重要,因为有关金钱的事务现在——比它们在一种较缺乏活力的生活方式中——更能使个人充满活力。我们在这里遇到一个非常普遍的现象:某物的整体价值增加到了某种程度,而它的组成部分则也下降了同样的程度。例如,一个社会群体的规模和重要性越是增加,其个体成员的生活和利益在价值上就被评价得越低;客观文化及其内容的多样性和活跃性通过劳动分工达到了最高峰,劳动分工常常把这种文化的个体代表和参与者贬低为一种单调的专业化、狭隘性和不良的生长。整体越是完美,个体就越是成为缺乏和谐的存在。同样的现象也表现在个人以外的事物当中。某些诗歌的魅力与完美性在于个别的单词没有独立意义;它们服务于整首诗的主导性情绪或艺术目的,构成单词的完整意义的各种变化的联合都被排除在外,除了那些承担了诗歌的核心主题的组合。整首诗在什么样的程度上达到艺术上的完美,其个别元素就在什么样的程度上失去了自身的意义。最后还有一个浅显的例子:马赛克(Mosaik)的产品价格及美学价值越是高,每一个单片的马赛克面积就越小;单片的马赛克所占面积以及自身的重要性越小,整体马赛克的色彩就越是引人注目和精致入微。

在价值评价领域,整体和部分的价值以相反的比率发展根本就不是什么稀奇的事。这不是偶然,而是一种因果联系。与几个世纪之前相比,一定数量的货币在今天更不具有价值;在一般意义上,这个事实是货币在经济上日益增长的意义的最直接的先决条件。这一条件本身又反过来依赖于与货币质料价值所对立的功能价值的增长。这不仅在一般意义的货币例子中显而易见,就是在各种各样具体的不同的现象中也仍然如此。例如,只要有息借贷仍属少见——这是教会教义对高利贷的贬斥及物物交换经济的一般条件所造成的后果——那么借贷的利息率就仍然会高得惊人。随着利息重要性在经济生活中的逐步增长,利息率也在稳步地下降。

如果认为货币从物质实体到功能的变化过程中,货币变得"没有价值"(Wertlos)了,好像一个人被抽走了灵魂一样,这从理论的观点来看是大错特错了。这种观点没有看到一个最主要之处,即,货币所消融于其中的各种功能本身就具有价值,货币所获得的价值在金属货币的情况中是一种补充价值,而在符号货币中却是唯一的价值。这毫无疑问是一种真实的价值,就好比一辆火车,它提供运输功能的价值超过了造这辆火车所耗费材料的价值。不错,货币在最初能够行使功能是由于它具有内在价值,但随后它之所以具有价值却是由于它在发挥着这些功能。把货币的价值与货币质料价值相对等,就好比把火车的价值与火车中所包含的钢铁及造火车所耗费的人工价值画等号一样。这种相提并论似乎在事实上否定了那种认为有一种特别的价值起源于功能的假设。火车的价格(在这里我们无需区分价值与价格)事实上是由质料价值再加上耗费于其上的人工价值所组成。像货币一样,一辆火车引发了物品的交换,这只不过是它被衡量的原因而已;它的实际价值并不依赖于这一点。类似地,无数其他物品的功用使它们具有市场价格,但是市场价格的实际水平却是由许多其他因素所决定的。功用性在最大程度上建立了一种限度,超过了此限度价格就不能再有所增加,但是它对实际的价格水平却没有什么影响。如果这个比较是有效的,那么货币的价值似乎就又一次从它的功能上转移到了质料上。但是,这个比较在一个关键之处是无效的。火车之根据其耗费的材料和人工而被赋予价格这一点完全是因为另外一个事实:任何人都可能制造火车,以及概念自身——离开它光有材料和人工是造不出火车来的——对价格的形成没有影响。如果存在着一个造火车的专利,那么火车的价值,再加上材料和人工的价值将会反映在一个更高的价格之上。一旦一个概念变成了公共财产,它在实践中的实现就不再是"稀有的"了,也只有稀有性才影响到价格而使其具有功能性的特殊意义。在货币的例子里,有些方面与专利问题是一样的,即政府铸币的权力,这种权力禁止未被授权者把货币的概念变为实际的存在。货币的"稀有性"是建立在这种政府垄断之上的,对于贵重金属的这种垄断有一定的限度,而对于纸币或硬币,这种垄断则是百分之百的。政府的垄断以极具特点的严格性表现在一条中国法令里,它在惩罚伪币制造者的时候,那些使用纯贵重金属的人要比使用较差材料的人受到更重的惩罚;前者意味着跟政府进行了更为不合时宜的竞争以及对政府的特权违反的程度更深。如果每一个人都被允许铸币的话,那么钱币的价值就被贬值到了材料加人工价值之和的程度，垄断的好处也将荡然无存。因此，人种学家已经注意到：富人和酋长的权力地位在人人都能铸币的时候最易受到损害，就像在使用贝壳钱币的情况中那样。而反过来说，任何拥有货币的人都在那种情况下分享着国家铸币的特权，就像购买了专利物品的人分享着发明者的专利一样。中央权力铸币的特权保证了货币作为货币行使其功能，也保证了在这些功能具体化于货币中的材料价值和人力价值之外又具有了一种额外的价值；或者说，正是因为货币缺少了质料价值和人力价值，才使它具有了自身的价值。罗马法的条律之一在这方面非常具有特点。从铸造的钱币取代了以重量计算的青铜作货币时开始，罗马法就一直坚持这些钱币必须以其面额被接受和使用，而不管其材料如何。这种对金属内容的独立性要求有一个进一步的规定，即只有这些钱币才能被接受为货币，而所有其他的货币都应被当作仅仅是一种商品而已。只有作为对这种特别钱币的要求权，人们才能以货币的名义来讨债；所有其他的债务行为，就像对待商品债务那样，都只能以与货币面值无关的实际价值(quanti ea res est①) 名义来表述。这意味着其他钱币的价值不是货币的价值而只是一种材料的价值而已，因为货币的功能是法定钱币所专有的。因此，法定钱币就获得了一种价值，而其他钱币则只能通过铸成这种钱币的材料才能获得这种价值；法定钱币的这种特性使它独立于任何内在价值之外变得合理合法。就像一夸脱的度量具有经济价值并不是因为它是材料和劳动产品，而是因为它是用来作度量的，因为如果它不对某些外在于它自身的目的有用的话，那就没有人愿意要它；同样，货币具有价值是因为它在以度量手段和其他一些方式发挥着功能。这种价值自身只能以货币的方式来被表达，这个事实使它与一夸脱的度量价值相比，更不容易被承认，一夸脱的度量可以用其自身以外的方式来表达。货币的功能决定了其"使用价值"，其"使用价值"必须在其"交换价值"中找到自己合适的表达形式；货币是这样一种东西——它的"使用价值"依赖于政府

---

① 拉丁文，意为"按其真实价值"。

对铸币的垄断,包括由这种垄断所建立起的它的"稀有价值"(Seltenheit)。具有质料价值的货币理论与知识的一般趋势相对立,在这样的知识发展趋势里,事物的意义在 terminus a quo(本源)与 terminus ad quem(目的)之间交换了位置。货币具有价值不是由于它自身是什么,而是由于它所服务的最终目的;尽管货币的原初内在价值使其后来的功能成为可能,但是它还是从其功能中才获得了自身的价值,并在更高水平上重新获得了它在初期阶段所放弃的东西。

在我已经描述的发展中,货币趋向于这样一点:作为一种纯粹的符号,它完全被其交换和度量功能所同化。在思想史上有许多同样的例子。由于对现象的原初和质朴的兴趣,我们通常会将它们理解为未分化的整体。这些现象以形式与内容统一的方式与我们相遇,我们的评价与形式联系在一起是因为形式是特别内容的形式,而我们的评价与内容联系在一起则是因为内容是特别形式的内容。在发展的较高阶段,这些要素就被分离开来,作为纯粹形式的功能以特殊的方式受到重视。这些形式的不同内容经常被看作是互不关联的。因此,比如在宗教的例子中,我们欣赏宗教的情绪,但却对宗教信条的内容毫不关心。宗教中灵魂的提升、奋进和抚慰——它们在诸多不同的历史信条中都是普遍的要素——应该存在,这在我们看来是有价值的。类似地,一种力量的展示常常能引起尊敬,而对力量的结果却不敢恭维。因此,一种更精致的美学兴趣越来越转向了艺术品中纯艺术的方面,转向最宽泛意义上的艺术形式,并且越来越对艺术品的材料漠不关心;也就是说,是转向了最初激发艺术创作的艺术品主题和情感。这种情感的理想化和客观化同时并存于艺术的生产和消费中的美学功能。以同样的方式,我们把认知评价为心灵一种形式化的功能,它反映了永恒的世界,不管认知的对象和结果是否令人满意或令人厌恶、有用还是仅仅是一种理想而已,都是如此。这种在价值情感方面的分化还有另外一个重要的方面。现代自然主义精神的发展倾向于颠覆普遍性概念,而强调个别例子是概念的合法内容。在理论和实践中,普遍者被当作是某种纯粹抽象的东西来看待,它们只有从其具体的物质表现者身上才能获取意义,它们是可以具体感知的实例。通过超越于这些具体特例,人们似乎进入了空无的世界中。但是,普遍者的意义——它们在柏拉图那里达到了顶峰——并没有一起消失殆尽;除非我们世界观的每一方面都在个别情况的物质现实性与形式普遍性之深度和广度之间都达到了调和,否则我们决不会在与世界的关系中取得完全令人满意的结果。历史主义和社会学的世界观试图肯定普遍性而同时又否定其抽象性,试图超越个别,试图从一般中抽取个别而又不牺牲其物质现实性;因为社会是普遍的但却不是抽象的。在这里,与内容不同的功能评价有其一定地位。在功能与目的——功能为之效力——的关系中,功能是普遍的。与特定的宗教信条的内容相对照,宗教情感是普遍的;相对于任何一个特殊的对象,认知是普遍的;力量,与它经常以同样方式应用于其上的具体而变化多端的问题相对照,它本身是普遍的。所有这些都是形式和框架,它们综合了质料的广泛多样性。当价值度量独立于货币质料以及被转移到功能当中来的时候——这是普遍的但却不是抽象的——货币似乎也参与到这种趋势中来了。价值评估首先关注的是行使着特殊功能的物质实体,现在则开始分化,而当贵重金属继续被看作是有价值的时候,它就超越了与之联系着的特殊物质实体进而取得了它自己的特殊价值。货币为我们而存在的形式就是为交换作中介和度量的价值。一种金属成为货币是通过采取这种形式而完成的,就像关于超自然的观念是通过整合到宗教情感中而成为宗教的,或者像大理石块成为艺术品是通过艺术创造活动赋予了它一种形式,这种形式只是艺术功能的一种表达而已。原初者的意义经过加工而消解了混合的功能,并允许其中的每一个都发展成为一种独立的价值。但是,关键的一点是,它的价值已不再来自它表征的是什么;相反,所表征的东西成为相当第二位的了,这种第二位的东西其本质没什么重要性可言,除了在技术角度上的重要性,而这与价值的意义没什么关系。

第三章　目的序列中的货币

第一节

作为主客体之间有意识互动的目的性行动

在思想史上有一个较为重要的悖论，即：对于实在（Wirklichkeit）的内容来说，究竟应该以其原因还是以其结果来认识和解释（即因果性的和目的性的两种思考进路的对立）？这一悖论在我们对于实践动机的区分之中找到了其原始的表现图景。我们称之为"本能"的那种感觉似乎是与一种生理学过程联系在一起的，在这个过程中，被贮藏的能量尽力要求释放出来。当这些能量在行动中表现以后，本能也就终结了。如果它实际上是一种单纯的本能，那么一旦它通过行动似乎将自己消融殆尽时，它就被"满足"了。这种直接的因果过程——它是作为一种原始的本能感受反映在我们的意识中——与那样一些行动截然对立，这些行动的起因（就其作为意识内容而显现而言）在于对行动结果的预先表征（Vorstellung）。在这种情况下，我们感觉自己好像是被某种东西拉动着，而不是推动着。因此，这里的满足感就不是来自本能在此终结的、单纯的行动自身，而首先是来自行动所产生的结果。例如，如果一种毫无目的的内心不安驱使我们做出狂躁激烈的行动，这就属于第一类本能行为的范畴；而如果我们是为了达到一个明确的良好目的而采取同样的行动，这就属于第二类目的性行为的范畴。单单为了填饱肚子而进食属于第一类范畴，而美食家品评滋味的吃法却属于第二类范畴。在动物本能意义上的性交属于第一类范畴,但旨在获取某种特定的愉悦的性交却属于第二类范畴。在我看来,这样的区分似乎在两个方面最为关键。就我们是出于纯粹的本能而行动来说——也就是严格意义上的因果决定论——在作为行动起因的心理状态和继之而起的结果之间丝毫不存在内容上的一致。驱使我们去行动的心理能量状态跟行动及其后果之间的质的关系,并不比风和风把果子从树上吹落这件事之间的关系更多。在另一方面,当后果的观念被体验为前因的时候,原因与效果在其概念性的、可知觉的内容方面就是一致的。因此在这种情况下,引发行动的原因乃是观念(或者说是身体相关物)的现实的——尽管在科学的意义上不能严格地表述出来——力量,这种力量必须严格地和其思想内容区分开来。因为这种内容,作为行动与事件的理念性的实事内容(Sachgehalt),自身是绝对地无力的;它只具备一种概念上的有效性,只有被给予一种现实的能量之后它才能成其为实在的存在:正犹如正义与道德,和理念一样,对历史发挥不了什么影响作用,除非它们被纳入了现实的力量作为力量范围(Kraftmaβ)的内容的时候,才能发挥其作用。关于我们的行动之因果性或目的论的权限争执可以这样予以裁定:由于行动的结果,在获具其客观直观性之前,存在于一种心理上有效的形式当中,因果关系的严格性就丝毫无损;只有那些已经变成心理能量的观念内容才需要被考虑在内,因此,原因与结果分道扬镳,同时动机与结果这二者理念上的内容之间的一致性与实际引致的事件之间绝对没有任何关系。

对我们现在的问题来说,在本能驱使与有目的的努力之间还有另外一个差别是更为重要的。我们的行动不过是以因果律来决定(在严格意义说);就此而言,当主体内躁动不安的能量在行动中得到释放,以及当本能在行动中集聚到极限从而使紧张和压抑的感觉最终消失的时候,整个过程便告终结。通过在行动中的自然持续,本能消耗掉自身,而整个的过程仍然都限定在个体自身之内。由有意识目的所引导的过程则完全不同,它指向某一行动的确定的客观目标,并通过结果在主体身上的反应或主体对结果的反应而达到自己的终极目标。目的性行动的基本意义是主客之间的互动。只要我们存在,我们就会被卷入这种互动中,目的性行动也因此植根于我们的心灵之中。我们与世界的关系或许应表述为从主体通向客体的一条联接曲线,它吸纳了客体然后又返回主体。的确,与事物的每一个偶然的和机械的接触都展示出同样的外在特点,但是,作为目的性行动,它是由我们意识的统一性来贯穿和结合在一起的。作为自然的存在,我们在不断地与自然世界进行互动,并与之相协调。作为人格的自我,只有在目的性行动中才把其自身与内在和外在的自然属性区分开来。或者从另一个方面来看,只有当目的性行动者被从纯粹的自然因果系统中区分出来的时候,人格要素与自然属性的统一性才能在一个更高的水平上被重建起来。我们可以在人们一般所认为的存在于文明人与原始人劳动的差别中发现近似的理论关系。文明人的劳动据说是有章法的,而原始人的劳动则是没有规律和盲目的;换句话说,前者涉及有意识地克服我们对劳动的抵触,而后者只是神经能量的一种释放。

这并不意味着所有目的性行动中的真正目的都位于行动主体之中,也不意味着总是由目标所激起的感觉而引发获得这一目标的行动。这在自我中心的行动中或许是恰当的,但是还存在着无数其他的行动,在这些行动中动机与效果的同一只与那种获取目标意义上的效果才有关,这是一种非主体性的事件。决定我们行动的内在能量经常只是有意识地把客观效果考虑在内,而把任何可追溯至我们自身的效果从目的论进程(teleologischen Prozess)中排除出去。我们行动的结果只有最终在我们身上产生了一种情绪性的力量,关于我们行动的概念自身才能产生出动机性的力量而使其成为现实。可是在行动链中的最后一环并不是最终的目的;我们那种以目的论而决定的意志力经常是终结于客观目标上,并且也不有意识地追问超过这一点的任何问题。与因果－本能性行动相比(我们还不能肯定地说这种区分只不过仅仅是一种进路或方法而已),目的性行动或许因此可以这样来表达:目的性行动涉及我们的一种意识,在这种意识中,我们的主体能量与客观世界交织在一起;也涉及现实性在主体身上所产生的一种双重影响;首先,从主体意向上来说,一方面它是对现实内容的预想,其次,从主体情绪上来说,它又是对结果的追溯形式体现的客观对象的实现。生活中的目的角色就是从这些条件中发展而来的。

这样一来,所谓直接性目的就与目的概念本身相冲突了。如果目的意味着一种对客观存在的修正的话,那么这种修正就只能通过一种行动来实现,这种行动把对目的的内在接受转换为在现实中实现这种修正。我们的行动是一座桥,它使目的的内容从心理形式到现实的形式之间的转换成为可能。目的必须要与其手段联结在一起。在这方面,目的与单纯的机械程序及其心理上的对应物——本能——相区别开来。在单纯的机械程序及本能中,每一时刻的能量都消解在即刻的结果之中,而不发展到下一阶段上去;下一阶段只从其前一阶段相继而起。目的具有三个要素,而机械程序却只有两个。另一方面,根据目的对手段的依赖来看,它也与人们所说的"神的行动"有所区别。对于神来说,在意志与神的作为之间存在着俗世的或物质的间距是根本不可能的。人的行动是被置于这两者之间的,它意味着对障碍的克服,但对于神来说则根本就不存在障碍;如果我们非要以尘世的不完满性来思想神,那么可以说,不管神的意志是什么,它必然永远是现实的。人们或许会以一种非常限定的意义谈到神对于这个世界的终极目的,即注定了其命运的终极尘世条件。如果这个神意与其前续阶段的关系类似于人的目的与其手段之间的关系——即类似于为人们看作是有价值和欲求的唯一事物的话——那么,上帝为什么不让其直截了当地发生而省略那些无用和拖泥带水的中间阶段呢?这实在令人难以理解,因为对于那些技术性的手段,我们人是需要的,我们所遇到的是一个自在自为的世界,而我们人类只拥有有限的力量,因此我们必须有所妥协、等待和付出劳作之后才能有所收获,而这一切对于神却是完全不需要的。换句话说,上帝可以没有目的,因为他不使用手段。

目的论序列的不同长度

上述对比更明确了我们前面所强调的那种观点所具有的特别意义,即目的性行动是处于自觉自愿的自我与外在的自然之间的一种互动。存在于意志与其满足之间的机制,一方面成为连接二者的纽带,另一方面却又造成了对这二者的分割。这种机制表明:意志要想只通过自身来获得满足是不可能的;这种机制所代表的是意志要加以克服的障碍。合目的性(Zweckmäßigkeit)在本质上是一个关系概念,因为它总是要假定存在着与目的相异的、要对之进行转化的某物。如果这个转化是不必要的,如果意志自身就包涵了它的实现,那么就根本不会形成目的。我们自身追求目的的行为是我们意识到手段二重性的第一个例子;在这样的行动中,我们同时体验到外在现实的抵抗和我们有目的的能量对它的克服,以及,体验到这两种经验进入到我们的意识中并各自发展出其特别的个性。如果我们的行动不能立即产生出我们目的的对象,却必须首先引发一种外在事件以便能最终产生出我们意欲的结果,那么,中介事件就与我们自己的行动具有了同样的意义;这两者都是必要的机制,也都是连接心灵与心灵的机制;在造就出那些始于我们心灵也终结于我们心灵的各种事件所构成的曲线方面,这两者都具有一种连续性。在我们特定的生活形式中,这条曲线所包含的环节的平均数表明了我们的知识及对自然控制的程度,就像生活方式的广度与精度一样。正是在这里,社会的复杂性开始了,并在货币的创造中达到了最高峰。

下面这些中间联系是显而易见的:如果要取得目的 D,并且必须要造就一个 A、B、C 的程序链以便 B 能够由 A 所引发、C 由 B 所引发以及 D 唯一地由 C 所导致,那么由 D 来决定内容和方向的这个序列就依赖于各要素之间的因果关系。如果我不知道 C 可以产生 D、B 能够产生 C 等等,那我就会对得到 D 不抱任何希望。除非各要素之间的联系是已知的,否则一个目的论的链条永远都不会发生。目的对此的回报是提供心理上的冲动以便来找出因果关系。因此,目的论链条在事实上和逻辑上的可能性就都依赖于这种因果关系,但是这种因果链条的旨趣——其心理上的可能性——却来自它对目的的追求。这种互动在一般的意义上表达了理论与实践之间的关系,它导致了这样的事实:对因果性的认识程度与对目的论的认识程度总是伴随在一起的。目的序列的长度依赖于因果序列的长度;而在另一方面,对适当手段的拥有不仅会使目的得以实现,而且还会产生关于目的的观念。

为了理解自然生活与心灵生活这种交织在一起的意义,我们必须记住一个显而易见的事实:与一个较短的手段序列相比,在一个长的、含有较多要素的手段序列中,我们可以获得更多、更为本质的目标。原始人只有有限的关于自然原因的知识,他们的目的性行动经常受到限制。对于原始人来说,与目的性行动所构成的曲线相比,他们自己的体力行动和对于某一单个对象所取得的直接效果相差无几。如果预期的结果并没有接着行动而出现,那么,他们就会诉诸巫术的权威,人们期待着这种巫术权威能够以某种方式制造出他们想要得到的结果,但这种诉求不像是目的论序列的延伸,反倒像在证明那种目标是不可获取的。不管什么时候,当这种较短的序列被证明是不适当的时候,原来的目的就因此会被放弃,甚至更为可能的是根本就不能形成任何目的。手段序列的延伸意味着:在逐渐增长的范围和程度上,主体会利用客观对象的力量来为自己服务。当最基本的需要被满足后,在目的论的序列中就会需要有更多的环节;这样,要想在事物的自然秩序中通过发现更直接的联结和找到更短的路径而减少因果序列环节的数目,就必须有一种非常精密的因果性知识才会成功。这可能会导致自然关系的反转:在相对原始的阶段,简单的生活必需品通过简单的目的序列来获得,而更高和更加分化了的需要则要求更迂回的方法;但是技术的进步通常为后者提供相对来说更简单和更直接的生产手段,而基本生活需要的满足却遇到了不断增长的困难,这些困难必须要通过更为复杂的手段才能克服。一言以蔽之,文化的发展倾向就是使那些指向较近目标的目的论序列延伸,而同时使那些指向较远目标的目的论序列缩短。

工具作为被强化的手段

这里,关于工具这一非常重要的概念必须进入我们对目的性行动考虑的视野。我们的行动是在目的论序列的原初形式中来对外在对象进行反应的,沿着由其自己本性所决定的路线,这些反应在我们所欲求的结果中达到最高点。工具的使用涉及在主体和这个外在对象之间放置的另一个因素,这个因素不仅在时空意义上占据过中介的地位,它也在内容的意义上占据中介的地位。因为,一方面工具只是一个在机械地发挥着作用的单纯的客观对象,但是在另一方面,它也是一个不仅被我们所操纵而且还与我们协同行动的客观对象,就像我们与自己的手的关系一样。这样的工具是一种强化了的工具,因为它的形式和存在都是由目的所先在地决定了的,而在原初的目的论过程中,自然对象只是在后来才被制造出来为我们的目的服务的。一个人在地里种上种子,以便在以后的某日享受这棵植物所结出的果实,而不是等着享受野果,他的行动就是目的论的,但是,此时的目的性行动还局限于他的双手。但是如果他使用了一把铁锹或是一把锄头,那么他就使自己超越了自然过程自我运作的界限,从而在与客体要素的关系中,提升了他的主体要素。通过使用工具,我们有意识地在目的性行动的链条中添加了一个新的环节,因此表明了直的路并不总是最短的。如果我们可以说我们在外在的世界中有所创造的话,那么工具就是其中的最典型者。一方面,它完全由我们自己的力量创造而成,另一方面,它完全服务于我们自己的目的。因为工具自身不是目的,作为一种绝对价值也好,作为某种能够在我们身上产生功效的东西也好,它都缺少目的所显示出来的那种相对独立性——它是一种绝对的手段。工具的原理不仅只在物质世界中发挥效用。当我们的旨趣不是直接集中在物质产品之上,而精神因素或非物质实践也参与其中的时候,工具就获得了一种更为精致的形式,因为它现在真正是我们意志的创造,并且也不需要与物质实体的特性相妥协了,这些物质实体与目的完全是风马牛不相及的。这一类工具最典型的例子或许是社会组织机构等,通过它们个体可以获得依靠他们个人能力所永远不可及的目标。公民身份提供了一种保护,它是大多数个人目的性行动的先决条件;但是抛开这种最一般的方面来讲,民法的特别法则使得个人目的的实现成为可能,无此则不可能。在契约、证言、指定转让(Adoption)等这些间接性的法律形式中,个人就拥有了由集体所建立起来的工具,这些工具成倍地扩展了个人的力量,延伸了他们的能力并保证了其目的的实现。偶然的因素被排除了,相同的旨趣使得可利用的服务设施的大量增加成为可能;从个体的互动中发展出了客观性的组织机构,它们成为无数个体目的序列的交汇点,并对个体提供了一种别无他途的获得目的的有效工具。宗教的礼仪也是一样,它们是教会的工具,是为了把宗教群体的典型情绪客观化的工具。毫无疑问,它们偏离了宗教情怀的终极目的,但是,通过一种与所有物质性工具都不同的这种偏离,宗教礼仪却能够独一无二地服务于那些个人别无他途去获得的目的。

货币:最纯粹的工具

到这里,我们最后得出的结论是:货币的位置就在各种目的的交汇之中。我将从一些广为接受的事实开始我的讨论。所有的经济交易都建立在这样一个事实上:我需要某人所拥有的某物,而且,如果我提供给他某种他正需要的东西,他就会愿意把此物转让给我。很明显,当第一个环节出现的时候,此双向过程中的最末一个环节并不总是会出现;在许多场合下,我需要甲所拥有的某物 A,但是我所愿意反过来提供的某物或某种服务 B,甲却不感兴趣;或者,双方能够接受所提供的商品,但对各自提供的商品数量却达不成协议。因此,在我们获取目标过程中,在目的链中引入一个中介环节就是极为重要的;我可以在任何时候把 B 变为这种中介物,而这种中介物又可以自己变为 A——就好像任何形式的能量,如水、风等等,都可以通过发电机来转化为另一种形式的能量一样。我要想能够以一种迂回的方式在实践中实现我的目标,那么,我的思想的表达就必须采取某种能被普遍接受的语言;同样,我要想实现一个更遥远的目的,我的活动和我所拥有的东西也必须采取货币价值的形式。在上述范畴中,货币是最纯粹的工具;它是一种制度或习俗(Institution),通过它,个人可以把他的活动和拥有都集中起来以便取得他不能直接取得的目标。与我们前面所提到的例子相比,每一个人的工作都离不开货币这一事实使货币的工具性更加明显。货币的本性和效力不仅仅表现在我手中的钱币上面,它的特性还表现在社会组织和超越主体的规范上,这些规范使钱币超越了其质料的有限性、无意义性和僵化性而成为一种具有无限可变性和扩展用途的工具。国家与宗教礼仪是非常有特点的,因为它们完全是由精神力量所构成,与任何独立的物质对象之间都无妥协可言,它们能够完全依靠自己的力量来表达其目的。但是它们也与其特殊目的如此接近,甚至几乎要与之同一,以至于我们常常拿不定主意是否要把它们视为工具(这将使它们自身成为无价值的工具,只由其背后的意志引领它们走向生活),也拿不定主意是否要把它们看作是终极的道德价值。与我们早先所提到的其他制度或习俗相比,货币与它要辅助去获得的特别的目的间并不存在着内在联系。货币与物品完全不同,因为交换这一事实使二者分离开来。货币所为之进行中介服务的不是占有一件物品,而是对物品的交换。纯粹形式的货币是一种绝对的手段,这有两方面的原因:一,它完全由目的论的序列所决定,而绝不会受到任何来自其他序列的影响;二,它又被限制为与特定目的相关的一种纯粹手段和工具,从而没有它自己的目的而作为目的序列中的中介一视同仁地发挥着功能。人是一种"制造工具"的动物,货币或许是这个事实的最清楚的表达和展示,然而,这个事实本身又与人是一种"目的性"动物这一事实联结在一起。手段的概念使人在世界中的位置具有了特殊性;他不像动物那样依赖于本能的生命机制、当下冲动和快乐,他也不像神那样无需中介而与目的之实现直接同一的力量。就他的意志可以超越当下时刻这一点来说,人位于这两者之间,他只能通过具有某些环节的目的论序列而以一种迂回的方式来实现自己的目的。根据柏拉图的说法,爱,是拥有和非拥有之间的一个中介阶段,它内在于主体之生命中,而手段则是外在世界之物。人永远处于奋斗、不满足和变化之中,对于他们来说,爱是真正的人类处境。从另一方面来看,手段及其高级形式工具,是人类种族的代表性符号。工具表现或凝聚了人类意志的伟大之处,同时,也表现和凝聚了人类的局限之处。在我们自身和我们的目的之间引进一个中介步骤的序列这种实践上的必要性,或许是造成"过去"这一概念的原因,它也使人类对生活、它的范围及其限度有了一种特别的感受,就好像处在过去与未来之间的一个分水岭一样。货币是手段的最纯粹的具体化形式,是一种具体的工具,它与其抽象概念绝对地同一;货币乃是一种纯粹的工具。货币对理解生命的基本动机之不可估量的意义在于这样一个事实:货币体现和升华了那种实际的关系,即人对于他的意志、他的力量施加的对象以及他无能为力的对象的实际关系。人们或许会以吊诡的方式说:人是一种间接的存在。我在这里只关注于货币与人类生活整体的关系,这样做是因为货币有助于说明我们当下的问题,这是通过内在与外在的关系来理解货币的特性的,内在和外在的关系都在货币中找到了自己的表达形式、手段性及功效。我还要在前面所讨论过的功能上添加一点,这一点特别清楚不过地表明了货币的抽象性特性是怎样转移到实践现实中去的。

货币之利用可能性的无限性

我在前面曾经说过,手段的表现与提供并不总是依赖于某种既成目的;质料和力量的可用性经常会刺激我们去构造某种目的,使得通过这些质料和力量的手段而去实现这些目的。一旦某个目的造成了关于手段的想法,这个手段就可能产生出关于目的的概念。这种关系可以在工具——我所说的"最纯粹的手段"——的例子中见到,尽管它总是处于被修正之中,但却一直在延续着。普通的、简单的手段在获取目的的过程中可以被消耗殆尽,但对于工具来说,除了它的特别应用之外,它还可以一直存在下去的,它能够被用于我们想不到的各种各样的用途之中。无需举例,这种情况存在于千千万万的日常生活例子中,即使

第三章　目的序列中的货币

在比较复杂的情况中也是一样。我们可以来想一下：军队本是用来对付外来事变的，但它却是怎样频繁地被朝廷用于内部政治目的？个人与个人之间的关系本来是为着特别的目的而建立的，但是，它是怎样经常地超出这一界限而成为许多不同内容的共同的承担者？以至于人们会说所有现存的人类关系——家庭的、经济的、宗教的、政治的或社会的——都有一种要获得原本它自己也不清楚的目的的倾向。显然，如果工具——其他情况也一样——具有不同的和延伸了的用途，它就将更具有意义和价值。同时，在与特别旨趣的关系中，它就必须变得更为中性和更少个性色彩，即必须变得更具客观性；在与任何特别目的的关系中，它必须把自己置于更为遥远的位置上。作为最出色手段的货币完全符合这些条件；从这种观点来看，它的重要性是得到了提高。我们可以这样来表述：一定数量货币的价值超过了它所交换物品的价值，因为它使得在无限领域内对任何物品的选择成为可能。当然，货币最终只能被用在这些物品中的一个上面，但是这种选择却是一种额外的奖赏，它增加了货币自身的价值。因为货币根本不与任何特别的目的发生关系，所以它就获得一种与目的的整体性之间的关系。货币是这样一种工具，它具有对未知用途的最大可能性，因此货币就在这方面拥有了最大限度的可获取的价值。从货币缺少任何它自己的内容来看，它所具有的或所代表的无限用途的可能性这一点就以一种积极的方式展现出来，这种展现是通过货币的不安分特点——也就是它对被使用要求的急迫性——而实现的。例如在一些语言中，比如说是法语，它只有有限的词汇量，但以同样的表达方式来表达不同内容这样的需要，使得法语有可能创造出丰富的影射、关联和心理暗示等形式，人们差不多可以说，法语的丰富性正是来自它的贫乏性；所以货币之缺乏任何内在意义这一点正好使它有了丰富的实践用途，并且甚至还提供了一种冲动来使人们要以新的形式来填充这种具有无限性的、概念性的范畴，也给其形式赋予以新的内容，因为它从来就不是最终的结论，而只是对每一内容来说的一个转换之点。我们的最后一个分析是：商品的整个广阔领域只能与一种价值来进行交换，这就是货币；但是货币却可以与商品领域内任何一个进行交换。对于劳动来说,它很难更换它的应用对象,它越是专业化,也就越难作这种更换。与劳动相比,以货币形式体现的资本几乎总是能够从一种用途转换到另一种用途上去,最坏的后果是有所损失,但是更为经常的是有所赢利。工人几乎很难把他的技艺从生意中分离出来而投资到其他的什么地方。与货币拥有者相比,就自由选择这一问题来说,工人总是处于吃亏的地位,商人也是如此。所以,一定数目货币的价值就相当于它所要进行交换的对象的价值再加上货币可以在无数其他对象上进行自由选择的价值。这是一种资产,在商品和劳动领域内是没有东西能和它相比的。

在现实中,这种选择能力导致所做出决定的性质的不同,当我们考虑这种性质的时候,货币的这种自然增值就显得更为重要。我们早已有所肯定的是:具有数量限制和不同用途的商品会被其拥有者以其最重要的用途来加以价值衡量;所有其他的用途都会显得不合理和没有经济意义。另外,对于所有可能的用途来说,如果一种商品的供应是充足的或者甚至是供大于求的,以至于只有少数的商品可以被使用,那么,这种商品就将会被以它最不重要的用途来进行价值衡量。这一点通过货币得到了最充分和最有效的说明。因为货币可以被用在任何经济目的之上,所以,一定数量的货币就可以被用来满足此时此刻主体需要中最重要的那一个。这种选择是没有限制的,就像对于其他所有商品的选择没有限制一样;另外,因为人类的欲望是无止境的,对于一定数量的货币来说,总是存在着大量可能的用途等待着与一定数量的货币进行交换。因为最后的决定总是取决于那种最为需要的商品,所以,货币必须在任何时刻都与在那一刻所体验到的最重要的旨趣对等。一种木材或是房地产的供应,在对人有用的数种用途中,只有一种是合适的,对它的价值衡量也因此要根据那些用途中最重要的一种来进行,它的意义无法超出其他这一类物品的范围。但是,货币没有这样的限制,所以它的价值与个人现有旨趣中的最重要者相一致,这种旨趣可以通过可用的商品得到满足。

货币作为一种抽象工具,不仅为任何时刻的可用商品提供了选择机会,而且还为某一商品可以在什么时刻被使用提供了选择机会。一种商品的价值并非简单地通过它被使用的那一时刻的实践意义来决定的。在不同时间上能够进行选择的相对自由也同样是增加或减少商品价值的一种重要因素。第一种这样的选择可能性源于不同用途的并存,第二个则源于在一段时间内所存在着的可相互替代的不同用途。像一切其他的事物一样,如果一件商品我可以使用它,而不是非得立即使用它,那么这件商品就更有价值。商品的范围可以在两个极端当中分为等级不同的价值系列:一端是可以在将来而非现在被享用的商品。例如,如果在夏天抓到的鱼与将要在冬天穿的兽皮相比,那么鱼会有所增值,因为我可以立刻消费它,而兽皮的价值却会打折扣,因为对它在使用上的耽搁,可能会招致损坏、丢失或贬值的危险。另一端是:鱼的价值也会打折扣,因为它到明天就不再新鲜了,兽皮的价值却有所增加,因为它在以后也可是有用的。如果作为交换手段的某种物品拥有这种双重增值的优点,那么以它充当货币是再适合不过的了。作为最纯粹的手段的货币,代表了一种最大可能的综合,因为它没有针对特殊用途的特殊性质,而只是获得具体价值的一种工具,同时也因为对于任何对象和在任何时间内来说,它的使用机会都是最大的。

货币拥有者对于商品拥有者具有某种优越性,这种优越性就来自货币的这种独一无二的特性——货币与事物的所有特性或是任何时间都无关,货币也与任何目的无关,而只是一种抽象的工具。对于这一点也有一些例外,如基于意识形态原因的拒绝出售、联合抵制和建立卡特尔①等,但这只在一些特殊情况下才会发生,即交换的物品在那种特殊情况下没有替代品可用。货币赋予其拥有者的选择自由和特别的好处因此就被完全消除了,因为只存在唯一一个欲求的目标,而不存在对它的选择。一般来说,货币的拥有者还会喜爱这个双重自由,如果最后在对商品拥有者的让步中他放弃了这个自由,那他也会要求得到某种补偿。例如,经济学和心理学上非常有趣的"增

---

① Ringbildungeng:英文本译为 cartel,意为企业联合。

补"(Zugabe)原理就体现了这一点。当可以被度量或称重的商品被购买的时候,我们总是会认为商人要"自由地度量",即,他会至少额外地添加一个度量单位的赚头,而事实上商人们也确实是这样做的。必须也应该考虑到的是:度量商品与数钱相比更容易出错,但是重要的特征是:尽管好坏的机会对双方都是均等的,但买方有权以他自己的喜好来执意对这种可能性加以诠释。耐人寻味的是:即使是当交易中的另一方也同样是以来货币来进行交易的时候,买方仍然有便宜可占。在涉及索赔或诉求的情况中,客户都希望银行、投保人都希望保险公司能够"公平",即都希望能比法律所规定的多给一点,即使只是形式地多给一点也是好的。银行和保险公司也以货币为唯一交易形式,但是客户并不因此而认为这是"公平的"或是"自由的";银行和保险公司只支付事先约定的货币数量。每一方所提供的货币数量事实上有着非常不同的含义。对于银行家和保险公司来说,他们所支配的货币只是一种商品,即他们只能以这种特殊的方式来使用;而对于客户来说,那正是我们这里所讨论的那种意义的"货币",即是这样一种价值——他能够但不必非得来进行股票交易或是买保险。能够针对不同目的来使用货币的自由给客户带来一种好处,这种好处由交易中另一方的"公平"来给以补偿。当补偿是由货币的拥有者所给出的时候,如给侍者或是出租车司机小费,那只是表明了给予者的一种社会地位上的优越,这种优越使你非给小费不行。像其他所有的货币现象一样,这些现象的发生与人类的其他生活不是孤立无关的;它们以一种特别清晰和明显的方式展示了人类生活的基本特征,即每一种关系中,对关系的实质较少兴趣的个人都处在有利地位。这似乎有点像悖论,因为对拥有某物或是建立某种关系的欲望愈是强烈,享有此物或此关系的感觉就愈是强烈和富有激情。而且,正是预期的快乐决定着我们欲望的强度。但也正是这种情境给较少兴趣的一方以优势,因为事情的一般规律总是:获益较少的一方应该从另一方的让步中得到一些补偿。即使是在最微妙和最亲近的关系中也明显地存在着这种情况。在每一种爱的关系中,卷入较浅的一方占有优势,因为卷入较深的一方从一开始就不想从这种关系中得到什么私利,他更愿意作出牺牲,为了从这种交换关系中得到更大的满足,他也愿意付出更大程度的热诚。公平因此而建立起来了:因为欲望的程度与享受的程度是相符的,所以双方之间的关系应该为卷入较少的一方提供特别的获益,他能够有所求,因为他更为犹豫不决、更有所保留和更有条件讨价还价。这样,支付货币的一方所获的利也不是一样不公平的;因为他通常对商品-货币交易较少兴趣,交易双方之间的协议是由交易中兴趣更大的一方所促成的,他提供给对方的是超过对等物交换价值的赢利。我们还应该记住的是:货币的拥有者之所以有这种优势,并不是因为他拥有货币,而是因为他准备放弃货币。

不管经济活动的内容和过程如何,货币都照样可以有利可赚,这也表现在其他一些方式中,特别是表现在这样一个事实中:货币的拥有者通常会从剧烈、破坏性的经济动乱中获得好处,而且经常达到了令人难以想象的程度。但是,许多破产和生意上的失败都源于物价下跌或是市场上商品的过于繁荣,经验表明:大银行家通常会从买卖双方及借贷双方所经受的危险中稳获渔翁之利。作为一种中性的经济工具,不管经济过程的方向与速度如何,货币的服务都必然会得到回报。当然,货币也要为这种自由付出代价;货币不受约束的本性意味着来自各方面的人们对上述那些货币持有者抱有相互矛盾的要求,与那些只同特殊商品打交道的个人相比,他们更容易引起人们对其可能会背叛的疑虑。在现代的早期,比较大的金融力量——如富格尔家族、威尔士家族[1]、佛罗伦萨和热那亚的银行家们——进入了政界,特别是在哈布斯堡王朝[2]与法兰西王朝对欧洲霸权的大争斗过

---

① Welser:德国商人家族,在15至17世纪最为有名,家族成员曾为查尔斯五世(1500—1558,神圣罗马帝国皇帝、西班牙国王、奥地利大公等)提供大量借款,也得到皇家的丰厚回报。

② Habsburg(或 Hapsburg):欧洲最古老的王室家族,其成员从1273年到1918年间当过神圣罗马帝国、西班牙、奥地利和奥匈帝国的皇帝或国王。

程中，他们总是被各方一致看作是永远不可信任的对象，包括那些他们提供了大量借款的人们。人们对金融家的为人永远都没有把握，他们的金钱交易永远不能保证他们明天会做些什么；即使是那些他们曾动用金融力量支援某一方以与之抗衡的敌人，也并不把这看作是接近他们和向他们提出要求及建议的障碍。货币本身缺少任何个性的这一否定性概念恰恰使货币具有了非常积极的特性。我们认为是软弱的人并非是由他的内在人格价值所决定的，而是由这个人所承受到的外部压力所决定的。货币从所有特殊内容中分离出来而只以一种数量的形式存在，这个事实给货币和那些只对货币的无个性特点感兴趣的人带来了好处。在与质量性价值的关系中，对于金融力量所具有的优势和对货币的超价值评价来说，这是一个逻辑上必然的反面。货币的优越性首先表现在这样一个事实中：卖方总是要比买方更有兴趣也更心急。这里涉及我们对待事物的整体态度的一个特征；即，当对立的两类价值被看作是一个整体的时候，或许第一类别明显地要比第二类别优越，但是，在第二类别中的个别对象或是代表则可能要比第一类别中的某些个体要优越。面对物质性商品的整体性和观念性商品的整体性之间的选择，我们或许不得不选择前者，因为如果要放弃它就将否定我们的生命以其所有观念性内容；但是在另一方面，我们可能会毫不犹豫地放弃某一单个的物质性商品而来交换一个观念性的商品。当从一种整体的观点来看的时候，在我们与他人的关系中，我们并不追究一个关系是不是要比另一个更有价值和更不可或缺；但是在特殊的场合及特殊的方面，较少价值的关系可能会更有乐趣和更具吸引力。在货币与具体事物的价值关系中，事情就是如此；在作为整体的物和作为整体的货币之间的选择会立刻揭示出后者的无价值性，因为它提供给我们的只是手段，而非目的。但是当我们把一定数量的货币与一定数量的商品放在一起的时候，后者对前者的交换意愿就通常要比反过来强烈得多。这个关系不仅存在于商品与货币总体之间，它也同样存在于货币与商品的特殊范畴之间。某一单个的别针几乎没什么价值，但一般而言,别针却几乎是我们离不了的,可称得上是"一两别针一两金"。在许多种类的商品中都有类似的情况;从货币的角度来看,如果一件单个的东西可以用钱轻易买到,就会使这件东西贬值;反过来,这种现象又似乎使得货币因此而具有了处置这件东西的支配力量。但是作为整体商品的类,它的意义似乎与货币之间无法相互衡量;它具有独立于货币的价值,这种价值经常为一种事实所隐藏因而被我们所忽略,这个事实就是:单个的物品可以很容易地被替代。当然,因为我们的实际经济兴趣几乎只关注单个或有限数量的物品,所以,一般来说,我们对事物价值的感觉总是倾向于货币度量功能这一面。很明显,这与拥有货币而非拥有商品的主导兴趣是联系在一起的。

财富的自然增值现象①

上述事实把我们引向了一个更为一般的现象,它可以被称作财富的自然增值现象,与非劳动所得的地租相似。富人对财富的享受超过了用他的钱所能买到的那些乐趣。与对待穷人相比,商人们为富人提供更可靠和更便宜的服务;富人所遇到的每一个人,不管是否能从他的财富上得到什么好处,都对他毕恭毕敬;富人穿行于拥有无可置疑特权的理想气氛当中。我们随处都可以见到:对于那些购买贵重物品的人以及上流社会的旅游者们,总是有各种大小不等的特权提供给他们;特权与客观价值之间并没什么联系,就像商人们友好的微笑与他所贩卖的贵重商品之间没什么联系一样。这些特权是一些没来由的增补之物,其最令人不愉快的特性或许是那些买不起贵重商品而只能购买便宜商品的人们享受不到这些特权,而且还不能抱怨他们正在受骗。这可以从一个最微小的例子中得到说明。某些城市里的有轨电车设有两

---

① 德文直译为"财富的超额追加",英文本译为 unearned increasement of wealth,意为由非劳动所创造的、由财富自身的社会性等因素所带来的增值。

个分开的等级座位区,以价格标明,实际上较贵的座位区并没有提供相应的更舒适的物质服务。乘客购买一等座位的票也就是购买了一种特权,这种特权使他们能够加入都花了这么贵的票价的那一排他性的群体当中,从而与二等座位的乘客们泾渭分明。因此,有教养的人们就能仅仅通过多花点钱就获得一种优越,尽管他们并没有买到什么实际物质上的好处。

从外表来看,这好像是与非劳动所得的财富增长问题相对立,因为就其所花费的钱来说,有教养者之所获相对地减少,而非相对地增加。但是财富的这种自然增长在此处是以一种否定的但却是纯粹的形式出现的;富人们并没有特别地借助什么客观的工具,他们得到好处的手段只是花了别人花不起的钱。而且,财富还经常被看作是一种道德上的优点,就像那个词儿所说的——"可敬",以及把教养说成是"正直的公民"或"优良阶层的公众"等通俗说法。也有事实从另一方面说明了同样的事实:穷人常被看作是罪犯,乞丐总是被人们愤怒地赶走,甚至善良的人也把自己看作是天生就比穷人优越。1536年曾颁布法令规定:斯特拉斯堡①手艺精湛的锁匠,如果他赚够了八个十字币②,那他就应该在星期一的下午放个假。当道德的逻辑表明应该把好处给予最需要者的时候,这个法令却把它给了那些已经富有的人。以财富的自然增值来达到如此反常的规定,并没有什么不正常的地方。例如,有一种实践理想主义,当它表现在富人们所从事的无报酬的科学工作中时,一般要比表现在一个穷教师同样的工作中,会带来更高的敬意。这种由财富所带来的高额利息,以及由财富的拥有者不需做什么回报就得到的好处,都是与价值的货币形式联系在一起的。因为那些现象显然表达或反映了一种在使用上的无限自由,它把货币同所有其他价值形式都区分开来。这就造成了这么一种氛围:在这种氛围中,一个富人的影响力不仅表现在他所做的事

---

① Straβburg:德国东北部城市。
② Kreuzer:1300 年至 1900 年间德、奥、匈所使用的一种辅币。

上,而且也表现在他能做的事上;巨大的无形财富是由其在使用上的无限可能性所划定的,就好像是由一个无形的魂魄所划定的一样,它远远超出了收入本身以及收入给其他人所带来的好处。德语以Vermögen① 这个词的使用来表示这一点,它的意思是:为了巨大的财富,"能够去做某事"。在这些可能性中,只有少数能够得以实现,但却在心理上给人们的思维带来影响。它们所传达的是一种无形力量予人的感觉,这种力量并没有被限定在特殊结果所带来的收获上;而且,对于任何目的来说,财富所具有的机动性或可用性越大,它所具有的力量也就越强。也就是说,财富越是由金钱所构成,或者越是可以转变为金钱,货币自身也就越是明显地成为一种工具或是一种没有自己目的的转换点。货币作为工具的纯粹潜在性被提炼为一种一般性的力量和意义的概念,对于货币的拥有者来说,这种概念就像真实的力量与意义一样地在发挥着作用。这与艺术品的吸引力类似。艺术品不仅是通过其内容及相关的心理反应而产生的,它还是通过所有可能发生的感情之偶然性、个体性和间接性的情结而产生出来的,只有感情中的这些不确定因素才造就了一件艺术品的全部价值和意义。

等量的金钱数额,作为一笔大宗财富的一部分与作为一小笔财富的一部分之间的差别

如果此处关于财富自然增值的解释是正确的,那么,当财富拥有者的周围环境可以为他对货币的使用提供更好的机会和更大自由的时候,这种增长的幅度还会变得更大。一个穷人只有很少的机会,因为他的金钱收入只够用来满足最基本的生活需要,只让他在使用钱时有很小的选择余地。当收入增加的时候,这种余地就会相应地增加。与那些为满足基本和预定的生活需要的价值量不同,收入上所增加的每一

---

① 在德语中,Vermögen 同时具有"能力"和"财富"的意思。

个量的单位都更有价值;也就是说,收入上每增加一个量的单位,都包含了更大比例的财富自然增值。当然,这种情况是以不超过某一高度的收入水平而言,在这一水平之上,收入上所增加的每一价值单位又都是相等的了。在一些特别的环境中,我们可以看到我们此处所说的这些现象,而且对我来说,它们还是以一种极具启发性的方式而展现的。有许多商品会特别充裕,乃至社会中的富人阶层已经不能把它们全部消耗掉,所以要把它们卖掉的话,就不得不卖给那些社会中贫穷阶层的人们。这些商品的价格不能超过能买得起它们的那些社会成员的支付能力。有人可能会把这叫作"消费价格限度规律"(Gesetz der konsumtiven Preisgegrenzung),根据这个规律,一件商品的价格永远不会超出它所必须供给的社会成员所能支付的水平。这或许可以解释为边际效用原理对社会场景的应用。最不紧迫的需要仍然可以通过商品来满足,与此相反,正是那些最无支付能力的人们的需要成为价格形成的决定性因素。这种现象便涉及因此而给富人们带来的一个大便宜,因为对他来说,那些不可或缺的商品现在可以以一种比他愿意出的价(如果有必要的话)低得多的水平就能买到。因为穷人们不得不买那些生活必需品,所以使得这些商品对于富人们来说变得异常便宜。即使富人们不得不花费掉与穷人们买生活必需品(衣食住行)所需的同等比率的收入,他们仍然还剩余下相当多的钱来过奢侈的生活。而且,他还有一个额外的便宜可占——他可以用他收入中相对较小的一部分来满足他的基本生活需要,而那些剩余的部分则让他有自由可以选择花钱的方式,这使他获得了超越了其实际经济收入的敬意。穷人们的金钱资源不是由这种无限可能性的范围所划定的,因为他们总是要很快地、毫不犹豫地在一些非常确定的目的上花掉自己的钱。对穷人来说,这些资源不只是像富人们那样可以随意处置的"手段",因为目的已经置于这些货币之中了,并已决定了它们的使用形式和方向。德语非常微妙地以一个词来指那些很有钱的人——bemittelt①,意即有手段。与这样

---

① 在德语中本意为"富有的"。

的资源联系在一起的自由导致了另一种自然增值。在任何公务员职位中,只有富有的人才能够担当领导职位。就像在英国议会中的成员一样——至少到最近还是这样——一位亚加亚联盟①的长官必须是富有的人。因为这个原因,在那些官员薪水很少的国家里,屡屡发展出一种彻底的金权政治,即一种高级官位被世袭,集中在少数几个家族中的形式。当没有报酬的职位把金钱利益与公共服务的利益分开的时候,具有荣誉、权力和机会的官职,就成为财富的顶峰。很显然,财富的货币形式最适合于为这种情况服务,因为其目的论的居中性可以允许人们完全有自由来处理自己的时间、居住地和活动方向等问题。富人们通过财富所获得的荣誉和道德赞誉,都通过这种无报酬的行政功能而被凝缩于重要职位的权力中心,而穷人们是无法得到这一切的。反过来,这又与更进一步的财富自然增值相关,与对国家效劳的声誉联系在一起——尽管这种名声多数时候是名实相符的,但它的赠予并非基于道德原因,而仅仅是根据有钱的身份这一纯技术性的原因。我们还可以在更高的水平上观察到同样的情况。在中世纪的卢卑克,富人们通常都喜欢加入几个宗教团契,以便使他们的救赎能更有保证。通常,在中世纪教会中获得宗教赐福的技术手段,只有富人们才能利用。除了超脱的目的外,作为一种由财富的自然增值所赢得的折扣,这些技术手段为富人们带来了一定数量的世俗声誉和好处,如在几个宗教团契中的成员资格。在心理水平上,我们上面所描述的对财产界限的跨越也造成了下面这种形式的财富自然增值:对于那些大富翁来说,在许多情况下,一件欲求之物到底要花费多少钱,根本就不是一个问题。人们在日常生活中也这么说,但这里面还包涵着更多的意味。只要收入是与一定目的相联的,那么,每一次花费就都不可避免地有一个负担——要考虑花多少钱;对大多数人来说,"多少"的问题总是徘徊于欲求和它的满足之间。这意味着事物一定程度的现实化问题,而这对真正的有钱

---

① Achaean League:公元前 4 至 3 世纪时由十二个城邦建立于伯罗奔半岛北部古希腊亚加亚地区的联盟,目的是防御从科林斯北部过来的游牧部落的袭击。

贵族来说根本就不成其为问题。任何拥有一定额度之上的金钱的人都因此而获得了一种允许藐视金钱的额外优越之处。那种无需考虑事物金钱价值的生活方式有一种极大的美学魅力。对事物的获得只取决于客观看法，即只依赖于事物的内容和重要性。金钱主宰的现象会在许多方面贬低事物的特殊个性，也会降低人们从多方面来意识到这些个性；尽管如此，但还是不可否认，金钱会对其他一些现象有所促进。如果事物特性所具有的共同之处（即经济价值）被投射和置于一种外在于自身的形式中，那么，至少它们至少在心理上有变得显而易见的机会，尽管这种机会很少得到实现。每一种置金钱于度外的生活方式，都免除了对事物的纯粹客观特性和价值评估所造成的分心和阴影，由此而使那些内在方面完全异质的关系最终表现为货币价格的形式。每当较不富裕的人们能够像非常富有的人们那样购买同样商品的时候，后者就享受到了一种由财富所带来的自然增值——心理上的闲适感。与较不富裕的人们相比，非常富有的人们不会为了要得到或享受某物而牺牲钱财这样的问题而分心。相比较还有另一种方式，我们稍后将会看到；对享乐习以为常甚至厌腻的态度扼杀了事物的个性和特殊魅力，并把它们简化成了金钱财富的阴影。但是，这并非否定其他的关系，而只是说明了货币的本质特性——通过与每一特别目的的疏远，货币能够穿起生活中内在和外在的、方向完全相反的各种线索，并能够对于它们中的每一个，都起到关键性的文化意义和表现意义的工具作用。对于实践精神的进化过程来说，这是货币的无可比拟的重要性之所在；它把所有经验形式中的特殊性和片面性都进行了最大程度的化简。人们或许会说人类构造概念是一种悲剧，因为，更高的概念通过其广度而包容了仍在不断增长的大量细节，它必须依赖于内容上的不断丧失。对于这样的较高范畴来说，货币是其完美的实践副本，也就是说，货币特性的存在形式就是概括性和内容空洞性。这种存在形式赋予货币的这些特质以真正的力量，它与所交易物品其他一切对立的特质的关系、它和它们的心理格局的关系，既可以被看作是一种服务，也可以被看作是一种宰制。

货币拥有者的财富自然增值只是我们所说的货币形而上学特质的一个单独的例子而已;这种形而上学特质就是超越货币的任何一种特殊用途,并且,因为货币是终极的手段,这种形而上学特质就是作为所有可能性的价值实现所有价值的可能性。

货币能使其纯粹的手段特征成为那些不被社会圈子所容的人的领地

我希望从这些关系的活动范围中抽出第二种关系序列。货币之作为手段的意义,即独立于所有明确的目的,导致了这样一个事实的产生:货币成为某些个人与阶层的利益核心和固有的领地,这些人和阶级由于其社会地位的原因,被排除于许多种个人的、明确的生活目标之外。被解放了的罗马奴隶还是逃脱不了被金钱买卖的命运,因为他们没有任何机会来获得完全的公民资格。早在公元前4世纪的雅典,纯粹的金钱交易开始之初,后来成为最富有的银行家的帕西翁①在身为奴隶时就已开始了他的职业历程。在土耳其,亚美尼亚人是一群被侮辱与被迫害的人,但他们总是从事着商人和放债人的职业,在西班牙有同样处境的摩尔人也是一样。在印度,这样的社会环境更是随处可见。一方面,在社会上受压迫但却小心翼翼地求得发展的帕西人(Parsee)多数都是钱商或银行家,而另一方面在南印度的某些地方,金融生意和财富都掌握在切特人(Chetty)手中,这是一个混杂的种姓,因为不洁的种姓地位,他们几乎没有什么名誉可言。类似地,法国的胡格诺派教徒②,就像英国的贵格派教徒③一样,由于其无保证和受限制的社会地

---

① Pasion:公元前4世纪时古希腊的一位麦特克(metic,享有部分公民权的非希腊人或自由的奴隶),曾为奴隶,后来成为雅典城的大银行家。
② 指16世纪宗教改革运动中在法国形成的基督教新教教派的教徒,多数属归正宗,该派教徒在法国一直受到残酷迫害,直到1789年的法国大革命时期才可以担任公职或从事任何事业。
③ Quakers:又称公谊会,17世纪形成于英格兰并传到美洲殖民地,该教派在当时的英国被视为异端,受到迫害。

位,所以把全副精力都用到了赚钱活动上。一般来说,几乎不可能把什么人从赚钱活动中排除出去,因为一切可能的道路始终通向金钱。与其他行当比起来,货币交易对技术训练要求更少,因此也就更易逃避控制和干涉;再加上,等钱用的人总是急不可耐,也不在乎与那些通常被人鄙视的人接触和去那些通常不体面的隐蔽之处。因为非法之徒是难于让他们远离纯粹金钱利益领域的,所以在不同方向上运作的两种因素之间就建立起了一种联系:一方面,只与金钱打交道的人都受到一种威胁,即有可能被贬为社会的 déclassé(底层成员),而他们要想摆脱这种困境又只能靠自己的力量和成为别人离不了的人物;在另一方面,中世纪的游民在其他许多方面都受到法律上的歧视,唯独在有关金钱的事务上享受到了法律面前人人平等的待遇。剥夺某社会群体作为公民的完整权力和利益,如果是通过法律或其他强制规定手段来施行的,而不是通过自发的弃绝本身来实现的,那么也会出现上述同样的情况。当贵格派教徒已经赢得了彻底的政治平等之后,他们仍然拒绝对其他人和事发生兴趣——他们拒绝宣誓,因此不能接受公职;他们拒绝与美化和装饰生活有关的任何事物,甚至包括体育运动;他们甚至还放弃农业活动,因为他们不想缴纳什一税①。因此,为了获取某种外在的生活兴趣,他们就被引向了金钱,以此来作为其生活中的唯一兴趣——他们已经身在其中了。有人曾指出:同样的,黑恩胡特②群体的成员缺少任何对科学、艺术和娱乐性社交活动的兴趣,除宗教之外,他们就只剩下了一种冲动——赤裸裸的对钱财的攫取欲望。因此,诸多黑恩胡特和虔敬派教徒③的勤奋及贪婪不是一种伪善的表现,而是一种患病的、正

---

① 欧洲中世纪教会向居民征收的一种宗教捐税,源于圣经上所说的"农牧产品十分之一'属于上帝'",法国大革命后西欧各国逐渐废除什一税。

② Herrnhuter:基督教胡斯派后继者摩拉维亚教派信徒,前身为摩拉维亚兄弟会,三十年战争后受迫害的残余者聚居于德国西北部的萨克森贝特尔斯多夫庄园的黑恩胡特村,成员过俭朴虔敬的生活。

③ Pietist:17 至 18 世纪德国新教路德宗教会中的一派,提倡攻读圣经,反对死板地奉行教条,追求内心虔诚和圣洁的生活,注重行善。

在躲避文化兴趣的基督教世界的征兆,以及容忍不了任何俗世高雅价值(irdisch Hohe)、而宁可系身于俗世的卑贱的一种虔敬的表现。甚至也可以说,在社会等级体系中相对立的两极上都存在着同样的现象——当其他的兴趣都消失以后,只有对金钱的兴趣还剩下来成为人们最后的、也是最锲而不舍的兴趣,这不能不说是一种危险的后果。在法国大革命前,日益中央集权化的国家接管了对农村地区的管理,所以贵族们便放弃了他们的社会义务。因为国家从贵族手中拿走了所有具体的、有价值的统治功能,土地拥有者的身份也就丧失了作为赚钱基础的所有意义。这是最后仅存的一点利益,那些过去曾经是贵族与农民之间活的联结纽带,现在都被约简为金钱利益。当金钱交易成为社会中被剥削被压迫成员的最后手段时,当人们被剥夺了以直接的手段、社会地位和以正式或职业的方式来获得那些被禁之物的时候,货币的力量便对地位、影响和享受的获得有了积极的贡献。货币的确是一种纯粹的手段——尽管是在一种绝对尺度上的手段,同时,由于货币缺少由任何实际规定而来的特殊性,所以,它对任何事物都是无条件的终极来源,在什么地方都是无条件的终极目标。因此,在群体中的部分未被排除于目的序列之外的地方,以及同一目的论构成对整个群体都有效之处,都会出现同样的情况。据说斯巴达人——他们禁止任何追求经济利益的活动——曾经是非常贪婪的。利西亚①的宪法曾经不切实际地把分配方式组织化,但是对拥有财产的激情似乎正是爆发于那些拥有的所有权最少有明确性,以及强制性限制最无能为力的地方。也有文献提到:在斯巴达,曾经有很长一段时间,就拥有财产的快乐而言,穷人和富人之间没什么差别,富人并不比穷人过得好到哪儿去。因此,对钱财的欲望不得不集中到拥有金钱上面。同样的事情也发生在爱琴纳岛②,如一名斯巴达掌政官(Ephor)所报告的:由于土地

---

① Lycia:古代亚细亚西南部靠近地中海的一古国,曾经是古罗马帝国的一个行政省。

② Aegina:位于希腊东南部海岸外,曾经是古希腊重要城邦。

质量不好,居民只好都从事贸易活动,这里也就变得像是一个主要贸易中心,而爱琴城也就成了希腊本身第一个铸造货币的城邦!在经济世界中,点与点之间都有延伸着的目的序列存在,而货币正是它们共同的交汇点,所以它就为每一个人所接受。当"不诚实"这种诅咒沉重地压在某些特定的职业上的时候,人们仍然可以从刽子手的手里接受金钱,尽管他们首先也尽可能寻找诚实的人来做这些事。由于意识到金钱的这种绝对重要的力量,麦考利①为犹太人的解放进行辩护,他的理由是:从犹太人那里剥夺政治权力的行为是无用之举,因为金钱已经赋予他们以实质性的权力。他们可以买到选票或是控制国王,就像债权人可以控制债务人一样,所以政治权力只能是对他们已经拥有的东西的一种正式承认而已。若有人想有效地剥夺他们的政治权力,那就只能杀掉他们或是劫掠他们的财物;如果他们的金钱仍然没有损失,那么——"我们或许可以抢走他们的影子,但他们还留有实体",这非常鲜明地表达了货币概念在目的论上的循环性——所以,以纯粹实际的用语来说,人们肯定会倾向于把社会的、政治的和个人的地位概括为对某种实际的实体性价值的拥有,而货币——其自身只是对其他价值的一种空洞的符号化——将会被看作是一种纯粹的影子!

在社会性剥夺与货币影响力的中心角色之间,没有必要强调犹太人是这两极相关性的最好例子。我只是想提及两个观点,以此来表达货币基本意义所具有的特别重要性。因为犹太人的财富是由金钱所构成的,所以他们尤其成为被剥夺的猎物和有利可获的对象,因为再没有其他的财产会像金钱这样能够如此容易、如此简单和毫发无损地被剥夺了。我们可以通过劳动来获得一件用途或大或小的商品,我们可以以此来为它定位;人们亦可以用同样的方式为抢来的东西定位。如果你剥夺了一个人的土地,那么你也不可能立刻就实现这些土地的

---

① Thomas Babington Macaulay(1800—1859):英国辉格党政治家、作家、历史学家,著有五卷本《英格兰史》。

价值(除非把它们即刻换成现金),因为你需要时间、精力和花费。尽管这里也存在着差异,但在处理这些事情的时候,个人的努力自然更实用。例如,在中世纪的英格兰,羊毛是在这方面最有用的东西,因为它是一种流通的媒介,议会用它来向国王纳税,国王又用它从商人那里搜刮金钱。货币是这一尺度的极点。犹太人在过去处于贱民的社会地位,对于他们来说,正是货币缺少任何特殊目的这一特点,使钱成为犹太人最适宜的、最不会遭到拒绝的收入来源;但同时,货币也最容易成为导致人们对他们进行掠夺的捷径和最直接的刺激。如果有人说到中世纪的大屠杀中,一些城市中的迫害都是冲富人们来的,而在另一些城中却是冲贫穷的犹太人来的,那么,这也并不成其为否定我们观点的证据,而毋宁是说明了处于成长中的货币力量的另外一方面。

　　从社会学角度来看,犹太人与货币的一般性的关系要更为明显,也更能说明货币的特性。外乡人(Fremde)在一个社会群体中扮演的角色正是通过货币而使其从外部与此群体发生关系的,这主要是因为:对于此群体的界限来说,货币具有可以超越界限的转移性和延伸用途。这种货币的本性与外乡人之间的关系,在某些原始人群中就可以见到。在那里,货币是由从外面运来的代用币所构成;例如,在所罗门群岛以及在西非尼日尔的伊布人中间,存在着一种用贝壳或其他代用币来造钱的行业。这些作为货币流通的代用币并不在产地而是运到其邻近地区去流通。这使我们想到时尚这种东西。如果一种时尚是从外地引进的,那它就特别有价值和力量。货币和时尚都是社会互动的产物,它似乎就像我们的眼睛一样,总是在相距较远的物体上才能最好地集中我们的视力。同样,一样也是人的外乡人注定也要对货币感兴趣,这使得货币对那些在社会中受掠夺的人们更有价值:也就是说,货币为他们提供了一种机会,这种机会是通过特殊的具体渠道以及人与人之间的关系才会对那些具有正常名分的人或本地人开放的。有人曾特别谈到:在巴比伦神庙前,正是外乡人才扔钱给本地的妓女,这些妓女便为钱而卖淫。在外乡人的社会学意义和货币的社会学意义之间,还存在着另一种联系。纯粹的货币交易显然是某种次要的东西;货币首先和主要的是在贸易中表达其自身。出于合理的原因,在经济发展初始,经商者通常都是外乡人。只要经济领域是较小的并且仍然还不具有高度发达的劳动分工,就需要直接交换或购买的方式来满足必要分配的进行;对于商人,只需要他们提供远处的地区生产的商品。这种关系的关键之处是由其可逆转性而表现出来的:不仅商人都是外乡人,反过来说,外乡人也愿意成为商人。一旦外乡人不是暂时性地出现在这些社群中,而是定居下来并寻求社群的永久支持,这时上述说法就显得更加明显。因此,柏拉图的《法律篇》①中的市民被禁止拥有黄金和白银,而所有的贸易和制造业都专门留给了外乡人。犹太人之所以成为商人不仅是因为他们受压迫的地位,而且也因为他们散居世界各地的状况。最后一次巴比伦之囚②以后,犹太人才开始与金钱生意稔熟起来,在那之前,他们尚不知道货币为何物。有一个事实特别强调了这一点:正是在大流散中的犹太人多数从事了这一职业。处于流散中的人们,不管他们与文化圈的关系是紧密还是疏远,都难以扎下根来或是在生产行业中找到一个自由的位置。因此,他们就依赖于中介性的贸易活动,这要比原始生产更具弹性,因为他们仅仅通过形式上的联合就能无限地扩张贸易的范围,并且可以从那些不扎根于群体中的外乡人中吸收成员。

犹太心灵的基本特征就是对逻辑-形式的关系更有兴趣,而较少对物质性的创造性生产感兴趣;这种特征必须从他们所处的经济环境来理解。犹太人是外乡人,他们不能有机地与其经济群体发生联系,这一事实把他们引向了贸易及其升华的形式——纯粹的货币交易。在 13 世纪之交,奥斯纳布吕克③的一项法令——其一针见血地洞察到犹太人的情形——允许犹太人每周收取百分

---

① 柏拉图对话之一,它讨论了国家和社会生活的各个方面,提出了一套系统完整的法律制度,是为想象中要建立的克里特殖民城邦提供的一个理想蓝图。

② 公元前 597 年、前 586 年(一般认为)至前 538 年(一般认为)期间,巴比伦人攻克并焚毁耶路撒冷城,数次把犹太人掳往巴比伦。

③ Osnabrück:位于德国西北部萨克森地区。

之一的利息,因此一年就是百分之三十六又九分之一的利,而通常的利率最多只有每年百分之十。犹太人之所以是外乡人,不仅是针对当地人来说,而且也是针对宗教而言;这具有特殊的意义。因为中世纪禁止收取利息的禁令对他们无效,所以,他们就成为公认的放贷者。犹太人收取高利息是他们被排除于土地产权以外的结果:抵押地产对他们来说永远是不安全的,所以他们总是害怕更高的权力当局有一天会宣布他们所拥有的债权无效(如 1390 年文策尔国王对法兰克人的所作所为,1347 年查理四世对纽伦堡的世袭领主的所作所为,以及 1338 年巴伐利亚的亨利公爵对斯特拉宾的市民的所作所为)。

外乡人对他们的事业和贷款要求更高的风险补偿。这种特点不仅对犹太人有效,它更深深地植根于贸易和货币的本质之中,并对一系列其他的现象也同样十分重要。这里我将只谈及在现代的那些现象。在 16 世纪的世界股票交易中,外乡人在里昂和安特卫普享受到了几乎是没有限制的贸易自由,正是通过这一点,两个城市获得了自己的独特性。这种收获是与这些地方的货币交易特点联系在一起的:无论历史偶然事件和政府的错误指导怎样地掩盖,都不难看到在货币经济和自由贸易之间存在着的一种深刻的内在关系。金融交易中外乡人的角色清楚地说明了这种内在联系。在美第奇时期①,佛罗伦萨某些家族在金融方面的重要性,是建立在这样一个事实基础上的——他们或是遭到美第奇家族的驱逐,或是被美第奇家族剥夺了政治上的权力。为了重新获得力量和重要性,他们就依靠金融交易的力量,因为在家乡以外他们没有任何其他的生意可做。通过更仔细地考察,有一点值得我们注意:另外一些同时发生但明显相互对立的事件是怎样揭示了同样的关系的。16 世纪的安特卫普无可争议地成为当时的世界贸易中心,它的重要性正是依赖于外乡人才得以建立起来,这些外乡人有意大利人、西班牙人、葡萄牙人、英国人和德国人,他们定居在那儿并出售自己的

---

① Medici(1389—1464):意大利银行家,开创其家族对佛罗伦萨的统治。

商品。安特卫普本地人在贸易中却只扮演了作用非常有限的角色,即主要是被雇佣来作一些代理商及金融业的银行雇员。在这个通过世界贸易的利益而统一起来的国际社会中,本地人所扮演的是通常由外地人来扮演的那种角色。在这里,关键之处在于一个较大群体与一些疏离的个人之间所存在着的社会学意义上的关系。对于后者来说,因为他们与更具体的利益之间没有任何直接关系,所以他们就转向了金融交易。在大多数情况下,本地人和外乡人之间都发展出了这种关系。盎格鲁-撒克逊人曾吸收了很多他们没有驱逐的不列颠人口,他们称之为"外乡人";就像在安特卫普一样,不管是什么地方,如果外乡人表现为凝聚的群体,而本地人则表现为松散的少数人,那么从社会学上来讲,同样的原因就会产生同样的结果,而这时候我们再来问哪些因素是本地固有的、哪些因素是外乡的就不那么重要了。在一个群体中,个别的外乡人之所以选择贸易和特别的金融交易的私人动机,不管它到底是什么,我们都不可否认的是:现代银行家于16世纪所做的第一笔大买卖是在国外进行的。在大多数的目的序列中都有地方性限制这一点,但现在货币被从中解放出来了,因为它是任何特定起点到任何特定终点之间的中介环节。同时,就像有人会提出的问题一样——如果历史存在的每个因素都在寻求活动的形式,在其中它可以表现自己明确的特质及其最纯粹形式里的本然力量,那么,最初的现代实体性资本,就像渴求扩展的年轻精神一样,会急切地渴求投资,投资最强烈地展示了其无所不能的力量、无所不在的效用性和公平性。人们怨恨大金融机构的原因是:它的老板和代理商通常都是外地人。这是民族主义情绪对国际主义的怨恨,是片面的抵触,这种情绪意识到自己特殊的价值,感到自己被一种不偏不倚的、无特性的力量击败,而这种力量的本质似乎正是通过外乡人而人格化。与此极其相符合的是,保守的雅典民众对智者派和苏格拉底的理智主义怀有恶意,以及对新兴的、奇特的精神——精神像货币一样是中立的、无感情色彩的,它常常首先是在摧毁那些可笑的残存力量的限制时显露其力量——的统治手段怀有恶意。更进一步,就像对货币这种倾向的客观化一样,金融交易的大规模扩展发端于无休止的战争,如那些发生在德国皇帝和法国国王之间的战争,发生在低陆国家①、德国和法国之间的宗教战争,等等。战争本身只是一种纯粹的非生产运动,但现在却完全控制了货币经费;商品的实物贸易(solide Warehandel)——主要限于地区性的——现在开始被金融贸易所超过。而且可以说,以这种方式向国外转移的金融资本实际上变得更具破坏性了。法国国王曾经依靠佛罗伦萨银行家的支持与意大利打仗;他们又依靠德国货币的帮助从日耳曼帝国手中夺走了洛林以及后来的阿尔萨斯;西班牙人也是因为能够使用意大利的金融力量才主宰了意大利。只有在 17 世纪,法国、英国和西班牙才尝试着结束金融资本这种令人烦恼的来来去去——这正揭示了货币作为纯粹手段的特性——从而满足了政府在自己国家内部对金融资本的需要。如果说在最近的时期里,金融业在许多方面也成了国际性的失误,那么,它肯定已经具有了完全不同的意义:最初意义的"外乡人"现在已经不复存在;贸易关系、风俗以及那些甚至遥远国度里的法律都在逐渐形成一个统一的有机体。货币并未丧失它最初成为外乡人领地的那种特点,但是,存在于货币之中的相互交织着的目的论意义上的各种目的在不断增长和分化着,通过这一点,货币日益把那种特点凝聚于其抽象性和无特性中。存在于本地人与外乡人之间的对比已经被消除,因为交易的货币形式已经为整体的经济社会所取代。在我看来,外乡人对于货币本性的意义,似乎都浓缩到一个我无意间听到的建议中:在金融问题上千万不要跟两种人打交道——朋友和敌人。与朋友打交道,金钱交易的那种冷漠的客观性与朋友关系的私人性之间的冲突是不可克服的;而跟敌人打交道,同样的条件又给敌对的意图提供了广阔的余地,这符合这样的事实,在货币经济中我们的法律形式从来不够精确,难以确凿地将存心的恶意排除在外。金融交易中合意的伙伴——在金融交易中,诚如那种说法所言,生意就是生意——是对我们来说完全无关的人,他们既不支持我们,也不反对我们。

---

① 指西欧的荷兰、比利时和卢森堡。

第二节

手段变为目的的心理发展过程

在前面的分析中,我们已经预设了价值意义的一个方面,其自明性可以轻易掩盖它对我们的意义。货币对于我们来说是有价值的,因为它是获取价值的手段,但是会有人因此而说它也只是一个手段而已。价值是建立在我们行动的终极目的之上的,强调这种价值向手段的可转移性似乎没有逻辑的必然;因此,就其手段自身而言,以及若不谈及目的论意义序列的话,手段将会与价值完全无涉。这种价值转移建立在纯粹外在联系之上,它是以我们精神过程中的非常一般性的形式来处理和安排自己的,我们或许可以称这种精神过程为质的心理扩展。如果一个由物体、力量或事件所构成的实际序列所包含着的某一环节,可以在我们身上引发某种主观上的反应,例如快乐和痛苦、爱和恨、肯定与否定等关于价值的情绪,那么,这些价值似乎不仅只与其当下的符号表征直接相联,而且我们也会让此序列中其他无关的精神环节也牵涉进来。同样道理,在许多目的论序列中,整个序列目标得以实现的各种原因都因最后的一环而获得了意义,不仅如此,而且其他要素所构成的各个寻常环节也都会因此而获得意义。例如:一个家庭中的所有成员都需分担任何一个成员的荣辱;一位伟大诗人不怎么样的作品也会得到不应有的赞誉,只因为他的其他作品是重要的;在政党政治中,个人的好恶会延伸到其他工作上去,从而影响到原本可能是对立的或冷淡的情绪;对某人的某一种品质的认同之爱,最后就要扩展到那个人的整个人格上去,以至于喜爱他的所有品质和言谈,如果没有上述关联的存在,这种爱屋及乌式的感情是不可理喻的。总之,只要一些人或事物是通过一些关联而以整体存在着的,那么单个要素价值的意义就会通过系统的共同基础而传达到其他要素上面去,单靠这些要素自己是不能获得此种感受的。正因为价值的意义与事物的结构无任何关系,而是拥有一种超越这些结构的、自身独具的领域,所以价值判断并非严格地依赖于逻辑的界限,而是会自由地发展并超出它与事物所具有的那些客观合理的关系。我们精神生活中的相对高峰时刻会波及那些不具有高峰特质的临近时刻,尽管这一事实有非理性的地方,但却揭示出灵魂整体所具有的快乐财富,即灵魂总是想要以那些曾经具有敏感意义的要素和价值来实现自己的旨趣,它甚至会根据其对事物内在共鸣的尺度来这样做,而不会急切地寻求它们共享这些价值所需的合法理由。

在这种质的扩展的一切形式中,最合理、最显而易见的肯定是由各种目的所构成的序列,但这似乎也不是绝对必然的。不偏不倚的手段通过实现某一目的的价值而获得的意义并不包涵某种转移过来的价值。实际上,它可能是一种特别的范畴,产生于由序列结构所造成的特殊的频率及重要性。但是实际上,此种心理上的扩展是建立在价值特质上的,唯一的区别是:目的的价值可能会被说成是绝对的,而手段的价值则可能会被说成是相对的。事物的价值是绝对的——这是在尚存疑问的实践意义上来说的——而正是在这里,意志的进程止步不前了。这种停止自然无须是时间上延展的停顿,而只是一系列神经支配活动的结束;这样,当满足的感受逐渐消失以后,意志持续的活力仍将会在新的神经支配活动中展现自己。另外,如果对一个客体的价值的感受受制于对某一绝对价值的实现,那么,这个客体所具有的价值就是相对的;其价值的相对性是通过这样的事实而表现出来的:对于实现同样目的的手段来说,如果人们发现了另外一种更高级、更易于获得的手段,那么,现有的这个手段就会失去它的价值。这种在绝对价值和相对价值之间的对比并不与客观价值和主观价值之间的对比相对应,因为前者可能是同时发展于这两种形式中。这里,我是在大致同一的意义上使用价值与目的这两个概念的;在这种情况下,它们实际是同一现象的不同方面而已:实际的概念从理论-情感上来看是一种价值,从实践-

意志的角度来看则是一种目的。

　　设定这一种或那一种价值和目的的精神能量在本性上是很不同的。在任何情况下,对最终目的的创造只有通过一种意志的自发行为才是可能的,而一种手段的相对价值则只能通过理论知识的方式才能予以判定。目标的设定源于个性、情绪和旨趣,但是通向目标的道路却是由事物的本性来决定的。有这么一种说法:我们迈出第一步时是自由的,而迈出第二步时就是奴隶了;这种说法再没有比在目的论领域内更为适用的了。这种对立揭示了我们的内在力量与客观存在之间的关系极富多样性,但是,无论如何,它并不能妨碍某一种内容以及同一的内容从一种范畴转换为另一种范畴。手段从心理上有功于其目标的价值,正是设定目标的自发性与这一事实一起,使得手段能够在我们的意识中为其自身获得一种确定的充足价值(befriedigende Wert)特性。这种现象成其为可能,原因只有一个:我们意志的最终权威独立于所有理性和逻辑的基础。但上述事实自身却给目的的实现提供便利,尽管看上去好像与目的有所抵触。一般以为:我们对目的的认知得越清楚,我们就越能最好地实现它;其实这是毫无根据的,而毋宁说只是在感觉印象上如此而已。"无意识的目的"(unbewußten Zweck)的概念似乎显得不易理解和不尽完美,但却表现了这样的事实:一方面,我们的行动如果有精确的适应性的话,那它们总是集中在确定的终极目标上,并且,也难以想象它们没有任何实效;另一方面,我们的意识对此并无觉察。这一事实不断地反复出现,它对我们整个生存情绪都极为关键,以致我们非得找到一个专门用语来指称它。"无意识的目的"这种说法并非要解释这种现象,而只是要指称它而已。我们的行动绝非由某种目的而引起的,即不是由某种将会发生的事所引起的,而总是只把这种目的当作生理－心理能量并借助于它而使行动得以发生,这种生理－心理能量先于我们的行动而存在;如果我们始终记住这一事实的话,那么问题就会变得更加清楚。所以,我们或许可以假定情况是这样的——在一方面,我们的一切活动都是由我们的内在自我的核心力量所引导的;另一方面,它们又由与此一致的感官印象、情绪、外在刺激和原因所引导。

这两个因素系列都是以非常多样性的联结而发生的。我们的行动在第一种因素的有效范围内更为适合,在这个范围内,它把所有不同的特定因素都转向从心灵自我(就其严格的意义而言)中涌现出来的能量的方向上。如果我们已经积聚了相当数量的待释放的能量,以至于这些能量的释放必定要遵循预定的方向——这乃是一种事情发生的必然格局(Konstellation),它甚至使附带的、不正当的旨趣也获得在外在形式上的同步实现——那么,如果反映在我们的概念意识中,这种实际的生理-心理力量就被称作"目的"。作为对上述待释放能量在心理上的反映,对这种目的的意识,会在目的的进一步发展进程中消失掉,因为人们认为目的的实际基础正在逐渐地消失;通过慢慢将其置换为行动的方式,最后它就只存在于其实际结果中了。根据我们记忆的结构,对目的最初的关注或许会比任何实际基础延续的时间更长,并一直存在于我们的意识当中;即使这是真的,对于那些似乎由这种基础贯穿始终并引导着的行动来说,这也不是必然的。更进一步,如果这种构想是正确的,那么就会引出这样的结论:为了处理目的论的序列,只有最初的那个能量才是必需的,它就是我们此处所说目的的最初存在形式。能量的实在力量会一直保持在后续的行动之中,从一开始它就由目的所引导,不管对目的的意识是否仍然伴随着实践的序列,情况都是如此。

如果这种对目的的意识始终保持活跃状态的话,那么,它不仅是一种纯粹的观念,而且也是一种消耗意识有机能量和强度的过程。生命的一般性实用原则就会因此而想办法把它去除掉,因为对于我们行动的目的论引导来说,它基本上已不再必需(在排除掉任何复杂因素和变化性的情况下)。这似乎让我们在自己经验中发现的现象变得更清晰了,即,对于我们实践序列的最终一环来说(它只能通过手段来实现),我们越是把力量集中和贯注到生产这些手段的活动中去,实践序列的最终一环就愈能更好地实现。因此,真正的实践问题就是手段的生产问题。这一问题越是得到彻底地解决,终极目的就越容易省却意志力,这可以作为手段之机械结果被完成。如果我们总是对最终目的有所意识,那么,手段就要把一定数量的力量从我们的劳动中抽出来。

最为上策的态度是：把我们的能量全部集中于在目的序列中本应下一步才实现的那一阶段上去；换句话说，我们促进最终目的实现的最好办法就是把手段看作是目的自身。当可使用的力量有限的时候，所需的心理重点的分配与逻辑整合活动并不一致；对于后者来说，手段完全是居中性的，全部的重点都在最终目的上，而实践中的权宜之计却要求对这种关系进行一个直接的心理上的反转。这种看上去似乎是非理性的事实却对人类有着不可估量的价值。在所有的可能性中，如果我们的意识已经预先被原初目的的设定所占据，那么，我们就永远也不可能超越这个阶段，我们也永远不会有余力去发展更多样化的手段；或者，如果我们在处理每一个次一级的手段的时候又总是不断意识到为最终目的服务的整个手段序列，那我们将会体验到一种不堪忍受的支离破碎和残缺不全的感觉。最终，如果我们意识到在与终极目的关系中手段所实现的逻辑意义是无关紧要的话，以及，如果我们没有把意识的全部力量都倾注到每一特定时刻所必需的事情上去的话，那我们将会既没有力量也没有兴趣去完成手边的任务了。很显然，这种终极目的的轮回发生得越是频繁、越是贯穿始终，生活的技术就变得越是复杂。随着竞争的加剧和劳动分工的增加，生活的目的也变得愈发难以实现；也就是说，它们需要让手段拥有一种持续增长着的基础存在。就对技术的兴趣而言，技术这个词的每一个含意都说明：有相当比例的文明人仍然处于被奴役的状态之中。实现终极目的所依赖的条件需要人们集中注意力，他们也把精力倾注到了这些条件之上，以至于每一个真实的目的完全从我们的意识中消失了。的确，他们也经常遭到拒绝。但这种情况受到一个事实的鼓励：在文化意义上的发达的关系中，个人出生于一个由许多环节所构成的目的论体系之中（例如，对于风俗来说，它被看作是绝对命令，这种绝对命令的起源是人们不再质疑社会目的的先决条件）；为了早已确立的目的，个人接受合作，与此同时，即使他的个人目标也经常被看作是由周围环境所赋予的、不言而自明的，这种目标的有效性来自个人的实际生存活动和自我发展，而非来自清醒的意识。所有这些环境共同促成了这样一个事实——不仅上述的生活的终极目标,而且还有那些生活过程中间的目标,也都被允许在不完满的情况下进入到意识流之中,并把意识集中起来引向手段之实现的现实任务上去。

货币:手段变为目的的最极端的例子

很明显,终极目的这种以最综合、最极端的形式的超前发生,不是在生活过程的中间事件中,反而倒是在货币中。有这么一些东西,其自身价值完全来自其作为手段的特质、来自其能够转化为更具体价值的能力,但从来还没有一个这样的东西能够像货币一样如此畅通无阻地、毫无保留地发展成为一种绝对的心理性价值,一种控制我们实践意识、牵动我们全部注意力的终极目的。这种对货币最大限度的追求必然要发展到这样一种地步——货币担负起了纯粹手段的特质。因为这意味着货币可支配对象的范围在不断地增加,所以,事物也在越来越毫无防范地臣服于货币的力量,而货币自身也越来越缺少个性;但与此同时,在与事物的关系中,货币却正好因此而变得越来越力量强大。货币的增长着的重要性依赖于它剔除一切非手段性因素的过程,因为这样一来它与对象的特殊性之间的冲突就同时也被剔除了。货币作为手段的价值是通过作为手段的价值①的提升而提升的,并且一直提升到这样一个界限上:在此界限上,它作为一种绝对价值发挥效力,并且货币中所包含的目的意识也告完结。货币本质的内在两极性有两个原因:一,货币是一种绝对的手段;二,对大多数人来说,货币因此在心理上成为一种绝对目的。这使得货币以奇特的方式成为一种符号,在这种符号中,实际生活的主要调节者不再有所作为了。我们应当把生活中的每一刻都当作最终目的那样来对待;每一时刻都如此重要,似乎生命就是为了这个原因才存在的。同时,我们还应当这样生活——就好像所有的时刻中没有一个是最终目的,就好像我们的价值感不会停留在任何

---

① 强调为译者所加。

一个时刻上,似乎每一时刻都是通向越来越高阶段的转换点和手段而已。这种对于生活的每一时刻的显然冲突的双重要求——既是终极目的又不是终极目的的要求——来自我们的内心深处。在那里,灵魂决定了我们与生活的关系,并且灵魂相当奇妙地、也几乎不无讽刺地在货币这个最外在于灵魂的存在中得到了自我实现,因为灵魂超越了现存的心灵形式所具有的一切特质和强度。

货币的目的特性倚赖于时代的文化趋向

对于价值意识来说,货币绝对化的程度取决于经济兴趣从原始生产到工业企业这种重要的转型。现代人与古希腊人对钱的态度区别甚大,主要是因为,古代的货币仅仅服务于消费,而现代的货币在本质上效力于生产。对于货币目的论意义的角色来说,这种区别极端重要,它是作为整体的经济体系真正的索引。在古代,经济的兴趣更多指向的是消费而非生产;农业生产占据主导地位,它的简单、传统和一成不变的技术不需要类似于处于变动中的工业生产那样支出太多的经济意识。因此,这样的意识就主要集中于经济的其他方面,即消费方面。整体意义上的劳动发展史反映了同样的发展模式。古代人的劳动几乎全是为了当下的消费,而不是为了拥有——这是指向下一阶段的更进一步的获取行为。因此,这就是所谓以消费组织而非生产劳动为中心的社会主义倾向和古代理想:在这方面,柏拉图的理想国与他竭力攻击的雅典民主颇有相像之处。对于这一点,亚里士多德的一个论证特别清楚地说明,如果政治性功能就是接受报酬,就会导致民主政体中穷人对富人的统治;因为穷人与富人相比,他们的时间将会更少为私人事务所占据,假如他们再有报酬可得的话,那就会因此而有更多时间的来行使公众权利。在这里,人们默认的事实是:穷人比富人更悠闲。与后来的时代相比,如果这种情况不是由机会多少的问题所造成的,而是大体上由经济所采取的形式的基础所造成的,那么,随之而来的结论就是:大众的兴趣很简单,就是如何能够有充足的东西维持生计。一种预示了穷人失业的社会结构一定会对消费而非生产在根本上有兴趣。在经济领域,古希腊人的道德原则几乎从来就没有触及获取的问题,或许这只是因为在数量上众多的主要生产者是奴隶,他们不是社会和道德的兴趣所在。亚里士多德的观点是:只有消费而非生产才为积极意义的道德发展提供了机会。这吻合柏拉图和亚里士多德对货币的看法,他们二人都认为货币只是一种必需的恶。当价值重点独一无二地落脚于消费时,货币尤其清楚不过地揭示了其冷漠无情和空洞无物的特性,因为正是在消费中,货币立即遭遇到了经济的终极目标;而货币作为一种生产的手段,它却愈发远离了终极目标而被其他的手段所包围,与这些手段相比,货币拥有一种完全不同的相对意义。货币意义的这种区别可以追溯至每一时代精神中的那些终极抉择。这种有意把对消费兴趣的评价置于对生产兴趣评价之上的现象,源于农业生产的主导地位。地产是受法律保护的、相对保险的财产,在希腊人对生活所具有的意识中,它是唯一能够保证连续性和统一性的东西。在这一点上,古希腊人仍然是东方人,因为只有当时间的飞逝性被一种实在的、连续的内容所补充时,他们才能想象生活连续性的存在。因此,对实体概念的依恋构成了整个希腊哲学的诸种特点。但这根本没有使希腊生活的现实有什么特色,而毋宁说是其失败、企盼和救赎。它反映了希腊人广阔的精神世界,在这个世界中,希腊人的心灵不仅要在既定事物中去追寻他们的理念——就像那些不够成熟和较为保守的人所做的那样——而且他们还尝试在另外一个领域内完成他们那狂热和危险的本性(这种尝试经常为党派之争所打断),也就是在安全可靠的界限内和平静的形式中完成他们的思想和创造。完全反之,现代人的观点是在力量的交互作用和时间的有规律序列中看到生活的统一性和连续性,这些力量和序列的内容极度地变化。我们生活的全部多样性和运动并没有放弃对统一性的感觉——至少不是经常如此——而只是在我们自己看到偏离与不足的情况下才会发生这种情况;相反,生活正是被这种统一性的感觉支撑着,并由它给我们带来最完全的意识。希腊人对这种动力性的统一性感觉很陌生。同样的原因也使希腊人的美学理念能够在建筑和雕塑的形式中贮存积累,这些东西使他们的生活观点成为一个有限的宇宙并拒绝无限性——这种特点使他们把存在的连续性只看作是某种实体性的存在,就像建立在土地财产之上并在其中所实现的理念那样;而现代人的生活观点是建立在货币基础之上的,货币的本性是起伏不定的,它在各种货币等价物最大的、最变动不居的多样化中展现出其本质的同一性。而且,建立在货币基础之上的商业交易在希腊人眼中也是不体面的事,他们认为交易总是某种对未来有长远算计的行为。而对希腊人来说,未来一般来说是某种不可预知的东西;对未来的希望完全是一种臆想,甚至是不自量力的,这样的想法必然要触怒众神。

所有这些构成生活的内在和外在因素以这样一种方式互动,以致我们不可能把其中任何一个看作是无条件的、基础性的存在。农业性经济取决于两种因素:一,农业经济强调可靠性,较少或缺少多样性的中介联系,注重消费而非生产;二,注重事物实体的态度,反感那些不可预计的、不稳定的和动态的东西。一方面,所有这些特点都是一种统一的、历史性的基本构成——由各不相同的兴趣的中介折射出来——的各式各样的破碎的光线。我们不能以解剖的心态来直接把握或者指称这些光线;或许它们属于那样一些构成——先验性问题对于它们是不适用的,因为它们的本质基本上建立在一个无限或是循环过程中的互相依赖着的双方互动上。对于细节性知识来说,这是有缺陷的,但在其基本动机中却是本质性的、不可避免的。不管我们怎样来诠释,事实都是一样的——对于希腊人,经济的目的与手段并没有像后来那样分离得太远;此外,手段也不具有与目的相同的在心理上独立的意义,货币还没有如此明目张胆地、内心毫无抗拒地发展成为一种独立的价值。

货币的目的论地位造成的心理后果

当我们更仔细地来考察手段与目的之间的关系时,作为由手段在心理上提升为目的的最杰出和最完美的例子,货币的重要性就变得最明显不过了。我已经讲到这么一些情况:在这些情况中,我们总是故意对自己行动的真实目的视而不见,这样我们的意志就可以在事实上集中于那些并非我们所设定的目的上面。因此,寻找超越于我们意识所反映的目的的行为似乎就是合理的了;但是,我们这种寻找的界限应该在哪儿呢?如果目的论序列并没有终止于意识所最终认识到的环节中,那么就不能向通往无限的连续性敞开道路吗?那么就没有必要对我们的行动所建立于其上的那些给定目的感到不满足,并因而探寻超越于既定者之外的那些目的存在的更进一步的理由吗?还有,没有任何实现了的目标和条件能够给我们以最终的满足,而在逻辑上,它们似乎是与终极目的概念联结在一起的。再进一步说,每一个已实现之点,在实际上都被我们体验为通向最后阶段的中间转换阶段——在感性领域和理念领域都是如此;在感性领域,原因是这些可实现的点总是处于不断的流动变化当中,而每一个实现的欢乐都有新的需要紧随其后,在理念领域,原因是经验的现实永远也不能满足我们的要求。概括地说,被我们称作终极目的之物似乎是飘浮于目的论序列之上的,而它与地平线的关系却又类似于那些指向它的尘世之路与地平线的关系,但尘世之路经过再长的跋涉也不会使它在起点处与终极目的之间的距离再靠近一点。这里的问题不是终极目的是否能够实现,而是终极目的所表现的形式是否可能被赋予任何内容。目的论序列所指向的是其在此世中可以实现的某处,就这一点来说,它最后停止的原因不是其最后终于得以实现,而是与其内在结构相一致。在这一序列的终极目的中,似乎有一些确定的点存在,但实际却是:我们只能提供如下的辅助性调解原理,即我们不应该把任何个别的意愿目的视为终极目标,而只能为走向更高的目标敞开一种可能性。换句话说,终极目的只是一种功能或要求。如果把它看作是一种概念的话,它就只是这样一个事实的凝缩:最初它似乎是无价值的——人类通向无限的努力和价值衡量之途,以及在这条路上所达到的每一点,在以后回顾的时候,没有一个能够逃脱被视为手段这一命运,不管在实现之前它们显得是多么确定。因此,由手段到终极目的之尊贵地位的这种提升就成为一个不那么有非理性色彩的范畴了。的确,在单个的例子中,非理性是不能被排除的,但是目的论序列整体性的本质却与有限阶段的本质不同。有一个事实证明了手段成为的目的的合理,这就是:在最后的分析中,目的只是手段而已。可能的决断、自我发展的行动和满足,这一切形成了无限的序列,在这些无限的序列中,我们几乎是武断地选定了一个环节来作为终极目的,对于它来说,前面的一切都只是一个手段而已;一个处于客观位置的观察者或是到后来甚至我们自己都不得不为未来设定一个真正有效和可靠的目的,而不考虑使这个目的免遭同样的命运。我们的努力具有相对性,关于终极目的的理念具有绝对性,这二者之间会产生极度的紧张关系,在这个紧张点上,货币再次变得很有意义,我们在前面所提出的一个说法也可以得到进一步的发展。作为事物价值的表达和对等物,同时也作为一种纯粹的手段和中性的过渡阶段,货币象征了这样一个既定的事实——我们为之奋斗和体验到的价值最终都表明只是一种手段和暂时的存在者。货币由生活中最理想化的工具一跃而变为生活中大多数人的最理想化的目的,就此来讲,货币形成了最具歧义性的证据,它证明了:不管一个目的论的环节是否将被解释为一种手段或是一种目的,仅仅取决于我们的观点立场是什么——即货币是这样一种证据:它的最终决断与一个典范(Schulbeispiel)的完成是一致的。

在任何时代个人对金钱都是贪婪的,但我们可以肯定地说,最强烈的、最广泛的金钱欲望却只发生在一些特别的时代里,在这些时代里,个人生活兴趣适度的满足已不敷足够,例如,把宗教意义上的绝对者当作生存的终极目的,已失去了其力量。在当前——犹如希腊和罗马的衰落时期——以及在远离个人内心世界的地方,生活的所有方面、人类相互之间的关系以及与客观文化之间的关系,都染上了铜臭。当人们的满足以及生活的终极目的都萎缩的时候,正是那种原本完全属于手段的价值取代了这些目的的位置,并披上了目的形式的外衣,这一切似乎是一种历史的反讽。心理形式意义上的货币,作为绝对手段因而也作为无数目的序列的整合点,实际上与上帝的观念有一种重要的关系,这种关系只有心理学才能予以揭露,因为心理学有种特权,它不会被指责有渎神的罪名。上帝观念的本质在于,世界一切的多样性和对立都在他那里达到一种统一,即上帝乃是——根据库萨的尼古拉①美妙的陈述——coincidentia oppositorum(对立者的合致)。从这一观念出发,存在的所有相异者和不可调和者都在上帝那里找到了它们的统一和对等,平和、安全、感情中包容一切的财富,都是从我们所持的上帝观念中反射出来的。

毫无疑问,在这种多样性和对立因素存在的领域中,货币所激起的感觉与上帝的观念具有心理上的类似性。货币成为绝对相等的表现形式和一切价值的等价物,就这一点来说,相对于事物广泛的多样性,货币上升到了一种抽象的高度;它成为一个中心,那些最为对立者、最为相异者和最为疏远者都在货币这里找到了它们的公约数(Gemein-sames),并且相互发生联系接触。因此,货币事实上提供了一种凌驾于特殊性高高在上的地位,以及对其无所不能的信心,这就好比我们对某种最高原理的全能性所持的信心一样,我们相信这个最高原理在任何时刻都赋予我们以独特性和存在的基础,也相信它能够把自身转化为这些独特性和基础。犹太人对金钱所具有的特别能力和兴趣肯定与他们所受的"一神论训练"有关。如果在数千年当中,某个民族的性格已经习惯于总是仰望某个独一无二的崇高对象,并在其中找到所有个别兴趣的目标和交汇点(特别是当他只拥有非常相对的超越性的时候),那么他们将会适应把这种性格用于经济领域,特别是那些表现为所有目的序列的包容性的统一体和共同交汇点的时候。不管是人们对金钱的疯狂攫取欲,还是货币(对比于其他支配性的价值,如土地财产)本身所具有的那种扩展到整个经济领域及一般性生活领域的冲动,都与货币最终所呈现的、效果类似于宗教情绪的调和作用不相矛盾。人们在为金钱而奋斗时所体验的全部激动和紧张是征服之后所体验到的福乐平安的先决条件,而在宗教中也是一样:宗教所提供的灵魂平静、站

---

① Nicolaus Cusanus(1401—1464):德国主教、哲学家。著有《论有学问的无知》等。

在生存的转折点上的感觉,都是在追寻上帝并为之奋斗而付出代价之后,才使意识实现了其最高价值。奥古斯丁在评价商人时说:"商业就是繁忙,否定安闲,而安闲就是平安,平安乃是侍奉上主,所以商业就是罪恶。"①他的这种评论也很适用于勤勉:所谓勤勉就是不断地积聚获取的手段,为金融的最终目标而奋斗,这时的勤勉已经不再是繁忙(negotium)了,而是其自身的最终目的(Mündung)。在有关金钱的事务上,经常会在宗教和神职人员中间产生某些怨恨心态,这或许可以追溯至这种心态中一种本能性的直觉,即意识到在最高的经济统一性与最高的宇宙统一性之间在心理形式上存在某种相似性;还可以追溯至对金钱兴趣与宗教兴趣之间存在竞争的危险的意识,这种危险不仅已经显现于经济生活中,也显现于宗教生活中。教会法(Canon Law)对利息率的拒斥反映了对货币整体的一般性拒斥,因为利息率代表着具有抽象纯粹性的货币交易。诸如此类的利息率原理尚未反映出罪的最大限度——中世纪的人通常相信,这种罪可以通过以商品而非货币的形式支付利息而避免——而毋宁说它反映了这样的事实:利息率是以金钱支付的由金钱本身所产生的利息,这暗示,废除利息将从根子上击中货币的要害之处。货币也经常容易很轻易地予人一种印象,以为它就是终极目的了;因为对于大多数的人来说,货币象征着目的论序列的终点,并提供给他们以各种兴趣统一联合的一个尺度、一种抽象的高度、对生活细节的统合,以至于它竟然减少了人们在宗教中寻找满足的需要。所有这些联系都表明:在我们所进行的比较中,那些我们所熟悉的地方之外还有某种东西在发挥着作用。因此,汉斯·萨克斯②把一种已经广泛流行的观点概括为:"金钱是世界的世俗之神。"这里所指的

---

① 原文为拉丁文:Merito dictum negotium, quia negat otium, quod malum est neque quaerit veram quietem quae est Deus。值得注意的是,以阴性名词 quies(= peace)换用 otius(= leisure),因为 negotium(= business/commerce)和英语类似,本意是"繁忙"。商业是繁忙,否定安闲,而安闲是平安,平安是侍奉上主。所以商业是罪恶。这里玩了语义游戏。——据唐逸先生注。

② Hans Sachs(1494—1576):德国诗人、工匠歌手。

回到了货币地位的基本理由是：货币是被提升至一种绝对目的的心理意义的绝对手段。已经有人说过（当然并非那么非常肯定）：事物的相对性是唯一具有绝对性的东西，在这方面，货币确实是最有力和最直接的符号，因为货币是经济价值相对性的化身。货币作为获取另一种价值的手段，它所具体化的是每一个特殊的价值——但在事实上，这种单纯作为手段的意义脱离了它特别具体化的表达方式。尽管如此，在心理上，货币还是可以成为一种绝对的价值，因为它不用担心会被消融于某种相对的事物中，货币所具有的这种可能性使许多实体性的价值都不可能具有同样的绝对性。我们存在（Dasein）的绝对性会消融于运动、关系和发展之中（这里我不是在说事物的观念性意义），就此而言，由于我们对价值的需要，后者便取代了前者。在货币的心理意义上的绝对价值特征中，经济领域已经完美地证实了这种历史类型。在这一点上，为了避免流行的误解，必须要申明的是：这一发展在所有领域中的形式统一性，并不暗指这样的主张，即它受到一致地欢迎。

贪财和吝啬

如果作为终极手段的货币的特性超过了一个个体承受的强度——在这个强度之内，货币是他的社会圈子的经济文化适当的表现形式——就会出现贪财和吝啬。我明确希望强调一下，这些概念取决于当时具体的经济状态，因为对于赚钱和把持金钱，同样程度的热情在一种环境中就金钱的特殊意义来说可能是很正常的，而在另一种环境下却可能属于过分的范畴。一般而言，对金钱真正贪婪的起点值在一个发达和活跃的经济中会相对较高一些，而在原始的经济水平上则会相对较低一些；对于吝啬来说，则正好相反。在一个较多限制、较少受到货币经济影响的环境中，任何一个在花钱上被看作是节俭和有理性的人，在资金周转迅速和银根放松的环境中就成了吝啬鬼了。这已经说明了一个事实（稍后将会变得更为明显）：贪婪和吝啬并非属于同一现象,尽管对于作为绝对目的的货币,它们在价值衡量上具有共同的基础。像所有源于货币的现象一样,贪婪与吝啬表现各种趋势发展的特殊阶段;在这些趋势中,或高或低的发展水平在其他内容上也明显可见。贪婪和吝啬显著地表现在对具体物品和不问其价值多少钱的心理性的狂热积聚行为上,这种特点经常使人们把他们比作仓鼠——这样的人积聚任何贵重的东西而不问是否能从这些东西中获得满足,并且经常是在积聚之后对它们甚至连看都不看一眼。在这些情况中,价值不是来自对所有权的主观反映——这通常是获取和拥有的原因——而是来自一个简单的客观事实,而且不伴随有任何个人性的影响:对这样的人来说,光把这些物品揽入囊中就是有价值的。如果以有限制的、不是很极端的形式来看,这种现象是很普通的,通常被解释为自我中心主义,因为它与自我中心主义普通形式的消极面有共通之处——把其他所有人从占有权中排斥出去。但是它也有一个方面与之不同,我们将在下面的题外话中探讨这一点。

有一点需要时刻强调:自我中心主义与利他主义的不同绝对没有全部包涵我们行动的各种动机。事实上,我们对特定事件或是事物是否成为现实具有一种客观兴趣,而并未考虑它之于主体的人的后果如何。对于我们来说,在这个世界中存在着和谐、一种建立在理念之上的秩序以及某种意义是重要的,它们不一定非要符合伦理学和美学通常的框架。我们能够感受到自己不得不与之进行合作,而不会去问这是否会给我们以快乐或是否会给任何人带来好处,也就是说,不会去问这是否符合自己或他人的利益。在某种意义上可以说,有三种动机一起汇聚于宗教的领域,在这个领域内,客观动机的地位表现得更加清晰可见。首先,对宗教律令的顺从也许源于纯粹自我中心主义的原因,它可以是因恐惧或希望而以一种质朴的方式表达出来,亦可以因对良心或是内在的满足感而以一种较文雅的方式表达出来。其次,它也可以是一种利他主义性质的:对上帝的爱及我们心灵的顺服都可以使我们服从于他的诫命,就像我们在一个我们所爱的人身上实现了我们的愿望一样,因为他们的欢乐和满足就是我们最在乎的事。最后,我们的动机也可以是一种对世界秩序之客观价值的感受,在这种感受中,最高原则的意志在所有个体要素的意志中贯穿始终;上帝与我们自身之间的客观关系可以要求我们有这种顺服,以此来作为这种关系合适的表达或是内在必然的结果,而不用管它对我们自身是否有任何结果或是上帝的快乐与满意是否进入了我们的动机之内。因此,在许多情况中,对目的的意识就在尚未成为客观现实的地方止步不前了,也根本不从主观反应中来获取其最基本的价值。这里,我将不触及对这种客观动机的每一个心理学的和认识论的解释。在任何情况下,这都是一种心理事实,它只进入了一种个人性质的目的序列所具有的各种各样的联系之中。有这样的收藏者,他有价值的东西从来秘不示人,甚至连他自己也从不享受这些藏品,但他还是守财奴似地看管着这些东西,这为他的自我中心主义涂上了一层超越主观性评价的混合色彩。一般来说,人们是从占有财物带来的效果中得到快乐,我们或许可以把这一点与两种对象进行比较:一种是我们从中得到快乐,但却没有想到要占有它们,比如星星;另一种是具有独立于所有主观快乐的对象,比如像美、秩序或是宇宙意义之类的对象,它们的价值始终独立于人类的反应而存在。对于这一类的占有者来说,存在着中间性的或是混合在一起的现象:占有肯定是必需的,但是并未延伸到通常的主观结果上去,而是在没有此种结果的时候仍然被体验为有价值的行为。这里,价值的真正承担者不是对象的特质;毋宁说,不管这种特质有多少是不可或缺的,以及不管它们怎样决定了价值的大小,真正的动机都在于这些对象被拥有这一事实,在于主体与客体之间所处关系的形式。一个目的论的序列最终结束于某种真实的价值,此真实的价值源于一种形式——这种形式只有在某种特殊的内容中才能实现——即源于主体的占有者身份,而这种身份只作为客观事实而存在着。

在返回主体之前,成为一种绝对经济价值的过程,以及目的论序列的断裂,都是通过土地财产的特定意义以一种很特殊的方式而表现的,这种意义以各种各样的方式与其真正的经济意义混合在一起——尽管通常仅仅作为一种渲染而已。除非土地财产能为拥有者带来主观上的实际好处，否则它是不会获得价值的。因此，它的价值不是完全由一些容易理解的因素而创造出来的，如土地的收成、不动产的较大安全性以及与之相联系着的社会性权力，等等。除了这些相关因素之外，还经常存在着某种理念性的价值以及一些主观感受，如，感受到自身的具有价值、感受到人对土地所具有的统治权力、感受到他与人的生存基础有着如此紧密的联系。土地财产因此具有、并赋予人以某种确定的尊严，这种尊严把它与所有其他类型的财产区分开来，尽管那些财产也为其拥有者产生了同样的功用。这一点解释了这样一个事实，即土地常常通过祭祀的方式被保存下来，而类似的祭祀方式一般都针对某种客观性的观念才会这么做。绝对价值要素因此隐藏在土地财产的意义当中；它——或至少在过去是这样的——与一种观念联系在一起：做一个地主是有价值的，即使这种价值不是以功用的形式表现出来。因此，对土地财产的义务可能具有一种宗教色彩在里面，就像在希腊文明的高峰时期那样。在那个时代，卖掉土地不仅祸及子孙，更是对祖宗的犯罪，因为卖土地的行为打断了家族的连续性。土地资源是无法轻易增加的，这一事实所发挥的正是土地作为家庭统一符号所具有的功能，它超越了每一个个人，是神圣不可侵犯的。尤其在中世纪，土地财产作为一种绝对价值所具有的地位要远远超过今天。尽管由于土地的收益以及对收益的享受使它成为人们最先追逐的目标，并因此表现出一定的相对价值，但是，除了它在货币经济中的角色以外，土地还具有一种特别的重要性，在其自在和自为的意义上都是如此，因为它不是经常性地转化成货币并根据货币的价值被课税。有人或许会说：土地财产没有等价物可言；土地所在的价值序列终结于土地财产本身。可动产有可能相互进行交换，但即使有所保留地说，不动产也不可与之相提并论，真正的经济活动正是在超越不动产这样的价值基础之上才得以实现运作。或许刺激教会去占有土地的动机不仅仅是经济的 - 相对论的兴趣（øknomisch - relativistische Interesse），因为据估计，在 14 世纪之初，英国差不多有一半的土地为教会神职人员所有,在腓力二世①时代,在西班牙这个数字则超过了一半,即使在今天,宗教化的西藏的所有具备生产能力的土地财产中,有三分之二属于喇嘛。在中世纪,正因为教会提供了稳定的、显然从外部奠定基础的生活规范,所以,在实际的和象征的意义上,教会才似乎更适于掌握那种所有其他价值建立于其上的价值。教会地产的不可转让性只是对这种内在特性有意识的、法律上的表现而已。它表明价值的运动终结于此,经济领域于此达到了终极的界限和定局。人们可以把教会的永久管业(mort main)②比作狮子的洞穴:所有的足迹都朝向狮子的洞穴,但却没有足迹从中走出来,因此,这也是教会奠基于其上的原则之无所不包的绝对性和永恒性的一种象征。

在这种由商品发展为最终目的的过程中,其绝对价值的延伸超越了单纯对所得好处的享有;这种现象尤其在吝啬与贪婪中得到了最清楚和最有决定性的表现。这是两种对货币的病态畸形的兴趣,并越来越在其他一些情况中也表现出同样类型的兴趣。已经成为终极目的的货币不能容忍与其他限定性价值的共存,即使是那些非经济性质的商品也不例外。货币不会只满足于成为终极目的之一而与生活中的另外诸多终极目的共存,如智慧和艺术、人的意义和力量、美和爱;但既然货币具有了这么一种特殊地位,它就已经取得了一种力量,而能够把其他目的化约为某种手段。这种重组对于实际的经济商品总是更有效的。坚持把这些经济商品留在手里(好像它们是无可比拟的价值)一定显得很愚蠢,只要我们在任何时候都可以把它们再换回为货币,尤其重要的是,只要它们的货币价值的精确可表达性已经剥夺了它们现存的个别意义以及它们在纯粹中性的经济之外葆有的意义。货币的抽象特

---

① 腓力二世(1527—1598):西班牙国王,1556年至1598在位,英国女王玛丽一世的丈夫。
② mort main:亦称土地死手保有,指土地占有不能被转让的一种状态,故称在"死手"中。如,土地被转让给教会后,不会因婚姻、死亡等原因使土地再转让给别人,土地遂成为死手永久管业。

性、其远离任何确定的享有感的自在自为的疏离性,在一种价值意识——它远远超越了对其好处的一切个别的、属于个人的那种享有感——中支撑着货币中的一种客观的喜悦。如果货币不再是目的了,也就是说,它不再具有像其他任何一种工具因实用而具有的目的性,而是那些贪婪的人对金钱的那种终极目的性,那么,在享有本身所产生的快乐的意义上来讲,货币甚至也不是一种终极目的了。相反,对于守财奴来说,货币被置于这种个人的范围之外,这个范围对于他来说是一种禁忌。守财奴对金钱的爱就像一个人对某位德高望重者的爱,这个人只需存在于那儿,以及只需爱他的人知道这一点并与他同在,就会使我们感到极大的幸福,而不需要我们与他个人之间存在什么形式的、能给我们带来具体快乐的关系。就此而言,从一开始,守财奴就有意识地放弃了把货币作为指向任何确定的快乐的手段,他把货币置于一个与其主体性之间有着不可接近的距离上,但他又通过意识到他拥有钱财,不断尝试着克服这个距离。

货币作为手段的特性使其呈现为享有感的抽象形式,但实际上这一抽象形式并没有被快乐地享有;在这同时,个人对货币拥有权的欣赏——假使这种拥有权被完好无损地保留着——为它涂上了一层客观性的色彩。货币也为自己扮出一种有所不为的高雅风度,这种风度一直伴随着所有客观性的终极目的,并以一种独一无二、不可言传的统一风格把对货币享有感中积极和消极的两方面都整合在一起。在吝啬现象中,两种要素的相互对立达到了最大的程度,因为,作为一种绝对意义上的手段,货币为享有感提供了无限的可能性,而在这同时,作为一种手段(虽然是绝对的),在尚未被使用的拥有阶段,货币所造成的快感实际上都还没有实现呢。从这方面来讲,货币的意义有些类似于力量这种东西;像力量一样,货币是一种单纯的潜在性,它只是以一种客观上存在的当下的形式贮藏一种仅仅在主观上可预见的未来。"可能性"的说法实际上包含了两个方面,这两个方面的相互区分通常是很不够的。如果我们断言一个人"能够"做某事,那么,我们的意思不只是在说一种对未来事件的心理上的预期,而且也是在暗指一种已经存在着的能量状态、一种心理和生理上的协调以及对已经存在着的要素的明确肯定。任何一个人,如果说他"能够"弹钢琴,那么,即使他现在没有弹,他也与一个不会弹钢琴的人迥然有别,不仅在将来的意义上不同,即便是在当下的意义上也是不同的,因为他们的神经和肌肉处于不同的准备状态。其次,这种能力状态自身不包含任何未来因素,它只有通过满足未来所必需的条件才能让可以做的事成为现实,而对于这些条件是否会发生,我们没办法预测。这种不确定性要素与我们对某种确定的力量或状态的感觉或知识,以一种数量多样的混合体形式共同合成了那件我们所能做的事。例如,在"我能够弹钢琴"这个表述中,现实的要素占绝对上风,其他必要条件的不确定性则处在最低程度上;再进一步如果说:"下一掷肯定会一举中九柱"①,说这话的时刻,既定和已知的条件与任何成功所要求的完全不确定的因素相比乃是少数。货币以一种独一无二的结合方式表现了对能力的这两种要素的具体化。一个人对这种能力的实际拥有,在拥有的那一刻其实什么也不是,确保会产生有价值结果的关键性要素与货币完全无关。但是,在恰当的时刻将要现实化的确定性程度却是极高的。按一般规矩,可靠性及明确性的大小由此时此刻实际存在着的因素所决定,相对比较,将来将要发生的事则是不确定的。但对于货币来说,后者的不确定性已经完全消失了,而当下的实际拥有也似乎是无关紧要的了。能力的特别意义因此就被极大地强化了:就未来机会的意义而言,它只是能力,是它赋予我们当下拥有的东西以意义;但是,就这样的未来绝对肯定会实现来说,它又是真实的能力。

愿望与实现之间的特别关系使得满足的实现更有保证,通过与我们其他兴趣对象的对比,货币设定了这种关系。一个实现了的愿望在主观上的结果,并不总是对最初引起我们这种愿望的匮乏状态的精确满足。对某一对象的欲求并不像一个能被占有物填满了的洞,而每一

---

① Der Nächste Wurf alle Neun Sein:在西方一种游戏九柱戏中,一掷击中九柱是最好的成绩。

样东西还都和愿望实现之前一样。这是叔本华的表达方式,因为对于他来说,每一种满足都只是某种消极的感受,是祛除痛苦的虚无状态。但是,如果我们接受了那种认为满足是某种积极感受的说法,那么,我们愿望的满足就不仅是通过相应的积极的东西对消极状态的去除,也不仅是通过幸福感而得到的加强;毋宁说,愿望与其实现之间的关系是一种具有无限多样性的存在,因为愿望几乎从来不会顾及对象的方方面面以及它在我们身上所产生的作用。愿望作为一种意欲占有的可能性范畴,现实性几乎从来不会与之相呼应。得到某种我们想要的东西却一向令我们失望,认识到这一点只是一种微不足道的智慧,但不管好坏,这种认识却是正确的;我们也意识到在我们所拥有的东西中,存在着一种异类的、不带任何感情色彩的事实。但是,在这方面,货币却采取了一种非同一般的立场。一方面,它把愿望与对象之间的任何不可通约性都推到了极限。贯注于货币上的任何努力只在货币中才发现了某种完全不确定的东西,这种东西不能满足理性的要求,我们与之没有特别的关系,因为货币是不具有实体的。如果我们的愿望不能超越货币而达至某种具体目标的话,那么,致命的失望肯定会接踵而至。金钱形式的财富这种曾经被狂热追求并被视为当然幸福的东西,如今在愿望实现之后,却揭示出它的真实面目:金钱只不过是一种手段罢了,金钱之被提升为终极目的在目的实现之后就寿终正寝了;所以那种失望将会一直伴随着我们。这里,在愿望与实现之间存在着最大程度的差异,与此同时,如果作为终极目的的货币所具有的心理特性变成了永久固化的东西,并且贪欲也成了习惯性状态的话,那么,就会发生正好的反转。在这种情况下,欲望的对象被认定不会给我们带来任何东西而只能占有,并且在这种欲望的限制也不仅是一种暂时的自欺的地方,每一种失望的程度都有所降低。所有我们想要得到的对象,一旦当我们拥有它们,就都被期待着能为我们获取些什么。在希望与实现之间通常悲剧性的、滑稽性的不可通约性源于我刚才所说的对这种获取不恰当的期待。但对于贪婪者来说,除了占有之外,货币并没有被期待能获取任何东西。我们对货币的了解多于对任何其他东西的了解,因为在货币当中,不存在什么需要我们去了解的,因此货币也不能对我们隐藏任何秘密。货币是一件绝对缺乏任何特质的物品,因此,也就不能在它里面隐藏任何令人吃惊的或失望的东西,而这连那些最可怜的物品也是可以在某种程度上做到的。任何的的确确只想得到金钱的人是绝对不会尝到这种滋味的。人类有一个一般性的弱点,就是总是计算欲求之物与已得之物的不同,这个弱点在对金钱的贪婪上达到了顶点,因为这样的贪婪只在一种虚幻的、不现实的方式中实现了意识的目的;从另外的角度说,如果一旦意志真正满足于占有货币的话,那么这种弱点就彻底被克服了。如果我们想根据愿望与其对象之间的关系来安排人类命运的话,那么,我们就必须同意:从目的序列的终点来看,货币既是最不适宜的也同时是最适宜担当此任的对象。

现在,我再次回过头来谈谈货币那种强有力的特性,在任何货币经济尚未完全建立和被接受的地方,并且在货币于那些结构上敌对的关系中展现其强制性力量的地方,这种特性尤其表现出其最引人注意或至少也是最奇特的一面。在文化发展的最高阶段,货币似乎达到了其力量的巅峰,原因就在于:无数过去不为人知的事物现在都服从于货币的摆布,而过去这些事物对此却难以从命。较为自然状态的演化之整体类型和模式跟货币殊异的本性之间虽然对立但却并无摩擦,意识的力量也无需特别关注对此种摩擦的消除。因为货币是各种价值的价值,所以一位对印度生活颇有研究的专家才把印度农村的银行家(也就是放债人)称作是:"村里的人中之人",他们的印度语名称就叫"伟人"。已经有人强调过:在13世纪大量的资本开始了原始的积累,资本于是成为力量发挥的手段,而这一点对大众来说还不甚明了。于是,在这种结果之上又添加了前所未有的、超验的心理补偿。当时的教会和大众都把金钱交易看作是彻头彻尾卑鄙无耻的,例如在13世纪的时候,甚至有一个科隆的贵族接受对一条教会原则的支持:mercator sine peccamine vix esse potest[商人皆有罪];也就是说,对资本这样神秘和危险力量的使用必然会显得不道德,显得是有罪的滥用金钱。正如错误的偏见屡屡擢升其正当的理由一样,所以在那一时期的商业贵族的后裔们都沉溺在对其所拥有的金钱力量的无端滥用之中,这种力量的形式与使用范围之所以可能,仅仅是因为货币资本的新颖性及其对架构不同的关系所施加影响的新奇性。因此,正是大众——从中世纪一直到19世纪——认为巨额财富的来源一定有些不对劲的地方,并且认为这些财富的拥有者在人格上必然是有罪的。关于格里马尔迪①、美第奇及罗斯希尔德②等家族财富所流传着的恐怖传言不仅仅意指他们道德上的不清白,而且是一种迷信的方式,仿佛有什么魔鬼的灵力在起作用。

在货币被消费掉之前——在某种程度上可以说,"收获的时刻"(fruchtbare Moment)止步不前了——鉴于体现在货币中的各类对立的能力出借给货币一种理想化意义的力量,贪婪就是强力意志(Willens zur Marcht)的一种形式,这种意志不能转化为存在或是快乐,因此,这也说明了货币作为绝对手段的特性。这是解释旧时代中的贪婪现象的一个重要因素。这样一种倾向对于给下一代作预备肯定会是有用的——尽管守财奴们心里通常想不到这种动机,因为他年纪越大,他就越是不愿意离开他的钱财。从主观上来说,人到老年基本会发生两种结果:一是,生活的感性乐趣已经不再具有吸引力,二是,理想已经通过解魅而失去了激动人心的力量,也不那么令人心神不安了;因此,作为意志和生活的最后目标,就只剩下一种力量,它部分地表现在老年人那种独断的倾向和代表整个老一代以高高在上的姿态来发挥"影响"的癖好。但是,这种现象也部分地导致了吝啬现象的发生,因为同样抽象的"力量"似乎被具体化在对金钱的占有中。有人以为所有的守财奴都在憧憬着所有可能获得的快乐或是金钱可能具有的一切引人入胜的可能性,我认为这种想法是错误的。实际上,吝啬最纯粹的方式是:在吝啬中,意志并未真正地超越于货币本身;货币也没有被视为获得另外

---

① Gramaldi:13世纪以来意大利热那亚城最富有和最有权势的家族之一。
② Rothschild:由德国犹太人 Mayer Amschel Rothschild(1743—1812)所创立的欧洲著名银行世家,并发展成为19世纪欧洲经济史上有影响的银行集团。

某物的手段,这一点守财奴们甚至连想都没有想。相反的,贮藏在货币中的力量被视为最终的、绝对的令人满足的价值。对守财奴来说,所有其他的商品都位于存在的边缘上,而从任何一个商品那里都有一条笔直的路通向一个中心——金钱。如果我们想把这个方向来一个反转、想从终点再回到边缘,那么快乐和力量的全部明确的意义就都将被误解。因为,如果中心力量被转化为享有某种特殊对象,那么,中心力量也就不再成其为力量了。我们的本性建立在宰制和服从的双重性上,并且我们发展出某些关系和形式,它们在各种各样的联系中对宰制和服从这两种互补的驱动力都同样地公正。与货币赐予的力量截然对立,吝啬中的无尊严感被 15 世纪的一个诗人极好地表达了出来,他说:任何效力于金钱的人都是"他的奴隶的奴隶"。实际上吝啬的确是内在地被征服的存在之最纯粹、最理想化的形式,这种形式几乎可以说是讽刺性的,因为它使我们成为一种冷漠无情的手段的奴仆,就好像这个手段是最高目的似的。但在另一方面,吝啬又由最纯粹、最理想化的力量感支撑着。在这里,货币又一次展现了它的基本特性,即它允许对我们各种相互对峙的努力有一种同等的决断和纯粹的表现。心灵在货币中创造了一种范围最广的形式,这种形式,它作为纯粹的能量那样运作着,逐渐地把心灵中的两极分离开来,也使其表现得更具统一性——即作为单纯的货币,它拒绝任何明确的规定性。

非常特别的是,货币对一般性思维方式占据着主导地位,对此我们已经习惯把一系列的现象称作是吝啬——就对金钱的贪欲而言——而在实际上金钱与吝啬这二者是对立的。被我们称作吝啬的现象表现在这样一些人当中:他们用烧过了的火柴,小心翼翼地撕空白的信纸,舍不得扔掉一个绳头,花很多时间去寻找每一个丢失的别针。我们把这些人叫作"吝啬鬼",是因为我们已经颇为习惯自然而然地把事物的价钱看作是它们的价值。但是,实际上守财奴们是想不到这些物品的货币价值的;毋宁说,他们的感受力用在了物品的实际应用价值上,这些价值根本就不能成比例地反映在它们的货币价值中。在许多情况中,节俭的人想要节省的,不是一分钱掰成两半花;他们通常考虑不到钱,而钱可以轻而易举地买来东西,相反,他们所考虑的只有物品本身的价值。这种人很奇怪,但并不少见——他们可以毫不犹豫地送人一百马克,但是要想从他们的书桌上拿走一张白纸或是类似的东西送人,那就相当费劲了。在这里,我们又遇到了吝啬的真正对立面:对于吝啬的人来说,物品并不重要——除非它们在一定的程度上代表了货币的价值——因为货币已经剥夺了它们所有的作为终极目标的个性;而在这些人中,如果有谁的行为是被物品的货币价值左右的话,这些行为将显得完全没有意义。但是如果完全置货币的价值于不顾,那也会变得不合理了。由于有这种目的的存在,使得那些吝啬者们忘记了能够获取这些目的的手段;而手段又使得吝啬者忘记了目的可以单独赋予手段以意义。再进一步说,还存在着一些现象,通过它们与节俭之间所存在的内在差别的比较,能够有助于使货币的目的论特性更加清晰,尽管这些现象在外表形式上与实践中的节俭有相对应之处。许多"节俭"者认为:每一件用钱买来的东西都应该被用掉;所以,这样一来,不仅要考虑每一笔开销是否要节省,而且奢侈品就更是要节省掉了,因为人们已经证明:它们在被消费的过程中不能给人带来什么快乐。有一句德国谚语最能说明这种行为:"宁可撑破肚皮也不能便宜了主人(Lieber den Magen verrenkt als dem Wirt einen Kreuzer geschenkt)。"许多人都是正儿八经地如此行事的,这种行为被漫画式地表现在一个节俭的母亲形象里:孩子们嘲笑母亲过日子节俭,以至于会把家里人病好以后吃剩下的药吃掉,以免浪费。在这个例子里,对物品的消费是盲目的甚或比盲目更糟;这种行为的动机并不能避免对物品的浪费,因为从它一被需要开始,就已经注定要被浪费掉了,它对主体的意义也因此而成为明日黄花。被消费的对象的确与意向的对象有所不同,它已经缺少了动机性的特质。消费唯一可能的动机起码是不想让钱白花而寻找一个补偿。货币因此就达到了它的下一个目标;这样就以货币达到了一种满意的感觉和目的论序列中的一个巅峰,除了货币在主观上的终极目的(作为物自体)的失败,但这个失败并没有削弱满足之感。这种琐碎且根本上乏味的吝啬现象揭示出货币价值的一个相当特殊的目的论架构。

尽管这种现象在有价值的物品中通常并不很明显,并因此而显得有些俗气和无意义,但是,它可能是对货币的作用——即货币作为中介压倒了真正的终极目的——最极端的表现。在这里,不仅节俭的真正意义被排除了,犹如它在吝啬中所表现的那样,而且浓缩在被占有的闲置不用的货币中的力量的魅力和可能性的魅力也被排除在外了。已经丧失了任何可能曾经有过的消费意义和目的的对象,在令人不快的、有害的状态下被消费,原因仅仅只有一个:被花掉的钱已经为这个对象赋予了一种绝对价值。不仅目的性过程被货币拦阻于此地,而且此外,这个过程已经倒退和僵化,因为鉴于价值度量活动——它自身是目的性的——是通过直截了当的无目的的程序予以实现的。

奢侈

通过两个否定性的例子,我现在想讨论的是:货币在超越其单纯中介角色而获得一种独立旨趣的特性方面,其范围和程度到底有多大。奢侈与吝啬这两种现象之间看上去似乎是对立的,但实际上二者之间有着更紧密的联系。这里我们必须注意到:在原始经济存在的地方,对诸种价值的节俭式保存和价值的本性与农产品非常有限的可转换性是不相匹配的。如果贮藏的产品不能轻易地或显而易见地转化为无限可转移的货币,我们就很少见到那种真正守财奴式的产品囤积;在任何农产品可以直接被生产和消费的地方,肯定会流行慷慨的风气,对客人或是有需要的人尤其如此——这是一种极少沾染上货币经济气味的行为方式,因为只有货币才更容易收藏。殉道者彼得[1]因此称赞古代墨西哥人用来当作货币使用的成袋的可可,因为他们不能把这些可可隐藏起来,也不能把它们贮存太长的时间,因此也就能防止滋长悭吝心态。类似地,自然条件也限制了奢侈的可能性和吸引力。除了无意义的毁

---

[1] Peter Martyr D'anghiera(1457—1526):阿拉贡国王(同时也是西西里、那不勒斯、卡斯蒂利亚国王)及伊莎贝拉一世女王的宫廷牧师、西班牙探险历史学家,曾从哥伦布等人的发现中收集许多原始历史文献,著有《论新世界》(1530)。

坏之外,在一个团体中对恣意挥霍和愚蠢浪费的限制要视其成员及外人的消费能力而定。但关键之处在于:与对具体物品的奢侈行为相比,货币性奢侈具有一种完全不同的意义和全新的气息——前者意味着具体物品在个人目的的理性序列中所具有的价值被简单地毁掉了,而后者则意味着价值以一种不适当的方式被转移到了其他价值中。在货币经济中挥霍者唯一的类型——也是对货币哲学有意义的——不是那种无意义地挥霍金钱者,而是那些用金钱作无意义购买的人,他们的购买对其处境来说是无目的的。与挥霍行为相伴随的快感依赖于花钱买东西的那一时刻,买的是什么无所谓;这种快感必须与享有物品所带来的短暂快乐区分开来,也要与这种行为相关的充大款的势利行为区分开,还要与对物品的获取与使用之间的激励性转换区分开;实际上,它是与挥霍行为的纯粹功能相关的,而与其实质内容及相伴的环境没什么关系。对于挥霍者来说,挥霍那一刻的吸引力同时超过了对物品和货币的合理欣赏。这特别强调了在目的序列中挥霍行为的地位。如果这一序列的终点是通过占有物品获得的快乐的话,那么,最基本的中介阶段就是对货币的拥有,然后是把货币消耗在某些物品上。对于守财奴来说,前一阶段成为本身值得快乐的目标,而对于挥霍者来说,则是后一阶段。金钱对挥霍者来说,也像对守财奴那样重要,尽管这不是以占有而是以挥霍掉的形式表现的。挥霍者手中价值的意义取决于把货币转移到其他价值形式中去的那一时刻,从这种角度来说,他乐意以挥霍掉所有更具体的价值为代价为这一快乐时刻支付金钱。

因此,对货币价值的冷漠态度就格外引人注意,这种态度构成了挥霍行为所具有的吸引力和本质,它把货币价值预设为某种被体验和被欣赏的东西。因为很显然,扔掉某种被认为是与己无关之物的这种行为本身就是完全冷漠的。下面这个例子是在法国大革命前的旧制度时代那种疯狂的奢侈行为的典型表现。当康蒂王子①送给一位夫人价值

---

① Prince de Conti:波旁家族(于 16 至 19 世纪曾在法国、西班牙、那不勒斯建立王朝)中的一位王子。

4000—5000法郎的钻石而被拒绝的时候,他便命人把钻石打碎研成粉,用这些粉给那位夫人写了封回信。泰纳①曾经就那个时期的这种习惯给这个故事加了一句评论:On est d'autant plus un home du monde que l'on est moins un home d'argent("一个人越是不在乎钱,他就越是这个世界的男人")。但是,这也表明了一定程度的自欺欺人,因为对金钱有意的和强烈的否定态度——正如在一种辩证过程中所表现的那样——正是建立在其对立面上的,其自身就可以赋予那种态度以意义和魅力。这种情况也可以在大城市的某些商店中见到。与那些以便宜价格来吸引顾客的商店不同,这些商店强调的是虚荣的自我放纵,即他们有最高价格的商品。这些商店因此吸引了社会中最贵族化的圈子——那些人从来不问价。这种情况引人注意的地方是:他们所强调的重点不是物品自身,而是与物品自身相关的否定性的反面,而价钱是不重要的;因此,那些人无意间又把金钱推到了兴趣的前台,尽管是以一种否定的方式而进行的。由于奢侈与金钱的密切关系,它极容易愈演愈烈,且剥夺掉它所支配物品的全部合理标准,因为现在已经没有了通过对具体对象的接受标尺所给予的规定。

对金钱吝啬性的贪婪也同样具有这种奢侈的特点:与那种在真实存在物中寻求乐趣的行为不同,吝啬性的贪婪是在寻求一种看不见、摸不到的东西,这种东西可以无限延展,并且不受任何外在或内在理由的限制。只要在什么地方缺少了外在的、主动的定位和限制,贪婪就会以不断增长的强度不着痕迹地释放出来。这就是为什么会在遗产纠纷中出现那么多的残忍和痛苦。由于个人对遗产的拥有权不是由付出的工作或有具体理由的衡量标准所决定的,所以,争执的双方都不会无条件地承认对方的拥有权。因此并没有什么东西来限制人们对遗产所声称的拥有权,而任何的干涉都会被认为是毫无根据的不公正举动。对于贪婪现象来说,在愿望与任何对其对象的衡量之间缺少一种内在的关系,这种缺乏源于对象的结构;在我们所举的遗产的例子里,则是源于

---

① Hippolyte Adolphe Taine(1828—1893):法国文学评论家、历史学家和哲学家。

遗传关系所带来的人与人之间的关系结构。

在1499年的不伦瑞克①曾经爆发针对新铸币政策的暴动,这一事件突显了由于缺乏根本原则所造成的问题会随着贪婪的增加而增加,并且也会阻挡对拥有权的限制。当局以为:成色不好的钱币将来应该被好的钱币取代。但是,正是那些希望能以成色好的钱币来支付自己工作或是产品的人却造起反来,因为其他人拒绝接受他们以成色不好的钱币支付给别人。优劣不一的钱币经常共存的事实为没有内在限制的疯狂敛钱癖提供了最大的可能性;与此相比,其他的强烈情绪则总是显得在心理上低人一等。我们知道,在中国,叛乱发生的原因是政府以劣质货币来支付,却要求人民以好的货币来付税。我有一个纯粹的假定式的推断:一部分单纯的金钱兴趣就是缺乏这种节制,而节制的缺乏也是我们在股票交易中所发现的那些奇特现象背后的根源所在,即:获利小的投机者以及旁观者们,差不多无一例外一向是在股价上涨时进行投机。有一个在逻辑上正确但在实践上不一定适用的事实:在股票的熊市操作中,获利是有限的,而在牛市的操作中获利则是无限的;在我看来,这个事实似乎是上述行为的心理动机所在。大宗谷物的投机者实际上不得不有送货的麻烦,他们要计算市场中双方的机会;而单纯的货币投机者——比如像在期货投机中见到的那样——只对单一方向上的投机感兴趣,这个方向从潜在的意义上说是无限的。这种倾向构成了金融利益运动的内在形式,它在下面这个例子中表现得更加充分。在1830—1880年间,德国农业的年利润稳步增长,以致让人们以为好景会一直持续下去;因此,买卖庄园的价格就与它们当时的价值不相符,而是包含了对未来利润的预期——这也是为什么当今农业方面的状况令人沮丧的原因。正是货币的利润形式扭曲了人们对其价值的观念。在任何地方,只要利润只呈现为所谓的"使用价值"形式,以及,只要人们所考虑的仅仅是直接的具体数量,那么,人们对利润增长的念头就会被限制在清醒的界限之内;相反,如果不是这样,货币价值的可能

---

① Braunschweig:德国萨克森地区城市。

性及对它的预期就会无限地膨胀。这是贪婪和挥霍行为本质的基础，因为这二者都从根本上拒绝对价值的度量，这种对价值的度量自身就能够给目的的序列划定一个界限或边界，也就是通过对对象的最终享有而实现这一点。真正的挥霍者不应该被视为伊壁鸠鲁主义者（享乐主义者）或者某种浅薄轻狂之徒，尽管所有的这些要素都混合在个人的表现中。对于挥霍者来说，一旦他拥有了对象，他就变得兴味索然；他的快乐注定永远不会得到安宁和持久；他拥有某一对象的时刻总是伴随着对快乐的否定。在这方面，与吝啬相比，生活具有同样邪恶的一面：每一个已经到手的目标总是激起希望得到再多一些的欲望，可是欲壑难填；原因是：这种行为的整个倾向都是在一种特定的范畴内寻求满足，仿佛它来自一个终极目的似的，这个特定的范畴从一开始就拒绝任何目的，并把自身限制为手段，也永远不期望走到最终的一刻。在这二者当中，守财奴是其中的更为抽象者。他的目的意识停止的地方，与挥霍者比起来，要离最终目的更远；挥霍者向对象走得要更近一些，因为他朝向合理目标的运动最后停在一个更靠后的阶段上，他想要得到它，好像它就是终极目标一样。一方面，这两种我们可以看到的结果之间的彻底对立在形式上具有同一性，另一方面，就这两种倾向都同样无意义的角度来说，它们都缺少具体目的的规定，这表明了在它们之间存在着不确定的交互作用；这一切说明了为什么会有这样的事实：我们会经常在同一个人身上发现吝啬与挥霍这两种现象，它可能会表现于他们在不同的利益领域中的分配上，也可能会表现在与变化着的生活情绪之间的联系上。这种情绪的减弱和扩展都表达在吝啬与挥霍行为中，就仿佛每一次的冲动都是相同的，而仅仅是冲动的表现符号会有所不同而已。

货币对我们意志所具有的双重意义源自货币所担当的双重任务的综合。对衣食的需求愈是紧迫和普遍，对它们的欲望就愈是受到自然的限制；这方面的供应量可能是很充足的，特别是对于生活的必需品来说尤其如此，而这些原本又正是人们最欲得到的东西。与我们的自然需要相比，对奢侈品的需求则是没有尽头的。奢侈品的供应永远难平欲壑。例如,作为打造首饰的材料,贵重金属具有无限的用途。这都是其基本的过剩性所造成的结果。价值越是贴近我们的基本生活、越是我们仅仅为生存所必需的条件,我们对它们的直接要求就越强烈——当然在数量上也就越是受到限制——同时,对它们满足的程度就越是可能在较早的阶段上得以实现。另一方面,价值越是被从原始需要上转移开,它们就越少被作为自然需要而得到衡量;从它们的可用数量上来讲,它们也越是能保持相对不变地存在下去。我们种种需求的幅度在这样的两极之间移动:一极是直接的强烈的需求但因此肯定受自然限制,另一极是对奢侈的需求,在这种情况中,必需品的匮乏被需求的扩张的无限可能性所取代。大多数的文化商品(Kulturgüter)都表现出对这两种极端一定程度上的混合,因此,向一极的靠近就意味着对另一极的远离,而货币则在最大程度上把二者结合起来了。因为货币既是为满足我们生活中最不可或缺的需要服务,同时也是为我们生活中最不必要的需要服务的,所以,它把强烈的急需或欲望与其扩张的无限性联系在一起。货币自身具有为奢侈需要所必备的结构,在这种结构中,它拒斥任何对奢侈欲望的限制——这种限制只有通过我们消费能力与特定数量之间的关系才可能得以实现。但是货币不像用来打造首饰的贵重金属那样,它不需要通过与直接需要之间拉大距离来平衡对货币无限制的欲望,因为它已经成了生活最基本需要的相关物。货币这种令人瞩目的双重性格,以及关于对货币的欲望,通过吝啬与奢侈而表现在一种超然的形式中,因为在这两种例子中,货币已经消融为对货币纯粹的欲望。这两者所展现的是我们也曾视为货币积极面的消极的一面,即:在我们那些对立着的心理驱动力施展拳脚的领地中,是货币使这一领地的半径得以延长。吝啬似乎在物质上的麻木不仁中得以表现,而奢侈则在流动性和延展性的形式中予以展示。

禁欲式的贫困

在另一个不同于奢侈的层面上,以及与贪财和吝啬针锋相对的,是存在着第二种消极的现象——把贫困视为积极价值的现象,即把贫困自身当作令人满足的生活目的。在目的序列中,与绝对重要性之间某种联系的发展被移植到了与吝啬和贪婪完全不同的一种方向上。在贪财、吝啬及奢侈等现象中,手段转化为了终极目的,因此它们便止步不前了,但贫困现象却有所不同,因为它是终结了的目的序列的结果,所以贫困不在乎手段的缺乏而依然可以持久,或是继续向着终极目的背后的领域挺进。如吝啬与贪婪那样,贫困只是在货币经济的特定阶段才以其纯粹和特殊的方式表现出来。在那些尚没有被货币经济所规范的自然经济中,只要农产品还没有纯粹作为商品而流通,即尚没有作为货币的价值而流通的话,一个人贫困得潦倒的现象不是那么普遍。甚至在最近,俄罗斯还有一个颇为自豪的地方是:在那些较少受到货币经济影响的地区,不存在个人性的贫困。作为一种普遍的现象,这或许不仅可以归因于:生活的绝对必需品不用靠货币就可以轻易地得到;另外也可以因为:在这种环境下,更容易激起人类对贫困的同情心,而在其他的环境下则不然——穷人所缺少的和人们可以帮助穷人的都不是对穷人们最直接、最必需的。在纯粹的货币关系中,同情心在达到其真正目的之前必须拐个弯,结果经常是在半道上就力竭而衰。正是由于这个原因,在实际中助人为善的人们宁可以食物和衣物来救济穷人,也不用钱这么做。如果贫困是作为一种道德理想而出现的,那么相应地,有钱就会被当作是最危险的诱惑或最原始的邪恶而遭到憎恶。

任何时候,当灵魂拯救被看作是终极目的时,贫困就同时会被许多教义解释为一种积极的、不可或缺的手段,这种手段超越了自己的地位而获得尊贵的价值,而这种尊贵的价值本身就是重要和有效的。这种情况可能发生在目的序列中的不同阶段,且原因不尽相同。首先,对所有世俗的快乐和旨趣纯粹的漠不关心可能会导致贫困。这种贫困的负担被从抱有向上志向的灵魂中除掉了,就好像是从贫困自身中被除掉一样,根本无需那种明确地要求贫困的意志。最早的基督徒们可能经常这样行事,即他们不是直接对抗或冒犯实际的商品,而只是简单地不与之发生任何关系,犹如对有些东西我们根本就没法看到它们,因为我们根本就不具备感知它们所必需的器官。所以,发生在早期基督教中零星的共产主义现象与现代的共产主义努力有根本的不同,因为前者源于对世俗商品的冷漠,而后者则对世俗商品有最高度的评价。二者的混合发生在中间阶段:在中世纪末期发生的社会主义革命运动肯定无疑是为反抗贫困所进行的斗争,但是其中部分地却受到具有彻底节俭生活理想的禁欲主义运动的支持。然而,至少就货币而言,禁欲主义不得不放弃对它对物质兴趣纯粹的否定,并采纳更为积极和坚定的形式,因为我们在获取最不可或缺的生存资料的道路上不断遭遇到它们,也因为禁欲主义的实现要求有更强的意志和更多的意志活动,而不像生存本身的需要那样是自然而然产生的结果。但是,任何人如果希望能够对世俗兴趣持冷漠态度的话——比如像那些把车轴上的油当成黄油来吃而浑然不觉的教父们——如果他想要在货币交易时代生存下去,他仍然不能允许自己为了赚钱而有丝毫的分心。因此,如果从原则上说那种对任何外在事物都抱冷漠态度占上风的话,那么这种对物的冷漠态度——与对货币的冷漠大不相同——将轻而易举地转化为实际的怨恨。第二,货币所具有的诱惑性甚至对此有更明显的效果。因为货币随时随地均可用,所以它尤其是人在软弱时面对的最糟糕的陷阱,也因为它可以效力于所有活动,所以它在那一时刻为灵魂提供了其最具诱惑力的一面。所有这些甚至可以更具危险性,因为只要货币仅仅是作为我们手中持有的钱而实际存在着的话,那么,它就是世界上最不偏不倚的、最清白无辜的东西。但是对于禁欲式的感性模式来说,货币成为魔鬼真正的象征符号,这个魔鬼带着纯洁清白的面具来引诱我们,所以既能抵御魔鬼又能抵御货币的安全手段就是拒之于千里之外而不与之发生任何关系,不管它们看上去有多么冰清玉洁。

我们可以在早期的佛教社团中发现这种态度一般性的表现。凡是加入社团的僧人都主动放弃其所拥有的财产、家庭和妻子,除了日常生活所必需的极少量东西和偶然的破例之外,他们不可以拥有任何属于自己的东西,甚至这些必要的生活必需品也是通过化缘得来的。这种戒律最基本的意义可以从僧人们为他们自己所选择的名字上看出来:

托钵僧（Gemeinder der Bettler）。在这种为日常生活必需品的化缘中，任何对财产的拥有关系都是不可能的，甚至连这一点化来的缘也不是通过主动的要求而得到的，而是通过静静地等待。正如在某些阿拉伯游牧部落中，耕种土地、修建房屋或类似的事情都是被明令禁止的，为的是防止部落成员通过定居而产生对部落传统的不忠，佛教的僧人也是如此，他们借助于心灵的改变而接受了同样的规则。这些僧人们把自己比作小鸟，无论飞到何处，除了一双翅膀之外一无所有；他们不许接受任何馈赠的耕地、牲畜或奴隶。然而这种禁令在对金银的接受上表现得最为严厉。任何想施舍金银的施主都不能直接这样做，而必须把它们先交给一位工匠或是商人，他们再以实物的形式转交给僧人。如果一个僧人接受了黄金或白银，那么他就必须在大家面前赎罪，那些金钱会交给某位关系较近的在家俗人去买一些生活的必需品，因为僧人自己是不允许提供这些东西的。如果在邻近左右找不到这样的在家俗人，那就只好把钱交给一位僧人去扔掉，而且这位去扔钱的僧人必须已经达到了"无贪、无嗔、无痴"才可被信赖去做这件事。在这里，货币已经成为一种令人恐惧的对象——尽管伴随着恐惧感的是这些麻木的灵魂特别的失血式的衰弱无力——并且贫困成为一种被谨小慎微看护着的财产、一种与世隔绝的价值中弥足珍贵的部分，远离多彩多姿和生趣昂然的世界。货币代表着统一的价值，对它的拒绝意味着对世界多样性的拒绝。

把贫困提升为一种绝对价值的过程也是一种内在精神构成的过程，它一度达到了最高程度，即以最富特色、罕世无匹的激情表现在早期的方济各会修士身上。方济各会不仅仅是针对12、13世纪意大利教会中令人难以容忍的世俗化现象的反应，这种世俗化在买卖圣职的活动中有最清晰不过的表现——每一样东西都受金钱的支配，任何东西都可以用金钱买到，从教皇的选举到最卑微的乡村牧师职位的任命，从宏伟壮观的修道院的修建到宗教表白书（Formel）的发布——佛罗伦萨的牧师们用它来抵偿和重新净化溺死过老鼠的酒。从15世纪以来，宗教改革运动从来没有消失过，这个运动已经把贫困当作对神职人员的理想要求来颁布了，因为贫困可以同时切断教会世俗化的头和脚。但也正是方济各会的修士们第一次把贫困造就成一种自主性的价值(selbständigen Wert)和内心最深需要的对应物。一位早期修会史研究专家宣称:"gente poverella(穷人)在贫困中找到了平安、爱和自由。难怪当时新的使徒们的思想和努力都别无旁顾地集中到了对这种美德的保守上。他们从贫困上获得的荣耀是无限的;每一天他们都会以饱满的、新婚一般的激情狂热地向其所爱一再诉求。"贫困因此而成为一种积极的拥有,它一方面成为获得至高无上商品的中介,一方面行使着与货币在世俗世界中对可鄙的商品所行使的同样功能。像货币一样,贫困是一个蓄水池,价值的时间序列流向它,得到滋养后又从中再流出去。另外很清楚的是:贫困表达了一个事实或是这一事实的一个方面——在一种更高或最高的意义上,这个世界属于摒弃它的人,尽管他并没有真的摒弃这个世界;实际上,在贫困中他拥有了事物最纯净、最美好的精华,就像金钱对于吝啬者所拥有的那样。正如佛教僧人们所言:"我们这些一无所有的人生活在大喜乐中;喜乐是我们的营养,就像它是天上众神的营养一样。"因此,方济各会修士被描绘成是 nihil habentes,omnia possidentes["一无所有,而又无所不有"]。贫困在此已经失去了它的禁欲本质。灵魂的价值本来以贫困为消极条件,现在却直接扑向了它;手段通常是其终极目的最全权的代表,而现在对手段的摒弃已经差不多是被提升到了终极价值的地位。这一过程的巨大的且无所不及的力量——它使货币从其中介的地位被提升成绝对的意义——被如下的事实再好不过地予以说明:对这一过程的意义的否定被提升为了与此意义本身相同的形式。

犬儒主义(Zynismus)

至此,我想通过两个过程来给阐明货币本性的各种现象划一个句号,这两个过程几乎是货币文化发展到鼎盛时所特有的通病——犬儒主义和因享乐过分而厌世的态度——它们都是由于把生活中的具体价值约简为货币的中介性价值而产生的结果。也可以说,它们是吝啬与贪财的逆转。在吝啬与贪财现象中,这种约简把自身表现为一种新的终极价值的增长,而在犬儒主义和乐极生厌态度中,这种约简则以对所有旧价值的蔑视来表现自己。目的论序列的消极性已经被货币带到了奢侈和安贫乐道的态度中,现在这种消极性则获得了最终的完成,这种完成不仅是利用价值的特殊性来实现的——因为这种特殊性仅仅被具体化在货币中——而且还是利用这些价值的存在本身来实现的。尽管我们今天称之为犬儒主义的态度与它所起源的古希腊哲学没有什么关系,但我们仍然可以说:在这两者之间存在着一种反常的关系。古代的犬儒主义对生活有一种非常确定的理想,即有一种心灵上的积极力量和个人道德上的自由。对于犬儒主义者来说,这是一种绝对价值,以至于其他被接受的价值之间的一切差异都变得无足轻重了。不管一个人是主人还是奴隶,不管他满足自己的方式是美学的还是非美学的,不管他有还是没有祖国,也不管他有没有尽到自己对家庭的义务——所有这些对于有智慧的人来说,都是无足轻重的,这不仅仅是在与任何绝对价值相比时如此,而且还表现在他们的生活本身就透露出一种无动于衷的态度。在我们今天称之为犬儒主义的态度中,在我看来关键在于:在这里仍然不存在着价值上更高的差别,并且,一般来说,那些在价值上被高度评价的东西唯一的意义在于其被降低为最低水平的价值,而这种夷平价值差异方式之积极的与理想的道德目的已销声匿迹了。对于那些追随苏格拉底式的智慧的、似是而非的人来说,什么曾是手段或什么曾是次要的结果都不是中心问题,并且它们在发展过程中也完全改变了自己的意义。犬儒主义者的本性——就其在当代意义上而言——在与享乐主义者的对比中表现得再清楚不过了。当享乐主义者的价值衡量曲线向上走、以及较低水平的价值在努力争取被提升为较高水平价值的时候,犬儒主义者的价值衡量曲线在向着完全相反的方向移动。唯有当他在理论上和实践上都做到了贬低最高价值和视种种价值之差异为幻觉的时候,他的生活意识才恰如其分地表现出来。货币具有一种特别的能力,它能把最高的和最低的价值都同等地化约为一种价值形式并因此而把它们都置于同一水平之上,而不管它们有怎样多的种类和数量;货币的这种能力为犬儒主义情绪提供了最有效的支持。犬儒主义者在任何别的地方再也找不到像货币这样成功的证据了——最佳的、最理想的、最具个人性的货物不仅提供给任何出得起必需的钱的人,甚而更有意义的是,如果最富有的人缺乏必要的手段,这些货物也一视同仁地被拒之门外,货币的活动造成了个人价值与客观价值之间最荒谬的联结。因此,犬儒主义滋生的最好温床就是那些资金迅速周转的地方,最好的例子就是股票市场上的买卖,在那里,金钱是来得快也去得快。货币越是成为兴趣的唯一中心,人们就越是会发现:荣誉与信用、才智与价值、美与灵魂拯救都可以交换成金钱,在与更高价值之间的关系上,也就越有可能发展出一种可笑的、轻浮的关系,在这种关系中,更高的价值也是可以出售的,就像杂货店里货物的价值可以被出售一样,因此这些价值也拥有了一种"市场价格"。价值的本性拒绝任何不按其自己的范畴和理念进行的价值衡量,对于价值来说,市场价格的概念是对犬儒主义呈现于主观反映形式里的东西最完美的客观化。

乐极生厌的态度[1]

夷平差异的其他意义——这指的是事物本性中的差异而非对它们不同的价值评价,鉴于货币的核心立场是把兴趣集中于事物的共性而非其特殊的发展水平上——在乐极生厌的态度中找到了其最具个人化的表现形式。犬儒主义仍然是在价值领域内所做出的一种反应,尽管这种反应是以扭曲的意义来进行的,即它把价值向下的运动看作是生活魅力的一部分;相对而言,持乐极生厌态度的人——尽管我们在实际中难以找到彻底体现这种概念的人——则对价值的差别完全失去了兴趣。在他眼中,生活中的一切都是一样的枯燥无味,都涂着一层灰色,都不值得为之激动不已,在涉及意志的地方尤其如此。在这里,关键的

---

[1] Blasiertheit;源于法语 blasé,意为由于过分享乐而导致的厌倦、厌世、厌腻、冷漠、麻木不仁的态度。

环节——也是为乐极生厌者所拒绝的——不是对诸如此类的事物贬值,而是对事物之明确的特质的漠然,而从这些特质中衍生了感觉和意志的全部活力。同样数量的金钱可以买到生活所提供的所有可能性,不管是谁被这样一个事实所摆布,他就必然成为一个乐极生厌者。作为一条规律,乐极生厌的态度被恰如其分地归结为对享乐的餍足,因为过强的刺激摧毁了神经对它的反应能力。然而这还不是与乐极生厌态度相关的现象最后的结论。事物的魅力并不是意欲得到此物的实践活动发生的唯一原因;相反,大部分的情况是,正是要得到这些快乐而在实践上必须付出努力的种类和数量,决定了这些事物对我们所具魅力的深度和活力。所有个人的个别努力、在前进路上所有的曲折以及获得对象的意愿对我们所提出的所有要求——这一切的一切都被作为对象本性的特质和它与我们的关系而转移到了对象自身中,所有的一切也都被当作对象的魅力而投放到了对象自身中。在相反的例子中,获得对象的活动越是以机械的和中性的方式实现,对象也就越是显得没有特色、了无生趣;其实这种情况随处可见——不仅是目标决定了获得它的方式,反过来,获得对象的方式也决定了目标。靠钱来获得目标把一切收获行为都等同划一了,而没有为任何对象保留任何特别的获得方式,因此,也就使对象必然变得冷漠无情。当越来越多的对象被金钱所包围的时候,以及它们在价值上的差异实际也被化约了的时候,这种情况就发生得越多。只要我们还没有用钱去购买事物,它们就会以其特别的、独一无二的魅力影响我们。但是,一旦我们以金钱手段轻易地获得了它们,它们的魅力也就丧失殆尽,这不仅是因为我们现在占有它们并从它们那里得到快乐,还因为我们是以一种不偏不倚的方式得到它们的,这冲淡了其价值性。当然,在个别的情况下,这一切影响几乎都是难以察觉的。但在富人与其购得之物的关系中,还有,甚至在公众意识现在所赋予这些对象的整个外观上,这种影响有了大幅增长。因此,犬儒主义的性格及乐极生厌的态度是对同一情境所造成的两种不同的——在某种程度上也是混合的——自然性情的回答。对于犬儒主义者的气质来说,用钱能买到多少物品以及随之而来的结论——最终每一样东西、每一个人都是可用钱买的——的这种经验体会激发起了一种特定的愉悦感,而对于乐极生厌的态度来说,同样一幅现实的图景却摧毁了任何具有吸引力的可能性。通常的情况是,犬儒主义者并不希望改变其内心世界,而乐极生厌者则屡屡正好相反——他作为人类的一员对生活的魅力有所渴求,但是他的个人状态却使这种魅力成了他搏之不得、视之不见的东西。正是从乐极生厌的态度中,出现了当今那种追求刺激、追求极端印象和追求变化的极速现象——这是在某种情境中想要克服危险与痛苦的各种尝试中非常典型的一种,其使用的手段是对内容从数量上进行夸大。这种追逐或许可解片刻之愁,但原来的情境很快地就又会出现,只不过现在变得更糟而已,因为其构成要素的数量更大了。更为重要的是,现代人只选择了在上述经验、关系和信息中的"刺激",而不考虑这些刺激为什么对我们是重要的;这一点揭示了上述现象与手段之间那种颇具特色的纠缠不清:人们满足于真正的生产价值的最初级阶段。在自身中寻求单纯的刺激是日渐增长着的乐极生厌态度的结果,自然而然的激动反倒由此而日渐消退了。这种对刺激的追求产生于货币经济,伴随着货币经济的是一切明确的价值逐渐消亡于一种纯粹的中介性价值。存在着许多疾病决定治疗的有趣例子,上述情况只是其中之一。一种货币文化(Geldkultur)意指的是这样一种货币手段对生活的奴役,以至于从这种货币文化的疲惫中获得解脱也不言自喻地从一种纯粹的、掩盖了其最终意义的手段中——即在不折不扣的"刺激"的事实中——寻求获得。

第三节

我在前面曾经提到过:尽管贪财与吝啬在大多数情况下都是一致的,但却必须从概念上和心理上加以区分。事实上,存在着许多可以对它们加以分别说明的现象。奔向货币之路所具有的速度通常独立于离开货币之路的速度,这一点不仅对狭义的贪财与吝啬如此,在另外一些内心活动尚未跨越正常界限的水平上也早已如此。这通常是由在目的序列中对货币不正常的提升所造成的；因为这种提升不具有客观标准，它经常会改变目的序列的意义。因此对于货币来说，只要它仍然是可获得的，那么，它就会激起不同的价值情感，而不像它在用来购买某种东西时那样。在通向货币的道路上所存在着的那种价值情感与货币之间的分歧，在货币到手以后就会大为减少。还有一个实例可以说明这种分歧：大多数人作为顾客时都不及他们做生意时那样精打细算。或许古代犹太法律就源于这种经验，即与花钱行为相比，赚钱行为总是要更严谨、更精确和更不可疏忽大意。根据古代犹太人的律法，在涉及金钱争端的案子中，一向要求被告宣誓。只有杂货店店主偶尔才被允许，根据塔木德①的一段经文，以账本上的账目来起誓。在特定的情况下，一些王侯对货币价值衡量上的收缩和免除（Kontraktion und Remission）会有态度上的变化，如路易十一②及其他的许多人，他们在课税方面态度非常严厉，但在花掉税入的时候则非常随便。但是，一般来说，我们不得不承认：在赚钱速度与花钱速度之间存在着比例上的差别关系。花钱最不在乎、最容易轻举妄动的是赌徒、淘金者和风流女人。西班牙从查理五世③开始的招致毁灭的财政政策已被归结为那些轻易落入西班牙人手中的来自美洲的贵重金属。一般所说"来的易、去的易"，不仅仅是指一种经济的客观结构，在这种经济中，已到手之物的安全性只是以获得过程中的一定程度的稳固性来作为回报而已。对某些职业来说，获利极为方便快捷，这些职业所处的客观环境也提供了某些渠道，使花钱的行为更为自然和便利。但是前面那句俗语的更有效证据在于这么一种心理状态：目的论序列在金钱的获利得以实现的那一点上结

---

① Talmud：犹太人仅次于圣经旧约的宗教经典，是关于犹太人生活、宗教、道德等方面的口传律法集。

② Louis XI（1423—1483）：法国国王，1461年至1483年在位，曾采取奖励工商、加强王权等政策。

③ Charles V（1500—1558）：神圣罗马帝国皇帝（1519—1556）、西班牙国王（称查理一世，1516—1556）和奥地利大公（称查理一世，1519—1521）。

束得越是快，集中在这一点上的能量强度和重要性所伴随的感受就越是小。所以，在金钱方面所获之利与价值中心的联系越是肤浅、因而也越容易分离，我们也就越是愿意让这些所获之利白白流走。在目的论序列中，向上或向下引导的部分尽管在或大或小的张力上存在着共同的特点，但是，在它们之间却仍然存在着不同：在被获得之前，货币具有终极目的价值，但一旦获得，它就立刻失去了这种价值而被视为一种纯粹的手段——除非吝啬禁止了这一过程。

货币的量即为货币的质

我已经强调过位于目的论序列中两个部分之间的这一转折点，因为它揭示了货币最本质的特点。只要货币是作为我们的努力的唯一的、最切近的目标效力于我们的意识，那么它就仍然具有一种特质。让我们明确表述这一特质是什么将会很难，但是意志的兴趣所在、思想对它的关注及依附于其上的愿望和情绪具有的活力，都使它闪烁着一层温暖的光辉，为它涂上了一层耀眼的色彩，也为货币的概念赋予了一种排除对量的考虑的意义。我们在实践中的一切愿望都是以这种方式进行的。只要它们仍然站立在我们的面前而未被获取，那整个货币特质的类属就时刻吸引着我们，以致我们会经常在一种幻觉下劳作着，这种幻觉就是：最小数量的货币也一直会使我们感到满足，因为它所代表的是我们所欲获取的对象和概念。我们欲望所关注的是对象的质的特性，而我们对量的兴趣则通常只在质已经实现和已在某种程度上被体验到的时候才表现出来。我们的兴趣所具有的这种典型的发展过程以一种特别缓和的方式在货币身上得以体现。因为货币只是获取具体而无限多样目的的居中性手段，所以它的量是我们唯一关心的重要的、有决定意义的东西。对于货币来说，我们所要问的不是"什么"、"怎样"，而是"多少"。货币的这种特质或无特性最先在其全部的心理纯粹性中表现出来，但这必须在货币已经被获得的前提下才有可能。只有在货币被转化为积极价值的时候，量成为唯一决定货币意义的要素这一点才变得明朗，即货币的手段也就是它的力量。在目的论序列达到这一点之前，以及，只要货币还仅仅只是一种欲望的对象，那么，由于作为一般概念的货币上所附着的情绪色彩，货币就仍然会从其一般性的、被体验为质的本性退回到其纯粹量的特性上面来。对于吝啬者来说，这种关系是积习难改的，因为吝啬是不能允许目的论序列超过这一关节点的，结果吝啬者总是持续不断地把情绪投射到货币上面，仿佛货币是一种质的、有特殊魅力的实体一样。"值多少钱"的问题限制了对货币的兴趣——换句话说，货币的质唯独由其量而定——这为我们的分析产生了诸多意义重大的结果。

首先，占有的金钱之数量的不同对金钱的主人而言意味着最大程度上的质的差别。这是一个无足轻重的事实，强调它似乎毫无意义，如果不是始终存在着一种诱惑，要扭转对货币纯粹量的特性的解释，且要机械地看待货币的重要性和效力——就是把较重要之物视为较不重要之物的成倍翻番——的话。我希望首先提及一个非常表面化的例子，以此来证明集中在货币中的量的巨大差别是怎样急剧影响到货币在质方面的结果的。在这方面，小面额的钞票具有一种与大面额发行的钞票完全不同的特性。收入较少的人们通常是小面值钞票的持有者，所以他们很难像大面值钞票持有者那样进行兑现。从另一方面来说，如果出现恐慌的话，前者与后者相比，总是要更急于或不加思索地希望得到兑现，或者是不问价格地抛出这些钞票。下面的更一般性的分析将支持我们的基本论证。

风险概率的主观差异

为了实现目的而花费的金钱可归入两种范畴：有风险的和无风险的。抽象地来看，如果我们不把赌博算在内的话，这两种形式存在于每一个花费金钱的行为中。即使是最疯狂的投机行为也必须要算计可能的价值损失，尽管它并不害怕投机的对象可能会化为乌有；相比较在另一方面，即使是稳妥的赚钱行为也要把风险因素考虑在内。在许多例子中,后一种冒风险的行为在实践中可以被看作是无限小而忽略不计,所以我们可以说:对于每一次交易,要么根本就没有危险,要么所投资资金中的一部分——换句话说,也就是主体的本钱——就会有危险。要决定这种可能的风险的大小,似乎有两个客观因素应该是比较合理的:一个是可能损失部分的大小,一个是可能获利部分的大小。举例说,如果在某宗生意中投资 100 马克,亏本的机会是百分之五十,而获利最多也就是 25 马克,那么,这项投资就是不明智的。但如果在同样的条件下、在同样的生意上只需投资 20 马克,那么,这笔买卖就是明智之举。但是,对于计算确定的风险概率是合理还是不合理,这种客观的计算并不足够。还有一种个人的因素也必须考虑在内:在每一种经济环境下,一个人财产中的一定部分根本就不应该被用来冒险,不管获利机会有多大及其成功的可能性会有多大。通常,最后赌一把那种绝望的冒险都会以这么一个借口来作为理由:"再没有什么可输的了";这证明了这种形式的冒险已经故意把理性抛弃得一点都不剩了。但是,如果我们承认有理性的话,那么,仅仅是为了超过某种限度之上的收益那一部分,投机的客观可能性问题就应该提出来。从理性的角度来讲,在这个限度之下的数量,则不应该有任何风险,甚至是在亏损概率很小而赢面很大的时候也不行。在这里,其他能决定冒风险是否明智的客观因素则完全无关紧要。价值的货币形式很容易引诱一个人对这种经济形式做出错误的判断,原因是:这种形式会把价值分成非常小的部分,因此可以引诱人们用较小的手段来进行冒险,而这种行为从道理上说,是应该避免的。例如,上述现象就典型地表现在一种价值为一英镑的金矿股票中,这种股票是德兰士瓦①和澳大利亚西部的采矿公司发行的。由于看到这种股票相对较低的价格和较大机会的回报率,就连那些在正常情况下与股票投机交易没多大关系的人们也开始购买这种股票。类似的事情也出现在意大利的彩票业上。但是,在许多国家里,与股票相关的现代立法都试图阻止这种事情可能会对人们正常生活产

---

① Transvaal:南非省名。

生的危害,采取的手段是建立一种针对任何发行股票的票面价值的相对较高的最低下限。如果一种投机的价值——如一个企业的或是一宗贷款的投机价值——是得自很小的股份,那么,在与整体量的关系中它的无足轻重性就会轻而易举给股票购买者造成一种假象,显得主观价值——也就是与购买者资本相关的价值——变得相当的大。更进一步地,还存在着一个事实:对于投机者,有可能会以极小的费用而获得投机赢利;这使得人们忘记了他们所处的环境是不允许他们拿这笔钱来冒险的。在所有这一切中存在着一种悲剧:有些人,他们的收入仅仅能够保证其最低的生存水平,因此他们根本就不应该有任何的冒风险行为,但正是这些人最容易遭受上述引诱。特定的环境使得有些人最需要得到那种建立在或然性上面的赢利,但这种赢利偏偏要拒绝他们,他们的环境也必然使得他们不可能得到这样的赢利;不仅如此,这些人同样是建立在或然性基础上的那种避免损失的保险也不会让他们如愿以偿——而又正是这种人最不能承受这样的损失。在很多情况下,那些不太富裕的家庭都不买保险,因为,相对较低的保险金只是在人生病的时候才有所帮助。照顾病人的确不容易,但是他们还是宁愿冒这个险,原因是:看病所需费用可能是很高的,但那种事情发生的概率却很小,与此相比,微薄的收入甚至连非常少的固定花费都更加难以承受的——虽然这种算计可能是不理性的。对于某项收入或财产,存在着一个风险限度,即在这个限度之外的风险从经济角度来说是合理的;很显然,这个限度总是非常的低——也就是说,人们总是为投机留出很大的空间——越是如此人们就越是感觉舒服,这不仅是就绝对的较大数量来说的(这一点很明显),也是就全部收入中占相对较大比例的部分来说的。不仅在较好和较差的金融环境之间存在着这种差别,而且更细微的差别可能已经表明了不同风险程度的合理性。这是我们在前面所讨论过的那种财富的自然增值的更进一步的来源,因为很明显,一笔财富越是有机会增值,可以用来投机而又对财富拥有者的生存不造成危险的那部分的比例也就越大。这种境况也说明了货币是怎样通过纯粹量的差别而获得一种完全不同的质的特性,也说明了货币是怎样以质上不同的各种形式来掌控有关它的事务的。货币在量上的完全外在的、甚至还有内在的意义都有所差别，所依赖的条件是看此货币的量是位于任何的分界线之上还是之下。它是位于此界限之上还是之下只取决于货币拥有者全部的资本。货币在量上的改变会产生全新的质。

由于量变的原因造成质的不同结果的一般现象

最后，所有上述这一切都可归结为事物行为的一种非常一般的形式，我们可以在心理学领域中找到其最引人注意的例子。现象中量的增长——作为起作用的原因——并不总是能引起现象之结果上相应的增长。毋宁说，原来能引发结果明确地增加的那些原因的增加，对于该范围内一个更高阶段完成同样的目的，则是不足够的；为了能取得与原来同样的结果，现在所需要的作用力要比原来大得多。我们可以注意一个经常发生的现象：在一个新开发的投资领域内，运转的资金会产生出一定的回报，但是到后来，要想取得同样的回报却需要投入更大量的资金。我们也可以看一下病人用药的例子。在一开始，我们增加药量时总是剂量很小；但是到了后来，增加同样的剂量产生的药效却减弱了许多。还有：在财政状况不太宽松的情况下，由一定利润所带来的快乐，如果老是重复，那么也将不再能带来同样的快乐反应。最普通的例子应该是所谓的"意识阈"——作用于我们神经的外部刺激，在某个强度以下，是不会引起我们注意的；但是一旦达到了这个"阈"，就会突然引起我们的感觉，因此刺激的单纯量的增长就造成了质变的结果。但是在有些例子中，对于结果来说，刺激的增长有一个上限，某种刺激的单纯增长如果超过了这个"阈"，它所引起的感觉反而会消失。这使我们看到在原因与结果之间所存在着的那种不一致的极端形式，它是由原因方面单纯量的增长所引发的，即：把变化效果直接转化到其对立面里去。说到医学用药的例子，应该特别提到顺势疗法①的实验，它说明

---

① Homöopathie：一种医学疗法，采取不断增加药剂量以达到某种治疗效果。

了在最后的效果当中存在着的一种直接的对比,即:药剂量上的纯粹量的变化,可以在同一个病人身上产生不同的效果。在电击疗法中,人们已经观察到:频繁的重复会产生相反的效果,然后再转化为其相反效果的相反效果。人们可能会有一种非常重要、非常典型的日常经验——几乎所有使人快乐的刺激,当在最初的快乐感受性之上再有所增加的时候,就会导致不愉快,甚至令人痛苦。最后,我们下面所说的这种方式也可以说明在作为原因的客观刺激与其所引起的主观感受性之间所存在着的不可通约性。非常之低的经济价值——但毕竟也是经济价值——一般不能像较高一些的经济价值那样能刺激我们有所作为。有这么一些具有货币价值的物品,如邮票,在人们与之打交道的时候,根本就不把它们的货币价值考虑在内,其货币价值也并不发挥其应有的作用。我们期望对远方人们的询问有所回应,但是我们对他们却一分钱的要求也不会有、也不能有,而他们也不会考虑到这个问题。如果收信人与我们处在同等的社会阶层,我们是不敢为了收到回信而贸然在信里附上一张邮票的。有些在其他事情上非常节俭的人一般对节省邮票或公共汽车票这样的事也不太在乎。似乎存在着一种经济意识阈,它因主体的富裕程度和脾气秉性而有所不同,所以,在那个阈以下的经济方面的要求根本就不会被体验为一种经济要求。这可能是在较高级领域内的一个普遍性的现象。当已经存在的并可感知的要素都一起向着一种新的形式发展的时候,它们也因此而获得了一种前所未有、不为人知的意义,这个时候,我们所说的较高的领域就出现了。以这种方式,事物成为法律的对象、审美愉悦的对象和哲学兴趣的对象——事物之为人所熟知的内容获得了一种新的外观。在许多情况中,这种现象的发生是以一定量要素的存在为前提的;如果这些要素达不到这个量,那么,它们就不会进入到更高的意识层面,更难激起在这一层面上的意识,而上述的范畴正是存在于这一层面上的。例如,某种颜色或某些颜色的组合可能是清晰可见的,但如果它们覆盖的空间不够大的话,就不能引起某种审美的愉悦;在这一界限以内,它们只是一些简单的存在物,虽然它们也肯定超过了感知阈,但是并没有超过美学意义的感知阈。也存在着一种历史意识阈,这种阈在个人力量与历史结果之间造成了惊人的不一致。曾经有很多印度禁欲主义者,他们的教诲与乔达摩·悉达多的教诲非常相似,但是只有乔达摩成了佛祖;也曾经有许多犹太先知,他们的讲道与耶稣的讲道极为类似,但只有耶稣影响了世界历史。这种现象俯拾皆是。个人的重要性所发挥的作用形成一个持续不断的范围,但是存在一个关节点,一个个人的历史意义是从这一点之上开始的,而那些仍然处在这一意义阈下面的个人,他们所产生的作用不是仅仅量较小的问题,而是根本就没有,那些人终成湮没无闻者。或许在更高的水平上,存在着一种哲学的意识阈。同样的现象,如果是以较微弱的量出现,那它们只能成为日常生活中转瞬即逝的无关紧要者,而那些具有较大量的同样现象就可能会激发起审美情趣;这些现象如果是以有力和有激发性的特点出现的,那么它们就能够成为哲学和宗教思索的主题。同样地,在悲剧情感方面,也存在着同样的量的阈。各种各样的矛盾冲突、无价值和令人失望的事(作为日常生活里单个的事件它们是可以忽略不计的),甚或那些具有幽默性的事件,都呈现出一种悲剧般的、深深令人不安的特性,这是当我们意识到它们惊人地四散弥漫、日复一日无从避免以及它们所影响的不是某一天而是一般意义上的生活的时候,才认识到的。在法律领域内,这个阈是以 minima non curat praetor[大法官不操心小事]的原理为标志的。偷了一根别针,从性质和逻辑上看这是一种偷盗行为,但从量上看却无关痛痒,不足以使法律意识错综复杂的心理-逻辑机制付诸实施。这也是一个阈的问题,在这个阈以下的刺激,尽管可以激发其他的意识领域,但却不能引起心理-法律的反应,更不用说由国家采取什么措施了。

经济意识的阈

经济意识也具有一种特殊的阈,这个事实解释了一种一般性的倾向:人们总是宁愿采取不断支付较小费用的方式,最后再把这些"不引人注意的"支付转换为一个单一的、最后的较大支付。普芬道夫①曾向国王建议：与其对单一物品征纳较高的税，不如对许多物品征纳较少的税更为可取，理由是人们不喜欢舍弃自己的金钱(fort dur à la desserre)，他并没有提到这个理由中的关键一点。尽管人们总要以这一种或那一种方式把自己的钱拿出来，但只有一种方式才能使人们的这种行为保持在经济意识阈之下，并且使每一次拿出来的钱不会落在人们的经济考虑、感觉和反映等范畴以内——就好像有两个重量，每一个都在人的重量感知阈以下，分别把它们放在手上，是不会产生任何感觉的，但是要把它们同时放在手上就会产生感觉。

从简单或复杂的感觉角度来说，这可能会被看作是一种消极的抵抗力，要想使外在作用对我们的意识产生影响，就必须首先克服它。但是，这种抵抗力也可以成为积极的力量。我们可以想象一下：在任何时候，我们有感知能力的生理-心理器官都处在一种应激状态中，所以，一个新刺激的效果要依赖于新刺激与在此之前我们内部活动的方向和大小之间的关系。效果可以处于同一方向上、没有限制地扩散着，或者它也可以处在相反的方向上而成为完全或部分的抵抗力，以至于感知器官只有在克服掉一定的抵抗力之后才能沿着合适的方向前进。这种行为也会遇到所谓的差异感受性(Unterschiedsemfindlichkeit)问题。我们的感受性所感受到的不是绝对的而是相对的量；也就是说，我们只能通过一个感觉与另一个感觉之间的差别来判断感觉程度的大小。这种经验显然是我们前面讨论过的一系列现象的基础，它的误差是可以忽略的，因为只有当对此有不同意见者愿意接受这种经验的有效性时，它对我们的论证它才是有效的。这种经验可以用一个非常简单的例子来加以说明。如果一个强度为1的触觉神经的活动增加了三分之一，而强度为2的触觉神经的活动

---

① Samuel Freiherr von Pufendorf(1632—1694)：德国法学家和历史学家，以对自然法理念的捍卫而闻名。

增加了三分之二，那么，这两者是相同的。相对同等差异强度的感觉会引起同样的反应，这个事实的结果是另外一个事实——客观上同等的刺激在主观上所产生的结果是很不相同的。一个新的刺激越是与感觉的最初状态之间距离越大，我们对它的意识也就越强烈和明显。正如我们可能会看到的，这将与一个事实发生冲突——在一个刺激对我们的意识发生影响之前，它必须要先克服我们的生理－心理器官中那种对立的状态。根据差异感受性原理，刺激越是远离了先前的状态，它就越是引人注意；而根据另一条原理，在某一点之前，刺激的方向越是不同于运作着的内在活动的方向，它就越是较少地引人注意。这与一个观察结果有联系：如果刺激是稳定的，那么感觉需要一定的时间才能达到其感受的高峰，不管这个时间有多短。第一种现象序列最后会出现疲劳的结果，即：对于第二个刺激神经已经不再会以同样的能量对它作出反应了；而后一个现象序列则表明：疲劳并非随着对刺激的反应立刻出现，相反，如果刺激达到了一个适当的水平，那么对刺激的反应就几乎会独立地积聚着，从那个水平上，再下滑而接着出现新的疲劳。这种在结果上所表现出来的二元论也可以在一些复杂的现象中见到。例如，对一个总是处于不幸福状态中的人来说，偶尔的快乐会使他产生有激情的反应，并把闲置着的追求幸福的能量释放出来，这种机遇会从他先前的存在背景中鲜明地突显出来。从另一方面来讲，我们也注意到：如果心灵已经适应不断变换的不同经验，那么一定程度的幸福刺激可能并不一定会引发相应的反应。对于一向充满着悲惨和哀愁的生活节律来说，生活中乍一出现的特别美妙的刺激反而会无功而返；相反，只有当幸福因素持续地发挥影响之后，人们认为具有强烈刺激的那些经验才会发生作用。如果真是这样，并且精神的总体状态最终转换为一种相应的节奏和结构，那么那些在先前不能被完全体验到的刺激量，现在由于相反的感受格局将又逐渐变得难以察觉了，因为精神现在已经习惯了沉浸于幸福，必要的差异现在也难以察觉了。

在经济刺激方面的差异感受性

上述这种二律背反所具有的重要的目的论意义也表现在经济生活中。差异感受性驱使我们离开任何既定的状态,去获得新的商品,去生产新的享乐用品。通过现存的有机结构所具有的消极或积极的抵抗力对这种差异的限制,驱使我们以持续不断的能量去追求这种新的发展方向并不断获得更多的商品。然而,这种差异感受性为增长设定了一个上限,因为它削弱了我们对一定刺激的适应性,并且最终对任何刺激的强化都变得麻木不仁,以致它必须从质的方面寻找更新的刺激。在这里,就像通常物品量的增加会导致内在结果的变化一样,物品货币价值的纯粹增加也可能会带来对之需求上的逆转。在一开始,那些免费或以低廉价格即可获得的物品,人们通常不以价值来衡量它们,对它们也根本没有什么需求。但一旦它的价格上扬,其需求性就会增加;反过来,需求性又会随着价格的增加而继续增加,直至达到其吸引力的极限。如果价格一直上涨以致想买到它已不可能,那么,在最初阶段对此物品的放弃或许又会成为人们最想要做的事。其结果是,人们将会做出一些调整,无益的企盼将被克服掉,甚至还会出现一种对可欲之物的逆反——那种"吃不到葡萄说葡萄酸"的态度。在许多领域中,这种积极或消极的行为变化都是经济要求在量上变化的结果。俄罗斯农民遭受的纳税压力可以解释他们那种贫困、原始和分散的农业状况,因为他们的辛勤劳动得不到回报,他们不会得到任何东西来改变他们一无所有的生活境地。显然,某种程度上减轻压力会使辛苦的劳动有利可图,这将刺激农民努力耕作;但是如果税赋被减少到了非常小的地步,农民的收成可以充足地满足在他们那个文化水平上的所有需要,那他们可能又会返回到他们原来那种懒散状态中。我们再举一个进一步的例子:如果某个社会阶层或个人不得不过一种低水平的生活,并且他们因此而只知道简单普通的快乐和消遣形式,那么,在某种程度上说,他们收入的提高也只能使其享受在这同一水平上有所延伸。但是如果收入有了超乎想象的提高,对娱乐的要求将会发展到一个全新的领域中去。

例如,如果一瓶杜松子酒是主要的享乐方式的话,那么,再高一些的工资收入将会使人们对杜松子酒的消费有所增加;但如果工资收入再有更大提高的话,那么就会出现对不同概念的娱乐方式的欲求。对不同的快乐和痛苦感受的意识阈有着完全不同的水平,这一事实将使问题变得异常复杂,难以解释。生理学最近的研究表明:身体不同部位的神经对痛苦的感受性之间存在着巨大差异;对有些部位来说,它的感受阈甚至会比另一些部位的感受阈高出六百倍,颇具特点的是:甚至在同一部位上压力感受性的阈值也与这些部位本身没有持续稳定的关系。对不同等级和不同感受性的感觉来说,阈值的比较很难确定,原因是:引起这些感觉的因素是完全异质的,它们决不能以类似于对感觉神经的机械刺激或通电刺激的方式从量上来进行比较。在这个水平上,度量似乎是不可能的,但尽管存在着这个事实,我们还是必须得承认,在更高的感受领域中不同的感受性,以及——由于我们所讨论的生活境况一向指涉种种领域的多元性——外在条件与内在感受结果之间的关系大量在理论上的不可思议的多样性。

由货币拥有权所决定的感受的结果允许对这些阈值和比率关系有一个大概的省察。货币可以对所有种类的可能感受产生刺激,因为货币的不明确的特性以及它缺乏任何特质,使得货币与任何感受之间都有巨大的距离,以至于它与所有这些感受的关系都相当平等。因为对中介物的要求,所以这种关系很少是直接性的。中介物可以部分地是不明确的——因为它们可以用钱来购买——但是从另外的角度来看,这些中介物也是明确的,因为它们会激起某些特殊的感受。由于货币使我们对某些可用钱来购买的东西产生预期的快乐值,所以,这些物品的吸引力就被转移到了货币中并被用货币来表征。因此,货币是唯一的对象,在与它的关系中,对享乐的各种感受性的阈值是绝不可以比较的。但度量似乎仍然不可能的理由很显而易见:这就是那些物品——它们在不同的领域中产生了在数量上似乎是相等的满足感——的货币价值所具有的极大多样性。如果对于美食家、藏书家和运动员来说,由金钱的数量带来的快乐阈值完全处在不同水平上的话,那么,这不是因为享乐的感受性有任何的不同,而是由于另外一个事实——吸引人的不同对象具有非常不同的价格。但是有一点也不难想象:在货币的量和幸福的效果之间,阈值的随机性倾向于找到一个平衡,至少是在这么一种意义上——对个人或甚至对整个群体而言非常明显的是,那些可以买到的物品或印象所具有的货币价值已经超过了快乐的阈值。导致这种发展的这样一个事实——我们对一件物品的价格是否公道有种直觉的评价,造成这种直觉评价的有两个原因:对于相同的物品,我们要求它们在其他地方价格也一样;对于在质的方面属于不同类型的物品,应该具有完全不同的绝对价格。这些因素的平衡为货币价格的一般标准赋予了意义,而这个价格标准则无疑是许多主观和偶然的偏离所带来的最终结果。例如,就我们已知的早期巴勒斯坦地区的犹太人的经济环境,似乎他们为其他地区的商品极其低廉的价格所震惊。由于现在的价格与那时的价格关系很不一致,以致我们难以做出任何合理的分析,所以我们不能说:那时候的一般货币价值与现在的一般货币价值可以用这样或那样的数量而区分开来——可能对古代的任何时期都是如此。实际上,一般货币价值在过去是根本就不存在的。这种现象可以暂时由贫富之间的经济鸿沟加以阐释:从穷人的生活水平角度来讲,这种贫富之间所存在的鸿沟并没有被那些替穷人着想的任何宏愿缩小。这是由于较低社会阶层所具有的那种伟大而持久的随遇而安态度使然,与之伴随的结果是他们一般对某些商品没有任何奢望。因此,就发展出了两种完全不同的货币价格标准:一种是穷人能支付得起的价格,另一种是富人们所专有的领地,对于他们钱不是一个问题。这种情况曾经在古代社会存在过。在这样的关系中,必须要强调的是:根据最近的流行观点,在衣食住行和娱乐等各方面,中产阶级们希望能与上层阶级拉平,而下层阶级则希望能与中产阶级看齐。这第一次为一种统一的货币价值的形式开辟了可能性空间。从这种发展的观点来看,一般经济文化可以说是在朝向这样一个方向发展——它使原本便宜的东西趋于昂贵,而把昂贵的物品变便宜了。这种夷平过程首先是以一种客观的方式表现的,并在"平均利润率"(Durchschnittsprofitrate)中找到了它真正令人惊异的表达方式。工业企业原来本是相互独立的，在原料、劳动力的条件和回报率方面也都极为不同；但是，通过对所有有关经济要素几乎是难以置信和难以意识到的双向调整过程，这些企业在对上述因素投入的资本中却得到了相同的利润率（假设其他条件都相等的情况下）。从人的个体分化观点来看，对货币价值造成的主观幸福感效果是难以做出任何类似的调节的。但是，在文化进程中，某种程度上相似的调节却似乎可以达到，因为所有的物品都将逐渐可以以货币的名义来表达，某种一般性的货币价格标准也会逐渐地建立起来，这种一般性标准是货币针对所有商品所具有的统一性的意义所在。对特殊个人或种群而言，有一些物品本身就标志着经济、快乐或乐极生厌等意识的临界值或阈限；在一定的货币量规模上，可能会出现某一点作为这些物品的等价者。在有关阈的现象的领域中，要想考察其复杂性和个体化是极其困难的；要想使得多样化的感受性得以安置在一个统一的系列中，货币仍然是唯一能够提供这种可能性的东西；货币是通过其纯粹量的特性和它对事物之间一切差别所做出的统一反应而做到这一点的。但是还有另外一点，某些事件表明货币对于经济意识阈所具有的一种非常直接的重要意义，也就是说，我们的意识作为明确的经济意识只对金钱的刺激做出反应。中产阶级们的狭隘性经常使他们拒绝拿出某些东西来助人为乐，理由是那些东西是花钱买来的，这种行径被视为按照唯利是图的经济中严格的自我中心主义原则行事的正当理由！同样地，在设法阻止孩子们故意破坏东西的行为时，愚蠢的父母们给孩子讲的理由是：那些东西都是用钱买来的！这些父母不是向他们的孩子解释物品本身的价值，相反，他们马上的反应完全只想到所花费的钱。这两个完全不同的现象以非常典型的方式说明了我们上述的结论。对于礼品，只有赠送者花了钱它才是有价值的；而自制的礼物则会显得寒酸、不合适。只有非常高雅和上层社会的人才会欣赏赠送者把自己的东西来作礼物。在前一个例子中，只有当花费是以钱来实现的，接受礼物者才会感觉到送礼者付出了代价。从另一方面讲，以上层社会的标准来看,花费金钱的礼物则是不合适的,有时甚至仆人、车夫和信使也经常是更喜欢一根雪茄,而不是一笔可能价值三倍于它的小费。在后者的情形里,关键的事实是礼物不应该表现出经济价值,或者,至少礼物的经济本性应该退到幕后去,应该表现出来的是真挚和诚恳。在所有这些例子中,唯独价值的货币形式在刺激人们的经济意识,且,同样的过程是被接受还是被拒绝取决于被激起的情绪如何。尽管极度发达的货币经济把经济对象安置在一个连续的序列中,但在这些对象与货币之间还是存在着这种一般性的差别——对实物交换经济来说这是一个不那么真实的事实——以至于只对货币价值有所反应的意识阈现象的出现成为很好理解的现象。

在货币领域中外部刺激与情绪反应的关系

还存在一种原因,它专门把意识阈现象与货币联系起来。对于那些真正相应的结果被排除在外的诸种原因,它们的存在与积累更有可能发生在某个界限之上,而且围绕着所发生事件的系统越稳定、越平静,这些存在与积累就会把产生结果的界限推得越高。众所周知,在零度以下,水可以被冷却到相当大的程度而不发生结冰现象,前提是要保证它不发生任何运动,而这时候一点轻微的晃动都会使水迅即结冰。类似地,把手放在逐渐加热的热水里,如果我们能够保持静止不动,那么我们就可以支撑更长的时间。因此,在更高级、更复杂的领域内,只有当我们整个的存在都被激发起来的时候,各种影响和环境因素才能引起相应的感觉反应,但可能会是从一个完全不同的角度着手。以同样的方式,占有价值和丧失价值或者是特定情境的无价值性,在我们意识到它们的意义之前,可以存在很长一段时间,甚至还能逐渐地增长。事情的过程肯定是会先出现一个冲动,它引起内在因素彼此相互冲击,以使我们通过对其新关系的发现或通过它与所有其他因素关系的差别而意识到这些因素真正具有的力量。实际上,像爱和恨这样的情绪是可能在我们内心存在相当长一段时间,并在表层下面积累,发挥着某种被掩饰的效果,直到某些事件——最经常发生的是对关系所具有的正常规律的打破——在我们意识中引起情绪的爆发,并因此而让我们看到它们的真相和丰富特性。社会的发展也采取类似的过程。愚蠢和陋习不仅会悄悄地渗透到一向牢固的情境中,而且还会在社会意识阈以下积累和增长,从那种使各事物运转有序的一般性过程的角度根本就察觉不到它们的骚动,这二者有着完全不同的驱动力。众所周知,一个国家遭受外来战争时造成的那种骚动会最先揭示出国家中隐藏的矛盾和全部缺点。这解释了我们先前的那种考察——存在于社会各阶级之间的冷酷至极的差别和难以克服的隔膜经常与社会和谐并存。有人会提出一些大同理想的改革或革命的要求,但这种号召通常是有社会前提的,这就是:森严的阶级壁垒有所缓和,以及社会内部更为活跃的运动产生了某些中间过渡现象的出现,从而使得社会秩序中的各部分之间能有一定程度的接触并且相互之间有了可比性。但是,一旦这种情况发生,下层阶级就会意识到他们所处的被压迫地位,而上层阶级也会同时意识到他们在道德上的责任及保护其阶级地位的必要性,于是,社会和谐就此被打破。在货币经济中,生活体系中的紊乱——它诱发了差异意识及阈意识——特别地广泛和活跃。既定的社会关系具有一种稳定性,它会阻碍货币经济中这种不断增长的诱发性可能给人的意识造成的反应,正是以货币为基础的关系不断地打破了这种稳定性。这是因为:所有这样的关系在某种程度上都是不稳定的,并会抵制稳定化进程,特别是因为货币与个人之间不存在客观性的关系,也不成为个人的一部分,像具有一种身份或不具有该种身份、一种职业或是一种道德价值、一种情感关系或一种活动会成为个人的一部分那样。所有建立在除货币之外的这些其他生活内容之上的关系都具有某种稳定性,因为这些生活内容是以相对的连续性从属于个人。这些关系抵制变化因素可能会带来的影响,这些变化只有在发展到相当程度之后才会有所作为。然而,货币缺乏任何特质,与诸如此类具有质的规定性的个人之间也没有任何关系,它毫无内在保留地从一个个人转向另一个个人,以致与其相联的关系和情况可以轻易地、恰当地调整以适应任何变化。或者,按我们目前的兴趣表述这一问题,货币可以被积累的事实——这一事实最清楚地反映了货币纯粹的量的特性——就意味着:它将最频繁最独特地让人们感受到它对生活内容的规定。经常与货币联系在一起的阈的现象解释了货币的基本特性,这种特定的一部分也就是财富的自然增值。是的,这还只是以这种方式表现其特性的种种现象中的一种。因为,它所证实的不仅是这样一个事实,即较多量的货币的意义是对较少量货币意义按比例的翻番,而且它也证实了,这种迥异的意义代表了在性质上焕然一新的、的确确相反的结果中一种断裂性的变化,尽管在其基础之上发生的是纯粹量的变化。

[金钱] 拥有者的人格统一性的意义

上述事实建立在一个明显的假设上面,它尚需进一步的解释,我们可以用下面的方式来表述它。每一笔数量的货币,如果它是分属于几个人而非一个人,那么,它们各自都具有不同的质的意义。因此,人格统一性是财产及其意义的一切质的差别的对应物或前提条件;从功能上讲,这里的法人资产都处于同一水平上,因为对它们的管理具有一致性。类似地,只要我们把某个民族看作是一个统一的、拥有财产的主体,那我们也可以来谈论这个民族的财产。这也就是说,我们必须把个体公民所拥有的资产看作是通过在国家经济活动内部相互之间的互动而统一起来的;同样,某一个人的财产也是通过这种互动的实践统一性而聚集为一个整体的,这些互动行为可能是分配、单项的支出与整体财产的关系、收支平衡,等等。货币作为价值的意义是建立在其量的特性上面的,这显得似乎是有许多单个的量并排站在一起,以至于为了使其像一个整体那样地运作,就必须要求某种外部原理强迫部分的量整合到一种互动关系中去,也就是整合到一个统一体当中去。正如一种世界图景是从各自分离独立的观念内容——这些内容被整合成了个人意识的统一体——中产生呈现出来的,也正如组成世界的各要素的总和绝不只是其总和而已,世界的整体获得了一种超越其各自部分的全新的意义,所以同样地,持有金钱者的人格统一性就影响到货币,并给它的总量赋予了以其质的意义或多或少实现自己的可能性。如果我们以边际效益理论(Grenznutzentheorie)的命题来谈论此事,可能会更清晰地看到上述事实对我们已有知识的贡献。商品供应中每一个量的单位都具有一种最低价值,即:这一量的单位被用于最不具有本质性目的时的价值。因为,如果失去了任何一个单位,剩余的将会很自然地被用于所有更重要的需要,只有最不重要的寻求才仍然得不到满足。因此,不管是哪一个单位被放弃,它都会成为最不重要的。这样,商品供应的价值就不是由它将被使用的用途来决定的,也可以说不是由个别单位非常多的用途的总量来决定的,而是由最无用单位的用处来决定的,由同等大小的多个单元的数量使其成倍扩大。这个理论的一个例外是大家所公认的:当一定数量的商品形成一个统一体并因此而提供了一定效用的时候,这些效用不同于此商品统一体中单独部分用途的量。例如,对于森林的存在,我们都当然地相信它对温度和气候有影响,又因此而对土壤的肥沃性有所影响,还有人口健康和国家财富组成的稳定性等等。总之,作为整体的森林具有一种价值,如果我们估量每一棵树的价值的话,那么上述的种种价值就完全在我们的考虑之外。类似地,一个军队的价值是不能用每一个士兵的边际效用来估量的,一条河流的价值也不能从组成它的每一滴水的用途来判断。这种区分对个人资产也是有效的。一个拥有一百万马克的人所拥有的社会地位和身份,就不是一个拥有一千马克的人所拥有的一切的简单翻倍。更进一步说,就这种主观结果的基础而言,一百万马克的客观经济价值也不能以组成它的每一个一千马克的边际效用来计算。相反,这一百万马克构成的是一个综合的单元,就像活的动物,它的价值是通过一个整体单位的行动实现的,而非来自各器官的数量总和。在前一章里,我曾经论述:一件物品的货币价格只是一个单位,而不管它包含了多少硬币的数量——在那里我曾说过,像这样的一百万马克只是由一些没有联系的成分堆积起来的。但是作为不动产的价值,它们则是一种统一的符号或象征,或是其价值量的对等物,而根本不是单纯的单个价值单元的堆积。这种实践中的限定也有其人格方面的对应物。货币量是在与作为质的人格统一体关系中实现的,它的广度是以密度形式来实现的,这一过程不能由其组成部分简单相加而获得。

形式与数量在物质和文化上的关系

或许我们也可以用下面的方式来加以解释。作为价值单位的一种纯粹的算术合成物(rein arithmetasche Zusammen),货币可以被看作是绝对无形式的。无形式性和纯量化的特性是同一个东西。如果只从其量的方面考虑的话,那么,事物的形式就是可被忽略的。这在物品被称重的时候最为明显。因此,像货币这样的东西是形式最可怕的摧毁者。不管事物的形式a、b或c具有同样的价格m的原因是什么,它们的区别——也就是其中每一个所具有的特别形式——根本不会影响到它们固定的价值,而是沉没到了价格m中,价格m同等地表征了a、b和c。在经济价值衡量中,形式不是一个决定性因素。一旦我们的兴趣被归约为物品的货币价值,即使这些物品的形式可能造就了它的价值,它们也是无关紧要的,就像这些物品的重量是无关紧要的一样。这也可能用以解释现代的唯物主义。从唯物主义的理论意义来看,它必然地与货币经济有共同的根基。唯物主义的物质简直就是无形式的,是所有形式的对立物,并且,如果物质被接受为现实的唯一原则的话,那么,现实就会屈从于那种把我们实践旨趣的一切对象都归约为货币的同一个过程。我将再回过头来讨论这一个问题:数量极为庞大的货币——这基本上也是与货币量的阈的意义相关联——是怎样获得一种特殊的、同时也是更为个体化的形式,并由此而从其空洞的量的本性中把这种形式去除掉的。货币的量越是增加,它的无形式特性就相对地甚至也是明显地减弱。例如,最早的意大利青铜货币中的小硬币就是没有固定形状的,或者说是只有一种粗糙的圆形或立方体形状;但最大的硬币通常铸成四面体的锭,并在其中的两面上铸有标志。可是,货币之作为货币的普遍的无形式性,肯定是一种美学倾向与货币旨趣之间矛盾的根源所在。美学的旨趣一概集中于纯粹形式上,例如,设计构思被看作是所有艺术品最原初的美学价值,因为作为纯粹的形式,它可以在任何量的质料中都保持不变。但现在这种想法就是错误的了,而且我们还必须更进一步地承认:一种艺术形式在绝对意义上的尺寸大小相当地影响其美学意义,并且这种意义很容易被形式各层面最微小的变化修正,即使形式仍保持不变。然而,事物的美学价值仍然附着于它们的形式上面,比如说附着在事物各种要素之间的关系上,尽管我们现在知道,这种形式的特性和效果从本质上来说也同时受到其实现过程中量的制约。也许下面的现象并非偶然的巧合——有许多谚语格言谈到了金钱,但与金钱相关的民歌却寥若晨星,虽说金钱具有绝对的重要性。因此,当由铸币制度的变化而引起暴乱时,在这种情况下由老百姓创作的民歌一般都忽略了铸币的问题。那种不可调和的且(对所有的美学旨趣来说)关键性的敌对情绪总是停留在要把强调重点放在哪里,即我们评价事物时是根据事物的形式、还是寻求其价值量。这种价值只是一种量的价值,它通过相等单位纯粹的相加总而取代了一切质的价值。

我们甚至可以说:一件物品的价值越是依赖于其形式,它的货币价值就越是无足轻重。如果我们所拥有的最伟大的艺术品——比如说,德尔斐神庙中的战车御者、伯拉克西特列斯①的"赫耳墨斯"、波提切利②的"春"、"蒙娜丽莎"、美第奇坟墓③和伦勃朗的自画像——有一千个同样的真品,那么人类从中感受的快乐一定会大不相同,但是在艺术史上它们的理念的、客观上美学的价值或本身的价值绝不会超过现有的那一件作品所具有的高度。手工艺品的情况却肯定有所不同,手工

---

① Praxiteles:公元前 4 世纪希腊雕塑家,"赫耳墨斯"也可译为"信使"。
② Sandro Botticelli(1445—1510):意大利文艺复兴时期画家。
③ 文艺复兴时期米开朗基罗奉教皇克雷芒七世之命为美第奇家庙所做的雕塑。

艺品的美学形式与其实践目的是完全统一在一起的,所以大多数的情况是,最完美地实现了实践目的的作品也就同时具有了真正美学上的魅力。对于以这种方式创造出来的全部价值来说,最基本的一点是:此物件被使用着,因此它的理念上的意义与其在日常生活中被使用的程度是一起增长的。如果此物件给价值要素而非形式留出了余地,那么它被创造出来的次数就非常重要的了。这也是尼采的伦理价值理论与他的关于精神的美学构架之间深刻联系的基础。按尼采的观点,一个社会的特质是由社会中所达到的价值高度所决定的,不管这些价值可能多么曲高和寡;一个社会的特质并非取决于那些受人赞许的特质流行的范围。同样地,某一艺术时代的质并非优秀艺术成就平均其艺术高度和数量的结果,而是最优秀的艺术品所企及的高度。所以,功利主义者——他只对行动的可感知的结果有兴趣——会倾向于社会主义,社会主义所强调的是大众以及推广传播理想的生活条件;而唯心论的道德主义者——对他们来说行动具有或多或少的美学上可表现的形式是很关键的——通常是个人主义者,或至少像康德那样,强调超越其他一切的个人自主性。在主观幸福领域也同样如此。我们常常感到,joie de vivre[经历幸福]的高峰体验——它对个体意味着在存在的质料中他最完美的自我实现——无需重复。对这种高峰体验有过一次经历,就会给我们的生活赋予一种价值,它不会像一般规律那样会因为重复出现而有所提高。在生命中的这样一个时刻,我们被带到了自我实现的独一无二的境界,它使物质力量——在宽泛的意义上说的物质——服从于我们的感情和意志;这样的时刻将弥散为一种气氛,我们可称之为 species aeternitatis[永恒的状态]——这是一种对数量和时间的超越。恰如一条自然律对世界之正常状态和连贯性的意义并不是得自其个别例证的数量,而是得自这条规律存在、并且有效这一事实,所以,自我超越的极限时刻之所以对我们的生命有意义,只是因为它们曾经发生过。重复并不能为这种超越的内容增加任何东西,也不会对生命的意义有任何扩展。简言之,我们价值衡量的焦点凝聚于形式之上造成了我们对其量的因素的漠视态度,而正是货币的无形式性指明了它对价值的关键之处。

奠基于货币经济之上的文化发展到一定高度的时候,无数的目的序列都会交汇在货币中;只要这一点尚未达到,只要文化的特殊结构尚未分解并转化为彻底可变通者,那么,我们就还会遇到货币具有特殊形式的那种现象。如果大量的货币不能为少量的货币合成物所替代,就会出现这种情况。在物物交换中我们可以看到这样的痕迹。在一些民族中,骆驼只能用来与铁器或布匹进行交换,而不能与烟草交换,尽管后者具有更方便的可交换性。在其他的一些地方,比如在雅普岛①,五花八门的货币种类(骨头、珍珠母贝壳、石头、玻璃片,等等)被分为各种等级。尽管在较低和较高种类的货币之间可以很容易地建立起某种关系,但币值单位较低的等值量的货币不能用来支付某些特定价值的物品,比如房屋、船只,这些物品必须要用特殊的、在货币等级中处于较高地位的货币来支付。在买卖妇女的交易中也是如此,只有特定的货币种类才可以支付,而其他种类的货币再多也没用。反过来也一样:在有些地方,黄金不被用来支付大量的、价值较小的物品,而只被用来购买较贵重的物品。这些现象并不与我们的金本位制规则一致,在金本位制中,特定水平之上的支付可以要求以黄金交割,而其他的金属只能用于量比较少的物品的交易。这种在标准货币与符号货币之间的根本的、技术性的差别似乎并不存在于每一种用途中。实际的情况是,同种类的货币似乎形成了一个统一的序列,在这个序列中,只有较高的单位才能够把其量的内容与特别的价值形式相关联,而这种特别的价值形式无法用量来表达。货币所具有的纯粹量的特性会造成对货币功能的贬低,上述的统一系列则可以成为防止这种现象发生的最好工具,同时也可以保留住货币在当初所表现出来的神圣性。这也表明:货币所具有的这种形式的或质的重要性属于较为原始的时代,那时的货币不仅仅是货币而已,此外它还是别的什么东西。这种细微的差别现在已经式微或消亡,但在文化发展的最高级阶段的少数现象中仍有所表现。

---

① The Island of Yap:位于西太平洋加罗林群岛西部,属密克罗尼西亚联邦。

下面的习惯或许可以追溯至作为形式的货币的意义。法国人喜欢说二十个苏①而不是一法郎,或者说一百个苏而非五法郎,等等;人们也不会随便地说半个法郎,这个数目通常还是以苏或分来表达。以这种方式而非其他方式表达同一个数目,似乎某种程度上在人们心底激起了另外一些情绪感受。当一般人宁愿使用硬币的名称时,这种特别的货币形式(而非抽象的词语"金钱")仍具有同样的意义,即使它们是在特指作为量的货币。例如,"每个瑞士人都有十字币(Kreuzer)",以及,"没有用泰勒(Taler)敲不开的门",等等。另外存在的一些很明显的现象是:一般人在计算较小价值的时候,都选择增加小的数目来指称特定的量,而非分割较大的数目。对于所计算的数目来说,以熟悉的计算单位的乘积而得出的结果为这笔数目的意义提供了更宽泛、更有特点的表达;不仅如此,这种主观上的特点也被客观化在一种感情中,似乎这样一来,这笔如此表达的数目就比用其他形式表达更有分量。当泰勒被马克取代的时候,我们也可以在德国北部看到这种区别。在那个转换时期,伴随着"300 马克"的心理暗示与伴随"100 泰勒"的完全不同;在表达同一内容时,新的表达形式显得要比其他形式更广泛、更丰富,同时在另一方面也更精确和更有针对性。在这些现象中,对所有物品都具有本质意义的形式,至少在与货币的关系上仍然有所限制;在某种程度上,货币金额曾经有过的无条件的同一性以及它曾经借用过的形式都在这里就被打断了。

货币中另外那些可以一般性地被看作是形式的东西来自人格的统一性,正是这种统一性把一笔财富中各自分离的部分转化为一个统一体。因此,一笔财富,尤其是较大的一笔财富,并不具有那种货币在美学上的尴尬。这不仅是由财富所提供的美学可能性所造成的,它另外还有更重要的原因———一笔财富的形象取决于货币通过它与人格核心的关系而获得的那种形式,是这种形式使得财富与抽象的货币概念完全区分开来;这一原因一方面是对上述美学上的可能性的补充,一方面

---

① Sou:旧时法国辅币名,20 苏相当于 1 法郎。

也是要给那些可能性一个基础。在这样一笔一体化的财富与分配给许多人的同样数量的货币之间存在着差别,正是通过这种差别,财富的形式清楚地表明了其作为形式的特性。私人产权在一定的程度上决定并突出了它的形式,这不只是通过货币而得到说明的。过去德国的自由人所持有的"胡符"①是不可分割的,因为它是与使用马克货币群体的成员资格相一致的。对这块土地的产权从个人那里流溢出来,并因此拥有了像他那样的统一性和不可分割性的特质。如果我们考虑到中世纪英国的地产情况,以及另外一个事实:地产份额上的完全平等总是意味着地产租赁——即由领主把土地合理地分配给小农户——的存在,那么即便在这种情况下,赋予租赁的地产以独特性和形式的仍是统一的人格,尽管这种人格是非个人性的、不自由的。财产的具体化及其与个人的分离,都意味着同时存在着的两种可能性——在一方面是把许多人的多份的土地统一在单个所有者手里,另一方面又可以随意打破各份单片的土地。土地产权形式的稳定性和重要性随着个人关系的破裂而丧失;因此,土地产权的形式是波动的,它通过实践环境(自然也是个人所处的环境)不断地消解和重建,而内在构成形式和个体自我的统一性就渗透到了个人财产的同一性当中。古代生活似乎与已经建立的统一性联结得更为紧密,这意味着它至少受到某种节律的控制,这种节律在现代生活中则消融于可以随意分割的连续体中。生活的内容——正如它们变得越来越可以用金钱来表达,金钱是绝对连续的、有节律的以及对任何特殊形式都无动于衷——似乎分裂为诸多小的部分;其浑然一体的整体性如今被完全打碎,以致对它们任何随意的组合和重构都是可能的。正是这一过程为现代的个人主义提供了原料,以及个人主义丰富的产品。个人以这种基本上是尚未具备形式的质料清楚地创造了新的生活统一体,并且,与过去那种与质料统一体紧密地保持团结一致的做法相比,个人显然是以更大的独立性和变化性运作着。

---

① Hufe:过去德国农户占有土地计量单位,大小因地而异,约合 7 至 15 公顷。

事物的量与质在物质和文化上的关系,以及金钱对此的意义

在历史－心理领域内,货币通过它特有的本性成为整个现代科学中一种认知倾向最完美的载体,即它把质的规定性简化为量的规定性。这让我们想起居中性媒介的那种振动性,它们是我们感受到色彩和声音的客观原因。在振动中纯粹量的差别决定了我们所感知对象的差别,如是绿色还是紫罗兰色,是低音 A 还是高音 C。客观现实只能通过一些碎片而偶然性地、不连贯地影响到我们的意识,在此范围之内,每一件事情都受到数量和数字的安排,我们主观反应中质的差异也与其现实中的对应物量的差异相一致。物质的无限多样性在其化学关系中变得非常显而易见,或许所有这一切都只是同一基本物质的不同振动而已。不管在哪里,只要用数学来解释物质、构成及运动的原因,它就总是通过纯粹量化的公式来表达其结构和发展。在另外一种形式和应用领域内也会明显地见到这种现象,即在所有那些例子中,过去关于原初力量和构成的假设现在都被诸种以别的方式认知、但却非特指的要素的总体效果理论所替代。例如,关于地球表面构成的原因现在就不是被解释成是突变或独特的灾难造成的,而是被看作是大量的、各式各样的影响缓慢合成和极微小结果的积聚最后导致的,这些影响又是那些可观察到的水、空气、植物和气温变化所释放出的力量造成的。同样的观点也可以在历史科学中观察到:语言、艺术、制度和任何种类的文化产品都被看作是无数微小的贡献造成的结果;关于它们起源的奇迹不再追溯到英雄式的个别人物所具有的特质中,而是追溯到整个历史群体凝聚和浓缩的活动量当中。在人类精神的、文化的、政治的生活中,是那些日常小事的总量而非领袖特殊的个人行为决定了历史图画的全景;这些日常小事现在已成为历史研究的对象。当个体的杰出性和不可匹敌的素质仍然占主导地位时,人们把这理解成是他相当幸运地继承了遗产,作为一个事件,在其遗产中包含和表现了一大笔数量的人类物种经过积累的能量和成就。真的,即使在彻底的个人主义伦理

中,这种民主的倾向也是强大的,并被提升为一种世界观,与此同时,灵魂的内在特性则遭到贬斥。这与一种信念相关,即最高的价值植根于最普通的日常生活之中,植根于这种生活的每一个环节中,但不是植根于一种英雄气概或灾难或无与伦比的业绩和经验之中,因为对于最高价值来说,这些东西往往太过随意和肤浅。我们可能都体验过强烈的激情和闻所未闻的突发奇想,但是它们的最终价值还是依赖于其对于那些平静、普通和正常时刻的意义,每一个真实的、整体的自我就生长在这样的时刻。最后,尽管表面上是相反的,尽管有一切颇有理由的批评意见,但作为整体的现代还是可以完全概括为是一种朝向经验主义的趋势,因此从形式和感性而言展现出其与现代民主的内在关联。经验主义以尽可能多的观察取代了单一的空想的观念和理性的观念;经验主义把这些观念的质的特性替换为个别案例的量的集合。心理感觉主义(psychologische Sensualismus)与上述的方法论意图保持一致,它把我们反应行为中最崇高和抽象的形式与功能视为最普通的感觉因素的单纯堆积和强化。我们可以毫不费力地举出更多的例证来说明下面这些正日益增长着的倾向:量的范畴主宰了质的范畴,或者说的更准确些就是质被消融在了量之中;越来越多地把因素从质当中剔除出去,只赋予这些因素具体的运动形式;把一切特殊地、个别地、依性质而定的事物都解释为那些无特色的因素和意识——它们只受数量化规定性的影响——之或多或少、或大或小、或宽或窄、或频或疏,等等,尽管靠这些致命的手段永远也不可能彻底地实现这些倾向的目标。人们对"多少"的兴趣(尽管它只有在与"是什么"和"怎么样"的关系中才具有一种既定的真实意义)属于我们的理智结构的基础,是在我们关于质的兴趣之外的一层包装。尽管只有两种类型的兴趣在一起才能提供一种有结构性的东西,但是对其中一个的强调(尽管这种强调从逻辑上讲不通)仍然肯定是心理上区分不同的时期、个人和精神领域的主要因素之一。最明确地区分了尼采与所有社会主义价值理论的是这样一个事实:对于尼采来说,只有人类的质才具有任何意义,所以一个单独的发展到最高程度的特例就决定了一个时代的价值;而对于社会主义来说,只有理想的环境和价值的普及传播的程度才是重要的。

上述提到的关于现代量化趋势的例子明确地表现为两种类型。首先,客观的物质和事件,作为不同质的主观性概念的基础,就其自身而言只在量上有所不同而已。第二,各种要素和力量纯粹的积累产生出一些主观现象,这些主观现象的特性,从特定角度以及从价值立场来看,都与那些以量来限定的现象不同。在两种发展方向中,货币是现代强调量的因素的倾向的例证、表现和象征。越来越多的东西都可以用钱来买到,与此相关,货币也成了核心的、绝对的价值,这一事实产生的后果是:人们对物品的评价,只是看它们值多少钱,而对于它们的价值的性质,我们却只把它看作是它们的货币价格的一项功能而已。它们或高或低的货币价格造成两个结果。首先,货币对主体的人激起了两种相反的情绪:最深的悲哀和最大的幸福,以及处在这两极情绪之间的所有中间阶段,正如在其他一些人那里,同样的多样性范围则表现在另外两极情绪之间:轻蔑冷漠与俯首帖耳。从另一角度来看,货币在丰富性的两个方向和短缺性的两个方向上放射出相等的价值意义:典型的现代人对物品喜欢的原因有两个,既可能会因其值钱而喜欢,也可能会因其便宜而喜欢。值钱多和值钱少所造成的效果——在同一个方向上,尽管不是在每一个特例的相同方向上中都如此——在根本上最好地表达了货币的意义可以用来替代事物的意义这一点。一个思想或一种价值越是控制住某个领域,它的积极特性和消极特性就越是会具有相等的效力。另一方面,客观上货币数量的增加以及个人手中货币数量的积累会对很多方面有所促进,如对实践文化、商品生产、享乐以及生活的形式等等,而如果货币数量较少或个人手中分配到的钱较少,这一切则不可能达到。的确,人们总是受到诱惑,以为量化的倾向更根本地在货币领域——与任何其他经验领域相比——中得以实现。物理的、人格的和心理等方面的各种因素,它们的量会或多或少地决定特定的结果,但是当我们从质的现实性来追溯量的关系时,我们就会发现:上述因素总是在某种程度上保留着质的特性。我们是有可能把对这种决定关系的追溯作进一步深化,所以说:在昨天看来是不可解决的某种质的因素，在今天可能就会通过明显的量或数的因素而得以修正。但这一过程能够无限地进行下去，而且在任何时候都会为质的规定性留下一些空间，也会留下一些从量的方面无法回答的问题。只有形而上学才能构造出完全没有质的存在，这样的存在根据纯粹的算术关系完成这个世界的游戏。但是在经验的世界里，只有货币才能摆脱开任何质的束缚而只受量的支配。因为我们不可能把纯粹的存在当作纯粹的能量予以把握，以便从存在或能量的量的改变来探究现象的特殊性，并且，因为我们一向与所有特殊事物、它们的要素和起源保持着某种关系，尽管并不总是恰好相同的关系，所以，货币被完全割断了与那些与之关涉的相应关系的联系。纯粹的经济价值已经被具体化在一种实体当中，一切类型的特殊构成形式都由这一实体的量化条件所造成，且这一实体除了是自己的量之外无需是任何其他的存在。因此，我们生活的一个主要的趋势——把质化约为量——在货币中达到其最高和最独一无二完美的呈现。在这里，货币又一次成为发展进程中的一种文化历史序列的顶峰，而这一点无疑决定了金钱的方向。

综 合 卷

第四章　个体自由

第一节

自由与义务并存

人们可以从这样的角度来表现任何人类命运的进程,即它经历的是一个奴役与解放、义务①与自由之间不间断的交替轮转。这一初步评判意见描述的是两方面的差别,而更细致的研究则缓和了这种截然的对立。因为我们以为的自由事实上屡屡只是义务的改头换脸罢了;当一种新的义务取代了我们长期承受的旧责任时,人们首先感觉到的就是卸下了旧的负担。并且,没了旧担子,乍一看上去我们是彻底自由了,直至新的义务——对于新的义务起初我们并没有感觉它放在肩上的重量,我们身上的肌肉群还没有长期负重因此特别强健有力——给我们的肌肉压上了重量,逐渐使它们疲惫不堪。解放自我的过程现在从这个新的义务开始再度起航,正如该过程本来曾在这里告终一样。这样一种模式并非以数量的一致性在各种各样的奴役束缚形式中重复上演:存在着一些特定的束缚形式,在其中自由的音符比在其他束缚形式中发出了更悠长、更响亮、更清晰可辨的声音;有一些应尽的役务(Leistung)——它们被要求履行的严格程度并不比其他役务更少,它们

---

① Verpflichtung/obligation 一词如果指涉的是其抽象含义,译为"义务",如指承担义务的人(the obligated person)具体进行的活动,译为"役务",这种情况下原文也作 Leistung/service。

需要整体上的个人能力也不比其他役务更少——仍然给个人提供了特别大的自由度。义务的这种差别(此差别造成与此义务谐调共存的自由之迥异)属于下一种类型。凡是不是纯粹观念性的义务都对应着他人所声称的权利:缘于此,道德哲学从来都把合乎伦理的自由和一种理念的或社会的律令或自我强加给我们的那些义务视为同一。他人权利诉求的内容可以由承担义务者的个人活动和行为构成;或者,这种权利诉求起码可以用个人劳动的直接成果予以实现;或者,最后,此权利诉求只需针对一个确定的对象,某人可以声称有正当的权利使用该对象,但是他对完成役务的人以什么样的方式为他获得这一对象没有什么影响力。上述这个尺度衡量的是不同自由的程度,自由的程度与义务并存。

因义务而来的自由取决于义务是个人役务还是劳动产品而分级

诚然,所有义务一般都是藉由主体的个人行为完成解决。然而,有资格享受役务的人是把他的权利直接扩展到承担劳役的个人身上,还是只落实到这个人的劳动产品中,最后或许是主张对产品自身(Produkt an und für sich)的权利——无论尽义务的人是否通过自身的劳作获得产品与否——其间的区别很大。这三种情形中,即便有权享受役务的人得到的好处一样大,提供的自由程度则相当不同:第一种义务形式彻底地束缚了负担义务者的自由,第二种义务则稍微给他多一点自由,第三种情形下自由的活动空间就相当可观了。第一种类型最极端的例子当属奴隶制,奴隶制的义务并不是指什么客观上确定的役务,而是指向完成役务的人自身,它包括对主体所具备的一切可能的能力的奴役利用。如果说时至现代,像这样要使用人的全部生产能力来工作却又不在客观上限定生产能力——比如某些特定的工作范围,公务员和家庭佣人——的义务并未很粗暴地侵犯人的自由,那么这是因为对服务期有时间限制,或者是因为可以选择自己愿意效劳的服务对象,或者是因为反过来给工作提供的大量权利,使承担义务者同时也觉得他也是一名有资格享受权利的人。但凡依附农及其全部的劳动能力完全归属于领主,或确切地说,但凡其劳动是"无法度量的",依附农就处于第一种义务的发展阶段。当这种役务在时间上有所限制时,就发生了向第二种义务形式的转化(但这并不意味着第二阶段的义务比第一种义务形式在历史上出现得晚;反之,农民自由的退化经常促使第二种义务反转为第一种)。当需要根据确定的劳动产品而非确定的劳动时间和劳动力以衡量役务时,就彻底到达了第二阶段的义务形式。在此阶段内可以观察到役务的等级划分:庄园主的佃农要么得按比例上缴土地收益的一部分,比方谷束的十分之一,要么一直上缴数量固定的谷物、牲畜、蜜糖等。尽管后一种方式对佃农来说可能更严格、更困难,但另一方面它却赋予了承担义务者越来越大的个体自由,原因是庄园主对佃农的务农形式更不在意了:只要佃农生产的农产品(从中抽取已确定的数量作地租)足够多,庄园主对总收成是多是少就了无兴趣;但按比例上缴地租的情形下总收成对庄园主至关紧要,必然会产生监工、强制措施、强迫劳动的后果。按照一个绝对量而非相对量把地租固定下来本身就是即将被货币地租取代的过渡现象。原则上而言,整个第二阶段的义务当然可以从该义务关系中给予诸如此类的个人以彻底的自由和解放,盖因有资格享有役务的人关心的仅仅是得到客观上确定的地租,他不管承担义务者会在什么地方谋求到它。但从经济组织的视角观之,事实上佃农只能靠自己的劳动获得产品,也正是在此基础上建立了双方的义务关系。一个人的义务一清二楚地确定了这个人具体从事的役务。只要是在实物交换经济中,普遍的情形就是役务约束承担役务的人对对方的役务负有责任;然而役务和个人之间不久就产生了巨大的裂痕,以至于在原则上履行义务的人可以有权利把他个人从役务中撤回来,以纯客观的方式实现其劳役,譬如说借用另一个人的劳动。不过在现实中,经济体制差不多把这种可能排除掉了,并且还有必须交付劳动产品的方式,在劳动产品中主体自身仍然是背负义务的,其个体力量仍旧被限定在一个特定方向上。与个人原则相比客观性(Sachlichkeit)原则毕竟意味着自由的趋势,例如说,13世纪持有采邑的庄园管事们的地位的极大提高就表现了这一点。因为,其结果是他们以前的人身依附关系转变为一种纯粹客观化的(dingliche)关系,也即是说,除了与采邑役务有关的事务(这归全国通用的法律调整)之外,他们在其他所有方面都获得了自由。如今也有类似的现象,那些为了赚钱必须工作的才华横溢者更加青睐的是有严谨客观的管理体制的公司,而不愿效力于单个雇佣者;又或,家务劳工的短缺之所以发生,是因为从事该行业的女性们更喜欢工厂工作,不愿意给东家干家务活,家务工作的物质条件肯定要好些,但是服从于主观的个人权威之下她们自己感到少了些自由。

货币义务是与最大程度的自由协调一致的形式

第三个阶段的义务形式——其中承担义务的人实实在在地从生产产品中摆脱出来,主人的权利要求不再延伸到这个人身上——只有当货币租税①取代了实物租税(Naturalabgabe)之际才会形成。据此,人们在某种程度上把缴纳货币租税视为私法范畴里人身自由②的一项基本宪法。古典罗马法声称,实物租税被拒收时对租税的所有请求以货币形式解决;这也是通过金钱从人身束缚关系中购买自由的权利。当庄园主向佃农索要一定量的啤酒、家禽、蜂蜜时,就注定了后者的农事活动在某一特定方向上展开;但一旦庄园主只向佃农征收货币地租,佃农就可以完全放开手脚,决定养蜜蜂、牲畜或其他东西。在个人劳役范围里,在形式上也产生了与上述做法类似的一个过程,即服役一方有权任命另外一个人代为劳作,另一方必须接受这个替代者,除非怀疑替代者不能胜任该项劳役。这一权利——它使义务关系的意义设立在一个全新基础之上——如同交纳货币租税权一样,人们常常必须为了捍卫它

---

① Geldabgabe/money payment 在全书中既指封建时代各种土地保有形式中上缴给领主的地租,译为"货币地租",也包含国家、地方政府等行政机构征收的赋税,译为"货币纳税",视具体语境而定;而泛指时则译为"货币租税"兼容二者。

② persönlichen Freiheit/personal freedom 指涉的古代或中世纪时译为"人身自由",至近现代社会不再普遍有人身依附关系时则译为"个人自由"或"个体自由"。西美尔还使用 individuelle Freiheit 一词,它更多地是指广义上的"个体自由"或"个人自由"。

而战,其原因乃是,人们感觉到任命代劳者权和交纳货币租税权一样是彻底瓦解义务关系的一着棋。《末日审判书》①的撰写者们特地选择了一些专门术语来指称定期缴纳租金代替其农役土地保有方式的农民,他们无非试图说明,这些农民既不是彻底自由的,也非完全处于从属地位。但在很长一段时期内,五花八门的货币租税名仍旧暴露了其实物租税的出身:如厨税、桶税、寄宿金(而不是给庄园主和管事们巡回时提供住宿的役务)、蜂蜜税等等仍然在征收。过渡时期的惯常做法是将原先需要缴纳的实物租折算成钱,且这笔款项被要求作为实物租的替代品。这种过渡现象也发生在与现在所讨论的例子相距甚远的情况下:1877年日本所有的纳贡和赋税或以稻谷交付,或用稻谷为标准计算但以钱支付。伊丽莎白女王时期各间大学的地产税同样是依据谷物来确定,尽管支付时显然用的是银币。这种支付方式起码还是强调了义务的价值量的同一性,不过通过义务内容的确定性产生的人身束缚关系已然被弃之不用了。如果初夜权曾在什么地方实际存在过的话,那么它的发展将遵循类似的步骤:第一步,封建领主的任何一种权力均可以扩展到承担役务的个人的全部生活中,这个人被迫丧失其最主要的财产(Haben),甚至交出其存在(Sein):这是领主允许其领地上的女人有权结婚时她可能要付出的代价。在第二个发展阶段,领主给予领臣结婚权——他也可以在任何时候否决其权利——条件是用一笔钱来交换;第三个阶段否决权本身被废弃了,只要领臣付给领主一笔固定的款项就可自由结婚:如新娘妆奁、结婚税、嫁女税等等。在第二阶段中个人的解放确实已经和金钱密不可分,虽然还不是单单只跟金钱相关,因为领臣结婚依然要获得领主恩准,不能以武力相要挟。只有当其他因素都不起作用,唯有货币租税产生决定性影响时,义务的关系才彻底去个人化(entpersonalisiert)。在领主的任何这类权力被废除之前,领臣

---

① Domesday Survey:11世纪征服者威廉统治时期制作的关于英国财产状况,主要是土地范围及价值的调查纪录,因它在经济-法律意义上与基督教的末日审判一样是普遍的、决定性的而得名。

最大的人身自由莫过于将义务转变成了领主必须接受的一笔货币地租。故而，在农民的役务和赋税被转变成货币纳税的过程中常有的情形是，减少其役务以及最终以钱款彻底取而代之。享受服役者认为货币租税和人身解放之间的联系如此紧密，以至于他自己不得不压制对现金缴租最强烈的兴趣。日耳曼农民的农役租佃和实物租税向货币缴租转化的过程自12世纪以降就开始了；这一过程后被打断了，因为十四、十五世纪的资本主义也传染了封建主。他们认识到实物地租比货币地租有弹性得多且可以随意增加，而货币地租的数量一旦被固定为确切的数字就不好改动了。实物地租的这一好处在他们眼中足以促使他们维持它以满足其贪婪之心，但在其他方面他们对金钱的兴趣则占主导地位。恰恰是出于这个原因人们根本不愿意让农民有钱致富。英国的佃农没有领主的特别许可一般都不允许出售任何家畜。因为佃农出售家畜能够赚到钱，然后在别的地方买地，这样就会使其摆脱与先前领主的义务关系。人身解放过程向前迈进的最重大的一步是通过货币地租自身内部的进步达成的：即一笔单独的资金缴租（Kapitalzahlung）取代了阶段性的地租。即便两种地租形式支付的实际价值相等，之于主体的效果却判然有别。如我们已指出的，只要承担义务的人搞得到需要交纳的钱，就他自己的行动而言一笔单独的地租确实使他获得了完全的自由；但是定期缴租迫使承担义务者的行为变成由一种外力强迫的、固定的模式，所以只有地租资金化以后，同最大限度的人身自由相对应的各种义务形式才能形成。

故此，只有资金租税形式的义务才彻底转变成了货币租税，而定期不断缴纳的地租仍保留了一种起码是形式上的、超过了地租本身的价值量的束缚因素。这二者间的区别由下述方式表现出来：13世纪及稍后时期，英国议会经常决定，诸郡必须为国王提供一定数量的士兵或劳工服役；而各郡的议会代表们通常以货币纳税取代了这种人役供给。无论这使人们获得了多少人身自由，但把这种情况和英国人通过专门为纳税投票表决从而从其君王那里买到的权利和自由相比，二者之间简直有天壤之别。如果说任何收取单独的一笔资金税款的人此后就从不确定感——他在收取若干笔纳税时所遭受的——中得到了解脱的话,那么与之对应的类似情形也发生在承担纳税的人这一边,即他所拥有的自由从不稳定的形式——他必须周期性地缴税时必然遭遇的——转变成了稳固的形式。因为英国人面对其君主的自由局部地取决于这一事实,他们以资金纳税的方式一劳永逸地解决了与君王之间有关特定权利的事务:例如,亨利三世的一份文件写道:"pro hac concessione dederunt nobis quintam decimam partem omnium movilium suorum.[他们将其所有动产的十五分之一交给我们,以为特许。]"这并非不顾、而恰恰是因为这样一份有关人民自由的协定暴露出些许残忍的、表面的、机械的特征,意味着国王清楚地勉强接受与他的感情截然对立的敌意,本来"国王和他的臣民之间不应有任何一纸文件。"但也正因为如此,这一协定也彻底清除了更加情绪化的关系中一切难以估量的东西,当获取自由的方式与货币经济较少维系在一起时,这些难以估量的东西常常提供了取消自由或使自由不牢靠的可乘之机。货币租税取代实物租税以保障个体的自由这一渐进发展过程中的一个绝佳例子就是领臣、公民、佃农为他们的君主,比如官吏、保护人、领主在旅行时提供食宿的义务。这种负担起源于古代对君主的役务,至中世纪获得了重大意义。该项役务的内容被严格确定之际,就迈出了向客观性和不受个人影响发展的第一步。因此甚至在早期我们就可以发现这项役务的精确的详细清单,如必须给多少位骑士和仆人提供住宿,他们可以带多少匹马、多少条狗,要负责供应多少面包、葡萄酒、鱼类、盘碟、桌布等等。不过当真的要求食宿服务时,一方面役务的范围肯定很容易变得模棱两可,另一方面这样的役务显然也反映出个人关系的特征。反之,当我们听说只需要运送实物而不负责食宿时,我们面对的就是一个更为发达的阶段。此时只估算物品的数量当然要比负责这些人的住宿、满足其食欲精确得多。所以据说,格拉夫·冯·里泽克(Graf von Rieseck)收取一定数量的谷子当地租:"当他住在克罗岑堡村的时候用这些谷子可以烤面包给他的扈从食用,这样他就不会再去骚扰或抢掠村里的穷人了。"这一阶段进一步向前发展的结果就是在某些情况下规定交纳固定的货币租税,例如当高级官员巡回或出席法庭开庭的时候。最后甚至在上一种情形里还残留的不定的、个人的因素也被剔除掉了,这些役务改为永久性纳税(ständige Abgaben),以工作津贴、主人的日常津贴、雇佣金的形式来征收,甚至法官等人的正式巡回也被完全不同的各种组织取而代之了。这样一来,供应食宿的各种役务被彻底废弃,纳入对领臣阶层的一般捐税中。这一发展好像不具备任何确定的形式,因而它是与现代的个人自由相关联的东西。

这样以货币租税取代实物义务的做法通常对义务的双方都有利。这是一个最显著的事实,需要放入更宽泛的语境加以分析。倘若人们从这样的假设出发:可被消费的物品数量有限,无法满足既定的各种需求,最终"这个世界被瓜分殆尽"(weggegeben),也就是通常所说的每件东西均有物主,那么得出的结论就是分给一个人的任何东西都必须是从另一个人那里夺走的。即便人们把所有明显不是这样的情况忽略不计,仍旧有无数其他的情形是满足一人所需以牺牲他人为代价。假如人们把这一点视为我们经济生活的特征或基础,或是一个特征或基础,则它与所有这样的世界观是吻合的,即人类被赋予其本性的价值总量——例如伦理、幸福、知识——是恒定不变的,所以只有价值的形式和载体在变。叔本华倾向于认为,每个人体验到的悲喜苦乐的数量从一开始就由其本性决定了;人既无法增加这个量,亦不能使其空白为零;一切外在环境——我们惯于把自身的处境全盘归咎于它——仅仅有形式上的差异,在其中体验到的幸与不幸的量不会改变。若把这种个人主义的观念扩展到整个人类,似乎我们的一切追求幸福的努力,对一切状态的发展改善,一切为了财物和生存(Haben und Sein)的斗争都会显得只不过是把种种价值搬来移去,价值的总量绝不可能有丝毫改变。因此分配的万千变化不过是意味着这样的基本现象:一个人现在拥有的财产就是别人(自愿或不自愿地)被瓜分掉的东西。这种价值守恒观显然与悲观–寂静主义世界观不谋而合;因为,我们越是不认为自己能创造什么真正的新价值,什么也没失去就显得越发重要。印度流布甚广的一个观念以悖论式的守恒阐明了同样的道理:假若有人诱惑一个圣洁的修行者屈服,他修得的道行就传递给了引诱者。

不过也要考虑恰好相反的情形。在所有情感关系中,幸福与其说是取决于一个人的所得,莫过于说在于其付出,每个人与他人相互地、同等地丰富了情感。由此发展出了一种令人愉快的价值,一种不必靠剥夺对方而享有的价值。同理,交流思想智力并不意味着必须从某个人那儿挖走什么才能使另一个人拥有它。起码只有一种在病理学上呆板的认识过敏者才会觉得,当任何一个客观存在的思想内容不再单单是主体的财产而其他人也可分享时,他有实实在在被剥夺的感觉。一般而言,人们说思想财富(geistig Besitz)——至少在它还没有成为经济财富时——不是以牺牲他人为代价而获得的,因为它并非来自一种储存,而是——即便思想的内容是给定的——最终必须经由取得这一思想的人的意识活动产生出来。这种利益的调和(在此处它发源于对象的本质)显然也应该适用于经济领域,在经济领域中为了满足个人需要而产生的竞争仅仅是以牺牲他人为代价而达成的。有两类手段可以使这一状态得以改善:最便捷的一种就是把针对人的竞争转换成针对自然的竞争。人类从自然的可利用资源中挪为己用的物质和能量越多,他们为已经到手的资源而竞争的机会就会降低。幸而保护物质和能源的定理只适用于绝对的自然整体,不适用于其中人类有目的的活动涉及的那个部分;但这个相对整体事实上可以被无限扩大,因为我们可以把越来越多的物质和能源塑造成吻合我们的目的的形式,也就是可以吞并它们。科技的进步教会我们开发事物越来越多的用途,甚至是对那些已被完全占有的东西也要物尽其用:从粗放型经济向密集型经济的转化不仅应用在耕种土地上,也应用在为了越来越明确的用途而被分割成越来越细小部分的任何物品,或者是应用在潜能被越来越多地释放出来的东西上。人类的势力范围蔓延到各不相同的层面——这证明下面两种说法是不真实的,第一,这个世界被瓜分掉了;第二,满足需求首先不是和任何一种偷窃行为紧密相连——可以被称作是文化的实质性进步。与文化的实质性进步相伴随的,或许可称作功能上的进步。功能的进步所关注的就是找到特定对象的产权变更(Besitzwechsel)时交换双方彼此都受益的形式:起初这样一种形式只能以下述的方式形成,即某物的第一位拥有者体魄健壮,有能力保住这件别人也想要的东西,直到别人愿意拿出相应的对价交换他才出让;否则的话这件东西就会被别人径直抢走。抢劫,也许还有赠予,似乎是最原始的阶段的产权变更方式,好处完全落在其中一方,而负担则彻底归另一方。当交换的阶段发展到产权变更的形式(如上文所述)似乎单单只是交换双方势均力敌而出现的结果时,这就是人类可能取得的最大进步的证明了。鉴于人与低等动物之间在诸多方面存在着赤裸裸的等级差异,众所周知人们经常试图确立人与其他动物明明白白、毫不含糊的明确分野:人们曾经把人定义为政治动物,创造工具的动物,有确定目的的动物,划分等级的动物——是的,在一个严肃的哲学家看来人还是狂妄自大的动物。也许人们还可以在这一系列定义之外加上,人是进行交换的动物;这实际上只是人的整个一般特征的一个侧面或形式,一般特征反映出了人的特殊性质:人是客观的动物。在动物世界里的任何地方我们都找不到人们称之为客观性的征兆,以及超出主观的情感和意志之外来看待和处置事物的征兆。

我已经指出过,客观性如何减少了竞争的人类悲剧。文化过程真正的教化(Versittlichung)就是越来越多的生活内容以超个体的形式被客观化:书籍、艺术、诸如祖国这样构造的观念、一般文化、生活在概念的和审美的形象中的形式、成千上万种有趣且意义重大的事物的知识——所有这一切都可以被人们享用,任何人也剥夺不了任何他人。被嵌入这样客观的形式的价值越多,为每个灵魂提供的空间就越大,像在教堂里一样。现代竞争若不是伴随着各种生存内容——它们不受彻底的 ôte-toi que je m'y mette[让开,我要占这个地盘]的态度的影响——被日益客观化的话,或许竞争之野蛮痛苦完全不堪忍受。具有更深刻意义的因而是人与低等动物在纯粹的事实-心理上的区分:即客观地思考的能力,排除自我及其冲动和状态而力求纯粹的客观性——这有助于历史进程产生也许是最高尚、最值得尊敬的结果,即建立一个没有冲突、没有相互压迫的世界,不仅不必排挤他人就可以拥有并享受到价值,而且有成千上万次获得诸如此类的价值的机会。对这一问题的解决——它在客观性世界里以实实在在的方式被成功解决——接近了功能意义上的交换。

在简单的抢夺财物和赠予中享受到的是纯粹的主观冲动,与之相反,交换行为(一如我们在前面看到的)预先假设了一种客观的评估、斟酌、相互的承认,一种对直接的主观欲望的限制。起初这种交换可能并非出自自愿,而是通过势均力敌的另外一方强迫进行的,但这并不打紧;起决定作用的、特别人性的因素在于,这种势均力敌并没有导致相互盗窃和厮杀,而是走向了公平交换,在交换中单方面的、个人的占有行为或者占有欲被纳入了一个客观的、既源出于又超越了主体的互相作用的整体行动中。交换——对我们来说似乎是某种完全自明的东西——是把公正与产权变更结合在一起的第一种手段,其简单易行真是妙不可言。在接受者同时也是给出者时,交换利益纯粹一边倒的情况——这是纯粹冲动型的利己主义或利他主义所支配的产权变更的特征——就消失了,尽管后者并非总是出现在交换发展的第一阶段。

产权变更引入了价值最大化的问题

但交换所意味的单纯的公正的确只是某种形式的、相对的东西:任何一个人拥有的不应该比其他人更多或更少。远超于此,交换产生了被经验到的价值之绝对数量的提高。其原因是交换时每个人拿出来的是对他相对无用处的东西,得到的却是相对需求的东西,故而通过交换人们可以在任何特定的时候把从自然攫取到的价值越来越高地增殖。假如说世界实际上"被瓜分掉了",一切活动实际上无非是把一个客观上不变的价值量简单地来回移动,那么,交换的形式似乎仍旧会产生一星半点的(interzellulares)价值增值。客观上固定的价值总量通过一个由交换影响形成的、更加合目的的分配过程逐渐变成一种主观上更大的、在更高程度上被体验到的效用。这是权利和义务每一次新的分配所肩负的重大文化任务,这样的分配一向包含着交换;对明显的利益一边倒的情形,一种真正社会性的处理方法不会对之坐视不理。正因如此,譬如在18、19世纪的农民解放运动中,领主的当务之急不仅要把农民本应该获得的东西归还给农民,而且要寻找一种扩大财产效用总量的、财产与权利的分配模式。

在这里,唯有货币的两种属性可以按照货物或役务交换的方向最完美地履行交换:此即货币的可分性和无限的可利用性。前一属性保证了役务和相反役务之间可能存在一种客观上的等价。自然实物的价值很少被这样地确定下来、估算出来,以至交换东西的双方能认为这是一桩完全公平的交易。唯有货币——因为货币自身不是别的、就是其他物品价值的体现,因为把货币进行分割和累加几乎没什么限制——为种种交换价值分毫不差的相等提供了技术上的可能性。然而,这代表的(如我在前文所强调的)不过是摆脱产权变更中一边倒的情形之后向前发展的第一阶段而已。货币的第二属性是由于实物交换(Naturaltausch)很少能同等程度地提供双方彼此想要的东西,并且也不能把双方过剩的物品同等程度地再投放出来。作为一条规律,交换中的一方欲望比较强烈,另一方或者不太情愿,或者在交换时获得一种相当高的补偿。但在用金钱交换役务时,一方获得的完全是特殊需求的东西,另一方换得的是一般人人都需要的金钱。由于货币的无限可利用性,因而也由于其恒久的需求性,它可能(起码在原则上)使每一桩交换成为这样一种对双方都同样有利的事情。换取到自然实物的一方当然只有在他此时此刻恰好需要这件东西的时候才会这么做,而换得钱的另一方在此时此刻也恰好需要这样的交换,因为他随时需要用钱。以货币进行交换提高了双方的满意程度,而实物交换中司空见惯的是只有一方有明确的兴趣获取或抛售物品。所以,这种交换当然是迄今为止解决那个重大的文化问题——它从产权变更的利益一边倒中衍生而来——的最佳形式:即,客观上给定的价值量单单借助于更换其载体就提高为主观上体验到的更大价值量。这(伴随着价值在最初的创制)

显然绝对是为了合乎社会目的(soziale Zweckmäβigkeit/social expediency)的那种任务,它是一般的人类任务要解决的组成部分:即凭借我们赋予生活内容的形式,释放出在形式中潜藏的价值的最大值。我们观察到货币效力于这一任务的情况也说明了,货币的技术作用揭示出交换是解决这一任务的本质的社会方式,以及交换本身可以化身为货币体现。

商品-货币的交换——不管是否由于其他后果使幸福的意义贬值——原则上却总是使满意量增加,这并不单单取决于涉足交换中的一方或其他方的主观状态。显而易见,未来的客观-经济繁荣,以及货物量集中且广泛的增长依赖于目前任何既定数量的货物被分配的方式。不同的人支配这些不同的货物数量将产生全然迥异的经济后果。只消单单把货物从这个人转手到那个人,随之而来的结果可能是货物的数量相当可观地向上增加或向下减少。人们甚或可以说,同样数量的货品在不同人手中意味着不同的量,好比一样的种子在不同的土壤里结出不一样的果实。分配差异导致的结果在货币身上表现得最显著不过了。不论一片地产或一座工厂对不同的主人可能意味着多么不一样的经济意义,其收益的变化——超出完全无关宏旨的程度之上的变化——都打着偶然性和反常性特征的印记。但是同样数量的货币在证券交易投机者或靠股息生活者、国有或大型工业企业主手中意味着格外不同的利润,却是正常现象,因为恰恰是货币产权为其实现的客观和主观因素、有利和不利因素提供了不可同日而语的发挥作用的空间。谈到一个团体拥有的货币总量,人们起码可以说,其分配的不均等和变化不过是一种形式变化罢了,这对于整体的意义并没有改变;正是货币这种物质的形式变化为总的经济和财富发展出了最本质的大相径庭的结果。此外,这不单是量的差异,而且是质的差异——这一方面对我们正讨论的问题来说绝对是最本质性的,另一方面质的问题又再次返回量的问题。同样的商品在不同人手中只有一般而言在经济上的一种货币利润数量的不同,而等量的货币由不同的人使用却意味的是其客观效果上一种质的不同。合乎社会目的性——它在此处无疑是起作用的——阐释了为什么时值现代,钱财在任何一个家庭停留的时间比以前非货币经济时期要短促得多。货币寻求的仿佛是更加有利可图的手段,并且这一点越是引人注目它就越是必然,因为跟享有其他任何形式的财产相比,人们显然可以更平静、更确定、更消极地坐享拥有的金钱。由于货币——通过在一个给定时刻对其单纯的分配——表现出经济收益的一种最大值以及最小值,此外,由于对货币的产权易手并不像交换其他对象那样造成如此多的冲突损失和时间浪费,所以货币交换针对的合经济目的性为实现它的任务——即通过产权分配方式达到其总体意义的一种最大化——圈定了一个特别宽的范围。

在此,我们特别关注的是重新开始一度被中断的考察,即分析货币经济在多大程度上能把个体自由的财富提升到其可以达到的总量,也就是把个体自由从社会价值的初级形式中解放出来,在这种初级形式里一人之所得是他人之所失。首先,货币经济纯粹表面的现象表现出其利益的双边性。在通常商品交易中商品被当即查验递交出去,这迫使买方为了自身利益担负仔细而专业地检查货品的责任,因为在这次检查机会之后卖方会拒绝接受买方事后的投诉。当贸易发展到以样品为基础的阶段时,责任就转移到卖方这里了;卖方不仅要保证样品与送货完全一致,还不容许有任何差错闪失,因为如果在样品质量中查验到任何差错,买方自然会严厉无情地从中获益。时至我们今日的商品交易,采纳了使买卖双方都从这些责任中解脱出来的一种形式,即不再依据样品而是依据被广为接受的、一劳永逸地确定的标准。这样买主不再靠原始地检验全部货品或样品查找可能有的纰漏,同时卖主也不再需求提供个别的、相对偶然的、要冒各种风险的样品;买卖双方现在都清楚地知道,当他们签约进行一种确定了标准质量的小麦或汽油交易时,他们有义务提供一种客观上固定的、超乎一切个人的不确定性和缺陷之上的标准的商品。所以,在货币经济的巅峰阶段一种交易模式成其为可能,通过把交易的主观基础转换成客观基础该交易模式减轻了买卖双方的责任,并且与一方的好处相对照的是另一方丝毫也没有坏处。信用交易与此交易模式极为类似。中世纪时期很难确认单个生意人的信誉(Kreditwürdigkeit),这种困难削弱和损害了生意人自身以及贷款人的活动。只有在16世纪的股票交易中,尤其是在里昂和安特卫普,一些特定的交易所的汇票从一开始就被认为是"可靠的",出现了一种无等级变化的、绝对的信誉概念,这样的信誉使债券有了一种客观的、可交换的、不受个人对信誉的看法左右的价值。各间证券交易所也许在其资格方面仍然有变化,但涉及其债券时它们仍是靠得住的,并且这些债券——有利于其客观的目的——因而与任何其他的个别确定性分开来算。正如证券交易把货币本质提升至其最纯粹的形式一样,在此处通过创造出普遍且客观的"信誉良好"(Gutsein)概念,证券交易以典型的方式使交易一方从重负中解脱出来,同时又没有把负担转嫁到另一方身上,毋宁说,它通过把不可靠的个人评价转化成一种在客观上有效的性质,从而为债权人和债务人提供了同样的便利。

文化发展增加了人们可以依赖的人的数量,同时降低了对特定个人的人身依附

如果我们考察持续的依附关系实际上具有的形式,货币经济对于个体自由之意义则加深了。货币经济使之可能的不仅是如前所述的取消了相互依附,而且还有一种特别的依附方式,该依附方式为同时存在最大限度的自由提供了空间。首先从表面上看,这种依附方式创造了一系列前所未闻的义务。一旦相当可观的生产资金(大部分来自抵押贷款)必须被投入到土地中旨在从中获取必需的收成量,一旦不再用原材料直接制造工具而是以诸多预先做好的配件间接制作工具,一旦劳动者使用的是他自己并不拥有的生产手段——对第三者的依附关系就扩展进入了全新的领域。人们的行动和生存越是依赖复杂的技术创造的客观条件,他们就必须得依靠越来越多的人。然而,这些被人依靠的人对于主体的意义唯独在于他们是某些功能的载体,例如资金持有人和提供劳动材料的人;此外他们是什么样的人根本无所谓。

这个一般的事实(其意义将在下文考察)预先假设了这样的发展

过程，人首先成为一个确定的个人。这显然是通过如下事实得出的：大部分的品质、性格特征、力量在他身上汇聚在一起。虽然说这些东西相对而言是一个整体，但这个整体只有在整合了各不相同的规定性后才是真实的、发挥作用的。一如自然有机体具有其本质是从许多物质组成部分中建造了生命过程的整体，所以人内在的人格统一性（persönlich Einheit）建立在诸多要素和规定性之间的互动和关联之基础上。每一个单独的要素孤立地来看具有客观的特征，也即是说，就它自身而言它本来尚不是什么属于个人的东西。既非貌美也非貌丑，既非体力的也非智力，既非职业也非爱好，还有所有其他数不胜数的、零星出现的人的特征，能一清二楚地决定一种人格。因为，它们之中的任何一个特征都可能跟其他特征相结合，甚至跟彼此水火不相容的因素融合在一起，并且，任何一个特征（作为素来面貌如一的特征）在无限多人格的构成组合中可找到。唯有它们之中的若干特征碰面并且粘合于一个焦点时，方才构成了一种人格，然后该人格反过身来把个人 - 主观的特性灌注到每一个单独的特征上。人所具有的独特人格并非这个或那个特征使然，毋宁说他就是这个和那个特征。我们的认知无法直接把握住灵魂谜一般的整一性，只有当灵魂折射出缕缕光线时，通过把光线重新聚合在一起，灵魂才会再次成为那一种确定的、可描述的东西。

　　按此条件而定的人格在货币经济条件下几乎被破坏殆尽了。人们的生活所依靠的送货员、放债人、工人并非作为有个性的人在发挥作用，因为他们只按照某一单一的方面（比如说运送货物、放债、提供劳务）进入与人的关系中，而其他确定性——只有加上这些性质才能赋予他们以人格的色彩——却不在考虑之内。当然，这只是指正在持续发展过程的最终阶段，在许多方面这个过程尚未完成，其缘由是人们彼此的依赖关系时至今日实际上还没有被完全客观化，个人因素还未被彻底排除出去。不过，普遍的趋势无疑是主体越来越多地依靠劳动成果，越来越少地依靠在这些成果背后的个人。下面这两种现象根源相同，且形成同一个过程互为条件的两个方面：现代的劳动分工使依靠关系中的人的数量有增无减,正如它使得个人在发挥其功用后就消失了,这正是因为只有个人的一个方面在起作用,所有其他的方面退居次要位置,而它们都组在一起才构成一个个人。假如上述的趋势全部成为现实的话,随之必然而来的社会形态就会显示出跟社会主义,起码是跟极端的国家社会主义之间一种明确的形式关联。盖因社会主义本身关注的就是每项社会活动转化成客观功能的极端做法。正如现今的公务人员就任一个"职位"——它是客观上预先制定好的,只纳入个人完全特定的具体的方面或能力——那样,所以,一种羽翼丰满的国家社会主义会在个人世界之上建构一个社会有效活动的客观形式的世界,它限制和规定个人的力量,把它们掣肘在完全精确的、事先已确定好的表现形式中。社会主义世界与个人的关系类似于几何图形与实际物体的关系。主观的倾向和个性之整体只能局限于单方面的功能模式——必不可少的社交(gesellschaftlich/societal)行为被细分、固定、客观化成这些功能模式——上才能将自身转变成外部的行动。故而,对个人行为的评定从作为出发点的人格彻底转化成了作为终结点的客观合目的性;如此一来,人类活动的形式远远凌驾于人的整个心理现实之上,宛如柏拉图式的理念王国居于真实世界之上。这样一种形态的征兆正如前所述到处都存在,通常劳动分工的功能足以作为一种独立的、观念的构形跟承担该功能的人照面,因此他们——不再是彼此个别地有千差万别的人——似乎只是让该功能通过自己,不能或不被准许把整个个性放到这些严格限定好的个别要求之中。其实个人作为一种功能、一个职位之纯粹的载体是非常漠不关心的,就像旅馆房间的客人是无所谓的一样。完全按这样的观念构成的社会状态,个别的人将无限地依靠别人;他的义务的单方面确定性使他通过复杂的体系依赖一切他人的补充行为,并且,需求的满足与其说是出自个体具体的能力,不如说是有赖于一个劳动组织,这个组织似乎与个体相互对立,遵循纯粹客观的观点。倘若国家社会主义能充分实现其基本理念,它就会通向这样的生活形式的分化。

货币是人与人之间不涉个人的关系的载体,且是个体自由的载体

然而,货币经济还在私人兴趣领域里表现出了这种分化的概貌,一方面货币凭借其无穷的灵活性和可分性使多种多样的经济依附关系成为可能;而另一方面,货币无动于衷的、客观的本质有助于从人际关系中去除个人的因素。与现代的文明人相比,古代或原始经济里的人依靠其他人的数量微不足道;而我们现代人不仅需求范围变得无限广阔,而且即便是与其他时期相同的基本日常所需(衣、食、住),也只能在一个复杂得多的组织和许多双手的帮助下才能满足;不仅我们自身活动的专门化需要别的生产者无限延伸的范围相助,即我们与他们交换产品,而且就算直截了当的行动本身也需要越来越多的准备工作、辅助设施、半成品的协助。然而,只有那种相对非常狭窄的人际圈子——这是在货币经济低水平发展或其根本没有发展的时候人们所依赖的圈子——才更多地建立在个人的基础上。古代的日耳曼农民、印度商人、斯拉夫人的或印度等级社会中的成员,甚至常常还有中世纪的人,正是与这些确定的、个人间熟稔的、不可替代的人处于经济上的倚赖关系中;涉及的相互依赖的功能的数量越少,这些功能的载体就越持久、越重要。但反之,想想处于货币经济中的人得依靠多少"送货员"吧!然而,他无可比拟地较少依赖单独的、确定的某个人,经常说换人就换人。现在我们只需要把小城镇与大都市的生活状态作一比较,就不难认清这一发展趋势,虽然是在较小的范围内。较早时期的人必须为其为数不多的依赖关系付出的代价就是人际关系的狭小,通常其个人关系不能随便替换,而对我们现代人大量依靠他人的补偿则是无须多虑由哪个人提供服务,以及有随意换人的自由。虽然一方面由于我们自身需求的复杂性,另一方面由于我们的活动的专门化,所以比原始人——他们可以在非常狭小孤立的人群中过生活——更多地倚赖社会的整体,但我们却不依靠社会的任何一个特定的成员,因为他对于我们的意义已经被转化成其劳动成就的单方面的客观性,这一成就可以轻而易举地由个

性截然不同的任何人完成，我们与他们的联系不过是完全以金钱表现的利益。

这是最有利于产生内在的不依赖性和个体的独立性（Fürsichsein）感觉的情形。单纯地与他人隔绝还不足以产生这样肯定的状态。以纯逻辑的术语来阐述：不依赖性并不是指某种单纯的非依附性，正如比方说永恒不朽并非单纯的不会死；石头或金属都不会死亡，但人们不会称它们是永恒的东西。即便孤立的存在包含的其他意思——孤独——反映出的也是纯负面的错误印象。假使孤立具有一种心理学的效力和意义，它绝不仅仅指社会里的不在场，而恰恰是指其理念的，因而也是指被否定的存在本身；孤立是一种社会的疏离化效果，是通过否定性的社会化方式积极地规定个体。倘若单纯的孤立并未产生一种对他人的渴求，也未因远离他人而感到宽慰——简言之，一种相互依赖的感觉——那么人就完全无所谓依附或自由的问题了，并且事实上的自由也没有可被意识到的价值，因为它缺乏对立面——如冲突、诱惑、接近——与之区别。如果说自由应该意味着个体性之发展，意味着确信以我们的自我之所有个别的意志和感情揭示出自我的内核，那么自由这一范畴包含的就不是纯粹的与他人脱离干系，而毋宁说是一种与他者完全确定的关系。这些他者必须在那儿存在，必须被感觉到在那儿存在，他们才能成为一种无关痛痒的存在。个体自由并非一个离群索居的主体纯粹内在的状态，而是一种互为关联的现象，没有对立面，它亦丧失了意义。假设任何一种人际关系均由近的要素和远的要素组成，那么不依赖性指的是远的要素达到了最大值，但是相互接近的要素可能并未消失得无影无踪，一如从左的概念才产生了右的概念。现在唯一的问题就是：为了促进不依赖性（作为客观事实以及主观意识）起见，什么是远近两边的要素最有利的具体状态。这样的状态似乎只有在下面这种情况下才存在，尽管跟他者之间还有大范围的关系交往，但一切真正个人性质的因素都从关系中剔除出去了；就如同相互间的影响，虽然被施加的影响是彻底匿名的；也如同设立规则不考虑那些被规则适用的人。像这样客观的依附关系——其中诸如此类的主体是自由的——的起因及后果取决于个人的可交换性:自愿的或受关系结构的影响而形成的主体的变换,表现出对依附关系中主观要素的漠不关心,这是自由的特征。我想起在本章伊始谈到的那种经验体会,即义务的转换经常被体验为自由;义务与自由之间类似这样的关系形式在此处仅在个别义务中得以延续。一个简单的例子就是中世纪的封臣与无人身自由的农奴之间具有代表性的差异:封臣可以变换领主,而农奴则一成不变地被束缚在一个单独的人身上。这意味着——尽管在封臣自己看来他们对领主要尽的役务本来与农奴一般无二——与农奴相比封臣有一种无与伦比的、更高程度的独立性。自由真正的对头并非束缚本身,而是被束缚在一个个别的、特定的主人身上。现代家佣的状况也表现了这一点,雇主可以凭借介绍信和个人推荐信挑选佣人,而一般而言被雇佣者则没有相应的选择机会和选择标准。唯有最近,由于大都市家庭用工的短缺才有了这样的机会,佣人可出于无法预料的理由不接受被雇佣的职位。雇佣双方都认为这是迈向家佣的不依赖性的重要一步,纵然按照其实际的要求佣人最终完成的家务劳动并不比以前更轻松。若考虑到全然与之不同的婚姻领域中相同的形式,假设一个再洗礼派证明一夫多妻和频繁换老婆是正当的,理由是恰好婚姻内部的依附关系被女性原则打破了,这无非是滑稽地模仿了一个原则上合情合理的言论。我们的总体处境在任一时刻均是由一定程度的义务和一定程度的自由共同构成的,而在具体的生活领域之内,一方实现了多一些的内容,另一方则实现了多一些的形式。假如我们能自主选择目标、理念、我们有义务服从的个人权威(虽然我们同时并没有降低依附的程度),就会觉得被特定的利益加之于身的限制不那么令人感到窒息了。在货币经济的雇佣劳动者中出现了一种形式上与之相似的发展。从其劳动的艰辛和被强迫的程度来看,雇佣劳动者似乎就是改头换面的奴隶。在下文我们将会看到,为什么雇佣劳动者是客观的生产过程中的奴隶这一事实可以被认为是他们走向解放的一个过渡阶段;从主观方面观之,与早期的劳动形式相比,他们与单个雇主的劳务关系无可比拟地要宽松得多。当然工人被固定在工作上一如农民被固定在土地上,然而,在货币经济中雇主频频被替换,以及工人——通过薪水的形式得以实现的——经常有着挑选和变换雇主的可能性,使工人在其依附关系之内得到了一种崭新的自由。奴隶就算甘愿冒险接受更糟糕的生活条件,他自己也不能换主人,而雇佣劳动者在任何时候都可以这么做。因此当去除了一成不变地依附于个别的、特定的主人而产生的压力之后,雇佣劳动者已经走上了人身自由之途,即便还存在客观上的束缚。这种新出现的自由对物质处境没什么持续的影响,这一点不应妨碍我们注意到它。因为这里和别的领域一样,自由与幸福的增加之间并无必然的关联,这种关联屡屡是由希望、理论、鼓动宣传自动地预先假设出来的。这一点主要是按下面这一方向发挥作用的,工人的自由对应的是雇主的自由,而在劳动形式受到束缚的情况下,雇主的自由也不存在。奴隶主以及庄园主出于个人的利益,使其奴隶或依附农保持良好的、工作有效率的状态;他凌驾于他们之上的权力将使他为了一己之利的缘故对他们尽到责任。对资本家和雇佣劳动者的关系来说情况并非如此,或者就算如此,通常也没有付诸实施。工人的自由解放看似将必须支付雇主的自由作为代价,也就是说,以工人损失奴隶所享有的那种福利作为代价。雇佣劳动者现在处境里的艰辛和朝不保夕恰恰是自由解放过程的标志,这个过程的开始就是祛除由个人决定的人身依附关系。社会性意义上的自由,一如不自由,是人与人之间的一种关系。自由的发展意味着这种关系从固定的、一成不变的形式转变为不稳定的、人与人互换的形式。如果说自由就是不倚赖他人的意志,那么首先它的发端就是不倚赖特定的个人意志。德国或美国森林里独自谋生的拓荒者无法依靠他人;现代大都市人则是不依赖他人的(在该词的积极意义上),纵然他们需要不计其数的供给者、工人、合作者,没有他们大都市人就一筹莫展,但是大都市人与这些人的关系是绝对客观的,只靠金钱来体现。所以,大都市人并不把任何一个这样的人当作特定的人来依附,而只是依靠其客观的、有金钱价值的服务,因此这样的服务可以由随便哪一个、可被换来换去的个人来完成。由于纯粹的金钱关系把一个个的人紧紧地联结成了作为(所谓抽象的)整体的集体,并且因为——根据我们上文的详细探讨——货币恰恰是抽象的集体力量的代表,所以单个的人与他人的关系只不过就是在复制那一种由货币造成的、人与事物的关系。一方面通过商品供给的迅速增长,另一方面通过事物在货币经济中特有贬值和丧失重要性,单个的特定对象对人而言无所谓了,常常几近一无用处。而与此相反的是,这些对象的整个类别不仅未失去其意义,而且随着文化的发展,我们越来越依赖这些客体,且依赖越来越多的客体;因此,一只单独的大头针——正如它在以前一样对我们很重要——是很好的,如同它是毫无价值的一样,但现代的文明人没有大头针就再也无法应付生活。最终货币的意义本身是按照这一规律发展的:货币的巨幅贬值使单独的一笔款项越来越不值钱和无关紧要,而整体意义上的货币发挥的作用却变得日益强大,无孔不入。如这些现象所示,在货币经济中,客体的细部和个别性对我们而言越来越无所谓、无关宏旨、可任意调换,同时其整个类别发挥的客观功用对我们愈发重要,我们越来越依赖它。

这一发展趋势是一个更普遍图式的组成部分,该图式对个人生活的无穷多的内容和关系均可以起作用。这些内容和关系源于客观世界与个人世界无所区别的统一体。这并不是说——就像我们今天所看到的那样——种种生活内容,如财产和工作、义务与知识、社会身份和宗教,成为某种独立的存在,具有了一种现实的或概念上的独立性,因此当生活内容被个人吸收后二者才达到了任何亲密无间、团结一致的联系。相反,最初的状态就是彻底的统一,没有被中断过的不偏左也不偏右,这种状态完全超越了生活中个人的一面与客观的一面的对立。例如,想象力(Vorstellungsleben)在其原始阶段尚不懂得分辨客观的、合乎逻辑的真相与主观的、仅仅是心理的成像:孩童与原始人都径直把瞬间的心理构形、幻想、主观产生的印象当作现实;词与物、象征符号与其象征之义、名字与叫该名字的人都被看成了一回事,正如无数的人种学调查和儿童心理学所显示的那样。之所以产生这个过程并不是因为两个截然分开的序列被错误地合在一起,混为一谈;反之,二元性根本尚未存在,不管是抽象的表现还是在任何具体的显现中,观念内容打一开始出现的时候就是一个完整一体的构形,其整一性并不存在于诸对立面之相交融合,而是通过诸对立面的未触动性(Unberührtheit)而存在。因此,生活内容(如上文所述)直接以一种个人的形式发展;一方面强调自我,另一方面强调物体——作为一个长期的、从未停止的分化过程的结果——首先从原始而质朴的统一形式中产生出来。一方面是个性从生活内容的不偏不倚状态之中逐渐形成,另一边是事物之客观性从中演化而成,二者同时是自由的出现过程。我们所谓的自由与个性原则有如此亲密无间的关系,乃至于道德哲学常常宣称两个概念是一回事。精神要素的整一,它们凝聚于一点的存在倾向,以及人固定的规定性和独特性(这是我们所称的个性)还意味着不倚赖和隔绝一切外在的东西,以及根据自身的存在法则独一无二的发展(这是我们所说的自由)。自由与个性这两个概念同等程度地强调了我们本质的一个终极的、基本的点,它和一切有形的、外在的、感官的东西——在我们自身的本性之外,也在本性之内——相对立,这两个概念只不过是对同一事实的两种表达方式;在此处出现了一个与自然的、连续的、客观上确定的存在相对立的对手,它的特殊之处不仅在于声称自己跟客观的存在相对峙的特殊地位,而且也同样竭力谋求与客观存在的调和。如果个性观念作为客观性观念的对立面和相关物必须与之同等幅度地发展,那么在这样的关联中显而易见的是,与一种更严格的客观性概念的形成携手并进的是一种更严格的个体自由概念的发展。所以我们观察到过去三百年来特殊的平行发展过程:一方面自然规律、事物的客观秩序、各种事件的客观必然性体现得更清楚、更准确了,而另一方面对独立不羁的个体性、对个人自由、对与一切外在的自然的力量相对的独立性的强调变得日益敏锐和强烈。甚至现代的审美思潮也展示出同样的双重特征:范·爱克兄弟(van Eyck)[①]和15世纪的自然主义艺术似乎突出强调了最

[①] 范·爱克兄弟:文艺复兴时期尼德兰画家,兄(Hubert van Eyck)弟(Jan van Eyck)二人合作的根特祭坛组画是欧洲油画史上第一件重要作品。

个体化的现象,与此同时出现的讽刺文学、传记、戏剧也以其最初的形式表现同样的、以诸如此类的个体为中心的自然主义风格。顺便提一句,这恰好发生在货币经济开始展现其为人所觉察的社会影响力的时代。即使在希腊文化的巅峰时期也能看到,希腊人把相当客观的、接近自然规律的世界观作为构成生活观的一方面,其另外一面则是彻底的内心自由和个人的自我支配。就希腊人对自由概念和自我概念的理论表述的不完美而言,与之相对应的是他们在自然规律理论之缜密性方面相似的缺陷。无论在事物的客观确定性和个体的主观自由之间的关联中形而上学发现了怎样的困难,它们作为文化内容是彼此平行发展的,强调其中一方就需要也加强另一方,目的是保证内心生活之平衡。

这些大致的思考简单地触及到了我们所关注的具体问题。经济生活也开始于役务的个人方面与客观方面的不分彼此。这种不偏不倚首先缓慢地分裂成了对立的面,个人要素越来越从生产、产品、交换中撤退出来。但这一过程释放了个体自由。一如我们所看到的,个体自由的发展程度是,自然对我们而言越是变得客观、实在、表现自身的规律,个体自由就越是随着经济世界的客观化和去人格化(Entpersonalisierung/depersonalization)而提高。正如一种非社会性存在中的经济孤立很少唤起个体的不倚赖性的积极感觉,同理,一种不懂得自然规律性和严酷客观性的世界观也很少能唤起这种感觉;人与自然对立(一如任何的对立)的伴生物,是使人们感到独立性的一种特殊的力量,一种特殊的价值。的确,甚至就人与自然的关系而言,在原始经济——也就是对今天意义上的自然规律一无所知的时期——的那种孤立状态中,对自然的迷信阐释更加强了一种牢固得多的自然对人的束缚。唯有当经济发展了其范围、复杂性、内部的相互作用时,才出现了人与人之间的依赖关系,通过取消个人因素这种依赖关系使单个人更强有力地返回自身,使其更积极地意识到自己的自由。货币是这一种关系的绝对理想的载体;因它既沟通了人与人的关系,又使人们在此之外不受干扰;货币是客观劳动成果精确的等价物,但衡量它们身上个体的和个人的东西却太不适当了:客观的依赖关系(货币所提供的)之局限对洞悉微妙差异的意识而言不过是一道背景,在这道背景之上,分化出去的个人及其自由首先凸现出来。

第二节

占有是行动

人们惯于把生活的运动,尤其是与外部对象有关的运动理解成要么是获得——在广义上我也把劳动囊括其中——要么是对事物的享用。然而,对物的占有(Besitzen/possession)却并不表现为动态,而毋宁说是一个静止的、似乎实实在在的状态,它与其他动态的关系一如存在(Sein)与生成过程(Werden)的关系。我的想法与此截然相反,即必须把占有的特性表现为一种行动,如果说人们想理解其意思全部的深度和广度的话。把占有物当成某种被消极接受的东西,当成无条件顺服的对象——就其作为占有物而言无须我们这厢的任何活动——是一种大错特错的习惯。只有在伦理范畴中,这种在存在领域中错误的认识(譬如说天真的愿望)才逃脱了困境,无论在什么时候我们都把这当作是劝勉,即,我们应该得到想据为己有的东西,每一件财产同时也是义务,以及人们应该发挥其才智等等。至多人们承认,一个人得进一步用他的财产做点什么,然而财产本身被当作是某种静态的东西,它好像是终点,或许是一项行动的起点但绝非行动本身。若人们深究一下,就会发现这种消极的产权观(Eigentumsbegriff)是一种虚构的假象,在特定的原始条件下这种假象尤其被突显出来。古代秘鲁北部以及古墨西哥,种田——田地每年重新分配——是一项公共的农活,不过收成却归个人拥有。不仅不允许人们买卖或放弃他拥有的那片地,而且如果他自愿迁移到其他地方,不及时回来耕种原来的田地,他就彻底失去了这份土地。古代日耳曼的边境地区(Mark)同样也是这样,并非占有一块土地就可以成为实际上的共用土地的自由农民,要想这样的话自己必须耕种占有的土地,还必须——据早期的判例记载所言——自己弄到水和草,拥有自己的烟囱。不以任何一种行动方式体现的占有仅仅是一种抽象观念而已:作为朝着占有财产这个方向的运动和超越占有财产的运动之间的中立点的占有缩小为零;任何静止的产权观不过是把积极地对客体的享用或处置转化成潜伏的状态,转化成保证人们可以随时随地享有它或使用它。孩童想"要"每一件吸引他的东西,人们理应把这东西"送给"他。这不过意味着此时他开始对这件东西做点什么,通常也不过就是想看看它,摸摸它。原始初民的产权观跟我们所认为的财产是持久的或原则上是永恒的不是一码事,他们的产权观仅仅包含享有和使用财物的一种短暂的关系,接下来这个东西通常就被毫不在乎地送人或丢掉了。所以,占有的最初形式更确切地说是不稳定的,而非稳定的。任何更高级的财产占有形式的发展都逐渐加强了与财物的关系的持久性、确定性、稳定性,单纯短暂地使用财物转变成了一种持久的可能性,使人可以在任何时候回溯到财产那里,财产的内容和实现不必意味着什么别的东西,或财产的意义不必大于一种个别实施和个别利用的次序。认为占有物意味着某种性质上焕然一新的、实体存在的东西,而非个人针对事物的占有行为的观念属于那类典型错误的范畴,这一范畴(比方说)在因果关系概念史中已经变得举足轻重了。休谟提请人们注意:任何客观的、必然的联系,即我们所指的前因和后果,可能从未被建构起来,可被体验到的现实的东西不如说只是两个现象在时间上接踵发生罢了。此后,康德似乎以如下的证明挽救了我们世界观的坚实可靠性,即一种时间上连续发生的、单纯感官上的感觉根本不是经验,即便在经验主义的意义上,更准确地说,经验也预设了因果联系的一种真实的客观性和必然性。换句话说,在认识应该只限于主观的、个人的印象的第一种情况中,康德指出,我们知识的客观有效性完全超越了个别的情况,超越了单个的感知着的主体——恰如财产超乎具体的使用。这里关系到对同一个范畴的应用的问题,在第一章我们试图通过这一范畴确立客观价值的本质。在我们意识的具体内容——如观念、意志冲动、情感——之上存在着一个对象区,思维和对该对象区的意识一起悬浮着,这些对象具有一种持久的、客观的,其观念的形成超越了一切单一性和偶然性之上的有效性。事物持久的实质,事物的命运有规律性的秩序,人固定的性格和道德规范,法律的要求与宇宙整体的宗教含义——所有这一切拥有一种仿佛观念性的存在和有效性,观念性的存在及有效性在语言上不能靠别的、只能通过个别事实的独立性表达出来,事物的实质与规律性在这些个别的事实中呈现出来,或者,那些法律要求与道德规范在这些个别的事实中得到或没有得到满足。如同我们把一个人固定的性格与其表现自我的,甚至与之矛盾的个人行为区别看待,所以无论道德律令在经验世界中是否被遵奉,丝毫无损于它的尊严;正如几何学定理不倚赖于单独的几何图形是否准确地表现了该定理,所以,世界整体中的物质和力量的存在也不会考虑到它的哪些部分正在被人的观念轮番地认知解释。

　　认识论当然必须把终极的自然规律和其短暂的实现的总量作区分。但,自然规律除了应该规定任何可能发生的个别实现以外,我看不出它在认识活动之内还应该做什么。当然在同样的意义上必须把客观对象和反映它的主观感觉区分开来;然而这一区分的意义仅仅在于,对象毫不含糊地规定了对其可能会有的感觉。伦理规范当然位于个人行为之上,它被肯定地或否定地应用于个人行为,但是伦理规范唯一的意义就是确定任何这样的个人行为的价值,倘若压根就不存在或可能不存在伦理规范所指涉的个人行为,那么它的实际意义就等于零了。简扼地说,这些物质和价值的范畴一般不同于任何这样的具体情况,且也不同于具体情况的相对数量之和,不论其数量多少;但这些具体情况的绝对总和正是其完完全全的等值,其绝对总和——除了形而上的含义——只不过是简化地表现了具体的事件、观念、行动的整体。人们不应该被如下的事实误导,即经验世界里确实没有局部细节的序列——它总是不完整的、相对的——能够覆盖或穷尽这些范畴。

这就是产权概念使用的公式。产权在概念上、在法律意义上的确必须跟个人权利和享用实物的好处区分开。任何人会怎么处置其财产绝对不会提前确定下来,让人们可以说:针对实物的全部行动和享用与其产权恰好一致。但是,使用财产的可能性加上实际的使用之和就等于产权。无论 iura in re aliena [他人对于一件东西的权利]与产权可能多么不一样,它们在内容上只有一种程度之别:产权可能不是什么别的,就是处置客体的权利之总和;即便是一种非常统一的、看起来很封闭的财产占有形式,如罗马的元首统治在法律史上就是加入一个由不同方式获取官职的序列,如庄园主把臣服的农民作为其"财产"据为己有所意味的只不过是他的个别的、逐渐被增多的权利累计加诸农民身上。但产权所表现的和所保证的不是一个相对总和,而是原则上针对事物的权利之绝对总和。正是出于这个原因,现实的产权——如果说不是概念的抽象的话——把产权人的行动作为必然的相关物。静态的产权只存在于对先前发生的财产占有过程之观念性的事后影响中,只存在于对财产未来的享有或使用的预先认识中。如若忽视占有财产的过程,错误地认为过程仅仅是伴生的现象,那么在产权概念中就什么都不剩了。

财产拥有与存在①的相互倚赖

但是,这种主体活动——被称为占有——的诸多种类在某种程度上取决于所涉及的客体的特性。不过货币是被占有的客体中最少受制

---

① having and being 与后文(英文版 389 页)出现的 possessing and being, owning and being(德文均是 Haben und Sein)意涵相同,既指人实际的存在状态与拥有财产的状态(西美尔认为此二者相互影响,须臾不可分开,故应放在一起分析),也指人对存在和拥有财产所持的精神态度(参见英文版 315 页,比如人拥有的财产是土地还是货币对其存在状态影响不同,而这种存在状态又通过人对此的精神态度体现出来),所以指涉前部分含义时这对概念是描写客观实际状态的概念,而指涉后部分时则不是客观的概念,而是价值概念(参英文版页 389)。故在不同的语境下分别译为"财产拥有与存在/生存状态"或"占有物与存在"等。

于这种依赖关系的。不同于占有货币,掌握及使用被占有的客体要依靠特定的力量、特殊的才能与努力。旋即而来的是,反过来这种具体的占有必然对占有者的品性和活动施加影响。无论是谁拥有一份不动产或一个工厂,只要他没有托别人来管理,好让自己坐收租金,或无论是谁把钱投资一个画廊或一个驯马房,他就不再有自由自在的生活了。这不仅是说他的时间以一种确定的手段和形式被占有了,更重要的是指这种占有需要一种确定的资格能力作为先决条件。占有特定的实物财产似乎包含的是向后形成的预先注定;一旦占有不再存在于产权之法律意义上,那么占有不同的对象便是不同类型的占有。占有一个具有特殊性的客体——它将意味着比任何抽象的产权观更多的东西——不是可以(好像从外面)直接附着在每一个人身上:毋宁说它存在于主体的力量或品性和客体的力量或性质之间的相互作用中,这种互动只能在二者间确定的关系中,也即是说从主体确定的能力资格中显现出来。这只不过是下面这种想法的反面:占有物对占有者的影响确定了他自己。正如占有的具体对象越是一种货真价实的、积极的客体,主体就越明确无疑地、一清二楚地适于它,所以颠倒过来也亦然:越是根深蒂固地、强烈地把财产实际地据为己有,即使其变得有收益并为人所用,那么它对主体的内在和外在的本质的影响就越清晰明了、越具有决定性。故而,从人的存在到财产拥有状态以及从财产拥有再返回存在状态,这之间有一条链条。马克思所提出的问题,是人的意识决定存在还是存在决定其意识,在这里部分地找到了答案:因为马克思意义上的存在包含人的财产拥有。存在与拥有的这一特殊的联系——凭借这一方式,一个人透过特定的投资指向一种特定的占有,但另一方面这份他所拥有的财产将决定他的存在之本质——或紧或松取决于形成其支点的财产对象。当对象只有纯美学的意义,当经济价值来自高级劳动分工的规定性,当对象很难被获得和利用,存在与拥有间的联系就变得十分紧张,而随着对象日益微不足道的规定性的等级的扩展,该联系会越来越松,最后当财产对象是货币时,这一联系似乎就土崩瓦解了。

借助于占有金钱,这种相互倚赖被解除了

存在不倚赖于拥有财产,以及财产拥有不倚赖于存在——这是由货币实现的——首先在对金钱的攫取中表现出来。由于货币抽象的本质,一切可能的投资与活动都通向它这里。如同条条道路通罗马,罗马被想象成超越了任何一种局部利益,是任何一个单独行为的背景,所以,一切经济之途都通向货币;就像爱任纽①称罗马为世界之概览(Kompendium),斯宾诺莎把货币叫作 omnium rerum compendium[万事万物的纲要]。货币至少是一切如此不一样的生产活动向来相同的副产品。货币具有的特殊性在于,人们通过处理其他事物时的精明干练(Tüchtigkeit)而赚得金钱。能干的农夫会出色地种植各种农作物,勤劳的鞋匠能做出许多双鞋子,但赚大把的钱靠的是做任何具体生意时的精明能干。因此赚钱并不需要有那些可借以获取其他对象的特殊品质,就跟主体的存在紧密联系起来。不错,有些人展示出一种特别的、在任何交易中跟货币打交道的能力;无论如何,既然经商贸易主要是由货币来表现的,所以十分常见的综合商贸才能就呈现为会赚钱的能力。有些人明显地在所有金钱事务方面缺乏理解力,这恰恰从反面加强了上面所阐述的意思。这些人如此突出,比那些不会种田、不懂文学或不擅技术的人更加突出,这本身就说明赚钱牵涉到比创造任何其他价值范围更宽泛的能力。货币彻底摆脱了其根源——也就是"挣到"价值的具体活动本身,价值不仅指其经济的意义也指其道德的含义——这解释了为什么享受应得的财富很容易显得是摆阔炫耀,并且在无产者心中滋生仇恨,而其他特权却没有引起这样的仇恨,比如出身、官衔、优越性的特权,除非倍加使人难堪和愤怒的因素再添加到这些特权中。

---

① Irenaeus(约140—约203):基督教神学家,曾多次调停早期基督教内部派别斗争,反对马里昂派和诺斯替派,对于早期教会形成上帝、圣子、圣灵的信条及建立主教制发挥了作用。

另一方面,在货币经济的巅峰时期恰好可以观察到一个相应的例外情况。在大金融家或大投机商的交易中行家能辨认出也许是特定的个人的"手",一种属己的风格与节奏,其独特性使一人的交易活动与他人的有所区别。但在这里必须首先考察在其他现象中被指出的东西,也就是说货币单纯量的特征在其数额特别巨大之际实际上为它的质的特征的一种微妙变化提供了一席之地。不断流通的货币所特有的不偏不倚性、磨损性、千篇一律性在某种程度上并不影响巨额资金罕见地、突出地聚敛于一人之手。在这里的本质性还在于,货币在具体的"金钱交易"中根本上具有了一种非常独特的本质,即货币并非作为代表其他客体的交换手段,而是作为中心内容、作为交易中自己指向自己的客体发挥作用。在纯粹的金融双边活动中,货币成了目的本身,这不仅是指货币不再成为交换手段这层意义上,并且还意味着从一开始它就不是别的、是自我满足的兴趣中心,这个兴趣集中点也建构了完全独特的规范,同时阐明了完全自足的特质,产生了一种只与此相维系的技术。在这些情形下,当货币切实地着上了自己的颜色,据有了特殊的资格条件时,管理处置这样的货币以表现个性就更加轻而易举了,比货币只是不具自我色彩的手段、通向截然迥异的目的时更容易。最重要的是:货币在这种情形下需求(如文中所述)一种十分独特且事实上高度发展的技术;只有凭借这样的技术才能使个人发展出一己的风格。唯有在一个特定范畴内出现这样数量丰足且内在地彼此孤立的现象,以至于引入一种特殊的技巧掌管它们,只有通过这样这种物质才变得俯首帖耳、听命于人,因而个体可以在对它的运用中表现出一种自身的风格。

这些情形(在其中货币与个人之间衍生出一种特定的关联)的特殊状态不应该被阐释为跟货币所谓的功能——即分裂了财产拥有与存在的状态——相抵牾。货币的这个功能从实用的方面以下列方式表现出来。我们已看到:把产权与即时的享乐区分开的是产权保证了从任何方向、在任何时候均可使用财产。对某物拥有产权的事实就等于一切使用它和享受它之总和。产权的这一事实在任一特定时刻出现的形式,就是对一切未来享用的保证,以及未经产权人同意、任何他人都不得使用它或享有它的确定性。这样的确定性在前法律的状态下——也就是文明还处于自然状态的时期,处于任何直接的法律辖制之外——只能借由产权人保护其财产的力量得以保证。一旦这种力量减弱了,这位主人就再也不能阻止其他人享用迄今为止仍归属他的财产,它也会立即被转手给另一个新主人,只要这个人的力量保证了他可以排他性地独享这一财产。在有法律的状态下,就不再需要这样的个人力量了,因为产权人的整体确定了对其财产永久的产权,以及把所有其他人排除在产权之外。在此情形下人们可以说,产权是社会性地保证完整地享用一个对象的潜在可能性。如果财产通过货币来实现,这种产权观在某种程度上就被完善了。因为,如果某人有钱,按照国家的宪法他占有的不仅是货币,而且也占有了许多其他的东西。假如说对一件实物的产权只是指该物的性能所允许的、某些确定的使用可能性,那么对金钱的产权就意味着享用无限定的诸多事物之可能性。对于金钱以外的所有其他财产,公共秩序所能保障其所有者的,不外乎是这种对象的特别形式的用途:对土地的产权人可以保障,除他之外不允许其他任何人滥割其土地的产物,只有他才可以耕种或休耕其土地;对森林所有者可以保证他在此伐木、捕猎等等;然而,由于国家铸造了钱币,它就保证了货币持有人可以用钱买到谷物、木材、猎物等等。故而货币产生了一种高于一般产权观的潜能,对这个潜能而言,其他一切种类的实物财产的具体特征已经被依法消解了,并且拥有货币的个体面对的是无穷无尽的东西,享用这些东西同样受到公共秩序的保障;这也意味着只有货币没有固定其未来的用途和结果,它不像那些被单方面确定下来的客体。适用于国家的情况——即维持国家的手段只能是创立国家的方式——绝对不适于金钱财产,尽管这样的情况对诸多其他财产是有效的,尤其是思想财富,并且它对于许多用钱购得的财产也是有效的,这些财产只能凭借当初购买它们时所有的那种兴趣才能保存下来。货币完全不依赖于其出身,其显而易见的非历史性特征,反映在使用货币的彻底不确定性上。因此,我们认为,以人的意义来左右金钱完全是毫无根据的、古怪的观念,比如教会禁止人们收取利息所产生的观念。即使时值 16 世纪,一个商人还认为用自己的钱放高利贷有罪,而他借别人的钱放高利贷无罪。但只有在货币与个人之间存在一种内在的伦理关联的条件下,这种区分似乎才成其为可能。然而,如果不可能理解这一区分,就证明没有这层伦理关系存在。无论钱与个人的这种关联发生在什么地方,它的存在并非和整体意义上的货币相关,而仅仅与货币数量的不同相关。诚然,其他类型的财产对所有者的影响,以及所有者对财产的影响依它们各自数量的不同而影响迥异,比如说地产,就有小农场与大庄园的差别。但即使在这样的情况下,在利益和必要的才能之间也存在着一种特定的等同关系,通过这种等同关系,财产之特质就变成了维系所有者的财产及其存在的纽带。然而,如果说在一个人及其金钱财产之间存在明确关联的话,则是货币本身纯粹的数量作为特有的原因或结果在起作用;而对于其他财产而言,恰恰是其纯粹的性质经常跟特定的个人原因或结果联结在一起。所以只有赚取巨额金钱才会决定性地影响钱的主人的生活方向,有钱人很难摆脱这一方向。相反,仅有寥寥可数的、非常棘手的一些现象说明了个人与货币有一种直接的关联。例如,人们常说每个人内心深处既是守财奴又是挥霍者。这意味着每个人都向上以及向下地偏离了其文化圈子中平均的花费模式。几乎不可避免的是,在个人看来,就他的主观价值感觉而言,好像别人花在特定东西上的钱不是太多就是太少。对此的原因是显而易见的:不过,人们对用钱买到的具体的东西估价不一样并不是唯一的原因,另外还必须把个人对钱的五花八门的态度也考虑进去。对钱的态度包括这么几种,有些人倾向于一次花一大笔钱,而有人则喜欢每次少花一点可以多花几次;当进账一大笔钱时有人忍不住要挥霍一下,而有人却愈加节俭;有人喜欢在花钱时仓促行事,所以从心理上讲每一笔花销都使下次花钱更无所顾忌,而有人则在每一次买东西时都留下心理障碍,以至于对合理的花费他也不那么情愿。所有这些态度都是个体的差异,它们深深地植根于个人之中,在货币经济中这些差异变得如此醒目,或者说唯有在货币经济中才会出现这样的差异。但是在这里,这种表现的根源也在于单纯的数量上。与货币相关的所有个体行为差异仅仅反映出或多或少的程度不同,而个人之间的差异——这是在个人对事物及他人的通常行事方法中发现的——则与上述的不同形成鲜明对照。一般而言确凿无疑的是,非货币形式的财物对个体提出了更加明确的要求,形成对他更为确定的影响,使它对个体而言似乎是一种决定其生活的要素或桎梏。唯有货币,至少在一个非常高不可及且极少被触及的界限下面,为两个方面都提供了彻底的自由。

出于这个原因,只有在货币经济时期才会出现那些专业阶层,他们的生产活动是从事经济生产之外的内容,即那些进行特定的智力活动的人,诸如教师和文人、艺术家和物理学家、学者和政府公务员。但凡实物经济盛行之时,这些人就寥若晨星,并且那时这些人中的大多数都握有大量的土地作为根基,这就是为什么在中世纪,教会,某种程度上也有贵族,他们是扶植智识活动的资助者。专业人士这个独特的范围,其等级取决于如下问题——这个问题决定了他们人格的整体价值——的严峻性:他们是为了自己,还是为了实现客观的目标而奋斗。无论什么地方的获利活动根本都不会有赢利之外的其他动机,在专业人士这里,这种赢利的标准并不存在,也许最多通过选择冷酷无情的自我中心主义还是选择诚实高尚的思想——尽管在这里,这种二者择一可能在根本上起了抑制作用——取缔了这个标准。特别是,尽管金钱是,或毋宁说因为金钱是最理想化的经济价值,可以使我们彻底地从事物的经济方面的束缚中解脱出来,但的确要付出代价,即迫使我们面对这些智识活动——其意义并不在于其经济上的结果——所产生的那个无情的问题。正如在生活发展的高级阶段中,生活要素的分化产生了构成新综合的新单元,所以在此我们已然看到,货币在财产占有和人格核心之间产生的金钱的异化作用也给它们彼此提供了一种崭新的意义。

因此艺术家、公务员、牧师、教师、学者的活动,其客观内容是以一个客观的理念来衡量,并且这些活动依据这些已确立的标准提供给实践者主观上的满足感。但是这些活动也能达到经济上的成功,这种成功,就我们所知,并不总是其客观上的或理念上成功的一个不变功能(stetig Funktion)。这些活动的经济成功不仅可能是最卑贱的本性出了风头,以至于把客观理念降格为一种手段,而且对较为敏感和理想化的人来说,其行为造就的物质成功可能是对主要目标感到不足的一种慰藉、一个替代品、一种挽救。最起码,物质上的成功好比是一种小憩和暂时的兴趣转移,它最终会把新的力量引导到主要目标上去。还有许多人的活动赚不到一分钱,他们则困难得多、危险得多,但却应该客观地、单单按照他们的内在要求来评价其活动。他们没法这么安慰自己:起码他们在经济的意义上可以自给自足,并且在这一点上得到承认。这些人感到自己面对的是一种"全有或全无"的观念,不得不调整自己遵守一条规则:不承认情有可原。所以,这些被人嫉妒的人的有利条件就被这样抵消了,他们"不必在乎金钱",只能献身于事业。这些人必须为这种有利条件付出代价,他们行动的价值只能按一种类型的成就来确定,若其行动失败,就不能用这样的话来自我安慰(不管多么小的安慰),说他们起码曾经达到了一次虽说微不足道但实实在在的成功。因为这样的成功是以赚得的金钱形式体现出来,所以金钱形式极大地方便了这种意义的获得。首先货币毫不含糊地说明了,尽管这样的成就落后于它自身的或客观的终极价值,不过一定还对其他人有价值。此外,当理想的主要成就实现不了时,货币的结构特别适合充当相对来说令人满意的替代品,因为,根据货币的确切性和实事求是的量的确定性,它为依性质而定的生命价值的波动和起伏提供了一种特定的支持和心理上的解脱,尤其是那些尚处于被压制状态的生命价值。最后,货币与理念价值之间彻底的内在疏离性防止了价值感觉的纷扰困惑,对天性敏感的人,这种纷扰困惑会极度地使他们忧虑不安。这两种结局是截然分开的,有时一边会获得一种特定的内在意义而另一边则没有,但是它们两个不会混淆在一起。故而,当货币通过分开人们的财产拥有与存在状态,从而使纯粹的智力职业成为可能之后,货币成功地——通过把分化开的东西进行一种新的综合——支持了纯粹的思想价值的产生，在某种程度上不仅是绝对层面上，而且也是相对层面上的思想价值的产生，这个相对层面恰恰是人们无法应付货币这种决定力的绝对性的地方。

不自由是诸种心理序列[①]相互的紧密交织：当任何一个序列与其他诸序列最一般性地交织在一起时，不自由达到其最小值

正是通过货币对财产与存在这一基本的分离，货币经济有助于一种值得探究的自由概念的现实化。人的不自由仅仅在表面上表现为他倚赖于外部的力量。这种外部的依赖性在那些内部的关联中也找到了对应物，这些内部的关联把我们灵魂的一种兴趣或一种行为如此紧密地与其他人的兴趣或行为交织在一起，以至于独立的行动和发展均因此凝滞阻碍。外部的不自由常常延伸到内在性中；外部的不自由给予精神领域或力量一种过分蔓延的强调，所以它干扰了其他能力的发展，削弱了它们自由的独立性。当然，这种格局的形成可能也有其他原因，并非外部的束缚使然。如果说道德哲学常常把伦理的自由界定为理性摆脱了感性的—自我中心主义的冲动，那么这只是普通的自由一般理念中一个方面的情况而已，自由的一般理念存在于一种灵魂力量——相对于所有其他力量——特殊的发展演化中，存在于其无所羁绊的任意发展中；若感性不再束缚于理性的规范之下，即不再受理性的钳制，感性也是"自由的"；当思维只随着自己的、内在的动机运行，摆脱了情绪和意志——它们影响思维的方向与思维自身的运行方向背道而驰——的介入时，思维亦是自由的。因此，人们还可以把自由定义成内在的劳动分工，定义为本能、兴趣、能力的相互摆脱和分化。一个彻底

---

① psychisch Reihen/mental series 或 inner Reihe/inner series 或 geistigen Reihen/intellectual sequences 既指内在的心理、精神或思想力量，也指其发挥作用时的心理、精神或思想活动，相应地按字面意义译为"心理序列""内在序列"和"思想序列"。内在心理序列与西美尔使用的另一对概念"财产拥有与存在"（Haben und Sein）有关联（参见英文版 315 页），特别当后者意指人对存在和拥有财产所持的精神态度时，它的意义就等同于内在序列。

自由的人意味着，那些在其内部单个的能量唯独为了自身的目的、按照自身的标准恣意成长发展。这就包含了通常意义上不倚赖于外力的自由概念。若细细推敲，我们所忍受的不自由意味着不是别的，正是那种在活动中被确立的内在力量，以及那种被强加的目的所约束的灵魂范围把其他力量与兴趣席卷到一个方向中，而这些其他力量和兴趣自身本来不会遵循这个方向。我们不会把工作看成是强加在身上的不自由，除非工作妨碍了其他方面的活动或娱乐；我们永远也不会把负担的贫困看成不自由，除非贫困扭曲或压抑了其他正常的或渴望拥有的感觉力。古语云：自由就是随一己之本性活着。这句话只不过简洁而抽象地表达出了这里所说的自由的具体含义；既然人的构件是由品质、力量、冲动所构成的，则自由就是指每一构件的独立性，及其依据自身的生活法则的成长发展。

单个心理序列彼此之间相互的影响永远也不可能绝对地避免；造成其局限性的是实际存在且绝对必需的精神上的关联，这些精神关联使人最终成为一个相对意义上的统一体，尽管他的存在和行为是多种多样的。一个内在序列彻底的分裂或自由是一种完全不可想象的概念。在分裂或自由这方面可能会达到的形态应该是，牵绊和束缚越来越少地影响到该序列中单个的点。无论在什么地方，一个内在序列都不可避免地与另一个心理范畴连接在一起，只要它与这个范畴只是一般性地联结，而不是和该范畴的每个要素环环相扣，这个内在序列就会建立起最独立的构架。例如，虽然智力与意志如此紧密地关联，使得智力最大的深度及其成就都依靠意志充沛活力的推动，但是，一旦驱动智力前行的意志着上了一种特定的色调，有了一种特殊的内容，思维就会偏离自身的规范，从其内在的合乎逻辑性中独立出来。智力一定需要跟一般的生活能量相融合；然而，智力越是与生活能量的具体形式结合在一起，如宗教的、政治的、感性的形式等等，就越有无法按智力自己独立的方向发展的危险。这样说来，特别精致高雅、超凡脱俗的艺术创作取决于一种更高程度的智识训练；但是，只有在这一训练不太专门化，训练的广度和深度仅仅是较为一般的知识范围时，艺术创造才能够从这种训练中受益,或者忍受它;否则,艺术创作的独立性与纯粹的创作动机就会被歪曲,受到抑制。譬如说,爱的感觉里可能有对被爱的人最私人性的认识,它或是爱的原因,或是爱的结果,或只是爱情的一个伴生现象。但倘若爱的意识只单方面地专注于另一个人的某个特殊的品性,要想把爱的感觉提高到极限并保持爱的能力,就很容易受到阻碍;换句话说,只有当被爱的人的通体形象——它抵消了人们所知的这个人所有具体的、单方面的品性——决定了爱的意识,它才成其为爱的感觉的基础,使爱可以毫无阻碍地展露出其力度和一心一意的真挚,只有这样才能随心所欲地去爱。因此,凡此种种均表明,诸种心理力量(psychischen Energien)不可避免的结合只有在它们不是一种力与另一种力的某个专门的方面或发展阶段相联结,而是与后者完全一般的特征结合在一起,这种结合才不会阻挠单个心理力量自由的、只遵循自身规范的成长发展。只有这样才能在各种力量之间保证每一种力量能够区别于他者而自行发展的距离。

不自由应用到从经济利益而来的义务中

这里我们感兴趣的情况属于同一种类型。心理活动过程中纯粹的思想序列(geistig Reihen)无法和那些承载经济利益的序列截然地分开,这些承载经济利益的序列的基本特征杜绝了二者的分裂,这与其说是个别或例外的情形,不如说是个人生活和社会生活的普遍联系中常常发生的情况。如果说思想序列与经济利益序列的关联限制了纯脑力劳动的绝对的独立和自由,那么这二者的关联越少关注某个特殊的、确定的经济对象,这种限制也就越不太可能发生。假如可能(就这方面而言)把经济利益序列只建立在最普遍的利益的基础上,那么思想序列就会和经济利益序列保持一定的距离,而如若经济利益是围绕着一个要求特定关注的具体对象的话,就不可能保持那样的距离。按照这一方向,最适宜的财产种类长期以来——如文中所述——就是土地占有。经营土地的方式,一方面是利用农作物的直接可用性,另一方面是对农作物有规律的销售,都使脑力能量的相对的分化和不间断性成为可能;然而,唯独货币经济提高了脑力活动的这一特质,以至于一些人除了是脑力劳动者之外似乎什么都不是。货币是如此唯我独尊的经济价值,远离一切经济具体性之外,乃至于在心理学语境下,货币给予纯粹的脑力活动以最大限度的自由。脑力活动转移方向的可能性因此降到了最小,诸种内在序列——在此也可以被称作"存在与财产拥有"——之间则达到了最大的分化程度。所以,意识的焦点彻底集中在非物质的利益上,使理智性可能从劳动分工中独立出来,反过来这又导致了上述纯粹的脑力劳动阶层的演化发展。人们把佛罗伦萨思想活动的繁荣——相对于热那亚和威尼斯,尽管热那亚和威尼斯的人也丰衣足食,聪明能干——部分地归咎于如下事实:热那亚人与威尼斯人在中世纪因经商而致富,而佛罗伦萨人自13世纪始就主要是因为当银行家而变得阔绰。银行业的本质即是要求较少具体性的工作,从而留给人们用以陶冶更高兴趣的更多的自由!

有一种现象乍一看去似乎与货币解放自由的效果相抵触,即直接征税。之所以看上去是这样,是因为课税强化了人对货币的依附关系,然而课税最终却和货币具有同样的意义。19世纪的头几十年是直接对特定对象课税:土地、建筑物、公司,各种各样的财产都必须纳税,不考虑财产所有者或企业生产者的个人情况如何,不考虑他是否负债或确实获得了正常利润。这种征税形式和人头税一样不跟个人情况挂钩,而人头税在所有已知的税种里是和个人情形最不相关的。缴纳房地产税的人是占有特定对象的所有者,他被这种产权关系个别地确定下来,和其他恰巧没有占有这份财产的人区分开来。即便在中世纪的德国,依附农与拥有更多权利的佃农之间已然有了区分,前者缴付的是按人均分配的地租,庄园或管区里的每个人交纳的数额相等,而后者的地租按各人的情况交纳,租金较高,根据客观情况而有所不同。对物品课税在税收体系内(并非就时间顺序而言)形成了个人化征税的第二个阶段,此后在历史上接踵而至的是按照社会阶层的征税。按照社会阶层课税的基础不是市民实际的个人收入,而是根据大的阶层之间主要的社会经济差别，在这种较大的范围中，个人被放在什么位置依据所属阶层的整体社会经济状况而定。只有如今的国家税收才利用的是精确的个人收入，而所有那些个别的客观的东西被简化成单纯的因素，不再起决定性的作用。更进一步考察，在日益成熟的货币经济中课税越来越像是根据个人情况进行的精确调适，这暗示着人们的自由程度不断被提高。因为这一过程归属于生活序列日趋分化的形式，通过分化形式，每个单独的序列严格地保留在它自己的范畴中，尽可能远离任一其他序列，使其不受干扰。恰恰是最客观的原则，即人头税，非常草率地忽视了各种情况下的个人差异。任何其他税收，如果它不是个人收入准确的功能而又必须从个人收入中征收的，就侵犯了个人收入的固有领域，贸然闯进了它根本不属于的领域。通常的情形是，我们所观察到的在经济要素与其他生活要素之间的相同发展过程也在诸多经济要素中重复着自身。这样一种关联已经存在了，当18世纪的人们（在自由主义观念的曙光初现之际）要求，维持个人最低水平的生活资料应该免税，维持最低住房水平的各种房产也由此而设定。在这里，我们也发现了对特殊情况特殊征税——起初免税是负面意义的——并且完全没有触及纯粹的个人生存状态的倾向。如果说新近的财产税逆转了这一发展趋势，强行对资金财产和有形资产征税，不管它们产生了多少收入，那么这种做法的根源就是与个体自由的利益格格不入的社会立场。因此正反两面的例子均说明了，随着货币的意义越来越重要，课税就像财产的影子一样以越来越千差万别的方式在其恰巧适合的税种范围内固定下来，而且弹性十足的征税方式给经济生活以及一般意义的存在之整体留足了尽可能多的自由。

  主要是通过征税，国家与其臣民的关系在根本的货币经济意义上被确定下来。这里所说的关系是指一种相互的关系（Korrelation），这种相互关系在当前的上下文中非常重要，并且可以用下述方式加以说明。若划分社会阶层主要是依据其金钱收入，那么以社会阶层为基础计算其整体的政策就是相当受限制的，因为如果最五花八门的客观利益跟相差无几的金钱收入拴在一起，那么任何以一个社会阶层的利益作为衡量标准的做法不可避免地会伤及这个特定阶层内的众多利益。例如,假设人们设想中产阶级就是收入水平从1200到3000马克的人,那也压根不可能制定一个整齐划一的中产阶级的政策。因为那些涵盖在此收入水平中的人员,如商人、手工匠、农民、技工、白领阶层、享有年金收入者以及公务员,他们在法律规定的其他方面几乎没有类似的利益。对于关税政策的问题,保护劳工的问题,结社权利的问题,促进批发或零售的问题,贸易规章的问题,以及那些居住要求和遵守安息日的问题等,都要在这样错综复杂的关系里以最矛盾的方式予以回答。对大企业主和大房地产的拥有者来说情况亦然,根据收入他们属于同一个社会阶层,但是按照其政治需求来说他们却分属迥异的政治阵营。因而,根据形式上的金钱收入标准把任何一个阶层融为一体完全失去了实际的政治的意义。所以国家更多地指向这样的规则,即适用利益之总体性兼多样性的规则。这一发展趋势可能被无数敌对的力量转移了方向或全部覆盖,不过从原则上讲,用收入划分社会阶层以取代按职业和出身来划分等级的一个结果就是,无法以数量来表现的利益性质破坏了社会等级综合体的外在意义,从而引导公共策略向一个客观水平发展,即超越一切阶级划分之上的水平。这属于一种相当典型的相互关系:即最完满的客观性与最完美的主观利弊考虑之间的相互关系,它藉由课税的发展史被揭示出来。

此外我希望说明的是,在社会的基础关系中,货币为创造这种相互关系提供了技术可行性。我曾经多番强调一种中世纪的理论,它主张给予每一件商品一个公正的价格,即一个客观上公平的价格,是商品的金钱价值与其客观价值之间算术上的一种平衡,这一理论试图合法地规范价格的上涨与下跌。其结果却导致了糟糕之极的主观武断,即一种任意妄为、毫不适中的价格估计,它使瞬间的价格格局(Konstellation)成为未来发展的羁绊。公平适中的价格不可能借助直接消除差异的过程获得,人们要考虑经济的全局,供需多方面的影响力,以及作为价格决定基础的波动的人和物品的生产力。纵然这种做法排除了个人对价格的约束确定,纵然必须迫使个人估计盘算不断变化的环境,价格却是由更加真实得多的因素构成,由此得到的价格在客观上也更加经得起衡量,更加公平。价格的这一演进过程还可以进一步提高完善。一种更进一步的公平观认为,价格的构成不仅仅是靠超越个人的因素的错综复杂和变化,也要考虑到消费者的个人资产状况的水平共同发挥的作用。个人的经济状况也是客观的事实,对实现个人的消费至关紧要,但现在价格的构成在原则上根本没有表现出个人的经济状况。人们好像可以轻而易举地观察到这一点,这使公平的价格观具有了根本的悖论性。在前文我曾用财富的自然增值现象(Superadditum)这个术语描述了一些特定现象,在这些现象中我们非常明显地也遭遇到这种悖论特征:即购买同一件商品,穷人比富人付的钱更多。不过在许多情况下相反的一面也是事实:穷人通常以为其需求更低廉,比富人更容易满足。就特定意义而言,一个医生的诊疗费的价格制定似乎是视消费者的经济状况而定。在特定的界限之内,病人"按自己的经济状况"给付医疗费是合法的。诚然,这样做尤其被认为是正当的,因为病人处于迫不得已的境况;这个病人必须得看医生,因此从一开始看医生的活动就必然奠基在同工却不同酬上面。公民发现他自己与国家的关系也处于同样一种迫不得已的境况中,他不能免除服国家役务,或者甚至,如果他想的话,拒绝服役。故而令人毫不称奇的是,国家向穷人征收的役务替代金更少,税额更低,这样做不仅仅是因为国家给更富裕的人提供了更多的好处。这种对役务和回报进行的调和表面上很具有客观性,但长期以来被认为是不恰当的,并且被考虑个人役务能力(Leistungsfähigkeit)的原则取而代之。新形成的平衡关系并不比旧的更加缺乏客观性,它只不过是把个人经济状况合并进来作为考虑的要素;是的,新的平衡关系具有一种更恰切的客观性,因为价格的构成——尤其是涉及必不可少的东西时——把个人的经济总体状况排除在外似乎是相当任意武断的,并且忽视了实际的情况。按照这一方向,律师费按照诉讼对象价值的不同而变化。一个20马克的法律诉讼案件的当事人要求律师付出的努力与涉及上万马克的案子当事人是相同的。在这方面,律师也是"按照经济状况"被付给报酬,尽管律师的情况似乎比和医生相关的那种情况显得具有更加客观的形式。考虑个人经济能力的原则是更进一步的提议的基础,我们稍后会对此详细讨论:譬如说,法律对罚金的确定不是根据绝对的数量,而是依据收入水平而定;或者,诉案对象的价值——上诉至最高法院时会对其有所限定——不再像从前那样设定成一个绝对的数量,而是按原告年收入的一个确定的百分比而定。的确,人们近来声称,比照消费者的购买手段来设定价格不等的体系是社会政策的万灵药,它有社会主义的优点却无社会主义的缺点。这里使我们感兴趣的不是这个提议正确与否,而恰恰是它的存在事实本身,它说明了一种特殊的经济意义上的贸易发展的终结。我们已经看到,贸易的初始发展是纯粹主观的个人的财产变更——通过赠礼和偷窃的方式。之后交换把事物而不是人互相联系起来,借助于此交换发展到了客观性的阶段。起初交换严格地拘泥于形式,以固定的自然数量进行交换,或者以公然强制的价格实现交换,这样的交换徒有客观的形式,其内容却仍旧是彻底主观且随意的。近代较为自由的贸易扩大了这种客观性,其方式是把意外情况产生的一切变数合并到价格规定性中:贸易的客观性更富有弹性,因而也更无所不包。上文提到的那个提议最终试图把最具有个人性的种种要素客观化,使得个体购买者的经济状况可以改变他所需要的那些对象的价格。这可能非常近似于成本理论,至少也是对该理论的扩充,成本理论声称价格取决于生产条件。而现在价格将取决于各种消费条件,或者至少也是根据消费条件而变化。只要保持消费的条件,生产者的利益就会被固定下来——这虽然有点乌托邦,但逻辑上是可能的——并且在每一桩销售中价格都会准确地表现一切个人经济状况,这正是价格的基础;任何主观的东西似乎都变成了价格构成中客观的合法的组成要素。贸易的这一发展可能对应了一种哲学上的世界图景,它把所有原初是客观的现实都看作主观的构成物:但是恰恰经由这种绝对的返回自我的过程,世界获得了整一性、连贯性和可感知性,这些性质把根本上的意义和价值赋予了我们所称的客观性。一如在这种情况下主体将超越它与客体的对立,因为主体完整地吸纳了客体,超越了客体,所以反过来,主体与客体的对立却被如此克服了,客体的行为吞噬了主体的一切,没有给对立留下一点残存的余地。

对于我们的上下文非常重要的是,借助货币的概念,这种理想的形成及其部分地接近现实成其为可能。只有当一种统一均衡的价值表现形式甫现之际,各种经济状况因素的总体才能被充分地用于价格的规定。唯有化成一个公分母,才给个人经济状况里的种种要素提供那种统一性,这些要素才允许共同发挥作用——根据公平的标准——来规定价格。货币最令人瞩目的成就,是通过让千差万别的东西消除差异,从而可能使个别的错综复杂的状况最恰当地形成并发挥其效力——这就好比是一切具体的形式必须首先返回到最一般的原始要素,目的是为了新构造的个别的形式获得彻底的自由。货币的这一成就是一条发展脉络的先决条件,这一条发展脉络即是消除物品价格中所有僵化不变的东西,会扭曲个人经济情况的东西,它在坚持价格不能绝对等同的社会原则中热切地表现出来。然而,这些不等的价格一涉及消费者的经济状况恰恰就具有了相对意义上的平等,并且可以根据完全客观的原则来判断,这些价格——凭借其无所不包(Einbezogensein)的整体性——因此构成了主观的前提条件。一切客观性首先为人所意识都是通过它与主体绝对的对峙,主客体的区别绝不可能那么泾渭分明,足以把客体从纯朴的或难以区分的主客体的合一中释放出来。唯有思想发展到较高的水平才能再一次囊括全面的客观性概念,即包涵主体在其中的客观性;客体不再需要把它和主体直接的对峙固定下来,使其一清二楚,相反,客体托升着主体,使主体成为世界的客观图景的组成部分,或者成为客观性诸方面之一。

早期的形成过程(它也包含了这一发展)——即货币促使财产的占有与存在分离——使货币清晰地表现因而也总结了一个过程,这个过程在历史生活的其他阶段业已得到发展。只要存在着氏族的社会状态,个人与土地之间稳固的联系就占据主流。因为一方面氏族是土地的最高所有者,另一方面氏族的利益是完全与个人利益一致的;在财产变成私人拥有物之前,氏族建立起了维系存在与财产之间的纽带。继之而来是土地转变为私人财产,虽然这看起来是把个人与其财产维系在一起,但却松开了二者之间任何根本性的联系,甚至可以随意采取跟财产相关的行为。新兴的货币经济——它首先在中世纪城市出现——导致生产了一种情况,土地可以被抵押从中收取租金,但不会影响到土地所有者的人身状态或降低其社会地位。货币经济使土地和作为个人的土地所有者分裂开来,使得压缩完整的产权——正如抵押中的那样——不再被理解为是对产权人的降格。抵押和出售乃是人身与土地的这种分裂关系——货币首先使之成为可能——最极端的后果,然而这种分裂在货币出现之前,在氏族社会关系瓦解之际就已经开始了。在后来的历史发展阶段中出现了一个类似的过程,这个阶段就是宗法制社会转变成了法治国家,公民在法律面前具有平等的权利。这同样意味着存在脱离了财产,财产脱离了存在:社会地位不再以是否占有的土地财产来衡量,而另一方面财产也不再由是否属于贵族阶层的一员而定。这是一系列社会运动整个造成的:社会底层的人数量上的增加削弱了贵族;对社会底层的人实行劳动分工,一方面在他们当中产生了一种贵族体系,另一方面使占有土地的贵族离不开社会底层的人;以及那些没有土地财产束缚的阶层得到了更大的活动自由,等等。所有这一切力量(譬如说)在"希腊的中世纪"末期发挥作用,其时正值海上贸易与殖民主义活动得到发展,雅典从7世纪起往后就取得了经济上的优势地位。当货币经济发展起来时,它只不过是完成了这一过程。土地所有者现在也需要资金,为的是跟这些发财的暴发户并驾齐驱。抵押土地得到的钱,土地生产的收益所得的钱,甚至从土地自身得到的钱,在土地所有者和他的财产之间移来挤去,并且,使他更加不受其财产性质上的确定性的牵制,使财产不再具有他个人的色彩,从而在握有土地的贵族阶层与其他阶层之间造成了一种日益增长的权利平等的趋势。人人权利平等的原则,正如它最终主导了古希腊的民主制度,因而也意味着任何特殊的确定性的瓦解,通常就是影响了财产和存在之间相互依存的关系;但是在这里,货币经济自身不过呈现为一个基础更加宽广的运动的最有力的且最有意识的组成要素和表现形式。在日耳曼人的社会关系中,我们看到在古代,地产不是一个独立存在的客体,而是个体成为当地社会一员的人身归属关系带来的结果。土地自身不是那种需要特殊技能的客体——个体占有这种客体会给自己带来特定的意义及后果;相反是因为人身拥有了这种确定的意义,他才被给予一块特定的地产。10世纪时这种人身束缚关系已经消失了,被土地的独立性取而代之,人们也许可以称之为一种土地的个人化。它导致了分割土地的趋势,把土地拽入了经济生活的惶惶不安之中。当这种趋势最后被土地固有的稳定性本质遏制住时,货币,这种离人身最远的经济对象取代了土地。但货币是最适合清晰地表现存在与财产的分裂——这一分裂业已开始影响土地财产的状态——的物质。最终在13世纪,这同样的现象从它的另一面,从社会阶梯的另一末端展现出来。这个时期农民的自由发展到了非常高的水平,特别是在日耳曼的东部,这些地方被自由农殖民化了,并且它们与当时相对来说已经高度发展的货币经济有紧密的联系。但是好景不长,情况突然发生了逆转:领主土地制扩展开来,尤其在易北河东岸,并且领主土地制成功地把农民束缚在土地上;然而与此同时,金钱交换再一次被实物交换取代。把农民紧紧地束缚于其经济地位上,把他们的存在牢牢地捆绑在其财产上,这与货币经济的衰落是平行发展的。虽然货币经济这一现象曾被诠释为领主土地制的肇始原因,但是当时导致该制度形成的是诸多错综复杂的原因,货币经济只不过是其中最引人注目的因素罢了。假如货币本身被视为财产对象,在某种程度上从财产所有者的存在中孤立出来,那么在财产拥有与存在状态的历史关系中,我想说货币就代表了各种要素——它们导致这种关系之紧张与松弛的世界历史性变化——中最明确、最关键也是最具征兆性的因素。

自由就是在对事物的占有中清楚地形成自我

假如自由也有这样的含义,使存在和财产拥有彼此独立,假如占有货币最明确地使存在与财产彼此的确定性被松开、打破了,那么就存在着另一种相对应的、更为积极的自由概念,这种自由概念把存在与财产拥有在一个更高层面上紧密地维系起来,但这种自由仍旧在货币中找到最有力的实现。我指的是前面对占有财产的规定,即占有并不像表面看上去那样消极地接受客体,而是作用于客体之上的一种行为。占有财产,无论多么宽泛和不受限制,作用于事物时只不过是使自我的意志在事物中表达出来:因为占有某件东西实际上就是指这件东西不能违抗我的种种意愿,指我的意愿可以凌驾于这件东西之上。如若我对一个人宣称我"占有"他,这就是说他屈从我的意志吩咐,无论是自然而然和谐相处还是暗地里强制胁迫,我的存在和意志似乎延续到他的身上。我的身体是属我的,比其他任何客体"属我"的程度更高,因我的身体比其他任何客体更直接、更彻底地服从我的心理欲望,也因为这些欲望相对而言完全地在身体上表现出来,所以,与此类似的过程如果对任何事物有效,它就在同等程度上是属我的。一个人对某个东西"想怎么样,就怎么样"不仅仅是产权导致的结果,而且实际上意味着,这个人占有了它。这样一来,自我就被所有的"占有物"围绕着,就像被一个区域范围围绕似的,在占有物中,自我的脾性和性格特征获得了直观有形的展示。占有物形成了自我的延伸,自我只是其中的内核,人的欲望从这个内核延伸到事物上。只要事物臣服于我的自我的权利与力量之下,就是属我的,可以按我的意志来塑造它们。各种事物与自我——财产的占有好像既是自我的范围又是自我的表达——的这一密切关系不仅单单在占有中体现出来,只要该关系保持延续下去。不如说,这和我们把占有财产当作一系列行为活动之总和的观念并不矛盾,所以,恰恰是放弃价值——不管是交换还是赠礼——会表现出对占有物的个人感情的一种特定的强化,也就是和自愿放弃、自我牺牲密切相关的吸引力,以及以迂回的方式缩减自我实则暗示着提高自我的吸引力。占有关系通常只有在放弃财产之际才会体验到,就仿佛只有在肢体被割除的一刹那人们才最强烈地感受到它的存在。财产的魅力在交出它的一瞬间被强化了,无论是痛心疾首还是满心喜悦地放弃它,甚至对方不付这个价钱物主就不可能拱手相让。这一时刻特别是一个"收获的时刻"(Fruchtbare Moment),正如赢利的时候一样,财产所代表的个人能力似乎被处置掉财产的行为直观地强化了,正如(稍有不同的)破坏财产的强烈冲动所表现的一样。据说,在阿拉伯的贝都因人当中,乞讨、赠礼和抢劫是可相互置换的概念,必然也是互相关联的行为,所以这说明了,尤其是按照这些部落强烈的个人主义特征来看,所有这些与产权相关的各不相同的行为如何——以不同的前提,循着不同的方向——表现了一切占有客体的同一种意义和基础价值:也就是说个人在占有的客体中表现、揭示、展现了自己。因此对于理解财产,关键是要认识到:在财产与自我,内在生活与外在生活之间划分严格的界线是非常肤浅的,若要更深入地理解它,这个界线就应该是流动变化的。一方面,财产的全部意义就在于它释放了灵魂的特定情绪与欲望,而另一方面,自我的范畴既扩展到这些"外在"客体之上,又深入到其中,就好像小提琴手或画家的灵魂活动不断地转化为小提琴弓的移动或画笔的运用。正如被占有的外部客体如果没有一种精神价值就是毫无意义的,所以,如果自我没有被外部客体所环绕——这些客体是自我之脾性、力量和个性风格的表现,因为它们听从自我吩咐,也就是说它们属于自我——那么自我似乎就失却其维度(ausdehnungslos),倒塌缩小成一个点。在我看来极有可能的是,私有财产的发展在最初以及最轰轰烈烈时恰恰并非集中于占有劳动产品之类的东西,而是占有劳动工具,包括武器。因为工具的作用就是最直接地延展四肢的功能,事物对我们欲望的抵抗首先是在它们的终结点被体验到的。占有工具所体现的活动要素比占有其他东西更大,因此工具仅次于身体最彻底地与自我合为一体。财产的这一种含义指示出这样一条道路,即唯心论的、自由的世界观被其相反的对应物补充完善的道路:事物必须构成自我的一部分,一如自我必须成为事物的一部分。

人们会说,获得财产的过程似乎反映了超越个体(Individuum)尺度之上的个人(Persönlichkeit)之成长,生育繁衍同样也表现了这样一种发育成长。在二者中的任何一种情形中,个体的范围超出了它原来的界限,自我继续越过了它直接的框架,扩展至另一个自我(Außer-

Sich),而这另一个自我在广义上仍然是"属他"的。在一些马来半岛的部落中,只有当夫家还清了新娘嫁妆之后所生的孩子,父亲才有权拥有,那些在此之前出生的孩子尽管毫无疑问也是同一对父母所生,却归属娘家。这条规矩的理由自然是一种纯实际的考虑:孩子代表的是通过女儿的婚姻交付给她丈夫的价值对象,但这种价值对象要被娘家保留下来,直到付清娘家嫁妆的钱。这一习俗显然揭示出财产占有与后代生养之间深刻的关系。丈夫在某种程度上可以选择,他是愿意拥有孩子来扩大其势力范围,还是让岳父母保留着孩子这笔财产。有关早期的婆罗门僧侣,吠陀经记载道:"他们停止了活动去争取儿子,去追求财产。因为争取儿子也就是追求财产。争取这一个就好比是追求那一个。"这句话本身尚未言明两种奋斗内容的一致性,但至关紧要的是,被援引的两个例子说明了所有的财产争夺都毫无二致。自我在创造其存在相似物(Seinesgleichen)的过程中把自身原初的局限转化到相似物身上,正如自我掌控着财产时则把其意志的形式强加于财产之上。财产作为一种纯粹的个人扩张的概念非但没有遭到下述情况的反驳反而得到了强有力的证实:个人感受从自我的核心点转移到了周遭的层面上,转移到了财产上。这正如把生儿育女和组建家庭的意义理解为自我的扩张,但这并不会受这样的事实的影响,即直接的自我兴趣会隐藏在对孩子的兴趣背后。在中世纪的英格兰,人身束缚的标志就是,一个人假若没有得到领主的首肯,就不允许丢弃女儿或者出售一头牛。是的,任何人如果有权这么做,他就被视为是自由的,即便他还得给领主服劳役。自我感受越过了其直接的界线,在客体——它们只与自我间接地相联——中扎下了根,这正好证明了,诸如此类的财产意味着个人伸展到了客体上,且个人通过对客体的统辖获取了客体的影响范围。这就解释了这样一种奇怪的现象,即有时候财产(Haben)的总量显得恰恰与存在(Sein)的总体相等。中世纪的法兰西有一种特定的农奴阶层,对他们的权利规定是:只有他们把全部财产交给领主,才允许成为自由人。

对于各类财产的此类理解有多种多样的后果。要是自由的含义就是意志毫无阻隔地实现,那么拥有的财产越多,我们似乎就越自由,因为我们已接受的财产含义就是我们"怎么想,就可以怎么"处置财产的内容。但我们并没有以这样的方式来处置别人财产的"自由",或者占有那些根本不可能被占有的东西的"自由"。所以,正好与我们诠释的自由的意义相仿,拉丁语(德语很长一段时间也如此)把"自由"这个词的意义与特权的意义,或者与一种特殊优待的意义联系在一起。只有在已被占有的对象之本质中,自由才发现了自己的局限。这在我们和身体的关系中已经昭然若揭,我们确信自己彻底不受限制地拥有一己的身体。身体只能在其构造规律允许的范围内遵从精神的欲望,我们的意志不可能要身体做什么动作和行为,就能做成什么动作和行为。这对于其他客体亦然。针对一块我拥有的木头,我的意志可发挥的自由程度只限于我能够用它雕刻出各式各样的木制工具,但是,一旦我想用木头制造出一个具有橡皮的弹性或具有石头的硬度的工具时,我的自由就消失得无影无踪了。我们的意志面对物体时所能成就的事,跟一个艺术家利用其艺术器具完成艺术品是一致的。无论他的情绪和艺术才华多么深入地灌注到器具上,无论他的艺术力量的限度是否先天已注定,这样的限度的确存在于某个地方。如果超越了一定的度,工具器械的结构也不允许它更进一步地屈服于灵魂的力量之下。这个度就是事物不再"归属"我们的限度。然而,当今的时代忽视财产占有根本的局限性,因为我们的适应能力已被破坏,毫无顾忌地攫取自由和财产,这导致我们向事物提出了数不清的要求,而按照事物和我们的本质,这些要求根本不可能达到。我回想起我们对艺术的东西缺乏理解力——只是近来才得以克服——回想起我们越来越多地指望从外在生活条件中得到灵魂的喜乐与宁静,从技术进步中获得真正的文化,从社会的客观结构中得到个体的满足和日臻完善。

大体上,当意志被调整到与我们的生活条件相吻合时,就不会期望事物做不可能做到的事,我们自由的限度——依财产自身的规律而定——就不会导致肯定性的经验。尽管如此,仍然可能建立起一种客体的等级(Skala),这一等级取决于在多大程度上意志可以强占客体,在什么地方意志无法穿透客体，以及在多大程度上客体可以被真正地"占有"。货币将被定位在这样一个等级的极限终点处。对货币而言，那种不可获得性（Ungewinnbare）——这似乎是客体为自己所保留的，以及它进而拒绝毫无限制的占有——完全消失了。货币缺乏这样一种结构，通过这种结构，其他具有确定条件的事物拒绝屈服于我们的意志之下，即便我们在法律的意义上占有了它们。货币不加区别地、不费周折地就化身为每一款形式和每一种目的，在这些形式和目的里意志将清楚明确地形成。只有隐藏于货币身后的事物才会产生障碍。货币自身同等程度地听从任意一道指令，关于物品、花销幅度、花钱或存钱的速度。因此，货币赋予自我最明确、最彻底的方式在一个客体中表现自我，纵使这种方式还囿于货币无特质（Qualitätslosigkeit）的界限之内，货币的界限只是否定意义的，不像所有其他客体的界限那样是肯定意义上的。货币是和拥有（ist und hat）的东西，一切都毫无保留地献给人的意志，被意志完全吸收。当货币再也不能这样做时，是由于这样的事实，即越过那个界限后货币里什么东西都没有，对所有其他对象而言，那个界限代表了它们的存在中有所保留的、不屈服的组成部分。

我们拥有的金钱是形式上最百依百顺的对象，但也是由于它内容上完全空无一物，金钱同样是最不顺从的对象：因为已被我们据为己有的金钱，从一开始一下子实际上就绝对地、无条件地归属了我们，我们似乎无法再从它那里榨取到更多的东西。一般人们必然会说，只有当一个客体实质上是什么东西，它对我们才会意味着是什么东西；因此只有当一个客体给我们的自由设立了一个界线，它才给自由留有空间。这种逻辑上的对立——我们针对事物的行为之整体在这一对立的张力中被现实化——在货币身上达到了最大值：货币对我们意味着比任何其他财产更多的东西，因为它毫无保留地遵从我们；货币对我们也意味着比任何其他财产更少的东西，因为它匮乏任何超过财产的纯粹形式的、可以被占为己有的内容。我们有钱就比占有任何其他财物都拥有得更多，但是有钱也比有任何其他东西拥有得更少。

金钱的百依百顺性（Nachgiebigkeit），正如其诸多的特性一样，最明白无误、最强烈地表现在证券交易中,货币经济在证券交易中结晶为一个独立的结构,一如政治组织结晶而成了国家。股价行情的波动常常说明的是主观-心理的动机,这些动机就其过激性和独立性而言,与一切客观的理由是完全无法比拟的。然而,这么来理解肯定是肤浅的,即认为股价行情的活动很少反映单个的、由证券提供资金的对象之质量的真实变化。因为对象质量之于市场的意义不仅仅在于国家或啤酒厂、矿山或银行的内在性质,也在于这些对象与其他所有市场的内容及其状况的关系。因此,这不会影响到它们的实际基础,譬如,假如说阿根廷的大萧条使中国股票的价格受挫,但这些股票的可靠性与其说受这个事件影响,倒不如说受月球上发生的事情影响。因为这些股票的价值意义,它们一切外在的稳定性,依然取决于市场的整体状况,随便什么时候都会存在证券市场的浮动,比如说,使证券的利润进一步利用不那么有利可图。超越证券市场的波动——即使这种波动预先假设单个对象与其他对象结合在一起——之上,客观上仍然会产生股市行情的变动,其原因是来自投机买卖自身的因素:因为这种对某一只股票未来的行情走势(Kursstand)的赌博投机本身对该股票的行情走势具有最大的影响。例如,但凡某个资产雄厚的财团出于某些原因——这些原因与该股票的性质不相干——表态支持这一股票,它的报价就会上升;相反,一个不景气的财团单单借助交易所要手腕就可以使一只股票的行情看跌。在这里,对象的实际价值似乎是毫不相关的下层土壤,市场价值在这一土壤上面运动,因为这种运动必须依附于随便哪一种质料上,或更正确地说,必须依赖于随便哪个名字;对象之实际的、最终的价值,与交易证券代表的价值代理之间丧失了一切稳定的比例关系。这清楚地表现了这种价值形式绝对的顺从性,事物借着金钱获得了这一形式,它使事物彻底脱离了其客观的基础。现在,价值几乎百依百顺地遵循着人的脾气、贪婪、不切实际的观点的种种心理欲望,并且是以如此突出的方式,因为存在的客观环境就是这样,它能够提供准确无误的估价标尺。但是,铸造成货币形式的价值使自己独立于价值的根基和基础,目的是唯主观能量之命是从。在这里，在投机买卖可以决定被投机对象命运的地方，并且恰恰独立于现存的、客观的基础之外，价值之货币形式的渗透性和可塑性(Bildsamkeit)通过其最严格意义上的主观性找到了最成功的表现形式。

货币占有对自我的无条件及有条件的顺从

据此，货币占有所意味的自我之扩展(Ausdehnung des Ich)是一种非常与众不同的自我扩展——在某种意义上是、我们可从一个客体那里获得的最彻底的自我扩展，而另一方面它恰恰又是最受局限的，因为货币的百依百顺性终究不过是一种绝对流动不居的躯体之特性，货币占有可以海纳任何一种形式，然而它自己似乎不可以被塑造成型，只会从周围的躯体中吸收一切可以据为己有的确定性。这一格局解释了下列类型的心理事实。有人告诉我，当他要购买自己非常中意的任何东西时，目的不是为了给他自己买东西或是为了把这个东西搞到手，而是想把对这些东西的喜爱主动地表示出来，使它们从自己的手中经过时，在它们身上打上他的个性的印记。在这里货币也就可能提供一种相当独特的个人的扩张，个人则不必通过占有实物来装饰自己了。这样的个人对直接掌控物体不感兴趣；不如说他只在凌驾于物体之上的瞬间权力中得到满足，并且，与物体之间缺乏任何质的联系似乎不会给予个人任何的扩展和满足，但购买行为本身事实上就是一种心理满足的经历，因为各色事物好像都绝对地服从其货币那一面(Geldseite)。由于货币和有货币价值的物体完全个体的欲望而定，单单表现了个体对它们的主宰的象征符号就使人得到了满足，否则这种满足感只能在实际的财产占有中才能获得。对这种满足感的单纯象征意义的享受可能几近于一种病态，就像一位法国小说家叙述的这个例子。有个英国人是某个放浪不羁的文化人团体(Bohème-Kreisen)的成员，他生活的乐子就是出钱资助放纵恣肆的饮酒狂欢，尽管这个英国人自己从不参与，只给所有人结账：他来到这儿，什么也不说，什么也不做，给所有东西结清账,然后一走了之。这种令人疑惑的事情的一个方面——指给他人结账——对该名男子的感受来说一定意味着一切。人们很容易假设这是一种获得不正常满足感的情形,新近的性病理学正在谈到这样的满足感。一般的挥霍行为只停留在占有、享用、单纯浪费金钱这样的初级阶段,与之相比较,这个英国人的行为特别古怪,因为在这个例子中,通过金钱等价物体现的满足享受如此切近地、直接地吸引着他。一方面这个英国人不参与积极地拥有和使用事物,另一方面这样的事实——这种单纯的购买行为被体验为是个人与购买物之间的关联以及一种个人的满足——可以被阐释为一种自我的扩张,这种扩张是花钱的纯粹功能给个人提供的。货币在如此体验的人和事物之间构筑了一座桥梁。跨越这座桥,灵魂体会到了其占有的东西的吸引力,纵然它实际上并未将它们据为己有。

这种关系也形成了非常复杂且重要的贪财现象的一个方面。对守财奴而言,他的极乐就是把持着金钱却永远不把钱腾出来购买和享用具体的对象,这样他体验到的权力感一定比宰制任何条件确定的事物所能达到的感觉更深刻、更有价值。因为任何一种财产占有方式都有其自身的局限,如我们在上文已看到的那样。贪婪的灵魂寻求的是完完全全的心满意足,它力图穿透事物之最终的、最内在的、绝对的本性,却痛苦地遭到对象的拒绝。各种事物是且一直是自为的东西(etwas für sich),它们拒绝与主体自我的范围完全融为一体,致使满腔热情的占有欲以愤愤不平而告终。货币占有的方式却不受这种隐藏在其他所有财产占有形式中的人与物之间对立的约束。货币根本未把事物本身据为己有,排除了一切有赖于具体事物的具体享乐,以此为代价,货币就能够提供本质上可感知的对象全然不具备的一种宰制感,因而也不会遭遇到其他财产占有形式的局限性。唯有对货币,我们可以彻底地、毫无保留地占为己有,唯有货币不折不扣地行使了我们分派给它的功能。守财奴所体验的快乐在美学意义上大抵如此。因为这样的快乐超越了世界不可穿透的现实,遵循着只有精神才能完全心领神会的光芒,毫无顾虑地与之融为一体。在以其他内容实现这同一个原则的一个序列,唯有与货币相关联的现象是其中纯而又纯、透明澄净的部分。我曾经遇到过这么一个人,他韶华已逝,是一个小康之家的一家之主,他把所有的时间都花在学习各种各样的东西——比如语言——上却从不付诸实践,出色地表演着各种技艺的舞蹈却不使用它们,一点都不用,甚至连想都不想。这完全是守财奴类型的人:他们的满足感就是占有某些可能性,却从未想让它们成为现实。吸引他们这么做的必然跟美学意义上的魅力相关联,审美的魅力就是掌握纯粹的形式以及事物或行动的理念,与之相对,任何迈向其实现的步伐都被视为是无法躲避的障碍、倒退、不足带来的一种衰落,它们必定会减少通过能力绝对地主宰客体的那种愉悦感。审美观照(ästhetische Betrachtung)——作为一种纯形式功能,它可以观照任何对象,不过尤其自在的是观照"美"——最为彻底地消除了自我与对象之间的壁垒。对审美观照而言,对象的观念如此不费吹灰之力、自在而和谐地绽放开来,就仿佛它们单单由自我的基本法则规定一样。因此自由感(此乃审美情绪的组成部分)、从事物阴暗压力中的释放、自我的扩张(它带着自我的欢乐和自由扩展到事物里去)——它们的实现通常受到压迫。纯粹把钱攥在手里而不用它的快乐,其心理上的倾向一定也如此。纯粹的货币占有是实物占有的一种特殊的浓缩、抽象和预示,它给予人的意识的正是那种自由的范围,是借助一种不加抵抗的中介的那种预兆不祥的自我延伸,是无须用暴力、无须否定现实而对一切可能性的自我吸收(In-Sich-Einziehen)——所有这一切也是审美愉悦的组成部分。把美定义为 une promesse de bonheur(对幸福的许诺)也道出了美的魅力与金钱的吸引力在心理上的形式类似性,因为,钱币的吸引力如若不在于能给我们提供对幸福的许诺的话,还会在别的什么地方呢?

人们偶尔也会尝试把一个尚未成形的价值的吸引力跟已成形的形式的价值的吸引力结合在一起:这就是珠宝和玉石的意义之一。拥有珠宝玉石的人赫然就是某种潜在的、价值连城的资产的主人,这一方面代表了他可集中地处置这些珠宝的权利,另一方面却揭示出,珠宝玉石原来必然具备的绝对流动性和纯粹可能性已经凝固成一种特定的形式明确性和具体性质。在结合这两种功能方面,可以找到一个特别突出的印度例子,因为这个国家长期以来的风俗就是以珠宝的形式存钱。譬如,一卢布的银币被熔化制成珠宝(这在价值上只有些微损失),然后存起来,以便急需时再当成银子花出去。这样的价值形式显然具有更浓缩的效果,性质也更为丰富。这种结合的形式——即它被赋予了某种具体的特性,并且消除了其原子式的结构——就显得更亲密地归属于个人。下列事实也清楚地说明了这一点,自所罗门时代始,王室把贵重金属铸造成器皿的形式加以储藏乃是基于这一信念:这样一来财宝就更加牢靠地属于王室家族,安全地避开敌人的抢掠。把硬币直接当成珠宝使常常意味着,一个人希望立即把持和控制其财富。珠宝放射出个性的光芒,因此在本质上,只有当珠宝闪耀出个性时它才是某种颇有价值的东西:对珠宝的观念以及它的实际意义取决于它归属于自我的关系。据说在东方,一切财富的先决条件是,财富的主人能够席卷财宝逃亡,也即所谓的无论主人的命运遭际如何,金银财宝都会绝对地跟随着他。而另一面,占有金钱的快乐则无疑包含了一种理想主义的因素。强调这个因素好像显得有点自相矛盾,因为,一方面赚钱的方式通常毫无理想主义的元素可言,另一方面主体在那一时刻表达出来的快乐压根不同于以理想主义的方式表达的快乐。但这不应该掩饰这一事实:占有货币的快乐纯粹是诸如此类的最抽象的乐感之一,离一切直接的感官享乐距离最远,因为这种快乐是独一无二地通过思维和幻想的过程而体验到的。所以,占有金钱之乐宛如胜利的喜悦,这种感觉对于某些天性的人如此强烈,导致他们甚至不问在胜利中获得了什么。

占有货币体现了个性之扩展——就像存在于任何一种财产占有形式中的那样——的特殊方式,这一点在以下的考察中得到证实或补充。当我以自己的个性充满任何客体的范围——在其中个性清楚地形成了我的意志——时,发现了事物自身的规律对它的限制,我的意志无力打破这些规律。这样的限制性不仅是客体的消极抵抗造成的,而且另一方面,也肇因于主体扩张能力的有限性。客体遵从意志的范围可能会大到自我无能为力完成其任务的地步。倘若我们说,占有与自由是一回事,倘若我的自由——即我的意志得以实现——随着占有的东西的数量越来越多而增大,那么实际上这种自由只能到达某个特定的界线为止,超过了这个界线,自我就不能够再实现和享受控制事物的潜在可能性了。贪欲当然可能会僭越这个点,但是它在永不满足——不满足本身就是实现贪欲的一部分——和偶尔的约束与局限中暴露出其荒诞性(Sinnlosigkeit),带有局限性的过度攫取财富反而变成了与财富原先的特征和目的对峙的一面。这导致产生无利可图的财产的现象,因为财产所有者的所作所为不足以使财产获得利润。独裁者对于统治奴隶感到厌倦,就是因为他的权力意志(Wille zur Macht)在碰到绝对的顺从和不抵抗时烟消云散了,而只有权力意志才能使他感觉到自己的存在;既无时间也无精力享受自己的财产的人,他的时间和精力全都消耗在管理和经营这份财产上了。只有涉及下面这样的问题时,各种对象才判然有别:它们可以在同一时间里吸纳多少数量的个性,也就是说,在哪一个尺度上财产的占有变得无意义,因为只有在这一尺度之内自我才有能力控制财产。在这里货币再次占据了一个特殊地位。人们可以说,个人对货币的管理、掌控和享用比他拥有其他财产对象的要求条件更少,因而,他可以控制的货币财产规模以及将之构建成经济的个人范围也比别的财产形式更大。

除了实际的享受,对所有其他事物的欲望也受主体接纳能力的局限,这是一条规则,无论事物与主体双方的界线是否吻合,无论它们之间的距离有多远。唯有货币——如我们在本书前面的另一处所说——没有停留在这个内在范围之内,这个范围最终作为对客体的欲望的界限。这种情况越是自然而然地这样,金钱就愈发不过是"钱"而已,即是单纯的交换中介,自身并无任何直接可享用的价值。只要牲畜、食品、奴隶等等——即生活消费品——被当作货币在起作用,占有它们就意味着奢侈的消费而非扩大了购买力。这里有所谓的两种并行不悖的个性扩展的不同方案。在原始的实物经济中,这个方案就是将客体占为己有的直接消费,人们可以说自我不断地从中心向外延伸;而在抽象的金属钱币交换中(更不说信用消费了),

这些直接的阶段没有意义且被忽略不计。与实物经济里的"富"人形成鲜明对照的是,现代社会的有钱人可能过着最适可而止的节俭生活,没有直接感官意义上的快意满足。譬如,人们可以在烹饪饮食领域发现两种发展趋势,我相信,它们均是发达的货币经济的产物:即有钱人一般都吃得很简单——除了宴请之外——而中产阶级反而吃得更好些,起码城市里是如此。由于货币的距离化作用(Fernwirkungen),自我可以在最遥远的客体身上感受到他的力量、他的满足、他的意志,以至于他忽略和不在乎更直接的社会阶层的身份,而在相对不发达的社会中,这个社会阶层则必须独自支配财富才行。主体扩张的能力受其本性的局限,但这种能力却在与纯粹的货币而不是与其他任何财产形式的关联中展示出一种更大的幅度和自由。这和我们早先的想法不同:早先我们以为是事物自己的特性终止了自我的扩张,而在这里证明是个人力量的局限性使然,当占有了一定数量的财产后,个人力量一定会消失殆尽,即便事物对我们言听计从。有一种现象表明个人力量的消耗有所延迟,只要占有的财产不采纳明确的客体的形式,而采纳货币形式的话。

第三节

个人与占有的分化

我们在思想史中遇到一种思想的发展,尽管它只是粗略的构架,但通过它广泛而深刻地化为现实(Verwirklichung),它仍属于思想现实(geistigen Realität)中最重要的形式。我们发现,某些领域起初完全由一种性格特征占上风,随着一段时间的发展,该领域的一体性(Einheitlichkeit)分裂成越来越多的分支领域,其中只有一个部分在狭义上代表了整体的特征,并且与剩下的其他组成部分相对峙。换种方式来说,不论一个整体的两个组成要素在相对意义上是多么针锋相对,二者却依然展现出其中之一的特征,尽管是以绝对的形式。譬如,道德哲学对利己主义的论证可能是正确的,它声称我们绝不会不出于一己之利和满足自身的欲望而行事。但是,接下来就需要区分狭义与广义上的利己主义。任何满足其利己主义却是为了他人的幸福,也许还牺牲了自己的性命的人,我们一定毫不迟疑不断地把他叫作利他主义者,把这个人和那种危害他人、逼迫他人的人区分开来。我们必然称后者是个不折不扣的利己主义者,虽说绝对的、最宽泛意义上的利己主义,也就是在人们所有的行为中都反映出来的利己主义也会把前者包括在内。此外,认识论声称一切认识都是纯主观的过程,是独一无二地由自我经历并由自我规定的过程,这种说法或许有其正确性。可我们还是把客观上真实的概念,与那些经由幻想、臆测、感官错觉而仅仅是被人们主观上认为是真实的概念区别对待,即使绝对地说这种客观认识或许也是来源于纯粹的主观性。这一发展倾向愈发从根本上更有意识地分裂开主观和客观的观念,但是原先主客观的观念不过是在一种模模糊糊的心理的无差别状态(Indifferenzzustand)中活动。这一进展形式似乎在人和他占有的财产之间的关系中再次出现。一般而言,任何财产都是自我的延展,是主体生命之内的现象,它的全部意义在于是对意识存在的反射和情感的反射,这是灵魂对自我和对象关系的响应。在相同的意义上,任何发生在财产对象身上的事件都是主体所起的一种作用,他把他的意志、他的情感、他的思维方式置于财产之上,并在财产中表现自我。然而在历史中,如我在前文所表明的那样,实际的财产的绝对意义恰如思想财富的绝对意义一样,从一开始呈现出一种无差别状态,这种状态把自我与事物联结在一起,超越二者的对立。譬如:古代日耳曼人的社会习俗把财产直接和个人挂钩,后来的封建制度颠倒过来,把个人与财产挂钩;团体中完全的亲密关系,这种关系允许其成员先行成长到其经济地位里去;职业的世袭性,通过这种方式一方面是社会活动和地位,另一方面是家庭的个人,二者成了可以互换的概念;还有任何一种等级的、行会方式的社会组织,其形成条件是个人与其经济上的存在与财产之间的一种有机的交织纠结——以上这些都是财产与个人之间无区别的状态。财产的经济内容或功能,和那些在更有限的意义上代表了自我的东西,存在于非常直接的相互制约中。在古代习俗中可以观察到这样一种关联,即让本质上属于主人财产的人陪死去的主人殉葬。而盎格鲁—撒克逊国王去世时,要求其封臣的盔甲陪葬,盔甲是封臣归属国王的残余和替代,这时殉葬的习俗仍被沿袭。一般来说,正如原始人的思维没有分别独立的认知范畴可以区别纯主观的想象和客观真确的观念,所以,他们在实践中不能够清楚地辨明事物自身的合法性(在任何对此有所辨识的地方,很容易流于一种神性原则的人格化形式)与内在浓缩的、独立于外部事实的个性。越过这一原始阶段的发展阶段,就是区分这些因素的阶段。一切高级发达的经济技术都取决于技术从经济活动过程中独立的程度:这些过程不再关系到直接的个人利益得失,它们发挥功能的方式就好像是为了自身的目的,它们机械性的活动过程越来越少地受个人因素的无规则性与不可预测性的干扰。在另一方面,个人因素脱颖而出变得越来越有自主性,个体获得一种发展能力,不仅仅是不倚赖于其总体的经济状况,而且不倚靠对其经济状况的先验确定性。在这个分裂了生活实践的客观和主观因素的独特发展进程中,归根到底,实践的总体只不过是人的主体性被自然而然地隐蔽起来。对一台机器或一个工厂的组织管理即使与客观规律协调一致,毕竟也包含在个人性的目的中,包含在人的主观思维能力中。但是这个一般的、绝对的特征在相对意义上却集中在那些要素中的唯一一个,在这个要素中,该领域的整体碎裂离析了。

通过货币造成的空间距离化与技术的客观化

假如我们考察货币在这个主客分化过程中发挥的作用,首先显而易见的就是,货币的作用跟主体及其财产在空间上的疏离联系在一起。对公司的经营管理不闻不问却按股权分红利的人,从未造访过其债务国的债权人,出租土地的大地产所有者,这些人都把财产交付给一种纯粹技术性的经营,对此他们本人则不动一根手指头,尽管他们从其财产中渔利。而这一切只有拜货币所赐才成为可能。只要企业的利润采用的形式可以轻松转化到别的任何地方,这就保证了财产和财产所有者在空间上各据一方而达到的高度独立性,换言之即是自我行动。这一方面使得财产仅仅根据客观的要求被经营管理成为可能,另一方面使得财产所有者毋庸考虑其财产的具体要求,置身事外过自己的生活成为可能。货币的距离化作用使有钱的人和他的金钱财富彼此相隔遥远独立生存,因而双方都可以在更大的程度上遵照自身的规则各行其是,相比财产所有者与财产之间还具有直接的相互关系时期达到的程度更大,相比每一桩经济管理还都是一项个人事情时期程度更大,相比每一次个人发展方向或地位的改变同时还意味着相应的经济利益的变化时期,更各行其是程度更大。个人与其财产之间的关系牢固性在世界各地的原始民族对财产的风俗习惯中表露无遗:但凡是财产,只要它是个人性的、被占有的、劳动获得的,就要与它的主人一道下葬。显见之,这些习俗多么耽误了客观文化的发展,因为文化的进步依靠继承的生产品不断地积累。财产只有经过继承(Vererbung)才能越过个人界限,开始成为一种客观的、自我发展的存在。财产的个人性形式,即牢牢地拴在所有者身上的本质,可由古代日耳曼人的法律证明,该法律声称,若接受礼物馈赠的人忘恩负义,礼物可以被收回,在一些其他情况中亦如此。早期财产形式中十足的个人特征颇为罕见地以如此鲜明的形式表现出来:馈赠者与接受者之间纯粹的个人-伦理的关系具有直接的法律-经济后果。货币经济即便就其外在形式而言也拒绝表现为这样的理解模式。馈赠的天然礼品事实上可以用实物回赠,但回赠礼金在很短时间内不只"近似于"收到的礼金,而是二者的价值完全相当。这样一来,在馈赠者与送出的自然礼物之间本来还继续存在的情感关系,以及在接受者与礼物之间本来还存有的情感关系基础就被削弱或忽略不计了。赠礼的金钱形式非常确定无疑地疏远和异化了礼物与赠送者之间的关系。由于客观物与个人彼此的这种分裂，因而高度发达、十足客观技术的时代也就是最个人主义的、最主观的个性时代。罗马帝国的开端及此后的一百至一百五十年是两段货币经济高度发展的时期。法律概念在技术上日臻完善的特征也是抽象的个人主义（——与货币经济齐头并进——）的相关产物。罗马法被德国采纳之前——同时也是货币经济被德国采用之前——德国法律既无法律纠纷中的代理观念，也无法人制度的概念，亦无作为自由的个人意志对象的产权观念，德国法律只是权利与义务的代表。一旦个体从他跟财产的、社会地位的、存在的物质内容的特殊确定性之间的融合中分离出来，变成了彻底自由的、自力更生的人，并且在观念上变得与一切单单属于货币经济的、特殊的存在倾向（Daseinstendenzen）分道扬镳，那么靠上述那些观念运作的法律体系则不再可能。所以，那些以纯客观方式形成的生活兴趣也许就会放弃逻辑的 - 抽象的罗马法的法律技巧。在德国，土地与土地拥有者的关系经历了好几个阶段。刚开始地产是社群中个人地位带来的结果，然后，个人地位反而由其占有的财产而定，直到最后的阶段，地产的自主性具有了某种完全不同的意义，其中一个极端的对立面就是个人被允许孑然独立地出现在地产之外。在原始时期个人覆盖并吸收了物权的关系，而到了财产世袭阶段情况则恰好相反。货币经济使双方分化，客观性——也即是财产——与个人成为独立对峙的双方。货币所经历的这一形式的发展高峰，最清楚不过地出现在最成熟的货币经济阶段的一种说法中：即货币"发挥着作用"（arbeitet），这就是说货币履行其功能所依据的力量和规范绝不等同于其金钱持有者的力量和规范，而是相对地独立于它们。如果自由意味着单单听命于一己的法律，那么利润的金钱形式造成的钱财与所有者之间的距离就提供了一种迄今为止前所未闻的自由。在主观性与事物规范之间各司其职的劳动分工现在就是完美的了，任何一方都不得不完成其任务，好像这些任务是由其内在本性分配到手的，并且完成这些任务不受内在异化因素的左右。

个人总体从其个别的劳动成果分离出来,及其对劳动成果等价物造成的后果

货币造成的分化与分化带来的个体自由之影响范围所触及的不仅是食利者,劳动关系也在同一方向上发展出类似的特征,虽说这些特征更难于被识别出来。过去几百年的经济组织及其留存至今的形式,即手工作坊和零售商业,倚重的是师徒之间、店主与雇工之间的人身隶属(persönlicher Unterordnung)关系。当经济活动处于这些阶段时,完全是通过个人性的-直接性的各种因素的相互影响才得以实现。在任一情形下,这种经济活动都是以主导人的精神来实现,其他所有人都臣服于他的主观性之下。当技术的、客观的元素逐渐超越个人因素时,这种关系就具有了不同的特征。生产经理与下级工人、大型百货商店里的总监与售货员现在都同样服从于一个客观目的,唯有在这种一般关系中,从属关系才作为一种技术必要性持续下去,在这种从属关系中,事物的、生产的要求作为客观的过程才能被表现出来。即使这种服从客观目的的关系在某些个人性体验方面可能意味着对劳动者更加严格,可它仍然包涵了一种自由的因子,因为劳动者的从属关系不再有主观-个人的性质,而只是技术性的。现在格外清楚的就是,当从属关系转变成其客观形式时,其中存在的一切根本性的解放十分紧密地与货币原则(Geldprinzip)的绝对有效性联系在一起。只要雇佣劳动关系被理解成租用合同关系,它就注定包含着劳动者隶属于雇佣者的某种因素:因为这个劳动的人是被租用的,如同在家仆这种最明显的例子里所看到的那样。在其中,家仆事实上是作为一个整体的、可无限发挥劳动力的综合体而被租用,所以他作为一个完整的人进入了依附并从属于另一个完整的人的关系中。然而,一旦劳动合同把劳动作为商品来购买的话——这是货币经济的最终结果——所涉及的就是提供一种十分客观的劳动成果,如人们已经表述的,这个劳动成果是作为双方合作过程的一部分而被引入的,因而也和雇主身的劳动成果在一定程度上相协

调,结合在一起。现代劳动者越来越有自信心,乃是因为他觉得自己不再是一个隶属于别人的人,而是贡献精确规定好劳动成果的人,即按劳动的货币等价物为基础划定的劳动成果,劳动成果自身及其经营管理越客观、越不涉及个人、越技术性,就使得这样的劳动个体越自由。广泛建立的货币经济对经营管理者自身亦产生了同样的后果,因为现在他的产品为市场服务,也就是说为素不相识、无动于衷的消费者服务,这些消费者仅仅通过货币这个中介与他发生关系。他的工作因此在某种方式上被客观化了,这个方式就是更少地考虑到个别的人,更少地依赖个别的人,而对特定购买者的地方性和个人化的考虑——尤其是在自然交换关系仍十分盛行的地方——影响到工作的时候,则要更多地考虑和依赖个别的人。所上文提及的家佣关系朝向个人自由的发展也正是由货币不断上升的作用产生的同一个结果。家佣的劳动"无法计算",从中反映出来的人身束缚关系基本上相当于他们就是家庭成员。假如佣人与主人生活在同一片屋檐下,给他做饭,为他洗衣,佣人的劳务数量似乎不可避免地很难确定,完全要视这个家庭不断变化的需求而定,且佣人也必须要遵守这个家庭的一般规矩。而现在越来越明显的发展趋势是由家庭外的人员提供各种不同家务,这些人只提供十分明确的服务种类,其劳动全部以现金支付。因此,自然经济中家庭社会的解体一方面导致了家庭服务在客观上的固定,导致服务更趋于技术化,而另一方面这一发展趋势的一个直接后果就是服务人员的完全独立、自力更生。

倘若劳动关系的发展继续沿着这一脉络——货币使之成为可能——前进的话,那么或许可以消除人们所指责的主要是由现代货币经济造成的某些弊端。无政府主义的动机就是断然拒斥尊卑贵贱的地位(Über- und Unterordnung),虽然社会主义以一种更物质化的动机取代了这一所谓的形式动机,因而消除人与人地位的差异仍是社会主义的基本信条之一,正是由于这种差异,才会造成有人可以轻而易举地命令别人,而别人则必须毫无顾虑地听命于他。有一种思想模式把自由的程度视为衡量任何东西是否有社会必要性的尺度,对它而言,取消地位上的尊卑贵贱是一项不言而喻的要求,但是一种建立在不平等地位关系上的社会秩序并不比建立在完全平等上面的体制更糟糕,只要地位的不平等并未和压迫、受苦、耻辱的情绪联系在一起。倘若诸种社会主义理论自身在心理学意义上更加条理清晰的话,那么它们必然会意识到,个体间的地位平等根本不是绝对理念,根本不是绝对律令,而是纯粹的手段,以去除特定的痛苦感,产生特定的满足感。只有那些不切实际的空想社会主义者是例外,对他们来说人人平等是一种形式上绝对的被要求的价值,不惜付出任何可能的实际代价,甚至是 pereat mundus[世界毁灭]的代价。无论在什么地方,一项要求的意义不在于这个要求本身,而在其后果之中,原则上这个要求总是可能被他者取代,因为同样的后果可以由完全不同的原因促成。这种可能性在当下的语境中异常紧要,因为一切迄今为止的经验均表明,尊卑等级关系是相当不可或缺的社会组织手段,取消它们将会破坏社会生产的一种最富有成效的形式。所以我们的任务就是要保留尊卑等级关系,只要它们有那样积极的后果,同时也要消除使这种等级关系被人们拒斥的心理后果。显然,这个目标在某种程度上已经达到,所有上下尊卑的地位已成了一种纯粹技术上的机构组织形式,它们的纯客观特征不再引起任何主观的不适反应。关键就是要把机构(Sache)与个人区别对待,以使对机构的要求绝不会干扰个人的个体性、自由以及最内在的生活感受,无论他在生产和流通的过程中占据着什么样的地位。这种状态的一个方面已经在某种地位秩序中得以实现,即军官体系。对长官不假思索的唯命是从已经不再是丢人的事,只不过是为了实现军事目的在技术上必需的要求,任何一位长官也同样毫不含糊、严格而且客观地服从于军事目的。个人荣誉和尊严与地位职衔的高低完全不沾边,军衔似乎只体现在制服上,它只是一种客观的状态,不反映个人的情况。个人与地位身份的分化现象也以另外一种变化的形式出现在纯粹的思想活动中。在任何时代总有这么一些人,虽说他们外表的生活地位是完全从属性的、依赖性的,却保留了绝对的思想自由与个人创造力,尤其当非常稳定地架构形成的社会秩序和奔涌而出的文化兴趣潮流交错之际。这时旧的秩序还继续存在，但全新的内部等级体系和范畴已被创造出来，比如人文主义时代，以及法国大革命的最后时期。可以想见，在这样一种情形中，这些偶然地、单方面演化而来的状态变成了构成整个社会组织的形式。在一切可能的构形中存在的尊卑地位关系，现在成了社会达到其目标的技术条件；然而这种不等的关系也对个人的内在意义、个人发展的自由，以及与他人纯粹的人际关系施加了影响。在瓦解了融为一体的个体与地位之后，一切上下级地位，一切命令与遵奉都将成为社会秩序的纯外部技术，既不会给个体的地位和成长带来光明、也不会带来阴影。此外，社会等级体系的外在措施和纯粹合目的的考量与个体的个人－主观性之间过于紧密的关联造成的不满，以及要求取消这种等级体系的怨恨情绪，都将烟消云散。通过这种做法及其机构条件的客观化过程，人们可以保存机构的一切技术上的好处，而避免其对主体性和自由的不利影响，这种不利影响如今是导致无政府主义、在某种程度也是导致社会主义产生的源头。这就是文化发展的方向，如我们在上文所见，是货币经济为其铺设了道路。把工人从其生产手段——资本家占有生产手段的问题被视为社会贫困之焦点——中分离出来的做法，表现为另外一种意义上的拯救：假若这种做法意味着作为人的工人从生产技术强加在他身上的纯客观条件中的个人分化的话，那么这一做法可能是真正的拯救。所以，货币将贯彻那些并不罕见的发展过程中的一种情况，即一旦某个要素从其原来有限的效力中展示出一种基本的、始终如一的、无处不在的有效性，它的意义就转变成了它的对立面。货币似乎在个人与事物之间敲入了一个楔子，它首先不仅破坏了二者间互助互利的关系，而且为双方彼此的独立铺平了道路，使得其中任意一方都可以找到不受对方干扰的、令自己称心如意的发展道路。

无论在什么地方，劳动关系，或者说一般的社会关系从个人关系形式转变为客观的形式时——与此平行发展的是实物经济转化为货币经济——我们首先发现的，至少部分现象是如此，是下属地位的恶化。劳动者拿实物酬劳尽管有风险，但与拿薪资（Geldlohn）相比却无疑具有某些好处。因为金钱酬劳更大的外表确定性，即所谓的逻辑上的准确性,是以其最终的价值量更大的不可靠性为代价的。面包和住所对那些劳动者具有(人们可以说)一种绝对的价值,而诸如此类的劳动者在任何时候都没有变化;在这时价值波动——这是任何经验的事物无法避免的——牺牲的是雇主的利益,打工者则不必冒这个风险。然而,同一笔数目的工资在今天可能与一年之前的价值不可同日而语,价值跌涨的风险概率由付薪者和领薪者共同承担。但这种不确定性和无规律性常常十分难以捉摸,它是自由产生的不可规避的结果。自由呈现自身的方式就是毫无规律、难以预测和不平衡的。这就是为什么,像英国这样自由的政治体制是以内部组织的不规律、缺乏规整系统的结构为特征,而强制性的专制制度则高度体现为结构对称,内容统一,避免一切随意即兴。价格波动——拿工资的劳动者比他领取实物支薪时遭遇到更多的价格波动——与自由的生活形式具有深刻的关联,而自由生活形式带来的后果即是现金工资,一如实物薪水反映的是一种受到束缚的生活形式。按照那句"有自由的地方就有纳税"的格言——它远超出乎政治学范畴——劳动者为了自由(正因现金工资的形式自由才成其为可能)付出的代价是纳税(以工资的不确定的形式)。我们可以观察到一个与此相应的情况,处于从属社会地位的人向主人提供役务的次序反倒是从实物役务演化为金钱形式的役务。实物役务在受益人与服役人之间形成了一种亲切随意的关系。农奴的劳动力直接体现在他供给庄园主家用的谷物、家禽和酒里,这些东西就是他的组成部分,并未完全与他的过去和他的利益分割开。相应地,实物由接受者直接享用,他关心它们的品质,把它们作为个人性的役务接受下来,正如这些东西也是被作为个人性的役务缴纳出去的。因此,与金钱役务相比,在这里承担役务的人与接受役务者之间存在着一种更为紧密的关系,而在金钱役务中双方的个人因素已不复存在。所以我们听说,在中世纪早期的德国,特别盛行用小恩小惠来减轻依附农的役务的习俗;依附农在上缴应交的地租时会收到一个回赠的小礼物,起码是食物或饮料。这种慈善地,抑或是亲切地对待奴隶的现象绝大部分已经销声匿迹了,这在某种程度上乃是肇端于金钱役务日益取代了实物役务的地位,更加严厉的庄园管事们取代了与农奴亲密无间地生活的庄园主。庄园管事的任命说明了管理的客观化。管事们按照与人情世故无关的技术性要求进行管理,而技术标准理应尽可能地产生最大限度的客观结果。庄园管事以那样一种去个人化的作用横亘于农奴与庄园主之间,就好比货币活动在农奴的劳动和庄园主享用劳动成果之间一样。中介者这种两边不沾的独立性也表现在如下事实里,当庄园主不在的时候,由于实物劳役转变成了货币地租,庄园管事因此才可能有欺上瞒下的新机会。无论农民在原来这种关系的个人性特征中得到了多么可观的利益,无论现在农民在这种关系的客观化(Versachlichung)和转型为货币租税(Zugeldesetzung)中遭受到多么大的损失,这仍是——恰如我在上文所阐明的——取消整个农奴制度的必经之途。

  伴随着通向这一最终目标的还有另一系列的现象,乍一看去这两个系列的现象导致的结果似乎完全是南辕北辙的。比方说,计件工资仿佛比小时工资更容易和金钱文化基础上的社会进步相对应。小时工资更趋向于把整体意义上的个人束缚在这个人总的、但不是一清二楚地确定下来的力量上,而在计件工资的情况中,个体则是靠精确设定的、全然客观化的劳动被付给工资。然而,目前工人一般在小时工资的情况中境遇较好——除非,比如说出现了引进极大提高生产力的机器设备这种技术进步的因素,并且计件工资率在薪水里有所反映——恰恰是因为工资并未严格地与劳动成果挂钩,如同在计件工资中那么严格一样;即便是由于停工、延误、差错影响了生产量,小时工资仍是不变的。所以,小时工资似乎更合乎人的尊严,因为小时工资预先假设了一种更大的信任,在工作里给予人们更多实际的自由,尽管(或毋宁说是因为)整体的个人变成了劳动过程的一部分,因而纯粹的客观标准的不留情面有所减弱。人们可以在人员的"录用"中观察到这种关系的进一步显现,在录用中个人的劳动成果几乎不是支付薪水时参考的直接标准,相反,个人劳动成果的总量,包括由于人的缺陷导致的任何干扰工作的概率,都是薪水支付的对象。最好地说明了这一点的,是高级的国家公务员的地位,他的薪水与他做出的各种政绩之间不再有数量上的对等关系,而是理应能给他提供合乎标准的适宜的生活水准。最近的一项法庭判决取消了某个普鲁士公务员的部分工资,理由是这个人在某段时间不能够履行自己的责任。最高法院却废除了该法庭的判决,基于的理由是公务员的薪水不是对其劳动 pro rata(按比例)的补偿,而是分派给他的"年金",目的是使他达到与其社会地位相应的生活标准。在这个案例中,工资的焦点集中在个人因素上,排除了其作为精确的客观的等价物的功能。诚然,公务员的薪资长期以来都很固定,导致货币价值一动荡,生活的稳定性就受到一成不变的工资的负面影响,而根据个人成绩支付工资则更容易视货币价值的变化做出相应的调整。但这一点也没有驳倒我所强调的个人因素从经济因素中越来越独立出来的看法。薪水一般都被固定下来,并不随经济发展中偶然的波动而调整,这一事实意味着个体作为一个整体从经济上可评定价值高低的劳动成果的局部细节中脱离出来;固定工资与其局部用途之变化不定的水平的关系,恰似整体的个人跟个人劳动成果必然变化不定的质量的关系一样。这一现象序列最极端的发展阶段——虽然不总是能够被辨认出来——就是给那些观念性的工作付报酬,任何数量的金钱都无法与之相提并论,这使得"量身打造"(angemessene)支付薪水成为泡影。给这类工作付酬的意义只在于有必要给工作者提供一个适宜的生活水准,而并非将他的工作成果和报酬之间客观地对应。故此,不管画像画得好不好,也要将谢礼付给艺术家,即使某个音乐家演奏得很差,听众也得交入场费,无论病人是好了还是死了,也一定得付给医生一笔钱。反之,在较低级的发展阶段,报酬和所完成的劳动成就的性质更直接和严密地联系在一起。在这里,劳动成果与等价物的那种客观联系在多大程度上被弃之不用,乍一看来是由报酬数量与劳动成果之间的不匹配说明的。假若某个人为了一幅画像、一场戏,或一个讲座付了比另一幅画等文艺作品贵一倍的价钱,假设每一份钱都是合情合理的费用,那么肯定不能说这幅画像正好比另一幅画好看两倍,或者说这个讲座比另一个讲座深刻和真实上两倍。即便人们希望把支付的报酬——独立于客观的评价——与数量不等的主观享受联系起来,也不会从逻辑上声称,他享受到的东西就是金钱等价物表示出的某种确凿的关系,似乎多付一些酬劳就是拔高那种让人不太满意的东西的成就的评价方法。最终,酬劳与行为之间的毫无干系在如下事实中得到了生动的说明,当一个音乐大师的表演把我们推向了感觉的高潮,我们就多给了他几马克。这时给钱的唯一意义不在于我们认为这几马克就是音乐家演奏的价值,而只是应该对艺术家的生活费略尽绵薄之力,生活费才是他的演奏的真实基础。对最高级的生产活动而言,一般的发展趋势好像都被颠倒了黑白:当金钱等价物不关涉(Beziehungslosigkeit)隐藏在劳动成就之后的个人时,它就不再值得个人的劳动成就,而当金钱等价物跟他的个人劳动成就无关系时,它的价值恰恰就等于这个整体的个人。

然而,人们若更细致地考察,就会发现这一现象序列与另一组现象殊途同归,后者在经济地位的纯粹客观性中找到了它的理想。两组现象同等程度地在经济成就与个人的彻底的、相互促进的自主性中达到了顶峰。这的确是如下事实的意义所在,某位公务员或某位艺术家并不是因为其具体的劳动成就被付给报酬,相反,酬劳的意义在于让他们能达到一种特定的个人生活水准。无论如何,这里所说的现象与前一系列现象恰好相反,在这里个人的因素与经济的要素扭结在一起;但却是以这样一种方式:在个人的综合体之内,个人成就——在上一段最后一种情况的分析中,个人成就是金钱等价物的基础——与作为总体的个人(作为个人成就的基础)非常鲜明地针锋相对。从客观的劳动成果中分化出来而得到的个人解放过程,以相同的方式被一以贯之,这个解放过程要么是从该劳动成果日益客观化的过程开始的,最终该成果为了自身利益进入了经济循环而把个人留在循环之外,要么是从把个人视为整体而给予其酬劳(如生活费用)开始的,个人劳动成果无法表现为直接的、单个的经济等价物。在这两种情形中个人都幸免于那样一种强制性,即直接跟个人的客观劳动成果拴在一起的经济链条强加于个人身上的强制性。

第二组现象看上去的确比第一组更加不以货币经济为条件。倘若个人与劳动成果之间的相互独立性是强调后一系列现象的结果,那么货币就必然会在这个相互分化独立的过程中起更大的作用,可以说,要比个人所发挥的积极性更大才行。由于货币不受个人感情左右的特性和绝对的顺从性,它对个人成就之类的东西具有强烈的选择亲缘性(Wahlverwandtschaft),对于强调个人成就具有特殊的力量。与此相反,生活标准的水平和稳定,即整体意义上的个人成功的等价物,在更原始的经济形式中可以通过赐予个人一块土地或任意一种形式的经济特权,而同样唾手可得。在这一系列现象中,货币特殊的意义不在于接受金钱的人,而在于花费金钱者发挥的作用。因为货币使我们能够把单个劳动者一生劳作的总体价值与众多人的贡献相提并论,这些贡献或是听音乐会的人的入场费,或是购书者的花销,或是公民纳的税,国家公务员的薪水就是从这些费用中支付的。特别是机械复制出现后,它与货币经济的明显联系自是不言而喻。图书印刷发明之后,最差劲无聊的低级作品和最高贵典雅的诗歌印在一页纸上的价格没什么不一样;摄影术发明之后,贝拉·德·蒂齐亚诺(Bella di Tiziano)的照片也不比一个歌舞剧院女歌手的照片更贵多少;用具器皿可被机械化生产之后,品位高雅的器皿也不比格调低俗的昂贵多少。倘若某种东西的发明者比其他人挣到的钱更多,无非是有更多购买者使然,无论这个东西的质量如何,购买者付的都是一个价。如果把封建制或保护人制度(Mäcenatentum)将礼物馈赠给德高望重者的方式与货币作一个对比,金钱的民主特性自身就已昭然若揭了。与前者的形式截然相反,在货币经济时代,货主出售东西时不知道给付金钱的买主姓甚名谁,这肯定更促使了货主的主体独立性与自由的发展。尤其是机械复制模式的飞速发展,以及由此造成的产品的货币价格和产品质量各不相干,粉碎了为具体的劳动成果支付特定金额这种做法在买主与生产者之间营造的紧密联系。所以在个体和他的劳动成果分化的过程中,货币最终有利于创造成果的个体的独立,不管起初交织在一起的各种因素的分崩离析是源于个人日渐独立的趋势,还是源于其劳动成果日趋增长的独立性。

个体从集体中独立

假如我们回顾分析的开始,则个人与事物分离的整个特殊过程在确切的意义上突出地表现为个人的分化过程:即个人五花八门的兴趣和活动范围通过货币经济获得了其相对的独立性。当我声称货币把个人的经济成就从总体的人当中剥离出来,以及绝对而言经济成就一向是个体的一部分时,那么在另一方面,这意味着个体不再可以保存其绝对的整体存在,而只有那些心理内容和心理力量——在经济方面的内容从他的存在中被排除出去之后——被保存下来。所以,人们可以把货币发挥的作用描述为单个个体的原子式裂化(Atomisierung),以及发生于个人之内的个体化(Individualisierung)。然而,这只不过是整个社会的普遍发展趋势延伸到了个体内部:正如货币作用于个体存在之要素,货币首要地作用于构成社会的因素,即作用于个体。货币经济作用于社会的这一后果常常被人强调,并且把这个后果和货币是他人劳动成果的指示器(Anweisung)这一事实相提并论。在货币经济之前的时代,个体被直接地指定于其归属的团体,大家相互之间的劳务交换则把每个人紧密地与社会总体结合在一起。时至今日,任何一个人都以一种浓缩的、隐蔽的方式要求把周围其他人的劳动成就归为己有。他可以选择,决定什么时候在什么地方提出这种所有权的要求,并且使早期交换形式中双方直接的联系变得松散了。金钱极为重要的影响力是出借给个体一种脱离集体利益的全新的独立性,这不仅表现在实物经济和货币经济的根本差异中,而且也在货币经济自身中显现出来。约莫16世纪末期,意大利作家博特罗(Botero)写道:"我们意大利有两个欣欣向荣的共和体,威尼斯和热那亚。威尼斯人做商品贸易,市民个人只达到了一般富裕的程度,但是他们建造了极其伟大富庶的国家。而热那亚人则完全投身到货币交易中,其后果是他们的私人财产飙升,而国家却相当贫困。"当人们的兴趣只集中在货币上,导致财产全数由金钱构成时,个人就会发展出独立于社会整体之外的倾向和感觉。他和社会整体的关系,就是他是与社会整体相互对峙的一种力量,因为他是自由的,可以随心所欲地从事贸易和商业合作。但是,那些用普通货物做生意的人,即便在地理位置上可以把生意做到远至威尼斯,他们也不得不在邻近地区寻找足够多的合作机会和雇员,因为普通货物需要复杂而实在的技术,这就给生意套上了一个地区性的束缚,而金融交易却从这种束缚中解脱出来。这种差异在土地财产与金钱财产之间的关系中甚至起着更决定性的作用。在博特罗说了那番话的一百年之后,人们被其引导,从而观察到如下的事实,这是更深入地理解地产和货币在社会学意义上的关系而做出的贡献:假若领导阶层占有的财产主要都是动产,可以在国家危难之时随时拿走的话,国家就危在旦夕了,在这种情况下,地主的利益却难解难分地与国家的命运同舟共济。在英国,当工业财富超过地产占据越来越大的优势时,就导致上层阶级对公共-社会生活丧失了兴趣。起初英国自我管理的基础是上层阶级的个人积极参与国家管理,而现在个人参与正越来越让位于国家的机构管理。单纯的金钱纳税——人们目前早已习惯服从——说明了所有社会关系日益加深的金钱性(Geldmäβigkeit)和古老的社会责任的衰退之间确有勾连。

货币使新的聚合形式成为可能;为特定目的而组成的团体

　　货币不但使个体更为独立不羁地脱离了与整个群体的关系,它还使这种明确的聚合(Assoziationen)内容及其成员与群体的关系经历了一番全新的分化过程。中世纪的行业协会囊括了一个人全部的生活:裁缝行会绝不单单只是有兴趣做衣服的人的单纯联合,而是聚合了技术的、社会的、宗教的、政治的以及其他诸多方面的生活共同体。即便诸如此类的聚合形式仍以客观利益为中心,但它直接地依托在成员身上,而成员则被行会所吸收。货币经济与这种整一的形式水火不容,货币经济可能造就出无数形形色色的聚合形式,它们要么只是从其成员那里获得他们的捐款,要么就是追求纯粹的金钱利益。特别是股份公司,持股人只是为了分得股份红利而走到一起,所以,他们甚至不在乎这个公司到底生产什么。主体与客体没有任何客观上的联系,主体只有一种纯粹的金钱兴趣,这反映在他与其他主体没有任何私人关系,只共享一种金钱利益。在这里我们有了最有效的文化形式之一,也就是使个体加入聚合形式中的可能性,他只想促进和享受聚合形式的客观目的,而无需他这一方承担任何责任的束缚。货币使之成为可能,人们可以加入一个团体却又不必牺牲一点个人自由与隐私。这是与中世纪的一体化形式(Einungsform)极为重要的,也是最根本的分歧,这种中世纪的聚合形式不会把作为人的人与作为协会成员的人区别对待;它把总体经济的、宗教的、政治的以及类似的家庭兴趣等统统囊括到自己的范围中。这种早期阶段的终身行业协会压根不了解还有一种单纯靠"捐款"入会的形式,遑论从会员的捐款、从"有限责任"中确立行会一切物资的手段。正如人们在大体上(对这样一般性的观点有必要有所保留)会说,以前人与人的关系更为亲密,更不会因为中介、鱼龙混杂和相互之间有所保留等因素而变化,因此以前也较少见到令人生疑、"半心半意"的人际关系。个体与行会的关系被归置在"全有或全无"的旗帜下,无法容忍分割性,即个体只有一小部分成了这种联合的一部分,而其余部分则自行独立。行会不会把下述形式当成其绝对的理想,即交钱和收钱作为唯一的聚合成员的形式。这一点不仅对个体有效,对集体的成员亦同样奏效。用金钱代表公共利益的形式确保了行业协会加入一种更高级的统一体时,有可能不必让其成员牺牲协会的独立性和特殊方式。1848年以后,法国同一行业的工人协会组成辛迪加,每个工人协会都把协会的全部基金递交给本行业的辛迪加,从而形成了一个不可分割的公共基金,该基金的目的是大规模地吸纳现金和提供贷款等等。但是,这个辛迪加的目的从来就不是把合伙的各个工人协会联合成一个统一体;相反,每个工人协会理应保留自己特殊的组织。这个例子尤其发人深省,因为在那个时候工人对建立这种联合形式有真切的热情。如果他们明确地反对辛迪加的联合形式,那么对各个工人协会互相之间的保留就该有特别过硬的理由;但是通过这种纯粹的金钱占有的共有形式,他们找到了实现利益统一的可能性。某些行业协会之所以可能,就是因为保障了彻底的主体自由,方式就是单靠团体的成员交纳会费(Geldbeteiligung)。古斯塔夫-阿道夫协会(Gustav-Adolf-Verein)这个扶贫的福音新教传教组织的大型社团如果不是金钱捐款的特性(或者毋宁说金钱的无特性)使捐款人的信仰差异变得模糊不清的话,永远也不可能存在并运行下去。路德宗、改革教会以及一体论教派(Unierte)不会愿意加入任何其他的一体化联合形式。当共同利益好像是消极利益时,情况就会如此。直至完全进入中世纪以后,英国的神职人员也并未形成一个统一的组织。尤其是,主教作为采邑的领主属于领主阶层,从而在社会和政治地位上与低级神职人员不可同日而语。只要是单单对土地财产征税,这种情况就一直存在,因为低职位的神父没有土地。在英国开始对所有神职人员的收益征收特种税之后,才营造出了这个阶层全体人员的共同利益,他们要么全都反对征税,要么全体接受。一个研究这段历史时期的专家认为,征税事件是使英国神职人员首次成为一个统一阶层的最重要的纽带之一。随着货币经济的兴起,从类似的基本动机中衍生出了经济上的联合形式。自14世纪以降,资本的增加及其日益重要的意义使得有必要在家庭之中把资金聚拢起来,不再分开。家庭把所有子嗣分摊得到的部分资金联合在一起,这份总资产要比它被分割为若干份时对每个继承人更加有利可图。在德国,开始出现所有继承人共同拥有一份不分割的遗产的情况,同时共同经营的老式企业继续存在。这产生了两种后果。首先,从企业公司中分裂出来的家庭经济仍旧在家庭内部发展,使得家庭各成员虽然在国内经济的业务和其他资本已经各自为政,他们仍可以是一个统一的"公司"里的合伙人。当货币资本的重要性使传统的家庭经济解体之际,它现在为这些四分五裂的家庭经济要素创造了一种新的联合形式,在这种联合形式之中,纯粹的客观性——从具体的私人利益中释放出来——成了财富利益的组成部分。第二,这种利益的共享模式甚至也被其他没有家族关系的人所采用。当"生意"从家庭经济中分离出去后,那些彼此并无血缘关系的人也选择了联合经营资本的形式，因此到十五世纪初叶无限公司已经司空见惯。唯有货币经济大行其道之后，一种纯粹意义上的合资（Vermögensgenossenschaft）才得以发展，即生意合作伙伴共有的资金被客观化为一个独立的、超越了单份合股资本之上的统一体和法人（Rechtspersönlichkeit），合伙人不过是拿出他们资产的一个确定的部分入股，而不是以个人的身份参股。唯有货币能造就这种对个体成员一视同仁的联合形式，唯有货币能为了特定目的以其纯粹的形式创造出那样一种组织，即似乎把个体的非个人因素统一聚合到某个计划中的组织，货币给我们提供了一种确凿的、独一无二的可能性，它一边把个人联合在一起，一边绝对地排除了一切个人的、具体的东西。

货币的瓦解和孤立作用不单单是这种调和与统一的特性的先决条件和必然结果；在特定的历史条件下，货币同时发挥了分裂与统一的作用。例如，一方面货币经济造成的结果是破坏了家庭生活的有机统一与狭小空间，而当这成为公认的事实时，另一方面要强调的是家庭几乎不再是别的，只是一个继承的组织罢了。假若在聚合一个团体的诸多利益因素中，其中之一会毁灭性地破坏所有其他因素时，那么这个因素自然地就会比其他因素存活得久，成为被它毁坏的其他关系的不同因素中唯一的联系纽带。不仅因为货币的内在特性，而恰恰是因为它毁掉了形形色色的人际关系，货币才为各种因素建立了联系，否则这些因素之间就根本不可能有什么联系。时至今日，若非人和人之间还有一些相关的金钱利益的话，他们可能压根不会有任何联系了，即使这种金钱关系不过就是一个宗教社团租借会堂付的租金。

维系社会生活的纽带越是具有为了特定目的而临时组成的联合形式（Zweckverband）的特征，它就越冷漠无情。所以金钱彻底的冷酷无情在我们的社会文化中反映出来，而这种文化本身又被货币所决定。也许社会主义理想的力量在部分程度上就是对这一文化的反动。社会主义向金钱体制宣战，它试图阻止个体从集体中孤立出来（正如这种孤立体现在为特定目的而组成的联合形式中），同时社会主义诉诸潜伏在个体内心中的对集体发自肺腑的热烈情感。无疑,社会主义倾向于生活的理性化,倾向于用严整的规则、理性的计算来控制偶然的、异常的生活因素。同时,社会主义与空洞的共产主义式的本能具有亲密关系,这种本能是过去漫长岁月遗留的残渣碎片,还留在灵魂中某些偏远的角落里。社会主义的双重动机具有截然对立的精神根源,一方面社会主义是理性主义的货币经济最终的发展产物,另一方面它是人最无所区别的本能与情绪的具体体现。社会主义别具一格的吸引力就在于:它是理性主义以及对理性主义的反动。社会主义在具有共产主义式平等性的古代氏族社会中找到了启发性的理想,而货币体系则引导个体返回自身,把注意力放在自己身上,只留下少数对象作为个人奉献的情感对象,这些对象一方面是最亲密无间的个人关系,诸如亲朋好友,另一方面涉及最遥远的范围,例如祖国或人类。两种社会形式——即便二者是出于不同的理由——全都离那种为了孤立的目的而联合起来的客观形式很远。一个包罗万象的、根本性的社会学准则在这里生效了。有少数几个规则可以为社会发展的形式建立起某种程度的普遍性,其中之一是:一个团体规模的扩大是和团体成员的个体化和独立化携手并进的。社会的进化通常是从相对较小的团体开始,小团体严格地、平等地把各个成员黏合在一起,接着小团体发展成一个相对较大的团体,它给成员提供了自由、独立和相互的分化。家庭和宗教团体的形成史,经济合作机构与政党的发展史均说明了这一发展模式。货币对个体性发展的意义因而非常紧密地与它对社会团体规模的扩大的重要性联系起来。后一种作用在这里毋庸赘言。在前面我曾分析过货币经济与经济社会的规模之间的相互作用。人与人之间产生关系的人数越多,他们的交换手段就必须越抽象,越能为人所普遍接受;反过来说,如果这样一种交换手段的确存在,它就得穿过难以逾越的距离使人们达成一致意见,把各色各样的人囊括到同一个活动中,使人们产生互动并进而统一起来,这些人由于在空间上、社会上、个人层面和其他方面均有利益分歧,除此之外他们不可能被整合为其他的组织形式。

货币经济与个人主义原则的一般关系

货币经济、个体化、社会关系圈的扩大之间的关联有多紧密,首先明显地表现在商业贸易的特征中,一方面商贸发展与加速兴起的货币经济有着联系,另一方面商贸也和社会关系的扩大有关,即社会关系超出了原始时期的那种封闭的、自给自足的群体。因此,贸易之所以与众不同,乃是因为——除了其发展水平最高的时候——贸易不要求手工艺那样复杂的技艺,或者像农业那样习传的技术。商人比其他的行业类型中的人更不依靠专业训练,专业训练一向涉及与直接环境愈来愈紧密的关系;或依靠个人的和客观的传统,这样的传统消除了个体的特殊方式;或依靠祖传继承,手工艺起初靠的就是祖传经验,现在土地占有也靠世袭继承。来自印度的报道声称,职业祖传的特性在商业贸易中要比在制造业中更少发挥决定性的作用。旅行商人——打破了团体界限的货币经济先驱——正是用商业技能才抵制了其他行业的平均化(Vergleichmäβigungen)与合并联盟,坚持依靠自己的能力与冒险。我可以用一个稍微牵强一点的例子说明这样的相互关系。比赛的得胜者是被授予荣誉还是奖金有着天壤之别。奖金使胜者赢利,他得到了他应得的。荣誉奖则有更深层的意义,它使得奖的人整体显得卓尔不群(在特定情况下奖金也能有这种效果,尽管这本不是奖金的本质)。奖金奖励的是行为,而荣誉奖鼓励的则是行为者。但是就后者的意义来说,用荣誉奖赏某人通常只在一个相对较小的社会圈子里才有可能。这种荣誉只可能产生在小的社会圈子里,对个人而言荣誉并未暗示出什么特别之处,荣誉清楚地界定出这个社会圈子成员的整体,使这个小圈子封闭起来,显得强大有力,门户森严,比如官员荣誉奖、商人荣誉奖、家庭荣誉奖,甚至屡屡被人写到的浪子回头荣誉奖。每一种荣誉奖原先都是某个社会等级或阶层的荣誉,一般人的荣誉或者单一个体的荣誉仅仅是把社会阶层的要求加诸个人身上,就好像大的组织机构把它的要求加诸小团体之上,来谋求意见一致。那种并未使得奖人隶属于团体中的其他人,而是使得奖人声名显赫的荣誉奖,也要求他所在的团体规模较小且团结一致;奥运会上得胜者的名字响彻了希腊的整个奥林匹斯山,就是与荣誉的这种趣味紧紧地交织在一起。奖金则具有一种自私自利的本性,一个大团体的诸多成员心里都有自私自利的想法。和团结一致的小团体相对应的是大公无私的特征,一个古代习俗极为优美而又象征性地表现了这一特征,雅典五百人议事将会因为良好的管理而颁予的金花环留在了神庙中。在圈子较小、利益相关的群体中,比如在运动会或实业家中,甚至时至今日荣誉奖也被证明是完全正当的。但是,一旦团体的限制性、同质性被开放性、异质性所替代,反映了整个团体合作的荣誉奖就不得不被最终只承认行为的奖金取而代之。社会组织规模的扩大需要这种转化,以货币手段来褒奖功绩,因为奖金意味着社会团体不可避免原子式的分裂倾向。既然不可能以同样的方式在大团体中唤起跟在小团体中类似的感情,在大团体中脱颖而出的人就需要有另一种接受奖励的方式,无需再依靠整个团体的同意与合作。

在这个语境下要强调的是,货币与社会团体规模扩大的关系之紧密程度,一如货币与生活内容之客观化的关系。这两种情况的并行绝非巧合。我们所谓的事物的客观意义,事实上就是它们对更大范围内的主体的有效性。因为事物首先发展出的是与个别人或一个小团体的联系,然后主体理解的偶然性、事物的概念或概念的形成对某个越来越大的团体具有了效力和重要意义(即使在现实中,这种情况中存在的障碍也会使得事物被广泛接受不太可能)。在这一发展过程中,事物获得了我们所称的客观现实或客观上恰当的形式——即便这些概念所表示的观念的切实有效拒斥了所有那些正在被辨认出的或没有被辨认出的关系。货币在上述两种情形中的重要性均证实了这种相互关系的切近,这种紧密的相关性在诸多具体领域坚持自己的权利。中世纪德国的商法起初只不过是个别商人组织合作的法规,它正是在普遍的概念基础上发展成为商法,即德意志帝国甚至是全世界的全体商人阶层实际上已构成了一个巨大的行业。因此,商人阶层的商法演化成了商业贸易的习惯法。这一演进过程清晰地表明了法律从某个狭小的团体延伸到一个大得多的社会圈子时,它是怎样摆脱了与单独个体的关系,从而变成了一个客观的交易法则。恰恰是这个发展过程大受不断扩张的货币交易的欢迎,并且它也促进了货币交易的扩张。

在实物经济中,长途运输值钱的商品在技术上有难度,这就把实物经济限制在数量相对较少的个别经济领域中,然而,货币凭借其完美的灵活性(Beweglichkeit)形成了一条纽带,这条纽带把经济领域最大限度的扩张与不断上升的个人独立性联结到一起。一边是货币,另一边是群体规模的扩大以及个体成员的分化,调和这二者的相互关系的概念通常即是整体意义上的私有财产。从事实物经济的小团体倾向于占有公有财产,它每一次扩大规模都迫使团体重新分配财产的比例。随着加入团体的人数急剧上升,对公有财产的管理变得异常复杂,冲突重重:好争论的人可能越来越迫切地希望摆脱共产主义式的限制,与公有财产相冲突的劳动分工以及更高程度的效率成为一种必需,种种状况使得人们认为,把私有财产理解为团体人数扩大而造成的直接后果是恰如其分的。据一份12世纪的爱尔兰手稿记载,由于家庭的数量急剧上升,遂开始实施土地分配,同时在俄国,我们仍有机会观察到公有财产向私有财产的转变,非常清楚的是,的确是人口的增加加速了这一转变过程。然而,货币显而易见是财产私有化以及财产个人形式最适合的基础。财产分配到各自独立的部分,产权的固定,个人权利的实现,皆需货币才能实现。交换同样是生活的经济范围在数量上的扩大时极为原始和最纯粹的图式。通过交换,个体从根本上走出了以自我为中心的圈子,这比抢劫或赠礼的方式扩大的交往圈要大得多。不过,就交换最根本的特征而言,唯有私有财产才可能被交换。一切集体财产都倾向于成为永久管业(mortmain),而个体各种各样的愿望及其对补给的需要使交换对他必不可少。财产若要通过交换行为从那个地方扩展出去,首先就必须集中在个人手里。作为交换绝对的载体和体现,货币变成了——以私有财产的方式,私有财产取决于交换——经济扩张的交通工具,货币成了通过公平交易的交换过程中所包含的无数签约双方的交通工具。不过,货币在这样做的时候抵制——这是同一个事实的相反一面——某些集体主义式的解决办法,而这些办法在实物经济阶段是十分自然而然的。中世纪时盛行的缴税理论认为,只能要求那些亲自答应了要缴税的人交钱,因此没有亲自出席公议会的私有土地主就常常拒绝缴纳。13世纪初,英国官方尚未就征税的事宜颁布法规,最高市政会在地产税方面的决议不应该对所有臣民有约束力,不应该违背个人的意愿。到了中世纪末期,德国的封建领地代表行结成了一个独立行事的联合体——它通常与封建主针锋相对——这个联合体的决议不是个人意见的总和而是对所有领地的有效决定,此时前面说的中世纪缴纳情况仍长期有效。整个封建领地很长时间以来被认为只是个人土地的总和,所以任何一个不服公共决议的人都可以撤身而退。这样一种动机在另一种截然不同的情况下也同样有效,即在国家管理日益变得集权化的地方,地方团体在涉及地方财政政策时仍旧保留了相对的自由。比如说,最近几十年,德国的立法越来越严格限制地方社区在社会、政治、道德上的责任,把它们简化为地方的管理机构,同时与此相反的是,在财政管理方面地方社区仍被给予了相当大的自主权。同样的看法在下面这种假设中也很盛行:假若把货币形式罚金的主要缺点归结为操控在国家手中的货币比个人手里的钱的经济用途更少,因此更明智的做法是,在把货币归谁处置方面给予一定程度的自由,而在其他方面则有所限制——这是一个半遮半掩的实际结果和困境,是以集体主义的方式处置货币不得不对付的困境。

这样一种困境的确存在,尽管货币非常适合代表公共利益,把以别的方式相当难以协调的个体整合在一起。这两个方面也许最终都要追溯到货币发挥的同一个效果,即货币让那些原初生存在一个生活统一体(Lebenseinheit)中的诸因素彼此分裂,互相独立。一方面,统一体的分裂关涉个体之个性,因而可能把诸要素(无论它们之间有多么大的分歧,不可调和)相似的兴趣汇聚到一个集体构形中。另一方面,这种分裂也影响到了共同体,使得现在鲜明分化的个体很难实现内部和外在的公有化(Vergemeinsamung/communalization)。这一矛盾显现的形式不只这一例而已,它渗透到社会生活的方方面面。该矛盾的根源在于:个体只是社会统一体中的一个要素、一个成员,同时个体自己也是一个整体,他的组成部分也构成了一个相对封闭的整体。作为社会统一体基本组成元件的个体所起的作用,将不断同他能够或他想以完整的、单个的有机体所发挥的作用相冲突。这同一个影响力亦波及由个体组成的社会整体,以及以整体身份出现的个体本身,它在二者中产生了形式上相似的作用。由于个体表征着两种截然相异的意义,故而常常导致内容上的对峙。所以,货币造成了社会的诸因素的分化,也导致了个体的分化,这或许是一种实际的,但并非逻辑上、理论上不可解决的矛盾。货币遏止了社会因素的分化,但却推动了分化这同一个现象在个体中的进展。一般而言,集体主义式的用钱方式之所以产生了障碍,就与此息息相关。除了钱之外,所有其他财产占有形式指的是根据其技术条件,以特定方式所进行的使用,主观上如何处置此类财产的自由就有某种客观上的限制。而花钱则完全没有这样的限制,钱币可以听凭众人使唤,从而给相互对立的倾向提供了最广阔的空间。故此,货币经济与小型经济组织的生存条件可谓针锋相对,后者通常依赖的是共通的秩序和统一的规则。如果极大地简化一下这种情况,人们或许可以说,小型团体靠一致性和一体性保存下来,而大型团体则通过成员的个体化和劳动分工而得以维持。货币作为一种抽象的构形物,它是从相对来说比较大的社会圈子的经济互动中演化出来的,另一方面,由于货币纯粹的数量特性,它使任何一种特殊要求、个人劳动成果的任何一种价值,以及任何一种个人倾向可以最精确无误、机械式地表现出来。这样,货币率先在经济领域完成了团体规模扩张与个体性扩展之间的一般社会学意义上的相互关联(Korrelation)。

货币与私有财产以及因此与人体自由的发展的关系,在很大程度上是以钱的灵活性为条件的,这在货币占有形式的反面,即土地占有中极为明显。地产在两个方向上超出了与个人的联系:横向来看,土地比其他任何形式的财产都更适于做一个团体的集体财产;纵向而言,土地是最佳的继承对象。若一个原始部落的财产全部都是土地,那么其后会朝着两个主要的方向发展。首先,从土地中生产出作物,然后该氏族的财产就更加灵活,一旦这成为事实后,私有财产就出现了。我们一向看到,游牧民族会把土地当作部落的公共财产,分给一个个家庭时只有使用权,但牲畜向来都是家庭的私有财产。就我们所知,游牧民族从未把牲畜视为公有财产。在其他诸多社会形态中,可以动来动去的东西通常都是私有财产,而土地则长期以来被视为共有的产业。另一方面,与私有财产的起源息息相关的是那样一些活动,它们作为生产的构成质料独立于土地之外。印度的种姓社会的法律中,发展出这样一种思想:在家族财产——主要由土地构成——之外无论生产出什么东西,都不必并入家族中。该法律把获得某种个人技艺——比如学会一种手艺——作为争取私人财产和个人自立性的主要手段。所以,身怀绝技的手工匠占有了某种流动的商品——就好像拥有牲畜一样,虽然二者占有的方式不同——因而他从土地财产及其集体所有制特征中自动分化出来。最后,公有的生活形式向私有生活形式的转变对于保留实物经济瓦解后产生的协作问题,乃是一个合乎目的的解决途径。直至13世纪,教会团体的大部分产业是土地,对土地的管理建立在社会经济原则的基础上。自然经济的农业收成的下降导致了教会组织严重的经济危机,但促使这一危机产生的新兴货币经济也给危机提供了某种补救措施。用捐赠创办的教会机构的收入,甚至修道院的岁入或多或少都彻底分作捐赠与圣俸两部分,并且收入中的大多数,虽然来自各个不同的地方,可以以金钱的形式全部交给同一个人。在总体收入下降之际,用这种方式起码还可以把教会领袖和头脸人物的收入维持在同一个水平,尽管这是以牺牲低级神职人员为代价,他们现在不得不以雇员身份为教会服务。这一连串事件清楚地表明,土地自身意义的衰微甚至迫使那些特别要求团结合作与整齐划一的组织——例如教会——从集体主义的生活形式向个人主义的生活形式转变,也表明了突如其来的货币经济怎样形成这一转变过程的原因及途径——即通过土地的进一步细分与流动(Mobilisierung)的方式。目前,农民是最不屈不挠地对社会主义唱反调的人,其原因首先在于,对于其从事的行业技术合乎目的的调整,农民是极为保守的。既然现在个人拥有土地财产,农民就紧紧抓住它,正如他们若干世纪以前紧紧抓住马克公地(Gemainen Mark),以及更短时间之前他们起码还可以紧紧抓住零碎的谷地耕种。现代社会主义有一个主要特点,它与古代土地财产中的集体主义格格不入,并且也对农民生活中最内在的生活方向相当隔膜,这个特点即是根据理性、意志以及对人的有条不紊的计算,全盘控制生产活动。工厂的组织和机器的结构每天都向工人表明,只有绝对精确无误才能完成合乎目的的活动,达到效果,必须不惜一切代价地避免个人性因素以及其他来自事物内部的干扰因素。通过某种一目了然、可以操纵的机制来达到这个目的则为一种社会理念铺平了道路,即希望以机器式的极度的理性主义组织社会的总体,排除一切私人欲望。与此相反,农夫的劳动及其成功取决于不受影响且不可预测的力量,他的思想关注的是从某种不属于理性的因素里获得好处,利用当时当地的毫无规律可循的条件。故而,农民的理想与社会主义的理想截然对立,社会主义的目标恳求的不是好处,而是消除一切偶然性,以及把生活中所有可以计算推断出来的因素组织起来,而这根本不是农民所关心的问题。以理性和意志力绝对地控制整个生产,若想在技术上实现这一目标,只能把生产手段全副集中在"社会"的手中,但是显而易见,古代自然经济中的集体主义无论其核心还是含义均与社会主义大相径庭,社会主义的理念可以说恰恰源自最货币经济式的(geldwirtschaftlichsten)、最灵活易变的财产状态。事实的确如此——正如我在上文所提及的——尽管原始的共产主义作为一种本能、一种朦胧的理想可能曾经推动过社会主义。

无论如何,在历史上的确存在过自然经济与集体主义的相互关联,以及另一方面财产流动与财产个人化的相互关联。土地作为集体财物的特征,与土地也具有世袭财产的鲜明特点紧密相连。假如分析家庭组织的经济内容,我们会屡屡发现,继承所得的财产与自己后天努力挣得的财产之间的差别恰恰就是不动产与动产之间的分野。在印度的西北部地区,同一个词(jalm)有长子继承权和狭义上的地产所有权的双重意涵。从相反意义上说,它证明了动产与个体之间的联系可能非常密切,所以某些原始部落——通常也是非常贫穷的部落——根本还未实施以继承的方式转让财产。但是,来自世界各地的报道都声称死者的财产会遭到破坏。神秘观念无疑在此发挥了功效:似乎死者的灵魂会受这些财产的吸引,然后返回来把自己的财产毁灭殆尽!然而,这只不过证实了个体与其私有财产息息相关,所以迷信观念就从这里滋生出来了。据报道,在印度的尼科巴群岛,从亲属那里继承财产被认为是大错特错,因此而继承的产业会被人毁掉,除非是树或房子。树木与房子具有不动产的特质,因此它们与个人之间只有松散的联系,可以转让给他人。人与事物之间具有双重关系:人未变,而事物变化无穷;或事物不变,而人却变了。当前者占了上风,即在动产的情况下,重点在个人身上,人们就倾向于强调个体的人是本质的因素。在相反的情况下,即在物体与人的关系中物体存在的状态更持久时,个人的重要性则让位于物体。土地好比是岩石,个体生命仿佛冲刷岩石的海浪一样潮起潮落。故此,当处理不动产时个体就被挪到了背景上,个体与集体的关系则类似于他与不动产这个对象的关系。这也解释了地产与奠基于世袭原则上的贵族体制的密切关系。我再次回想起,在古希腊时期,由宗教所支撑的家族延续的贵族统治原则与占据中心地位的地产多么深刻地互相影响。出卖地产不仅愧对子孙,是不负责任的行为,在更严重的程度上还是背叛祖先!还有一个曾被强调的事实是,皇室的世袭封地是纯粹的实物,如在中世纪早期的德意志,整个世袭封地制度中崇尚的是一种贵族特征,而在后来稍微接近货币经济的若干世纪,封臣也可以拥有其余的封地。世袭特征主要是与个体性原则水火不容。世袭制把单个的人附着在一代代人的序列中,这类似于集体主义不由分说地把个人和他的同龄人拴在一起。生物学意义上的遗传同样保证了代与代之间的等同性。世袭特征阻碍了经济上的个人化。在 13 和 14 世纪,德国的单个家庭在经济方面已经从"家族"中解放出来,在财产方面以独立主体的身份行动。但是此时也是家庭分化的终结之日。在单个家庭里面,父亲、母亲、孩子很难清楚地划定自己的个人财产权,家庭财产成了这个家庭在那一代的公共产业。在这方面家庭的各位成员尚未达到个人化。经济个体性的出现开始于世袭制终了之时。经济个体性肇端于单独的家庭，并且在单个家庭内部停滞不前——当世袭制仍旧盛行时。唯有到了现代社会，当财产主要由动产构成时，动产继承才以其个体化的结果压倒了继承制度反个体化的本质。假如财产还是由土地构成，甚至实际的紧急情况也无力违背反个体化的继承制度而行。如果农民是用立遗嘱的方式处理遗产，在这些特殊情况下，农民继承权的某些缺憾可能有所弥补。但农民通常不立遗嘱。与未留遗嘱的继承相比，遗嘱太个人化了。按照不同于传统与一般习俗的个人意愿来处理财产，会使农民无比紧张。无论在何处，财产的不动性——要么和集体性有关，要么和世袭财产有关——均被证实是一种障碍，克服这个障碍就会在分化和个人自由的道路上相应地前进一大步。货币是所有财物中最灵活机动的，它代表了这个前进趋势的顶点。货币的确是这样的财产形式，它最有效地把个人从那种统一的束缚——即从其他财产占有形式延伸而来的束缚——中解放出来。

第五章　个人价值之货币等价物

第一节

偿命金

货币在评价体系中的重要性可以从罚金的发展史中窥知一二。在这一领域，我们首先遭遇的一个最特别的表现形式就是以罚款来惩戒谋杀，这通常在原始文化中发生，以至于不再有必要举出具体例子，至少对其最简单、最直接的形式而言是如此。然而，人们未能充分注意的与其说是人的价值与金钱价值的关系对法律概念支配的频率，不如说是对法律概念的支配强度。在早期英格兰盎格鲁－撒克逊人时代，偿命金(wergild)——即用钱赎清谋杀罪，也就是被杀赔偿金——甚至适用于谋杀国王的罪行，某条法令规定的是付 2700 先令就可洗清弑君罪。这样一笔数目在那个时候简直是天文数字，没法搞得到。它表达的真实意图即是，为了对死去的国王有交代，弑君者和他的一家人不得不卖身为奴筹钱，即便如此，就像该条法令的某位阐释者所说的，差额仍旧十分巨大，唯有——作为纯粹的债款(Geldschuld)！——以死才能抵债。只有诉诸罚款才有可能确定犯人所犯罪行的大小。所以同样在英格兰的文化圈中，在"七国之治"时期(Seven Kingdoms)①，一个普通自由人的偿命金是两百先令，其他各阶层人员的偿命金则根据这一标

---

① "七国之治"时期：约6世纪在不列颠形成的七个王国争雄的局面，9世纪时其中大部分被丹麦人所灭。

准或增或减计算得出。这以不同的方式表明,货币给人的价值提供了一种数量上的概念。所以即便到了英国大宪章(Magna Carta)①时期,人们还会发现这样的说法,骑士、男爵、伯爵彼此的关系对应的是先令、苏格兰银币(Mark)②、英镑的面值兑换比例,因为这就是他们的采邑地租(Lehensgefälle)的比例;这种比例观——它同其产生的基础一样非常典型——事实上是完全不精确的。它说明了把人的价值化约为一种金钱表现形式的趋势是如此不可阻挡,甚至不惜损害实际的精确度也要这么做。这种趋势不仅使货币成为人的尺度,而且使人成为货币价值的尺度。在这里我们碰上杀人者必须付钱偿命,以及以货币数目充当货币单位(monetarische Einheit)的情况。按格林(Grimm)的说法,"理想的杀人犯赔偿金"(Perfektum skillan)就意味着:我杀了人或伤了人,所以我有赔罪的义务。那时 1 先令(Solidus)③才是最基本的罚金,习惯法根据它来计算赔偿金。以"skillan"的意思为基础,人们可以推断"先令(shilling)"这个词本来有"基本罚金"的意思。在偿命金里,人的价值被视为罚金体系分类的原则,是货币价值的决定性基石。这类似于贝都因人——穆罕默德把他们并入伊斯兰教——他们的偿命金的标准价是 100 头骆驼,同时这个标准价被用来当作具有代表性的犯人赎金以及嫁妆费用。罚金不只出现在谋杀赔偿中,它适用于一切违法犯罪的地方,在这些地方货币所起的相似作用一目了然。在法兰克王国墨洛温王朝时期,1 先令不再是 40 便士(Denare),而只有 12 便士。人们可以推测出这一变化的原因,那个时候根据 1 先令而定的罚金减少了,法律规定课以 1 先令罚金时,罚款不是 40 便士,而是 12 便士。从这里遂演变出了 12 便士的 1 先令赔偿金,后来它被广为接受。据说在帕劳群岛(Palau Islands),五花八门的交款均被简称为罚款。那个地方的人不是以不同的钱数为尺度来决定违法犯罪相对应的严重程度,恰

---

① 大宪章:1215 年英国大封建领主迫使英王约翰签署的保障部分公民权和政治权的文件。
② 苏格兰银币:面值 13 先令 4 便士。
③ 英国中世纪的钱币:重约 4.5 克的古罗马金币。

恰相反,他们对违法行为的衡量创造了货币价值得以成立的衡量尺度。

这种观察事物的方式——就有关谋杀罪行的赎金而言——是奠定在一种具有普遍意义的感觉基础上。货币的本性完全取决于数量,因为货币无法确定其本身"值多少钱",它只是一个空洞的概念。所以最根本、最至关紧要的乃是:每一种货币体系都有计量单位,货币单位的增减就代表着具体的货币值。没有这种最源初的规定,任何货币体系都不可能存在。在技术上货币单位已经被抽象为某种"货币制度标准",它仿佛是货币数量关系的绝对基础,在此基础上才可能进行货币交易。当然,就货币单位的概念而言,它的尺度大小是无所谓的,无论货币单位大小,把它加减乘除后就可以得到交易所需要的数量。尤其在晚近几个世纪,规定货币单位大小的,实际上部分是与该货币制度有关的历史政治因素,或者与货币制度有关的技术因素。再者,货币单位是所有钱币的衡量尺度,它似乎是整体意义上金钱的代表,所以无论什么时候提到钱,货币单位的数量大小必须与人所感觉到的中心价值有所关联,以使这个钱数被当作人心目中站得最高的某个对象或行为对等的等价物。这也可以解释屡屡被人提及的一个事实,即货币单位值较高的国家的生活花费要比货币单位值较低的国家更贵,因而假使其余情况相同,使美元的国家的生活费比使马克的国家昂贵,使马克的国家比使法郎的国家昂贵。许多生活必需品的价值就表现在这些不等的货币单位中,或把它们乘以倍数,不管其绝对值究竟是多少。货币单位既是原因又是结果,在一定的社会圈里,货币单位依然与经济上可以说得清道得明的生活价值类型具有深刻的关联,无论由于可以随心所欲地增减,货币单位看起来与生活价值是多么不相干。货币单位与生活价值相关所产生的一个结果就是1791年第一部法国宪法将日薪作为价值标准。每一名完全符合规定的公民都必须直接缴纳至少三个工作日的所得税,要想有投票权,则必须缴纳150至200个工作日的个人所得税。因此就出现了价值理论中的一个概念,即绝对的价值标准等于一日之必需的花费——就是对人来说最基本的价格——参照贵重金属与所有货币作为商品的价格升降。作为一种基本单位,"劳动力货币"

就应该等于一个小时或一天的劳动价值,这个概念暗示的意思与下面这种说法殊途同归,即通过人的基本兴趣确定一个核心的、有限定的对象作为价值单位。这一方法跟把人的等价物——如偿命金——当作基本的货币单位之间,只有数量上的差异而已。

对人的估价从功利主义的向客观的、绝对的估价过渡

偿命金的起源显然是纯功利主义的,尽管它不完全属于习惯法范畴,在涉及私法和公法的范畴中——社会的发展即肇端于这两种法律——偿命金却仍旧属于不偏向当事人任何一方的中立状态。对某个成员的死亡,部落、氏族、家庭要求肇事者赔偿经济损失作为替代品,他们愿意接受经济赔偿,而非采取一时感情冲动的家族仇杀。最终发生了这种转化的地方,认为应该被替代的仇杀本身已经不可能实现了。在瓜希罗印第安人①部落中,一些偶然不小心伤及自身的人必须要对他的家庭做出弥补,因为他流了家族的血。在某些马来人当中,"血钱"这个词表达的意思也司空见惯:就是起床,站起来。这个词反映的观念是,付了血钱后,被杀害的人就在他的家族中复活了,他的死亡造成的空白也就被填补上了。除了给家属赔偿金之外,杀人者还需要给集体一笔特殊的安抚费,因为他搅扰了众人的安宁,这种做法古已有之,起码日耳曼人就是这样做的。在一些盎格鲁-撒克逊人的王国,同样也不只交一笔赔偿金,为了国王的生活起见,臣民需要给王室交第二笔偿命金。与此类似的是印度的偿命金也从王室过渡到了上流社会。随着偿命金的进一步深入发展,它脱离了私人化的经济起源,从一开始偿命金就包容了一种客观的、超乎个人内容的要素,因为赔偿金的数额由习俗、法律决定,尽管数额会根据被害者社会地位的不同而变化。因此,每个人的价值自打从娘胎出来就被确定下来了,完全无视他对亲人

---

① Goajiro Indians:哥伦比亚北部瓜希拉半岛和毗邻的委内瑞拉的印第安人,使用一种阿拉瓦克语,天主教对他们颇有影响。

所意味的真正价值。在偿命金的情形中，人被当成物质来估价，这与他自身做出的具体成就的数量完全不一致，不仅如此，偿命金还引入了这样一种概念，即不仅对他人，就是对被害人自身而言他也就值这个数。经济上的估价从主观向客观方式过渡的一个典型现象可以由下述例子来说明。在公元 3 世纪左右的希伯来国家，一名男奴隶的正常价格是 50 舍客勒（Schekel），女奴隶是 30 舍客勒。但是杀死一个男奴隶或女奴隶需要赔赎金 30 舍拉（Sela）（几乎是正常价格的两倍），这是由于摩西五经说奴隶值 30 舍客勒，但却被误认为是 30 舍拉。这种价格所依据的不是对损失推算出来的经济价值，而是来自非经济根源的某种规则，奴隶的价值数目都一样，不把他们区别对待，这种做法与源于经济考虑的估价方式相差甚远。无论奴隶对主人的用处是什么，他有一个确定的价值这种观念还没有稳固地建立起来。唯独在表示奴隶用处的价格与杀死他需支付的赔偿金——虽然是由神学上的曲解造成的——之间的差异依旧暗示着，一个人具体的经济价值可能由一个客观的秩序确定，即那些有权纯私人性使用这个人的效用揭示了对这个人的客观估价。这一过渡现象很容易发展到偿命金彻底变成了国家制度的程度。在许多情况中，法庭宣誓的权重被认为是与偿命金数量大小成比例的。有时只有自由人才有偿命金，农奴则没有，这一点很重要。在中世纪佛罗伦萨附近地区，我们发现对农奴有诸多不同的等级身份划分，例如 coloni, sedentes, quilini, inquilini, adscripticii, censiti① 等等，他们与主人的人身依附程度和偿命金恰恰是相反的关系，也就是说完全依附于别人的人就没有偿命金这回事。甚至晚至 13 世纪，这样一种长期以

---

① coloni, sedentes, quilini, inquilini, adscripticii, censiti：这些术语说明的是佛罗伦萨所在的托斯卡纳地区的农奴身份。中世纪托斯卡纳的奴役关系受到封建革命的影响，开始由契约形式规定农奴对主人的依赖和服从关系，其中最重要的特点是农奴和土地的时间联系。农奴不能离开主人的土地，需完成居住在土地上的强制性义务，而且这种义务世代遗传。coloni 是租赁土地的佃农（数量相对最多）；sedentes 是久居土地的奴隶（数量偏少）；inquilini 是租赁房屋的奴隶（数量偏少）；adscripticii 是永久依附于土地的奴隶（数量中等）；censiti 是登记在册的奴隶（数量相对最少）。在中世纪的托斯卡纳这些词差不多是同义词，现代的历史学家把他们都称作"农奴"（servi glebage）。

来已经过时的、对人纯形式化的估价标准也会被递交到法庭,根据它来判断证人证词的可靠性。从个人主义的功利性立场出发,某人越是属于第三者的财产,那么第三者就越是应该强硬地为偿命金进行辩护。而事实的发展却不尽然,身份级别作为衡量标准的象征物发挥功用而与个人的证词联系在一起,这都强调了偿命金已转变为个人客观价值的表现。

这一发展过程把对个人纯功利性的估价提升为一种客观的价值评估,它反映了思维的一种惯有模式。倘若所有主体的人对某个对象的印象都一模一样,那么这只能被解释为主体本身具有印象内容中的这种特殊素质。对有区别的诸对象形成十分不同的印象的根源在于主体,因为主体吸收了不同的对象,而之所以产生一模一样的印象——如果我们排除极其不可能的偶然性——只是由于有这些特质的对象被反映到主体的头脑中,同时当然也要承认这一事实,即这只是一个需要进一步补充的象征性表达公式。对人进行估价的领域重复了这一过程。假如同一个对象在不同情况下被不同的人认为价值不一样,整个评价体系就仿佛是一个主观随意的过程,它会根据个人情境与个人爱好相应地产生不一样的结果。然而,假如不同的人对这个对象的评价相同,得出的结论则不可避免地就是该对象的价值就是这么多。故而,若被害人的亲属索赔的偿命金数目不一致,很明显他们想弥补各自不同的个人损失。但是,一旦某个特殊阶层的偿命金数额被一劳永逸地固定下来,即使个人情况和发生的案例相差甚远,但都赔同样数额的钱,那么就会形成这个人就值这么多钱的观念。这种情况下人们就会对个人差异无动于衷,不再允许某个人整体意义上的价值由对其他人造成的得失来组成。人的价值像一种客观的特性体现在自身当中,可以由货币来表现。实施固定不变的偿命金是出于保障社会和平,避免无休止的血亲仇杀的目的,因而,它似乎是由起初对个人生命估价的主观功利主义方式过渡到认为人具有客观特定价值方式的心理学起源。

各色人等均可以用钱来赔偿的观念在文化史中至关紧要,实际上它只在两三种现象中化作了现实,即血钱、奴隶制,也许再加上新娘嫁妆,我们稍后会讨论嫁妆的现象。对血钱和奴隶制的众说纷纭使得我们目前的思想对它们相当陌生,从纯经济学观点出发,这些不同看法仍可以被视为某种渐进的、数量上的差异。因为在奴隶买卖中,人们用钱买断了奴隶的所有劳动,时至今日我们也通过花钱来购买这些各式各样的服务。和如今现代人花出去的钱等价的仍旧是人的劳动,这和奴隶买卖没什么不一样,二者的区别在于买奴隶时购买的是他整体意义上的劳动,而现代人要求的则是一项一项的服务,还有奴隶买卖中价钱不付给奴隶,而付给另一个人,除非某人自愿卖身为奴。血钱这方面的情况也是如此,如今这种赔偿金的方式与我们的感受之间没什么抵牾,轻微伤害的赔偿金是固定的,比如只是对身体或精神的轻微伤害,如诽谤或违约。某些现代刑法甚至规定,不太严重的一整套违法行为都可以用钱来抵罪,例如在纽约州、荷兰、现代日本。从纯经济学的立足点观之,杀人无非就是逐步蔓延开的身体局部麻痹、能量减少、性能测试衰退,这正如将生理学上"活的"机体中可以发现的某些活动——或只发展到特定的程度,或局限在身体的具体部位——变得激烈一些和扩展开来就是死亡。

  但是,这种经济学观念并不普遍。事实上,从占主流的基督教教义发展而来的整个生命价值论都奠基在人具有绝对价值的观念上。首先,人的经验存在中的一切细节、相对性、特别力量和表达方式都足以使其立身为"人",他是统一而不可分割的。人的价值不可能以任何量的标准来衡量,不可能仅仅凭借另一种价值的增减而得到补偿。这是否认血钱和奴隶制理念的基本观点,因为血钱和奴隶制把绝对完整的人等同于货币,而货币只有相对的、纯数量的价值。对人之价值的这种提升可以说归功于基督教,此外尚有许多其他对人的评价预示了基督教的观点,与此同时,这种对人的看法的重要性在历史的发展又被长期延误了。因为教会并没有像它理应做的那样积极对奴隶制宣战,而在实际上支持用偿命金为杀人行为赎罪,即使只是出于公共安全和避免流血牺牲的考虑。基督教使人的价值远离一切相对性,远离一系列靠纯数量决定的事物,这一做法符合基督教精神。若要辨认区别高级文化与低级文化,只需看看用来达到目标的一系列手段的数量是多是寡,过程是长是短。原始人的生活需要屈指可数,只凭借相对较短的手段链就可以完全满足。比原始人更发达的文化不仅提高了人们的生活需求和工作任务,也引导他们把满足每一个体目标的手段建得更高级,他们已经开始频繁地要求这种手段成为一个相互连接了前提条件的多重机制。由于这层关系,目的与手段的抽象概念只能在高级文化水平上才能得以发展。只有在这一水平上,由于将为数众多的目的链进行某种程度的整合,由于越来越长的手段链不断地取消了具体目的,只有到了那时才会出现终极目标——它不遗余力地指引理性与尊严——的问题,以及为什么的问题。此外,文明人的生活与行动经历的是一个无穷尽的目标体系,他只能掌握,甚至只能想象其中的一小部分,所以与原始人生存的简单素朴相比,文明人的生活令人吃惊地开始发展出生活内容的分化性。在终极目标的概念中,万事万物都再次被和谐地统一,但对于生活在混沌一片、无所区分的状态中的人终极目标可有可无,终极目标对于我们现代不统一的、碎片式的文化扮演的是和平与拯救的角色。各种生存内容越是有质的差异,越是相互隔离,就会有越来越多抽象层面上的东西需要被取缔,使得终极目标——它使我们能够体验到完整统一的生命——也必须被取缔。对终极目标的向往在意识状态里不一定清楚地阐述出来,但它可能存在于意识中,居然还那么强烈,这就是芸芸众生朦胧的欲望、渴望或不满足感。在文明时代伊始,希腊-罗马文化显然曾达到过这一高度。生活变成了一片织起了各种目的的精美薄纱,其结果及其 focus imaginarius[可想象的焦点]是一种具有巨大震撼力的情感急剧上升:什么是这一生活整体的终极目标,最终目的自身会不会——像我们趋之若鹜的其他任何东西——暴露出它就是一种纯粹的手段呢? 一方面,那个时代滋长的是听天由命或愤世嫉俗的悲观主义,不加思考的放纵沉溺——它享受的片刻之欢绝非在寻求一种超验的目标——另一方面,那个时代神秘的禁欲主义倾向就是一种无意识地追求生活终极目标的全部表现,是对通过千变万化乃至自我折磨的手段达成终极目标的一种渴望。然而,在追求终极目标方面，是基督教带来了辉煌的成就。基督教在西方历史上首次把一种真正的生活终极目标给予了大众，它是一种彻底不受琐细片断、自相矛盾的经验世界影响的绝对存在价值：基督教的终极目的就是拯救灵魂以及上帝之国的许诺。上帝之国为每一个灵魂预备了空间，每个单独的灵魂，无论是最卑劣下贱的人的灵魂，还是英雄圣贤的灵魂，均代表获得自己最终的拯救，因而其价值无可限量。灵魂通过与独一无二上帝的关系，从而在自身折射出一切意义、绝对性与超验性。基督教宣扬人只有一种终极的命运，灵魂具有无限的意义，这种极端的权威性声明一下子就终止了所有那些纯属相对的、在价值上纯属人与人之间的数量差异。基督教把一种终极目标的概念与灵魂的绝对价值黏合在一起，而它的终极目标很明显也经历了一种特殊的转变。一种需要每越是得到满足，就越会变得恒久，所以很大程度上基督教使人不断意识到终极目标的存在，从而造成人们对它根深蒂固的需求。因此，如今那些不接受基督教教义的人可能只在心中留下了完整的亲在(Dasein)要有明确目标的空洞向往：即对终极目标的需求比完成目标更长久。叔本华的形而上学宣称意志是生存状态的本体，意志有必要保持未完成的状态，因为意志是绝对的，没有什么从意志当中分离出来的东西会满足意志本身，进而继续掌握意志。叔本华的这种形而上学完美地表达出了一种文化状态，即对某种绝对的终极目标保持着热切的需要，却又失落了目标需要的强制内容。宗教感情的削弱，以及对这种感情极为重要的再度觉醒的需求，此二者均是现代人丧失了终极目标造成的后果。但是人们尚未失去基督教观念所完成的对人的灵魂的评价，只不过这种评价可能只被视为基督教遗产的荣誉。因为基督教声称人的灵魂是承载上帝恩典的工具，灵魂就不可与所有世俗的衡量尺度同日而语，一直以来都是如此。不管对灵魂的这一理解对现实生活中的人而言显得多么遥远和陌生，但是当整个民族危在旦夕之际，它产生的影响不可视而不见。个人的命运也许没有被考虑，但是绝对总量却不可能不被考虑。实际上，希伯来律法已直接言明人的宗教性价值与奴隶制水火不容。假如贫困迫使一名以色列人卖身给同族的人为奴，那么这个人应该把他视为——如耶和华所命令的——雇工而不是奴隶,"因为我从埃及引领出来的我的仆人,他们必不会再被当作奴隶卖掉"。

人的价值使货币的量性尺度无法用来衡量人,但是,人的价值应该有两层迥然不同的含义。人的价值可能指的是一般意义上的人,抑或指的是一个特殊的个体。比方说,如果人们认为人的个性具有最稀罕的价值,个性不仅不能被置换,而且是绝对不可替代的,那么剩下的问题仍然是,个性价值以这种方式从哪些其他价值中孤立出来。倘若是一个人的特殊质素——与其他所有人都不一样——决定了他的价值,则这种独特性也指的是个人与其他所有人的关系。这种理解在古代和现代个人主义中有几分司空见惯,它不可避免地导致了对人性的等级划分。只有当代表最低价值的遭遇了代表最高价值的时候,它们才融入这些价值的绝对性当中。这就是为什么古代认为奴隶制是正当的看法被一些现代个人主义者挪为己用的原因。基督教,18世纪启蒙时代(包括卢梭与康德),以及伦理意义上的社会主义对人的各种看法是截然不同的。包含在这些看法中的观点是,人之所以有价值,就是因为他们是人,稀有价值指的就是人的灵魂,它与任何不是灵魂的东西截然对立。在这里最至关紧要的就是,所有人的绝对价值都一样。所以,这个观点属于抽象个人主义——之所以"抽象",是因为它把总体意义上的价值,把整个价值意义与一般概念上的人联系在一起,然后把价值转移到个体的人。与此相反的是,自从浪漫主义运动以来,19世纪对个人主义思想赋予了全新的内容。在18世纪个体自身有了特定的含义,19世纪则将个体与集体的关系,国家、教会、社会、行会对个人的束缚对立起来,所以19世纪对个人的观点就是个体无拘无束的独立性,继而个人主义的含义就是强调个体之间的差异,个体独特质素之间的差异。对个人主义的前一种理解模式是最基本的"人格尊严"和"人权"赖以发展的基础,它决定性地终结了一种发展的可能性,即为了钱出卖个人,以货币作为杀人的赔偿。个人主义发展趋势的源头一定就蕴藏在如下情形中,其中早期社会形式中的集体的束缚变得薄弱,所以个体坚持自己的独立性,在团体成员的共同利益中脱颖而出。

罚金与文化发展阶段

我已经把谋杀赔偿金的发展过程追溯到了这一点,即根据幸存者的社会地位来计算应赔偿的实际损失,从这里演化出如下的概念:一个特定阶层成员的价值就等于一笔具体的偿命金。而从这个概念又有了观念的进一步发展,其结果就是人们认为罪犯牺牲赔偿金不是为了补偿已被破坏的价值,而是对其行为的惩罚,这对于谋杀和其他的严重违法行为均是事实。每一种惩罚都应作为出于利害的考虑强加在罪犯身上的痛苦,就我所知,这只能有两个出发点:一是维护社会,二是赔偿社会以及受害人的损失的义务——不管它们后来的唯心论含义离原来的出发点有多远。若要把惩罚追溯到报仇行为,那么在我看来报仇现象本身则需要进一步的阐释。只有需要保护自我时才产生了报仇行为,报仇逼着人把罪犯赶尽杀绝,通常要罪犯被迫接受痛苦或死亡。报仇的实用性和必要性后来发展成了某种单一的欲望,如报复那些搞破坏的人,起初报仇只是确保被害人不再遭受更多损害的手段,但后来却演变上升为自我满足的欲望,完全与功利主义的根源不相干了。报仇作为惩罚的起源最后还可以回溯到保护自己的需要。正是这一需要使如下的事实可以为人所理解,即高度文明的时代要求罪犯应该对人无害,而程度更低的时代则满足于更为温和的赔偿金。如今,谋杀往往是完全堕落和道德沦丧的人所为,而在更粗犷或更英雄主义的年代,搞谋杀的人则有截然不同的素质,这些人气宇轩昂、精力充沛,在适者生存的社会,他们是每个人理想的化身。因此,在不同的历史发展阶段杀人犯的基本特征毫无共性可言,由于社会维护自身的本能,有时社会需要诛灭杀人者,有时则可以让罪犯拿钱赎回性命。此处令我们大感兴趣的是导致惩罚出现的另一个根源,即对损害的金钱赔偿。只要打击作恶者的行为结果由受害人自己来掌握实施,受害者的行为就会——不是出于报复的冲动——限定在索要赔偿上。受害人对罪犯的个人处境没有兴趣,他的行为是功利性的,不考虑罪犯的个人状况。但是,一旦某种现实力量，如国家或教会，接管了对罪行进行补赎的责任，这种情况就会发生变化。现在受害者的损失已经不再是一桩私人事件，而是一个干扰公众秩序或违反道德—宗教律法的事情了，把罪犯置于何种处境也变成了要采取的行动的最终目的，而在前一种情况中罪犯的处境对寻求赔偿的人来说是无所谓的事情。只有在后一种情况中我们才谈到了完全意义上的惩罚。

现在惩罚的目的是对罪犯这个主体发生影响，一切实际的惩戒行动只不过是达到这一目标的手段而已。这样一来，罚金与早先因为伤人和杀人而做出金钱赔偿相比，就具有了完全不同的内涵。罚金的目的不是对罪犯造成的损害有所弥补，而是加诸罪犯身上的痛苦。所以现代法律在无力还债的案子里，以监禁取代了罚款，监禁不仅不能给国家增加收入，还会让国家支出大笔的额外开支。至于被强行课以的罚金，由于罪犯体验到罚金带来的主观反省作用，事实上罚金产生了与货币本身完全不同的个人特性。这一特性被文件记录，证明为罚金的某些特质，它们使罚金比其他类型的惩罚手段更高明：罚金可能分类详尽，也可能完全不分类，但是它不会像以前的监禁甚或酷刑一样使违法者致瘫致残，无力行动，它反而鼓励罪犯为自己造成的损失做出弥补。但是，假如罚金想要给犯人制造痛苦，不甘心只是犯人罪行的替代品，那么在罚金上增添的个人内容则没有产生那样深远的影响。比如说，事实已证明，如今被判高额罚金并不会对受罚人的社会地位造成什么危害，它对人的影响甚至和短期监禁的刑罚没什么区别。只有在自我尊严还未高度发展的地方，如俄国的农奴制社会，对罪犯的惩罚才会更青睐体罚而非罚金。罚金缺乏个人内容的缺点在如下事实中进一步得到了反映——至少就目前的罚金而言——罚金的基本分类根本没有和实际的个人经济能力匹配。法律一般设定了罚金的上限和下限，但毫无疑问，对赤贫的人来说支付最小数额的罚金比让富人支付最高额的罚款更困难。为了交一马克的罚金，穷人也许不得不挨一整天饿，而几千马克的罚款对富人则根本是九牛一毛。在前一情况中惩罚人的主观目的被夸大了，而在后者中则压根没有完成这一目的。为了使处罚更有效地实现个人化,有人因此建议法律根本不应该对罚金设立明确的界限,而是根据被罚款人的收入百分比来处罚。然而,这一建议被正当地加以驳斥,因为一个超级百万富翁的小过错,法律的处罚也会高达几千块钱,客观而言这无疑被认为是极不成比例的。在建立一种真正的个人化罚金的尝试——考虑到生活水准的极大差异,把罚金个人化似乎是值得做的——中的这种内在矛盾说明了处罚的主观适用性对一个具有显著贫富差异的高度发达的经济文化来说,比更原始、更平等社会的适用性要低得多。最后还必须要强调的是,罚金根本不适合那些只关涉人的最内在关系的地方,但是从7世纪以来悔罪的苦行就可以用钱来赦免。当时教会接管了大部分的刑法管理权,它本来应该是国家的管理范围。巡回主教就是法官,惩罚罪犯的出发点是因其违反了神圣秩序。故而,灵魂在道德上的提高,避免违法犯罪是宗教惩戒的真正目的,这样的目的是奠基在宗教道德根深蒂固、卓有成效的发展趋势上。这却导致了悖论的产生,人的积极的道德责任在于获得自身的拯救,而世俗的道德伦常却把这个最终目标从自我置换到他人以及他人的条件上。结果,这种使处罚内在化和个人化的趋势甚至使谋杀或作伪证这样的罪行都可以用禁食一类的悔罪来代替刑罚。但是,如上文所述,这些宗教悔罪的苦行旋即被罚款取代了。后来罚款被认为是远不够虔诚,不太适宜的悔罪形式,这非但没有反对,反而证实了人们支持罚金日益增长的重要性。恰恰是因为货币再现了无共同衡量尺度的各种事物的价值,变得愈发不带偏好、不偏不倚,所以在十分特殊、非比寻常的情况下,也就是要考虑到人最内在的、最基本的内容的时候,货币不能当作人的等价物。尽管一个人可以用钱买到几乎所有的东西,但是,正是出于同一理由,货币不再可能被用以解决宗教忏悔中的伦理－宗教需求。人的灵魂独一无二,归属个体,灵魂越来越高的价值与货币的发展趋势背道而驰,结果保证了罚金断不能充当宗教忏悔。货币第一个达到了与所有具体价值相关的冷静的不偏不倚,以及全然抽象的特质,导致货币成了越来越五花八门的对象的等价物。只要可以用钱买到的对象在数量上有限,只要经济价值最本质的一部分并非用钱就可买得到(比如说,就像长期以来的地产),货币自身就仍然还保持着一种较为具体的特征,对任何一方来说都算不上那么不偏不倚。原始社会里使用的货币甚至可以有和其本性正好相反的特性,即神圣的尊严,一种相当特别的价值特性。我指的是上文所提到的一些严格的社会规范保留了特定种类的钱币,这些钱不作他用,只有进行重大交易或仪式时才可以使用,特别是人们在加罗林群岛(Caroline Islands)上发现的证据。这些岛上的居民维持日常生活时似乎不需要用钱,因为他们都是自给自足的。但货币在这里仍扮演着重要的角色,诸如娶妻,成为岛上的政界一员,以及氏族的政治意义都取决于人们占有多少货币。这样我们就可以理解,为什么货币在这些群岛上不像在我们社会中这么普及,在我们的社会中,货币满足的是较低级的需要,而非较高级的需要。诚然,若从数量上看,他们的钱没有多到可以不断地从指缝里溜掉,处于生产自给自足阶段没有出现货币的流行和精确化。因此,货币似乎更倾向于充当那些非同寻常的对象的合适等价物,例如等价于人的生命。人们循序渐进,不断分化,同时货币也演化得越来越不偏不倚,这二者结合在一起就使得我们完全不可能用钱来弥补谋杀罪和其他严重罪行了。

人的分化之进展与货币的不偏不倚之进展,这是它们越来越不相称的原因

远在十分原始的阶段,人们就已意识到了货币不适合表现人的内在性,这一点让人感到饶有兴味。在犹太人历史的最初阶段,可以用钱买卖妇女,用钱赎罪,但向圣殿纳的贡物却一向必须是实物。若某人住的地方离圣殿非常遥远,随身携带了钱准备交付什一税,他也必须在合适的地方把钱再换成物品。同样的情形也发生在希腊得洛斯岛(Delos)的古代神庙中,长期以来牛一直是这里的标准的货币单位。在中世纪的工匠行会中,一些较为古老的、与教会有关的行会惩罚特殊的违法事件的方式,就是让当事人缴蜡(作神庙蜡烛之用),而那些其他世俗的行会则多半以钱代替处罚。古希伯来律法也有这样的处罚方式，律法规定家畜被偷，小偷要双倍偿还，如果小偷手里没有家畜，就要付四倍或五倍于家畜的价钱。只有高得超出比例的罚款才能抵原来的货物。在意大利，牲畜作为货币已经被金属钱币取而代之很长时间之后，罚金至少在形式上仍旧以牲畜为单位来计算。捷克人起初以牲口作为交换货物的中介，很长一段时间之后牲口依旧是赔偿谋杀罪的计算单位。同样的现象还可以在加利福尼亚的印第安人中发现，当贝壳钱已经从流通中取消后，它仍旧是印第安人在快乐狩猎场吊唁死者的礼物。在早期发展阶段，整个悔罪或赔偿的古代形式就有了那种宗教意味，它使人们认为流通的货币不适宜介入神圣的事务。这导致了对货币的贬低，一如上文所提到的相反的运动趋势一样，在稍后的发展时期，这种宗教意味进一步促进人的价值从货币价值中剥离出来，从而产生了货币意义发展史中一个最重要的要素。在此我想再多提一个这一发展趋势中的表现形式。中世纪禁止收取利息，其前提乃是货币并非商品。和商品不一样，货币被认为是不依四时变化的，非生产性的，故而如果使用货币时还要求付钱——就像在买商品时有价钱一样——就会被认为是有罪的。然而同时也是在中世纪，把人当作商品买卖却一点儿也不被视为犯罪。倘若把这种观点与近代的实践和理论观念作一下对比，货币的概念和人的概念是怎样不断地向正好相反的两个方向发展就一目了然了。这两个概念发展方向的截然相反一直如此，不论涉及具体问题时这两个概念都朝一个方向发展，还是背道而驰。

人的价值与货币价值的剥离表现在，只在微不足道的违法行为中，违法者才被课以罚金，从而使罚金降格，但是这却被另一个发展趋势抵消了。一个人侵犯另一个人造成了对他的不公正和伤害，法律对此的惩罚越来越倾向于将受害人的利益用钱来表现。假如我们浏览一下各文化发展阶段的顺序，那么赔偿金的情况在低级文化比在高级文化中出现的频率低，也比在次高级的文化中出现得少。在城市生活中这一点尤其令人瞩目，当城市和乡村中的赔偿金的一般发展水平都还处于相对较低的阶段，城市环境比乡村环境受到货币更为广泛巨大的影响。比如，在现代的阿拉伯半岛，在沙漠居民中仇杀仍然十分流行，但城市人则青睐偿命金。城市地区受经济利益的支配，一个人的价值更容易用一笔钱的数额来计算。当可以根据货币来衡量的损失被刑法赋予了特殊的索赔权利时，赔偿金之发展可谓是登峰造极。欺诈的概念只能在以钱为基础的社会秩序中才能有清楚的定义，它明白无误地说明了这一点。德国刑律规定只有当某人"故意为自己或他人寻求非法利益"而曲解事实时，其行为才被认定是刑事上的诈骗。因此只有两种，或至多三种情况被德国法律认为是谎报事实而加以惩处，对个人业已造成损失是刑罚的基础，如以结婚为诱饵诱骗少女，故意隐瞒残疾的事实与人结婚，以及有预谋地公开进行诽谤。在其他所有被警告将处以刑罚的诈骗案中，造成的损失不是针对个人利益，而是针对国家，如作伪证，选举舞弊，无故推脱作证和当陪审员的义务，在正式文件上使用假姓名和头衔，等等。即便在这些涉及国家利益的案件中，一般的处罚或罚金也通常取决于罪犯是否受经济利益驱动。故而，在护照、工作出勤记录等方面做手脚、弄虚作假都将受到处罚，因为这样的行为虚假地"提高了人的地位"。在这方面的典型案件是个人身份（把儿童调包，等等）的弄虚作假，会被判处最高三年的监禁，但是"如果该行为是出于经济上获利的目的"，监禁就会长达十年。虽说把儿童调包的做法无疑更不道德且更罪恶，而非为了经济上获利，但做这种事的最残忍的罪犯却因为他没有贪图金钱利益而受到较轻的惩罚，但是事实依然是：数不胜数的捏造事实会断送人们的幸福、名誉和财产，骗子毫发未损，除非他想获得"钱财上的好处"。因为欺诈概念从一开始就涉及金钱利益，这倒使刑罚实践简单明了，就是赔钱，但付出的代价是法律公正的感觉差强人意。由欺诈造成的一系列损失中只有以货币可以计算出来的这部分适合刑事起诉，因此从社会公正的观点出发，这部分被指定要求得到赔偿。既然法律的目的必然是处罚每一桩毁坏各种个人价值的欺诈事件，法律就只能建立在所有被毁坏的价值都有货币等价物的假设之上。在欺诈中，偿命金的概念再次牵扯进来，尽管是非常初级的形态。倘若破坏个人价值可以通过对伤者一方付钱加以补偿,那么必要前提就是个人价值是可以化约为钱的。现代刑法依然不接受这样的结论,即欺诈的损失用钱交换就足以得到弥补。而关涉欺诈行为的对象,流行的概念则是：一切由欺诈行为获取到的价值可以用一定数额的钱来代表。

　　法律规范对于清楚明白的需要导致了对各种个人价值的巨大限制——个人价值可以被保护起来以防那些可以用货币形式表达出来的价值受到欺骗——而其他价值被简化到可以被忽略不计的地步,与此类似的对法律明晰的需要导致了民法中相应规则的出台。根据德国法律,虽然违约和诡计会使某人陷入巨大的麻烦,蒙受损失,但受到损害的这一方却没有理由提出起诉,除非损失的价值可以得到证明。这里我只需要提到一些由律师们指出的案例：房东不许房客使用花园,虽然按照合同房客有权这么做；旅店店主拒绝客人存放东西,尽管明文规定是允许的；教师撕毁了与学校校长签订的合同,却没替校方找一个代课老师。这些案例中的被害人虽然如青天白日一样明显有权利得到赔偿,他们却不能够提起诉讼,因为他们的损失无法计算成一笔具体的钱。谁能够证明这些客观上、主观上造成的麻烦和损害等于多少准确无误的钱数呢？若无证据,这些讨论的损失对法官而言就是可以忽略不计的,就他所关心的案件来说这些损失是不存在的。这类事情在生活中不胜枚举,蒙受损失的一方根本没有任何权利,他既没有亲眼看见应对损害负责的人受到法律起诉而获得道德上的满足感,也没有因遭受损失被赔付而获得经济上的满足。需要再次强调的是,法律的假定是确保所有人的财产不遭受非法的侵害,但是这种保证不包括用钱的形式不能够实现其价值的一系列事物。接踵而至的就是,这一整套法律解释建立在一切私人财物确实有货币上的等价物的假设基础上,这显然排除了人的身体神圣不可侵犯,以及在某些方面由法律担保的婚姻的神圣不可侵犯。法律体系被简化到只考虑金钱利益就意味着法律非常简单划一,法律与货币在现实中的统治联手，编造出了货币的独裁原则——这种编造的虚构性也对应了货币对那些无法以钱的形式表现的价值的特别老练的无动于衷，即便在理论上这些价值被认为是最高级的价值。

我们饶有兴趣地观察到，在这方面中期阶段的罗马法却采纳了相反的观点。与在民事诉讼中确立的原则的一样，金钱上的定罪就是罚款，付给受害一方的价钱往往超过涉案对象的价值，旨在弥补受害者遭受被告伺机陷害和蓄意犯罪蒙受的损失。被恶意否认不复存在的押金，由监护人和相同责任人托管的被监护人的钱，均不会只退返当事人相等金额，在特定情况下，除了法官，原告也有权决定赔偿额的大小，不仅可以包含直接等于实际损失的那一笔钱的赔偿，也可以包含恶意侵害整个人的合法范畴的赔偿。这样的法律规定反映出法律应该保护的各种个人价值不只限于对象的货币价值。反之，侵害了个人价值就要求加倍惩罚。但是与之同时，这种赔偿又是通过支付一定数额的钱来完成的，因而在实际的金钱利益损失之外的损害也要用钱妥善补偿。在德国法律中货币发挥的是次要作用，但是在罗马法中货币则发挥了更重要的作用，比如今货币发挥的作用更为重要。正是出于这一原因，目前情况反映出的是现代文化强加在货币功能之上的那些典型的发展趋势的综合。一方面，现代文化赋予货币以重要性，好像货币成了客观的利益世界里的万物之灵（Weltseele），当货币越过应有的界限继续向前行动时，就把诸如个人价值一类的东西给扼杀了。但是另一方面，现代文化使货币与个人价值之间相距遥远，使得货币的意义越来越不能与那些真正属于个人的东西相提并论，因而，现代文化是在压制个人价值的主张，而非接受货币这样一种不适合的个人价值的等价物。这两种并发的倾向造成的即时效果使我们比罗马时期更不满足于法律的公正程度，但这不应该使我们忽视在这里我们关注的是先进得多的文化发展诸倾向的融合，这些文化倾向在某些成长不充分的、低标准的现象中表现出针锋相对、无法调和文化发展方向，而在这些现象中这两种文化发展倾向同时发挥着功效。

买卖婚姻

在早期特定的历史阶段,以钱来赔偿整体意义上的人与后来买卖妇女的现象有某些雷同之处。在文明国家历史中以及当今一些文明不太发达的国家中,高频率的买卖婚姻(Kaufehe/marriage by purchase),以及买卖婚姻种类繁多、形式多变的程度是众所周知的。这里我们感兴趣的只是从有关被买卖的价值之本质的事实中得出的结论。现代人会觉得用钱或其他等价物品买卖人口是对人格的贬低,但参考一下更早的历史情况,这种感觉并不总是正确的。我们已看到,但凡人把自身提高到超越了其物种的程度,但凡货币价值尚未被概括为一个全无特色的事物,那么人与钱之间似乎就会产生相当亲近的关系。古代日耳曼人允许用偿命金表现自我的价值,这丝毫无损于他们的个人尊严。买卖婚姻同样如此。人种学的资料显示出,买卖婚姻的现象并非单单或主要见于低级的文化历史阶段。最擅长这方面研究的一位专家说,不懂得买卖婚姻的未开化民族通常是特别野蛮的种族。无论买卖妇女在高级文化眼里是多么有辱人格的事,在原始社会中却有两个原因使得买卖妇女可能提高妇女的地位。首先,就我们所知,买卖婚姻从未出现在任何一种个人主义式的经济里。甚至在极端原始的文化历史阶段,买卖婚姻也必须具备严格的形式和规范,会考虑到家庭的利益,还有交代支付实物和钱款的详尽条约。实施买卖婚姻的一整套方式都具有明确的社会性。从如下事实来看这种社会性自不待言:通常新郎有权要求每位同族成员分担其新娘聘礼,聘礼还常常被分摊给新娘的亲属。阿拉伯人的情况也一样,一桩谋杀的赔偿金会从整个部落中征收,从杀人者所在的氏族中征收。在某个印度部落中,只有能力付一半新娘聘礼的追求者可以结一种"半婚",这就是说,他不能够把这名女子当作奴隶一样带回自己的家,反而必须倒插门到女方家,直到他付清了全部聘礼。在许多父权制和母权制并存的社会形态中,父权形式只能在交清了新娘聘礼的情况下才有效,男方若一贫如洗,则必须被迫接受母权制的婚姻形式。毫无疑问,这种拿婚姻做生意的态度完全压制了当事人的个体性以及他们的个人关系。但同抢婚或者非常原始的性关系这些更粗野的状态相比,婚姻买卖中计划婚事的井井有条仍是巨大的进步。抢婚和原始性关系尽管不完全是男女滥交,却可能是没有固定的行为规范的鲁莽行事,而经过社会规范调整的买妻行为则提供了这种行为规范。人类的发展一次又一次地到达了压抑个性的各个阶段,它们是继之而来的个性自由时期必经的过渡点。在这些压抑个性的阶段,决定生命的纯外在性支持精神的成长,压抑的形式使各种力量得以储蓄下来,到后来发展呈现为个人的质素。从全面发展的个性理想观之,压抑个性的阶段确实残忍,有损尊严。然而,这些原始阶段不仅为后来更高阶段播下了萌芽的种子,而且就它们自身而言,显示出精神有条不紊地控制了动摇不定的欲望,证实了人类特殊的合目的性(Zweckmäβigkeit)活动,人的合目的性就是给自身——无论多么粗野、外在,甚至愚蠢——创制各种生活规范,而不是仅仅从自然力中接受现成的行为规范。当今一些极端的个人主义者在实践上奉行的是社会主义,因为他们将社会主义当成实现纯粹而公正的个人主义不可缺少的准备,甚至是严格的训练。故此,买卖婚姻相对稳定的秩序和外部标准是第一次非常强烈的、相当非个人化的做法,它试图给婚姻关系套上一个模子,这种固定模式对原始阶段很适宜,恰如更个人化的婚姻形式更适合发展较高的文明阶段一样。婚姻凝聚社会的意义已经在交换妇女中得到了说明,交换妇女是一种实物交换契约,可被视为买卖妇女的预备阶段。对澳大利亚的纳里涅里人(Narinyeri)而言,缔结婚姻就是交换两个男人彼此的姐妹,若其中一个姑娘抗婚和情人私奔了,那么她不仅被视为社会地位低下的人,也不再有权利——她一生下来就拥有的权利——要求部落的庇护。这清楚地表明了这种非个人化的婚姻形式的社会意义。部族不再保护这个姑娘,断绝了同她的关系,因为部族没有收到与她等价的东西。

买卖婚姻与妇女价值

买卖婚姻过渡到第二种更文明的动机就从这里开始。女人是有使用价值的占有对象,要得到她们就必须有所牺牲,这样的事实最终使女人看起来好像是有价值的东西。有人曾说,众人对财富的热衷创造了财富。一个人不但会为他所热爱的东西做出牺牲,而且也热爱他牺牲掉的东西。若说母爱是为孩子做出万般牺牲的根源,那么母亲为孩子含辛茹苦则结成了她与孩子间更为亲密的纽带。这就解释了为什么有疾病或残疾的小孩通常是最受疼爱的,因为他们需要母亲付出最大的牺牲。教会毫不犹豫地要求信徒为了爱上帝付出最大的代价,因为教会清楚地意识到我们越来越坚定地服从一个原则:我们付出的牺牲越多,我们投入的资本——比如可以这样说——就越大。无论买卖妇女多么直接地表现了对女人的压迫、剥削、把女人视为单纯的买卖对象评头品足,不过,女人却因此为父母和丈夫挣回了她们的价值。她的父母得到了金钱,对她的丈夫来说她代表着他做出的比较昂贵的牺牲,因而丈夫必须从一己之利出发体贴地对待她。比照现代对待妇女的标准,买卖婚姻中妇女的境遇实在很悲惨,并且买卖妇女中所带来的好处当然可能被其他有辱人格的因素所累而变得畸形,使得妇女的地位像奴隶一般凄惨至极。但同样真实的是,买卖妇女对于女人仍有价值这一事实给予了意义深远的、雄辩的说明,而且在心理学看来,女人之所以有价值,不单单是因为她们有价值,人们才花钱买女人,而且是因为人们必须掏钱才能把她们买到手,所以女人有价值。故而可以理解的是,在某些美洲部落,嫁一名姑娘没有收到钱被认为是对这个姑娘及其整个家族的极大蔑视,以至于他们的孩子还不如私生子。

尽管买卖妇女一向意味着一夫多妻制的趋向,进而是贬低妇女的趋向,但另一方面买女人必须掏钱就对这些趋向有所遏制。据报道,非基督教的丹麦国王弗罗索(Frotho)曾立法禁止被征服的鲁塞尼亚人①缔结任何形式的婚姻,而同被买的妇女结婚除外。既然他洞察到买卖妇女保证了婚姻的稳定性,他的目的就是要以此来抑制松懈的道德行为。买卖妇女通过非常必要地限制一夫多妻制——它与之有紧密联系——的本能冲动,从而间接地造成了对占有妇女更高程度的正确评价。对妻子的公正评价产生的结果不仅是婚姻的稳定,反过来说,对她们的评价也是业已确立的稳定婚姻的产物,一如直接花钱所产生的结果一样。价格差异——社会调控的价格以及自由市场的价格——的极端重要性就是反映了妇女的价值不一样。据说卡菲尔族②的女人根本不认为被卖掉是什么屈辱的事情。相反,女孩子为此感到自豪,对方买她时付出的公牛母牛越多,她就觉得自己越值钱。人们经常可以注意到,假如某个范畴内的诸对象必须一个个单独地估价,假如这些对象价格上的巨大差异使人感觉它们愈发地值钱,那么这个范畴就获得了人们对它更强烈的价值意识。然而,其他各种层面对人进行估价的方式——比如偿命金——价格的一成不变支持的是价值相等在客观上的意义。买卖妇女是率先强调一个特定的女人之个人价值以及——根据对人进行评价的心理学规则——一般意义上的女人价值的方式之一,尽管是非常原始的方式。即使这名女子被卖身为奴,价格上的变动可能使她的价格比男性奴隶更贵。男性奴隶不过是会工作的动物,按照惯例同样年纪的男奴隶价钱相等(在古希腊和爱尔兰他们等于三头牛),而女奴隶除了工作之外还可作其他目的之用,由于其个人魅力的不同会产生很大的价格差别——尽管这种审美因素对原始人还没有那么大的影响力。无论如何,在最低级的文明阶段中,价格通常由习俗固定下来,几个非洲部落的妇女买卖就是如此。

---

① Ruthenen:居住在乌克兰西部的鲁塞尼亚和捷克斯洛伐克东部,操乌克兰方言鲁塞尼亚语。

② Kaffer:南非班图人的一支。

所有这些例子均突出了这样一个事实:女人被当作一个单纯的种类,一个不具备人格的对象。如果我们还记得上文曾提到的所有限定条件,这就是买卖婚姻最突出的标志。所以才会有一些人,特别是印度人,认为买卖妇女是可耻的。其他地区也会有买卖妇女的现象,但却不愿用买卖妇女这个词,付给女方父母的钱也被看成是自愿赠送的礼物。在这里,是纯粹给钱还是送礼物,表达的意思就很不同。据报道,拉普兰人(Laplanders)①会献出女儿换取别人的礼物,但是单单为了礼金这么做则被认为是不合适的。假如考虑到其他错综复杂的决定女性地位的条件,似乎父母为了钱把女儿嫁出去,就比为了得到求婚者的礼物或人力役务嫁女进一步降低了她的人格。礼物保留了更多人性的东西,即便是按照惯例送礼,礼品的价值以及个人挑选礼物的自由度也有很大的不确定性,而一笔礼金的数目则是清清楚楚,带有毫不含糊的客观性。此外,礼品构筑了稍后朝嫁妆(Mitgift)形式过渡的桥梁,在该形式中求婚者的礼物通过娘家父母的礼物得到回报。因此,对女性绝对的控制被打破了,因为男人接受的价值也意味着特定的义务,现在他不单单只是债权人,对方对他也同样有权利要求。人们也曾断定,劳务换婚代表了比直接购买占有女人更高级的婚姻形式。然而,似乎正是更古老的、未开化的买卖婚姻形式保留了可以更好地对待女人的可能性。正是新兴的货币经济屡屡使妇女地位恶化,一如它总是损害弱势团体一样。在如今尚存于世的原始部族中,有时我们发现这两种婚姻形式并存。这证明了它们对待女人没有本质性的区别,虽然大体而言,像用劳务换婚的形式牺牲了个人价值,比以一种不同于用钱或用实质上具有金钱价值的东西买女人的方式使她们的地位比买的奴隶的地位更高。这里必须要强调的是,一般无可辩驳的是,若买女人的价钱非常之高,侮辱贬低人的价值的程度就降低了。因为巨额钱币的价值有一种稀有性,使它更显独特,更加不可与他者同日而语,故而也更适合充当个人

---

① 拉普兰人:居住在北欧拉普兰地区的人,该地区包括挪威、瑞典、芬兰等国的北部和苏联的科拉半岛。

价值的等价物。在希腊人的英雄主义时代,新郎送礼物给岳父——这样看上去就不像是直接买女人了——是司空见惯的事,同时女性的地位备受推崇。但还需要强调的是新郎送给岳父的礼物是相当可观的。假如一个人的整体或他的存在被迫等于一笔钱而显得有辱人格,非同寻常的一笔巨款——像后文的例证一清二楚地说明的那样——却在某种程度上抵消了这种贬低人的效果,特别是考虑到当事人的社会地位时更是如此。我们知道爱德华二世和三世为了偿还债务把他们的朋友当作人质送给债主,1340 年坎特伯雷大主教被送到布拉班特(Brabant)①去,不是当担保人,而是国王欠债的抵押品。钱款的数额要大得足以避免让人瞧不起,如果是一笔小得可以忽略不计的款项,则人质也必然无足轻重。

男女性别的劳动分工,以及嫁妆

当新郎把从父母那里拿到的礼物转交给新娘,作为保障一定程度上的经济独立性的手段时,买卖婚姻的原则——在某段历史时期也许它在诸多民族中都占据着统治地位——可能过渡到了它的反面,即嫁妆原则。即便嫁妆出现的根源——即由求婚者支付的买价——已经消失以后,娘家预备女儿嫁妆的习俗一直存在,并且得到进一步发展。在此处追溯我们知之甚少的嫁妆历史演进过程意义不大。但是仍可以有把握地假设,嫁妆习俗的普及开始于货币经济兴起之际。此二者之间的关联如下所述。在买卖妇女盛行一时的原始状态下,妻子不仅是干活的老黄牛(Arbeitstier)——后来她们也大都成了老黄牛——而且她的劳动也不是明确意义上的"家务",不像货币经济里的妇女所做的那样,只能看丈夫挣多少来安排家庭开销。那时男女的劳动分工还不足够发达。妻子仍要较为直接地参与生产活动,因此对女性的占有者而

---

① 布拉班特:原为 9 世纪中叶在法兰克人的加洛林帝国衰亡后出现的封建公国,1190 年勇士亨利一世首次采用"布拉班特公爵"称号,后该爵位传给西班牙的哈布斯堡王室。在西班牙的八十年战争时期,布拉班特被分为南北两个部分,南部由西班牙统治,北部则归属荷兰。

言,那时候的妻子代表了一种比后来更切实的经济价值。而到了晚近时期,这种联系只是偶尔才得以证实。麦考利认为苏格兰妇女干农活是女性处于原始的低级社会地位的征兆,而另一位专家则与之唱反调,强调正是干农活才使她们在男人中享有一定程度的独立和威信。此外,在原始社会形态中,孩子对父亲来说意味着直接的经济价值,而到了一个更为先进的文化时,小孩子常常被认为是经济上的负累。小孩子最初的主人,即生活在部落里的父亲没有理由放弃这值钱的东西,把孩子让给别人而不要求补偿。在买卖婚姻的原始状态下,妇女不仅养活自己,而且丈夫也直接从妻子的劳动中牟取买她时付出的价钱。一旦经济不再以家庭生活为基础,消费品也不再是自给自足的产品时,这一情形就发生了变化。在新的环境下,家庭的经济利益沿着离心和向心的两个方向分裂。货币使面向市场的生产和面向家庭经济的生产分开,各自独立,这种分裂在男女两性间引起了一种更为严峻的劳动分工。显而易见的是,妻子接管了家务劳动,而丈夫则承担家庭外的工作活动,家务劳动则越来越倾向于管理和使用丈夫拿回家的收入。这样一来,妻子似乎丧失了她理所当然拥有的经济价值的实质,如今她仿佛就是被丈夫工作养活着。不仅是为她索要和付出一笔钱丧失了其依据,而且她变成了——至少表面看来如此——丈夫接管下来不得不为之操心的累赘。这便为嫁妆埋下了基础,丈夫和妻子的劳动范围越是以男主外女主内的方式分裂,嫁妆原则就会相应地愈加广泛。比如犹太人,男人由于一种不安分的气质或其他原因非常活跃好动,产生的必然结果则是女人被更加严格地拘禁在家里,所以在类似犹太人这样的民族中嫁妆被认为是一种法律规定,甚至在货币经济完全发展起来之前,在货币经济有充足时间造成类似结果之前,就是如此了。唯有货币经济才可能使生产成为客观的技术,扩大生产,使其成为社会关系资源(Beziehungsreichtum),同时造成劳动分工的片面性,通过这一过程,早先那种家庭利益与各自取得的利益不分彼此的状态分崩离析了,他们各自均需要代表自身的特定载体。在这些情况下,丈夫和妻子扮演的角色就毋庸置疑了。同样,男人购买女人生殖力时要支付的钱反而被娘家的嫁妆取代了,因为嫁妆是对他必须负担不外出劳动的妻子生活费用的补偿，或者不赚钱的女人与会赚钱的丈夫一起生活时，嫁妆会给她某种独立性与安全感。

货币与卖淫现象的典型关系，其发展可类似于偿命金的发展

货币经济下出现的嫁妆与婚姻生活的整个体制——若嫁妆使丈夫或妻子的地位变得稳固——之间的这种密切关系可以用于解释如下的事实：在希腊以及罗马，嫁妆成了合法配偶与情妇相互区分的突出特点，情妇对男人没有更多的权利要求，因此对情妇以及她的安全保障所做的补偿就是不适宜的。这就引出了卖淫的话题，卖淫使金钱对两性关系的意义全然不一样了。结婚时男人送给妻子的或者交付娘家的所有礼物——包括晨礼（Morgengabe）与 pretium virginitatis［处女的价钱］——可能均会采用实物或礼金的形式，而婚外性关系则通常是以金钱进行交易。唯有金钱交易才适合像卖淫嫖娼这类情况中稍纵即逝、不留痕迹的性关系特点。用钱来结清这种关系比送具体的礼物来得更干脆彻底，毫无瓜葛，送礼物时由于礼品的内容和用途，以及挑选所费的精力，总是保留了赠送者个人性的因素在里头。唯有货币不会暗示任何责任，原则上货币一向招之即来，受人欢迎，它是卖淫活动为之服务的瞬间燃起、瞬间又平息的情欲最适合的等价物。货币从来不适合居中斡旋私人性关系——例如真正的爱情关系，无论它中断地多么突然——私人性关系的目的是想长久维持，并且私人性关系的基础乃是真心诚意的约束力。货币在事实和象征意义上都可以为购买性满足提供最佳中介，这类买到的性满足拒绝任何超乎片刻之欢的性冲动的私人性关系，由于它绝对不想和个人沾上关系，从一开始就彻底掐断了任何进一步发展的可能。一旦某人付了钱，他就彻底结清了同任何对象的关系，犹如某人获得满足之后用钱打发了妓女，两人之间就毫无瓜葛一样。既然卖淫中的两性关系十分具体地就限定在性行为上，两性关系就简化成纯生理属性的内容。这个生物种群的任何一员都可以感受和经历这样的关系。在卖淫的性别关系中，本来最势不两立的个

性遭遇到一起，一切个体差异消除得无影无踪。所以这类性别关系在经济上的对等物就是货币，货币同样超越了一切个体差别，象征着种类的经济价值，代表着所有个别价值中共通的内容。反过来说，我们在货币本性中体味到卖淫活动的某种本质。货币与任何一个人都没有关系，不论谁在用钱都毫无区别，所以货币与任何个体缺乏依附关系，货币作为纯粹的手段而固有的客观性排除了一切情感上的内容，所有这一切都在货币与卖淫现象之间产生了不祥的相似性。康德的道德律令从未把人当成纯粹的手段使用，而总是把人自身作为目的，同时接纳他们，对待他们。这样的做法均被卖淫活动的双方公然置之不理。在所有人类关系中，卖淫也许是双方互相贬低为手段的最突出的例子，这或许就是把卖淫活动与货币经济，即严格意义上的"手段"经济放在如此紧密的历史关联中的最强烈最根本的原因所在。

卖淫活动中固有的对人格的可怕贬低是由它的货币等价物最明白无误地表现出来的，这是这一事实的基础。倘若一个女人为了某种完全非个人性的、纯粹外在的、实际的金钱利益而献出她最隐秘的、最个人的品质，卖淫就的确意味着人的尊严被降到了最低点。女人本来只有出于真正个人性的冲动，并且在男性这一边——与女人相比，这对于男人本来就有非常不一样的意义——也同样奉献个人热望的时候，才愿意献出最隐秘、最个人性的品质。在卖淫现象中，我们感到给予与索取之间最痛苦的全然不相称。说得更准确些，卖淫之所以贬低了人格，是在于卖淫贬低了一个女人拥有的最个人性的东西，一个女人最大限度的保留，乃至于人们认为，泯灭了一切人格内容的最中性的价值是最适合卖淫的等价物。然而，对上文所述的以金钱支付为特征的卖淫活动还有某些截然相反的思考，我们必须考察这一点，以便把货币的意义完全凸显出来。

女人的性委身行为(sexuelle Hingabe/sexual surrender)理应包含着个人性、隐秘性的个体特质，这似乎与前面强调的事实有些矛盾之处，这些事实是，男女之间单纯的性关系具有种类特征，我们与动物世界在这一点是共通的，种类意义上的性关系扼杀了个性和个体的内在性。

男人们如此偏爱谈及"复数"的女人,把她们混为一谈品头论足,这样做的理由之一肯定是,女人身上的某一特质激起了男人原始的肉欲,即不论女裁缝还是公主都有的一模一样的特质。故此,要在性的功能中发掘某种具体的个人价值似乎绝无可能。其他同样一般性的功能,如吃、喝、有规律的生理反应和心理反应、自我保护的本能,以及类型化的逻辑推理能力,诸如此类的一般性功能从不牢牢地与个性纠缠在一起。人们从来都不会以为,所有人都同样会做出的行为表现会表达或传递出最内在的、最根本的、最丰富的本性。但涉及女人的性委身时,的确存在这样一种反常的现象。性这种极其普遍的行为对所有阶层的人都是一致的,同时它又被体验——至少对女人而言——为一种极端私人性的隐秘行为。这一反常的现象只有基于如下的观点才能为人所理解,即总体来看,女人既比男人更深地扎根于其物种类群(Gattungstypus/species type)中,又比男人更个体化、更具体地分化为一个个的女人。由此可知,女性的类群性因素与个人性因素更容易重合一致。若说女性实际比男性更紧密、更深刻地扎根于自然原始隐秘的力量,那么她们最本质、最私人的特质一定也植根于这些自然普遍的保障了女性类群统一性的功能里。还可进一步得知,女性的统一性——在这种统一性里女性的一般品质与个人特质很难区分得一清二楚——也在每个具体女人的本质更大的统一性中反映出来。经验仿佛证实了这一点,同男人相比,女人的个别力量、品质和欲望在心理学上更直接更紧密地联结在一起,男人的诸种本质(Wesensseiten)是更独立地形成的,所以男人各自的命运轨迹相对比较独立,各不相关。但至少按一般的观念来看,女人生存的标记是全有或全无,她们的爱好与行为显得更加密不可分,从单一的点出发用女人所有的感情、意志(Wollungen/volitions)、思想来唤起她们的全部存在要比男人更容易一些。如果这属实的话,就有一定的正当理由推测,在同样的情形下,和更分化独立的男人相比,女人可以更彻底更毫无保留地牺牲自我的这一部分,献身于这样一种核心功能,委身求全。在男女两性间尚无恶意的阶段,这样的男女差异的含义对双方都发挥了作用。即便是原始部族的人也要求新郎和新娘在解除婚约时分别做出价格不等的赔偿。比方说在巴塔克人①当中,新娘解除婚约只需付5古尔登而新郎则要付10古尔登,在明古鲁②的居民中,新郎不忠毁约要赔付40个古尔登,而新娘只需付10个古尔登。社会附着在男女性关系上的意义与结果相应地建立在这一假设的基础上,即女人在性关系中付出了全部的自我,连同自我全部的价值,而男人在其中交出的只是个体的一部分罢了。因此,对一度误入歧途的女子,社会绝不再承认她的好"名声",社会更严厉地谴责通奸中的妻子一方,而对丈夫这一方则不那么严厉,人们假定,丈夫偶尔拈花惹草的出轨行为跟他内心对妻子本质上的忠诚仍可以协调一致。社会不可避免地使妓女沦为失去社会地位的人,而最放荡的纨绔子弟似乎也总能凭借着个性中的其他方面逃脱困境,重新赢得社会地位。在卖淫所涉及的纯粹性行为当中,男人只投入了最低限度的自我,女人则献出了最大限度的自我,除非是特例,要不然所有的情况均如此。由此就可以理解靠妓女养活的男人扮演的角色,以及屡屡被报道的妓女中出现的女同性恋关系。因为男人从未作为真正完整的人卷入到跟妓女发生的关系中,她不得不忍受一种可怕的空虚和不满足,于是妓女寻求一种替代品的性关系,一种至少可以把对方的其他品质牵扯进来的性关系。既不是性行为是普遍的、非个人化的概念,也不是男女表面上同等程度地触及性行为的事实,可以改变已经提到过的两性关系:跟男人在这种关系中献出的东西相比,女人下的赌注是无限多更个人性、更根本、更广泛的自我的内容,因此对女人而言,用钱等同她的付出是极不适宜的,性关系中的金钱交换是对女人个体最大的贬低。卖淫使女人丧失尊严,并非是由于卖淫有一妻多夫(Polyandrie)的特征或者由于她与多名男子发生性关系可以解释的。真正的一妻多夫制往往赋予女人决定性的优越地位,譬如说在印度,地位较高的种姓纳亚尔③中的女人就是

---

① Bakaks:印度尼西亚苏门答腊中部几个关系密切的种族集团。
② Bengkulen:印度尼西亚苏门答腊西南部省份。
③ Nayars:印度喀拉拉邦印度教种姓,皇族、贵族、士兵和大多数土地经营者都来自纳亚尔和有关种姓。

如此。在这里重要的不是卖淫意味着一妻多夫,而是因为它意味着一夫多妻(Polygynie),正是这一点贬低了妇女的个人价值,致使女性失却了她的稀有价值。从表面上看,卖淫结合了一妻多夫与一夫多妻的特征。但是付钱买商品的人凌驾于供给商品的人之上,这种优势给了男性巨大的优越性,从而决定了卖淫所具有的是一夫多妻的特征。就连和卖淫毫不相干的情形下,女人也认为从情人身上获取金钱令人感到羞辱和下贱,但情人送礼物给她们通常就不会引起这种感受。反过来女人拿钱给情人时,却觉得无比喜悦,心满意足。据说,马尔伯勒(Marlborough)①征服女人的原因就是他接受了女人的钱。无论怎样,给钱的人相对于拿钱的人都拥有一种优越性,在卖淫中这种优越性产生了最可怕的社会距离,但当女人拿钱给男人时,她因感到不再依赖那些平时高高在上的男人而心满意足。

然而,我们面对的最令人瞩目的事实乃是,在许多原始文化中,卖淫并未被认为是有辱人格,或贬低了人的社会地位。例如,据说古代亚洲各个阶层的女孩都自动卖淫,为的是赚取嫁妆或者给神庙的献祭,我们听说在某些非洲部落中,同样也有为了赚取结婚嫁妆而卖淫的风俗。这些卖淫的姑娘里往往还包括王公贵族的女儿,她们既未在公众眼里丧失名声,也不会在随后的婚姻生活中遭受到任何偏见。这种不同于我们对卖淫现象的感受的深刻差异揭示出,有两个要素——即妇女的性荣誉(Sexualehre/sexual honour)与钱——在古代与现代是以根本不同的方式相互关联的。我们现代文化中卖淫活动的特征,是性荣誉与钱这两种价值之间有不可逾越的鸿沟,全然不可通约。但在另一种卖淫观念中,这两种价值的关系肯定要接近得多了。这类似于偿命金(即用钱为杀人赎罪)发展的结果。人的生命日益上升的价值与货币日益降低的价值共同促使偿命金不可能存在。文化的分化进程给予个体一种特殊的意义,使个体独一无二,不可替代,正是这一个分化过程

---

① 马尔伯勒(1650—1722):英国伟大的将领和军事贵族,在西班牙王位继承战争中统率英荷联军击败法王路易十四。

使货币成为诸种势不两立的对象的标准和等价物,而货币越来越不偏不倚的客观性使它越来越不适合充当各种个人价值的等价物。在我们的现代文化中,商品与价格不成比例即是卖淫活动的特征,然而这种不平衡关系并非同样不成比例地存在于较为低级的文明中。有旅游者报道说,许多蛮族的妇女往往明显地展现出跟男子相似的生理以及精神特征,这是由于她们没有经历文化分化的过程,这种分化使文明程度更高的妇女的价值及其性荣誉的价值无法以金钱补偿,即便和同一文明圈的男子相比较,女人也显得分化程度更低,更近似于一个类群。对卖淫的态度也经历了相同的变化过程,在教会的赎罪金和血钱中可以观察到这种变化。原始时期的人及其内在价值并未打上个体性的烙印,而货币由于非常稀有,被限制使用,相对来说也具有较为独特的价值。当文化发展到了把人的价值和钱的价值撕裂开的时候,要么不可能用其中一个来赔偿另一个,要么是保持二者的关系,譬如在卖淫中,就导致了对个人价值的可怕贬低。

为钱结婚

有关"为钱结婚"(Geldheirat/marriage for money)这一现象的众说纷纭中,下面三种关键的说法关系到货币重要性的历史演进。首先,单单以经济动机为基础的婚姻现象不仅存在于任何时期,任何文明阶段,而且在原始部落及原始状态下尤其普遍,那个时候这种婚姻根本不会有任何冒犯人格之嫌。如今每一桩并非出于个人意愿而缔结的婚姻都有损个人尊严——以至于这种婚姻需要以庄严体面来掩饰其经济上的动机——这在较为原始朴素的文化中并不存在。之所以发展出这样的结果,其原因就是现代文化越来越个体化,它对于不是出于纯粹私人的理由而发展某种纯粹的个人关系越来越感到反感,越来越感到丢脸。时至今日,对结婚的另一半的选择不会再由社会动机(虽然对子嗣的考虑可以被视为这样一种动机)来决定,而是与双方关系中由内心引导的私人关系部分有关,以至于社会不再坚持夫妇应该门当户对,这样一种状态提供了可观的自由度,并且很少引起个人利益与社会利益的冲突。在一个分化程度相当低的社会里,谁和谁结婚是相对无关紧要的,不仅对夫妇的共同生活无关紧要,对子女而言也不太重要。因为,当社会群体的构成、健康状况、气质、内部和外在的生活方式与生活取向大部分是雷同的时候,小孩子健康成长的机会较少依靠父母是否协调一致还是互相补充,比身处一个高度分化的社会里的小孩子更少依赖父母的相互选择。故而,当时对结婚双方的选择靠理性决策而非仅仅是个人的喜好,就是非常自然的、合目的性的。到了高度个人化的社会,这种不考虑个人喜好结婚的情况本来也应该起决定性的作用,因为这时两个人琴瑟和鸣的关系越来越罕见了。在文明高度发达的环境中随处可见的是结婚率不断降低,毋庸置疑这是由于(至少部分是由于)一般高度分化独立的人很难给自己找到完全称心如意的另一半。除了男女相互本能的吸引之外,结婚对象的适合与否再也没有任何其他的标准和记号。但幸福是纯粹私人的事情,幸不幸福完全靠夫妇自己决定,一旦现代社会不再考虑到婚姻可以传宗接代而对婚姻丧失兴趣,那么就没有什么强制的理由要夫妇冠冕堂皇地坚持某种至少是假惺惺的爱情,以掩饰婚姻单纯出于情欲的动机。无论爱情可能会对人产生多么大的误导——尤其是置身于社会高层的人,错综复杂的环境往往使他们拖延了最单纯的本能冲动——也不论其他条件怎样地影响到婚姻最终的结果,真实的情况依然是:涉及生儿育女时,对爱情的考虑绝对超过了对钱的考虑。实际上就生育而言,爱情是唯一正确适合的考虑。但是,为钱结婚直接导致了一种随机交配(Panmixie)的情况,即无视个体的品质而不加选择地配对,生物学已经证明了随机交配是人种退化最直接的,最有害的原因。为钱结婚的夫妇,决定他们结合的因素与人种的适配性绝无关系——正如出于金钱的考虑也足以使一对真正心意相属的夫妻分手一样——并且,一如为钱结婚应被视为促使人种退化的决定性因素,它同样导致了这样的事实,即个体之间决定性的差异使得根据个体相配原则(Zusammenpassen)来甄选婚姻对象越来越重要。这个例子再一次说明了,社会的个体化倾向使货币愈发不适合充当纯私人关系的中介者。

关于为钱结婚所持的第二种观点认为,它是卖淫的一个变种,虽然二者形式不同,但人们在卖淫中所观察到的事实与之相同。这种观点坚持,卖淫既是一妻多夫的,也是一夫多妻的现象,但由于男性社会地位的优势,实质上是一夫多妻的因素,即贬低女性的后果,在为钱而结婚中起了作用。所以,为钱结婚好比是女人长期出卖自己的肉体,婚姻中受金钱利益驱使的双方均被贬低了人格,无论是男方还是女方。然而这往往不是实情。绝大多数时候结婚的妇女把全部兴趣和精力都交代给了婚姻关系,并且还毫无保留地献出了她的个性,包括中心个性和边缘个性。男人却不这样,打从婚姻一开始,习俗就给予了已婚男子大得多的活动自由,此外他还把个性中最本质的部分留给了职业兴趣。与我们现代文化所构成的两性关系很协调的是,为了金钱而结婚的男人并非像出于同一原因结婚的女人那样出让自己那么多的东西。既然女人附属于丈夫的程度远超过了男人附属于妻子的程度,迈进了一桩没有爱情的婚姻对女人而言就是最致命的。我宁愿相信——这里经验材料必须被心理学阐释取而代之——为金钱目的缔结的婚姻更多的是以悲剧告终,尤其是被卖的女子如果本性多愁善感的话。与诸多其他情况类似,为钱结婚的现象反映了典型的货币关系的特质,也就是说一方倾向于利用优势彻底盘剥对方,并使优势进一步提高。实际上这类关系的发展趋向均是如此。primus inter pares[同侪之首]的地位很容易就变成了primus[独裁者]的地位,一旦个体在某一领域中获得了好处就会为攫取更多的好处制造出机会,这更加剧了冲突的发生。一个握有特权地位的个人往往更容易再一次谋求到比最初地位更高的头衔。简言之,占优势的地位通常以不断增长的比例发展,"资本的积累"作为一种权利手段只不过是一个遍及四海的准则的特例,这一准则在其他诸多非经济的权力领域中也同样奏效。然而,某些预防措施和制衡力量对高层权力雪崩式的急剧增长设置了限制,如传统、崇敬、法律、利益范围的内在本性对权力膨胀设立的限制。但货币有绝对的灵活性,且无特质(Qualitätlosigkeit),它最不适合阻止权力的膨胀趋势。在以金钱利益为基础的关系里,从一开始优势地位和有利条件就偏向于某一方,这些优越的地位条件的发展趋向可能会更彻头彻尾地沿着这个方向纵深发展,好像实质上更客观的、更客观化的(sachlich bestimmter und bestimmender Art)其他种种动机才是这一关系的基础似的。

对为钱结婚所持的第三种观点在一种非常特殊的现象中说得清清楚楚——这就是征婚广告。征婚广告发挥的作用不大,且局限在中产者阶层,这看起来非常奇怪,也令人感到遗憾。因为,尽管我们在上文提到了现代人的个体化倾向,尽管选择结婚对象也由此有诸般困难,但毫无疑问的是,世界上的每个人不管多么独一无二,都可以找到性格互补的、"称心如意"的异性伴侣。找对象的困难倒在于,譬如说,这两个前世注定了姻缘的人怎样才能互相寻觅到对方。人类命运中充满悲剧的荒诞性没有比保持单身,或两个彼此陌生隔膜的人不美满的婚姻可以更好地说明的了,这些人不能使另外一个人幸福是因为他们没有学会相互理解。毋庸置疑的是,正确地使用征婚广告可以让盲目偶然的因素更合理化。一般而言,广告是一种最强大的文化载体,盖因广告为个人提供了无限多满足需求的机会,比直接靠机遇找对象的概率更高。正是因为人们的需求越来越独特,使广告有必要成为扩大供应范围的手段。但特别是对于那些更为分化独立的人,也就是一般来说似乎应该最依赖广告的群体,他们完全不可能登征婚广告。他们拒绝通过广告找对象的态度一定有一个正面的理由。分析一下公之于众的征婚广告就会发现,征婚和应征双方的财产状况是真正的兴趣焦点,尽管有时遮遮掩掩。这相当合情合理。一个人的其他品质无法在一则广告中坦率地表现出来,无论是外貌性格,还是引起爱恋的程度和智力水平均不可能用广告描述出来,从而构成一帧直接吸引个人兴趣的清晰的照片。无论在什么情况下,唯一可以准确无误地加以说明的内容就是相关人士的财产状况。人类想象力的一个基本特质即是,认为某一对象的诸多性质中最具有决定意义的首要特性就是可以被精确无二地说明和认识的性质。似乎正是金钱财富在方法论上的优势使征婚广告恰恰不可能为那些迫切需要它的社会阶层所用，因为征婚广告只承认纯粹金钱的利益。

在有关卖淫的讨论中我们发现，一旦超过一定数量，货币就有损于人的尊严，不再有等价于个体价值的能力。妓女的景况越是凄惨困顿，现代"好"社会对她抱有的厌恶感就越发明显，但是随着妓女卖身价钱的攀升，这种厌恶感却减弱了，甚至让人人尽知的某个百万富翁包养的女明星可以体面地出席他们的沙龙，尽管她可能比许多街头拉客的妓女更会勒索钱财，更会欺诈，更加堕落。这也是让窃钩者诛，汪洋大盗却逍遥法外这一通常的态度导致的结果，是由于显赫的成就——不管取得的成就的范围和内容如何——赢得了人们的尊重这一事实的产物。但是，更基本的原因在于昂贵的价格解救了待售的对象，否则它就只有被降价出售的命运。左拉有一部关于法兰西第二帝国的小说，其中讲述了一个身居要职的男人之妻的故事，众所周知这个男人花了十万到二十万法郎才娶到她。左拉讲的这个故事确有其事，这个女人不仅出入于最上流的交际圈，而且只要成为她的情人，就一定能在上流社会中名声显赫。这位以高价出卖自己的交际花因其昂贵获得了一种"稀有价值"。因为，不仅物以稀为贵，而且那些由别的因素决定其价值的人也是因其稀罕所以昂贵，即便只是赶时髦的一时兴致而已。跟人们对待其他商品一样，许多人也渴慕交际花的垂青，这只不过因为她们有胆量索取十分昂贵的价格。想必也是出于同样的理由，英国的法律才会判给一名戴绿帽子的丈夫一笔钱作为补偿。但这却无异于使丈夫沦为妻子的皮条客，再没有什么比这样的事情更与人的感情相抵触的了。并且对这类事件的罚金高得离谱。我知道有一个案例，某太太与好几名男子均发生了性关系，他们每一个都被判赔五万马克给那位丈夫。这看起来似乎意味着如果用钱来弥补诸如此类的价值原则上有失身份，人们就会试图通过赔偿金额的大小进行调整。这也可能是人们希望以一种相当质朴的方式，即干脆用高额的赔偿对遭受损失的丈夫的社会地位表示尊重。的确,朱尼厄斯(Junius)①信件的作者就谴责一位法官,因为在一桩牵涉到一位王子与一名贵族太太的案子里,当估算赔偿费的时候,法官没有考虑戴绿帽的丈夫的地位。

贿赂

这种观点的意义清清楚楚地在"收买"某个人的例子中显示出来,用通俗的话来说就是贿赂(Bestechung/bribery)。我希望就贿赂的具体货币形式来讨论该现象。若贿赂涉及的人具有相对舒适的经济条件,那么在某种意义上贿赂则具有正当的理由。这种假设认为,不能够抵御小诱惑的灵魂一定特别小气脆弱,而屈从于巨大诱惑的人则可能有更加坚强的意志!同理,贿赂——就是买通官方或买得保证——如果只是小数目的话,就会被认定比大的贿赂要卑鄙得多。所以,人们理解的贿赂事实上是:按照某人是昂贵地还是廉价地"不可收买"来贿赂他。既然社会评价只是反映了被贿赂者的自我评价,社会评价的公正性似乎在贿赂中就得到了保障。乐于接受贿赂的人用奇怪的自尊心保持或起码隐藏起他的身份,这种自尊心发源于贿赂行为与整个受贿者的关系,它既反映在他不接受较小数额的贿赂,也反映在(甚至当这不存在时)他那种有点庄重严谨、显得占了上风的行为里,他这样的行为好像倒把行贿者的角色还原成了受贿者。一个表现出这样行为的人应该是那种难以用贿赂收买,并且意识到自我价值的人。鉴于受贿者的行为只是一种文字游戏而已——行贿者默不作声地认可、顺从了这种文字游戏——它给受贿者提供了某种内心反射作用,可以保护被贿赂的人免受自我贬低和自我贬值的危险,这些反应来源于受贿者为了一笔钱牺牲了自己的个性。古代的犹太人,甚至时至今日的东方世界中,这样的买卖交易常常是客客气气的交换,就好像买方将买到的东西当

---

① 朱尼厄斯:1769 年至 1772 年间在伦敦一家报纸上发表一系列抨击英内阁信件的不知名作者的笔名。

作礼品带走。由于东方人特殊的尊严感,他们似乎喜欢把对钱币真正的兴趣掩藏起来,就连合法的交易也不例外。

在可以被收买的人中,以及在全体诸如此类的贿赂现象中,这样一种态度最容易被人靠货币的形式利用,并且受到鼓励流散开来。货币比其他任何价值形式都更适合暗中秘密进行不想为人所知的、一声不响的交易。把货币压缩成一张纸,让它悄悄地滑到某人手里,就可以使他变成一个有钱人。货币无定形的抽象特性使之可能投身到最变化多端、无限遥远的价值中去,因而也使它彻底地逃脱了邻居窥视的目光。货币的匿名性和毫无特征不会暴露出它是从何处来到现在这位持有者手中的,货币没有来源的证明,而其他有形的财物虽然或多或少地遮遮掩掩,仍无法掩饰其来源处。对于钱的主人来说,以货币表征的价值使他可以一目了然地洞察其资产状况,而对其他人而言,货币则可以隐瞒掩盖其财产和交易的情况,其他有形的财产是不可能做到这一点的。货币的隐瞒性是它与私有权关系的象征,或者说是最极端的形式。与其他一切商品相比,货币对外人来说仿佛看不见,像是不存在似的,所以货币与思想财富具有亲和性。一如思想财富的私人性和唯我性均是在沉默当中开始与结束的,货币归属私人的个体主义本性也在保密的可能性中表现得一览无遗。在这种情况下,那些声称对经济管理有权利和感兴趣,但自身却无能力控制、影响经济管理的人,毫无疑问他们十分危险。现代法律要求政府和公司要公开金融政策,旨在避免用钱进行管理时固有的危险,即很容易欺上瞒下、误导评估以及非法使用金钱。这样的危险涉及所有对这类事情感兴趣的局外者,要在某种程度上杜绝此类危险,就必须普遍地公开管理过程。故而,一个朝分化独立方向发展的普遍文化趋势既在货币关系之内,也借由货币关系反映出来:即公开的东西变得更加公开,而私人的东西变得更加私人化。这一分化过程在以前社会组织比较小的时期闻所未闻,那时个体的私人状况不可能像现代生活所允许的那样很好地隐藏起来,或者说很好地保护起来,使其不受他人的干扰。在另一方面,代表这些小圈子的公众利益的权威显得比大型团体的领袖更神秘,更倾向于被隐藏起来,而在大团体中，权威人物要扩大地盘，他们的技术比较客观，他们还远离个体，这一切均使大团体的权威人物可以忍受其行为的公开性。所以，政治学、管理、法律失去了其隐秘性和遥不可及的特征，在同一程度上个人却获得了从公众生活中隐退的更大可能性，把所有不相干的人排除出他的私人的生活。我们只需要把英国史与德国史作个比较，或者浏览一下最近两个世纪以来的文化史，就可以辨认出公众生活与私人生活的相互关系。即使在宗教领域，这一分化的过程也清晰可见，尤其是在宗教改革时期。天主教会用一种神秘的形式把高居于平信徒之上的教会权威包裹得严严实实，不允许任何质疑、批评、指责，也拒绝协同合作。教会并没有保障信徒有不受别人干扰的宗教独立性，而是让信徒成为教会的亲密知己，教会作为权威可以不断介入教徒的宗教事宜。宗教改革则反其道而行之，使教会体制公开，教徒可以接近教会，控制教会，原则上教会不会在个体信徒面前掘出一道鸿沟隐瞒和保护教会权威。在信徒这一边，他们也获得了保证宗教内心感情不被人干扰的自由，他们与上帝的关系变成一件私人的事情，无须向任何人解释。

我们现在从隐私和秘密——它们与一般的文化趋势相一致，成为货币经济中经济状况的组成部分——回到收买个人和贿赂上来，凭着货币经济的具体特性，收受贿赂达到了最高级的形式。用一块土地或一头牲畜来行贿不仅难以逃脱周围邻居的目光，而且受贿的人也不可能装作好像什么都没发生过一样，假装不知情，这是受贿人典型的高高在上的方式，在早期阶段就已是贿赂的特征。但是，用钱行贿可以背着受贿人的面进行。受贿人可以假装——甚至对自己也假装——对此一无所知，因为钱与他没有任何具体的、私人的关系。用钱行贿甚至可以比用女色行贿更大程度地确保隐秘性，受贿人可不受干扰地继续保持生活中其他的一切关系。用女色行贿时，贿物在双方的性行为结束时就完全用尽了，以至于从外表看来受贿人所得的东西比收受礼金时获得的还少，即便如此，女色行贿对这个人内心产生的后果却比用钱行贿留下了更深刻的印记。用钱行贿时，收受贿赂之际就结束了涉及此事的两个人的任何关系，而在提供女色的行贿方式中，随之引起的是受贿人的反感、悔恨或仇恨的情绪,他不会对此完全无动于衷。不过,以钱行贿被曝光之后,牵连到的人名声会一落千丈,所以这种贿赂方式的好处一般会受到这一因素的平衡制约。用钱行贿与偷窃行为具有明显的类似性。家里的仆人很少会偷钱,因为偷钱被认为是极其道德败坏的事,他们更多的则是偷吃的或其他小玩意儿。一些佣人的经历显示出,要是偷等于一瓶酒或一件化妆品的钱,佣人们会畏首畏尾,但他们却会毫无顾虑地盗用这些东西。因此我们的刑法也是基于这一立场,规定偷一点儿直接用食物和消费品只是轻微触犯法律,而偷同样价值的钱则会受到严厉处罚。刑法显然有这样一个假设,刹那间想用一用某个具体的商品,这种欲望太诱惑人了,因此抵挡不住这种诱惑不过是人性的弱点而已,不必严厉地惩罚。物体越不是可直接使用的,需要满足这种欲望的迂回路程就越长,吸引力就越弱,故而牵涉到的满足偷窃此物的欲望不道德的程度就越大。所以根据最高法院的一个判决,例如,供暖材料与食物不算同一类,偷窃供暖材料不会被酌情降低处罚。毫无疑问,人们对热量的需求可能非常急迫,如同面包救人活命一样急迫。但是获取热量的确不如吃面包填饱肚子这么直接明了。在保暖存活下去的过程中还有较多的中间阶段,那么这样来假设就是相当公平的:对更直接的需要受诱惑的人可能不假思索地就屈从了,而对不那么直接的需要他则有更多的时间考虑清楚。金钱离这样的直接需求距离最远,人对钱的兴趣总是盯在用钱买东西的言外之意中,因此钱的诱惑似乎从它自身辐射出来,这种诱惑不是一种自然本能,因此人们屈服于某种本能之下可以得到宽恕,屈服于钱的诱惑则不可以原谅。于是,与偷钱一样,用钱行贿——恰恰不同于拿直接可享用到的价值来行贿——看起来似乎也是更精明的、更腐败透顶的道德标准的象征,以至于用钱行贿的隐秘性——钱的本性使其然——成了行贿受贿者的保护伞。鉴于用钱行贿代表了对羞耻感的一种溢美之词,它属于一种为人所熟悉的类型:即不道德的行为与一套道德内容连在了一起,目的不是为了减少不道德行为的总量,而是为了实现它。这里又一次显明,超出了一定数量的货币改变了自身的性质特征。数额庞大的贿赂行为图方便改变了对安全的考虑,省却了隐秘性,以至于没有什么技术可以支持这种贿赂,因而只好把贿赂变成官方的贿赂。从爱尔兰与英格兰联合到爱尔兰被赋予独立的立法权与管理权的二十年期间,英格兰的大臣们面对着以一套统一的政策统治两个截然不同的国家,使两种独立的立法体系和谐融洽这样明显棘手的难题。他们在永恒存在的贿赂中找到了解决方案。通过收买选举的投票,爱尔兰议会所有不同的意见倾向合成了他们想要的统一意见。因此,沃尔浦尔(Robert Walpole)①的一个狂热的崇拜者写道:"他自己是绝对清廉的,但是为了达到明智公正的政治目的,他愿意贿赂整个下院,就算要贿赂一个国家,他也不会打退堂鼓。"一方面对贿赂有非常清醒的良知认识,对自己的道德标准引以为荣,另一方面又强烈地谴责贿赂行为,这两种态度可以并生共存。在中世纪与买卖圣职(simony)作斗争的高峰时期,一位佛罗伦萨主教的一番说辞很好地说明了这种情况:他希望买下教皇的位子,甚至不惜斥资一千英镑,只为把可恶的买卖圣职者统统逐出教会。也许在花费巨额资金抹去贿赂带来的耻辱污名,以及为贿赂保密——正如用钱卖淫嫖娼一样——这方面最惹人注目的例子是:近代初期最大宗的金钱交易是查理五世要求动用财政手段收买臣民选举他当国王。

此外,那些不应该卷入这种钱财买卖的商品,其买价特别昂贵通常提供了一种特别的保障,使得公众利益不会遭受太大的损失。英国国王们过去卖官鬻爵起码造成了买官者力争要当好官的效果。据说,某个男人"付了一万英镑买了个公职,他不可能为了某种微不足道的渎职行为就丧失该职位,他的许多对手很轻易地就能把这种渎职行为调查出来"。如同我在上文所说的,秘密的贿赂是出于对主体安全的考虑,因此公开性相应地就是对公众利益的安全保证。这是那些大宗腐败贿赂行为被合法化时做出的弥补,这些行为不允许被遮遮掩掩,故此

---

① 沃尔浦尔(1676—1745):英国辉格党领袖,财政大臣,英国第一任首相。

人们才可以妥协承认它们。出于这一原因,贿赂行为比较容易在简单的环境中生存。亚里斯泰迪斯(Aristides)①尽管生前拥有诸多自由裁定权,死时却一文不名,这简直是前所未闻的。在小规模的古代城邦中,单单一个人不诚实不至于动摇整个社会的根基,因为社会只有非常小的一部分奠基在货币经济之上,人际关系简单透明,很容易保持平衡。因此人们曾正确地指出,雅典人每一天的命运都取决于普尼克斯山的集会(Pnyx)②。而在现代高度复杂的公众生活环境中,货币经济数不胜数的地下力量延伸到各个方向,官场的贿赂行为就具有大得多的负面影响。

在本章迄今为止提到的所有情况中,我们讨论了出卖个人性质的而非主体性质的诸种价值,当个体用钱财来保护这些价值时,他在这些价值里体验到的是一种客观价值,截然不同于主观享受到的价值。投身到婚姻中去的综合生命力因而和人的本能运动的方向是一致的;只有在男人做出同样的情感反应时,女人才委身于他;人的言行之表达对应的是其信念和责任——所有这一切的含义与其说是指我们拥有(haben)一种价值,毋宁说是我们本身就是(sind)一种价值。人们为了钱牺牲这一切,即是以一种占有的钱财(Haben)交换了其存在本身(Sein)。存在与占有物这两个概念诚然是相互关联的,因为我们的存在的一切内容都显为占有那个纯形式的、非实在的中心,这个中心即是我们所体验到的有离心倾向的、占有主体的自我,有别于依主体的性格、兴趣和情感被占有的客体。但另一方面,如我们所见,占有财产扩大了我们影响所及的范围,以及支配对象的势力范围,对象也借此进入了主体自我的圈子。自我以及自我的欲望感受一直生存在所占有的对象中。一方面自我最内在的核心——因为它是一种单一的确定的能力——处在客观的占有关系的中心之外,占有关系归属它自己的中心

---

① 亚里斯泰迪斯(530?—468?):雅典政治家和将军。
② Pnyx:古希腊的公众集会场所,位于雅典卫城西部的一个半圆形的类似剧场的建筑。

点；另一方面，即便是来自最外层的因素，假如它们真正被自我占为己有，就会停栖在自我之内。在占有客体的过程中，自我愈发有能力处置这些客体，自我不会把任意一个客体转变成别的东西。所以，从逻辑学和心理学视角观之，将存在与占有物截然分开是十分任意武断之举。但假如我们坚持认为这种划分界限的做法是正当的，这是因为按照存在与拥有之间的区分，它们并非理论意义上的客观概念，而是价值概念。当我们表明自身的存在状态与占有东西的状态全然不同时，就赋予了生活内容特定的价值和价值标准。如果把那些离自我谜一般的中心较近的内容解释成存在本身，而离中心较远的是占有物，则按照这种次序来排列——当然要反对在二者间作任何截然的界限划分——之所以可能，只能是凭借多种多样的价值感，价值感伴随着这两个概念的左右。在任何的交易中，若我们把给出去的东西划定为存在本身，把接受的当作占有的东西，那么这只是间接地表达了这样一个事实，即我们用渗透了整个生命范畴的较强烈较持久的一种价值感作交换，得到了一个较为直接短暂、较急需的价值感。

凸出的理念与货币

假如出卖诸种个人价值意味着个人这种具体的存在（在本文目前使用的意义上）被缩小了，并且和人的"自尊"直接针锋相对，那么我们可以将个人性的理念——它是那些行为模式的一个关键性标尺——称作一种凸出（Vornehmheit/distinction）。突显的价值之所以非常关键，乃是由于它意味着金钱方面最极端的标准。以此来衡量，卖淫、为钱结婚、贿赂是一系列现象中最极端的例子，它们均是以最合乎法纪的货币交易形式开始的。要阐释清楚这一现象，我们首先必须定义凸出这一概念本身。

客观的评价准则通常被划分为逻辑的、伦理的、美学的诸种规范，但是按实际的判断来看，这一划分相当不完整。举个非常明显的例子，我们重视个性独特的成形过程，但只停留于某一个性所具有的特定的、简洁明了的形式和力量这一单纯的事实。我们认为有价值就是要有不可比拟性、独一无二性，照此看来似乎一个人只能把他自己的观点当作有价值的东西呈现给我们，而事实往往是这一现象之独特性与其内容在伦理和美学意义的下等低劣形成鲜明对照。我们感兴趣的不是完善这些评价规范的体系，而毋宁说是指出诸如此类体系化的评价方式简直是错误百出，就好比把体系化方法与五种官能感觉或康德的十二个知性范畴生硬拼凑在一起一样。我们人类的发展就是持续不断地创造出新的可能性，跟世界既感性又理性地相呼相应，并且创造出新的范畴评价这个世界。正如人不停息地塑造出新鲜有效的理念一样，我们逐渐增多的意识把一度没有意识到的——纵然这些理念早已开始奏效——各种常新的理念揭示出来。我确信人们对现象作出反应的各种价值感觉中，其中有一种我们只能将其特征描述为"凸出"的评价方法。这个评价范畴乃是一个独立的评价方法，这可以在如下事实中得到说明，即该评价范畴之出现是与具有截然不同的种类和价值的现象密切联系的：既与思维方式也与艺术作品密切联系，既有世袭出身也有文学风格的关联，既与高雅品位也和具备高雅品位的东西联系在一起，既和高级社会的风尚也和具有高贵血统的某种动物有关联——所有这些东西，我们均可以称之为"卓尔不群"。即便突显的价值跟道德与美的价值有些微关联，但是它在本质上一直独立于道德与美的价值，虽然它似乎也同等程度地和各种千变万化的伦理等级划分、美学等级划分融合在一起。凸出——比如某个特别突出的地位——的社会意义是在大多数人当中鹤立鸡群从而分离出来，在个人自主范围内，分裂的个人性现象可能立刻会遭到任何一种异己因素侵袭的破坏，这一切均显而易见地提供了凸出这一概念所有适用的模式。表现了凸出价值的实际承担者建构了一种十分专门的区分种类。一方面凸出强调的是积极的排斥，即把互相可以换来换去，把简化成公分母和"行为一致"的做法排除在外；另一方面，假如凸出仅仅是一种与他者有别的关系的话，应该说它不是明目张胆而是暗中诱使凸出之物远离了其内在的独立不羁、矜持、自给自足，把凸出的本质改写成与一种跟他者的关系。杰出人物正是完完整整地保留了其个性的个体。凸出表现的是种种差别感觉的一种相当独特的融会贯通,这些差异建立在比较之上,却又在根本上拒斥任何的比较。我认为一个总结性的例子就是,英国上议院不仅作为唯一可以审判每个上议院议员的法官,在1330年上议院还断然拒绝了它应该针对议员的个人身份而不是针对议员身份来审判的建议,所以,一种针对个人,而非针对个人头衔的管辖权关系被认为是侮辱了人格!此外,越是有钱能使鬼推磨,为了钱而产生并依据钱的尺度而定的对象就越多,则凸出的价值在人和对象身上实现的可能就越少。纷繁复杂的历史现象道出了这一种负面的关联。古埃及和古印度的贵族统治憎恶海上贸易,认为海上贸易与世袭等级制度的纯洁性无法共存。海洋一如货币是一个中介者,它是交换手段的地理版本。海洋本身毫无特性可言,因此它像钱一样被人们所用,旨在推动林林总总的事物的互动交换。在历史上海上贸易和货币交易非常接近,等级森严和闭关自守的贵族政体不得不对这两种具有夷平作用的现象躲避三舍。故而,在贵族统治的巅峰时期,威尼斯禁止贵族做生意,只有到了1784年,才有一条法律准许贵族用自己的名义做生意。在此之前,这些贵族只能以跟城市居民(cittadini)做生意的匿名合伙人的身份进行贸易,即隔得远远地、隐姓埋名地做生意。底比斯(Thebes)①曾有一条法律规定,只有那些从事任何市场交易不满十年的人才有资格担任官职。奥古斯都禁止元老院议员介入关税垄断和商船贸易中。倘若兰克②把德国史的14、15世纪的特征描述为"平民"时代,则这种说法指的是以城市为代表的新兴货币经济状态,这与传统的贵族统治水火不容。从英国近代伊始人们就已发觉,城市中常见的贫富不均永远也不可能像乡村的各种地产间的壁垒一样形成一种等级森严的贵族统治。一贫如洗的学徒也可以指望将来有一天能发达,只要这个将来只是

---

① 底比斯:古希腊波伊俄提阿(Boeotia)的主要城邦。
② 兰克(Leopold von Ranke,1795—1886):德国19世纪著名历史学家,以历史的观点解释各个时代的冲突,认为社会和政治原则必须根据不同民族的特点而有所变化。

指有钱的话,而横亘在握有土地的贵族和自耕农之间的界限则是壁垒森严的。被据为己有的钱可以在数量上无限升级,这就使得一些阶层可以融入另一个阶层,从而消除了贵族阶层与众不同的构成原则,而没有可靠牢固的分界线,贵族就绝无可能存在下去。

如我在上文所讲的审美理念一样,凸出的理念对数量的多寡也漠不关心。当在共同参与的本质中表达出来的价值与他者隔绝而超然独立时,量的问题就彻底隐退了。是否有数量上较多的情形达到这一凸出水平相对地不会影响到凸出理念纯粹质的含义。关键在于,存在(Dasein)成功地脱颖而出,成为存在自身唯一有效的表征,为其确定的本性赋予凸出的本质——要么是人的,要么是比人低级的。但到了诸种事物被其货币价值定义的时刻,它们就从凸出这一范畴中被剔除出去,它们质的价值屈从于量的价值,它们完整的独立性——这是它们跟他者和跟自身的双重关系——也就是在特定水平上我们所体验到的这些事物有别于他者之处,失却了其基石。我们透过货币认识到的卖淫现象的本质被传递给了卖淫的人——他们在卖淫中单单被当成等价于钱的东西物尽其用——也许更明显地传递给了他们,因为比之货币所能够失去的,他们在卖淫中失去的东西更多。凸出范畴最极端的反面——别人做什么我也做什么(Sichgemein-machen)——成了货币经济里诸对象的典型关系,因为货币就像中央车站一样,所有事物都流经货币而互相关联,比重相等的万事万物都在滚滚流动的金钱浪潮中漂浮,由于它们都漂浮在同一水平面上,它们之间的区别就只有覆盖的尺寸大小的不同而已。

一切夷平差别的做法产生的悲剧性后果均不可避免地发生了这样的作用,高级水平被拖下水沦落的程度比低级水平擢升的程度要大。这一点在人与人的关系中昭然若揭。在建立起了沟通——尤其是思想上的沟通——的某个方面,大多数人都找到了相互的理解和共通的基础,沟通的标准就一定会愈来愈接近最低水平的人,离最高水平的人较远。其根源是让后者俯身屈就一向比让前者费力爬升要容易得多。不太完美的人的思想、信息、意志力、各色感情的合集圈可以被更完美的人的诸如此类的圈子覆盖,相反的情形却绝不可能发生。前者的圈子对二者来说是共通的,但后者的圈子却并非如此。除了某些例外情况,高级和低俗因素若要建构起共同的兴趣和行为的基础,恐怕只有使高级因素放弃它们独有的优越性才行。从下面这一事实亦会得出同一个结论,即同样非凡突出的人们所建构的有共同基础的水平绝不可能跟他们每个人独自存在时的水平一样高。理由是,在通常是千变万化的领域中,不同的人在各自领域达到的最高成就使他们区分开来,他们只是在比这些成就低得多的一般水平上相通,在这一水平之上,对个体非常紧要的潜在能力常常分歧过大,乃至于任何沟通根本都是不可行的。人们共有的东西——在生物学意义上,最古老因而也是最可靠的遗传因子——一般而言就是他们本性中更天然、更无差别、更无才智的内容。

　　在这一种典型的关系中,生命的内容必须为它们共通的要素,为它们附着在相对低级的标准上,来谋求人与人的相互理解和整齐划一的努力付出代价;在这种关系中个体不得不把自己化约成与所有人一模一样的东西,否弃掉个人的存在,这要么是因为其他人的水准较低,要么是因为群体尽管水平一致,但要适应另一个领域。跟人与人的关系一样,物体之间的关系也说明了这种典型关系的形式。二者间唯一的差别就是,物体的关系是诸种实实在在的实体的一个过程,人与人的关系不发生在物体身上,而发生在物体的价值概念之上。花钱搞到世间罕见、巧夺天工之物可能和买最微不足道、粗制滥造的东西没什么两样,如此的事实在这两种东西间营造出了一种对它们的品质完全陌生的关系,有时由于这种关系导致的结果,罕见之物也会沦落成庸俗之作,失去它特有的价值,而微不足道的东西既无所失,亦无所得。罕见独特的东西贵,无足轻重的东西便宜,但这并不总是一种补偿机制,一般性的评价——对个别性的比较并无裨益——尤其是这样。这一事实也不会被不可否认地发生在心理上的作用抵消,因为心理上感觉到的往往是,货币这个公分母使诸客体间的个别差异更加尖锐鲜明。一旦我们把一件精湛独特且花钱买得到的东西与另一件同样上乘但却千金难求的东西作个比较,货币作为等价物消除差别的效果就不言而喻了。从一开始我们就觉得后一件东西有所保留,它有独立性,它有可以根据客观存在的理想被单独拿出来评判的权利——一言以蔽之,它具有其他东西无法企及的凸出性。即便是最佳的精美绝伦之物,其可以用钱买到的特性仍属于一种 locus minoris resistentiae[难以拒绝的低级东西],即它不能把低级货色一定要与它并驾齐驱的要求拒之门外。至于货币,由于它自身什么都不是,它却凭借与高级的东西挂上钩的可能性大大地增值,因此反过来看,货币是五花八门的价值等同的物体的个体意义所在,这种等同的价值是通过物体可交换的特性而被降低的价值,不管它们的交换性是否只是间接的或虚构的。毕竟,这可能是我们把某些特定的东西——比如某些陈词滥调、行为模式、音乐旋律等——的特征略带轻蔑地说成"可流通货币"(gangbare Münze/negotiable currency)这一方式背后潜藏的动机。货币这一所有事物中最富有流通性的物体要求的似乎不仅仅是比较意义上的流通性,或是对流通性的表达,而是一定会把交换的要素加入进来不可。每个人都接纳它们,每个人都一再地使用它们,却对其内容没有特殊兴趣,正如使用货币的情形一样。每个人的口袋里都装着现成的钱,任何时候货币都不需要转化成另一种形式才能达到其目的。无论是给予还是接受,货币与个体的关系不带有丝毫个人色彩或具体的特质;货币不像说话或行为的内容会影响个人的风格,货币从个人风格旁悄悄溜掉,对个体毫发无损,仿佛从一个钱包流到另一个钱包里的钱自身并无改变一样。消除差别既是诸对象的交换性之因,也是其果,这就仿佛某些话可以立即被传来传去,因为这些话说的都是鸡毛蒜皮的琐事,而这些话变得鸡毛蒜皮般琐屑,正是因为它们常常被马上传来传去。现在我们对待对象时所表现出来的冷淡与轻率与更早的时候对待它们的态度有天壤之别,其原因的确部分地可归咎于货币价值的一般水准所导致的相互的反个体化和夷平差别的效果。

货币表现出的交换性一定会不可避免地对各种商品自身的性质产生影响,或者说二者必定要相互影响。对一件商品个体性兴趣的轻视导致的是对商品个体性自身的贬损。若说一件商品的两方面包括商品的品质与价格，那么只把兴趣集中在其中一方面上在逻辑上似乎不太可能：因为便宜这个词如果不是暗示着对一个相对较高的品质来说比较低廉的价格的话，便宜只不过就是一个空洞的词语而已，并且高品质只有对应着公平的价格才有经济上的吸引力。此种概念逻辑上的不可能，在心理意义上却是真实有效的。对商品之质量和价格某一方面的兴趣可以大到使逻辑上必须存在的另一方面消失得无影无踪。这方面情况的一个典型例子就是"五毛钱杂货店"。现代货币经济的评价原则在此处找到了最清晰明朗的表达方式。在"五毛钱杂货店"中大家的兴趣焦点不是商品，而是价格，这样一个原则在早先的时候不仅会被认为是可耻的，也断然不可能出现。有人正确地指出，中世纪的城镇尽管体现了所有进步的特点，仍然缺乏广泛的资本主义经济的特征，并且这就是中世纪与其说是在扩张生产（只有价廉才成其为可能）中，不如说是在提供的货物质量中寻求经济理想的原因，这样，就有了应用艺术的巨大成就、对生产的严格控制、对生活必需品的严格管制等。这样的例子是这一系列现象中的一端，它的另一端的特征在"便宜没好货"的口号中表现了出来，便宜与次品之间的结合只有当我们对便宜的价格着了迷，而不顾及其他因素的情况下才行得通。把各种物体的差异统统夷平为货币，首先降低了主体兴趣之特殊的高度和性质，进而造成的后果是降低了物体本身的品质。生产便宜的垃圾货好像是对物体的报复，因为通过一种纯粹漠不关心的方式，物体从主体兴趣的焦点中被驱逐出去了。

这一切也许已经清清楚楚地说明了，在货币经济及其造就的所有后果与凸出的价值——对之上文已略有论述——之间存在的根本对立。货币彻底毁坏了这样一种自尊，它刻画出了出类拔萃者的特征，它深深地嵌在特定事物以及对事物的欣赏评价当中；货币强加给事物一个无关紧要的外在标准，一个与凸出背道而驰的标准。货币把事物安排到只有数量差异才能奏效的一系列现象中，凭借这一方式,一方面货币使事物彼此之间丧失了差异与距离,另一方面剥夺了它们拒绝与他者作比对而形成任何关系或任何限定的权利——这两方面恰巧是决定凸出之独有理念的两个相互结合的要素。个人价值的高不可攀表现了凸出理念的特征,这种高不可攀似乎太超然了,甚至投射到事物中去时也是如此——考虑到货币具有的夷平效力——以至于使得诸种事物再"普通"不过了(在"普通"这个词的任何一种含义上而言都是如此),所以即便从语言上来说这些物体也绝非凸出的。货币与凸出的概念针锋相对,它在所有可购买到的东西范围内产生的效果昭然若揭,卖淫、买卖婚姻、贿赂等现象则以更明显的个人化方式阐明了这一效果。

第二节

从内容确定的权利向支付货币需求的转化

在论及个体自由的第四章中,我们曾论证了实物役务(naturalen Verpflichtungen)向货币租税的过渡如何对义务关系的双方均不无裨益,尤其是人身依附者在何种程度上获得了自由和尊严。现在,货币对诸种个人价值的重要意义必须沿着一条相反路向的线索做进一步探讨。

这一过渡过程之所以产生了有利的结果,是由于承担义务的人在实物役务关系里坚定不移地投入了个人精力,却没有拿到与之相应的等价回报。对方支付给他的东西是纯实物性的。承担义务者在这种关系中享受的权利是相对不涉及个人的,而他要完成的役务却完全是个人性的。通过采纳货币地租的方式,这些役务祛除了个人性,从而消除了双方关系不对称的现象。但如果承担义务的人不甘心只得到物质上的收益,如果他还想通过这种义务关系获得一种权利、一种影响力、一种个人的重要性,结果就会截然不同了。他提出这种要求恰恰是因为,在这种义务里他贡献出的是一种明确的个人性劳动。在这种情形下,地租转化为货币支付形式,从而使义务关系客观化,就会造成不利的后果,一如在第一种情况中它也产生了有利结果一样。雅典的盟国被征服,多少变成了直接附庸国的地位正是肇端于它们从进贡船只军队改为进贡金钱。表面上这些盟国从进贡实物的义务中解放出来的过程实际上使得它们自动放弃了自己的政治活动,若它们要求参与政治的权利,就只能奉献物质性的贡品和牺牲实际权力的运筹帷幄才有可能。最初的义务仍然含有直接的权利要求,例如附庸国奉送出去的战斗力不能被用来攻击它们自己,但如果奉送给人家的是金钱,就可能被自己的钱砸了脚。用康德式术语来说,实物献贡是由作为其形式的义务和作为内容的具体物质和对象组成的。然而,这种物质性内容也许有某种副加作用。举个例子,若实物役务是农民的法定役务,或许会严格地限制他的人身活动自由,但是如果它是给某位统治者的军事行动提供的实物给养,反而会迫使统治者顾及提供给养的人。在这两种情形中义务本身没有改变,但是决定其形式的物质内容却使第一种情况中的服役者觉得事情很棘手,而在另一种情况中他则感到要好得多。不过,倘若货币租税取代了实物献贡,物质性的内容实质上就被取消了,丧失了任何发挥效力的特性,以至于唯有纯经济意义上的义务——它只有在最抽象的意义上才能变为现实——被保留了下来。上面所谈及的第一种义务被简化为货币租税,就意味着服役者放下了一种负担,而第二种义务转化成货币租税时,则不再使服役者感到慰藉,服役者在前一情形中感到振奋的程度跟他在后者中被压抑的程度一样。所以,在历史上我们颇为频繁地遇到一种有意识的政治行动,迫使强制性劳役向货币纳税转化,这样承担义务者的实力地位就会被降低。譬如,英国亨利二世曾宣布,骑士们只要交钱抵消他们需履行的义务,就不必跟从国王参加欧洲大陆的战争。许多骑士也许会接受这个提议,因为表面上看它好像使骑士们从军役中解脱出来,减轻了他们的负担。但实际不然,国王最担心的是封建派系斗争,这个提议解除了他们的武装,而解除其武装恰巧是因为国王迄今为止依靠的就是封建派系的好战性。既然有无好战性不再是各地区和城镇中人们参军入伍的条件,对他们来说结果就恰恰相反:他们用钱代替了军役,获得了自由。这一切现象之所以如此重要,是因为在这些现象里,人们可以把基本的生活感情与全然外在的事实关联起来。认识到如下这点也很重要:货币能够凭借某些规定性(Bestimmungen)居中协调这些关联,由此这些规定性显露出其最精纯的形式,尽管不单是货币能做到这样。这一含义从内部支撑着历史格局,历史的格局可以排列成一个呈上升趋势的序列现象,在这个序列中每一个历史环节按照诸要素之间的特殊联系,既为诸要素提供了自由的空间也抑制其自由发展。所以很清楚的是,纯粹的人身关系或许表现为对某人严酷的征服,或许表现为保持了尊严的自由结合,二者都是对人身关系的表现。而若决定性要素具有了非个人性的特征,则两边的情形都变了,无论这种非个人性(Unpersönlichkeit/impersonality)指的是某个外在对象的物质性,还是指大多数人的主体性,都消失殆尽。前面一章已经阐明了解脱人身束缚关系的转变过渡是如何进行的,人们往往更愿意服从某个非个人性的集体或某个纯客观的组织机构,而不愿臣服于某个人之下。这里我只想提一提,过去的奴隶以及农奴但凡是属于国家的就过着相对较舒适的生活,现代大商店里的雇员以客观方式被管理,他们的境遇也比小作坊里受作坊主的个人盘剥的雇工要好一些。反过来看,在涉及种种个人价值的时候,向非个人性形式的转化则有损人的尊严和自由。贵族自愿的献身甚至最极端的为国捐躯往往已经被一种屈辱贬低的感觉取代,在这种情况下,即便是最低水准的献身好像也被转化成了实际的法定义务。甚至在16世纪时,如果法国、德国、苏格兰以及荷兰的诸侯们只要通过训练有素的代理人或管理机构来统辖臣民,就会遇到极大的抵抗。当时的人认为统治权威是某种个人性的东西,人们为了献身于某个人愿意全心全意地服从统治者,但若是某个非个人性的机构充当权威的话,就只会出现征服镇压了。

这一序列现象的最后一个环节是由奠基在货币——它是一切实在

的构造物中最客观的东西——之上的诸种关系组成的。依照种种货币租税的起源和内容，它们表现的要么是彻底的自由，要么是完全的压制。所以，我们发现人们偶尔也坚决抵制缴纳货币租税。当阿拉贡的彼得四世（Peter IV. von Arragonien）要求阿拉贡各阶层的人纳税时，他们回复说这是不合习俗的，信仰基督教的臣民愿意为他本人服务，货币纳税则是犹太人和摩尔人（Mauren）的事。在盎格鲁-撒克逊人统治下的英格兰，国王同样也没有权利直接课税，当时占据统治地位的反而是古代日耳曼人的原则，即整个国家是建立在个人服军役和为法庭服役的基础上。当国王开始征收丹麦金（Dänengeld）时，表面上是为了抵抗新的外族侵扰实行的保护措施，实质上暗示着国家的衰败。鉴于个人役务就是老百姓的权力，唯有当承担义务的人的传统身份无法使他们进入权利的势力范围中的时候，他们才会答应把个人役务改成交纳货币租税。根据这一观点来看，同一群体中的不同派别常常会采纳截然不同的态度。中世纪德意志的领主有权利为了应战征募自由民和农奴充军，后来往往以课税代之。不过庄园主们却可免纳这种税，因为他们自己服了骑兵役，即"他们用鲜血服了役"。这就是那条古老法则的缘起："农民带着口袋讨生活，骑士则骑马。"假如现代国家给公民重新引入军役制度，而不是以纳税和招募雇佣兵取代军役，那么以直接服役代替纳税就充分表达了公民个体日渐增长的政治重要性。因而，货币纳税转向个人役务的关系证明了下面这一说法：普及选举权是强制服军役带来的后果。

强制性要求

专制的倾向总是力图把形形色色的役务简化成交钱纳税，这一事实可以从各种十分基本的关系中推导出来。强制（Zwange）的概念大多数时候被用得含糊不清、自由散漫。人们常说的某人受到了"胁迫"，是假设这个人行为的动机是害怕不这么做就会产生非常令人痛苦的后果，如受到惩处或有所损失等等。事实上在所有如此这般的情况下都不存在真正意义上的强制。因为,倘若其他人愿意承担后果的话,是否不去做这个他理应被强迫去履行的行为,他是完全可以自由选择的。真正的强制是别无选择,它诉诸武力或心灵的诱惑,立即就实施了。譬如说,只有当比我孔武有力的人强迫抓住我的手签名,或者我被催眠暗示签了名,我才会被迫签上名字。但除非以死相逼,否则我不会这么做。所以,认为国家强迫人们遵守法律的观点是不太正确的。国家实际上不可能迫使任何人服军役,或要求尊重别人的生命财产,或做法庭见证,只要这个人愿意接受违法之后的惩罚。在这种情况下,国家所能做的无非是确保违法犯罪者受到法律制裁。唯有某项专门领域的法律才迫使人们积极地守法,这就是纳税的义务。履行纳税义务是强制性的(就强制这个词最严格的意义而言)——正如币值的私法义务是强制性的一样——纳税是以强制手段从纳税人那里扣除相应的价值。诚然,这种强制性单单指涉货币纳税,它甚至不指其他任何形式的经济义务。若某人履行的是交纳某种特定实物的义务,而他无论如何也不想生产这种实物,那么无论如何也不会逼他一定要交出这种东西。然而,可以把他的其他财产拿去换成钱来履行义务。因为在这种实物义务关系里任何一件实物都能换成钱代替其他实物,或许在其他义务关系里就不可能这么做。专制制度的目标旨在强迫臣民绝对地服从,为此目的从一开始它就只许臣民交钱纳税。联系征收货币税的强制要求来看,不会有什么抵制交钱纳税的事情,而征收实物税就可能遭到抵制,实物纳税不可能强制性征收。故而,无论从内在还是外在方面来看,把会遭到各种各样抵制的实物征税简化成货币征税是非常切实有效的。或许这正是为什么会产生如下现象更为根本的原因之一,一般而论,专制政体通常和货币经济的振兴并驾齐驱(例如,意大利的独裁者常常出售其领土);同样,伴随着对货币价值评估的极大提高,重商主义体系在君主制权力无限膨胀的时期得到蓬勃发展。在所有强制性义务要求中,货币义务的履行最不依赖于承担者的良好意愿。反之,那种与其他强制性义务相关的自由,只能依靠承担者的意愿才能实现和保证,所以这种自由减少了。这与我们在上文极力强调的事实决不矛盾,即实物租税向货币租税的转变往往意味着个体的解放。因为精明的专制君主总要给强制性要求选择一种形式,这就是赐予臣民在纯个体性的人际关系中最大限度的自由。意大利文艺复兴的那些最可怕的暴政时期同时也是个体的观念和私人兴趣最无拘无束滋长的理想温床。在任一历史时代,从罗马帝国到拿破仑三世时期,人们已经发现政治专制主义一向与放浪形骸的私人化自由思想如影相随。专制主义为了自身的利益会把强制性要求局限在最本质的方面,在其他方面则尽可能地赐予臣民自由,从而使独裁的措施和方式对臣民来说尚可忍受。用钱纳税的要求以最切实可行的方式综合了这两点。人们在纯私人事务上被赋予的自由绝不会妨害政治领域里对公民权的剥夺,而专制制度常常达到了剥夺公民权的目的。

实物价值转化为货币价值

用钱履行义务相应地贬低了承担义务的人,伴随着这类情况而出现的是对这些后果(本书最后一章将会分析这些后果)的第二种补充情况。我们已然看到,倘若农奴可以通过用交钱纳税履行其役务,这对他将意味着多么大的进步。但当改变农奴与货币关系是由另一方促发的,也就是当庄园主把农奴迄今为止或多或少有权利拥有的那块土地从他那里买过来时,就会产生与进步截然不同的后果。古代德意志帝国地区从18世纪一直到19世纪颁布的法律禁止从农民手中购买土地,其理由的确是和财政政策或者一般化的农业政策在根本上有关联的。有时这样一种情绪也曾经占了上风:就算拿走农民的土地时换给他相当合理的金钱补偿,这对农民仍然是不公平的。诚然,人们可能会把将有形的财产转变成金钱当作一种解脱。有了钱的帮助,我们就可以把到目前为止只能以一种形式固着在物体内的价值转化成任何其他价值。兜里有钱我们可以随心所欲地花,而没有转化成金钱之前的固定实物迫使我们依靠在保存它和实现它的诸种条件之上。从原则上讲,对某件物体的义务与对某个人履行的义务没什么区别,因为假如我们不想看到最坏的结局,物体对我们行为的限定与某个人施加的限制同样严格。唯独把整个义务关系化约成货币关系——不论我们是收钱的一方还是交钱的一方——可以把我们从这种限定性中解脱出来,这种限定是外在的非我(Außer-Uns)强加在我们身上的。18世纪有很多劳役不断地转化成货币租税,由此的确给予了农民某种短暂的自由。但是,这样的转化从农民那里夺走了钱买不到的东西,夺走了在根本上赋予自由以价值的东西——即个人活动所倚靠的对象。对农民来说土地的意义完全不能等同于纯粹的财产价值,土地对他意味着从事有价值活动的可能性,土地是农民兴趣的一个中心点,土地是决定农民生命的一种价值,一旦农民拥有的仅仅是其土地的金钱价值而不是土地本身,他就失去了生命所依。把农民的土地财产化约成单纯的货币价值,则把农民推到了变成赤贫者的道路上。农业社会关系的另一个阶段表现出了与此类似的发展形式。比方说,奥尔登堡(Oldenburg)的农场中很盛行雇佣关系。每年雇工必须有一定的工作天数,他们的薪资比日薪工人的日薪要低一些,作为交换农场主以低于时价的价钱给雇工提供住宿、交通、土地使用等等。这种关系起码有一部分还是一种实物价值的交换。有人曾指出,这种雇佣关系的特征是,农场主与雇工的社会地位是平等的,雇工并不觉得由于他的经济条件不太好,必须为了薪水劳动,因而比农场主低人一等。然而同时应指出的是,新兴货币经济破坏了这种雇佣关系,劳役的实物交换转变成支付薪水的形式,从而降低了雇佣工的人格——即便在这种情况下根据劳动合同雇工会得到一定程度的行动自由,在实物交换的雇佣关系里他只限于拿到一定数量的货物而没有自由。就在这同一个地区,同样的发展趋势在另一个方面也很明显。只要农场支付给打谷工人的酬劳是一份脱粒谷物,工人们就会对农场主卓有成效地管理农场这件事具有浓厚的个人兴趣。打谷机的使用抑制了这种酬劳支付方式,取而代之的是支付打谷工人薪水,这并不会促成农场主与雇工之间形成某种私人的关系,与更高的现金收入相比,打谷工曾在这种私人关系中获得了更多的自尊和道德上的鼓励。

自由之负面意义和个体被根除

货币对于获取个体自由的重要意义适合用以阐明一个影响深远的关于自由的定义。初看上去，自由似乎只具有纯粹的负面性。只有相对于束缚自由才有意义，自由一向是指不做某件事的自由（Freiheit von etwas），充盈着自由的是无所阻碍而表达出的概念。但自由的概念并不限于这层负面含义。假设摆脱责任的同时没有填补上获得财产或权力的话，自由就毫无意义、一钱不值：不做某事的自由同时蕴含的是做某件事的自由（Freiheit zu etwas）。诸多纷繁复杂的现象证实了这一点。在政治生活中，无论一个政党在什么领域索取或获得自由，问题根本就不在于这个自由本身，而在于该政党积极地攫取、增加、扩大以前它被排除在外的权力。法国大革命给予第三等级的"自由"的重要性就是，还有一个第四等级正在发展壮大，现在可以要求第四等级为第三等级"自由地"工作。教会的自由意味着势力范围的直接扩大，例如，与教会的"教育自由"相关的是国家允许公民接触教会教义并受其影响。遍及全欧的农奴解放运动的进一步深化就是竭力使农民能够成为他自己那块土地的主人，这正如古代犹太人的律法所要求的那样，欠债的奴隶替债主工作一定年限后，一定会重得自由，同时律法也附加要求，应该移交给奴隶一些财产，最好是他以前所拥有的。但凡只有纯负面含义的自由在起作用，自由就被视为残缺不全、有辱人格。布鲁诺（Giordano Bruno）热衷于宇宙整齐划一的规律生活，他认为自由意志是一种缺陷，是人类不完美的特征，因为单单只有上帝支配着必然性。在这个十分抽象的例子之外，我们再举一个非常具体的例子。普鲁士的佃农们住在村社的农地之外，村社里的农田都是混杂分散的，因为佃农只依据公共惯例耕种这些农田，佃农就有非常多的个人自由；但也是因为佃农不属于村社，因此他所拥有的不是参与有关田地决策的积极自由，而仅仅是不被公共决策所束缚的消极自由。这就是为什么佃农们即便腰缠万贯，仍旧地位低下，没什么社会威望。自由本身只是一个空洞的形式，这种形式只能在其他生活内容的发展中，以及凭借这种发展变得卓有成效、生机勃勃、富有价值。假如我们分析上述种种取得自由的事件，我们总是看到一种实质上被限定的内容伴随着形式化的、纯粹的自由概念，然而，这样的内容在赋予自由以积极意义之时也还包含着一种限制性、一种指导，有了这种自由必须要积极地做点什么。获得自由的一切行为可以按照一个尺度来衡量和摆脱了从前束缚的形式化的、消极的契机(Momente)相比，自由之物质内容占收益大了多少。譬如说，从中学的压力中得到解脱的年轻人步入了自由自在的大学生活，对他而言后一个机遇更加重要突出。构成积极一面的新生活内容和志趣内容起初非常含糊不定，因而大学生——由于纯粹的自由是某种彻底空虚和不堪忍受的东西——自愿接受了一种最严格的约束：德国大学生行为规范。从沉重的商业限制中解脱出来的商人的情况就完全不一样了。商人新的行为活动使自由具有价值，他的活动在内容和方向上都十分明确；商人不仅接受了自由，他立即对怎样利用自由了然于心。女孩子离开了父母家生活的狭小空间，经济上不再依靠父母，对她而言这样获得的自由比"结婚"拥有的自由无论在量还是质上都具有更积极的意义；若是结婚的话，与获得自由之本质与目的结伴而来的还有操持家务。一言以蔽之，每一步的自由解放都显示出一个特定的比例，即已被克服的那种状态与由此而获得的状态中自由强化扩大之间的比例。假若某人想按照一个契机对另一个机遇逐渐上升的优势来建立这样一种体系，则通过用钱交换事物而获得的自由将处于某种状态的极端，至少在事物迄今为止曾决定了生活内容的情况下是如此。谁要是用农庄田产换了城里的一所房子，他就摆脱了农耕田作的辛劳焦虑，但是这种解脱意味着他现在又不得不把自己卷入占有城市房地产所涉及的一系列问题中。然而，要是他卖掉地产拿的是现金，他就真正自由了；只持有现金的人(Geldbesitzer)摆脱了以前的负担，自由的负面性占了上风，这种新造就的情形对他的未来生活只有最少的具体指示。由于金钱买卖，从某一事物的制约性中解脱的积极性就被化约为自由的边缘价值。在纯消极的意义上货币解决了人类实现自由的任务。

故此，对交纳现金租税而获"解放"的农民所意味的极端危险性其实是构成人类自由之一般模式的一个部分而已。农民确实得到了自由，但只是不做什么事的自由，而非做什么事的自由。表面上农民争取到了做任何事情的自由——因为自由在此处是单纯负面性的——但事实上他不知所措，没有任何确定无疑的内容。这种自由的状态是空虚、变化无常，使得人们毫无抵抗力地放纵在一时兴起的、诱人的冲动中。我们可以把这样的自由与无安全感的人的命运作一比较，他弃绝了上帝后重新获得的"自由"只为他提供了从一切短暂易逝的价值中制造偶像崇拜物的机会。商人整天为生意忧心忡忡，迫切希望无论如何要把货物出手，他遭遇的是和弃绝上帝的人同样的命运。但最后当钱到手商人真的"自由"了后，他却常常体会到食利者那种典型的厌倦无聊，生活毫无目的，内心烦躁不安，这种感受驱使商人以极端反常、自相矛盾的方式竭力使自己忙忙碌碌，目的是为"自由"填充一种实质性的内容。公务员也面临着同样的情况，他想尽可能快地蹿升到这样一个职位，这个职位的薪水将足以使他过上"自由自在"的生活。所以，当我们处身于世界的痛苦和忧虑之际，安宁往往像是绝对的理想，直到我们有了经验才了解到：只有做具体的事情时忙里偷闲才有价值，甚至这种安宁才是可堪忍受的，前提条件是这种安宁同时也是忙着做具体事情时得到的宁静。出钱获得解放的农民，变成赚钱机器的商人，领薪水的公务员，这些人似乎都把个体从种种限制——即与他们的财产或地位的具体状态紧密相关的限制——中解放了出来，但事实上，在这里所举的这些人身上却发生了截然相反的情况。他们用钱交换了个体之自我中具有积极含义的内容，而钱却无法提供积极的内容。一名法国旅游者讲述了一个十分有特色的关于希腊农妇的故事，她们作刺绣，十分依恋那些付出了辛劳的刺绣品："她们把刺绣品送出去，又拿回来，她们考虑到钱，又考虑到她们的劳动，然后还是回到考虑钱。最后她们认为钱总是好东西，并且非常吃惊地发现自己竟是这么有钱的人。"因为货币所能提供的自由只是一种潜在的、形式化的、消极的自由，牺牲掉生活的积极内容来换钱，暗示着出卖个人价值——除非其他价值立即填补上它们空缺后的位置。出于这一原因,普鲁士19世纪初期的公有土地分配极大地促进了生活颠沛流离、居无定所、以赚取日薪为生计的雇工阶层的发展。国家的草地以及森林使用权对生活更为贫困的农民是一种补助,对他们而言,绝对无法用一种抽象意义上的确切的对等物来补偿取缔这些权利后的损失;若以钱来补偿,钱不久就会用完,若以分配土地来补偿,那么分得的土地面积可能太小,无法生产出什么收益。因此,这种土地补偿费非常迅速地被以钱支付,这加剧而非减弱了农民赤贫化和丧失生活资料的趋势。与希腊农妇所表现的行为恰好类似的现象就是人种学者所报道的,要从原始族民那里购买商品是极端困难的。人们有理由认为:每件物品在被制作被规定之时都打上了一种确定的个人印记,个体生产加工这件物品时付出的辛劳,以及个体滞留在物品上独一无二的使用过程使得物品成了个体自身的组成部分。因此,要迫使个体与该物品分开,就像把身体与身上的肢体拆开一样会遇到同一种抵抗,产生的结果不是自我的扩张——个体占有货币后无穷无尽的"可能性"充满诱惑且含含糊糊地暗示了自我的扩张——而是自我的萎缩。一旦我们清楚地认识到了这一点,它对于理解我们这个时代就绝非无关紧要了。自从货币面世以来,每个人基本上是卖东西多,买东西少。随着货币经济的扩展,这一趋势越来越强烈,越来越影响了某些物体,这些物体本就不是要卖出的,而是永久性财产,它们似乎注定了要和个体紧密地拴连在一起,而不是在草率的交易中轻易地挣脱这种维系:各式各样的生意与工厂、艺术品与收藏、地产、权利与地位。当所有这些东西留在某人手里成为其财产的时间周期越来越短时,他就愈发迅速频繁地改变财产的具体状态,从而实现了一种格外大的自由。然而,由于带有不确定性、无内在方向的货币是这些自由解放过程的另一面,因此这些过程阻止了连根拔除以求解放的做法,往往不会全部转移到新的根源里去。实际上,由于在瞬息万变的货币交易中不再根据具体的生活内容的范畴来划分财产类别,就绝不可能继续发展内在于具体财产中的那种约束、融合、献身,虽然它们限制了个体,却依然支撑着个体,赋予个体以内容。这就阐释了,为什么我们这个时代尽管从总体而言的确比过往任何年代都有更大的自由,我们却无法好好地享受自由。货币使我们从束缚关系中购买自身的自由成为可能,不仅有他人对我们的束缚,还有从我们自己的占有物而来的束缚。无论是付钱的还是赚钱的,我们都得到了自由。故而,这一持续不断的自由解放过程在现代生活中占据了一个格外广阔的领域。在这一点上,货币经济与自由主义倾向之间更为深刻的关联也被揭示了出来,说明了为什么自由主义式的自由是产生了如此多不稳定、秩序混乱、令人不满的原因之一。

然而,由于诸多事物被货币不断地拆离,失却了给我们指明方向的意义,因此在我们与事物关系的这一变动中就出现了一种实际的反作用(Reaktion)。倘若货币经济带来的不安全感和不忠感——与具体财产的情况针锋相对——不得不造成十足的现代情绪的恶果:即人们满心期望占有某件东西,但得到满足的一瞬间马上又有了超出这件东西的欲望,即生命的内核与意义总是从人们手中滑落,那么这就证实了人们有一个深切的渴望,要给予事物一种新的意义,一种更加深刻的意义,一种事物本身的价值。占有物可以轻而易举地获得和失去,占有物昙花一现般短促的存在状态、予人愉悦(Genossenwerdens/enjoyability)、千变万化,一言以蔽之,货币造就的后果和相互关系,迫使这些占有物空无一物,不偏不倚(vergleichgültigt/indifferent)。然而,活跃于艺术中的各种骚动,对新颖风格的诸般探索,譬如探索象征主义乃至通神学(theosophy),均是渴望了解一种新的、更易察觉的事物意义的征兆——而不管每一事物自身是否拥有更具价值的、更精神性(seelenvollere)的着重点,或每一事物是否通过建立关联摆脱原子式裂化的处境而获得了这样的着重点。假如说现代人是自由的——说他自由是因为他可以卖任何一件东西,说他自由是因为他可以买任何一种东西——那么现在他寻求的(往往带有几分疑惑,踌躇不决)则是物体自身中那种力量、稳定性和内在的统一,现代人已失落了这些东西,原因是他与物体的关系由于以货币为条件而被改写。正如我们早已看到的,凭靠着货币,人不再为物所役,所以另一方面,个体自我的内容也同样不为物所役,个体的方向和确定性和具体财物如此步调一致,以至于连续地出售交换具体财产——甚至就算它们是可以被出售的——常常意味着种种个人价值被出卖,被连根拔起。

个人劳动成果与货币等价物之间的价值差异

货币经济一再地掩盖事物的金钱价值无法全部取代我们可以从事物中获取到的东西的事实,掩盖事物尚有货币表现不了的方面的事实。无论如何也不容否认的是,用钱对物体或褒或贬都无法使它抽身脱离遭到贬低的日常交易的平庸性,因此至少在某些时候,我们转而去寻求一种不太常见的货币形式。最古老的意大利钱币是一种形状不规则的铜币,因此它不是被用来计算的,而是被用来称重量的。直至罗马帝国时期,金融事务已经发展到了精准的阶段,这种形状不定的铜币往往在宗教祭祀中使用,以及被当作司法的象征物。如果被出售的并非某件物体而是个人完成的工作,如果这件工作不仅外部表现形式而且内容也具备个人特性时,那么自不待言,除了事物的金钱价值之外,它本身的价值依然急需得到认可。下述一系列现象将使这一点水落石出。用钱交换工作成果时,出钱的买家要买的只是具体的物品,客观上被限定好的工作实绩;而在另一方面,实际履行工作的人所要求的或起码在多数时候所希望的则不只是金钱而已。不管谁听一场音乐会,当聆听到想听的节目,而且如同预想的那么精彩时,会觉得掏了钱物有所值。然而音乐表演艺术家却不只满足于金钱,他还期待着掌声。想拥有一幅自己肖像画的人拿到画的时候就心满意足了,但画家拿到预先说好的工钱时却不见得满意,除非他还额外获得了主观的认可以及超主观的(übersubjektive)名声。部长大臣想要的也不仅是薪水,还有统治者和国家对其工作的感激。教师与牧师想得到的也不只是薪水,还有人们的尊敬与忠诚。甚至连水准较高的生意人也不想仅仅用产品赚钱,还想让顾客满意,即使这样做也不只是为了拉回头客。一言以蔽之,许多具体工作的承担者除却钱以外——钱只是客观上充分地代表了他们的工作成就——也要求个人的认可,要求买家流露出某种主观的承认,这种主观的流露不在双方商谈好的价钱之内,是完全等价于其工作成果的价钱之外所补充的接受感。这里我们看到的是和我在第三章所描述的货币财产的自然增值现象截然对立的现象。在自然增值现象中,买家买到手的东西之所以大于他所花费的确切的货币量,是由于货币之特性就是超逾每一件具体物体的价值。但货币的本性恰恰就是,在所有具象的事物中——引用伯麦①的话——货币结合了正向和反向运动,并表现出双方的调和:个人行为要求某种超出其货币等价物之上的更多东西。和代表货币这一方的权利要求一样,代表个体工作成果一方的权利要求(Anspruch)也超逾了直接交换之外,个体是其权利要求的几何中心点,代表个体的权利要求既在围绕着个体的这一领域中表现出来,又不受任何单个权利要求的影响而存在。承担工作的个体以这种方式交换钱与工作成果,保持二者间的平衡可以说被视为是决定性的,因而接受等价的货币似乎对工作和个人均有贬低之意:这就仿佛是某人从被看作不存在的无形报酬里,牟取了一笔钱,而他并未从中扣除分文。我们知道拜伦勋爵从出版商那儿拿稿酬时极为尴尬。赚钱行为本身在任何地方都没什么好名声,因为自打古典时期的希腊开始(当时货币资本的社会意义和生产力尚不为人所知,人们相信货币只是用于自私自利的消费)人们就越来越鄙视铜臭气,特别当涉及个人的智力思想成果时。所以,为了钱去当老师或去从事一般的智力工作好像贬低了人格。至于所有那些源自个性内核的活动,假设有人可以只为了钱财做这样的事情,简直就是肤浅的、不切实际的。人们在根本上怎么可能拿其他行为酬谢为爱情作出牺牲的人呢——而不管该行为的价值是不是和爱情同等,不管该行为是不是出自和爱情同样强烈的感情?全然个体化的义务关系一向存在,这种关系或许是相互的,但是在原则上它仍旧拒绝通过这种相互性达到的收支平衡(Aufrechnung)。

---

① Jakob Böhme(1575—1624):德国神秘主义哲学家,认为上帝是万物的根源和归宿,一切都处于矛盾之中,著有《到基督之路》等。

同样，不管事后如何弥补主观的犯罪行为，也没有办法当它不曾发生过，外在的损害也是这样。如果有罪的人接受惩罚之后，感到自己彻底恢复为正常人，那么这并非是由于受到的惩罚等于犯下的罪行，而是内心的转化捣毁了罪的根源所产生的后果。光有惩罚是无法真正铲除违法犯罪行为的，这一点在罪犯——尽管他已受到了惩罚——总是遭到人们的不信任和蔑视态度中得到了说明。在上文中我曾表明，性质千差万别的东西之间无法得出直接的价值当量，正如往来账目上的借方与贷方之间也没有相等的价值一样：这一点是由体现在个体个性中的诸种价值最彻底地证实的。但是，当这点不再奏效后，这些价值就失去了根基，表现出独立自主的客观特性。这些价值不断地向货币这一绝对可以通约的物体靠拢，因为货币是绝对客观的，与绝对不可通约的个性恰巧针锋相对。另一方面，有点糟糕的则是我们认识到了诸物体、个人成就以及心理价值之间是不适合作相互比对的，但我们却不停地把它们当作真正等价的东西彼此衡量；而恰恰是这些生活要素的不可通约性，使它们有权利不跟任何特定的等价物进行比对，使生活具有一种无可替代的魅力与丰富性。生活中存在着不胜枚举的不公正和悲剧，原因之一恐怕就是在货币被提供给各种个人价值之际，个人价值不可能由货币来平衡，或者等价于货币。但在另一方面，对各种个人价值的意识，以及对个体性的生命内容的自豪恰恰是因为了解到它们不能按照任何纯粹的数量价值来权衡而上升增长。如人们常常所认识到的那样，等价物的数量若大得惊人则改变了它与个人价值间不恰当的关系，因为数量相当大的等价物充斥着那种"自然增殖现象"，充斥着那种超越了数字确定性后的美妙可能性。这些等价物对应的是既具体化为每一个个人成果，但又超逾了个人成果的个人。为了一大笔钱愿意提供特定的事物或个人成果看起来是正当的，但是假若拿不到一大笔钱，那么人们就宁可把东西当成礼物送出去，而不会只拿区区一小笔数目。只有后一种做法为人所不齿，前者则不会。出于这一缘故，在有教养的敏感人当中，要向一个人表示敬意送礼时必须使礼物的金钱价值不易为人所察觉。有人冒昧地给陌生女士送鲜花与糖果，这种短促易逝

(rasche Vergänglichkeit)的礼物显得没有任何实质性的价值。

一项特殊工作与其货币等价物在价值上的不同既非一向那么容易察觉,也不是——即便当这种不同确实存在的时候——从来都表达得那么明白无误,这就像早期的艺术家与医生、政府官员与学者的情况。倘若这种工作活动是相当非个人化的,承担工作的是一名普通人,例如未受过训练的工人,那么这样的工作与货币之间则没什么不可通约的地方,这正如表现了独特个性的工作过程可以因其鲜明的特质被辨认出来一样。另一方面,承担特殊工作的人是否可以因其额外的工作价值拿到额外的酬劳,主要取决于他的社会地位是否允许他承认这样一种观念上的价值。无论在什么地方,只要承担特殊工作的人由于普遍处于从属的社会地位而没有得到这种价值认可,那么他被迫为了钱以及单单为了钱付出的个人性价值越多,他的人格就越低贱。所以,中世纪时期的吟游诗人(Spielleute)被人看不起的原因在于,他们应客人的要求一会儿唱欢快的曲子,一会儿唱悲伤的曲子,他们拿个人感情强颜卖笑,"只要金钱,不要颜面"。吟游诗人得不到任何非物质的酬谢是十分合情合理的,起码拿到了经济上的酬劳:虽然吟游诗人们大都境遇不佳,但他们得到了公平的对待——如我上文所述——尤其是在他们应得到的东西方面。为了金钱牺牲真正的个人价值,没有任何其他多余的非物质性回报——这种情形无论出现在什么地方,都会使人产生一种生活的懈怠以及几近是财富的损失。金钱贸易以各种个人价值去交换货币价值,对此事的不良感觉的确就是为什么自傲且情操高尚的人常常有尊严地拒绝金钱交易,为什么农耕田作——它是金钱交易的反面——曾经被这类人誉为是唯一恰当的事业追求。例如,苏格兰高地的贵族就是如此,直至18世纪,他们仍还过着一种与世隔绝的、纯粹土生土长的生存状态,但这种生活方式追求的却是最大限度的个人自由的理想。不论货币在多大程度上促进了这样的个人自由——就原来的物物交易买卖把人们聚拢交织成一张联系紧密的网而言——不容否认的是,从一种自由、独立、自给自足的存在方式的立场来看,把财产和工作成果拿去换钱,使人的生活失去个性化(entpersonalisiert)。假若生活之主观面和客观面已然分裂,各奔东西了,那么生活非个人化的过程日益集中于客观面之际,可能会使人单单强调出主观一面。反之,在较为原始纯朴的整一存在方式中,迄今为止只由个人享用且得到个人承认的财产和劳动成果假如被化约成金钱交易的一个单纯要素,化约成交易的客观规律作用的一个对象,看上去就一定是不合情理的,是人的一种损失。中世纪庄园不动产向现代农业的转型过程中,我们发现骑士身份的概念被扩大了。除了军事活动之外,现在骑士也被允许从事获利活动,但这只是指经营管理他自己的地产,这是获取收益的一种类型,由于它比较特殊,所以骑士甚至比以前更加蔑视商人和零售商。由于骑士和商人所从事的这两种经济形式现在已经很相近了,所以在骑士的鄙视态度里,金钱交易有损尊严的这一概念被清晰地凸显出来。一个最普遍的社会学现象就是,源出于同一片土壤的两种因素的对立似乎最明显不过了。同属一个宗教的各派彼此憎恶的强烈程度超过了对完全不同宗的其他派别的憎恨。毗邻的小城邦之间的敌对情绪也一向比空间利益和实际利益范围大相径庭的大国之间的敌视来得更趋激烈。的确,据说现存于世的最疯狂的仇恨即是血亲之间的仇恨。随着共同利益或近似利益的日益增加,从这些利益衍生而来的敌意也逐渐上升,在某些情况下仿佛达到了顶点。因此,当彼此的差异和对立模糊不清时——保留差异与对立起码是对立双方中的一方的兴趣所在——危险也就临近了。一种低级因素和高级因素互相靠得越近,高级因素就越是会乐此不疲地突出强调二者间仍旧存在的差异,并且对这些差异就越重视。由此观之,激烈好斗的阶级仇恨不会出现在各个阶级被不可逾越的鸿沟隔离开的时候,而是出现在下层阶级已经开始往上攀升,上层阶级丧失了某些威望,两者间差异夷平开始被论及之际。所以,当庄园主演变成经营管理田地的农夫时,他越来越觉得有必要把自己与唯利是图的商人区分开。他经营土地起初仅仅是为了满足自我之需,并不会拿农产品卖钱。假如他真的开始卖农产品,那也只是售卖他自己生产的作物。他和商人不一样,他不会用自己的个人劳动成果给出钱的人服务。出于同样的动机——虽然是与其他动机一起发挥作用——斯巴达人被允许拥有土地,却不许他们亲自耕种。对贵族利益而言,强调贵族与其他出售东西的人之间存在的任何一点差别都是十分紧要的,因为,金钱交易产生了民主式的夷平差别的后果,尤其是当交易双方中社会地位较高的一方卖东西赚钱,而地位较低的人购买产品时,交易双方很容易被视为彼此是"平等的"。所以贵族认为金钱交易贬低了他们的人格,而农民如果向庄园主交租时付的是钱而非实物,就会觉得自己的地位上升了。

为钱出卖各种个人价值也说明了货币的一种独特性质,这一性质支持的是相反的历史-心理学可能性,这一独特性质以自身的不确定性和空洞的内容把这些可能性建造成清晰可见的实体。在这个日渐变得实际的世界中,货币——这一体现事物相对性的东西——似乎像是一个绝对,一个包容担负着所有那些相对的事物及其反面的绝对。

第三节

"劳动货币"及其基本原理

在本章的若干部分中,我不断直接或间接地谈到等价于劳动的货币之重要性,所以接下来我只想再探讨一个与货币等价物相关的原则性问题:即劳动本身是否确实是价值——既具体地(in concreto)地构成所有个别经济部分的诸价值要素,同样也是通过货币抽象(in abstracto)表现的价值——的问题。把所有类型的经济价值溯源至某个单一的源头,并且把各种经济价值化约成某个单一的表现形式,如劳动、花费、实用等等,这样的理论尝试本来肯定是不会出现的,倘若不是上述所有经济价值可以转换成货币这样一种存在的统一单位的可能性暗示到这一点的话,倘若这种简化的做法不是用来当作辨认出货币这一统一单位的典当保证的话。社会主义的蓝图构想中出现的"劳动货币"

的概念就表现了经济价值与货币的关联。这样一来,唯有已完成的劳动——它是创造价值的唯一要素——有权利对别人的劳动成果提出要求,因为人们知道,除了货币,没有其他形式可以象征具体的劳动量,以及使人辨认出劳动数量。所以,在"劳动货币"中,货币被当作一种统一的价值形式保留下来,同时货币昙花一现的特性被拒之门外,因为正是货币自身的存在方式阻碍着它恰如其分地表现价值的基本潜能。若人们把自然还有劳动都当成创造价值的要素,使劳动也具有了从自然中提取的物质材料的价值,因此正如那则谚语所说,虽说工作是财富之父,土地却是财富之母,那么社会主义式思路必定会得出劳动货币的概念。理由是,既然自然的财富不应再是私人财产而是公共财产,从假设出发,每一个自然物都同样应该是可以搞到手的经济生活的基础,所以每个人在交换时不得不交出的最终就只有他的劳动了。诚然,假如他靠劳动交换到了一个颇具价值的自然产品,然后再用它来交换别的东西,他就可以把这个产品的物质价值计算在内。这个产品的价值量仍然只等于他获取该产品时付出的劳动价值,因而劳动价值构成了正被讨论的这一自然产品之交换价值的衡量尺度。假如说劳动是对象的一切价值决定因素必须追本溯源的最终权威,那么依照类似货币这样来历不明的东西衡量对象的价值就很不适当,就走岔了路。与此相反,人们必须去寻找一种可能性,一种由某个象征物——它起的是一种交换兼衡量手段的作用,即货币的作用——来表现纯粹的、直接的整一劳动的可能性。

  毋庸我宣称上文提到的哪一种价值统一理论是唯一合法的,我只想说明,劳动价值理论起码就哲学意义而论,是最令人感兴趣的理论。人的物质层面与精神层面、人的思想和意志将会在劳动中达到一种整一性——这些潜能自身达不到这样的整一性——前提条件是人们把这些潜能看成似乎是可以和睦共存的。劳动是一条使人的各种潜能整齐划一的洪流,这些能力就像江河的源头汇聚到这条洪流中,它们各个不同的本质消逝在相似的劳动产品中。若劳动确实是价值独一无二的代表,价值就会因此淹没在我们统一的、实际存在本性的确定方面之中,这迫使价值不得不在外部现实里选择它所能找到的最适合的表现方式。在我看来，就劳动的这种重要性而言，最后人们是否必须否认是劳动自身率先产生了价值只是一个次要问题，这正如加工某种材料的机器本身并不具备它施予该材料的那种形式。毋庸置疑，假设人们单单把价值与人的劳动产品相提并论，劳动本身就不可能有价值——劳动只是一种生理学机能罢了——相反只有劳动力（Arbeitskraft）才有价值。显而易见，唯有人才能产生劳动力，也即是说人靠生存资料（Unterhaltungsmittel／means of subsistence）产生劳动力，反过来人获得的生存资料又来自其劳动。然后，当劳动力转化成实际的劳动时，劳动力并不会促生出比自身更多的劳动，这意味着劳动力自身不具有价值，更确切地说，劳动力只是与这样的劳动产品保持一致。不过，我把这基本上看作一个方法论的问题。其理由在于，既然劳动力的确不是一种价值——假如劳动力只是潜在的能力，假如劳动力没有转化成实际的劳动，只是在形成价值的劳动过程中起过作用的话——那么人们可能会出于算计和表现形式等各式各样的目的雇佣别人的劳动。更进一步地说，劳动力不是价值的情形也并未被如下的说法改变：即被当作生存资料消耗的价值不是劳动制造的，而是劳动力产生的，故此只有劳动力本身——作为这些价值的承担者——才可能是一种价值。因而，生存资料不可能是人类实现价值的充分原因，因为人实现的价值超出了投资在生存资料里的价值，否则生存资料永远也不会升值。劳动力与劳动的分野只有对社会主义的目的来说才是举足轻重的，因为社会主义提出了如此的理论：工人只拥有所创造价值的一部分而已，工人劳动创造的价值比投入到他的劳动力身上的价值——即给工人提供的生活资料——要多得多。雇主用生活资料的价格购买了工人全部的劳动力，因而从整个剩余价值中渔利，因为最后劳动产品的价值远超出他付的价格。但即便从这一立场来看，我仍觉得可以把劳动而非劳动力的特性描述为价值，从劳动内部来划分劳动价值量的范围比例，劳动价值量的构成一部分是付给工人的工资，另一部分则是雇主的利润。这里我并不希望更为深入地讨论这一点，而是要继续考察劳动价值理论中更直截了当的一种价值规定性（Bestimmung），劳动价值理论经常用它来挡住我们的路。这种价值规定性所追求的劳动概念是对体力劳动和脑力劳动均同等行之有效的劳动概念，这样一来，其劳动概念实际上诉诸体力劳动，把体力劳动当作首要的价值或创造的价值体，它是作为整体意义上的劳动衡量标准发挥效用。如果带着这种纯粹无产阶级式的敌意和根本瞧不起的态度看待脑力思想成果的话，就会大错特错。与之相反，我们要找寻的是更加深刻、更不一样的缘由。

无偿的脑力劳动成果

有关劳动中脑力参与的部分，劳动价值理论首先断言，脑力不是一种"开支"，因为脑力的损耗并不需要补给，因而并未提高产品的成本。所以，唯有剩下来的体力劳动才是交换价值之基础。若某人反过来强调运用思想能力（geistige Kraft/mental energy）也会使人筋疲力尽，必须像对待身体四肢一样持续给脑部提供营养，就忽视了真正要考虑的要素，劳动价值理论可能正是这样的观点的根基，即便它只是一种本能的感觉罢了。一份劳动产品中脑力劳动参与的部分是两个截然分开的层面。若一个工匠按照事先设计好的模型做了一把椅子，那么不花点脑力心思的话这件事是做不成的，手必然是靠头脑意识的指挥调度。但这绝非是花在这把椅子上的所有脑力支出。如果没有从前几代人设计这种椅子图案时倾注的心思，或许也做不出来这把椅子。他们动用的脑力也构成了使这把椅子出现的一个实际的条件。不过，这第二种脑力活动的内容存在的形式较为遥远，所以不再需要任何智力上的开支：它即是传统，是一种被客观化的思想，任何人都可以反观传统，从中汲取思想营养。传统以这种形式影响了当代工匠的产品生产过程，传统构筑出了事实上的脑力思考的内容，当然，这种内容还必须由主观的能力来实现完成，通过这种方式，传统以劳动产品的形式进入产品之中。我首先谈到的这两种脑力活动的确有脑力上的损耗以及生理补给的必要：这就是工匠以及那把椅子图案的设计者的脑力活动。但是，对当代椅子生产最至关紧要的第三种智力因素实际上却与任何潜在的脑力消耗无关，以这把椅子设计图为基础，可以制造出成千上万把椅子。设计图不会因此有任何损耗，也不需要补给营养，自然也没有提高椅子的成本，即便这种款式的每一把椅子的形式设计、材质和动用心思的内容都是由设计图设计而成的。假如人们在某件产品所包含的客观智力内容和主观脑力作用——即根据产品的模型生产制造产品——之间作一个必要的精确的区分，就可以看出劳动价值理论声称脑力无须成本的说法相对是合理的。诚然，人们也可以看到这种说法的相对不合理之处，因为事物的这种无偿的、未使用的概念并非体现在产品当中，而只能以智力活动的方式来实现，智力需要相应的器官功能起作用，脑力劳动一如体力劳动那样对产品的成本价值作出了贡献——尽管在事先已构思好的内容上消耗的脑力比该内容以前被独创性地创造问世时花费的心思要少得多。二者之间的差额就是无偿的脑力劳动成果。正是这种观念性的内容要素彻头彻尾地把脑力财富与经济财产从两方面区别开来：一方面，思想财富可以说要比后者根本得多；另一方面，它远不及后者那样得到了广泛的承认。一旦某种思想披露于世，人们再次掌握这种思想就不再多费分毫力气了（durch keine Macht）；思想内容无可挽回地是公共财富，任何人只要花点必要的心思把它回想起来，思想就是他的了。不过，出于同样的原因，一旦思想呈现于世，人们花多少力气也不能再把它窃取为囊中之物。被表达出来的思想和个人密不可分地结合在一起，同时思想一经表达就成了可以被不停地复制重现的内容，这样一种方式在经济领域中没有与之类似的现象。有鉴于此，根据思想的内容，思维过程具有超经济（über-økonomische）的意义，并且思维过程构成了心理的过程。在这里我们显然只关心后者的心理过程，我们的问题是在价值创造当中，除体力劳动之外脑力的消耗发挥的作用。

把脑力劳动的意义简单化约为体力劳动的意义最终不过是一种统一的劳动观的普遍倾向之中的一个方面而已。这种劳动观必须在各式各样不同类型的劳动中找到共通性，因为诸种劳动类型表现出的多样性比体力劳动与脑力劳动的简单对立划分要宽泛得多，形态各异。若它做到了这一点,则可以获得相当不俗的理论和实践成果,跟从货币的实际存在当中得到的成果一样多。那么,人们就可以有一种普适的质量单位(qualitative Einheit),以此为基础衡量人类活动的成就,则成就之间的一切价值关系都可以用或大或小的纯数量值表示出来。这发生在所有领域当中,它意味着知识的转化,即知识的基础发展阶段,也就是说用一个对象衡量另一个对象性质的阶段——相对而言这个知识阶段总是不那么确定,不那么精确——转化到了一清二楚的数量阶段,即确定了某个普适的内在单位,以度量万事万物的阶段。该度量单位无论在什么地方都是同一的、不证自明的,在计算个别因素的相对意义时不必把它考虑在内。这种做法从社会主义的立场看来,显然是其尝试的进一步扩展及产生的后果,社会主义的企图就是把总体上的一切价值简化为经济价值,以此作为其出发点和主旨。它一定要遵循这一出发点往下发展,若它想要的最终结果就是消除差别的话。因为,在经济范畴里,人们至少还可以设想可能存在一式一样的个体,而此外的其他所有范畴——思想、情感、性格、美学、伦理范畴等等——中,从一开始就无法指望有完全一致的"劳动手段(Arbeitsmittel)"。如果一意孤行地想这么做,那么除了在某种程度上把这些范畴中的利益和性质化约为那种唯独它自身才可以大致均匀分布的利益和性质之外,就别无他法了。我很清楚地意识到当前的科学社会主义拒斥机械共产主义式的人人平等主张,它只希望建立起多种工作条件的平等,在这些工作条件下,各色人才、能力、努力的不同也会造成工作地位与满足程度的多种差异。尽管就当前情势而言,世袭血统、阶级差异、资本积累以及经济机遇所暗示的一切机会相应地造成的个人之间的距离比社会活动中的个人差异所造成的个人距离更大,但这事实上意味着一种不仅在各个方面基本的平等化,而且也在所有权与满足感方面平等化的倾向,时至今日,后者在我看来仍旧是煽动大众的真正有效手段。若说历史唯物主义被当作是社会主义学说科学性的阐述,那么这里所关注的,正如往常那样,就是体系化地构建独创性的思想运动颠倒过来的那条思路。所以社会主义理论逻辑上并非是从独自建立起来的历史唯物主义中派生的,反之,建立于实践中的社会主义–共产主义必然要首先产生它之所以能够存在的唯一的基础:它必然宣称经济利益是万事万物的渊源和公分母。然而,一旦这种情况成为现实,其后在经济领域自身当中也必然会追逐同一种发展趋势,将复杂多样的经济内容简化成一种整一性,它凌驾于一切个人成就之上,断然主张某种平等以及可从外部证实的公平之可能性。

劳动类型的差异作为量的差异

一切有价值的物体之价值取决于所花费的劳动,社会主义劳动理论的这种说辞仍不足以达到其目的。因为这套说法依旧可能把性质迥异的不同劳动统一起来,即数量较少的高级劳动创造的价值等于或高于数量大得多的低级劳动创造的价值。但如此一来就引入了一种截然不同的、无法预期的价值尺度(Wertskala)。劳动的精度、知识含量、复杂性等关键特性肯定仍然会一直伴随着劳动,在劳动当中被产生出来,但是它们只是作为劳动属性之一被实现。价值要素本身不再取决于作为劳动本身的劳动,而取决于依据某一相当独立的原则营造出来的诸劳动特性的秩序,对该原则而言,劳动之类的东西——它是所有劳动特性的一般性——仍仅仅是不相干的载体。这样,劳动理论就会面对和各种道德哲学相同的一个两难选择,幸福的产生是绝对的伦理价值。这即是说,如果做生意是真正合乎道德的就会给人带来幸福,如果更纯粹的、更理性的、更高级的幸福得到更有价值的评价,那么这就意味着打破了原则,意味着引入了新的明确的价值要素。因为这样一来,人们可以设想到这样的情形,这种幸福——譬如说纯粹的幸福——的数量比那种较为低级的、官能的、自私的幸福要少,尽管如此,但前一种幸福仍然在道德水准上更值得去追求。故而,关于幸福的伦理学说若要前后一致,就只能认为合乎道德的幸福与合乎理性的幸福、享乐式的幸福与禁欲式的幸福、利己主义的幸福与利他主义的幸福——这一切都是相伴相生的现象——不过是同一种类型的幸福在数量上略有差别而已,幸福的性质从来都是一样的。同理亦然,前后连贯的社会主义劳动理论必然会支持这样的论点:看上去粗放型劳动和集约型劳动的两类劳动成果之间有着确凿无疑的价值差异,但所有这些价值差别最后只不过意味着,一种劳动类型里集中投入了比另一种劳动更多的劳动量,只粗粗地瞟上一眼会以为它们的劳动量相等,但进一步明察秋毫地观察下去则可以揭示这样一个观点,劳动量的多与少是劳动价值大与小的基础。

事实上,劳动理论的这套阐释并不像它第一眼看上去那么有所欠缺,只消把劳动概念解释得足够宽泛就可以了。首先,假如把劳动视为只与个体的劳动者相关,那么不言而喻的是,对于某些"高级"劳动产品,人们绝不能以为劳动量就只有那些直接投入到该产品里的那么多。恰恰相反,整个前期准备工作必须按比例地计算为生产所必需的劳动量,没有前期的准备,当前相对较容易的劳动产品制造就不可能进行下去。当然,一位音乐大师在某场管弦乐音乐会里付出的"劳动"通常少于对其经济上和想象中的价值估算。然而,如果把大师准备音乐会时付出的辛劳——这是音乐会的现场表演这一劳动的前提条件——计算在内的话,情况就迥然不同了。故而,除此之外的其他无数的高级劳动的情形中均包含了一种附加劳动(mehr Arbeit/more labour)的形式。它并非感官上可觉察到的短暂的劳作,而是前期劳动以及前期劳动的条件下的当前表现这二者的浓缩和积累。音乐大师轻松自如地完成了演奏,而初出茅庐者演奏难度低得多的曲目时还忙得满头大汗,这里体现的就是大师在背后付出的辛劳比后者多得多了。不过,这种把劳动之性质差异视为劳动量之不同的阐释可以延伸至纯粹的个体前提条件。诚然,这种阐释不足以化约那些劳动的性质,因为,这些劳动性质通过某种遗传的天赋,或者通过为之提供的良好的客观前提条件而得到了很高的评价。在这一点上必须利用遗传的假设,当然,遗传的假设——无论在这里或是别的地方,这种假设具体地探讨了通过遗传而获得的品性——只给出了一条大致的思路。假如我们接受那套扩大了人的本能的说法,也就是说本能来自祖祖辈辈累积的经验,这些经验使神经肌肉特别有效地协调配合,然后被子孙后裔以某种方式遗传继承,这种方式乃是,子孙后代对神经刺激必然产生的反应是纯粹机械的,用不着他们自己的生活经验实践——假如我们接受这种解释的话,那么就会把特殊的先天遗传视为一种极其偶然的本能。在这一例子中,身体吸收前辈所积累的经验决定性地导向了特定的方向,导致身体的诸要素被这样分层排列,因而对身体最轻微的干扰也会使重要的身体机能产生富有成效的互动。做出相同的成绩时,一个天才需要习得的东西比一个资质平常的人少得多,因为天才知道那些他没有经历过的事情——这样的奇事似乎表明天才的遗传能力可以完美自如地协调配合,给人深刻的印象。假如把这一遗传序列向上追溯得足够久远,搞清楚同一个遗传序列内的所有经验成就只能通过实实在在的劳动,通过实践来获得和进一步发展,那么天才的个人成就的突出之处也体现为祖辈世代劳动成果的结晶。按此,"极具天赋"的人就是把祖先前辈的劳动累积至最大值的那个人,这种累积的方式深藏不露,并可以持续不断。天才这种人的劳动所具备的较高的价值——其价值之所以更高是其劳动性质使然——从而最终仍取决于更大的劳动数量,他当然不必亲自完成这么大的劳动量,是劳动被有效组织起来的这种性质,使劳动可能产生更多的成果。倘若我们假设劳动主体付出了同样多实际的努力,而其劳动成就特别大,这是因为,主体的心理-身体结构轻而易举地就包含、体现了数量更为巨大、不寻常的由祖先而来的经验能力的总和。假如劳动成就价值的量不是通过必要劳动的数量来计算,而是通过生产所需要的"社会必要劳动时间"计算,那么这也不可避免得出同一种解释:劳动成就里含有特殊天赋时价值较高,这意味着社会再一次造就一位天才之前,一定会经历并运行一个较长的特定时期才行。天才的产生需要较长的时期,时间长短决定了其劳动成就价值的大小,在这种情况下,需要长的时期并非为了直接造就天才,而是为了让干出天才成就的人出现,尽管这种情况只出现在相对来说时期更长的时段间隔中。

类似的化约劳动性质的做法也可能导致实际的变化。一些人主观上付出的劳动跟别人相差无几,但其劳动成果却获得了更高的评价,这种情况的发生不单单是个人才能造成的。毋宁说，某些特定类型的劳动本来就表现了比其他劳动更高的价值，所以，在某一类劳动中，个人要获得成功，既不需要下大力气干活，也不需要才气逼人，而在另一种劳动中，要想获得更高的地位，就需要这些东西。我们清楚地意识到，"高级职业"里从事的很多活动对主体提出的要求绝不比"低级职业"提的要求更严格。厂矿的工人必须时时刻刻小心谨慎、洞察四周，他们对于死亡的挑战使其工作的主观价值远远高于诸多官僚机关的工作，以及那些要求受过教育的职业。一个杂技演员或变戏法的人的工作性质所要求的，恰恰是跟某些手法娴熟但却毫无思想深度的钢琴家弹钢琴时同样的毅力、熟练和才能。但情况依旧是这样，我们不仅对某一类劳动付的酬劳远远高于另一类，而且在很多时候与此并行不悖的是社会上对价值一视同仁的感觉。人们虽然完全明白生产出某一个产品需要与另一个产品同等的甚或更多的主体劳动，但他们依然会赋予后一种劳动更高的地位和价值，因而显得像是其他非劳动的因素决定了劳动价值似的。这种幻觉自然并非难以克服。譬如，可以把较高文化水平的工作能力置于一系列水准之上，衡量文化水平高低根据的是有多少劳动已被累积成实在的技术这一前提条件，个体的劳动根本只有在此基础上才可能完成。在公务员高低有别的等级体制中，终究是为了高级职位，首先必须完成大量的行政工作和一般文化水平的工作，这类劳动的本质及其成果使各种职位所以必要的可能性提高了。其次，每个高级公务员的工作均是以众多下属的前期准备活动作为铺垫，下属的工作就是围着上级转。所以，下属的准备工作的性质唯有通过数量庞大、已经实施的、对上司高级形式的工作作出了贡献的劳动才能浮现出来。毋庸置疑，与"无资格限制的"劳动相比较，一切有资格限制的劳动绝非单纯地取决于工人是否受过高等教育，它也同样取决于工作客观条件、材料、历史－技术组织的更高级、更复杂的结构。同理亦然，无论多么平庸的钢琴演奏家也需要这样一种古老而宽泛的传统，需要这样一种大量的超出个体之上的技术和艺术产品。当然，这些东西集合在一起，共同使钢琴家的演奏显得很尊贵，它们远远超越了走钢丝的或变戏法的人主观上可能更加卓越的才华。从更普遍的情况来看事实也同样如此：我们当作高级文化成就而倍感珍惜的——仅仅关乎职业的贵贱，不考虑影响成就之水准的个人因素——就是那些在文化发展史中相比较而言是总结性的，几乎是历经漫长的历史时期才完全铸就的文化成就。在此种成就中蕴涵的是古人和今人劳动的最大值，此处指的并不是他们技术前提条件的最大值，无论给那个恰好承担了这种实际劳动成就——产生其劳动价值的来源完全是超越个人的——的幸运儿高得离谱的酬劳或评价显得多么不公平。同样相当明显的是，对这一衡量标准也并非全然亦步亦趋（innegehalten）。根据劳动价值超越个人的源头来对劳动成就和产品进行的评价也转移到那些其他不配此殊荣的人身上去了——不管是出于外形的相似，出于这些那些人之间的历史联系，还是由于担任特殊职业的人为了提升本职业的声望利用了从其他源头而来的社会力量。若不考虑这些来自错综复杂的历史生活中的偶然因素，要保持社会事务中唯一的基本的关联仍是压根不可能的。我以为大体上可以持这样的观点：劳动成果里包含了同等程度的主体劳动，但对劳动成果之本质的评价却大相径庭，这种做法依然表达出的是劳动数量——劳动量也以一种间接的形式包含在那些只有特殊天赋才能成就的劳动之中——的差异。这样，作为 劳动理论的出发点的经济价值的理论一致性的收获，就暂时安全了。

然而，如此一来跟该劳动理论相关的就只有一般性的劳动概念了，所以该理论依靠的是一种十足的人为的抽象。人可能会持如下的观点反驳它，该理论所依靠的是典型的幻觉，即存在所谓原始劳动和基础劳动（Arbeit zunächst und fundamental Arbeit）之类的东西，在某种程度上它们主要还是第二级的规定性因素，这一类劳动的具体特性进入劳动里面，为的是由它们来规定劳动的性质。好像这些劳动的特性——我们根据它们把一种行为归结为劳动——并没有和它们剩余的规定性一道构筑起一个完整的整体，好像对劳动的每一个区分和等级界定并非取决于一条随心所欲人为划分的界线！这种做法恰恰类似于声称人首先根本上就是人(Mensch),然后在与此不同的实际情况中,又说人首先就是确定的个体(Individuum)!这当然是一个普遍的错误,并已成了诸类社会理论的基石。以上劳动理论的所有论点中所牵涉的劳动概念实际上统都是被消极地界定下来的,如此这般的劳动观就好比是从各种互不相同的劳动类型中排除掉一切东西后残留的东西。但事实上,这种残留的东西绝非对应着什么物能的概念——如一种诱人的类推理论所暗示的那样——物能的量恒定不变,有时表现为热能,有时表现为电能,有时表现为机械运动。物能的确可以用数字来表现,物能代表了所有具体现象中的一般性,是对表现了这一基本事实的纷繁现象的抽象。但一般而言,人的劳动不会这么抽象,依然有确定的表现形式。一切劳动不过就是劳动而已,不是别的东西,这种说法是对劳动价值一视同仁的基础,它意味着某种非常令人难以置信的、抽象空洞的东西,它类似于这样的理论:每个人只不过是一个人,所以人人价值均等,有资格担负同等的权利和义务。故而,假如劳动概念——迄今为止在劳动被认可的一般性中只有一种模模糊糊的感觉,而没有明确的内容指出劳动的含义——需要一个明晰的含义的话,那么在人们把劳动作为真正的劳动来理解的过程中,就要求赋予它更大的精确性。

体力劳动作为计算劳动的单位

体力劳动曾被认为是劳动最终的具体要素,现在我则希望回到对体力劳动的讨论。我们考察过这种说法确切的程度,并对它的有效性——其论据就是体力劳动没耗费脑力——有所限定。从一开始我就承认,我不会简单地排除这样的可能性,即未来可能会发现等于精神活动的机械当量(Äquivalent)。当然,这种机械当量在内容上的意义,以及它在逻辑的、伦理的、审美的语境中被实际确立的地位,与它在所有物理运动中的意义和地位是不可同日而语的,这大概有点像一个单词的意思跟从生理学和声学角度发出这个单词的声音截然不同。在脑力活动中有机体思拷问题必须花费的能量，原则上正如肌肉运动必然耗费的能量一样是可以计算出来的。假如有一天能够做到这一点的话，那么人们起码就可以把一种具体的肌肉运动所必需的能量计算出来当作计量的单位，在此基础上，脑力能量就能确定下来了。那样的话就可以在同一水平面上对待脑力劳动和体力劳动了，脑力劳动和体力劳动的产品将会平起平坐，以单纯的劳动量来权衡它们的价值。这自然只是一个科学的乌托邦，它无非证明，把一切科学上可计算的劳动化约为体力劳动的做法自身并不必然包含着——即使以一个绝对非教条的唯物主义立场来说——那种根本的荒诞性，而这种荒诞色彩正是精神性（Geistigkeit）与肉身性（Körperlichkeit）的二元学说用来反驳这种理论的根据。

下述概念似乎以多少显得更具体的方式接近了同一个目标。我从生存资料是由体力劳动创造的这一点开始着手。没有什么劳动是单纯的体力劳动，一切体力劳动唯有通过有效的思考才会创造出实在的劳动成果，所以，为高级脑力劳动作前期准备的劳动本身就含有智力上的劳动。但体力劳动者花费的脑力，就其本身而言，只有凭借生存资料才可能化为劳动成果。具体地说，劳动者越是未开化的，也就是说其劳动体现的知性与体力的关系越是微不足道，基本上他的生存资料（就广义而言）就越是通过体力劳动的方式获得——而下一章将涉及一个与现代社会有关的例外情况。既然这种关系翻来覆去只发生在这两种类型的劳动当中，这就导致产生了一个无穷无尽的连续序列，脑力劳动在这个序列中确实永远都不会销声匿迹，但是却被越来越推到序列的后方。所以，最高级别的劳动创造的生存资料也取决于一个序列的劳动，在这个序列中全靠纯体力价值的劳动才诞生了每一部分劳动中混入的智力因素，因此，最后阶段智力部分则接近了零价值的边缘。原则上也可以这么设想，脑力劳动的一切外在先决条件均由体力劳动的量来表现。倘若古老的价值成本（Kostenwert）理论仍旧被认定有效，那么由于脑力劳动的价值等于生产活动的成本，因此脑力劳动的价值与特定的体力活动等值。或许要把这种价值成本理论稍加改动，它才站得住脚。

某个产品的价值的确不一定等于其成本,但两个产品彼此的价值关系可能相当于它们生产条件的价值关系。靠生存资料滋养和推动的某种精神上的东西会创造出劳动产品,产品的价值也许会超出那些被多次使用殆尽的前提条件的价值。但是这样一来,两种劳动前提条件的综合体(Bedingungs-komplexe)的价值关系可能仍然与两种劳动产品的价值关系一样——这正如两种庄稼产生的价值(每一种庄稼的价值都是其种子的数倍)可以像其种子的价值一样相互关联。这是因为提升价值的要素对人的平均数而言可以是个不变的常数。若所有这些假设都成立,则可能在下述意义上把脑力劳动简化为体力劳动,即人们可以确凿无疑地表达出来的不是绝对价值,而是相对价值,绝对价值只有和相对价值发生具体的关系才具有意义。

脑力劳动价值的水平应该按比例地与生存资料的价值相关,这种说法仿佛彻头彻尾都是很荒谬的,甚至是毫无意义的。不过探询一下这一问题仍然是值得的:现实状况至少近似于这种说法,因为智力价值之内部的、文化的关联向下延伸,变成了经济上的前提条件和等价物。我们一定会这么设想,有机体发展的一个关键点就是大脑储藏了十分巨大的能量。事实上大脑的确能够发出巨大的能量,这就解释了为什么比较虚弱的肌体受精神冲动的驱使可以表现出令人吃惊的效率。进行脑力劳动或智力发生变化以后整个有机体显得筋疲力尽,这也表明——从脑力活动所对应的体力来看——脑力活动的确消耗了大量的有机体体能。恢复脑力不仅需要单纯地增加生活资料(体力劳动者只需要这个),身体发挥能力的多少极大地受身体消耗多少食物所限制,而大量用脑后所需的食物量非但不需要增加反而要减少。因此作为一个规律,要补充脑力(Kraftersatz)——正如脑力活动必须有必要的神经刺激一样——只能通过集中思想,变得文雅高尚(Verfeinerung/refinement)以及个人对生活资料、一般生活条件的适应。在这里存在着两种在文化和历史上异常关键的因素。我们日常的生存资料是在某个时期被选择并发展起来的,那个时候的脑力阶层共通的生活状态与今日判然有别,对现在的脑力阶层来说,体力劳动与新鲜的空气共同支配了他们紧张的神经和长期坐着的生活方式。一方面他们患有数不清的直接和间接的消化系统毛病,另一面他们又急匆匆地寻找那些容易吸收的压缩食品,这两方面都显示出,我们身体的机制与食物之间的互相适应已经在相当大程度上被打破了。从这个十分普遍的观察中可以看到,显而易见,操各式各样职业的人需要各不相同的营养是多么顺理成章的事,对那些最高层次的工作者——他们找寻的是某种超一般的、专门化的、取决于个人需要的日常饮食——这不仅仅是一个烹调法的问题,也人的健康问题。然而更为重要同时也是更加隐蔽的事实乃是:与体力劳动相比,脑力劳动伸展到整个生活的内容更多,脑力劳动四周被宽泛得多的间接(mittelbar/mediated)关系包围着。体力似乎可以直接转变成劳动,但一般而言,脑力要彻底完成任务,只有——远远超出其直接现实的环境——在身心的整个复杂的体系,如情绪、印象、欲望,处于某种特定的动与静的组合、色调(Tönung)、比例之下的时候。甚至对那些原则上希望脑力劳动和体力劳动平起平坐的人,如果对他们说脑力劳动者因其劳动在生理上的前提条件而被支付较高的酬劳是合情合理的,这也显得太陈词滥调了。

在这一语境下,现代的知识人(geistige Mensch/intellectual person)似乎比以前的人更依赖环境不难理解,这一点的真实性不仅反映在现代知识人所受的教育和素质变得更加专业化,而且,若没有特别优越的生活条件来配合作为个体存在的现代知识人,他特有的智力、内心的创造力以及个人才能简直就不可能有任何发展。对今天绝大多数的脑力工作者来说,令人难以置信的粗陋环境——早期的高级知识活动通常就是在如此这般的环境下发展——太使人压抑了。他们在这样的环境里找不到个性化创造时所需的鼓励和刺激,有时人人需要的东西各异。这完全不是什么享乐主义,或许这种情况的产生——它是创造出脑力成果真正的先决条件——一方面是由于现代人的神经系统越来越敏感、越来越脆弱,另一方面是由于突出的个体化倾向(Individualisiertheit),这种个体化倾向不可能对简单的,也就是说典型的一般生命刺激作出反应,而只能从相应的个体化刺激中发展而来。倘若现代(neueste Zeit)已经把历史环境论作为最确切无疑的理论贯彻实现了,那么种种真实存在的历史环境在这种理论当中(通过对现实中某一个因素的夸张强调)让我们瞥到的现实也许受到了更大的制约——正如19世纪的大众在现实中越来越举足轻重的意义成了第一个诱因,使我们科学地意识到群众在以前所有的时代所具有的重要意义。正是由于这些关联的存在,所以我们消耗的价值与我们创造的价值之间的的确确也存在特定的比例关系,即创造的价值(以脑力劳动成果的形式出现)是体力劳动成果(被消耗的价值)的种种功能。

脑力劳动的价值简化为体力劳动价值

但是,把脑力劳动的价值化约为体力劳动价值的可能性做法不久就面临着来自多方的制约。首先,两种劳动价值的比例关系肯定是不可逆的。大量的个人消费支出(Aufwendungen)都是具体的劳动产品,但个人支出的花销本身无论在什么地方都无法创造出劳动产品。就算把缺乏才能的人放到同样舒适考究的居住环境里,他们也永远无法企及才华横溢的人在一样的条件下创造的成就。因此,只有当一系列支出的花销产生出一个可以造就个人天赋的环境时,产品系列(Reihe der Produkte)才可能成为支出系列(Reihe der Aufwendungen)的一个不变的功能。倘若不可能发生的事居然发生了,即倘若环境正好造就出个人天赋,倘若个人对环境的适应很理想——是否理想要严格地按照社会为其建立起的生存资料来衡量——被当成提高劳动成就的标记,那么这项措施也总是会发现自身缺乏生存条件的局限性所在,这样的生存条件只存在于那些够格创造出类似的劳动成就的人们中间。在这里出现了限制社会正义的最大障碍之一。毋庸否认的是,一般而言完成高级脑力劳动成果确实要求较好的生活条件,因此各种人才为了发展到最高能力水平所提的要求,也极为参差不齐。两种天性的人均有能力做出类似种类的实际成就,要把这种可能性化为现实,其中一个人必然会与另一个人有完全两样的环境、判然有别的物质条件、截然不同的激励因素。这一事实——它在平等、公正的理想跟最大限度地实现其任务之间建构了一种无法调和的分歧——仍旧没有被充分地加以考虑。我们的身心结构的多样性,合目的的能力和制约性能力之间的关系,智力与意志的本性之间的相互作用将导致如下的事实,即劳动成果——它是个人及其生活条件之产品——在前面所述的东西中发现了一个非常不协调的要素,以至于要得到一样的结果其他要素就必须遭受特别大的变动。似乎确凿无疑的是,仿佛这些天性的差别——它们和实现天性内在可能性的条件有关——越多、越高级,这些天性创造的成就涉及的领域就越复杂、越包含智力。只运用体力干具体工作的人们大概只需要相差无几的食物和一般的生活标准。但是,对于此处讨论的领导、思维抽象活动,所有最终能取得相似的脑力成果的人们,却鲜明揭示了至关重要的多样差异性。

个人的才能千差万别,同样的外部环境作用于这引起才能上时产生了最复杂多样的结果,故此,要把一个人与另一个人作对比,把生活物质条件与在此之上建造的脑力劳动成果二者分别占的价值比例作对比简直是天方夜谭。唯有在重大的历史时期,或者各个阶层的人可以把各自的整体化约为平均数互相对比时,人们创造的物质条件的相对高度才能展示出与脑力创造的成就相同的高度。举例说,人们可以观察到在日常饮食价格非常低廉的地方,整体的文化进展迟缓,投入了大量脑力劳动的奢侈用品极端昂贵。反之,日常食品价格的提升通常是与奢侈品价格的降低和供求量的进一步扩大携手并进的。低级文化的特征就是不可或缺的日用食品十分便宜,而高级生活用品却相当昂贵,比方说,俄国与中欧相比就是这种情况。一边是面包、肉、住房的低廉价格使工人没有感到有压力去为赚更高的薪资而奋斗,另一边是奢侈用品的天价使得工人根本没有能力购买,阻碍了这些产品的流通。这种情形从根本上使原先便宜的东西变得昂贵,原先贵的东西变得便宜——我已经说明了这两方面的联系——这意味并带来了脑力活动地位的上升。在诸种个人因素巨大的不可通约性背后，这些体力劳动和脑力劳动之间的比例仍旧揭示了二者的一种普遍关系——这一关系在那些个人因素中起着作用——它的确允许脑力劳动的价值量通过体力劳动表现出来，前提是这一关系的有效性没有被各不相同的个人才能更强势的力量淹没。

最后还有第三种立场，它显露出把一切劳动价值都简化为体力劳动价值的粗鄙的平民式特征。如果我们更仔细地考察一下，真正使作为价值和消费支出的体力劳动有效的东西到底是什么，那么得到的答案，就是它绝对不是单纯的体力产生的劳动成果。我这样说并不意味着前面已经指出的，诸如体力劳动之类的东西若没有知性的引导对人类的目的一无用处。然而从这第三种立场出发，脑力的要素只是补充价值（Wertbeisatz/value admixture）罢了，真正的价值仍然存在于纯体力劳动中，除非要接受必不可少的脑力指导，体力劳动才会需要附加的脑力因素。但我以为，体力劳动只能通过它所消耗并体现出的脑力才能获得整体的价值基调，变得贵重。假如一切劳动——从外部看来——均意味着克服层层障碍，把事物锻造成它原来并不具备，而且起初还抵制的一种形式，则劳动的内在一面展现出同样的形式。劳动确乎就是劳累、负担、困难。所以，当劳动不是这些东西中的任何一种时，通常人们就会断言它根本不是劳动。从劳动之于情绪的意义这个角度来看，构成劳动的无非就是对生活中的懒惰、享乐和懈怠冲动的逐步克服。在此情况下，假设人们真的不屡屈服于这种冲动，是否使生活同样成了一种负担，是无关紧要的。因为不劳动而体验到负担的情况凤毛麟角，人们通常感觉到的还是劳动带来的负担。故而，没有人会习惯于承受劳动带来的痛苦和艰辛，而不在交换中为此索取某种回报。对劳动实际上的回报，也就是人们为劳动索取报酬的合法要求，就是劳动在脑力上的支出，需要脑力是旨在锻炼自己，克服内心的拘束感和反感。

语言很好地说明了这一事实情况，语言把我们外部的经济活动和内部的道德修为的成果,都颇具特色的说成收益。因为,挣钱活动在道德上产生的后果肯定也成了这一事实情况的组成部分,其假设前提是道德的冲动克服了诱惑、自私自利和感官享受的局限,而不是合乎道德的活动是从一个全然不证自明的动机——它从一开始就排除了相反的动机存在的可能性——出发这样假设。故而,为了使诸种道德理想不至于对符合道德的合法收入构成否定,世界各地的民族神话都让他们的宗教创建者征服"诱惑",每一个德尔图良(Tertullian)①式的人物都坚信上帝的荣耀比 si laboravit[假如上帝工作]更伟大。正如真正的道德价值是与来自相反冲动的、被克制的内心阻碍相伴随一样,经济价值也同样如此。如果人们完成劳动和花儿开花、鸟儿唱歌那样自然,就不会有任何可酬谢的价值附加于劳动之上了。解释这一现象的理由不仅仅在于劳动的外表、看得到的劳动行为和结果,也在于(就体力劳动而言)意志的消耗、情绪的反应等,简言之精神状态也要一并考虑进去。所以,我们从系列经济活动的另一端完成了这一基本认识,也就是说一切价值、对象以及占有对象的一切意义均在于它们所唤起的感觉,如果把对象据为己有不包含人的内心状态、兴致情绪、自我的提升和扩张在内的话,占有对象不过是一种单纯的外部关联,因而是无关痛痒、毫无意义的。以这种方式经济商品的外部直观性从两个方面——即获得商品和享用商品——受到了脑力因素的限制,只有脑力因素独自确保了产生一件单独的劳动成果需要与体力同等的脑力。占有一个激发不起心理情绪的对象——无论其对我们而言会多么无关紧要、毫无关系——只要占有它时不是出于这样一种内心感受,即唯有反感和牺牲一己之感承担着给对象估价和索取酬劳的要求,这种占有行为对我们就是适合的。因而涉及价值时,可以说体力劳动就是脑力劳动。例外情况可能只有人跟机器或动物竞争的那些劳动类型。这些人的劳动行为即使像其他劳动者一样牵涉内心的努力和脑力的消耗,但他们绝没

---

① 德尔图良(160?—220?):用拉丁文写作的迦太基神学家,著有《护教篇》《论基督的肉体复活》等。

有任何理由以任何方式来提高劳动成就的内在性,因为其劳动的唯一外在效果——这对他们至关重要——也只能通过一种纯体力的潜在可能性才会达到,因为只要能找到更便宜的成本,那些成本昂贵的生产活动就永远都赚不到钱。但在略微深入一点的层面上,或许这种囊括了所有外在条件(Allbefaβtheit des Äuβerlichen)的例外情况也可以沿着精神的路线来追溯。对一部机器或一只动物完成的劳动成果的奖赏实际上是对人的劳动的酬谢,人的劳动夹杂在发明、机器生产操作、动物饲养驯化当中。故而可以说,对一切人的劳动支付酬劳的方式不同于比人低级的机器或动物干的体力活,但相反它们的工作像人的脑力劳动一样似乎间接地拥有了价值。这只不过是对下述理论在实际生活中的延伸,即我们对无生命的机械运动的阐释最终是按照引导我们人的运动的力感和劲感(Kraft-und Anstrengungsgefühlen)来进行的。假设我们把人的本质嵌入一般的自然秩序中,以便在自然的语境下理解自然,那么这之所以可能,只是因为我们已经把人的知性的种种形式、冲动、感觉放入一般意义上的自然当中,"放在下面的"(Unterlegen/underlay)和"放在上面的"(Auslegen/cover)必然联结成一个单一的行为。如果我们把我们与世界的关系扩展到实际的问题,把比人低级的机器或动物的劳动只当作人类劳动的反面而抵消掉(aufwiegen),那么人的劳动(对其的回报取决于人的脑力因素)与比人低级的劳动(由于其劳动成果类似纯外部的机械劳动所以拒绝把脑力因素作为其酬劳的基础)二者之间的根本界线就一目了然了。所以人们可能会因此笼统地宣称:从被抵消的价值这个角度观之,脑力劳动和体力劳动之别并非精神性和物质性(psychischer und materieller Natur)的差别,相反,最终使体力劳动获得酬劳的是因为其内在的内容,是因为他们不愿意使蛮力,是因为大量运用了意志力。当然,这种知性——它好像是劳动表象背后的物自体(Ding-an-sich/thing-in-itself),它构成了劳动的内在价值——并非真的是有智力的,而是以情感和意志为内容。从这一点出发得出的结论是,知性并非等于脑力劳动,而是给脑力劳动打基础。因为,知性过程的客观内容,从个性中分裂出去产生的后果,以及索取报酬的要求首先不是在知性当中产生的,而是产生于知性所体现的意志指导下的主观功能、劳动强度以及产生这种知性内容所需要耗费的精力。由于从开始着手的劳动和业已完成的劳动两方面来看的价值立场均揭示出精神(Seele)的行为乃是价值之源,所以体力和"脑力"劳动包含着一种共同的——人们或许也可以说是道德的——价值基础,凭借这一价值基础把诸如此类的劳动价值统统化约为体力劳动价值,就不会有那种庸俗残酷的唯物主义的外表。唯物主义在理论上的说法大体与此相似,唯物主义要求一个全新的,可以更严肃地被讨论的本质,如果人们强调物质本身也是一种概念,物质不是绝对地在我们之外存在的、与精神截然对峙的实体,但物质的可认知性完全由我们知性结构的形式和先决条件而定。从这种立场出发,物质现象与精神现象的根本区别就成了相对的而非绝对的区分,在此基础上唯物主义理论声称在有限的意义上对精神现象的解释就是还原为物质现象,这就不那么让人不堪忍受了。在唯物主义的理论里——与实践价值中的情形一样——外在的东西必然只有从它的一成不变、孤立绝缘以及它与内在东西的对峙中才会释放出来,以便它成为更高级的"知性"的最简单的表达方式和度量单位。唯物主义的这种还原法也许会成功,也许不会成功。不过它的观点起码原则上是与它的方法论要求和价值的基本设定吻合的。

劳动实用性的差异——反对"劳动货币"的观点;借此促进对货币意义的理解

以上这些观念不仅证明了与劳动等价的东西单单是跟体力劳动的量相关的,而且也消除了一般人们对把这二者联系在一起的某些反对意见。不过,这些观点仍然会碰到一个在我看来无法克服的困难。这一困难的根源是那个相当微不足道的反对意见,即毫无价值的多余劳动同样存在。根据这一反驳意见,人们自然只会把劳动成果被证明是有效的工作归在劳动的名下,当作根本的价值,所以这一反驳等于招认了对整个唯物主义理论很致命的一点。这一点就是,假如有价值和无价值的劳动均存在的话,则必然存在中间阶段完成的劳动量,中间劳动包含了某些特定的,但又并不是十分明确的目的内容和价值因素。故此,一个产品的价值被假定是由投入到产品生产中的劳动而定,按照劳动的效率,产品的价值或大或小。然而这就意味着劳动价值不是根据劳动量来衡量,而是由劳动成果的效用(Nützlichkeit/utility)而定!唯物主义理论用以处理劳动性质的方法就不再有用了。更高级、更专业和更有智力水平的劳动与低级劳动相比的确意味着更多的劳动,它意味的恰恰是一般"劳动"的累积浓缩,而粗制滥造的、无资格要求的劳动似乎仅仅稀释冲淡了一般劳动,表现了一种更低的能力。因为,对不同劳动类型所作的这种区分是一种内在的区分,它使效用问题被彻底搁置在一边,在这种内在的区分中,我们正在讨论的劳动效用一向被预先假定是以越来越趋同的量存在于劳动里。从这一视角来看,清道夫的劳动的"用处"并不比小提琴家工作的用处小,之所以对清洁工的劳动评价较低是因为该劳动的内在性质就是纯体力劳动,凝聚的劳动力较少。但是,这表明那种预先的假设太简单了,劳动效用在外表呈现的多样性不允许对劳动评价的不同不涉及劳动纯粹的内在规定性。倘若某个人可以从世上生产创造出一无所用的劳动,或者更确切地说,创造不同的劳动效用,并且表明劳动或多或少有用的程度正好跟劳动凝聚花费人力——简言之就是或大或小的劳动量——的程度相同,那么这肯定就能证明体力劳动仍不是价值的唯一创造者。但诸如此类的劳动因而可以作为诸对象的价值标准而存在,因为劳动的其他因素,即效用的因素总是一样的,因为价值关系不再有什么变化。然而,的的确确存在劳动效用的差异,要把"一切价值均是劳动"这一命题在伦理学上站得住脚的基本假设颠倒成"一切劳动均是价值"(即价值相等),简直就是谬论。

这阐明了劳动价值理论与社会主义的根本关联,因为社会主义实际上追求的是一种社会的构造,即诸对象的实用价值(Nützlichkeitswert)——与投入到对象中的劳动时间有关——构成了一个恒量。在《资本论》

的第三卷，马克思论述到一切价值的前提条件，也就是他的劳动理论的前提条件，就是使用价值（Gebrauchswert）。但这还意味着，制造每一件产品时消耗了如此多的社会总体劳动时间，产品的实用意义同样与这些时间相关。所以，这一理论预先假设了一种定性的统一的社会需求，因此在劳动理论的座右铭——劳动即是劳动，且各种的劳动价值相等——之上此处还要加上深一层的座右铭：需求即是需求，且各种需求价值相等——一切劳动的效用相等，迄今为止只有当劳动量在各个生产领域（生产恰好覆盖了每一种由生产所限定的需求）均被完成时才能达到。在这一假设的基础上，当然没有哪种劳动会比另一种劳动的效用更小。譬如，假设人们认为现如今弹钢琴和火车制造相比用处很小，那么这一说法的理由仅仅在于练习钢琴耗费的时间比真正演奏时所花的时间更多。若把弹钢琴的时间限定在此处大略划定的尺度之内，那么弹钢琴就会和造火车一样有价值——这就好比说假如制造火车花费了更多的时间，也就是说造出的火车超过了后来的所需，那么造火车这项工作同样也没多大用处。换句话说，原则上使用价值根本就没什么不同。理由是，假设一件产品暂时比另一件的使用价值少一些（即假设投入到前者的劳动不如投入到后者的劳动更有价值），那么人们完全可以继续把劳动简化成劳动类别，即生产该产品的劳动量，直到对该产品的需求和别的产品一样强烈，也就是说直至"产业后备军"被彻底清除出去。唯有如此，劳动才真正表现了一件产品的价值量。

但一切货币的本质都是无条件限制的可互换性（Fungibilität/interchangeability）以及内在的统一性，从而使每一枚硬币都可以按照度量单位和另一枚硬币进行交换。要想有劳动货币，劳动就必须创造出这种可互换性，这种情况只有以上文已经描述过的方式才可能发生：即劳动正好创造了相同程度的功用，反过来这又只能通过简化劳动才能实现，因为，每一件产品生产需要的劳动量就是使随后对该产品的需求恰好与其他一切产品的需求一样大的劳动量。当然，在这样做时实际花费的劳动时间仍然可以被评价为价值较高或较低。但现在有一点可以明确,某件产品用处更大所带来的较高价值表明的是相对来说劳动更为集中的小时劳动量。或者,从相反方面来看也是如此,只要更高价值的集中劳动表现了小时劳动时间的特征,它也会包含更高的劳动效用量。然而,这显然假设了一种彻头彻尾理性化的、命中注定的经济秩序,在这种经济秩序中,生产每一件产品的每一项劳动活动都是有规律地遵照对该产品的需求和劳动要求的绝对知识产生的——这正是社会主义汲汲追求的一种经济秩序。接近这种完全乌托邦式的状态似乎在技术上是可行的,只要总体上生产出了具有不容置疑的重要的最基本的生活必需品。因为,在只有这种情形变成了现实的地方,一件工作自然跟接下来干的另一件工作同样恰恰都是必需的、有用的。但是,与这种假想相反,只要劳动进入了更高级的领域,一方面人的需求和对劳动功用的评价不可避免地愈发个人化,另一方面劳动强度更难被证明,生产量的毫无规律会带来这样一种状况,即人的需求与实施的劳动的关系在任何地方都是一致的。对社会主义深思熟虑的各式各样的思路都盘根错节地纠缠在这些观点中。但下面这一点是清楚的,关于劳动货币的理论的文化危害绝非像通常判定的那么直接。反之,这种文化危害产生于下述看法在技术上的困难,即始终如一地坚持事物的效用是评判劳动的评价基础、是价值的载体——这是涉及劳动产品的文化水准时出现的困难,要避开这个困难当然必须把生产劳动限定在最原始、最根本、最一般的对象上。

然而劳动货币理论的这一结论却特别清楚地阐明了货币的本质。货币的意义在于它是一个价值单位,穿着五花八门的价值的外衣。否则作为单位货币的数量差异就不会被认为是事物质的不同。但这却屡屡不合理地出现,尤其是种种个人价值穿上了灭绝其本质力量的外衣。劳动货币力图逃避货币的这种状态,它为货币建构了一种尽管确实非常抽象,但仍更接近具体生活的概念。借由劳动货币,一种十足的个人价值,甚至可以说就是那特定的个人价值将会成为价值标准。并且,还有一点也很清楚,由于劳动货币仍旧应该具备一切货币的属性——统一性、可互换性、普遍有效性——它就比已然存在的货币本身更加威胁到生活内容的分化和个人创造！假如货币无可匹敌的力量并不反对它所产生的后果的相反面，假如我们看到货币一方面压制着人，另一方面又常常特别夸张地强调个人差异，那么这就否定了那种企图使货币具体化却又更加一般化的做法，否定了那种把货币的地位似乎建立在超然于各方之上的企图，而把货币放置在排斥其他选项的二者择一的一边。无论在多么大的程度上人们承认劳动货币倾向于使货币回归到与种种个人价值更贴近的关系中，但结果仍表明，对这一倾向的反对和劳动货币本质的联系是多么接近。

第六章　生活风格

第一节

通过货币经济促成的理智功能对情感功能的优势

在这些研究中我们经常提到，理智力量是货币经济这一特殊现象所产生的心理力量（seelische Energie/psychic energy），不同于一般被称为情感或情绪的那些心理力量，情感在货币经济尚未渗透的时期和兴趣范围（Interessenprovinz）中占据着主要地位。这首先是货币作为手段的特性所造成的后果。一切手段本身意味着把现实中的种种关联融入我们的意志过程。正因为我们能把现实的因果关系转化为客观图像，这一融合过程才成其为可能，并且，一种能够统观全局的精神思想的确也会在精神上精通从任何起点出发实现任何目的的最佳手段。但是，尽管这种理智（Intellekt）自身包含着尽善尽美的手段，它却还不能把任何一个手段转变成现实，因为要使这些手段起作用，首先要确定一个目的；只有与这一目的相联系，这些现实的力量和关系才能成为手段，而目的本身唯有靠意志行为才能被创造出来。客观世界是没什么目的性的，除非有意志存在；理智世界（Intellektualität/intellectual world）亦然；理智仅仅是对世界内容或完美或不太完美的再现。意志是盲目的，这句话说得很对，但常常被误解。意志的盲目不是像霍德（Hödhr）①或被

---

① 霍德：日耳曼神话中最高的神沃丹（Odin）的瞎眼儿子，在不知情的情况下射杀了孪生兄弟柏德（Balder）。

戳瞎眼的库克洛普斯(Cyklop)①一样随意地乱冲乱撞。从理性的价值观来看，意志不会做任何非理性的事；相反，除非意志获得它自身完全没有的某种内容，否则它根本改变不了任何东西。因为意志不过是诸种心理形式（如存在、义务、希望等等）之一，我们的生活内容就由这些形式构筑而成，意志不过是诸种范畴之一——这些范畴可能通过相应的肌肉反应或神经反应在心理上得到实现——借助这些范畴我们把握到了纯理念的世界内容，从而赋予它们一种我们的实践的意义。意志——它不过是达到一定独立自主程度的形式的名称而已——并未自主地选择任何一种确定的内容，从对世界内容的纯粹意识中，即从理智世界中，同样也绝少能确定任何目标。毋宁说：世界内容是完全中性的，但意志会突出强调这些内容中的哪点则毫无先兆。一旦意志强调了某一点之后，人们就发现意志以纯逻辑的方式，通过已确定的理论客观性，转变成了别的观念，这些观念跟早先出现的意志有因果上的联系，如今变成了通向"最终目的"的"手段"。无论理智把我们带往何方，我们全得依着它，因为唯有理智才能引领我们穿越事物之间客观的联系。理智是一个中介，通过这一中介，意志(Wollen)调整自己以适应不以意志为转移的(selbständig)存在。如果我们构想一种严格的手段计算(Mittelberechnung/calculation of means)的概念并按照这种概念去做，当我们这样行动时，我们就成了纯粹理论的、完全非实际的存在。意志一直伴随着我们一系列的思考，就好比是低声部的长音似的，或者说像某个领域的一般前提条件一样，这个前提条件并不插手干预该领域的具体内容与关系，但是它且唯有它让生活和现实涌进了这个领域。

因此，构成了我们的活动内容的手段，其数量之多寡和序列之长短与主观地再现客观世界秩序的理智性(Intellektualität/intellectuality)是成比例发展的。由于任何手段本身都是完全居中无偏向的，所以现实中的一切情感价值都与行动的目的地、行动的关键点(Haltepunkte)息

---

① 库克洛普斯：希腊神话中独眼的牧羊巨人，《奥德赛》第九卷描写他被奥德修斯和同伴用烧红的橄榄树枝戳瞎了独眼。

息相关,这个关键点一旦达到,它就不再影响我们的行动,只影响我们心灵的感受能力。我们的实践生活包含越多这样的终点站,与理智功能(Intellektfunktion)处于此消彼长关系中的情感功能(Gefühlsfunktion)就会愈加强烈。屡屡见诸报道的原始初民的情绪冲动和感情用事,或许正是和他们目的序列比较短有关。他们毕生从事的工作没有贯穿连接起各种生活内容,而在较为高级的文明里就是如此,即一种"职业"始终如一地贯穿人的一生。与此相反,原始初民的活动都是由单纯的兴趣序列(Interessenreihen)组成的,只需凭借相对较少的手段就可完全达到其目的。在其中,直接获取食物是举足轻重的作用因素,但在高级文化里,这种作用却几乎被一系列接连不断的、多方面联系的目的取代。在原始初民这里,对最终目标的想象和欣赏出现得相对比较频繁,理智性(即对客观关联和对现实的意识)产生作用的次数,比构成最终目的的直接概念及其直接显现的典型情绪的作用要小。即使在中世纪,由于建立的各种手工作坊满足个人需要的生产占主导地位,由于特别是通过教会联系起来的行会的多样性和封闭性,当时比今日有更多的具体方面可以满足目的性行动。现在要达到这样最终的满足需要无限漫长的拐弯抹角的方式和准备时间,特定时刻的目标更多的时候超出那一时刻,甚或超出个体的视野。各种序列由短变长,首先是由货币通过以下方式造成的,货币在本来各不相关的各个序列之上塑造了一种共通的核心兴趣,从而把它们联系在一起,所以,一个序列可以变成另一个实际上毫不相关的序列的准备(比如,某一序列的金钱利润——随即这一整个序列——都被用于服务资助另一系列的基础)。然而,关键在于一个普遍的事实——我们在较早时已经分析过这一事实的出现——即,货币到处都被视为目的,迫使众多真正目的性的事物降格为纯粹的手段。但,由于货币自身是无处不在的手段,存在的内容因而就放置于一种无所不包的目的论关系中,在这个关系中存在的要素既没有排第一名的,也没有排最末一位的。再者,由于货币以残酷无情的客观性衡量一切对象,还由于这样来衡量的价值标准决定了与各种对象的关系,一张由客观的和个人的生活内容编织而成的网就浮现出来了,它近似于按自然规律而行的宇宙,连续不断地聚合在一起,遵奉严格的因果关系。无孔不入的金钱价值把这张网连缀在一起,一如赋予一切事物以生命的能量把自然界连结在一起。能量像货币一样似乎有数不清的千百种形式,但是能量借助其基本本质的统一性及其把任意一种具体形式转化为另一种形式的可能性,使各种形式相互关联起来,使所有形式都互为条件。在对自然过程的理解中,任何偏重情感的解释都已经销声匿迹,被一种客观理智的解释取代,与此类似的是,我们生活世界里的对象及其联系,由于它们组成了日益相互交织的系列,也把情感的介入排除在外。情感沦为智力(Intelligenz/intelligence)的对象,只出现在目的论的终点站。生活的组成部分日渐转变为手段,以前在各自自足的目标结束的各个序列现在相互结合成一个由相对要素组成的综合体,这些不单是对自然的因果关系不断增多的认识,以及自然的绝对成分转变为相对成分在实际生活里的对应物。不如说,由于手段的整个结构——就我们目前的观察而言——打一开始就看得出来是一种因果关系,所以现实世界对理智力量来说也越来越成了一个问题;更确切地说,可理解的行为内容在客观和主观上都成了推算得出的理性关系,并由此进一步把带有感情的强烈反应和决定——它们只附着在生活的转折点和终极目标上——排除在外。

生活风格之无特性和客观性

理智的意义和货币之于生活的意义二者之间的这种关系确定了此二者均占优势的那些时代和兴趣范围的特征,并且首先是以否定的方式确定的:即特性的某种缺乏。如果说特性从来就意味着人或物确定地处于某种排斥任何他者、区别于任何他者的个别存在方式(Daseinsart),那么我们可以说,理智是绝不受这些因素的左右的。因为,理智是不偏不倚地反映现实的镜子,在现实中各个部分均享受同等的权利,它们的权利就在它们的现实存在(Wirklichsein)之中。人的理智性的特征自然各不相同,但严格地讲这些特征要么只是程度不同——或深或浅,或宽或窄——要么是由于添加了其他心理力量、情感或意志,而有所区别的。作为纯概念的理智是绝对无特性的,这并不是说它缺乏某些必需的性质,而是由于它的存在彻底脱离了有选择的片面性,正是片面性决定了特性。在货币中显然也存在着同样的无特性。货币本身是对事物价值关系的机械反映,对任何人的用处都一样,因此,在金钱交易中人人的价值相等,这不是因为人人都有价值,而是由于除了钱别的都毫无价值。但是,理智和货币的无特性超出了这层纯否定的含义。我们要求——也许这样并不总是恰当的——万事万物都具有明确的特性,为此我们埋怨纯粹的理论家,他们由于理解一切东西所以总是宽恕一切:这一客观性的确适合上帝,但对人却不适合,因为这样明显会将他置于一种既违背他的本性又违反在社会里扮演的角色的矛盾之中。因此我们也抱怨货币经济:它以其核心价值充当一种完全百依百顺的工具,为最卑鄙的阴谋诡计服务;尽管高尚的行动和卑鄙的行动得到的是同样的服务,这也于事无补。相反,这明显说明了一系列的金钱操作与我们的高级价值概念之间的关系纯属偶然,用这一个来衡量那一个毫无意义。现代情感生活的特征显得尤其平淡无奇(Abflachung),这和以前时代的人所表现的强烈粗犷截然不同;天性和地位千差万别的芸芸众生都可以轻而易举在理智上相互理解——而在过去的时代,甚至像但丁这样智力超群、专注于理论思考的人物也告诉我们,应该用刀子而不是用论据来回答某些论敌;调和之风产生于漠不关心地面对我们内在生活的基本问题,这种调和趋势的最高层次是灵魂拯救,而且理性无力解决;这样的趋势一直上升到尤其受自由主义圈子青睐的、作为唯智论和金钱交易的历史代表的世界和平观念:所有这一切都是无特性这一否定性特征造就的正面后果。这种无特性的特征反而变成了达到顶点的金钱交易方面职业活动的特色风格。现代大城市里充斥着大量既无客观形式也无工作确定性的职业,例如某些行业的代理人和经纪人,以及大城市里所有以不确定的谋生形式生活的,依靠各式各样碰运气的赚钱机会而生存。对从事这些职业的人而言,经济生活——也就是他们的一系列目的所编织的网——除了赚钱之外再无任何明确的内容。货币这个绝对不固定的东西对他们来说就是固定点,他们的活动围绕着货币在无限制的领域里摆动摇晃。这是一种特殊的"不熟练(unqualifiziert)工作",通常所说的不熟练工作与之相比仍旧是高度纯熟的。后者的本质无非是纯体力劳动,其中耗费的劳动量完全比表现这种劳动的形式更重要。但是,这种类型的工作,即使在最低级的工人中,仍保留了专业的特色,若没有它,最近英国要把这样的工人组织成工会的尝试就将是不可能的。那些追求各色各样机会赚钱的人,他们的生活缺乏任何的先验确定性,其缺乏的程度远甚于银行家,对银行家而言货币不仅是最终目标,也是其工作的原材料,货币同样可以产生出特定的已规定妥当的方向、特殊的兴趣,以及某种专门职业特性的特征。但是在那些成问题的谋生方式中,通向货币这个最终目标的路线偏离了一切实际的统一或联系。金钱目的对各种各样的活动和兴趣造成的那种消除差别的过程(Nivellement/leveling process)在这里只是遭到最微弱的抵抗,确定性和色彩——它们通过个人的经济活动来影响个体——销声匿迹了。显然,这样的谋生方式只有在禀有一种高超的理智性之际才会获得成功,甚至才成为可能。可以把理智性的这种形式称作"精明",它意味着聪明挣脱了从任何事物或理念的规范而来的决断,绝对地服从相关的个人利益。如人们所想,离乡背井的人尤其愿意做这些"职业",它们没有"职业生存方式(Berufensein)",也就是说个人与其生活内容之间缺乏固定的观念的维系,同样他们也被怀疑有不可靠之嫌。在印度,代理人或经纪人有时甚至成了"靠欺骗同类为生的人"的代名词。这些在大城市生存的人,唯一的目的就是尽一切可能赚钱,所以他们更需要的是一般性的理智,因为专业知识对他们来说是不存在的。这些人组成了那一类不稳定的人的主要代表(Hauptkontingent),这类人很难被正确地加以约束和"定位",因为他们的灵活性和多面手才能似乎使他们摆脱了被束缚于任何环境之下的可能。货币与理智性拥有非预先确定性(Unprajudiziertheit)和无特性的一般特征,这是以上这些现象的前提条件,它们唯有在这两种因素共存的地方才能得到发展。

理智与货币的双重角色:关于二者超个体的内容

现代经济的冲突丝毫不讲怜悯,其冲突之强烈和货币经济的这些属性截然相反,构成了对立,因为人们毫不掩饰对金钱的兴趣,从而把这些经济冲突释放了出来。这一现象不仅是因为,经济的冲突发生在一个客观领域中,在该领域中个人的重要性不是取决于他的性格,而取决于他体现着的一种确定的实际的经济潜能,在该领域里,今天殊死对抗的竞争者明天就可能是同业联盟盟友。而且最重要的是,某一领域内设立的各种规则虽然仍旧会受到在该领域之外被认为有效的那些规定的影响,但却与那些规定彻底不同。比方说,一种宗教对内可能在其教徒和教义范围里宣讲和平的福音,但对异教徒和相邻的生活势力(Lebensmächten)却非常好斗凶残;同理亦然,一个人可能会被跟他自己的生活内容格格不入的另一种感情和思想所激发,因为它们能提供他所不具备的东西;一种艺术思潮按其自身信念和艺术观念来看是十足自然主义的,直接联系自然,旨在单纯地再现自然,然而这样忠实地献身于现实的表象以及反映现实的艺术努力却代表了生活体系——与其他组成生活的要素相比的话——中一种绝对理想的要素,远远超越了一切自然主义式的现实。正如理论逻辑论争上的尖锐对立并不妨碍理智性固有的调和原则——因为一旦争论从情绪的对峙,或意志的对立,或无法证明只有基于感情认可的公理的对峙,转移到了理性讨论,在原则上争端就可以得到解决——所以同样地货币经济中利益的冲突也很少动摇它不偏不倚的中立原则,它使争端的双方超越了真正的个人因素,并最终提供了互相理解的基础。诚然,以纯理性主义的方式对待人和事物显得有点冷漠无情,但它不是一种积极的推动因素(Impuls),而仅是纯粹的逻辑产生的结果,纯粹的逻辑跟关心、善意和温柔的感情不相干。出于这一原因,单单对金钱感兴趣的人不能理解为什么人们谴责他残忍无情,在他看来自己的行为符合逻辑和纯粹的客观性,没有任何坏念头。但需要切记的是,这里所涉及的只是作为经济活动形式的货币，出于其他各式各样实质性的动机，经济活动的形式也可能会有彻底不一致的特征。生活——不考虑理智性加剧冲突和货币经济强化矛盾所带来的其他任何后果——不再取决于特性的规定性（Charakterbestimmtheit），人们也许会称这一事实为生活风格之客观性。这不是附加给智力的特征，而恰恰就是智力自身的本质。智力是人唯一可把握的方式，可以不凭借主观的任意武断来理解人与事物的关系。即便我们假设整个客观现实都是由我们的思想功能所决定，我们仍旧把思维功能等同于智力，通过这些功能，现实对我们来说仿佛才是客观的——就该词的专门意义而言——而不顾智力在很大程度上也是被其他力量激活，受其他力量所指引。这种相互关系最突出的例子是斯宾诺莎，在他的哲学里我们看到一种对世界最客观的态度，它要求内心的每一个单独行为都自然和谐地延续普遍存在之必然性，绝对不允许个体的反复无常破坏世界统一的逻辑数学结构。这种世界观及其规则所承担的功能就是纯理智的功能；这种世界观本身也是主观地建立在对事物的单纯理解上，对事物的理解足以完成世界观的要求。然而，这种理智性本身的基础是一种强烈的宗教情感，是一种对事物根基的全然超理论的关系，而事物的根基从来未曾介入完整自主的理智过程的具体细节中。总体而言，印度民族表现出类似的混合关系。据说从古至今在交战的印度国家军队之间农民都可以安然地耕自己的田，不受任何敌对一方的干扰，因为农民是"朋友和仇敌共同的施主（Wohltäter）"。很显然这是以客观态度处理实际事件的一种极端的克制（Maβ）：那些仿佛自然而然的主观冲动被彻底根除了，而有利于只考虑事件的实际意义的实践行为。区分人的行为的是对客观利弊的考虑，而非个人的一时冲动。但印度这个民族也是十足理性化的（intellektualistisch）：在明晰的逻辑中，在深奥地阐释世界的沉思冥想中，甚至在其最宏伟的幻想和最高的伦理理想所体现的一丝不苟的理性中，印度在古代超过了其他所有民族，这正如印度在温情脉脉的情感方面、在意志力方面又不如诸多民族。这个民族变成了世界进程中一个纯粹的看客，一个按逻辑行事的设计师，但它之所以这样最终取决于情感的决断,取决于遭受巨大的痛苦,从中演变出对宇宙必然性的一种形而上－宗教的感受,因为个体无法应付这种痛苦,无论是在情感领域里,还是化痛苦为一种充满力量的生命实践里。

　　生活状态里的这种客观性,它本身也是生活状态与货币的关系产生的后果。在前文我已经指出了,贸易表现出生活状态摆脱了原始时期的人那种相差无几的主体性。在非洲和密克罗尼西亚群岛,时至今日仍然有人不清楚,除了抢掠和赠礼之外还有什么其他产权变更方式。但是,正如对比较先进文化的人而言,客观利益既伴有利己和利他主义——令人遗憾的是,伦理学至今把人的动机限制在这两类选择中——的主观主义冲动,又超越了这两种冲动,正如为客观利益奉献、负责与主体之间的关系毫不相干,只涉及实际的利弊和理念,所以,交换依据客观正确性和公正的标准演变出一种产权变更,它既超越了抢掠的利己主义冲动,也不同于赠礼的利他主义冲动。但是,货币在单纯的变更(Abgelöstheit)和独立的化身中似乎表现了交换活动之客观性的重大意义,既然货币没有那些被交换的个别物体的一切具体性质,因而在本质上货币与任何主观经济因素的关系都一视同仁。同样,理论规律代表的是自然存在物的客观性,相对于客观性而言,每一种个别情况仿佛都是偶然发生的,对应的是人的主观性。千差万别的人和货币有千差万别的内在关系,这一点依然证明货币超然独立于任何主观特殊性之外。货币与其他主要的历史作用力共同分有这种性质,这些历史作用力就像一望无际的湖泊,人们可以视手边容器尺寸的大小,从湖泊的任何一边汲取容器足以盛装的水。人与人之间相互作用的客观性——客观性原先仅仅是由主体力量提供的物质的一种构形(Formung),但最终它拥有了自己独立的存在形式和规范——在纯粹的货币经济利益里充分地表达了出来。被出售的东西无论是什么,都归入出价最高的买家名下,不管他是谁,从事什么工作。在其他等价因素发挥作用的地方,也就是出于荣誉、役务、感激等原因放弃一件财产时,那么接受财产者的特性也要被考虑进去。相反,但凡我是用钱买东西,我无论从何处买到我想要的、物值其所的东西都无关痛痒。但是,当一个人用于交换的价码是一项役务,或者是涉及内在或外在关系的个人义务时,他会审慎地检查与之打交道的人,因为我们不想把随便哪个东西(Beliebigen)交给任何一个人,除了钱。银行结算单注明了对持票人"无须身份验证"即可付款,这典型地体现了处理金融交易事务上绝对的客观性。在金钱事务方面,有一个比印度民族更情绪化得多的民族出现了和印度的农民免遭战争干扰相似的情况:一些印第安人的部落允许商人在和他本族交战的部落中自由来往!货币把人的行为和关系完全置于主体的人之外,正如精神生活——就其是纯理智的而言——离开了个人主观性,进入唯一由它反映的客观性范畴中。显而易见,这暗示了一种优势关系。一如有钱的人比占有商品的人更有优势,因此,像这样理智的人就有一定的力量凌驾于多愁善感、爱冲动的人之上。无论后一种人作为一个完全意义的人来说是多么有价值,无论其决断力可能远远胜过理智的人,他却比前者更片面、更容易受影响、更抱有先入之见和偏见。他不像纯理性的人那样高瞻远瞩,敢于运用一切可能的实际手段。货币与理智性正是凭借其客观性,才对一切特殊的生活内容构成了优势,正是这种优势促使孔德在其乌托邦国家中把银行家置于世俗政府之首,因为银行家是具有最普遍、最抽象职能的阶级。在中世纪的行会中已经可以辨认出这种相互关系,当时行会的司库同时是行会会长。

理智与货币的双重角色:关于二者个人主义和利己主义的功能

对理智性与货币经济之相互关系——建立在二者共有的客观性和特性之无规定性(charakterologische Unbestimmtheit)基础上——的解释可能会遇到一种十分明显的相反情况。理智的内容里除了固有的不涉个人的(unpersönlich)客观性,在理智和个体性以及个人主义的整体原则之间存在着一种极其亲密的关系。无论货币这一方怎么把行为的主观冲动模式转化成超越个人的客观标准模式,货币依然是经济个人主义和利己主义的温床。在这里我们显然面对的是这些概念的歧义性和复杂性,必须一清二楚地区分它们,才能理解它们标识出的生活风格。一旦把理智与货币的内容、它们本质的客观内容与它们的功能,也即是说它们的用处区分开来,理智与货币扮演的双重角色就为人所了解了。就其内容而言,理智具有一种消除差别的、几乎可以说是共产主义的特征;首先其根本内容就是,理智可以普遍传递,若以理智内容的正确性为前提,则每一个受到充分教育的头脑就会确信其内容,然而在意志和情感领域里绝没有与此类似的情况。在理智当中,每一次相同的内心状态的传递都取决于既定的(mitgebrachten)的个体精神状态,它有条件地屈从于任何一种强迫力量。相对于意志和情感,要给公众传播相同的信念,就没有类似这样的、至少在原则上可供理智驱使的证据。理智独有的可习得性意味着每个人都和他人一样处于同一水准。此外,如果排除十分偶然的复杂情形,理性的内容不具备从嫉妒而来的排他性,而这在实际生活内容中司空见惯。某些情感,例如某个"你"、"我"之间涉及隐私的私人关系,要是也可以让其他人分享的话,将彻底失去其意义和价值。对某些意志目标同样非常根本的是,要把他人从中排挤出去,他们既不可以追求也不可以达到这些目标。但另一方面,正如有人恰当地指出,理论上的观念就像火炬,它的光芒并不会因为点燃了无数其他火炬而变得暗淡。由于理论概念潜在的无边无际的传播对自身意义毫发无损,它们就比其他任何生活内容更排斥私有权。理论的观念最终通过一种固定方式呈现出来,在理论内容的吸收方面,这一方式从原则上不接受一切个人的偶然性。我们绝不可能以这样一种一清二楚、毫不含糊的方式记录下感情的活动和意志的力量,让任何人在任何时候都可以再回到它们那里去,并利用其客观结构不断再创造出类似的内在过程。相反,只有在理智的内容中,我们借助语言——它通过概念及其逻辑关系而行——才拥有了一种适合的、相对摆脱了个人喜好的手段。

但是,一旦现实的历史力量开始给理智内容的抽象客观性和可能性开掘渠道,理性的意义就发展出了截然不同的方向。首先,恰恰是知识的普遍有效性及其随之而来的强迫性和不可抗拒性,使得理智成为代表知识的突出且强有力的武器。不容易受影响的人可以抵抗一种占优势的意志，但是若要躲避某种占优势的逻辑，他们只能倔强地说"我不想"，这就暗示他承认自己处于劣势。此外，人们每天为生计财产进行的较量是由要聪明的手段决定的，纵然他们之间的重大决策产生于超理智的力量。高级理智的力量恰恰取决于它的共产主义特征的品质：因为理智的内容是普遍有效的，在任何地方都可以发挥效用，得到公认。所以，个体理智天赋的纯粹数量比任何更个体化的财产赋予了人一种更加绝对的优势，原因在于，由于个体的财产具有个体性，不能被普遍使用，或不能在现实世界的每个地方找到自身的统治地盘。和在其他方面一样，正是在人人平等的基础上，个体差异才能充分发展、得到利用。正因为人与人关系的纯理智概念和结构——无视意志和情感强调的非理性——不承认个体之间先验存在的（a priori）差别，所以也很少有理由去缩小实际存在的（a posteriori）差异，缩小这种差异随后却可能做到，一如通常借助于社会责任感、爱感、怜悯感缩小个体间的差异一样。这就是为什么理性主义的世界观——如同不偏不倚的货币一样，它近似于社会主义的生活构想——既追随近代利己主义，也拥护肆无忌惮贯彻的个体性主张。根据通行的不太深奥的观点，自我在实践和理论上均是人显而易见的基础和必然的首要兴趣所在。任何无私的动机看起来都不是自然而然、土生土长的，似乎是事后人为灌输的。结果只有以自我利益为转移的行为被认为是真正彻底"合乎逻辑"的行为。一切献身和自我牺牲的行为仿佛都来源于感情和意志的非理性力量，使得纯理性的人不无嘲讽地把这种行为看作不太聪明的证据，或者谴责它们是伪装的利己主义。这当然是误解，因为利己的意志与利他的意志同样是一种意志，利己的意志同样也很少能从纯理性主义的思维中萃取出来。相反如我们所观察到的，这种理性的思维只能给利己或利他的意志提供手段，它对于任何一种意志选择并实现的实际目标是全然无所谓的。既然纯粹的理性性与现实的利己主义之间的这种联系仍旧是被广泛接受的观点，它或许有某些现实基础，即便不是基于所谓直接的逻辑，也是基于某种间接的心理方式。但不仅真正伦理意义上的利己主义,而且社会上的个人主义看起来都仿佛是理性必然的相关物。任何超越了个别组成部分、营造出一种新的生活统一体的集体主义对冷静的理智性而言都似乎包含着某种无法参透的神秘因素,因此这样的集体主义不能被还原成个别要素的简单总和,这正如一个有机体(Organismus)的生命统一体一样,理智性也不能把它理解为由部分组合而成的机械结构(Mechanismus)。故而,和18世纪的理性主义——它在法国大革命中发展至顶点——紧密相连的是一种严格的个人主义,唯有从赫尔德(Herder)①开始发展到浪漫派的理性主义的对立面公开承认生命情感超越个人的潜力,因而它也承认超个体的集体性,把它视为统一体和历史现实。理智性内容的普遍有效性对每个人的理智都能起作用,从而使社会原子化(Atomisierung)。借助理智性,并从理智的立场来看,每个人似乎都作为一个包含在社会里的自足的组成部分出现在每个他人身旁,这种抽象的普遍性没有以任何方式分化为具体的普遍性,只有在具体的普遍性里,个体的人才能与他人结合构建一个统一体。最后是理论知识内在的可接近性和反思性——它根本不能拒绝任何人,而某些感情和意志却能——产生了直接抵消其实践结果的后果。首先恰恰因为理论知识是普遍可以接近的,所以跟个人能力无关的要素决定了对理论知识的实际运用。这致使最愚钝的"受教育者"面对最聪明的无产者也有了巨大的优势。教育资源在表面上的平等,即资源出现在每个想得到它的人面前,在现实中却成了辛辣的嘲讽。同样的情形也发生在符合自由主义学说的其他自由中,虽然它们的确不会阻挠个人以任何一种方式自由地获取各种各样的利益,然而却无视这样的事实,即只有那些已经以某种方式拥有特权的人才有机会获得利益。正因为教育内容——尽管它是普遍可获得的,或者,由于它是普遍可获得的——最终只能通过个体活动才能获得,所以它产生了最难以触动因而也最牢不可破的贵族统治,产生了上等人和下等人之分,要消除这种区分既不能像取消社会经济差异那样靠一条

---

① 赫尔德(1744—1803):德国狂飙突进时期的先驱和作家。

法令或一次革命,也不能靠有关人员的良好意愿。耶稣可能教诲过家境富裕的年轻信徒,"把你的财产分给穷人",但他没说过"把你的教育送给下等人。"没有哪种优势条件像教育优势一样,让那些地位低下的人感到如此受到蔑视,在这种优势面前他们感到如此困顿无助。出于这一原因,想要达到事实上平等的各种努力经常采用变化多端的形式表现出对理智教育不屑一顾:从佛陀,犬儒学派(Zynikern)①,基督教中的特定流派,直到罗伯斯庇尔主张的"nous n'avons pas besoin de savants [我们不需要学者]",无不如此。另外一个十分重要的事实是,用语言和写作把知识固定下来——抽象地看,这是知识的共产主义本质的表现形式——使知识的积累,尤其是知识的集中成为可能,因此就这方面而言,上等人和下等人之间的鸿沟越来越深了。可获得的教育资源越多越集中,天资聪颖或者衣食无忧的人就越是有更多机会在大众之中鹤立鸡群。正如无产者在今日可以坐拥许多以前享受不到的舒适生活和文化陶冶,但同时——尤其是我们回溯几个世纪、几千年以来的情形时——他们的生活方式与上等阶层人的生活方式之间的沟壑确实愈变愈深,因此同样的,整体知识水平的提高绝对没有产生一种普遍的平等,而是产生了相反结果。

　　我详尽地分析这个现象,是因为理智性概念呈现出来的意义上的对立,在货币那里有与之非常类似的情形。理解货币本质不仅可以通过货币与理智性的相互作用——它给予二者一种形式上的相似性——而且或许可以通过它们发展过程的类似性表现出的一条更深入的共同原则,也许还涉及历史要素的基本特性或倾向,这些特性或倾向构成了历史要素的形式,从而塑造其风格。我们在前几章已经论述了,货币依据其普遍可获得性和客观性的基础,在很大程度上促进了个体性和主观性的成长,同样,货币一成不变的统一性(Immer-und Allgleichheit),以及它在本质上的共产主义特点致使任何一种量的差异变成质的不

---

①　犬儒学派:古希腊安提西尼创立的哲学学派,认为人心皆自私,对人性持怀疑悲观的态度。

同。货币权力的这一扩张使得其他任何文化因素都无法望其项背,并且这种扩张给最势不两立的生活发展趋势以平等权利。在这里,货币权力的扩张表现为对纯形式性的文化力量(Kulturenergie)的凝聚,这种文化力量可以被附加到任何一种内容中去,从而使内容按自己的方向得以加强,产生越来越纯粹的表现。因此,我主张只强调货币与理智性在内容上的一些特定的类似之处,大意就是货币抽象客观的本质之非个人性(Unpersönlichkeit)和普遍有效性——只要涉及货币的功能和使用——支持利己主义和分化。反映在利己主义中的理性的、按逻辑办事的特点也黏附在丝毫无所顾忌地剥夺占有金钱的行为上。在以前的分析中我们曾指出,较之其他的财产形式,货币显著的特点就是:它并非指任何具体的使用,因此也意味着对货币的使用可以毫无阻碍,使用货币不会产生比使用其他形式的财产更陌生、更困难的感觉。货币完全适合任何一种用途,其性质与真实物体的性质毫无关系,因此货币没有起任何特别的促进或阻碍作用。故而货币类似于逻辑的形式,逻辑形式对任何特殊的内容均一视同仁,不管这些内容如何发展或结合。所以,对于客观上最荒谬、最有害的内容和最富有价值的内容,逻辑形式均给予了同等机会准确无误地表述它们。此外,货币与法律体系也很类似,法律常常极度缺乏保护措施来防止严重的不公正假借形式上无懈可击的公正之名而行。充分利用金钱之威力的无限可能性不仅被认为是正当的,而且好像这样做也具有逻辑和概念上的必要性。既然货币的内部既无方向指引,也没有阻碍,随之而来的就是最强烈的主观冲动,在一切金钱事务中这种冲动就是利己主义的冲动。那种禁忌的观念,如某些钱"被血玷污",或某些钱受到诅咒,都是情绪化的产物,当货币越来越不偏不倚的时候——即货币越来越只是纯粹的钱——这种观念就完全失去了意义。货币纯负面的规定性——即货币的使用不像别的财产形式,也绝不会受到事实或伦理想法的局限——不可避免地发展成了一种完全积极的、无所忌惮的态度。货币的灵活机动是由于它超然于特殊的利益、根源和关系之外,这种灵活性产生的必然逻辑结果就是,货币统辖的那些生活范围不再给我们什么束缚。绝对客观性——它来源于对一切片面的客观性的取缔——帮利己主义把一切打扫得干干净净,一如纯粹的理智性为它所做的那样,这不是因为别的,而是因为这个推动力在逻辑上最简单,唾手可得,所以纯形式性的、无区别的诸种生活力量在货币中达到了首要的,似乎是自然的、心心相印的满足。

货币与法律、逻辑之理性主义的关系

如我上文所述,一般的法律形式以及理智性和金钱交易,都不考虑实际上、道德上最不公正的内容,而且形式与真正的内容之间的这种分歧在法律面前人人平等原则里达到了巅峰。法律、理智性与货币这三者的特征均是对个体的特性完全无动于衷;它们都是从生活潮流的具体整体性中提取出一个抽象普遍的要素,该要素根据自己独立的准则发展,并介入那个存在着利益的整体中,依照自己来规定该整体。因为这三者对内容(本质上它们对内容漠不关心)的形式和方向予以严格地规定,它们就必然把那些形式与内容间的矛盾注入我们这里讨论的生活总体性当中。无论在任何地方,当平等紧密接触到人与人关系的形式基础,平等作为手段就最尖锐地、最影响深远地表现出个体的不平等。通过遵守形式上的平等造成的局限性,利己主义就无须再担心内在和外在的障碍了。利己主义在形式上平等的普遍有效性中拥有了一件武器,它可以为任何人所用,也可以用来对付任何人。法律平等的形式就是和理智性以及货币共同分有的典型形式:它们普遍的可获得性和有效性,它们潜在的共产主义特征——共产主义为每个人,上等人、下等人以及地位相等的人,消除了与财产类别划分有关的地位上先天存在的特定障碍。只要土地财产和专门职业还掌握在某些阶级的手里,他们就会迫使较低阶层的人承担某些义务,团结同等阶层的其他人,以及一清二楚地限制外人的野心。但,"开明的"理性主义没有理由把这些做法再保持下去,只要每一种财产都可以转化为一种价值,在原则上就不能阻止任何人无休止地追求财产。当然,这并没有回答在

历史进程中利己主义的总量是增加还是减少的问题。

最后,我想提到一种最有特点的事实,即理智成果的积累赋予了那些被理智宠爱有加的人过度的、飞速增长的领先地位,在货币资本的积累中也有类似的情况发生。货币经济关系的结构,货币产生利润和收益的方式是这样的:当货币超出一定的数量以后,它的所有者不必做出相应的劳动,货币也会成倍增值。与此相似的是文化世界中知识的结构,当知识的发展越过了某个点以后,它所要求的个体自己获取的知识就越来越少,因为认知内容是以越来越浓缩的、超出了一定水平的集中的方式提供给个体的。在教育的最高阶段,向前迈出的每一步所需的努力都比较低阶段时少,且同时可以取得更大的成就。正如货币的客观性允许最终相对不受个人能力限制的"劳动"存在,越积越多的利润自动地以越来越大的比例聚拢起更多的钱,所以,知识的客观化,智力成果与产生成果的过程的分离,促使这些成果以一种浓缩的抽象形式积累起来,因此假如我们站得够高,就可以把知识像果子一样摘下来,果子的成熟无须我们多费神。

作为所有这一切的结果,赞同普遍平等的发展趋势最毅然决然地拒绝货币,纵使货币在本质上、在概念的规定性上是一种绝对民主的、平均化的、排除了任何特殊的个人关系的社会形式。而我们考察理智性时得到的是同样的结果,其原因也如出一辙。逻辑-内容意义上的普遍性与社会-实践意义上的普遍性分裂到两个范畴里。在此之外的其他范畴中,这两种普遍性经常充分地吻合在一起。例如,据说——不管这是不是一个详尽无遗的定义——艺术的本质是在其内容中再现现象的一般典型特征,由此诉诸常驻在我们心中的典型的人类情感,艺术对主体的接受提出的原则性要求是基于艺术对象排除了一切偶然的、个别的因素。与此类似,根据宗教的概念,宗教的诸形式超越了一切世俗的特殊性,到达了绝对普遍的水平,由此宗教就确立了一种对所有个体而言最共通的关系,一种把个体在人类世界中合为一体的关系。通过宗教内容包罗万有的统一性(All-Einheit),宗教形式把我们从纯个体的属性中解放出来,把这些属性向后追溯,归结为所有人性的共同根源里的那些基本特征。康德意义上的道德正是如此。可以在逻辑上推而广之，又不会自相矛盾的行为模式就是每个人的道德法则，不管他的身份如何。在这里起作用的标准是，一个人可以把实践准则设想为自然法则，它在概念上的、客观的普遍性确立起对所有主体的普遍性，对他们而言它就变成了一个道德律令。与这些形式截然相反的是，现代生活在其他领域似乎加强了客观－内容的普遍性和实践－个人的普遍性之间的紧张。某些生活要素获得了越来越大的内容普遍性，对数量日益增加的生活细节和关系来说，它们变得愈加紧要，它们的概念直接或间接地囊括了现实越来越多的组成部分。比方说法律、理智性的过程和结果、货币都是如此。伴随着这种现象的是：这些生活要素使生活形态在主观上的分化愈加突出，利用它们无所不包的重要意义为利己主义的实践服务，以及在这种平均化的材料基础上全面发展个人差异，因为这种材料是普遍可获得和有效的，因此它对任何个人意志均来者不拒。在很多方面形成现代生活风格之特征的是内心的紊乱和隐秘的自我矛盾之感，这些感觉部分地基于两者之间的不平衡和紧张关系，这两者即是这些生活领域的实际内容和客观意义，与它们在普遍性和平等性方面的个人使用和发展。

现代的算计特征

我想提到现代生活风格——它的理性主义特点清楚地显示了货币影响的痕迹——的最后一个特征。现代人们用以对付世界，用以调整其内在的——个人的和社会的——关系的精神功能大部分可称作算计（rechnende/calculative）功能。这些功能的认知理念是把世界设想成一个巨大的算术问题，把发生的事件和事物中质的规定性当成一个数字系统。康德相信，自然学说（Naturlehre）真正达到科学的程度就是数学被应用到其中的程度。并非只有物质世界才必须由计量和盘算的思想方式来把握；悲观主义和乐观主义一样希望用乐与悲相互抵消来确立生活价值，其理念就是计算欢乐与痛苦的数量。经常以多数人投票表决来决定公众生活是同一种发展倾向的表现。凭借着其他拥有平等权利(而非高级权利)的人持有不同意见这一点,就要让个人服从多数人的决定,这样的现象并不像今天我们看起来那么自然而然。这在古代日耳曼人的法律中是闻所未闻的:无论是谁不同意部落的决议,就可以不受其约束。在易洛魁人(Irokesen)①的氏族会议中,延续到16世纪的阿拉贡地区(Aragon)②议会中,在波兰国会和其他社会的国会中,都没有以多数票否决的情况存在;没有一致通过的决议并不生效。少数必须服从多数的原则表明,个人选票的绝对价值或质的价值被化约成一种纯数量意义的单位。在这种计算方法中,没有详细界定的单位在数字上的多或寡表达了这个群体的内在事实,并指引着它的外在事实,这一计算方法的结果或前提就是民主式的平均化,每个人均被计算为1,没有任何人被计算成多于1。现代的这种计量、掂量和精打细算的精确性是其唯理智论最纯粹的反映,然而以抽象的平等为基础的唯理智论也支持诸种因素的利己主义欲望:语言以精细的本能判断力把一个"算计的"人直接理解为在自私自利意义上"算计"得失的人。正如在使用"合理的"或"理性的"这样的词的时候一样,因此此处"算计"这个概念表面上是全然中立的形式主义,却可从中看出一种充满了确定的、片面的内容的气质倾向(Disposition)。

我们时代的这种心理特点与古代更加易于冲动的、不顾一切的、易受情绪影响的性格针锋相对,在我看来它与货币经济有着非常紧密的因果关系。货币经济迫使我们在日常事务处理中必须不断地进行数学计算。许多人的生活充斥着这种对质的价值所进行的评估、盘算、算计,并把它们简化成量的价值的行为。通过金钱对价值的斤斤计较,我们学会了把价值确定和具体到最后一厘,并且在对比各种各样的生活内容时,给它们强加了越来越高的精确度和越来越明确的界限。当我们认为某些事物与其他事物有直接关系时,也就是它们不能被简化成

---

① 易洛魁人:北美印第安人中六个部落组成的联盟。
② 阿拉贡:西班牙东北部的一个地区,曾是一王国。

货币这个公分母时,就会有很多去尾存整(Abrundung)的做法,并以一个单位与另一个单位进行对比。生活中经济关系的准确、精密、严格——自然会影响到生活的其他方面——与金钱事务的扩张携手并进,虽然它们对生活方式中高尚风格的形成并无裨益。唯有货币经济才给实践生活,或许甚至还有理论生活,带来了数字计算的理念。从这个作用来看,货币体制看起来只不过是一般经济领域的强化和升华。在英格兰人与他们的国王之间进行的贸易中,尤其在13世纪和14世纪英格兰人从国王那里买到了各色各样的权利和自由。一位历史学家写道:"这种方式可以从实际上解决那些理论上无法解决的难题。国王有权利当上他的臣民的统治者,人民则有权利成为这个王国——国王是其人格化体现——的自由民,有权构成各个社会阶层。纵然在原则上确定二者中任何一方的权利极其困难,但是一旦把它简化成买卖问题,在实践中就简单易行多了。"这说明,一旦实际生活因素的某种质的关系被当作生意往来的一部分来看待其意义,它就获得了一种精确性,以及确定下来的可能性,在具有质的差异的现象中直接表现这种精确性和确定的可能性是行不通的。然而,这样的过程还并不是非要货币不可,因为这种交易常常通过实物付款的方式进行,比如用羊毛。但不言而喻的是,商业贸易对价值和需求的精确性所做的贡献,可以由货币更加清楚明白、准确无误地达成。在这方面,人们也许可以说,在整体上货币交易与商业贸易的关系就好比货币与交换之前存在的确定性的关系或者事物间的关联的关系一样。货币表达出的仿佛是商务处理中纯粹商业的内容,正如逻辑表现的是可理解的事物的可理解性(Begreiflichkeit/comprehensibility)。当代表了事物内在价值的抽象形式具有算术般的精确形式,并因而具有绝对的理性确定性,那么抽象形式的特点一定会反射到物体身上去。如果一个时期的艺术确实逐渐确定了我们观看自然的方式,如果艺术家在现实中自发而主动抽取的东西给我们的意识构成了非常直接的感觉图像,那么凌驾于质的现实之上的货币关系的上层结构也将根据其形式愈加根本地决定现实的内在形象(innere Bild)。货币精打细算的本性使生活诸种因素之间的关系浸透了一种精确性,一种判定相等和不等的可靠性,一种商定和约定的毫不含糊性,这正如怀表的普遍使用对日常生活产生了一种相似的结果。一如货币确定了抽象价值,时钟确定了抽象时间,这为最细节、最确定的事务划分和权衡提供了某种模式(Schema),这一模式为接受了它的生活内容(起码为生活内容在实践和外部的管理)赋予了某种透明度和可计算性,若非如此则无法达到这种透明度和可计算性。算计的理智性就体现在这些形式中,反过来它也许会从这些形式中衍生出部分力量以掌控现代生活。所有这些关系之所以引人瞩目,是因为反面情况的存在,某些思想家激烈地、充满敌意地反对以经济学阐释人类事务:如歌德、卡莱尔(Carlyle)[①]和尼采,一方面他们从根本上反对唯理智论,另一方面他们坚决地驳斥对自然进行数学计算式的精确解释,而我们认为这样的自然观是货币制度在理论上的对应物。

第二节

文化的概念

倘若我们把文化定义为优雅的言谈举止(Verfeinerungen),生活精神化的形式,以及内部劳动和外部劳动的劳动成就,那么我们就是从一个特定的视角出发规整这些价值,而按其独特的、客观的意义,这些价值不会自动归属于这一视角之下。这些价值对我们而言表现了文化内容,我们把它们理解为自然萌芽和潜能的强烈显现,强烈到超过了它们纯粹的自然本性所能够发展、丰富、分化的水平。一种自然赐予的能量,或它所暗指的东西——它之所以必需仅仅是为了被实际的发展超

[①] 卡莱尔(1795—1881):苏格兰散文作家和历史学家,著有《法国革命》、《论英雄和英雄崇拜》。

越——构成了文化概念的假设前提。由文化的角度观之,诸种生活价值就是被教化的自然(kultivierte Natur);在这里这些价值并没有那种孤立的涵义,似乎可以从幸福、聪明、美丽等高高在上的理念出发来衡量它们,相反,这些生活价值是我们称之为自然的这一基础的进一步发展,它们超越了自然的力量及其理念上的内容,由此变成了文化。因此,如果说在花园里嫁接的一枚果实和一尊雕像同样是文化产品,则语言微妙地说明了这种关系,它把果树称作"被培育的"(kultiviert),但绝不会说把光秃秃的大理石块"培育"成雕像。在第一种情况里,人们预先假设果树有一种结出这种果子的自然驱动力和生长倾向,经过精心的照料,果树的成长就超越了自然的限制;至于大理石我们就不会预先假定它有产生雕像的相应倾向。化身为雕像的文化意味着人的特定能力的提高和升华,而我们将人的能力的原始表现称之为"自然的"力量。

初一看起来,把非人格的事物表述为被文化的(cultured),这只有当成一种比喻似乎才合情理。因为,自然所赐予的东西借助意志和理智超越了纯自然的、任意发展的界限之外,是为我们自身所保留的,或者说那些事物的成长发展和我们的欲念紧密相关,反过来它又刺激了我们的情感。在物质文化产品中,诸如家具和园艺植物、工艺品和机器、工具和书籍,天然的材料被塑造成靠它们自身的能量绝对无法实现的种种形式,这些文化产品就是我们自己的欲望和情感的产物,是观念利用事物可利用的可能性产生的结果。这恰恰与文化毫无二致,文化形成了人与他人、人与自己的关系:如语言、道德、宗教和法律。因为我们把这些价值理解为文化,我们把这些价值跟它们自身活跃的能量(据说这些价值靠自己就可以获得这样的能量)的成长阶段区分开了,能量只是文明化进程(Kultivierungsprozeβ)中的原材料,比如木材、金属、植物和电。培育事物就是把事物的价值标准提高到超过其自然机体结构所能呈现的范围,通过培育它们,我们也培育了自己:这是同一个价值增值的过程,它既从我们出发,返身又回到我们自己,这个过程感动了外在于我们的自然或我们自己的本性(Natur auβer uns oder die

Natur in uns)。造型艺术最清晰地反映了这种文化概念,因为它表现了对立之中最大的张力。塑造艺术对象似乎要彻底避免的就是适应我们主观性的过程。但艺术品恰恰向我们解释了现象本身的意义,无论此意义是深埋在空间造型、色彩关系上,还是隐约可见又似乎不可见地隐藏在精神性(Seelenhaftigkeit)之中。一切都取决于发掘出事物的意义和秘密,旨在用比事物的自然成长所拥有的形式更纯粹、更清晰的方式再现事物。但这不是在化学或物理技术意义上的方式,技术研究的是物体的规律性,为的是把物体并入在它们之外的、人的系列目标中去。与之相反,一旦艺术品成功地呈现了物体独特的意义,艺术过程就大功告成了。实际上这也实现了纯粹的艺术理想,因为对该理想而言艺术品臻于完美是一种客观价值,完全不在于艺术品是否成功地激发起我们的主观感受。"为艺术而艺术"(l'art pour l'art)的口号完美地表现了纯艺术倾向的自足性(Selbstgenügsamkeit)特征。但是从文化理想的立场来看,情况又另当别论了。文化理想最根本的问题是要扬弃(aufhebt)审美的、科学的、伦理的、幸福论的乃至宗教的成就各自独立的价值,旨在把这些组成要素整合到超越人类本性自然状态的发展当中。更确切地说,它们是这一发展过程必经的里程碑。文化发展的每一瞬间都处于这条道路的某个地方,文化永远不可能不带一定的内容而纯粹形式性地向前发展,即使它并非和该内容完全一致。文化内容由这些形式(Gebilden)构成,每种形式都附属于一个独立自主的理念,虽然说这里我们是从一个特定的视角来看待这些文化形式,这个视角就是我们的能量或我们的存在之发展超越了纯粹自然状态的程度。在培养客体的时候,人按照自己的形象创造了客体的形象:文化进程作为客体的能量超自然的发展,表现或具体体现了我们的能量一模一样的发展过程。诚然,具体的生活内容从其自然形式转移到文化形式的分界线并不明朗,也颇有争议。但这只不过是最普遍的思维困难之一罢了。各种范畴——为了理解认识各种具体的现象,现象及其规范和种种相互关系被归入各范畴之下——相互之间截然划清了界线,通常它们首先只能从这种对峙状态中获得各自的意义,断断续续地构成了序列。然而涵盖于这些概念范畴下的细节部分却常常不可能被同样确凿无疑地定位;相反,通常是细节在数量上的规定性决定了它们是归属这个还是那个概念名下,所以,由于一切数量的连续性,由于分属两个特定范畴的物体之间经常可能存在中间位置,单独的现象可能时而放到这个范畴里,时而放到那个范畴里。故而各范畴之间仿佛有某种不确定性,即便就其实际意义来看是互相排斥的概念也有混合的地方。自然与文化有基本明确的分界线,即一个正好从另一个结束的地方开始,而不像个别现象一样无法确定其归属,它们如同白昼与黑夜的概念,并没有因为黎明和黄昏有时归于白昼,有时属于黑夜,而互相模糊在一起。

物质文化的上升和个体文化的滞后

现在我将把一般文化概念的讨论与现代文化中的一种独特关系进行对照。若要把我们现代的文化与一百年前的文化比较一下,则人们肯定会说——尽管保留诸多例外——在现实中充斥、包围我们的生活的事物,比如工具、交通方式、科学产品、技术产品和艺术品等,都达到了无法以语言表达的文化程度;但是个体文化,至少较高层次上的个体文化却根本没有取得同等程度的进步,甚至常常衰退了。这无须详细举例说明,因此我只想强调其中的某些方面。语言表达的可能性自过去百年以来已变得日益精致、微妙,德语和法语均是如此。现在我们不仅有歌德式语言,此外还有不胜枚举的文雅精致、字斟句酌、个性突出的语言表述方式。假如观察个人的说话和写作,从整体上来看却越来越不准确、不高雅、流于琐碎。在内容上,人们的话题范围借助理论和实践的进步在这一时期已经被客观上拓宽了,但如今的交谈——包括社会的、私人的对话以及信件往来——比18世纪末似乎更流于肤浅、更无趣、更不庄重。同属这一发展过程的事实还有,机器变得比工人更聪明了。即便在大型工业中,如今又有多少工人能懂得工作时使用的机器,也就是懂得融入机器中的智慧?军事文化也如出一辙。长期以来单个士兵的任务本质上是一样的,借助现代作战的方式,某些方面甚至被简化了。与此形成鲜明对照的是,在军事上不唯物质器械,而且最重要的是彻底置身于个人之外的军队组织的复杂程度简直闻所未闻,表现出客观文化(objektiver Kultur/objective culture)大获全胜。在纯粹的思想领域,即便知识渊博、深思远虑的人也开始使用越来越多的观念、概念和命题,他们却未必知晓它们的精确含义和内容。客观上可获得的知识材料急剧膨胀,它们允许甚或是强迫我们这样来表达:知识像密封的容器一样一代代传承下去,而密封在里面浓缩的思想内容实际上没有打开,也并未呈现在个体使用者面前。我们的外在生活被越来越多的物体包围着,我们不敢想象它们的客观生产过程耗费了多少人的智慧,同出一辙的是我们的思想的内在交流和社交活动——对此我曾在上文论述的其他关系中强调过——充斥着具有象征意义的形式,它们累积了广泛的思想智慧,但是个体的思想只需要使用其中最小的一部分。19世纪发展起来的客观文化对主观文化(subjektive Kultur/subjective culture)的优势,某种程度上反映在如下的事实中,18世纪的教育理想的焦点是塑造人,也就是说培养一种个体性的内在价值,到了19世纪它却被全部培养客观知识和行为模式这层意义上的"教育"理念取而代之。这种分歧似乎正逐渐扩大。每一天,在任何方面,物质文化(Sachkultur)的财富正日益增长,而个体思想只能通过进一步疏远此种文化,以缓慢得多的步伐才能丰富自身受教育的形式和内容。

  如何阐释这一现象呢?假如一切物质的文化,如我们已看到的,不过是一种人的文化而已,使得我们只能经由培养事物来发展自我,那么客体的发展、提高、精神化(Vergeistigung)——它们仿佛是从自身的力量和规范演化而来,个体的灵魂却没有得到相应的发展——意味着什么?这突出了一边是社会生活及其产品,另一边是碎片式的个体存在内容这二者之间谜一般的关系。无数代人的劳动蕴藏在物化的精神(gewordener Geist)中,如语言和习俗,政治体制和宗教信条,文学和技术,每个人都可以按其所想、按其所能地取用精神产品的一部分,但没有任何单个的人能把它消耗殆尽。这种财富的数量跟从中取用的数量之间存在着错综复杂和极为偶然的关系。个人取用的份额微不足道或者没什么理性,并未使人对这类财富所有权的实质和尊严受到丝毫影响,正如一切实体的存在无论是否被人察觉都一样地独立存在着。一本已出版的书,其内容和意义对于读者群是大是小,读者是心有灵犀还是反应迟钝,都是无所谓的,同样,一切文化产品面对其听众时虽然乐意被任何人理解吸收,但事实上它只是零零星星地被人理解。文化共同体的这种浓缩的脑力劳动跟它在个体中的活跃程度的关系,一如丰富的可能性与现实的局限性之间的关系。为了理解这些客观精神内容的存在方式,我们不得不把它们放到用于阐释世界的范畴的具体框架之中。客观文化和主观文化之间的矛盾关系——在这里构成了我们的具体问题——将在这些范畴中找到恰如其分的位置。

在柏拉图的神话中,灵魂看见了世间万物存在于世之前的纯粹本质、绝对意义,所以灵魂后来的知识就是经过感官刺激而出现的对这种真理的一种回忆。在这个神话下面隐藏的最初动机是我们对于知识源起的困惑不解,假如人们像柏拉图那样否认知识来源于经验的话。然而,这种形而上学的思辨——超出它出现的临时原因之上——深刻地表明了我们灵魂的一种认识论态度。无论我们把认知解释为外部事物直接作用的结果,还是一种纯内心的过程(在其中任何外在的东西都是精神要素内在固有的形式或关系),我们一向把思想,但凡思想被以为是真的,设想为对一种客观要求的满足,对一种预定观念的临摹再现(Nachzeichnen einer ideellen Vorzeichnung)。即便人的认知反映事物之准确无误就如同事物自身那般,通过认识把握一件又一件事物而渐渐接近的统一、正确、完整也不会来自客体本身。与之相反,我们认识的理想一向是套着观念形式的内容,因为即使最极端的唯实论希望把握的也不是事物本身,而是对它们的认识。倘若我们对在任何一刻构成知识的全部断片,从其发展——知识追求这一发展,正是依照其发展知识的各个阶段才有了意义——出发来加以说明,则我们只能靠奠定柏拉图学说基础的东西为假设前提:即存在一个拥有理论价值、完美的理智意义和关联的理念王国,它既非种种客体,因为客体都是它的对象,亦非已经获得的、在心理上成为现实的知识。相反,这后一种知识只能够逐渐地,且总是不太完美地近似那个包含了一切可能真理的理念王国。这种知识只有成功地做到了这一点,它才是真实的。柏拉图似乎已经接受了这种基本的观感:我们在任何时刻的认识只是单单以理念形式存在的一种知识综合体的组成部分,它鼓励并要求我们从心理上实现它。但他认为,从以前对理念王国的总体性(Totalität)的把握到获得实际的知识是一种下降沦落,是"不再[可能回到从前]"(Nicht-Mehr/no-longer),而不像我们如今所理解的"尚未[到达]"(Noch-Nicht/not-yet)。但是显而易见,从这两种理解中体会到的这种关系本身根本是一模一样的,正如要得到同一个数字可以用大数字减小数字或小数字相加两种方法。这种认知理念特有的存在方式作为一种规范或总体性跟我们实际的认知迎面对峙,一如道德价值和规定的总体性跟个人的实际行为相对峙。这里在伦理范畴中我们能更多地意识到,我们的行为就是或好或坏地符合某个在内心生效的规范。这个规范——其内容对不同的人,以及他们生活的不同时期会大相径庭——在时空当中无处寻觅,也不与人的道德意识相吻合,反而是道德意识受制于这个规范。最终我们整个生活的模式——从每日鸡毛蒜皮的事情到精神状态的巅峰——乃是:我们所做的一切事情当中均有一个规范、一个标准、一个观念上预先设定好的在我们之上的总体性,我们试图以行为活动把它转化为现实。这里指的并不是我们的每一个愿望都受某类理想指引这种简单的概括归纳,而指的是人的这些行为活动特定的、或多或少较为独特的性质:即不管我们的行为价值是否与理念相抵触,我们的行为仍遵循着某种预先确定的可能性,好像在贯彻执行某个理想的计划。我们实际的存在尽管是不充分的、残缺片断的,但是只要分担了总体性的实现过程,似乎就获得了一定的意义和一致性。我们的行为乃至我们全部的存在,无论美丑、对错、伟大或渺小,似乎都取自可能性的宝库,所以,我们的行为在任一时刻与观念上确定的内容的关联,就好比具体的物体与其概念的关联一般,概念表现其固有规律和逻辑本质,但其内容的意义不取决于它是否被实现,如何被实现以及实现的频率如何。我们只能这样来设想认知,此外别无他法:认知即是实现我们对这些概念的意识,可以说这些概念正在出现问题的地方等着意识对它们的实现。我们把认识称作必然的认识,也即是认识的内容只能以一种特定的方式存在,这只不过是用不同的方式表达了同一个确定无疑的事实:即我们认为认识乃是先于认识确立的观念内容在心理上的实现。这样一种特定的方式并不意味着,对千差万别的思想来说只有一种真理。反之,假若一方面给定一种被明确建构的理智,另一方面给定一种规定好的客观性,对这种思想来说是"真理"的东西在客观上就预先形成了,其方式跟给定了运算数目后运算结果就确定了一样。随着被赋予的精神结构产生的任意变化,真理的内容亦随之改变,真理的客观程度不会因此减少一点,也不会因此取决于这种思想进行的意识活动的影响。我们从某些知识的事实——也不得不假设有其他的知识事实——中得出的坚定不移的结论就是阐明了我们认识之本质的偶然原因(Gelegenheitsursache):每一小块单独的认识均意味着它已意识到了,在客观确定的认识内容的内部关联中它已然是有效力的,并已得到确立。最后,从心理学的角度来看,这与这样一种理论有关,根据该理论,一切被认为真实的是伴随着某种观念内容的特定感觉;我们举出的证据不外乎是建立一个产生这种感觉的心理格局。感官知觉或逻辑推导都不能直接确证现实的存在,毋宁说它们只是条件,是唤起肯定和赞同的超理论感觉或不管如何称呼都相当难以名状的现实感的条件。这形成了在两个认识论范畴之间的心理学中介:一边是有效的事物内容的意义,它产生于事物的内在关联,这种关联给事物的每个要素分配了适合的位置,另一边是我们对事物的观念,它对主体的人而言意味着现实。

思想的物化

这种一般和根本的关系在较小程度上类似于物化的思想文化与个体之间的关系。从认识论的角度来看,我们从切实有效的实体范围中提取生活内容,与之类似的是,从历史的角度观之,我们从种种人类脑力劳动累积的库存中提取生活内容的主要部分。在这里我们也会看到预先形成的内容,它们即将被个人思想实现,但它们还保留其规定性,不会与一个物质对象的规定性混为一谈。因为即便在精神依赖于物质的情况下,比方说工具、工艺品和书籍,精神永远也不会与我们的感官在对象中感受到的那部分等同起来。精神是以某种几乎不能被确定的潜在的形式蕴藏在对象中,唯有个体的意识能够使其化为现实。客观文化是历史的呈现,或是一种客观有效的真理较完美或不太完美的浓缩,我们的认知就是对真理的再现。倘若我们可以声称,万有引力定律在牛顿把它阐述出来之前就已是有效的,那么诸如此类的定律并不存在于物质实体中。相反,万有引力定律只说明了物质关系把自身呈现给一个明确地组织起来的思想的方式,它的有效性并不受物质存在于现实中这一事实的钳制。若是这样的话,那么万有引力定律既不存在于客观事物中,也没有存在于主观思想中,而是在客观精神这个领域,我们对真理的意识一步一步地把客观精神浓缩成现实。就正被讨论的万有引力定律而言,一旦这个过程被牛顿完成了,该定律就被融合到客观历史精神中,反过来现在它在历史精神中的理念意义根本就独立于特定的个人对该定律的重新发现之外了。

通过把这种客观精神的范畴确立为一般事物的有效的精神内容在历史中的显现,那么显然,我们认为是主观发展——把物质文化当作人的文化——的文化过程就可以从其内容中分离出来了。这种内容进入该范畴后似乎就获得了另一种物态(Aggregatzustand),因而为客观文化与个人文化分道扬镳的发展提供了原则性的基础。思想的物化为脑力劳动可能的保存和累积提供了形式;它是最重要和影响最深远的人类历史范畴。因为思想的物化把生物学上非常令人生疑的东西,遗传继承,变成了历史事实。倘若人不仅是物种的后代而且是文化传人这一事实表明了人比动物高级,那么思想的物化(存在于文字、作品、组织、传统中)就是人与动物之分野的基础,人据此把他的世界,乃至把所有的世界据为己有。

假如历史社会的这种客观精神是其广义上的文化内容,那么社会各组成部分实际的文化意义则取决于它们成为个体的发展因素的程度。我们假设牛顿对万有引力定律的发现只保存在一本谁也不知道的书里，虽然它仍旧是客观化的精神的组成部分，是社会的一种潜在的财产，但它不再是一种文化价值。因为这种极端的情况可能发生在无数的层面上，所以随之而来的就是，在全社会中只有一定比例的客观文化价值可以变成主观文化价值。若把社会看作一个整体，即若把客观化的精神性纳入一个时间上实在的综合体（zeitlich - sachlichen Komplex）中，那么整个文化发展——假设它统一地表现出来——在内容上就比它的每个文化因子丰富得多。因为每个文化因子的成就都可以融入整体的文化遗产中，但是文化遗产的成就却没有渗透到每个因子中去。一个共同体的整体生活风格取决于客观化的文化与主体文化之间的关系。在上文中我已经提到了数量规定性的重要性。在一种低级文化的小社群中，主客观文化的这种关系几乎是完全平衡的；客观文化发展的可能性不会大举扩张，超过主观文化的现实。文化水平的提高——尤其是当它与社群的扩大同步发生之际——却促成了主客观文化之间的分崩离析。雅典黄金时期的独特情形不同于此，这应归功于雅典有能力在其文化顶峰时避免主客观文化的分裂，也许只有巅峰时期的雅典哲学除外。社会圈的规模大小本身无法充分地解释主客观因素之间出现的分歧。故而，现在我们要探寻的是这一现象奏效的种种具体原因。

劳动分工是主观文化与客观文化彼此分歧的原因

如果我们想把这一现象的原因和它目前出现的强烈程度用一个概念来界定，那么它就是劳动分工（Arbeitsteilung/division of labour），依据是劳动分工对于生产、消费的重要性。在生产方面通常被充分强调的是，产品是以牺牲生产者的发展为代价完成的。从事单面化（einseitiger）劳动的结果是身体-心理能力和技能的提高，这对整体的个人而言毫无价值，甚至经常使其成长受到阻碍，因为单面化劳动转移了个人精力——对自我的和谐成长必不可少——的方向，或者在其他情况下，它的发展似乎切断了与个体核心的关系,好比是具有无限自主权的省份不把收入返还上缴给中央政府。种种经验似乎表明,自我内在的完整性从根本上源于,毕生事业的始终如一和完整无缺之间的相互作用。

对我们而言,我们只能通过把"自我"投射到对象中的方式实现对象的统一性,旨在按照我们的形象来塑造对象,所以多种多样的规定性最终演变成了"自我"的统一性。同理亦然,我们创造的对象具有或缺乏统一性,则相应地在心理-实践意义上对我们个性的塑造产生作用。无论何时,但凡我们的力量没有创造出某个完整的东西,没有使力量可以在其中根据它特有的统一性充分发挥才能,就使我们失去了主客体之间适当的关系。我们劳动成果的内在倾向就是把这种关系拖向他人的成果,和他人的成果一起建构起一种整体性,但是这种整体性不会再回到生产者那里。由于大规模的专门化生产过程(Spezialisierung)造成的,工人的存在形式和其产品的存在形式之间的不恰当关系很容易致使产品与工人完全分道扬镳。产品的意义不是从其生产者的心灵中衍生,而是产生于它和别的渊源不同的产品之间的关系。由于专门化生产的产品片断式的特点,它缺乏精神性的特征,而在完全由单个人完成的劳动产品中却很容易看到这种精神性的特征。因此专门化生产的产品的意义既非主体性的反映,也不是创造性精神的反映,而只能在远离主体的客观成就中找到。

这种关系在劳动产品最极端的对立面,即艺术品中,同样得到了很好的说明。艺术品的本性就是彻底地抵制大量工人——他们谁也无法独自完成整个产品——的劳动细分工。艺术品在一切人创造的作品中是最完美自立的统一体,是最自足的整体,甚至连国家都无法与之比肩。即使在特定情况下,国家可能是自主的,但它却不会囊括所有的组成部分,使每个组成部分都不能按自己的兴趣过独立的生活:我们只有一部分个性与国家交融在一起,而个性的其他部分则可能围绕着其他核心。然而,在艺术设定的范围之外存在的任何要素,艺术都不会赋予其意义,各种艺术品破坏了语词、音调、颜色、形式的多重含义,其目的是在我们的意识中只保留那些跟艺术品有关的方面。不过,艺术品的这种自主性指的是它表达了一种主体的心灵统一性。艺术品只针对一个单独的人提出要求，但是它要求他的全部，直到他灵魂内心的最深处。艺术品对这个人的回报是它的形式成了他纯而又纯的反映和表达形式。所以，艺术品自主的整体性与人的心灵统一性之间的联系既是彻底地拒绝劳动分工的原因，也是这一联系的标志。反之，但凡劳动分工盛行之处，劳动成果使劳动者难以望其项背，他在劳动产品中再也不能发现自己的表现，产品的形式与所有个人心灵的东西都不相似，它似乎只是我们存在的一个非常片面的组成部分，对人的完整统一体漠不关心。只要劳动产品的基础是显著的劳动分工，是由这种分工意识完成的，在本质上产品就强行闯入了客观性范畴。生产者把他的劳动及其效果当成纯客观的、无名无姓的，这种想法似乎越来越合情合理，因为它们不再触及生产者整个生活体系的根基。

由主观贡献构成的某个整体越是完整地把组成部分吸收进来，每个组成部分的特征就越是仅仅作为整体的一部分起作用，那么这个整体就越客观，其生命就越独立于生产制造它的主体。一般而言，与消费的扩大相对应的是生产的专门化。如今即便是精神活动和职业领域最专业的现代人也读报纸，因此他们沉浸在一种更为广泛的精神消费中，而在几百年前，即使是最博学多才、涉猎广泛的人也不可能有如此的精神消费。但是消费的扩大取决于客观文化的增长，因为一个产品越是客观，越没有个性，就越适合更多的人。这样的消费资料要让非常多的人都可以接受并享用，就不能按照千差万别的主观口味来谋划它。在另一方面，只有生产流程采纳最严格的分化才能够生产出满足人们需要的既便宜又充足的产品。因此，消费模式是联结文化的客观性和劳动分工的纽带。

最后，工人与生产资料（Arbeitsmittel/means of production）分离的过程——它也是一种劳动分工——清楚地显示出同样的意义。由于资本家起的作用就是获取、组织和分配生产资料，所以这些资料对工人而言就拥有了一种客观性，一种彻底不同于那些用自己的材料和工具工作的人而言的客观性。这种资本主义的劳动分化使主客观的劳动条件根本地分开,只要主客观劳动条件还并在一起,它们二者的分裂就没什么心理原因好讲。劳动本身和直接的劳动对象分属不同的个人,这些对象的客观特点必须极为明确地呈现给工人的意识,另一方面劳动以及劳动资料更加构成了一个统一体,它们的相互接近愈发使当前的这种两极对立的特征变得令人瞩目。这个过程还继续发展并反映在如下事实中:除了生产资料,劳动本身也和工人分道扬镳了。这就是"劳动力已变成了商品"这一论点所说明的现象的意义。当工人用自己的原材料工作时,他的劳动仍保留在自己的个性范围内,只有当他把完成的产品售出,产品才会和他分开。但是当工人不再可能以这种方式利用自己的劳动时,他就以市场价把劳动提供给另一个人,在劳动离开了其根源的那一瞬间工人就与他的劳动分离了。劳动现在和所有其他商品享有同样的特点、评价方式和命运,这一事实表明劳动相对于劳动者变成了某种客观的东西,他不仅不再是(ist)劳动,而且实际上也不再拥有(hat)劳动。一旦工人潜在的劳动力被转化成了实际的劳动,则只有劳动的货币等价物才属于他,而劳动本身归属别人,或者更确切地说归属某个客观的劳动组织。故而,劳动成为一件商品的过程只不过是这一影响深远的分化过程的一方面,个性的各种具体内容在分化过程中被分裂开,使它们成为具有独立规定性和动力的客体,和个性形成对比。

生产资料和劳动力的这种命运结果最后还表现在劳动产品里。资本主义时期的劳动产品是这样一种客体:具有明确无疑的自主性,具有自身运动规律,和一种生产它的主体也相当陌生的特征,对这一事实最强有力的说明就是,工人想拥有他自己生产的产品,就不得不去购买。这是普遍的发展模式,它的有效范围远远超过了雇佣劳动者的情况。比方说在科学领域里大量的分工导致了这样一种情况,只有极少数研究者有能力获得工作的必要条件,人们干脆把数不胜数的事实和方法作为客观资料,作为他人的精神财富从外面接受过来,用于进一步的研究。我回想起在技术领域里,甚至到了19世纪伊始,当纺织和钢铁工业中辉煌壮观的发明一个个接踵而至时,发明者不仅必须要亲手——不用别的机器辅助——制作新机器,而且大多数时候他们不得不先设计和生产出制造新机器必需的工具。在广义上,也就是这里所指的任何情况下,当今科学发展的情况都可以被称为工人和其劳动资料分开的过程。在科学研发的实际过程中,相对于生产者的客观的材料与他劳动的主观过程分道扬镳。科学活动分化的程度越小,科学家就更需要亲力亲为制造出工作的先决条件和材料,他的主观成就与客观上被给定的科学事实的世界之间的对立就越不明显。这种对立也蔓延到科学家的劳动产品上:就算劳动成果本身,只要它已经包含了他人的劳动,并结合到最终产品中,不管它在多大程度上是主观努力的结果,它也要被提升到不受生产者制约的客观事实范畴中。因此我们也能观察到,在分工程度最小的学科譬如哲学(尤其是形而上学意义上的哲学)中,一方面被采纳的客观材料起的只是次要作用,另一方面产品绝少脱离主观的根源,因此哲学看起来反倒完全像是一个人创造的成果。

  劳动分工——在广义上也包括生产分工、劳动过程的分化和专门化——割裂了劳动者同其所生产的产品的联系,赋予了产品客观的独立性。某些与此类似的情况也发生在以劳动分工为基础的生产和消费者的关系上。此处我们的目标是从众所周知的外在事例推导出内在的心理后果。中世纪在手工业中占主导地位的定制服务(Kundenarbeit/custom work)只是在上个世纪①才迅速衰落了,这种服务使消费者与商品之间存有一种个人关系:既然商品是特别为他而打造的,并且似乎体现着他与手工匠之间的相互关系,所以,这件东西就像属于制作者一样,也内在地属于消费的顾客。如果使客体成为主体感觉的一部分,在理论上主客体的根本对立就得到了调和,同理亦然,只要客体是由单个主体创造或者是为单个主体创造的,主客体之间类似的对峙在实际中就不会发展。既然劳动分工破坏了定制服务——因为顾客可以和一个手工匠,但却不可能和一打分工合作的工人建立联系——的形式,对消费者而言,笼罩在产品上的主观色彩也就消失了,因为这件商品的生产现在与他没有关系了,商品变成了客观上的给定物(Gegebenheit),消

---

 ① 指18世纪。

者只能从外部接近它,商品的存在和如此的存在(Dasein und Sosein)是自足的,独立于消费者的。例如,高度专门化的现代时装店同在主顾家里做工的某个裁缝的工作之间的差异,就突出强调了经济世界日益增长的客观性,以及经济世界与个体消费者关系中不受个人影响的独立性,而原先经济领域是与消费者紧密地合而为一的。人们已经强调过了,当劳动被分割成越来越专业的局部操作,交换关系就变得越来越复杂,越来越需要这样的中介,即经济必然建立了越来越多并非直接相关的关系和责任。很明显,一旦在生产者和消费者之间塞进这么多的中间阶段,他们二者互相看不到对方,就会在很大程度上使交易的整个特征客观化,使主体性会受到极大的破坏,被置换成冷漠的矜持(Reserviertheit/reserve)和匿名的客观性。

涉及消费者的这种生产自主性还与一种劳动分工的现象(现在非常普遍)联系在一起,其意义尚未为人所知。有一种简单的观念广为流行,它是从早期生产形式中派生出来的,即社会较低阶层为较高阶层劳动,就像植物靠土壤、动物靠植物、人靠动物而生存。人们假设社会结构是对这种生物链的重复,带有正当或不正当的道德理由:个人的社会地位和精神地位越高,其生存形式就越奠定在那些比他们低级的人的劳动基础上,他们不是用劳动,而是用金钱来结算地位低的人的劳动。但是,如今看来这种说法是彻头彻尾地错了,因为现代社会用大型企业来满足居于从属地位的大众的需求,而大型企业雇用了无数较高阶层的人运用他们的科学、技术和管理能力为其服务。杰出的化学家在实验室里思考染色的表现形式,他也是在为一个从杂货商手里购买了五颜六色的围巾的农妇而工作;批发商在全球投机生意中把美国谷物出口到德国,那么他也是为最贫穷的无产者服务的仆人;雇用了高智商者的棉纺厂,它的生意依靠的是社会最底层的消费者。现代社会中已经出现了不胜枚举的这种反向服务(Rückläufigkeit der Dienste)的事例,即较低阶层的人购买了较高阶层的人的劳动产品,这些情况决定了我们的整个文化生活。这种现象之所以可能是拜生产的客观化所赐,客观化使生产脱离了生产主体和消费主体,因此使生产凌驾于社会差别和其他差别之上。最高层的文化生产者为最底层的消费者服务,这意味着他们二者间没有关系,只不过在中间强行塞入了一个客体。生产的一群忙着在这个客体的一边劳动,而消费的一群则在这个客体的另一边对其进行消费。这个客体把他们二者联系在一起,一如它把二者分开。这一现象出现的根本理由显而易见就是一种劳动分工:生产技术如此专业化,以至于不仅是越来越多的人,而且是越来越千差万别的人掌握了技术的不同部分,直到达到这样的程度:即最低消费品的一部分由最高层次的人来生产。相反,机械技术进行的劳动细分工导致了完全相应的客观化:最粗糙无比的手在生产最高文化水平的、最精密的产品时一起通力合作(只需要想想印刷术发明之前书籍的制作与现代印刷机的对比就够了)。社会上层和底层的典型关系的颠倒一清二楚地表明了劳动分工导致上等阶层为下等阶层劳动的事实。然而这种现象可能发生的唯一形式就是通过生产劳动彻底客观化的过程,客观化是对这两个社会群体而言的。这种颠倒的关系不是别的,不过是劳动分工与文化内容客观化之间联系的最终结果罢了。

迄今为止,劳动分工均被阐释为个人活动的一种专门化。但对象自身的专门化同样也对劳动分工起了作用,它们和主体的人保持距离,体现了对象的独立性,以及主体没有能力吸收对象,使其屈从于自己的节奏。首先生产资料就是这样的。生产资料越是参差不齐,越是由众多专门化的部分组成,工人就越不可能借助它们表达其个性,就越难以从中辨认出他对劳动产品的个人贡献。艺术家使用的工具相对地没那么分化(undifferenziert),因此也给个人发挥能力提供了最广阔的空间。艺术家的工具同他的关系不像工业机械同工人一样是对立的,工业机械由于其专业复杂性,其自身似乎就具备了一种个人的坚定性和限定性的形式,所以工人无法把自己的个性浸透到机械中,就像他使用其他不那么确定的工具时能做到的那样。雕塑家的工具全然是非专业化的,这一点几千年来都没变化。当艺术器具发生了决定性的变化,比如钢琴,它的特点也变得相当客观了。钢琴的客观性已经发展得十分独立自主,因此它对主体性的表达比其他艺术器具——例如,技术上差异程度更低的小提琴有着更严格的限制。现代机器的自动化特性是材料和技艺高度发达的拆分和专门化产生的结果，这近似于非常发达的国家行政机构的特点，行政机构之所以得到发展，也只能奠基在职能部门精密分工的基础上。机器渐渐变成了统一体，完成的劳动比例越来越大，因而机器仿佛作为某种自主的力量与工人对峙，似乎工人不再是个体化的人，只是实际规定好的劳动的执行者而已。想看一看工具的专门化在多大程度上使个人技艺（不管是优是劣）的有效性陷于瘫痪，使客体与主体相互独立，背道而驰，只消比一比鞋厂工人与手工制鞋匠的区别就足够了。没有分化的工具只是手臂单纯的延伸而已，而专门化的工具则上升到纯粹的客体范畴内。就军事装备而言，这一发展过程也是非常典型、非常明显的，其巅峰之作就是最专业最完美的机器——军舰。军舰的客观化提升到如此高的程度，以至于在一场现代海战中，几乎唯一起决定性作用的就是质量相同的军舰单纯在数量上的多寡！

在专门化基础之上，文化内容之客观化进程产生了主体及其产品之间日益的疏远（Fremdheit/estrangement），这一过程最后甚至入侵了我们日常生活中比较隐私的方面。19世纪的头几十年，家具设施、我们四周的实用物品、装饰品还比较朴素耐用，也都符合较低阶层以及较高阶层人的需求。这就导致人们同其周围的物品的"连生"（Verwachsen/attachment）现象，这在今天较为年轻的人看来简直已经是其祖父辈的怪癖。客体的分化在三个不同的方面打破了这种情况，每一方面产生的后果雷同。首先，形状各异的物品的大量涌现使主体想和它们中的每一个建立起亲密的，也就是个人的关系愈发困难：个体更容易适应少量的简单用具，而数量庞大、品种不同的用具几乎变成了和个体的自我相敌对的一方。家庭主妇们抱怨维护照料家居成了一种拜物教的仪式，性情比较严肃的人对于我们过分装饰生活的无数小玩意儿偶而也萌生出恨意，都表现出这一点。前者是我们文化中非常典型的情况，因为以前家庭主妇们维护和操持家务的活动比现在要广泛和劳累得多。但那时没有面对客体时不自由的感觉，是由于客体和个人紧紧地融为一体。人们可以用几件不太分化的用品表达其个性，而面对一大堆专门化的、独立的器具时则不太容易。只有当我们被物所奴役时才把它看作是与人敌对的力量。自由不是什么消极的东西，而是积极地把自我扩张到臣服于它之下的客体中，与此类似的相反情况则是，假如我们面临的是自我无法吸纳的客体，我们的自由就被削弱了。人们被现代生活的外部事物压抑的感觉不仅是事物作为独立自主的客体对抗人的结果，而且是其原因。令人难堪的是，对这些云集在我们周遭的大量事物，我们根本就无所谓，这是货币经济特有的原因：它们产生的根源不涉及个人，而且轻易地就可以被替换。大工业之所以是孵化社会主义思想的温床，不仅归功于大工业中工人的社会环境，而且也归结于大工业产品的客观特性：围拢在现代人四周的全是缺乏个性的东西，以至于现代人越来越习惯于接受一种反个人的社会秩序的观念，当然他也可能反对这一观念。文化客体日益发展演化成一个互相连接的封闭世界，这个世界越来越少地指向带有其意愿和感情的主体灵魂。支撑这种发展倾向的是客体的某种自主灵活性。人们已经指出，现代的商人、手工匠、学者远没有宗教改革时期那么活跃。物质形式和精神形式的客体都独立行事，无需个人的载体或传送者。事物和人各自为政。思想、劳动成果、技艺日益体现在客观表现形式，即书籍和商品中，它们遂有了独立行动的能力。交通工具在现代的进步只是这一趋势的实现或表现而已。客体借助不受个人影响的灵活性，完成了它们从人那里分化出来的最后阶段。彻底说明现代经济的机械性的实例就是自动售货机，因为有了自动售货机，即使在零售业——长期以来，零售业中商品的交换是在一个人与另一个人之间进行的——中人与人的关系也被彻底根除出去了。现在货币等价物凭借一种机械装置转变成了商品。此外，在五分钱商店以及类似店铺里，相同的原则在以不同的方式起着作用，在这些地方，经济心理学的流程不是从商品流向价格，而是从价格流向商品。所有商品预先定好的价格全一样，这将会一笔勾销掉顾客的各种权衡考虑，无需售货员劳费唇舌解说，因而经济活动非常迅捷地、不带丝毫感情地通过了个人的渠道。

同时并发的分化过程（Differenzierung im Nebeneinander/concurrent

differentiation)与前后继替的分化过程(Differenzierung im Nacheinander/consecutive differentiation)产生的效果相同。时尚的更替瓦解了主客体之间吸收和同化的内在过程,该过程通常不允许它们二者间有分歧。时尚是社会形式之一,它以特殊的比例结合了独树一帜、变化的魅力同追随相似、一致的魅力。每一种时尚在本质上都是社会阶层的时尚,也就是说时尚通常象征着某个社会阶层的特征,以统一的外表表现其内在的统一性和对外区别于其他阶层的特性。一旦地位较低的阶层试图跟从较高阶层的时尚模仿他们时,后者就会扔掉旧时尚,创造一种新时尚。只要存在时尚的地方,时尚无一例外地被用于展现社会的区别。近几百年来的社会变革使时尚丧失了其十分独特的步调,一方面是通过削弱阶级壁垒,以及众多个体(有时甚至是整个群体)不断向上升为较高阶层的社会灵活性,另一方面则是因为第三等级占据着统治地位。前一个因素致使时尚十分频繁的更替对占主导地位的社会阶级非常必要,因为较低阶层老是仿效他们,很快就使现有时尚的意义和魅力荡然无存。第二个因素之所以起作用,是因为中产阶级和城市居民跟上流社会和农民阶层的保守主义大不相同,他们是最变化莫测的阶层。不安分的、迫切要求变化的阶层和个人,在时尚以及变幻不定、相互对立的生活形式中找到了折射其自身心理轨迹的一种步调。如果说当今流行的时尚不如前几个世纪的时尚那么奢侈放纵、豪华昂贵,但持续时间也短得多,部分原因应归咎于现代时尚必须覆盖更广阔的范围,必须更容易被社会底层的人所模仿,而另一部分原因则是因为现代时尚真正地发端于富有的中产阶级。所以,时尚的扩展就广度和速度来说似乎都是一场独立的运动,一种客观自主的力量,不受个人的约束走着自己的路。要是时尚——我们在这里谈的绝不只是服装时尚——持续时间长一些,把相对较小的社会圈子凝聚在一起,主体与时尚的具体内容之间似乎就可能存在一种个人关系。但是时尚的日新月异——即其前后继替的分化——以及日益的传播瓦解了与主体的这种联系,并且正如同其他一些在现代社会的被奉为守护神的东西一样:时尚较少依赖于个体,个体也较少依赖于时尚,它们各自的内容像相互独立进化的世界，各不相干。

无所不包的文化内容的分化，即同时并发的分化与前后继替的分化，有助于构成它们独立的客观性。所以现在，第三点，我想详细阐述导致这一结果产生的因素之一。我指的是众多的风格，每天围绕在我们四周的客体都带有这些风格，从房屋建筑到书籍格式，从雕塑到花园以及家居装饰，可以看到文艺复兴风格、日本风格、巴洛克风格、法兰西第一帝国风格、前拉斐尔风格、现实主义的实用风格，它们相互毗邻并存。这是我们的历史知识扩大化产生的结果，这一结果反过来又和上文提到的现代人的多变性相互影响。一切历史理解都需要灵活的头脑，需要一种能力领会与自身全然不同的精神状态，并且在自己身上重构出这种精神状态。因为一切历史——不管它在多大程度上处理的是直观材料——只有其根源是关于最基本的兴趣、情感、追求的历史时，才是有意义的、为人所理解的历史。即便历史唯物主义也不过就是一种心理的假设罢了。为了把握住历史内容，认知的灵魂必须具备一种可塑性和模仿性，一种对变易性的内部升华。我们19世纪的历史化倾向，以及无与伦比地从时间和空间上再现最遥远的古代东西，并使其生命复活的能力，只是其适应性以及广泛应用的灵活性普遍发展的内在方面而已。这就是令人眼花缭乱的多元风格的根源所在，它们被我们的文化接纳、呈现、仿效。假如每一种风格本身就是一种语言，有特定的声音、特定的词形变化、特定的句法来表达生活，那么只要我们唯独了解一种风格，并用它构筑周遭的环境，我们的意识就不会把这个风格当成有独立生命的自主的力量。没有人说母语时会幼稚地觉得他必须求助于客观的语言规则，像是求助于某种溢出了他自己主观性之外的东西，以便从中借鉴符合独立规范的、用以表情达意的办法。相反，在说母语时，人们想要表达的东西与被表达出来的东西合而为一，只有在我们懂外语时，我们体验到的独立的、与我们相对峙的存在物不仅有我们的母语，而且首先就是语言本身。同理亦然，若人们只了解一种渗透了整个生活的、始终如一的风格，他们就会把这种风格和其内容当作一回事。既然他们创造或构思的任何东西都自然而然地以这一种风格表现出来，他们就不存在任何心理原因把风格同塑造和构思的材料区分开来，或者把风格视为独立于自我的形式。只有当存在各式各样的既定风格时，人们才会把风格从其内容里脱离开来，为的是风格的独立性和不受限，以及选择此风格或彼风格的自由。通过风格的分化，每一种个别的风格以及一般意义上的所有风格都变成了客观的东西，风格的有效性不受主体的人及其兴趣、行为、喜好的束缚。我们的文化生活的全部直观内容分裂为多元的风格，这瓦解了主客体最初在风格中尚未分裂的关系。我们面对的是一个富有表现可能性的世界，每一种可能性按照自身的规范，带着表现生活整体的大量形式向前发展。所以一边是这些形式，另一边是我们主体，二者宛如两派，它们之间有着一种纯属偶然的关系：由接触、和谐、不和谐交替主宰。

大体而言，这就是现代文化客观化的主要进程的发展轨迹，即它是通过劳动分工和专门化（就个人意义以及客观意义而言）而实现。所有现象构成了这样一整幅图景，文化内容在这幅图景中变成了与文化接受者和生产者均有关系的，越来越有意识的客观精神。随着客观化的日益加深，我们刚开始考察时觉得奇怪的现象变得更加容易理解，也就是说：个人文化之发展可能远远滞后于物质（无论在功能还是精神上）文化的进展。

主观文化偶尔的优势

文化进程中的相反情况偶尔也会发生，这说明思想的两种形式彼此是独立的。下面的现象以略为隐蔽和变化的形式说明了这一点。德国北部的农村经济似乎只有以单独继承地产权的形式才能保存下去，即地产不分割，由一个继承人承袭地产，其他继承人则补以小于地产相应市场价的数额。倘若按地产的市场价来估价——市场价在目前远比地产的预计收益要高——这样的补偿就会使地产负担很重的抵押额，以至于只有价值不大的工场才能保存下来。然而现代个人主义式的公平意识仍然要求按金钱机械地计算所有继承人的平等权利,不会单单给某个子嗣任何优惠,即便这种优惠是地产继承里的一个客观可行的前提条件。毋庸置疑,这套程序常常提升了单个主体的文化高度,付出的代价是客观文化落在了后面。可以在现实的社会体制中清清楚楚地看到主客观文化的这种分歧,社会体制的进化比个人进步的步伐更加行动迟缓、因循守旧。与此模式类似的还有这样的情形,生产关系存在了一定时间后,从生产关系中产生的生产力超过了生产关系,使得原有的生产关系不再有适合生产力正确表达和使用的方式。这些生产力在很大程度上具有人的本质:是具有一定素质的人(Persönlichkeiten)能够实现的,或有正当权利想要的东西在企业的客观形式中无法再找到正确的位置。当且仅当迫切要求变化的要素变成势不可挡的力量时才会发生必要的转型。到这个时刻,生产的客观组织机构就落在个人经济力量发展的后面了。妇女解放运动的诸多原因都可以由此模式来解释。现代工业技术的进步把过去妇女承担的大量繁重的经济家务活动转移到了家庭外,在那儿可以更便宜更方便地解决家务。结果是许多中产阶级妇女因此失去了原来的生活内容,又没有其他社会活动和生活目标可以取而代之。现代妇女反复出现的"不满足"和浪费精力(可能会给她们带来各式各样的紊乱和毁灭),她们部分合理地、部分则一反常态地寻求在家庭之外存在的价值的证明,都是这一事实的后果:带有客观性的技术更加独立、更加迅速地向前发展,比人的发展机会更独立更快。现代婚姻中广泛的不满意特点也可以追溯至同样的情形。婚姻生活强加在个人身上的固定形式和生活习惯与夫妻双方,尤其是与妻子这一方的个人发展背道而驰,她的个性发展可能远远地超越了婚姻的这些形式。现代的个体可以说倾向于接受一种自由,一种相互的理解,以及一种权利与教育的平等,而传统的、客观设定的婚姻生活却不能够为这些提供足够的空间。所以可以说,婚姻的客观精神在发展上落后于其主观精神。法律也同样如此:法律以特定的基本事实为基础逻辑地发展,在一套条文确定的法典中记载下来,由一个特定的社会阶层为代表,法律对于其他由个人感觉的生活情况和生活需求要求的是一成不变的特性,这种特性像永恒的疾病一样被传承下去,相对于它理性沦为胡言乱语,善行沦为祸害。在宗教方面,一旦宗教的冲动定型为大量言之凿凿的教义,通过神职人员的劳动分工为信徒保留了一个作为教义载体的团契机构,宗教就遭遇了相同的命运。若人们留心到生活的这种相对独立性——客观化的文化形式,即历史基本运动的后果,用这种独立性同主体的人相对峙——那么历史的进步问题就不那么令人困惑不解了。假如每一种解释都可以同样似是而非地证明为正确或反证为错误,这种做法的谬误可能常常在于二者说的不是同一个事物。譬如,一个人可能同样有理由地宣称历史是进步的,或道德秩序是不可改变的,这取决于其落脚在已经被社群意识吸收的一成不变的原则、机构、律令上,还是落脚在个体的人与这些客观理念的关系、个体道德行为的恰当与否上。进步和停滞有可能同时并存,不仅并存于历史生活的不同范围中,而且在同并存于一个相同的范围中,这取决于人们关注的是主体的进步还是形式的进化。对形式而言,尽管它们是从个体的贡献发展而来,它们却已经获得了自身独立的客观精神的生命。

客观精神进展的速度可能比主观精神快,但是相反的情况也可能发生,在考虑了这样的可能性之后,我想回过头分析劳动分工实现前一种可能性的意义。简言之,这双重可能性是以下述方式发生的。客观化精神(体现在各式各样的生产中)超过单个的人,这是生产方式的复杂性造成的,这种复杂性是以数量极多的历史因素和物质因素、先驱者和合作者的成就为先决条件的。结果是生产的产品或许凝聚了完全超出单个生产者的掌握能力的能量、质量和扩增的潜在因素(Steigerungen)。这种情况在劳动分工导致的结果,即现代技术中尤其司空见惯。只要产品是由单个生产者或者经过不太专门化的合作形式制造的,产品中被客观化的精神和力量的含量就不可能大幅度地超过所涉及的主体的精神力量的含量。精密复杂的劳动分工给单个产品灌注了众多生产者的能量,所以被视为统一体的产品和单独的个体一比较,就注定在各个不同的方面都超出了个体。质量和完美在客体身上的这种积累——它们综合在一起成就了客体——是没有尽头的,但个体的成长在任何时期都有明确无疑的自然规定性的限制。虽然客观的产品吸收了众多人的品质,为其发展提供了绝佳的机会,但是它仍旧丧失了综合一个单独的主体的能力达成的那种尽善尽美。国家,尤其是现代意义上的国家,最清楚地说明了这一点。理性主义学说公开谴责君主制国家在逻辑上是自相矛盾的,君主单独一个人却统治着数量众多的其他人,但是,这种指责却忽视了这样一个事实:就他们所构成的这个君主制国家而言,这些老百姓和君主本人在作为"人"的意义上是不一样的。老百姓只拿出很小一部分的存在和力量参与到国家中,剩余部分则伸展到其他圈子中,他们完整的个性绝不会投入其中任何一个领域。然而君主的确把他自己与国家合而为一,他投入的比任何一个臣民都多。但只要这种政体是君主集权制,集权的意义就是说统治者有无限制的权力支配其臣民,这种不合比例的关系就会存在。与此相反的是,现代的法治国家精确地勾勒出人民受国家约束的范围,国家区分这些范围,目的是从中选择特定的要素来构成国家本身。这种区分的程度越大,国家作为一种客观的、与个人的心灵相抵触的形象,就越是和个体对立。由此,国家就成了主体各不相同的因素构成的综合体,它的综合性显而易见地既低于个体,又高于个体。客观精神的一切造型——其基础是结合了各不相同的个人的成就——均与国家类似。不管它们的客观精神含量和可发展的潜力在多大程度上可能超出了个体的理智,我们看它们仍旧像看一种无生命、无灵魂的单纯机制,只不过其中分化和合作性因素的数量有所提高罢了。在这里,精神(Geist)与灵魂(Seele)的区别搁到了桌面上来。精神是灵魂作为一种活跃的功能所意识到的客观内容;灵魂则仿佛是精神——即思维在逻辑-概念上的内容——作为我们的主体性,为我们的主体性所采用的形式。所以,在此意义上的精神并不非要构造出一个统一体,而没有统一体灵魂则无法生存。就好像精神内容不知怎么就散落到各处,唯有灵魂把它们汇聚成一个整体,一如无机物质被融合到有机体和生命的统一体似的。相对于意识的诸种个别内容,就其独立有效性和客观意义而言,灵魂既有伟大之处也有其局限性。柏拉图把理念王国描绘成熠熠生辉的、完全自给自足的完美世界。这些理念不是别的,它们就是思想的客观内容,摆脱了主观任意的实际的表现,因此对柏拉图来说,人的灵魂对事物真实意义的苍白模糊、几近难以捕捉的反映似乎是不完美的、受条件限制的、半知半解的。然而对我们来说,轮廓分明、逻辑明确的形式确定性不是评判理念和现实的唯一标准。我们认为个性的整一性——意识把事物客观精神的意义也汇聚于此——具有至高无上的价值:只有在这里,它们彼此才发生了摩擦,这就是生命与力量;只有在这里,感情隐秘的脉脉温情的线索才得以发展,纯粹的客观确定的观念在其一清二楚的完善过程中,既没有给这些感情的线索留下位置,也不赞同它们。精神的情况与此类似,精神借助于对人的理智的客观化,作为客体,与灵魂相对立。只要对象是越来越多的人分工合作的产物,精神与灵魂之间的距离肯定就在增加;因为已经越来越不可能把个性的统一体——即灵魂的价值、活力、特性的组成部分——熔铸到产品中。由于现代的分化,以及与之紧密相连的我们文化产品的机械性,客观精神缺乏灵魂性的形式(Form der Seelenhaftigkeit)。这或许是现代高度个人主义和天性极度敏感的人对"文化进步"抱有敌意的最终原因。的确,由劳动分工发展所决定的客观文化越是成为普遍现象的一部分或结果,下面这一点就越真实:在我们的时代,非常紧要的事情是由大众而非由个人得以实现。劳动分工实际上造就了这样一种情形,甚至连个别客体也是大众的产物。把个别物体分解为特殊能量——这一过程由我们的劳动组织决定——然后把分化后的东西重新聚合成客观的文化产品,这种做法导致的结果是参与产品生产制作的人越多,单个产品里的灵魂就越少。现代文化的伟大辉煌和柏拉图熠熠生辉的理念王国具有某些相通之处,现代文化里的客观精神是毫无瑕疵的完美存在,但是它却缺乏无法溶化于客观性中的特殊个性的价值。正是客观精神的这一缺陷使人们完全意识到了,个性的这些价值的特性就是片断、非理性和短促的。的确,个人的灵魂性作为一种纯粹的形式拥有一种价值,它坚持自己的价值,而不管其内容是如何平庸,如何违反观念论。人的灵魂性是人的存在的一种固有的意义,与存在的一切客观性势不两立,即便对那些我们一开始就着手讨论的情况——即个体-主观文化衰落了,而客观文化却在不断进步——它自身仍然有意义。

客观化精神及其向主观精神的发展之间的关系对每一个文化共同体都具有极端重要的意义,尤其是涉及共同体的生活风格时。若风格的意义在于它有能力用相关的形式表现任何数量和种类的内容,则主客观精神——涉及数量、大小和发展步伐——之间的关系同样如此,即便是对于文化精神千差万别的内容。生活的一般方式,即社会文化给个体欲望冲动提供的框架,限定在下列问题中:个体的内在生活是接近还是远离了他所处的这个时代的客观文化进程?个体觉得这种文化进程——对此他只是一知半解——超过了自身,抑或认为他的个人价值超过了一切物化的精神?客观的、历史上既定的要素是不是他的精神生活中独立自主的力量,以至诸要素同他的个性内核各自为政、独立发展?或者说,灵魂是不是所谓的自家的主人,还是说灵魂最内在的生命跟它必须吸收的那些不涉个人的内容之间建立的标准、意义和节奏起码有一种和谐关系呢?这些抽象的阐述勾勒出了无数具体的日常的及终身的兴趣和情绪的图像轮廓,因此也表明了客观文化同主观文化的关系在多大程度上决定了生活风格。

货币与这些相对立运动的载体的关系

倘若这种主客观文化关系目前的形式是由劳动分工维持的,那么同样地它也是货币经济的衍生物。首先,因为生产过程分割成众多的局部作业,这就要求有一个起绝对准确可靠的作用的组织,自从奴隶劳动终结以来,只有付薪的工人才可能组成这样的组织。雇主和工人之间以任何其他形式为中介的关系都会承担难以估计的风险,一部分是由于实物支付方式不那么简易和确定,另一部分是由于唯独纯粹的金钱关系才具有独一无二的客观自动性,这正是高度专门化和错综复杂的组织产生的先决条件。第二,生产越来越专门化之际,要求货币出现的根本原因就越来越紧迫。经济交易的本质就是一个人交出另一个人想要的东西,只要后者也给出前者想要的东西。一个人怎样对待自己,就应该怎样对待他人——这样的道德准则在形式上的实现从经济领域中找到了最清楚不过的例子。譬如,某生产者为他想交换出去的甲产品找到了某个顾客,那么通常就是反过来这个顾客希望用以交换的乙物品却不是那个生产者想要的。两人需求上的差异并不总是和他们提供的产品的差别恰好吻合,众所周知,这就要求加入交换手段。故而,假如甲乙物品的主人不能在一桩直接交换中达成共识,那么甲物主可以用甲产品换到钱购买他想要的丙产品,乙物主可以用同样的方式与第三者交易筹措到钱来购买甲产品。由于存在产品的多样性,或者对产品需求的多样性,所以人们需要货币,而交易中流通的对象品种越多,货币的作用就变得愈发重要,愈发不可缺少;或者反过来说,只有不再需要直接交换时,才出现了对支付款项(Leistungen)的详细说明。当产品和人的需求越来越具体特殊时,某件产品的买主正好可以供给生产者同样需要的某个物品的概率就下降了。所以在这方面,现代分化过程与货币的优势地位紧密联系在一起的方式没出现什么新花样;但在其根源处发现了双方文化价值的联系。并且,专门化(对此我已有论述)与货币经济相互作用构筑成一种历史的统一体,这不过是二者固有的一种综合趋势的逐渐激化。

借助这种联系,生活风格——就它取决于主客观文化关系而言——也和货币交易栓连在一起。这一层关系的本质被这样的事实清晰地揭示出来:金钱交易体现着客观精神对主观精神的优势,以及主观精神的保留、独立自主的提高与发展。物质文化成为凌驾于个体文化之上的力量,这一后果是物质文化在现代成为一种统一体、一种自足的封闭体所造成的。现代生产,连同其技术和成就,似乎是一个具有明确的、所谓符合逻辑的规定性及无穷发展的宇宙,它跟个体照面的方式就宛如命运面对我们变化无常、毫无规律的意志一样。这种形式上的自主性,这种内在的强制性——把文化内容统一成对自然关系镜子般的忠实写照——只有凭借货币才能实现。一方面货币起的作用正如有机体的关节系统的作用,使机体各部分可以移动,互相依赖,借着关节传递所有的推动力。另一方面货币好比血液,它从不间断地流动,渗透并同等地给养身体所有的末端,从而担负起它们的功能的统一。所以,货币作为人与物之间的中介环节,仿佛使人成为一种所谓抽象的存在,一种摆脱了直接关涉物体、直接和物体产生关系的自由的存在,没有这点人的内在本质将不再有特定的发展机遇。假如在某些有利情况下现代人可以赢得一片主体性的保护区,为其最个性化的存在(不是社会意义上的而是更深层的形而上意义上的)获得一个隐秘的离群索居的独处领域,这在某种程度上是对古代宗教生活风格的弥补,那么这是因为货币使我们越来越无须直接接触事物,同时又使我们极为容易地统辖事物,从中选取我们所需。

这些相反的发展倾向一旦开始就迫不及待地追求一种完全绝对的区分理想,在这个理想中,生活的一切物质内容变得越来越客观,越来越没有个性,无法被物化的所剩无几的东西则变得更为个性化,是自我更无可争议的财产。这种发展倾向的一个典型的实例就是打字机。写作虽是一种外在的具体活动,但仍然具有一种体现性格和个体化的形式,现在使用打字机,却可以置这一形式于不顾,而唯独青睐机械化的千篇一律。从另外一面来看,使用打字机具有双重好处:首先,写下的东西只传递出纯粹的内容,不会受任何写作形式的支持或干扰;其次,它不会泄露最个性化的东西,而手写体却常常透露出这些东西,无论是在表面的、无足轻重的还是最隐私的通信往来中。不管所有这些机械化的发明物是多么社会主义化(sozialisierend),残留下来的精神自我的私有财产更加令人嫉妒地被保护起来。很明显,主体的灵魂性被驱逐出每一种外在的事物,这对审美生活理想的不利正如对人的纯粹内省的有利一样。这样一种相反趋向的结合也许可以解释,为什么恰恰是具有审美意向的人对当今的世界感到绝望,以及为什么这些审美的人的灵魂同那些只关注宗教内心拯救的人的灵魂之间以隐蔽的形式——非常不同于萨沃那洛拉(Savonarola)①时代——演变出一种轻微的紧张关系。货币是万事万物变得一模一样和外在化的象征,也是导致它们如此的原因,同时,货币也成了最内在领域的看门人,因而该领域可以在自己的地盘内独自发展。

无论这使个人变得举止优雅、与众不同、内心自省,还是使被征服的客体由于不费吹灰之力可以被人占有而反过来统辖了人,都不取决于货币而取决于人本身。这里货币经济再一次显示出与社会主义社会在形式上的关联。因为人们指望社会主义的东西——摆脱了个人求生存的挣扎,保证可以获得生活必需品,以及获得较高的经济价值——同样也可能产生分化的作用,让社会的某一部分可能上升到史无前例的精神高度,远离世俗的考虑,而社会的另一部分则相应地陷入了空前的实用物质主义。

在我们的生活风格取决于客观文化对主观文化的优势的这些部分,货币总体上的影响最为深远。货币也可以支持其反面,这一点把货币历史力量的本质和起作用的范围展露无遗。在某些方面货币好比语言,语言也屈身投入千变万化的思想和感情的趋势当中。货币属于这样的力量,其特性在于压根没有特性,但仍旧给生活染上了五颜六色的色泽,因为这些力量纯粹形式上的、功能上的、数量上的规定性对抗的是由质量规定的生活内容和方向,并诱使它们产生质的意义上新的构成形态。货币促成了客观精神和主观精神之间的两种可能的关系,故而货币之于生活风格的意义非但没有被这样的事实否决,反而被增强了,非但没有被驳倒,反而得到了证实。

---

① 萨沃那洛拉(1452—1498):意大利宗教、政治改革家,多明我会传教士,抨击罗马教廷和暴政,领导佛罗伦萨人建立民主政权,后被教皇推翻被判火刑处死。

第三节

自我与诸事物间距离的变化——生活风格差异之表现

我们极少认识到,在何种程度上我们对灵魂过程的观念具有纯粹的象征意义。原始的生活需求迫使我们把触摸得到的外部世界当作第一个注意到的客体加以考虑。这些概念首先是对于世界的内容和关联而言有效,我们通过概念来构想一种在观察的主体之外的、察觉不到的存在。这就是一般意义上的客体类型,任何观念要成为我们的客体的话就必须符合客体类型的形式。这一要求指向的是灵魂本身,灵魂变成了它自己观察的对象。然而,首先确实是对"你"的观察才是公共生活和个体保持自我最必要的先决条件。但,既然我们永远也不能直接观察到他人的灵魂,既然我们的一切知觉只不过就是外在的感觉印象而已,因此一切心理认识就是对我们自己的灵魂所感觉到的意识过程的阐释说明罢了。当我们面对事物产生感官印象时就把这样一种阐释传递给另外一个人,即便这种传递兴趣似乎太过于集中在其目标(Zielpunkt)上,而没有对其起点(Ausgangspunkt)作出解释。灵魂若要成为它自身理解的客体,只有借助空间过程的图像才有可能。当我们谈论着种种观念及其相互关系,谈论着观念上升为意识和沉没到意识阈限(Schwelle des Bewuβtsein/threshold of consciousness)之下,谈论着内在的嗜好和禁忌,谈论着欣喜和沮丧的心情之际,这些以及不胜枚举的其他表现,其中任何一个都清清楚楚地来自对外部世界的感知。我们或许笃定,支配人的灵魂生活的规律与统辖外在机构的规则有着天壤之别,主要的原因是灵魂的单个元素缺乏清晰的界限和可靠的可辨认性。但我们不知疲倦地把这些"观念"当作一种本质,一种参与到连接与分割、上升和降落的机械关联中的本质。故而我们确信——且经验也证实了这一点——依据直观过程的类型对灵魂的阐释体现了现实的内在意义,正如对天文学家而言,他写下的运算公式成功地表现了星球的运动轨迹,所以其运算结果再现的天文图景可以被真实的力量导致的后果所验证。

这一关系的相反方向也同样有效,即根据我们的内心生活内容来阐释外部事件。我的意思并不是说前者只是一套世界观,而是认为,一旦某个相对外在的现象面对某个在某种认识论基础上的、相对内在的现象时,这个内在现象的用处就是把外部现象构筑成可理解的一幅图像。故而,由于整体意义上的对象是由其全部性质实现的,所以对象只有屈从于我们的自我的统一形式之下才会呈现在我们面前。这样一来,我们就从根本上体验到了大量的规定性和命运是怎样附属于一个固定的统一体的。如常言所道,外部事物的能力和因果关系也无不如此:我们把生理-心理上的紧张感、冲动感、有意志行为的感觉投射到对象身上,并且当我们把这些阐释性范畴安置于对象的直接可感知性背后时,我们就依照自己内在性的感觉经验在对象身上认清了我们自己的方向。或许,这就是一旦某个人挖开了一个低于内在现象的最初象征物的、更深层的实体般的东西时,他就跟彼此对立的相互关系不期而遇。假设我们把一个灵魂的过程描述为种种观念的关联,之所以获得这样一个认识靠的是空间的范畴;但也许这种关联范畴本身是在一种纯粹内在的、绝非直观的过程中获得其含义和意义的。我们所谓的外部世界的关联性,就是不管以什么方式统一起来,彼此共存,实际上是在外部世界里总是保持着相互毗邻的状态,而对这里的关联性存在我们的意思是指单单从我们的内心向外投射到对象上的某种东西,是外界的任何东西都无法比拟的某种东西,即我们对它无以名状、无法直接表达的那种东西的象征。所以这里存在的是一种相对主义,一种内在生活和外在生活之间无始无终的过程:在此过程里,一个东西是另一个的象征,为其带来可设想性(Vorstellbarkeit)和可表现性(Darstellbarkeit),在其中没有任何一个东西是第一,也没有任何一个是第二,它们彼此依赖成为统一体——即由此而实现的我们的存在。

　　灵魂和肉体的存在内容越是向这种相互象征化的阐释敞开，它们就越简单。在这个简单的关联过程中，我们对观念的融合、观念的再现可以坚持一种普遍的形式合法性的理想，这一理想要求给内心世界和外在世界规定相似的关联，因而使其中一个世界恰当地表现另一个世界。对那些较为复杂、与众不同的灵魂形式而言，要按照空间上栩栩如生的类似物来描述它们显得愈发困难；这越来越取决于是否能适用众多的情况，为的是不要显得太武断随意，而是要和灵魂的现实性保持一种安全可靠的（尽管只是象征性的）关系。从灵魂现实性自身出发，它将会发现，两边的过程越是专门化，或者越是由众多元素组合而成（zusammengesetzter），对事物的理解、对事物自身的含义和意义的阐释就越困难、越无法确定；因为出现在内外两种现象中的神秘的形式相似性（灵魂的形式相似性是沟通这一个与那一个的桥梁）就变得越难以想象、越难以感觉得到。这应该是下面这些看法的开场白，这些看法结合了多种多样的内在文化现象的一个系列，由此应该显而易见的是，这些不同的现象均归属于同一种相似的生活风格，因为它们可以依照同一种直观的类比（anschaulichen Analogie）来阐释其意义。

　　一个经常用以描述生活内容之构成的形象，是把它们围成一个圆圈，圆圈的中心是真正的自我。有一种关联的模式存在于这个自我同事物、他人、观念、兴趣之间，我们只能称之为这两方面的距离（Distanz）。无论我们的客体是什么，它能够在内容保持不变的情况下，更靠近我们视野圈和兴趣圈的中心或者外围。但是这不会使我们与该客体的内在关系产生任何变化，相反，我们只能藉着对两者的距离的一种确定的或变化的直观的象征，来描述自我与其内容间特定的关系。当我们把内在的存在分裂成一个处于中心的自我和一系列排列在四周的内容时，从一开始我们就已经对这个难以言传的事态创造了一种象征性的表达方式。根据事物离我们的感觉器官的远近不同，事物的感官—外观印象有惊人的差异——不仅有清晰可见的差异，而且有感受到的形象的性质及整体特征的差异——有鉴于此,这种象征化的表现有所扩展,它自身就表明了,人与种种事物最内在关联的多样性被理解为二者之间远近亲疏的距离的多样化。

从距离这一角度出发有一些现象构成了一个统一的系列,其中我首先要强调的是艺术现象。艺术风格的内在含义可以解释为各种艺术风格在我们和事物之间产生的远近不同的距离造成的后果。一切艺术均改变了我们源初地、自然地置身于现实时的视界(Blickweite)。一方面艺术使我们离现实更近,艺术使现实独特的最深层的含义与我们发生了一种更为直接的关系;艺术向我们揭示了隐藏在外部世界冰冷的陌生性背后的存在之灵魂性(Beseeltheit),通过这种灵魂性使存在与人相关,为人所理解。然而在此之外,一切艺术还产生了疏远(Entfernung)事物的直接性;艺术使刺激的具体性消退,在我们与艺术刺激之间拉起了一层纱,仿佛笼罩在远山上淡蓝色的细细薄雾。艺术拉近和疏离人与现实的距离的两种效果有同样强烈的吸引力;它们二者之间的张力,这种张力在多种多样的对艺术品的要求中的分配,赋予每一种艺术风格具体的特色。是的,风格存在的纯粹事实本身就是距离化(Distanzierung/distancing)最重要的一个例证。风格作为我们的内心过程的呈露,它说明这些过程不再即刻喷涌而出,而是在呈现之时就套上了伪装。风格作为个别细节的一般形式,对这些细节而言它是一层面纱,给那些接受其表现形式的人强加了一道壁垒和距离。即便自然主义艺术——其明确的目的就是克服我们与现实的距离——也遵守一切艺术奉行的这条生活原则:使事物与我们有距离,以此方式让我们更靠近事物。只有自欺欺人,才会不承认自然主义也是一种风格,即,自然主义在十分确定的前提条件和艺术要求的基础上也组织和重构了印象的直接性。这一点无可辩驳地由艺术史的发展得到了论证,在艺术史中,某个时代认为忠实于现实、精确地摹写现实形象的任何一件东西在随后的时代都被认为是极度有成见、有失偏颇的,而后来的这个时代也声称现在才是如实地呈现事物。艺术现实主义犯的错误和科学唯实论一样,如果它以为没有一种先验性,没有一种形式(从我们的本性之倾向和需要中产生的)也能过得去,因为这种先验性或形式使感觉的现实身上有了一层遮盖,或产生了一种变形。现实屈从于我们的意识产生变形,这种变形确乎是在我们与现实的直接存在之间的屏障,但同时也是认知现实、再现现实的先决条件。在某种意义上,自然主义的确可能产生针对事物的一种相当与众不同的距离化,倘若我们观察到自然主义偏向于描摹日常生活的对象,以及陈旧的老一套东西。既然自然主义无疑地也是一种风格化(Stilisierung),这种风格化针对一种更加高雅的艺术感觉——该艺术感觉认为艺术存在于艺术品中,而非存在于对象之中,无论是用哪种艺术手法来表现——时更能感觉得到,假如这种风格化是在一些直接的、原始的、世俗的材料上面展开的话。

距离增大和距离缩小的现代趋势

总体来看,现代的审美兴趣拉长了事物成为艺术时所产生的距离。我所想到的就是那种非比寻常的魅力,即时间和空间上非常遥远的艺术风格成了现代的艺术感觉。那种遥远的东西唤起了许多活跃地上跳下跃的观念,并且满足了我们对刺激的多方面的需求;虽然由于所有这些陌生的、疏远的观念同我们最个人的、最直接的兴趣没有什么关系,它们只是隐隐约约地围绕着这些兴趣,因此对变得脆弱的神经来说,它们不过是安慰性的刺激而已。我们这个时代所称的"历史精神"或许不仅是这种现象的一个有利的起因,而且与这种现象根出同源。通过大量的跟时间空间上非常遥远的兴趣的内在关联,历史精神使我们对于在近处以及直接接触人和物时遭遇到的震惊和困惑更加敏感了。逃离当下(Nicht-Gegenwärtige)更轻而易举了,也很少有什么损失,某种程度上甚至是正当合法的,只要这样做导致的是对具体现实的认知和享受,尽管这些现实遥不可及,只能非常间接地体验到。从这一过程中还产生了现在让人感觉生动的,片断、纯粹的暗示、格言、象征、拙朴的(unentwickelt)艺术风格的吸引力。所有这些形式(在一切艺术中耳熟能详)使我们与事物的整体有了一种距离,事物"仿佛从遥远的地方"同我们说话。在这些形式中,现实不是非常肯定地表现出来的,而好像是用指尖轻轻碰一下马上又缩回去了。我们极为讲究的文学风格不直接描写对象,只用言辞轻触遥远的对象外缘,这种文学风格把握到的绝非事物,而仅仅是罩在上面的面纱而已。这异常清楚地表现在造型艺术、言语艺术和文学的象征主义倾向中。在象征主义风格中,艺术在我们和事物之间已然设立的距离又扩大了一步,因为最终被激起的灵魂过程的内容所构成的观念,在艺术品自身中再也没有一个感觉的对应物,而是通过内容完全不同的可感觉性,使人联想起这些观念。在所有这类现象中有一种感觉特征,其病理学上的行为表现就是所谓的"畏触病"(Berührungsangst/agoraphobia),即害怕过近地接触物体,它是触觉过敏(Hyperästhesie)的后果,每一次用力地直接接触就会感到疼痛。所以,现代芸芸众生的敏感、精神状态、有着细微差别的感觉,在一种否定性爱好中找到了表现方式,他们很容易被无法接受的东西冒犯,他们坚决地拒绝使人不快的东西,他们反感许多(通常是大多数)由别人提供的刺激范围;同时那种肯定性的爱好,果断地断言"是",兴高采烈、毫无保留地接受喜欢的东西,简言之就是积极地把能量占为己有,却显示出巨大的亏空。

距离所象征的这种内在倾向远不只发生在美学范围。例如,哲学上的唯物主义——它自信能够直接把握理解现实——如今已让位于主观主义或者新康德主义的种种理论,它们认为在事物可能成为认知之前,可以通过灵魂的中介来反映或者蒸馏提取出事物。现代的主观主义的基本动机与艺术同出一辙:为了获得和事物更亲近更真实的关系,就通过摆脱我们与事物的关联返回我们自己的内心,或者是有意识地声称我们与事物间总是存在着不可规避的距离。当这种主观主义面对一种更为强烈的自我意识时,它不可避免地倾向于强调我们的内在性,而另一方面,当这种主观主义要表现终极的东西,或者是要给一种不断地展露其最内在根基的东西赋予自然主义形式的关联的时候,它也和一种新的更深刻、更自觉的羞报,一种委婉的缄默结合起来。再看其他科学领域:在伦理学的思考里面,陈旧的实用性作为意愿的价值评判标准被进一步推到了后面,人们可以看到,在实用性当中,行为的特征只涉及那些最近在眼前的关系,所以为了使它超越作为手段的纯粹技巧,它就必须从层次更高的东西——通常是与感官直觉性毫不相干的宗教原则——那里获得特有的指示。最后,对专业化的具体劳动,四面八方都兴起了整合和一般化的呼声,那就是保持一段距离以便一览无遗地鸟瞰所有细枝末节的呼声,在鸟瞰视野之下,所有因接近而产生的不安均被消除了,以前肯定触摸得到的东西(Greifbare)现在只能理解领会(begreifbar)了。

若距离扩大的趋势没有相反的倾向相伴随的话,也许它就不会如此发挥功效、令人瞩目了。人们可以用两种截然不同的方式阐释现代科学与世界在精神上的关系。诚然,我们与事物之间无穷无尽的距离已经借助于显微镜和望远镜被克服了;但是这些距离被人们首次意识到之时,也就是它们被克服的那一瞬间。假如再加上这样的事实,即被解决的谜团总比营造出的新问题更多,对事物的接近往往不过是向我们表明它们离我们仍旧有多么遥远,那么人们不得不说:从主观视角来看,在神话的时代,在认识相当一般化、表面化的时代,人才对自然有人格化的认识,在感觉和信仰(无论多么荒谬)方面才维系了人与物之间比如今的时代更短的距离。我们闯入自然的内在方面所凭借的这一切聪明办法,只能非常缓慢地、零碎地取代古人与自然熟稔的亲近关系,这种亲近关系被赋予灵魂是通过希腊神灵、通过按照人的欲望和情感解释世界的意义、通过把人类福祉的目的论思考和某个对个人有影响的神联结在一起。我们首先也可以把这一点描述为,相对来说外在的方面被征服的距离越多,内在方面增加的距离就越大。当这个象征性的表述应用于另一种全然不同的内容上面时,其正当性会再次显示出来。现代人与周遭环境的关联通常以这样一种方式发展,他越来越远离同他最亲近的圈子,目的是凑近那些曾经离他比较远的圈子。维系家庭的纽带日益四分五裂,被束缚于关系最亲近的圈子——在这样的圈子里,忠诚常常和解放得到自由一样是悲剧性的——时难以忍受的近距离感,对个体性——它最断然地从直接的环境中脱颖而出——的日益重视:跟这些距离化的整体过程齐头并进的是和最遥不可及东西的关系,是对远处偏僻的东西抱有兴趣,是和某些圈子(其关系取代了一切空间上的接触)在思想上的结合(Gedankengemeinschaft)。呈现在我们面前的全景图当然意味着存在于真正内在的关系中的距离日益拉大,而外在关系中的距离却日渐缩小。文化的进程显示出,以前无意识地、本能地做出的事情后来出现时都带上了清清楚楚的可计算性,以及支离破碎的意识;而另一方面,起初需要小心翼翼和自觉地努力才能获得的东西,在现代变成了机械式的例行公事、本能的理所当然的东西。故而相应地,在这里最遥远的东西离人近了,付出的代价是原初和人亲近的东西越来越遥不可及。

货币在这一双向发展过程中发挥的作用

货币在这个双向过程中所起作用的广度和强度,首先显现为货币对距离的克服。只有把价值转化成货币形式才能使那样一种利益的结合成为可能,即参与者的空间距离绝对被忽略不计,这一点不必赘述。在成百上千个例子中只举一个例子:只有通过货币的手段,某个德国资本家或某个德国工人才可能实际地卷入西班牙的一桩内阁人事变动,可能分享非洲金矿的利润,可能涉足一次南美洲革命的成果。但是在我看来更有意义的,似乎是货币作为相反发展倾向的载体。家庭纽带的松散是根源于家庭个体成员经济上的特殊利益,这种现象只有在货币经济中才可能发生。家庭关系的松散首先产生的就是生存完全可能以个人才能为基础;只有和个人才能等价的货币形式才可能评估出相当专门化的劳动的价值,如果不把它们转换成一种普遍的价值就很难进行相互的交换。等价物的货币形式使个人更容易与外界接触,更容易进入那些不太熟悉的、只对具有金钱价值的成就或其成员在金钱上的贡献感兴趣的圈子。家庭却恰恰是按相反的结构形成的,其基础主要是集体所有制(kollektive Besitz),尤其是地产。集体所有制带来的结果是家庭利益的团结一致,在社会学上这表现了家庭成员的联系中的一种连贯性,而货币经济非但使一种相反的距离化成为可能,而且甚至无疑地强化了这一趋势。除了家庭生活形式之外,其他的现代生存形式也都取决于金钱交易所产生的这种距离化。金钱交易在人与人之间树立了一道屏障,交易双方中只有某一方得到了他确实想要的东西,得到了与其具体需求相对应的东西,而另一方只换到了钱,所以他必须寻找第三方来满足自己真正的所需。进入交易的双方的兴趣截然不同,这在二者对立的兴趣已经造成的敌意之外又增添了一种新的疏远性。同样,上文已经提到,货币导致了交易普遍的客观化,一笔勾销了所有个人的色彩和方向,并且更进一步,以货币为基础的人际关系的数量不断攀升,一个人之于另一人的意义越来越追溯到(尽管常常是以隐蔽的形式)金钱上的利益。以这样的方式,人与人之间树立起一道内心的屏障,然而对现代生活形式而言,这一道屏障是不可或缺的。因为,若无这层心理上的距离,大都市交往的彼此拥挤和杂乱无序简直不堪忍受。当代都市文化的商业、职业和社会交往迫使我们跟大量的人有身体上的接触,如果这种社会交往特征的客观化不与一种内心的设防和矜持相伴随的话,神经敏感而紧张的现代人就会全然堕入绝望之中。种种关系的金钱性——要么公开地,要么以上千种形式隐蔽起来地——在人与人之间塞入了一种无形的、发挥作用的距离,它对我们文化生活中过分的拥堵挤迫和摩擦是一种内在的保护与协调。

货币对生活风格发挥的类似作用甚至也更深入地向下渗透进入个别主体的人自身,但这种作用不是指个人与他人的疏离,而是指人疏远了生活的物质内容。如今财富不像原始时期是产生于消费资料,而是从生产资料中聚敛,这说明了距离化的一种惊人的程度。正如文化客体自身的生产中引入了越来越多的中间阶段——因为成品离原材料越来越远——所以,如今财产占有的方式使所有者在技术上,因而也是内在地,与一切财富的最终目的之间的距离越来越远,比起财产只意味着大量的直接消费可能性的时期,二者间的距离要大得多。生产领域通过劳动分工(和货币体系互相作用的条件下)有利于产生类似的内在性后果。每个个体完成一件完整的成品时参与越少,其活动就显得越像是处于纯粹的初级阶段,其活动的根源就离劳动的意义和目的的出口越远。直截了当地说,一如货币横亘于人与人之间,它也横亘在人与商品之间。货币经济甫一出现,我们就不再直接面对经济交易的对象了。我们对商品的兴趣通过货币这个中介被瓦解了,商品自身的客观意义离人的意识比较远,因为商品的金钱价值或多或少地渗漏到了商品在我们的兴趣关联中的位置之外。假如我们回想一下,目的意识(Zweckbewuβtsein)是多么频繁地被抑制在金钱水平上,那么这就表明,货币及其扩大距离的作用不断使人跟事物的心理距离越来越远,由于距离的扩大频繁发生,使得事物质的特性游离于我们的视阈(Sehweite)之外,我们和事物完整的、与众不同的存在之间的内在关联被瓦解了。这不仅仅是针对文化客体而言。我们整个的生活还受到了远离自然的影响,货币经济的生活以及依附于货币经济的都市生活加剧了这一趋势。诚然,这种独特的对自然具有审美的和浪漫的体验只有经过远离自然的过程才成其为可能。任何人只要直接同自然接触,不知晓其他形式的生活,都可能主动地享受自然之魅力,但是他与自然之间缺乏距离,只有在距离基础上他才可能对自然产生真正的审美观照,此外通过距离还可以产生那种宁静的哀伤,那种渴望陌生的存在和失落的天堂的感觉,这种感觉就是那种浪漫的自然感觉(Naturgefühl)的特征。倘若现代人经常发现,最高的自然享受莫过于欣赏银装素裹的阿尔卑斯山和北海之滨,那么很难仅仅把这解释成强烈的刺激的需求。也可以这么来解释,这个不好接近的、实际上把人拒之门外的世界代表的是整个自然之于人的意义的极度强化和风格化,自然之于人的意义乃是:一个精神上遥远的形象,即便身体挨近的时刻仍旧是作为一种内在意义上无法接近的东西,一个永不能兑现的诺言出现在我们面前,对我们最热情的献身它只报之以淡淡的拒绝和冷漠。风景画(作为一种艺术,风景画的存在取决于跟对象保持一种距离,取决于打破人与风景的自然合一)只有在现代才会发展起来,风景画是浪漫的自然感觉,这些都是人日渐疏离自然,尤其是那种抽象的存在——这种存在是以货币经济为基础的都市生活强加于人身上的——产生的后果。这与如下事实绝不矛盾,即正是占有了金钱才使人可以逃避而纵情于自然山水间。都市人恰恰只有在这样的条件(即总是在他与自然之间硬塞入这种东西)下才能享受自然,这表明——无论自然有多少的变形,无论自然是否只是纯粹的回声而已——这种东西连接了都市人与自然,同时它也分裂了二者。

信贷①

货币的这种意义在其扩展的形式即信贷中表现得更为强烈。和金钱的居间地位所能及的程度相比,信贷使货币的一系列观念扩展得更宽,对其无限制的适用范围有了更明确的意识。债权人和债务人关系的支点似乎在其直线的联结范围之外,离二者的距离越来越远了:个体的活动同个体的交易一样以此获得了远见卓识(Langsichtigkeit)的特征和被强化的象征性。由于汇票或一般的金钱债务概念代表的是远处客体的价值,因此价值仿佛被浓缩在票据里,正如从一定空间距离之上俯瞰的风景在透视法缩短的表现方法中压缩了这段距离的内容。货币既使我们与事物之间疏远,又使事物向我们靠近——从而表现出货币对这些截然对立的效果明确的不偏不倚——与此类似的是,信贷手段(Kreditanweisung)与我们的财产贮存量也有双重关系。一方面人们指出,支票交易(Checkverkehr)对挥霍钱财有缓和之功用,某些人现金在手时更容易进行无谓的消费,但若是把钱存在第三者手中,必须通过一种支付通知才能取钱花时则较少乱花钱。然而从另一方面来看,如果眼前确实没有大笔可以随意处置的现金,但只要用笔在支票上一划就可以花钱时,鲁莽花钱的诱惑似乎

---

① Kredit 在这里涉及的意涵较广,包括支票交易、赊购货物等一系列信用交易,译为"信贷"或"信用交易"。

也特别强烈。支票交易的形式——通过我们设定的在人与金钱之间的诸多机制来运作——在一方面割裂了我们与货币的关联,另一面使交易活动更轻而易举,这不仅是因为技术上的便捷,而且因为心理上的作用,现金钞票的价值直观地呈现在我们眼前,使我们与之割舍更加困难一些。

对交易的信用特征的意义我只想举一个例子来说明,这个例子虽然不是很普通,却非常有特点。据某旅行者叙述,一个英国商人曾经下了这么一个定义:"普通人就是用现金付款买东西的人,绅士就是我允许他赊账,每隔6个月他用支票结清的人。"这里首先值得注意的是其基本的态度:并非是当了绅士才可以赊账,而是要求赊账的人才是绅士。信用交易似乎表现出那种更为巨大的突出性,这一点可以追溯到两种不同的情感方向。首先,这种交易需要信任。突出性(Vornehmheit/distinction)的本质绝非炫耀突出的观念及其价值,而是直接预设信任它们——相应地,这也是为什么炫耀财富引人注意是如此典型地不突出(unvornehm)。当然任何信任都暗藏着一种风险;有突出身份地位的那些人要求同他们做生意的人冒这个风险,潜台词就是他们不认为这是风险,不会为此支付所谓的保险费,因为他们认为自己是绝对可信任的。那句席勒式的格言反映出了这种基本的态度:高贵的人物只凭他们是什么人,而非凭他们做什么事来付账。可以理解的是,对这种商人而言,用现成的钞票付账的方式意味着某种小气市侩,这种方式把经济序列里的各个阶段都一起推拢到令人不安的狭窄地方,而信用交易则在这些阶段之间创设了一种距离,这个商人可以基于信任来控制距离的大小。在任何地方,更高级的发展阶段的模式乃是,各因素源初的毗邻和直接的统一分崩瓦解了,它们彼此分开变得独立,目的是在一个新的、更加抽象、更加全面的综合体中聚合统一。在信用交易中,价值交换的直接性被一种距离取代,距离的两极由信任支撑在一起;正如上帝与个体灵魂之间不可估量的距离——有别于一切神人同形同性论和一切感觉论证明——越远,宗教性(Religiosität)就愈高,距离这么远的目的是旨在唤起最大程度的信仰来沟通二者间的这一距离。在商业团体比较大宗的交易里面，不再会感到信用交易的突出性要素，其原因在于信用变成了一种与个人无关的组织，信任丧失了其明确的个人性特征，没有这种特征，突出性的范畴就无用武之地。首先，信用变成了一种技术性的交易形式，哪怕十分微弱的一点心理泛音也是或有或无。第二，买主欠贸易商的小额债务累积到最后用支票付账，使买主一方相对于贸易商产生了一定程度的矜持，现金支付中司空见惯的买卖双方接连不断地、直接地打交道的过程被取消了，贸易商的交货（从外表来看，即从所谓的审美角度来看）接受了一种献贡的形式，一种向某个强大有力者呈献的形式，至少在个体交易的情况下，这个强大有力者只接受东西却没有给予回报。既然在信用交易的最终阶段，支付方式不是一个人把钱付给另一个人，而是通过支票、汇款单付给似乎很客观的银行户头，主体的矜持就一直持续下去。因此从各方面来看，"绅士"与生意人之间的距离更突出了，距离是"绅士"概念之基础，自然也是信用交易这种方式恰当的表现。

我感到相当满意，单用这一个例子就可说明信贷对生活风格的距离化效果，只需要再补充这种效果的一个十分普遍的特征，它追溯到了货币的意义。近代以降，尤其是现代以来弥漫着一种紧张、期待、无以排解的强烈欲望的感觉——仿佛预感到最确定的东西，预感到生活与事物的真正意义和中心点。这显然跟较为成熟的文化里生活手段超过生活目的的突出优势有关。除货币之外，军国主义也许是这方面最突出的例子。常规军只是纯粹的准备、潜伏的力量、应急措施，其最终鹄的和目标不仅绝少付诸实现，而且也不计代价地避免实现；是的，大规模的军备只是作为防止战争爆发的手段才倍受称赞。在这个目的论的圈套中，我们达到了以手段颠覆目的这一自相矛盾之绝对的顶峰：随着手段的重要性日益增长，对目的的拒绝和否认相应地增加。这样的发展趋势越来越弥漫在社会生活中，最大范围地干预了人际关系、内部政治关系、生产关系，并且直接和间接地赋予了特定的年龄层、特定的社会圈子以特色！

技术的宰制

技术的先进和估价方式使终极目的变为虚幻的发展方向似乎不那么明显,但却更加危险、潜滋暗长。假如说现实的技术成果对真正的、最终的生活意义至多意味着手段或工具,甚或根本没有任何关联,那么在错误地判断技术之作用的各种各样诱因当中,我想提到的只是技术自身发展而来的显赫之势。人类最司空见惯且无法避免的特征之一,就是把在某个特殊领域界限内内在的前提条件所达到的高度、广度和完美程度,同整个领域的意义混为一谈;个别部分的价值和完美程度,该领域接近其自身内在理想的程度,常常过于轻率地被理解为它自身的价值和尊严,以及它跟其他生活内容的关联。有这样一种认识,认为某物可能在其所属种类当中,与类型的要求相比十分出类拔萃,而同时这一种类和类型本身被评价成微不足道和低级的东西——这种认识预先假定了(对于每一种个别情况)一种异常敏锐的思维方式和一种区别对待的价值感。我们常常经不起这样的诱惑,即夸张自己成就的意义,把这个成就所归属的整个领域被夸大的意义放在这一个成就上,把我们成就在这个整体之上的相对高度拔高成某种绝对的高度!当我们占有任何一种价值性质(Wertart)的某个突出的个别部分——从收藏家爱好的收藏品到一门特殊学科的专门化知识——时,常常受到诱惑以为这种价值性质作为整体之于价值宇宙(Wertkosmos)的价值程度,跟该个别部分之于其所属的领域的价值程度一样高!这基本上是源自那样一种古老的形而上学的谬误:把某个整体的特定要素具有的、跟其他要素彼此有关的规定性转变成该整体的规定性。也是通过这一谬误,我们才会认为,对因果关系根据的要求——它对世界上所有部分以及它们彼此的关系均有效——也被拔高成对世界整体的要求。对热衷于现代技术的人来说可能最奇怪的是,他们内在的态度同沉思冥想的形而上学者一样建立在形式谬误的基础上。同样如此的情况还有:相对于更早时期的状态,在承认特定目标的基础上,当今的技术进步所达到的相对高度,被扩展成为这些目标和这种技术进步的绝对意义。的确,现在我们用乙炔灯和电灯换掉了油灯,但是热衷于完善照明设备有时却使我们忘记了最根本的事情不是照明本身,而是能够看得更清楚的东西。人们对电报、电话的成功倍感狂喜,这常常使他们忽略了真正要紧的是人们说的话的价值,与此相比,交通方式的快或慢往往只不过是事务性的,它获得目前的地位只是靠篡夺上位。其他诸多领域的情况也莫不如此。

手段对目的之优势在如下的事实中找到了其概括和极致的表现,即生活的边缘以及在其精神性之外的事物变成了操纵生活的中心乃至操纵我们自己的主人。虽然我们为自然效劳以控制自然的说法没错,但是在传统意义上,只针对生活的外部形式而言才是正确的。倘若考虑到生活的整体与深度,那么我们靠技术控制外部的自然之所以可能,只有付出被技术奴役,放弃精神性中的生活中心这样的代价。这一领域中的这些幻觉一清二楚地反映在这些表达方式里,通过这些表达方式,一种因为其客观性和祛魅性(Mythenfreiheit)而自豪的思维方式,暴露出其优越性和弊端。我们征服或支配自然的说法是非常幼稚的表述,因为它预先假设了一种阻力,一种自然本身的目的论因素,一种对我们的敌意。但自然只是冷漠的,它的可屈服性并不阻止其自身的规律性。与之相反的是,所有统治与顺服、征服与臣服的观念唯有在一个对抗的意志被粉碎时才有严格的意义。只不过与这种表达方式相匹配的另一种表达即是,自然规律的有效性对事物施加了无可逃避的强制作用。但首先,自然规律根本没有起作用,因为它们只是针对可能的活动(那些具体的物质和能量)的公式。对自然科学方法的这种误解——就是假设自然规律作为现实的力量指导现实,一如君主统辖其帝国——其天真的程度如同相信上帝会直接干预我们尘世的生活一样幼稚。所谓的强制性,即自然活动应该遵循的必然性也同样容易使人误入歧途。但是在这些范畴下,人的灵魂感到受规律的束缚,仅仅是因为存在着试图把我们领往另一个方向的感情冲动。诸如此类的自然活动并非一定得在要自由还是受强迫的两种抉择中择一,"必须如此"把一种二元论强行注入事物单纯的存在状态中,但这种二元论只对有意识的灵魂才有意义。虽然这一切看来只是表达方式的问题,但的确把那些浅薄的神人同形同性的认识引入了歧途,并且表明,神话虚构的思维方式与自然科学之世界观也相处融洽。人控制自然的这种概念支撑着那种对我们与自然的关系沾沾自喜的幻想,即便在人与自然两相对比的基础上这种幻想也不是不可避免的。外部的客观性和所看到的东西诚然暗示着日渐强大的人对自然的支配作用,然而这并未确定,主观的反射作用,以及这一历史事实内在确定的意义是否就不会朝相反方向发展。人们不应该被数量惊人的、创制了现代技术之理论基础的聪明才智所误导,它似乎把柏拉图的梦想变成了现实:以科学统治生活。那些线索——技术用它们把自然的能量和物质编入我们的生活——也很容易被视为枷锁,它们束缚我们,它们使许多事物对我们而言成为绝对必需的,但对于生活的本质这些东西可以甚至必须被弃之不用。有关生产领域人们已经断言,机器本应该取消人对于自然的奴隶般的劳动,但却迫使人自身成了机器的奴隶。在更加细微、更加广泛的内在关系中,这一点甚至显得更加真切:我们靠服务自然的方法来控制自然这句话暗含着可怕的反面,即我们是靠控制自然的方法为自然效劳。若相信现代生活的意义和精神潜能已经从个体的形式转化到大众的形式,是十分谬误的;恰恰相反,个体形式实则转变成了实物形式:这种形式存在于无限巨大的充裕中,不可思议的便利中,以及机器、产品和当代文化超越个体的组织的复杂精密性中。相应地,"奴隶起义"——旨在推翻专横独断和强有力的个体的循规蹈矩的性格——就不是大众的起义,而是实物的暴动。正如我们一方面变成了生产过程的奴隶一样,在另一方面我们成为产品的奴隶:这即是,自然凭借技术在外部为我们提供的东西成为凌驾于自我主宰(Sich-Selbst-Gehören)之上,凌驾于生活的精神集中点之上的主人,其方式有无止境的习惯适应、无穷尽的娱乐消遣,以及无始无终的表面化需求。因而,手段的统治所占据的不仅仅是具体的目的,而恰恰是目的之驻扎地,是一切目标的汇聚点,因为终极目的就发源于此。人类因此变得和自身疏远,在人与其最真实的存在、最本质的存在之间,树立起了一道来自手段特性、技术成就、本领才干、宴饮享受的无法逾越的障碍。

这样一个年代如此突出生活的手段内容,与生活的核心的、明确的意义针锋相对,在此之外我想再也没有哪个时代(它对这样的时代感到完全陌生)是这样。更确切地说,既然人完全被置于目的与手段的范畴之上,人类持久的厄运就是彷徨于目的与手段直接提出的相冲突的要求之间;手段向来包含着一种内在的困难,即手段所运用的力量和意识并非真的打算为它服务,而是针对一种别的东西。然而,生活之意义并不是真的在于实现它孜孜以求的调和状态的持久存在。实际上,我们内在生命的活力也许确实取决于手段与目的之间相冲突的要求的延续,按照其冲突的剧烈程度,按照手段这一边或者目的那一边及其相应的心理形式占据上风,二者轮番粉墨登场,生活风格或许根本就是千姿百态的。就当前时代而言,技术的优势显然表明了清醒的理性意识(它既是技术优势的原因也是其后果)的统治地位,我曾经强调过,灵魂的精神性和专心镇静在自然科技时代喧嚣的辉煌中麻木了,造成了紧张和茫然地追求的某种模糊感的恶果,造成了一种感觉,即离我们的存在的完整意义如此遥不可及,以至于我们无法锁定存在的完整意义,处于不断地远离它而非靠近它的危险之中;此外,存在的完整意义又仿佛同我们照面,仿佛我们本来可以伸出手抓住它,若不是我们总是恰好缺乏勇气、力量和内心安全感的话。我相信,在意识阈限之下内心深处这种隐秘的不安,这种迷惘的强烈欲望驱使现代人从社会主义走到尼采,从勃克林①走到印象主义,从黑格尔走到叔本华然后又返回来,这不仅是现代生活的紧张忙碌所致,而且反过来,通常也是这种内心最深处心理状态的表现、征兆和爆发。由于灵魂的中心缺乏确定的东西,所以驱使我们在一种

---

① 勃克林(Arnold Böcklin,1827—1901):瑞士画家,擅作情感伤调忧郁的风景画和寓意画,对19世纪德国浪漫主义有重大影响。

短暂的满足中追寻常新的刺激、感动和外在的主动性;因此,就这方面而言,我们首先卷入了那种混乱的动摇不定、不知所措中,这时而表现为大都市中的喧哗嘈杂,时而是酷爱旅行的癖好,时而是对竞争的狂热追逐,时而是现代典型的不忠实于品位、风格、思想、关系的要求。货币对这种生活状况的意义,是十分合乎逻辑地从本书所有讨论确认的前提中推导出结论的。这里只需提及货币的双重作用:货币与所有文化手段和文化工具站在一个系列中,该系列挤到了内在目的和终极目的前面,最终将这些目的掩盖并取而代之。一部分由于人们渴求金钱的激情,另一部分由于货币自身的空洞无物以及纯粹的转瞬即逝特性,所以货币在阐述目的论的错位导致的无意义和后果方面也是最重要的;然而,就这方面而言货币也是所有这些现象范围内唯一的至高点。货币实现了在我们与目的之间进行距离化的功能,与其他技术手段所做的同出一辙,但货币干得更纯粹、更彻底;在这里,货币也表明自己绝不是孤单单的,只不过它是对距离化这一倾向——在一系列低阶段的现象中也表现出来——最完美无缺的表达而已。但按照另一个方向,货币又置身于这一整个系列之外,因为货币通常就是载体,通过它实现了对目标序列的改组。货币作为手段的手段,作为外部生活最普遍的技术编织着目标序列,没有货币我们文化中具体的技艺本来就不可能发展。甚至在这一作用方向上,货币也展示出其功能之双重性,通过其联合的作用,货币重复了生命潜能最伟大、最深刻的形式:一方面货币在存在的诸序列中是一个跟其他因素平起平坐的要素,或者甚至在其中排名第一个,但另一方面货币作为支撑和渗透每个单独因素的联结力量,它超出各种因素之上。同样,宗教也是这样一种生活力量,宗教与其他的生活兴趣并驾齐驱,又时常同它们截然对立。宗教是一种这样的要素,它既构成生活的总体,另一方面它自身又表现着完整的存在的统一体和根基;宗教一方面是生活有机体的一个环节,另一方面又与该有机体相对立,因为宗教是在其巅峰状态的自满自足和内向性中表现生活有机体。

生活内容的节奏或对称,及其对立面

现在我开始分析第二种生活风格的确定因素,它跟距离化不一样,它是被一种时间上的而非空间上的类似表现出来的。并且,既然时间包含的内心活动与外部活动一样多,所以这里分析的现实之特征比前面的距离化特征更为直接,更少诉诸象征主义。这里关注的就是节奏(Rhythmus/rhythm)——生活内容按节奏前进和后退——与这样一个问题,即在什么程度上不同的文化时代会支持或破坏本身进程之节奏,并且,是否货币不仅通过自己的活动而且通过它强化或削弱生活周期性(Periodik)的影响,参与到这个过程中。我们生活的一切序列均是由向上增长和向下降落的节奏加以调整;波动(Wellenbewegung)——我们在外部的自然中直接感受到它,并且它是诸多现象的基本形式——也会对灵魂施加最广泛的影响。规定我们的整个生活形式的昼夜交替向我们展现出作为一般模式的节奏;我们无法宣称两个并列概念的意义同等重要,而不在心里偏重强调其中一个,降低另一个:比如,"真实与诗歌"跟"诗歌与真实"的两种表述,就是全然不同的两回事。并且,假如在三种因素中,第三个应该与第二个并列,这在心理学上是不可能完全实现的。灵魂的波动形式就会把着重点放在与第一个因素相似的第三个因素上:譬如说,扬抑抑格(Vermaβ)的音步就无法那么精确无误地诵读出来,第三个音节总是比第二个音节稍微要重读一些。把无论大小的活动序列引入到节奏重复的时间段里首先可以节省能量。通过单个阶段里内在的交替变化,在身体上或精神上活跃的器官轮流得到休养,与此同时,交替轮作的规律性促成了对整个运动综合体的调整,综合体逐渐有条不紊的运动使每一次的重复更为容易。节奏满足了多样性与规律性、变化与稳定两方面的基本需求:因为构成每个阶段内容的是各不相同的因素,是沉浮荣衰,是数量上、质量上的多种多样,定期的循环重复产生了这个序列之特性中的镇静和整齐划一。节奏的单调或复杂、节奏单个周期的长抑或短、节奏的整齐匀称、节奏的间断,或者甚至没有节奏,似乎都为个人的和社会的、现实的和历史的生活序

列提供了抽象的模式。在此处所讨论的文化进程中,我们首先面对的是一种现象的序列,它们早期阶段的进展富有节奏感,但是后期的发展则是连续的或不规则的。或许在这些现象中最突出的就是人不再有确定的交配期,人不像其他动物那样性兴奋与性冷淡的时期是截然分开的,尽管原始初民的性行为仍旧显露出这种周期性的残留。各种动物的发情期之所以不一样是基于这样的事实,即生产幼崽的那个时间必须是最有利于抚养它们的喂食季节和气候条件。一些非常原始的澳大利亚土著人没有家畜,因此定期面临饥荒,他们只能在一年的特定时间内生孩子。文明人控制了食物,不受气候突变的侵害,因此在交配这方面他可以按个人的欲望随心所欲,不再遵循一般的也就是必然按节奏确定好的性冲动:以上论述的性欲(Sexualität)的种种对比就转变成了一个波动程度较大或较小的连续统一状态(Kontinuum)。在任何情况下,已经确定的是,我们仍然可以观察到的最大生育量和最小生育量的周期性在农业地区比在工业地区突出,在乡村比在城市明显。此外,只有乡村地区的小孩子才会遵守有条不紊的生活节奏,如睡眠和起床、活动和休息,在乡村地区还可以观察到与此类似的一些东西;与此截然相反的是,对城市居民而言,生活作息(不仅仅是令他们满意的事!)的规律性长期以来已经一片混乱了。假如妇女代表着一种不太分化的、仍然直接跟自然融为一体的人类阶段的说法是正确的话,那么女性生理生活的周期性就可以用来证实这一点。只要人仍然需要直接依赖收成或采猎食物,此外还依靠小贩的走街串巷或定期赶集而生活,在生活的很多方面他们就必须按照一张一缩的节奏过日子。对于某些游牧部落——他们比澳大利亚土著民已经向前发展了一步——比如一些非洲人,没有草原可以放牧的季节就意味着每年重复出现的半饥荒时期。即便不存在真正的周期性,自给自足的原始经济在消费方面至少表现出了其本质特征:从一个极端直接转变到另一个极端,从短缺向过剩、从盈余向匮乏的转变。文化夷平的作用(Ausgleichung)在此立竿见影。它不仅保证了生活必需品在全年数量的分布粗略相等,而且借助于货币的方式减少了消费中的浪费:现在暂时过剩的物资可以换成钱,而用钱买东西享用可以平均地、连续地分配到一整年当中。

　　最后,我想提到的是——虽然只是作为节奏发展的一个颇富特色的象征,而与经济不相干——音乐中的节奏要素也是在音乐的原始阶段首先清楚地形成,且是在外部最突出的要素。阿散蒂地区的一位传教士对那儿的音乐感到很意外,尽管其旋律杂乱不协调,不过演奏者的节奏停顿令人叹为观止。加利福尼亚州的中国戏剧音乐虽然是刺耳的嘈杂噪音,但却应该说具备了严格的节奏韵律。一位旅行者叙述温顿印第安人(Wintunindianer)[①]的节日景象时说:"接下来就是每个印度人表达自己感情的歌曲,说也奇怪,他们完美地保持了节奏。"进一步地考察低一级的生灵:某些昆虫会发出一种声音,由同一种尖利而有节奏的重复音调构成,目的是吸引迷惑雌虫;而较为高级一些的鸟类则不同,它们的求偶曲的节奏完全服从于旋律的需要。在音乐发展的最高阶段,人们注意到新近的音乐潮流似乎完全不讲节奏感,不唯瓦格纳的音乐如此,而且就是他的对手的某些音乐也是选择那些不讲求节奏的篇章,把哥林多书和所罗门的训诫[②]改编成音乐;音调高低的急剧转换让位于更为平衡,或更不匀称的形式。若我们把音乐中的类似情形应用到经济的、一般的文化生活中,这就更容易作对比了,因为人们可以在任何时候用钱买任何东西,所以个人的感情冲动和刺激不再需要任何有节奏的停顿,节奏为了使这些情绪可能得到满足,会给它们强加上一种透过个人的(transindividuell)周期性。当评论者由于当前经济秩序在过剩生产和危机之间规律性的变化而谴责它时,他们希望借此指出的是该经济秩序仍旧是不完美的,应该建立生产与销售的连续性。在这点上我想指出交通手段的膨胀扩展,从周期性到达的邮车到最重要的地区几乎四通八达的交通联系,到使通讯无时无刻都成为可能的电报、电话;人工照明设备的改善日渐消除了白昼与黑夜之别,结果就

---

　　① 温顿印第安人:美国操佩纽蒂语的加利福尼亚印第安居民部落,原居住在萨克拉门托河谷西侧及河谷附近山麓地带。

　　② 前者指《新约》中保罗致哥林多教会的书信,见《哥林多前书》、《哥林多后书》;后者指《旧约》中的《雅歌》,据说是所罗门所作。

是彻底削弱了生活的自然节奏;印刷的文学品使我们不受思想过程的活跃或平息这种自然的机制交替的影响,在任何时候想读就读,文学品给我们提供了想法和刺激。简言之,正如常言所道,如若文化不仅克服了空间而且克服了时间,那么就意味着时间上分段的确定性不再给我们的活动和休养生息制定强制性的图式,反而只取决于我们的意愿与能力之间的关联,取决于其实现的纯粹客观条件。故而:普遍必要的生活条件脱离了节奏,甚至更被夷平了,提供了个人自由和可能的不合常规性。在这种文化中,匀称性和多样性要素(它们在节奏中融为一体)四分五裂了。

然而,把生活风格的发展过程简化成诱惑人的简单公式的想法可能是完全谬误的,即认为从生活风格内容的节奏,到其内容的实现不受任何图式的束缚。这种说法只对特定发展阶段有效,且需要更为深入复杂的阐释。因此,我想首先考察节奏的心理学－历史意义,忽略其纯粹的生理学发生条件(其只不过重复了外部自然的周而复始而已)。

节奏与对称的前后继替和同时并存

节奏可被定义为时间上的对称,正如对称是空间上的节奏。假如人们画线条来表现有节奏的运动过程,这些线条会是对称排列的;反过来,对于对称的研究意味着一种有节奏性的想法。节奏与对称只不过是同一基本主题的不同表现形式罢了。一切把原材料塑造成形的过程一开始,节奏就是为耳朵听的,一如对称是为眼睛看的。为了使事物具有理念、意义、和谐,人们首先就必须均匀地构筑事物,使整体的各个部分彼此均衡一致,围绕一个中心点均匀地排列它们。当面对着纯天然形式的随意混乱时,人的造形(formgebend)力量就以最迅捷、最明显、最直接的方式表现出来。对称形式是理性主义第一次力量的崭露,把我们从事物的无意义,以及对事物的简单接受中解救出来。因此原始初民的语言通常比文明人的语言匀称得多,甚至他们的社会结构——例如,"百户邑"就是处于原始阶段的各地不同民族的社会组织原则——也展现出对称组织的前奏,这是理智第一次尝试把一览无遗的、易于控制的形式赋予大众。对称结构是(正如已论述的)完全理性主义本质的,它便于控制老百姓,从某一点而言也有利于老百姓。通过一种匀称排列的中介来延续推动力的时候,比通过那种内在结构和组成部分的界限很不规则、变动很大的中介,其延续的时间更长、阻力更小、更易于计算。倘若事物与人共同就范于体制之枷锁下,也就是说它们势均力敌地被组织在一起,那么最好用理智对付它们。正是出于这个原因,专制主义和社会主义均特别强烈地倾向于按照对称思想建构社会,这两种社会体制的确如此,因为它们都意味着强大的中央集权制,要求把其组成要素的个体性,把其参差不齐的形式和关联统统夷平为对称均衡的形式。举一个实际的例子,据说路易十四(Ludwig XIV)拿他的健康去冒险,把门和窗都按对称形式建造。同样,在社会主义的乌托邦构想中一向是依据对称原则来设计理想城市或理想国家的局部细节:居民点和建筑物不是建成圆形的,就是正方形的。在康帕内拉①的太阳城里,首都的设计图以圆规进行了精确的数学测量,市民的日常安排和权利、义务的等级划分同样也很细致。拉伯雷的特来美修道院(Orden der Thelemiten)②和莫尔笔下的乌托邦截然对立,它教导的是绝对个人主义。在修道院这个理想国中不许使用时钟,凡事根据需要和时机该发生则发生;尽管如此,生活的无条件的可计算性和理性化风格也引诱拉伯雷以恰好对称的方式来安排其理想国中的建筑:一个六角形状的巨型建筑,每个角都有一座塔,直径是六十步的距离。中世纪的建筑工行会按照其严谨的、精确制定的标准生活方式和精神状态,"临时工栅"都尽可能地建成正方形的形式。社会主义蓝图的这种一般特征,只不过以比较粗糙的形式表明了那种和谐的、内在稳定的、克服了非理性的个人性阻力的人类行为组织这一思想产生的深邃魅力。对称 - 有节奏的形式

---

① 康帕内拉(Tommaso Campanella,1568—1639):文艺复兴时期西班牙的哲学家和诗人,试图调和人文主义和天主教神学,写作了具有空想社会主义性质的《太阳城》。

② 特来美修道院:文艺复兴时期法国作家拉伯雷的小说《巨人传》中反映人文主义精神、否定天主教禁欲主义的理想国,其院规是"随心所欲,各行其是"。

是作为第一种最简单明了的构形出现的,理智(Verstand)仿佛以该形式使生活素材具有风格,使其可被控制、可被吸收。对称－有节奏的形式是第一种理智借助它可以穿透到事物里面的模式,但这也表明了该种生活风格的意义和正当性的局限。从两方面来看对称－有节奏的形式令人感到压抑:首先与主体有关,主体的欲望和需求并非在事先预定的融沿关系中产生,而唯独是以某种被固定的模式在快乐随机的和谐中产生;第二个同样重要的方面与外部现实有关,现实之于我们的力量和关系只能强制性地在一个如此简单的框架中表达。对于其有效范围的正确分布,人们以一个明显的悖论提出这一点:自然不像灵魂所要求的那么对称,灵魂不像自然所要求的那么对称。系统学加之于现实之上的一切暴行和不恰当性也应归于生活内容构形中的节奏化(Rhythmisierung)和对称。正如个体的人对其他人和事物的同化就是把他本质存在的形式和法则强加于它们身上,以显示他的相当可观的力量,正如地位优越得多的人在使事物服从他的目的和力量的过程中也会公平对待它们的独特性,对它们表示尊重,所以人类一个高度突出的地方就是强迫理论的和实际的世界整合到一个由我们提供的模式中。但更高明的做法是认识事物特殊的规则和要求,遵循它们,从而把事物整合到我们的本质存在和活动中。因为这不仅说明人具有一种更为巨大的包容性和可塑造性,而且也可以更加彻底地利用事物的财富和可能性。所以,我们观察到在某些领域中,作为理性主义对称原则的节奏出现在发展阶段的后期,而在其他领域中这个构形的阶段根据具体的情况得让出位置,按照事物自身变化的要求调整被提供的模式的预先确定性(Vorbestimmtheit)。比如,我们注意到在较高的文明中,人们有规律地安排一日三餐,把白天按普遍的节奏划分成几段;原始初民并不知晓大多数稳定不变的日常饮食。反之,我们已经提到了,原始民族在整体的饮食方面经常周期性地遭遇穷困饥荒时期,和不计后果地挥霍欢宴的轮回,这在比较发达的经济技术阶段已经完全销声匿迹了。然而,虽然日常饮食的规律性在非常高水平的发展阶段达到了其很大的稳定性,但却不是在社会和精神尺度的最高阶段。地位最高的社会阶层由于其职业、社交以及各式各样错综复杂的顾虑,中止了这种规律性的习惯,客观事物和日常情绪不停变化的需要也导致艺术家和学者这么做。这已经表明,进餐时间的有节奏和无节奏是与工作上的节奏相对应的。在这里不同的序列也表现出了全然不同的关系。原始人劳动时完全没有规律,一如他们吃饭也无定时。谋取必需品或者反复无常的脾气消耗了原始人大量的体力,接下来的时间他们简直就懒得动了,但这二者间的更替轮回全是偶然的、无规则的。人们这样假设是有道理的,至少在北欧的国家中,一种有固定秩序的活动,一种按有意义的节奏一张一弛(Anspannung und Abspannung)的做法的问世首先是从农耕开始的。在更为复杂的工厂劳动以及各种办公室工作中,这样的节奏达到了其最高的程度。但是在文化活动的顶峰,如科学的、政治的、艺术的、商业的活动中大幅度削弱了这种节奏性;比方说,假如我们听说某位作家每天定时运笔写作和辍笔休息,会怀疑这种四平八稳的写作节奏会缺乏灵感和内在意义。就是挣工资吃饭的人发展到后期阶段,也倾向于(即便出于完全不一样的原因)过不合常规和难以预料的生活。英国的大型工业出现伊始,企业内的工人们急剧地遭受到如斯之苦,即工厂的任何销售停顿困扰一个大型企业的程度,比许多先前小规模的企业尤甚,因为以前的行会要分担损失。从前的手工匠生意不好时也继续干活以积累存货,但现在光景一不好,工人马上就被解雇了;以前的薪酬由当局固定下来,但现在每一次价格的下跌都紧跟着工人工资的削减。在这些情况下,据报道许多工人宁愿继续留在那种旧体制下工作,也不肯为了赚高一些的工资干那种更无规律可言的工作。资本主义以及与之相对应的经济个人化使(至少部分程度上)整体意义上的劳动——并且因此也包括劳动内容!——比之在行会时期更加不稳定、屈从于更多的偶然格局之下,而在行会时期工作条件更大的稳定性日复一日、年复一年地赋予其他的生活内容一种固定得多的节奏。最近的调查研究表明,从前的劳动内容的形式安排具有一种突出的韵律性(尤其是在原始的合作劳动当中,并且常伴有号子的时候),后来当工具趋于精良、劳动趋于个人化以后,这种韵律性随后就消失了。诚然,现代工厂仍具备强烈的节奏性因素,但是就其所达到的程度是要求工人单调重复的动作而言,它们与古老的劳动韵律相比具有一种全然不同的主观意义。古代的劳动韵律表达的是人生理－心理能量上的内在需要,然而现代的劳动节奏要么是直接与冰冷无情的、客观的机器运动有关,要么是和单个工人充当劳动团队的一个环节的必需性有关,他仅仅是与其他成员保持步调一致的过程中一个微不足道的部分而已。也许这产生的是对韵律感的麻木不仁,如今它可能有如下的表现。古代的行会组织和现代的工会一样争取缩短工作时间。但是,以前的行会接受的工作时间是从早上 5 点或 6 点到下午 7 点,这包括一整天直到上床休息,并且行会竭力争取一整天的休息时间,现代的工会所争取的则是缩短白天的工作时间。从工作到休息的有规律转换的时间段到了现代工人这里变得比较短了。对早先的工人而言,有节奏的感觉可以持续下去,并足以使他们在一周的时间段里得到满足。但是现在工人经常需要有刺激——也许是神经衰弱的后果,或许是其表现——工作与休息的轮换不得不被加快,以便产生符合主观期望的效果。

货币作为节奏与对称的类似物、作为其载体的发展

货币制度(Geldwesen)的发展遵循的是同一种图式。货币表现出了某些有节奏性的现象,这些现象是作为一种中间阶段的性质:从混乱无序的偶然性(这是货币首次面世时必须具备的)开始,货币经历了一个起码反映出某种原则和某种有意义的形式的阶段,直到后来发展到进一步的阶段,货币获得了一种自我呈现(Sich－Darbieten)的连续性,以此它进行自我调节去迎合所有客观的和个人的需求,不受某种有节奏的形式的限制,并且在更深层的意义上货币仍迎合了偶然性的模式。要满足我们分析的目的,只需用一些例子来描述货币从第二阶段过渡到第三阶段的情况。即便在 16 世纪,在类似安特卫普①这样有着数量惊人的货币交易的城市中,要想在定期的汇票交易外搞到一大笔款项几乎是不可能的;当提供大笔货币的可能性蔓延到一个人想用钱的任

---

① 安特卫普:比利时北部港市,安特卫普省省会。

何时候,就表明一个羽翼丰满的货币经济的转型完成了。无论如何,货币制度在有节奏和无节奏的形式之间的摇摆以及人们对此的认识都是很典型的,所以安特卫普的贸易市场被那些习惯了中世纪货币交易的重重障碍和非理性的人称作一个"不散的集市"。此外:只要一个商人支付和收取时全部直接使用现金,当定期的大额款项到期该支付的时候,他就必须筹措大量的现金到手,另一方面,当资金回笼后他还必须懂得怎样有效、及时地投资这笔大的数目。在大型银行里集中进行金融交易使商人从攒钱和投资(Drainierung)的周期性限制中解脱出来;既然商人与他的生意伙伴使用同一家交换银行,把交易款项从一个账户转移到另一个账户,资产和债务就彻底平衡了,所以现在这个生意人只需要留出供日常花销的一笔相对微不足道的总是照旧不变的现金就足矣,同时银行自己由于不同顾客的借贷相抵,也只需要预备比以前那个生意人需要留在手里更少的一笔现金。最后再多举一个例子。在货币文化羽翼未丰之际,短缺和充足的那种或大或小的周期性波动导致了利率的一种相应的周期性起伏,从极低的利率到过高的利率。货币经济日臻完善就消除了这种波动,利率与早期相比保持稳定,英国银行贴现率一个百分点的变动都成了至关紧要的大事;这样,个体商人的计划安排愈发灵活机动,既摆脱了他无法控制的利率波动的制约性的影响,也不用使他自己的经营作风的需求被强加上通常使他十分勉强的形式的节奏。

有节奏或无节奏赐予存在内容的诸种形式最终不再轮流出现在发展阶段中,两种形式同时呈现并发。生活的两条原则——人们可以用有节奏-对称的象征和个人主义-自发的象征来表现其特征——是两种深刻的本质方向的表达,它们的对立面并不总是(像在以前所举的例子中那样)可以通过安置在发展过程中得以调和,而是最终刻画出了个体与群体持久不变的特征。系统规划的生活形式不只是——如我在上文所强调的——集中化倾向的技巧,无论是专制统治还是社会主义,而且此外它还获得了一种独特的魅力。内在的协调与外表的简洁、各部分的和谐一致以及命运的可预料性,赋予了一切匀称系统的组织机构一种吸引力,其效果施加的构形力量远远超出了政治领域,延伸到无数公众的和私人的兴趣中。人们借助于这种组织应该使存在的个体偶然性获得一种统一性和渗透性,藉此把它们打造成艺术品。机器所唤起的审美吸引力与此类似。机器运动的绝对合目的性和可靠性,对于对冲摩擦的彻底消除,最小的机件和最大的机件的严丝合缝:这使机器粗略地一瞥也具有一种与众不同的美感。工厂的组织机构正是在更大的程度上重复显现了这种美,而社会主义国家则应该是对这种美最大范围的体现。但是这种美的魅力和一切美感一样奠立在一种终极方向和生活意义上,奠立在灵魂的一种基本性质上,由此,这种美的吸引力或有效的证明不过是外观材料的一种表现罢了。我们并不是占有这种性质,正如我们占有它对生活材料的组织,如审美的、伦理的、社会的、知识的、幸福的组织方式,毋宁说我们就是这种性质。人类本性的这些终极决定性不能以言语道其万一,只能在那些作为最终动力和指引的个别表现形式中感觉到。故而,当人们体验到贵族主义倾向和个人主义倾向——无论我们的兴趣可能受哪一个影响——互相对抗时,是不值得议论针锋相对的生活形式的魅力的。历史上的贵族统治尽量避免把个体囊括到某个外在于他的模式中的那种系统、那种普遍的形式,与真正的贵族意识相适应的每一种形式——政治的、社会的、客观的、个人本质的——都应该作为特有的东西联合起来,并证明自身的价值。所以,英国生活的贵族自由主义在不对称形式中,在不受相似情况形成的偏见约束的个别情形中,找寻到它最内在动机的似乎颇有系统的典型表达方式。狂热的自由主义者麦考利明确地强调,这是英国立宪政体生活的真正力量所在,他说:"我们考虑的不是什么对称而是恰当实用。我们从来不会单单因为某个现象是反常现象就不予考虑。我们不会制定规范,除非考虑到特殊情况的要求。这些就是从约翰国王至维多利亚女王,曾经指导我们的二百五十届议会权衡利弊的规则。"在这里,对称和合乎逻辑的稳固的理念——它从一个中心点赋予每个个体以其意义——被拒之门外,以便每个要素按照自己的条件独立发展,因此自然也允许整体表现为一种参差不齐和杂乱无序的现象。很明显，这种对峙多么深刻地影响了个人的生活风格。在对峙的一边，生活被系统地规划：它的不同区域围绕着一个中心点和谐一致地组织起来，所有的兴趣被小心翼翼地划分了等级，这些兴趣的每一种内容只能按照整个体系预先确定的那样才容许存在；这些单个的活动有规律地在一种运动和停顿的固定循环之间轮转，简言之就是在一种同时并存以及前后继替的节奏中轮换，它既不容许内心需求、力量爆发（Kraftentladung）和情绪的波动起伏，也没有给外部的刺激、环境、预计的机会这样的偶发事件留有余地。反之，按这种方式建构的一种存在形式是完全可靠的，因为它排除了生活中与之不协调或未能成功地适应其体系的一切事物。在对峙的另一边，是根据个别情况构造生活形式，每一瞬间的内在情况和外部世界同时发生的情况之间建立了尽可能最良好的关联，一种随时随地准备好进行体验和行动的心态和一种对事物自主的生活永远的敬重结合在一起，目的是一旦事物的表现和要求出现之际就公平地对待它们。这样一来，生活的可预测性和确定的四平八稳的确被牺牲掉了，这种生活更狭义上的风格亦如此。这种生活不是被理念控制的，因为理念的应用一向偏好把生活材料纳入到一个体系和规整的节奏中去。相反这种生活是由其个体要素构筑而成的，不管其总体构架对称与否，对称在这里只会被觉得是一种束缚，毫无魅力可言。对称的本质在于，一个整体的每一个要素只有顾及其他要素、顾及一个普遍的中心才能各守其位、各遵其道、各存其意。倘若各个要素反其道而行之，只听从一己之愿随心所欲、各行其是，整体的形态就会随意地左冲右突，必定毫无匀称可言。就其美学映象来看，两种形式的这种冲突是一切活动过程的基本主题，它在一个社会整体——包括政治的、宗教的、家庭的、经济的、社交的或任何其他种类的——及其个体成员之间反映出来。个体力求成为一个完整的统一体，一个具有自我中心的形象（Gestaltung），他的存在和行为的一切要素均以这个中心为源泉获得了一种统一的、彼此相关的意义。但是假如超越个体的整体寻求自足的完整，寻求实现其自足意义上的客观理念，那么它就不可能容许其组成部分有任何自足的完整：人们不可能指望,一棵树的生长得力于几棵树但只吸收了它们的细胞,或者一幅画借鉴了其他几幅画却只借鉴了笔法的运笔走势,而它自己没有一笔具备熟练的技巧、自我的生命、美学的意义。尽管整体只能在个体特定的行动中,甚或只有在个体内部才能获得实际的现实性,但整体的统一性与个体的统一性处于一种永恒的矛盾之中。美学表现这一冲突的形象因此显得特别有力,这正是由于美的魅力总是蕴含在一个整体中,无论该整体直接就是直观生动的,还是像碎片那样通过幻想补充了直观生动性(Anschaulichkeit)。艺术本质上的意义在于它能够从一个现实的偶在碎片(它依赖于同现实的千丝万缕的联系)出发构筑出一个独立自主的统一体,一个无需其他的自足的微观世界。个体存在与超个体存在之间典型的抵牾,可以被阐释为这两种因素为了达到美学上令人满意的表现形象而无法妥协的抗争。

不过,在这两种截然对峙的形式中货币似乎首先只用于表现其中之一的形成。因为货币本身是绝对无形的,生活内容有规律的升降沉浮在它那里找不到哪怕一丝痕迹。货币在任一时刻呈现的都是同样的活力和效率。货币通过其广泛的影响,通过把万事万物化约为一种相同的标准价值,它拉平了无数的上下变动,取消了远近亲疏、摇摆平衡之间的互相轮换,这些东西本来使个体在其行为可能性和经验可能性中承担起普遍有效的变化。十分意味深长的是,人们把流通中的货币称作"流动"的钱:货币像一种液体那样缺乏内在限定性,毫无抵抗地接受固定的框架提供给它的外在限定性。故而,对于把生活条件中一种强加给我们的超个体的节奏转化成一种均衡和平稳——这种均衡和平稳使我们的个人力量和兴趣得到一种更加自由、更加个性化、更为纯客观的证明——货币是最彻底并且又全然无动于衷的手段。然而:恰恰因为货币拥有毫无实质的本质(wesenlose Wesen),当个人关系的发展或个性倾向迫切需要时它才会支持生活的系统性和节奏。当我们观察到自由主义的立宪政体与货币经济间具有一种紧密的相互关联时,同样也不得不注意的是,专制主义在货币当中找到了一种极为合心称意的技术,一种把空间上最遥远的地点束缚于专制主义的统辖之下的手段,而在实物经济时期这些地点总是倾向于分裂和独立自治。一方面通过金钱体制的形成发展英国的个人主义社会形式逐渐壮大,另一方面货币也是社会主义形式的先驱,这不仅是在货币促使自由主义转向其反面的辩证过程的意义上而言,而且相当直接的原因是(如我们所看到的那样),特有的货币经济关系呈现出社会主义孜孜以求地想建构的蓝图或社会类型。

在此处,货币进入了早在前面已经变得对我们至关紧要的、在种种生活力量(Lebensmächten)中的一个范畴,这些力量的独特模式就是其本质和原初的意义超越了存在于它们各自的兴趣范围内的对抗性,它们一致地漠不关心超越其上,但同时这些生活力量同样下降到个别部分的对峙当中:它们变得有所偏袒,正如它们曾经也是不参与者(Unbeteiligte)或裁判者。首先宗教就是如此,人们需要宗教,其目的是调和他的需要和满足、他的道德要求(Sollen)和实践行为、他对世界的理想和现实性之间的二元对立。但是,一旦完成了这种调和,宗教就再也不能保持它在巅峰时曾达到过的那个高度,而是逐步降低到你争我夺的舞台,甘愿认同了人的存在的二元之一元,而这正是宗教以前曾经统一过的一元。一方面宗教面对的是人们经验到的整体的生活(它是与宗教照面的旗鼓相当的力量),宗教是超越我们通常人性的一切相对性的一种整体性;另一方面宗教只是组成生活的一个部分而已,生活的总体取决于宗教和其他生活内容的相互作用。所以宗教既是一个完整的有机体,同时又是一个单独的器官,宗教既是存在的一部分,同时在一个更高的、内在化的水平上就是存在自己。其次,国家的所作所为显示出和宗教类似的形式。国家的意义无疑居于各党派及其利益的冲突之上,国家的力量归功于它作为社会最高权威这一抽象意义上的不可接触性和地位。虽然国家被装备了这一切性质,它依旧参与到种种特殊的社会势力的明争暗斗中,扶植一个党派来反对另一个党派,后者尽管在广义上是包含在国家中的一部分,但在狭义上是与国家势不两立的力量。最高权力的这种双重身份在形而上学内又重演了一回。无论在何种哲学中,存在的总体被归于精神性的本质,被解释为那种绝对体,那种为一种精神实质而承载或构成一切现象的绝对体。但同时这个绝对体也必须被视为某种相对的东西。因为在现实当中与精神对峙的不仅是一种肉身性,使得它在这种对峙中首先要实现自己的本质,而且它还遇到低级品质的精神现象,比如邪恶、懒惰和敌意;一个如此这般的形而上学不会认为这些低级精神属于这个精神——它是存在的绝对实质。相反,与该精神并列的是一切更不具精神性的(ungeistigeren)、不完美的存在,它们是作为另一方、平衡力和具体的价值,尽管精神(它就是那个绝对体)包含一切事物。这种双重的存在状态在自我的概念中最彻底地发挥了作用。自我在构想世界时以同等的高度与世界上的所有具体内容照面,不受个体的一切品质、差异和冲突的影响,这些只发生在个体的内部,即所谓他自己的私事。但是我们实际的生活感受不允许自我保持在这个高度,而是认同生活的某一些内容,不太认可另一些内容——正如宗教性使上帝干涉了生活的某些确定的地方,而上帝本来应该可以对所有其他地方也发挥同样的功效——自我逐渐成了自己的某一个特定的内容,它分化了自己,在或积极或消极的意义上,按照与自身相比或高或低的标准,同剩下的世界及其独特性针锋相对,而本来自我的意义超越了所有这一切。

因此,货币在与其支配领域的关系上,与那些在内容上相当陌生的力量打交道时,形式同样类似。货币的本质也在于它自身超脱了一切个别兴趣和生活风格构成的这一抽象高度;货币的意义就是作为一种不偏不倚普遍性的东西,在所有这些兴趣和风格的运动、冲突、平衡之中而又置身于其外,货币自身并未透露出丝毫线索是赞成还是反对为某种特定的兴趣效劳。只有当货币装备了所有那些无与伦比的距离化效果(Fernwirksamkeit)、集中力量、无所不在的渗透性时——这些性质是货币与所有局部的东西、片面的东西保持距离的结果——它自己就开始为特殊的需求或生活形式效力了。纵然货币作为一种形式与存在形式里的宗教、国家、形而上学思想内在地共有一切突出的、普遍的相似性,但是在这里,一个与此相对的、令人瞩目的差异出现了。当所有它们这些形式认同了某一种兴趣和立足点之际，就明确地偏袒冲突中的一方来对抗对手；它们联合或自觉认同了以前曾对之表示无动于衷的、有明确分歧中的一方，并且这样做也排挤掉了其他的分歧方。然而货币在其影响力所及的范围内对几乎每一种意图均一视同仁地效劳，它无论如何也不会存在同其他事物敌对的形式，像那些力量一旦把它们的普遍意义转变为一种特殊意义后所做的那样。实际上货币保留了构成其普遍意义的全面性（Umfassende），方法是当对立的双方利用彼此与货币的普遍联系扩大二者的差异、决战到底时，货币一视同仁地为它们效劳。货币的客观性在实践中不是游离于对峙之外的东西，使得它后来会被一方不合理地用来反对另一方，相反，这种客观性从一开始就尽力为冲突的双方同时效力。

然而，货币这样做的时候不属于包括了空气（各不相同的东西无差别地呼吸空气）的那种大范畴之类的东西，也不属于武器（陷入冲突的所有派别都可以同样地使用武器）的范畴。但是就如下事实而言，货币的确是最包罗万象的例子：人类世界中即便最根本性的分歧和敌意也总是为一致性和共同性留有余地，但货币远不只是这样。其他无所偏袒的事物类型完全远离它们为之效力的内在意图之外。货币与这些类型不同，它作为抽象的实体并且作为价值世界（就其完整的程度而言）的经济抽象物，无论对一切内在性和品性显得多么陌生异己，货币却经常表现出可以为两个敌对的方面全然独有的本质和倾向效犬马之劳的神秘莫测的能力。在这双方中，一方从货币所代表的这些力量的普遍价值宝库中，提取出适合其独特本性的表达手段、沟通可能性或独立可能性，而同时对于内容上对立的另一方，货币对它的内在性的热情帮助也非常百依百顺、完全听从。货币之于生活风格的意义是，恰恰因为货币超然于一切片面性之上，它才可能被其中任何一个当作一件自己的工具使唤。在狭隘和经验的世界中，货币是存在难以名状的统一体的象征，世界就是从这个统一体中流溢而出，涌入了其能量和现实的完整的广度及其所有的纷繁复杂。形而上学不得不这样主观地解释事物难以识别的结构:世界的内容(它构成了一种纯精神性的关联)存在于纯粹的理想中,只有那时——当然不是在现时的过程中——存在才超越了世界的内容而出现。这一点曾经被这样表述:即"什么"获得了"是什么"的意义(daβ das Was sein Daβ gewinnt)。无人能说出这种存在实质上到底是什么,该存在区分开了实在的对象跟在性质上与之无法相区别开的、却纯粹在逻辑上有效的客观内容。无论这种存在纯粹的概念多么空洞抽象,它表现为生命温暖的水流,注入了事物概念的图式,使它们仿佛绽开,显露出其本质,不管它们的内容和态度多么大相径庭、相互敌对。但是这种存在对事物而言并非什么外在的或陌生的东西,它就是事物自身的本质,事物的本质接受了这一存在并将它发展成一个起作用的现实。在一切外部现实的事物中——任何类似这一绝对存在的事物向来都仅仅是局部有效的——货币与存在的这种力量最为接近。货币的观念就是全然外在于种种事物,面对它们的差异毫不关心,所以每件物体都能够完整地吸收货币,借此恰好可以把它的独特本质发展出最完美的表现和功效。我曾经特别强调,货币对于发展有节奏的、特别客观的生活风格的意义,因为生活风格无与伦比的深刻对立非常清楚地说明了货币所起的这种作用。

生活的速度与变化,以及货币贮存的速度与变化

最后要分析的是第三种影响力,通过它货币帮助确定了生活内容的形式和秩序;这与生活进程的速度(Tempo)有关,不同的历史时代、同一时期世界的不同地区、同一群体中不同的个人,其生活速度不尽相同。我们内心的世界似乎延伸到了两个层面上,层面的尺寸大小决定了生活速度的快慢。在任何一种时间单位中,观念内容——即便观念的数量是相等的——之间的差异越是深刻,人们经历的就越多,仿佛走过的生命路程就越长。我们所体验到的生活速度是生活的全部及其变化的程度造就的产物。在一个既定阶段货币决定生活速度的意义首先是由这一事实说明的,即金融环境(Geldverhältnisse)的变化产生了生

活速度的变化。

人们曾断言,货币数量的上升——无论是通过进口金属还是金钱贬值,是通过贸易顺差还是发行纸币——不会必然使一个国家的内部状况发生翻天覆地的变化。除了少数人(他们的收入是固定的,不会成倍增加)之外,假如货币供应量(Geldvermehrung)增加,每一种商品或每一件工作都会更值钱。但是既然每个人既是生产者又是消费者,则个体作为消费者多花的钱只不过就是他作为生产者多赚的钱,收支情况仍旧保持不变。即便增加货币供应量导致的客观效果就是价格按比例的上扬,那么也会带来十分根本性的心理变化现象。没有人心甘情愿为某件商品付比以前昂贵的价码,即使与此同时他自己增加了收入;而另一方面,人们收入增加后就受到诱惑花更多的钱,没有考虑到增加的那部分收入已经被日常用品上涨的价格抵消了。当单纯地增加了人们手头可用的钱时——对于这种增加只是纯粹相对性的,他们完全不加思索——花钱的诱惑随之加强,而且这样做促成了更多的商品周转,还有一种经济观念的增多、加速、多样化。我们本质的基本特性乃是:把相对的东西从心理学上变成绝对的东西,掩饰某件客体和一笔具体数额的钱之间关系的流动性,把它凝固成客观的、持久的适当关系。一旦这个关联中的某个环节产生了变故,就会产生一种混乱和方向的迷失。积极的东西与消极的东西的变更绝非直接在它们的心理作用中得到了平衡,当这种变故发生时,人们对经济过程在以前发展的稳定性的意识受到方方面面干扰,今非昔比的感觉在各个方面都能感受到。只要新的调整尚未出现,货币数量的稳步上升就会诱发持续不断的分歧感觉和心理冲击,从而将深化现行的种种概念之间内在的分歧和相比之下的差异,由此加速了生活的步伐。所以,假如有人推断"社会的巩固"来自收入不断增加,这起码是误解。因为恰恰可能是由于金钱收入的增多搅得社会底层的人骚动不安,这种状态——依据各党各派的观点——要么被理解为贪婪和革新癖,要么被阐释成健康的发展和活力。但是当收入和价格处于比较大的稳定状态时——它同时也暗示了社会距离的固定——无论如何会避免这种状态。

增加货币供应量对经济-心理过程产生的加速效果最显著地反映在贬值纸币(schlechten Papiergeld)的形成中,正好像正常的生理系统的某些方面通过与病态的、反常的状态作对比,从而一目了然。那种互不相关的、无根基的货币流动首先产生的是所有价格摇摆不定的、缺乏内在调整的上涨。但第一次货币过剩(Geldplethora)的发行时仅仅足够满足特定的商品范畴的需要。"故而每一次发行不可靠的纸币接着就会有第二次,第二次以后还有第三次。"据说,18世纪初叶罗得岛"找遍了一切借口用于额外增加纸币发行。假如纸币可以把所有银币驱逐出这个国家,那么银子短缺就是进一步发行纸币的一个新理由。"这种做法的悲剧性结果就是不可避免地发行了第二版纸币,目的是满足发行第一版纸币造成的需求。这种做法更加全面地引起人们注意到,货币本身是这场运动的直接中心:从纸币泛滥而来的价格的彻底改变引出了投机生意,反过来投机买卖又要求不断增加货币储备。人们可以认为,当货币纯功能性的意义——与货币实质性的价值无涉——变得有问题时,通过货币供应量的增加,社会生活速度的加快就一清二楚了;在这里,总体经济运行加速,提高到更高的势能(Potenz),因为现在经济提速的势能甚至纯粹是内在的(immanent),也就是说,它首先是在加快印制钞票中表现出来的。这二者间的相互关系表现在如下事实中,即经济发展速度快的国家纸币数量的增加也尤其地快。一位非常认真仔细的专家就这一相互关系谈论到北美洲时说:"人们不可能指望这儿的人——他们不耐烦只挣区区微利,他们十分有信心从一无所有或者非常少的投资中赚大钱——愿意自我克制来强迫自己,而英国人或德国人的自制则把纸币发行的危险降到了最低点。"然而,通过增加货币供应而导致的生活步调的加快,其根源尤其是因为所有权之剧变。这在独立战争之前的北美纸币经济中清晰可辨。大量印制钞票(它们原来流通时的币值很高)造成的是极其糟糕的贬值。昨天腰缠万贯的人今天一贫如洗,而有些人一开始所借的钱有固定的价值,然后再用贬值的钱还债反倒变富裕了。当时每个人迫在眉睫的兴趣就是尽可能迅速地处理经济事务,不做长期买卖,学会直接抓住机遇,而且这些所有权的变动在经济世界观内部产生了持续的分歧感、突如其来的裂变和震撼,它们延伸到其他诸多生活领域中,因此被人们体验为经济进程的日趋激烈或经济速度的提高。人们曾经宣称,贬值的货币(与稳定可靠的货币相比)有一种用途:用贬值的钱还债是可取的,因为一般而言负债人是积极活跃的经济生产者,而债权人大多是消极的消费者,相比之下后者对经商贸易的积极贡献要少得多。在 18 世纪初的康涅狄克州和 19 世纪初叶的英国,空头金券(ungedeckte Papiergeld)①尚不是合法的流通手段,但每个债主都被迫接受被用于还债的空头金券。货币对于经济速度的明确意义正好被如下的事实所证实,即过度发行纸币之后,在相应程度上也延缓和冻结了经济生活的危机。在这里,货币在经济的客观过程中所起的作用,跟它作为中介者在这一进程的主观方面的作用相呼相应:因为人们不无道理地注意到,交换手段多得超过了实际所需,就会延缓交换活动的进行,正如经纪人数量的增加在特定程度上使买卖容易成交,然而一旦超过这个限度他们就成为阻挠交易的障碍。一般来说,货币越是灵活,它就越会贬值,因为每个人都想尽快地抓住它。对这种说法明显的反驳——即交易是两个人的事,一方想让贬值的钱轻易地脱手(Weggebens),但对方不太愿意接受,轻易脱手就被打折扣了——并不十分奏效,因为贬值的钱还是比压根儿没钱可付要强(对于劣质的商品人们就不可能还是这么认为)。出售商品的一方对金钱的兴趣根本使其摆脱了对贬值货币的厌恶。买方有兴趣买东西,卖方却不情愿用他的商品交换贬值的钱,二者之间并不能半斤对八两刚刚好得到平衡,因为卖方更处于弱势,他无法相应地限制买方促成的货币流通的加速。而另一方面,持有贬值的货币或只在特殊情况下才有价值的货币的人,则积极致力于保存使其财产有价值的那种特殊情况。16 世纪中叶,王侯们的债务额越积越多,故而到处都有国家破产的情况,当时法国出售养老金的办法无所不用其极,人们这样

---

① 空头金券:或称信用金券(fiduciary note‑issue),指不能兑现的钱券。

强调对养老金——因为这些养老金非常不可靠——的捍卫,臣民作为国王养老金的持有人,他对国王的忠心以及挽救国王于水火之中的兴趣因此而大增。饶有兴味的是,Partisan 这个词起初指的是参与借钱给君主的有钱人,但后来在马萨林(Mazarin)和富凯(Fouquet)①时期,由于这样一些银行家和财政大臣利益一致,该术语遂有了"无条件的追随者"之义,从那时起到现在就一直保留着这层含义。这种情况发生在法国财政极不稳定的时期,而苏利(Sully)②时期财政处于较好状况时,无条件的追随者们退身在幕后。后来当米拉波(Mirabeau)③发行了法国大革命时期的指券(Assignat)时,他强调只要指券存在,期望指券可靠的想法就必定存在:"您就能多算上一个这项方案的必要支持者,多算上一个与您成功与否休戚相关的债权人(Vous compterez un défenseur nécessaire à vos me-sures, un créancier interessé à vos succès)。"故而,这样的货币制造了一个特殊利益群体,并以新的惯性倾向为基础,制造了各种对立面的新的活跃局面。

但是倘若假设说,增加流通手段的数量造成的诸种后果,比上文所述的贬值货币造成的后果(即货币值的降低对消费者和生产者带来同样的影响)事实上的程度更大,这个假设就太过于简单草率了。现实中的现象远较之错综复杂,混乱无序。首先就客观意义而言:增加货币贮存首先造成的是只有某些商品的价格上涨了,而其他商品的价格还是一切照旧。人们以为可以断定,由于美国稀有金属的涌入,欧洲商品价格自 16 世纪以来就以一种确定的、缓慢的顺序攀升。当某国在国内加印货币数量时,那些拦住货币泛滥的特定的集团总

---

① 马萨林(1602—1661):法国 1643 年至 1661 年的首相,受宠于摄政王安娜,巩固专制王权,加强了法国在欧洲的地位。富凯(1615—1680):法国路易十四时代 1653 年至 1661 年的财政大臣,以金融投机发财,后被揭发侵吞公款,被判无期徒刑。

② 苏利(1560—1641):法国 1598 年至 1610 年的财政大臣,对宗教战争后法国的经济复兴作出重大贡献。

③ 米拉波(1749—1791):法国大革命时期君主立宪派领袖之一,当选为出席三级会议的第三等级代表。

是首当其冲。首先，只有这种集团里的成员互相竞争的那些商品才会价格上涨，而由大众消费决定的其他商品的价格则继续保持价格低廉。在范围更广阔的社会圈子里逐渐投入更多的货币带来的是平衡价格差异的努力，以前的商品价格关系从稳定可靠性中被抛出去了，每个家庭的预算必须通过不均衡性——在不均衡时每则消息的信息度都变了——适应紊乱和位移的状况。简言之，任何一次增加货币供应量不均衡地影响到商品价格的这一事实，必然对经济人物对此情形的理解过程有很大的干扰作用，造成的后果是持续不断地进行区分甄别的经验，现存比例的崩溃，以及致力于平衡的需要。显而易见的是，这种影响——部分作用是加速，部分作用是滞缓——不仅是由价格不均造成的，而且是货币价值本身体现的内在的不均等导致的结果：也就是说，这个后果不仅是明确的货币贬值带来的，而且是——或许更多是货币价值的持续波动一手酿成的。据说在大英帝国1570年货币制度改革之前，"假如所有先令的值都削减成四便士银币，做买卖就会相对容易些。但是一先令一会儿等于12便士，另一会儿等于10便士，再一会儿又等于8便士、6便士乃至4便士，使得每一次换算都爆发一场争执"。

商品价格不等引发了这样一种情况，某些人和某些职业以相当特殊的方式从货币价值的变化中牟利，而另一些人和另一些职业则深受其害。以前的农民尤其是这样。接近17世纪末期，英国农民似乎没什么知识、无依无靠，实际上他们受到两种人的轮番压榨，就是那些欠农民的钱却只按钱的票面价值还钱的人，以及那些农民欠他们的钱他们却坚持要农民按实际分量还钱的人。后来在印度，每一轮新的货币贬值时期也发生了同样的事情：当农民把收获的农作物出售时，他根本不清楚卖得的钱是不是够还地产抵押利息。长期以来人们已经观察到，价格普遍上涨，工资最迟做出反应进行调整。一个经济阶层越处于弱势，其收入涨得越慢，越少得可怜。通常这个经济阶层的人收入增加，只有在他们日常消费品价格已经长期大规模上涨之后才可能成为现实。通过这个过程衍生出各式各样的激怒震惊，焦虑不安，各个阶层的日趋不同促使他们不断意识到彼此的紧张,因为,由于流通手段增加这一新的情况,现在要证明先前的地位——不仅是在各社会阶层的关系中,而且是在个人的生活态度上——就不再是坚持保守的或防卫的态度,而是要求积极的竞争和征服。这就是为什么每一次增加货币数量都会对社会生活速度有如此的干扰作用的一个根本原因:因为增加货币数量在已经存在的社会差异和分裂的顶端上,甚至在单个家庭的预算考虑中制造出了新的差异,从而必须不断地加速和深化对这一过程的意识。显而易见的是,大幅度的货币量减少(Geldabfluβ)也将产生类似的现象,只不过好像是带着相反的征兆。货币与生活速度的密切关系表现在如下事实中,即货币量的增加和削减通过其不均衡的扩散一样产生了区分现象,在心理上反映为中断干扰、刺激诱惑、压缩集中的观念过程。货币状态变化的意义只不过是一个现象,或者是货币之于事物关系的意义——即货币是其在心理上的等价物——的累积罢了。货币在诸事诸物之间创制了一种新的对等(Gleichung)。我们通常把它们互相作比较,依据它们直接的使用价值、审美价值、伦理价值、劳动价值以及幸福价值,按照数量质量上成百上千的关系;其结果是,这些事物在这一种关系中的一致可能和它们在另一种关系中压根不一致,并行不悖。事物的金钱价值创造了它们之间的一种对等与对照(Vergleichung),这绝非其他价值的一种固有功能,但却一向是某些价值功能的表现,后者是其他价值的起源和综合。每一种价值观察角度——它超越了种种事物通常的秩序给它们提供了一种排列(Rangierung),一种贯穿它们的排列——同时赋予事物间的关系一种活力,一种向迄今未知的合并和排斥、促成相似和相异的推动力。这是因为我们的灵魂坚持不懈地致力于夷平那些参差不齐的东西,强迫一致的东西接受差异。由于货币在一个既定范围内比其他任何价值立场都能赋予事物相似性和差异性,因此货币激起了无穷的努力,把这些努力和从其他价值中派生出来的等级排列在相似或相异这两种倾向的意义上结合起来。

金钱往来活动的集中

增减货币供应量导致的结果就是生活速度仿佛表现为货币量变化的一个函数,除此之外,金钱往来交易的另一个结果很明显地表现为生活内容的压缩。金钱交易的特别之处就是倾向于集中在相对较少的几个地方。就局部性的扩散而言,把货币集中在少数几个地区可以建立起经济对象的一个尺度。对该尺度这里我指的仅仅是一些有特点的发展阶段。这些发展阶段开始于农业,农业的本性拒绝把它的不同区域集中在一处的企图;农业注定与原来空间的分散维系在一起。但工业生产是可以压缩到一定程度的:与手工制作和家庭作坊相比,工厂是空间上的一种浓缩,而现代工业中心则是一个工商业的微型世界,世上现存的每一种类原料都涌入了这个微型世界,目的是被转化成产品形式,这些产品又扩散到世界各地。这个发展等级中最远的那个环节就是金融交易(Geldgeschäfte)。鉴于货币在形式上的抽象性,它超然于一切空间上的明确的关联:货币可以对最遥远偏僻的地方施加其影响力,它甚至在任何时候都是一个潜在影响力圈子里的中心点;在相反一面,货币也使最大数量的价值总额被浓缩凝聚在最微小的形式中,譬如杰伊·古尔德(Jay Gould)①签了字的一千万美元的支票。存在以货币凝聚价值的可能性以及以货币越来越抽象的形式浓缩货币的可能性,与之相对应的,就是集中金融交易的可能性。所以,一个国家的经济越是以货币为基础,其金融活动就越集中在金钱往来的大型枢纽地区。城市和乡村不同,它一向是货币经济的所在地,这种对比也存在于小城镇与大都市之间。因此一位英国历史学家曾这样论述,通观伦敦的历史,它从来不是英国的心脏,有时充当英国的大脑,但却一向都是英国的钱包。同样,据说在古罗马共和国末期,在高卢花的每一分钱都被记载到了罗马财政簿上。财政所具有的这种离心力维护了双方

---

① 杰伊·古尔德(1836—1892):美国铁路投机商和金融家,靠投机买卖控制铁路业及西方联合电报公司和纽约市高架铁路。

的利益:一边是借贷方的利益,由于集中流入的资金相互竞争,他们可以借到利息更低的钱(罗马的利率就比古代的平均利率低百分之五十),另一边是债主的利益,虽然他借出去的钱不像在那些资金很不流通的地方利息比较高,但是更重要的是,他的钱随时随地都派得上用场。人们也指出了其结果,在中心金融市场发生的经济收缩向来比中心周边的不同地区的收缩更迅速地被克服。因为货币——人们发现其本质就是存在集中化倾向——度过了把个人手中分散的资金积累起来的原始阶段。金钱交易集中到交易所的时候就抵消了个人支配货币的优势,故此,即使16世纪在里昂和安特卫普的交易所给个别金融大亨赚取了丰厚利润,却使金钱的力量被客观化成一种中心构造物,其权力和规范甚至凌驾于最有权势的人之上,并且金钱防止产生这样一种情况,即某一伙人的公司左右了世界历史的走向,如富格尔家族曾经的所作所为。

  对于金融中心的建立的更深层的原因,显而易见在于货币的相对特性:这一方面是因为货币表现出的仅仅是商品之间的价值关系,而另一方面因为任何特定数量的钱的价值很少能像其他任何商品的价值可以直接确定,唯有通过和货币供应总量相比较,才获得意义。故此,最大限度地把货币集中在一处,尽可能多的资金总量的不断竞争,供需主要部分的平衡等等,都会导致货币更大的价值确定性和适用性。一舍非尔①粮食在任何地方都有一个特定的含义,不管这是多么与世隔绝的地方,不管这些粮食的现金价值有多大差别。但是一定数额的钱只有与其他价值照面后才获得其价值,所以它想要更稳定、更公平的价值,就得跟更多的价值照面。这就是为什么不仅"万事万物都迫切渴求金币"——包括人以及事物——而另一方面金钱也迫切要求"万事万物"的原因所在,金钱自己寻求与其他货币形式的结合,与一切可能的价值和价值占有者的结合。而且,这种类似的相互关系在相反的方向也发挥了作用:众多的人汇聚在一起时就会对金钱有特别强烈的需

---

① 舍非尔:旧粮食容量单位,约合 23 – 23.3 升。

求。在德国,对金钱的一个主要需求来自由领主安排的年集(Jahrmärkte)①,他们举办年集的目的是从钱币交易和货物征税中获利。通过这种强制性地把商业贸易集中在一个较大范围内的某一地点的做法,极大地提高了买卖东西的欲望,对金钱的需求因此首当其冲地变成了一种普遍的必需。无论在什么地方,但凡众多的人聚集在一处,相对而言对货币的需求就变得更为强烈。由于货币不偏不倚的本性,它是众多的、各式各样的人之间的最佳桥梁和沟通手段;人们聚拢得越多,他们能够建立起的交易基础的范围在金钱利益之外就越少。

价值的流动

上述这一切都说明了货币在多大程度上象征了生活速度的提高,以及货币怎样对比着流动的、互相变化的印象和刺激来衡量自己的价值。货币的集中流动倾向不是汇积在个人手中,就是聚拢到了固定的局部中心地区;把个人的利益、因此也把这些个人自身聚到了一起;不但在一个普遍基础上建立了他们之间的联系,而且正如货币代表的价值形式所决定的那样,在最小的范围里集中了最迥异多样的因素——即货币的这种流动倾向和能力对于提高生活的变化性和丰富性,也就是加快生活速度,具有心理效果。在别处我们已经强调过这样一种关联,现代的时间观念(一种取决于使用性和紧迫性的价值)首先是随着德国资本主义的发端而被人们接受的,时值 15 世纪,世界贸易和金融中心伴随着廉价纸币的迅速流通一同兴起。正是在这段时期,教堂的钟开始每隔一刻钟就敲响一次。塞巴斯蒂安·弗兰克②是第一个认识到货币的革命性意义的人,纵然他对此抱悲观的态度,他首次把时间称作一种昂贵的商品。最典型地体现了所有这些相关联系的象征物就是股票交易所。在这种地方,经济价值和利益被彻底简化成金钱的表

---

① 年集:一年一度或一年定期举办几次的集市。
② Sebastian Franck(1499—1542):16 世纪德国激进的宗教改革家,认为每个人都应该在自我的内心中发现上帝,反对任何外在的教会组织形式。

现形式。股票交易所和股票交易代理达到了最紧密的局部结合体的地步，以便用最快的手段实现交易所清算、分配和平衡。价值浓缩到货币形式上，以及金钱交易凝聚到股票交易形式上，这两种集结的方式使价值可以在最短时间被最大数量的人迅速转手。纽约股票交易所每年的交易额是棉花投机生意中的棉花收成量的五倍，到了1887年其交易额甚至是全年被出售的石油生产量收益的五十倍：随着某一种价值的行情波动，交易额变动频率呈上升趋势。的确，行情的波动就是16世纪做"王室期票"（Königsbriefen）——即王侯的有固定利息的长期债券——交易而发展起一个定期的股票买卖市场的原因。因为体现了王室——比如说法国君王——的信用地位变化的这些期票与以前价值固定的期票相比，给买卖期票提供了一种全然不同的诱因。货币存在的这种可能性（即绝对顺从地表现估算价值的变化）一定无限地提高了这些变化本身，并一再地产生这些变化。这就是股票交易处于金融交易中心地位的原因，同时也是其结果。股票交易仿佛是所有这些价格估算变化的几何焦点，同时也是经济生活激起人们最大的体质上的兴奋的地方：他们脸红筋胀地在乐观情绪和悲观态度之间摇摆，他们对可以预知和无法预料的事情的神经质反应，他们迅速地掌握影响股市的每一种因素又同样飞速地忘之于脑后——所有这一切均体现了生活速度的急剧加速，以及这种速度的变化中一种狂热的动荡和压抑，货币对心灵生活过程的特殊影响力在此昭然若揭。

最后，只要货币成了普遍的兴趣中心点，货币相对于其他所有客体自身的流通速度一定会立即提高普遍的生活速度。圆圆的硬币使得它们"必须滚动"，这一种圆的特性象征了货币传递给交易的运动节奏：即使从前的硬币是有角的，不断使用后也会把角修圆磨光，变得圆溜溜的；因此必要的材质使密集的交易买卖获得了最便利的工具形式。几个世纪以来，尼罗河周围的一些国家甚至使用过玻璃、木头、玛瑙做的球形货币，使用截然不同的材料说明了货币形式是它被依样画葫芦并且受欢迎的原因。所以，计算大笔款项时人们应用"四舍五入"

(Abrundung)的舍入原则绝非偶然碰到的一桩巧合,并且它适应了不断膨胀的货币经济。"四舍五入"是一个相对意义上的现代术语。支票抬头人写明是给英国财政部的最原始的支票形式按照实际的非整数计算,它们常常当作钱在市面上流通。到了 18 世纪,这样的支票才被可以背书的纸质票据取代,纸质票据的数额是五英镑以上四舍五入的整数。令人感到吃惊的是,以前几乎没人留意可以四舍五入,即便钱的数目非常庞大。富格尔家族在 1530 年同意支付给斐迪南皇帝(Ferdinand)①275333 弗罗林和 20 克朗,1577 年马克西米连二世(Maximilian II)②欠这个家族 220674 弗罗林,这些都不是什么绝无仅有的例子。股份制(Aktienwesen)的发展历经了一个类似的过程。在 17 世纪的荷兰,东印度公司的股本可以按照意愿被任意分割大小。只有当该公司的贸易运转速度加快后,最后,500 佛兰德镑(Pfund Vlämisch)的固定单位才成为交易往来的金额单位以及地地道道的"一股"。即使时至今日,牵涉到大笔数字的现金交易的地方,零售业也是取四舍五入的整数,而比较偏远地区的价格则(令大都市人感到奇怪)很少被四舍五入。

以上所提到的发展过程,即从不太方便的大硬币到比较小的钱币和汇票,跟四舍五入一样对提高贸易速度有着明显相同的意义,这本身引起了一个物理上的类似现象。随着交易速度加快,对小面值钱的需求也随之加大。对此情形相当重要的一个现象就是,1844 年一张英国银行的银行券被发行之后、在被要求兑现之前在市面上平均流通 57 天,而 1871 年仅为 37 天!假如人们把地产流通的速度与货币作一个对比,那么不同时期——地产或货币作为经济生活的支点——所具有的生活速度之不同就立刻见了分晓。人们认为,譬如说,纳税在外部和内在层面波动的特征取决于被课税的对象。盎格鲁-撒克逊和诺曼时

---

① 斐迪南皇帝(1503—1564):即斐迪南一世,匈牙利和波希米亚国王,神圣罗马帝国皇帝,使帝国恢复和平。

② 马克西米连二世(1527—1576):神圣罗马帝国皇帝,允许宗教自由,劝告天主教和新教和解。

期的英格兰专门对土地强制性课税,到了12世纪收取地租和拥有牲畜的人要负担纳税,此后不久,对动产的某些份额(四分之一、七分之一以及十三分之一部分)也开始征税。课税的对象越来越灵活机动,直到最后金钱收入成为税收事实上的基础。这样一来,课税达到了迄今前所未有的灵活性和适应性的程度,其结果就是总岁入具有了更大的确定性,而个人缴的税却有了一种更大得多的变化,每年都有起伏。对于生活速度的直接意义和强调重点是放在地产还是货币上,一方面可以解释,为什么非常保守的民族认为农业具有巨大价值。中国人笃信唯有农业可以保证国家的长治久安,并且,可能是出于这方面的考虑,他们对买卖土地课以重税,所以大部分土地买卖都在私下里、没有登记造册的情况下进行。但是当通过货币促成的经济生活的加速得以实现后,它就力求——在另一方面——要把经济节奏强加于尚在负隅顽抗的地产形式之上。18世纪的宾夕法尼亚州给私人购买土地提供抵押,并允许单张抵押票据当作钱币流通。富兰克林①曾写道,这些票据仿佛是现实中被铸成钱币形式的土地(gemünztes Land)。与此类似,我们德国的保守派人士断言,最近几十年有关抵押的立法力争达到将地产液化的目的,地产将转变为某种纸币,可以被人们分散到任何一笔数额的票据中;所以正如瓦尔德克(Waldeck)所指出的,地产仿佛只是为了被拍卖而存在。无足称奇的是,现代生活内容在最外观的意义上以及在几个不太为人所知的方面变得过分灵活多变。我们如今所称的"动产"(就其严格意义而言)在中世纪以及文艺复兴时期一点儿也没销路。那时的柜橱、餐具柜、座椅都被嵌上了护壁镶板,桌椅都很沉重,所以常常是不挪动的,小型的可以被移来搬去的设施在当时几乎没有。随后到了现代,家具宛如资金一样可以被移动。

最后我想借助于一种法律规定性来举例说明货币经济运动的力量,即它使其他生活内容臣服于其速度之下。有一条古老的法律原则

---

① 富兰克林(Benjamin Franklin,1706——1790):美国政治家和科学家,参加起草《独立宣言》。

规定,把某物从它的合法持有者那里拿走后,任何情况下都必须物归原主,即便目前持有该物品的人是正当地据为己有的。但涉及金钱的时候这条原则就失效了:根据罗马法以及现代法律,小偷偷窃的钱由于第三者轻信而被他占有时,不能要求这位第三者把赃款归还原主。这种例外的情况显然是经过商业贸易活动的实践证明必需的,否则做生意就会特别困难重重,使人忧心忡忡,并受到干扰。然而最近人们却把这种免除赔偿扩大到所有其他对象上,一般而言它们归属商法典管辖范围。这暗示了:商品贸易流通的加速使每一件商品均接近于纯粹的货币特性,它允许这些商品只作为金钱价值起作用,使它们统统隶属于那一个规定性之下,而这一规定性本来是货币为了方便做生意的目的必须要求的!

恒定和运动:理解世界的范畴,这两个范畴在存在的相对性中的综合

每逢人们描述货币对生活速度的规定性作出的贡献,即货币凭借其本身的特性,以及上文首次提到过的货币在技术意义上造成的后果作出的贡献时,人们可以用以下的分析作这一描述。对恒定概念与流变概念(Beharrungs-und Veränderungsbegriff)进一步细致的分析表现出了一种双重对立,其形式正如这种对立化为现实时那样。只要我们思考世界之本体,我们很容易归之于一种 ἓν καὶ πᾶν [存在与万象]的观念,一种恒久不变的存在的观念,这种观念意味着排除了事物的一切增多或减少的一种绝对恒久的特性。而另一方面,若人们把注意力放在世界本体的形成过程上,那么就彻底超越了这种恒定性,在此形成过程里一种形式不停歇地转化为另一种形式,世界呈现出一种恒动(Perpetuum mobile)的壮观景象。这就是宇宙论以及通常形而上学所讲的存在的二元性。但是在一种更为深入认识的经验范围内,恒定与运动之间的对立就呈现出别样的面貌。倘若我们观察到的世界图景一如它自身直接呈现的样子,那么它的确有某些形式是历经时间而持续不变的,而同时组成这些形式的实在要素却在不停地运动变化。所以说,尽管构成彩虹的小水珠不断变换位置,彩虹持续不变。尽管有机体的存活靠不断交换构成它本身的物质,有机体的形式持久地存在。是的,每一种无机物体(它作为这样的东西只存在片刻)当中持久的只有最小部分之间的关联和互相作用,但这些部分本身却处于不停歇的分子运动中,虽然我们的肉眼不够锐利观察不到。在这里,现实本身也是在生生不息之流当中,并且即便我们可以说因为缺乏洞察力而无法直接察觉到这一点,运动的形式与格局却在持久不变的客体表象中巩固加强了。

把恒定概念和运动概念应用到被表现的世界上,除了有这样两种对立之外,还有第三种。永恒同样可以有一种意义,即它超越了任一长度的时间段。最简单但在我们此处的语境下足够充分的例子就是自然法则(Naturgesetz)。自然法则的有效性取决于诸因素在一种特定的格局下客观上必然产生一种确定的后果。这种必然性完全不以何时其前提条件才会在现实中出现为转移;其作用只发挥了一次还是上百万次,是发生在这一刻还是百万年后都不重要;它的效力万古常在、永恒不灭;它的本质和概念本身就排除了任何的变化或运动。在这点上,我们不能百分之百肯定地把绝对有效性归到任何一条单独的自然法则上是完全不重要的:这不仅是因为我们的认识——它不能依据可靠无误的标准来区分时常重复发生但却纯属偶然的现象群跟事实上的因果关系之间的差异——必然能被纠正,而且最重要的是因为,每一种自然定律只对一个特定的精神状态起作用,同样的真理对另一种精神状态来说,可能意味着对同一件事实情况完全不同的表述。然而,既然人的精神自来就会发展演化,无论发展得多么迟缓、难以察觉,那么在一个既定时刻里就没有什么有效的规律是不受时间进程的变化支配的。但是这种变化指的仅仅是可以认识到的自然法则的内容,而非其意义和概念;法的理念——它超出了任何一种现实中的不完美的实现,而且它依然证明了其完全的正当性和意义——取决于超越了一切动态的东西,取决于不受任何可变的既定条件制约的有效性。动态形式中一定有一种现象同这种与众不同的、绝对的永恒形式相呼应。正如永恒超乎任何时间段(不管它有多长)之上,直到任一确定的时刻的关联被自然规律或数学公式的永恒效力彻底消灭;所以变化和运动也可以被视为是绝对的,似乎对它们而言确定的时间尺度不再存在一样。假若一切运动均是发生在"此处"与"彼处"之间,那么通过这种绝对的运动状态,即 species aeternitatis[永恒状态]的反面,这个"此处"就彻底销声匿迹了。无时间限定的客体在恒定的形式中有其效力,与它们截然相反的客体则是在转变的、不持久(Nicht-Dauer)的形式里生存。从恒定与流动这对针锋相对的概念足以发展出一套世界观,对此我毫不怀疑。假设人们一方面认识了所有支配现实的法则,那么现实通过法则的复合体(Komplex)实际上就被还原成法则的绝对内容,及其永恒无限的意义,尽管现实自身尚没有建立在这样的基础上,因为诸如此类的法则按照其理念的内容对于任何化为现实的个别情况都彻底地漠不关心。但是,恰好因为现实的内容全部溶化到这些法则——它们不停地从原因中产生结果,并且允许这些结果同时作为原因起作用——里,那么另一方面人们就可以在那种绝对的流动状态中感知现实,认识世界具体的、历史的、经验的表象,赫拉克利特(Heraklit)①具有象征意味的表述已经说明了这种绝对的流动性。倘若人们把世界观归结为这种反面意见,那么任何持久的东西,任何指向当下时刻之外的东西都会被从现实中抽离出来,汇聚到纯粹法则的理想王国中;现实中的事物本身不在任何一刻稍作停留,通过它们的不安定性(借此特性它们每时每刻让自己适用到某个法则中)每一种形式在乍现之际就立即被溶化消解了,形式仿佛只有在被毁灭中存在。每一次形式固定持久存在的事物——不管它们持续的时间多么短暂——都不完美地阐释了它无法按现实运动自身的速度跟上其步伐。因此,存在的整体一点儿不剩地溶化为不折不扣持久的存在和地地道道不持久的存在以及这两类存在的统

---

① 赫拉克利特(前540? —470?):古希腊哲学家,认为一切都在流动变化中,"人不能两次踏进同一条河流"。

一体。

货币是存在之相对性的历史象征物

再没有比货币更明确地象征世界绝对的动态特征的记号了。货币的意义就在于被花掉;当货币静止不动时,根据其特有的价值与意义它就不再成其为货币了。或许货币处于暂时静止状态的作用就在于期望它再一次动起来。货币不是别的,就是某一运动的载体,任何在这一运动中不动的其他东西都被彻底消灭了。货币可以说是 actus purus(纯粹的行动),它的存在就是不断使自我摆脱任一既定的地点,因此货币构成了所有独立之存在的对等物,以及对其的直接否定。

然而,或许货币不折不扣地仍然作为象征物呈现了界定现实的截然相反的方式。一笔单独的款项事实上其本质就是连续的运动;但这恰恰是因为其价值与单独的价值对象相关联,正如普遍规律与实现它的具体条件相关一样。假如说超乎一切运动之外的规律仍旧表现了一切运动之形式与基础,那么抽象的财富价值——即未被细分为种种个别价值的,以及货币的存在是作为其载体的价值——则宛如经济活动的灵魂与目的。货币作为可触及的部分是外部的-现实的世界中最短促的事物,就其内容而言货币又是最稳定的事物,它作为中立点和平衡点立足于所有其他内容之间。货币的理念意义(一如规律的理念意义)就是提供万事万物的尺度,而自身却不经受测度,这样的意义实际上只能借助于一种无穷的发展才能被总体实现。货币表现的是经济货物间存在的关联,它涉及如此变幻莫测的关联时本身却保持稳定不变,这就好像一种数字上的比例,它说明的是诸多变化无穷的对象间的关系,又如万有引力规律的公式,它关涉的是各种物质的质量以及它们无穷变化的运动。如同一般概念在逻辑上的有效性不受实现该概念的数量和变化的影响,即可以说规律规定了这些数量和变化,所以货币——即内在的意义,凭借它单片金属或一张纸变成了钱——就是各种事物之所以成为经济事物的一般概念。这些事物不一定需要是经济的事物；但是假如它们想这样的话，就必须适应价值评判(Wert-Werden)规律，这一规律就被浓缩在货币当中。

一种构形物(Gebilde)同等地参与到表现现实的两种基本形式中，这一观察对这两种形式的关系给予了说明：其关系的意义实际上是一种相对的意义，即一种形式是在另一种形式身上发现其阐释世界的逻辑和心理学上的可能性。恰恰因为现实自身处于绝对的动态中，承认其对立面（即永远有效的合法性的理想体系）才有意义；反过来说，正因为存在这种合法性，存在之流才是可说明的、可触及的，否则存在之流就会破裂为一片不可挽救的混乱。世界普遍的相对性——初看起来这两种形式的对峙只有一边熟悉相对性——在现实中也席卷吞没了另一边，并证实自己是女王，而这另一边形式只表现为一派而已。同样，货币也超越了它作为单一经济价值的意义，以表现一般而言更高的抽象经济价值，把两种功能缠绕在一种难分彼此的相互关系中，使任一功能都无法排第一。

在这里，货币仅仅作为历史世界中的一种构形物象征着事物的客观行为，并在自身与事物之间建立了一种特殊关系。社会生活越是受金钱经济关系的支配，存在的相对主义特征在有自觉意识的生活中就越是起作用、越是明确，因为货币不是什么别的，只不过是体现了经济对象的相对性的一种特殊构形物，它意味着这些对象的价值。正如绝对论的世界观表现的是和人类事务相应的实践、经济、情感状态相关联的一个特定的理智发展阶段，同理，相对论的世界观似乎表达的是我们的理智瞬间的适应关系，或者更正确地说：相对论世界观的存在是由社会和主观生活的截然对峙的图景证实的，在这种生活中货币发现了真正有效的载体，以及反映货币的形式和运动的象征物。

重要术语与人名对译表

(英文与德文混排,数字为英文版页码)

absolute/Absolute 绝对 103
absurdity/Sinnlosigkeit 荒诞性;无意义性 329
action/Tun 行动 204,429
aesthetic comtemplation/ästhetische Betrachtung 审美观照 328
agoraphobia/Berührungsangst 畏触病 474
Alexander Halesius 亚历山大·哈莱斯乌斯 169
Alexander the Great 亚历山大大帝 183,185
amounts of risk/Risikoquoten 风险概率;冒险程度 260
analogy 类比 472
Anglo-Saxon 盎格鲁-撒克逊 226,332,355,357,397,507
Anweisung/draft, claim 汇票;指示 143,178,192
Aristotle 亚里士多德 138,169,185,233
ascetic poverty/asketische Armut 禁欲式的贫困 251
association/Assoziationen 聚合 343
atomization/Atomisierung 原子化 342,439
attuned to intellectuality/intellektualistisch 理性化的;唯理智论的 435
Augustine 奥古斯丁 236
Augustus 奥古斯都 185,391
avarice/Geiz 吝啬 238
awareness of purpose/Zweckbewuβtsein 目的意识 478
becoming/Werden 生成 135
being/Seiende, Sein 存在者;存在 153,135

Bestimmung（英译有 determination, scope, qualities, evaluation）规定性 61, 133, 396, 411

blasé attitude/Blasiertheit 乐极生厌;厌腻;厌倦冷漠 256

Botero 博特罗 342

Botticelli 波提切利 273

bribery/Bestechung 贿赂 384

Bruno, G. 布鲁诺 401

Buddha 佛陀 263, 440

Byron 拜伦 405

Böcklin, A. 勃克林 484

Böhme J. 伯麦 524

calculation of means/Mittelberechnung 手段计算 430

calculative/rechnende 算计的 444

Campanella 康帕内拉 489

capital payment/Kapitalzahlung 资金租税 287

Carlyle, T. 卡莱尔 446

change/Veränderung 流变 509

changes in ownership/Besitzwechsel 产权变更 292, 436

Charles IV 查理四世 225

Charles V 查理五世 258, 388

Charmisso 查米索 95

collective ownership/kollektive Besitz 集体所有（制）477

common denominator/Gemeinsam 公约数;公分母 236

comprehending the world/Weltverständniss 理解世界 508

comprehensibility/Begreiflichkeit 可理解性 445

Comte, A. 孔德 437

concept of property/Eigentumsbegriff 产权观 304

concurrent differentiation/Differenzierung im Nebeneinander 同时并发的分化过程 461

consecutive differentiation/Differenzierung im Nacheinander 前后继替的分化过程 461

constancy/Beharrung 恒定 509

constellation/Konstellation 局势；状况；格局 230,317,437,452,478

Conti, Prince de 康蒂王子 248

corporality/Körperlichkeit 肉身性 418

correlation/Korrelation 相互关联 316

cost value/Kostenwert 价值成本 419

credit/Kredit 信贷；信用交易 479

credit economy/Kreditwirtschaft 信贷经济 169

credit money/Kreditgeld 信用货币 178

credit-worthiness/Kreditwürdigkeit 信誉；信用 295

crystallization/Kristallisierung 结晶 170

cultural energy/Kulturenergie 文化力量 440

cultural goods/Kulturgüter 文化商品 251

currency/Münzer 通货 192

custom work/Kundenarbeit 定制服务 457

cynicism/Zynismus 犬儒主义 255

Dante 但丁 432

Darius I 大流士一世 185

Dasein（英译为 existence, being, life）我们存在；亲在 238,361,391

debased paper money/schlechten Papiergeld 贬值纸币 499

depersonalization/Entpersonalisierung 去人格化 184,303

determinateness/Bestimmtheit 确定性；规定性 61

differential sensitivity/Unterschiedsempfindlichkeit 差异感受性 264

differentiation/Differenzierung 分化；区别；区分 461

Diocletian 戴克里先 185

disposition/Disposition 气质；倾向 444

distance/Distanz 距离 472

distancing/Distanzierung, Entfernung 距离化；疏离 332,334,473

distant effects/Fernwirkungen, Fernwirksamkeit 距离化作用；距离化效果 330,497

distinction/Vornehmheit 突出性；凸显 389,480

distinctness of character/Charakterbestimmuheit 特性的规定性 434

divergence/Auseinandertreten 分歧 453

division of labour/Arbeitsteilung 劳动分工 453

dowry/Mitgift 嫁妆 373

economic community/Wirtschaftskreis 经济社会 177

Edward III 爱德华三世 374

Edward II 爱德华二世 374

emotional function/Gefühlsfunktion 情感功能 430

energy/Kraftersatz 脑力 420

enforceability/Erzwingbarkeit 强制性要求 397

equivalent/Äquivalent 等价物；当量 418

estrangement/Fremdheit 疏远 459

exchange in kind/Naturaltausch 实物交换 292

exchangeability/Tauschbarkeit 可交换性 128, 130

expediency/Zweckmäßigkeit 合目的性 207, 293, 294, 297, 371

expenditure/Aufwendung 支出；消费 421

extension/Extensität 广延性 132

extension of the self/Ausdehnung des Ich 自我之扩展 326

extirpation/Entwurzelung 根除 400

extravagance/Verschwendung 奢侈；挥霍 247

Eyck, van 范·艾克兄弟 302

facilitation of trade/Verkehrserleichterung 商业便利 174

Ferdinand 斐迪南皇帝 507

Fichte 费希特 69

fiduciary note – issue/ungedeckte Papiergeld 空头金券 500

fiscalism/Fiskalismus 财政主义 172

flexibility/Nachgiebigkeit 顺从性；千依百顺 325

forces of life/Lebensmächten 生活势力；生活力量 434, 495, 496

formation/Formung 形式；构形 436

Fouquet 富凯 501

Franck, S. 弗兰克 506

Franklin, B. 富兰克林 508

Frotho 弗罗索 372

Fugger 富格尔 171,216,504,507

fundamental labour/fundamental Arbeit 基础劳动 417

Gebilde (英译有 form, institution) 构形(物);形式 447,511

general functional/Einzeldienten 一般职能 184

goal/Zielpunkt 目标 471

Goethe 歌德 446,448

Gould, Jay 杰伊·古尔德 504

Gramaldi 格里马尔迪 245

greed/Geldgier 贪财;贪婪 238

Grimm 格林 356

Haben und Sein (英译有 having and being, possessing and being, owning and being) 财产拥有(状态)和生存(状态) 289,306

Hegel 黑格尔 484

Henry II 亨利二世 396

Henry III 亨利三世 288

Henry of Bavaria 巴伐利亚的亨利公爵 225

Heraklit 赫拉克利特 510

Herder 赫尔德 439

heuristic/heuristisches 启迪学的 113

heuristics/Heuristik 启迪学 117

Homer 荷马 97

human subject 主体的人 239,358

impersonal/unpersönlich 不涉个人的;非人格的 297,437,446

impersonality/Unpersönlichkeit 不受个人影响性;非个人性;非人格性 288,396,440

incommensurability/Inkommensurabilität 不可通约性;不可度量性 379

independence/Fürsichsein 独立(性) 298

indeterminacy of character/charakterologische Unbestimmtheit 特性之无规定性 437

indifference/Indifferenz 不偏不倚;居中性;不关心 366

indifferent/gleichgültig, vergleichgültigt 漠不关心的；无动于衷的；不偏不倚的 59, 404

individual/Individuum 个体 417

individual culture/Kultur der Personen 个体文化 448

individual freedom/individuelle Freiheit 个体自由；个人自由 283

individualization/Individualisiertheit, Individualisierung 个体化倾向；个体化 342, 420

inner series/inner Reihe 内在序列 312

institution of shares/Aktienwesen 股份制 507

intellect/Intellekt 理智 429

intellectual function/Intellektfunktion 理智功能 430

intellectual person/geistige Mensch 知识人；知识分子 420

intellectual property/geistig Besitz 思想财产；脑力财富 290, 412

intellectual sequences/geistig Reihen 精神序列 314

intellectual world, intellectuality/Intellektualität 理智世界；理智性 429, 430

intellectuality/Geistigkeit 精神性 418

intelligence/Intelligenz 智力 431

interaction/Wechselwirkung 互动；交互作用 118

interchangeability/Fungibilität 可互换性 125, 427

internality/Intensität 强度；内在性 355, 132

intrinsic value/Eigenwert 内在价值 131

Irenaeus 爱任纽 307

Ivan III 伊凡三世 185

John 约翰 493

Kant 康德 60, 66, 74, 90, 104, 113, 121, 274, 305, 377, 390, 395, 443, 444, 524

labour money/Arbeitsgeld 劳动货币 409

labour power/Arbeitskraft 劳动力 410

lack of character/Charakterlosigkeit 无特性 432

lack of individuality/Unindividualität 无个体性 123

lack of qualities/Qualitätslosigkeit 无特质 123, 325, 382

law of nature/Naturgesetz 自然法则；自然规律 509

Leistung/service, achievement, performance 役务;劳动(成果) 283, 334, 404

Leistungsäquivalente 劳动成果等价物 334

leveling process/Nivellement 消除差别;夷平 433, 461

levelling effect/Ausgleichung 夷平作用 487

Macaulay 麦考利 223

many-sidedness/Vielheit 多面(样)性 110

Marlborough 马尔伯勒 379

marriage by purchase/Kaufehe 买卖婚姻 370

marriage for money/Geldheirat 为钱结婚 380

material culture/Kultur der Dinge 物质文化 448

Maximilian II 马克西米连二世 507

Mazarin 马萨林 501

means of labour/Arbeitsmittel 劳动手段 413

means of production/Arbeitsmittel 劳动手段;生产资料 413, 455

means of subsistence/Unterhaltungsmittel 生存资料 410

measure/messen 度量;衡量 131

Medici 美第奇 226, 245, 273

mental activity/psychischen Leistung 脑力劳动(成果) 421

mental energy/geistige Kraft 思想能力 411

mental series/psychisch Reihen 心理序列 312

mercantilist system/Merkantilsystem 重商主义体系 147

Mirabeau 米拉波 501

mobility/Beweglichkeit 灵活性 349

mobilization/Mobilisierung 流动 174, 352, 353, 505

Mohammed 穆罕默德 356

monetary activity/Geldverkehr 金钱往来;金钱贸易 503

monetary circumstances/Geldverhältnisse 金融环境 498

monetary claims/Geldforderungen 货币需求 395

monetary material/Geldsubstanz 货币质料 152

monetary unit/monetarische Einheit 货币单位 356

money as an institution/Geldwesen 货币制度 491

money as merely a symbole/Zeichengeld 符号货币 155

money culture/Geldkultur 货币文化;金钱文化 257

money equivalent/Geldäquivalent 货币等价物;金钱对价 355,404

money fraction/Geldbruch 货币的比率分数 160

money payment/Geldabgabe 货币租税;货币地租;货币纳税 285

money payment/Geldverpflichtung 货币义务;金钱役务 285

money principle/Geldprinzip 货币原则;金钱原则 335

money supply/Geldbestandes 货币贮存;货币供应量 498

money wages/Geldlohn 薪资;工资 338

more labour/mehr Arbeit 附加劳动 414

More, T. 莫尔 489

mort main 永久管业 241,349

mutual relation/Füreinandersein 互为(关系的)存在 128

Napoleon I 拿破仑一世 185

Napoleon III 拿破仑三世 398

negotiable currency/gangbare Münze 可流通货币 393

Newton 牛顿 452

Nicolaus Cusanus 库萨的尼古拉 236

Nietzsche 尼采 446,484

not – being/Nichtseiende 非存在者 153

not closely united with/unverbunden 不为所容的 221

objectification/Objektivierung 客观化;物化 332

objectification/Vergegenständlichung 物化;对象化 452

objectified/dingliche 客观(化)的 285

objective culture/objektiver Kultur, Sachkultur 客观文化;物质文化 449

objectivity/Sachlichkeit 客观性 285

obligation/Bindung, Verpflichtung 义务;役务 177,283

obligations in kind/naturalen Verpflichtungen 实物役务;自然役务 395

onesidedness/Einseitigkeit 单面性 110

original labour/Arbeit zunächst 原始劳动 417

pace/Tempo 速度;步伐 499

Park, Mungo 帕克 144

partisan 无条件的追寻者;党派性 501

payment in kind/Naturalabgabe 实物租税;实物地租 285

pecuniary character/Geldmäßigkeit 金钱性 343

periodicity/Periodik 周期;周期性;定期性 485,486

personal achievement/persönlicher Leistung 个人(劳动)成果;个人(劳动)成就 404

personal freedom/persönlichen Freiheit 人身自由;个人自由 286

personal unity/personalen Einheit, persönlich Einheit 人格统一性;人格整一性 271,296,466

personality/Persönlichkeit 个人;个性;人格 323

pessimistic – quietistic/pessimistisch – quietistischen 悲观–寂静主义的 289

Peter IV. von Arragonien 阿拉贡的彼得四世 397

Peter Martyr D'anghiera 殉道者彼得 248

Philip II 腓力二世 241

Plato 柏拉图 62,121,156,202,225,233,450,467,483

plethora of money/Geldplethora 货币过剩 499

point of origin/Ausgangspunkt 起点 471

Polo, Marco 马可·波罗 151

possession/Besitzen, Haben 占有;财产;财产拥有 304,286

Praxiteles 伯拉克西特列斯 273

preponderance/übergewicht 失衡;优势 141

promissory notes/Königsbriefen 期票;本票 506

property/Eigentum 产权;财产 305

Proudhon, P. J. 普鲁东 174

psychic energy/psychischen Energien, seelische Energie 心理力量;心理能量 314,429

psychological sensualism/psychologische Sensualismus 心理感觉主义 278

Pufendorf 普芬道夫 264

qualitative unit/qualitative Einheit 质量单位;定性单位 412

qualitative value 质量价值;质的价值 274,391,444

quality of money/Geldqualität 货币性 117,119

quoted price/Kursstand(股价)行情走势 326

Ranke, L. v. 兰克 391

reality existence/Wirklichsein 现实存在 432

reality/Wirklichkeit 实在;现实 59,204

realization/Verwirklichung 现实化 331

Rebelais 拉伯雷 489

reciprocity/Gegenseitigkeit 相互性/相互关系 128

reduction/Zurückführung 还原;归因;简化 128

refinement/Verfeinerung 文雅高尚 420

reification/Substantiierung 物质化 128

religiosity/Religiosität 宗教性 480

Rembrandt 伦勃朗 273

representation/Vorstellung 表象;再现;表征;观念 106

reserve/Reserviertheit 矜持 457,477

rhythm/Rhythmus, Rhythmisierung 节奏;节奏化 485,489

Rieseck, Graf von 格拉夫·冯·里泽克 288

rigidity/Vorbestimmtheit 预先确定性 490

Robespierre 罗伯斯庇尔 440

Rothschild 罗斯希尔德 245

rounding off/Abrundung 四舍五入;去尾存整 507

Rousseau, J. J. 卢梭 362

Sachs, Hans 汉斯·萨克斯 237

Savonarola 萨沃那洛拉 470

scale of value/Wertskala 价值尺度 413

scale/Skala 等级 325

scarcity/Seltenkeit 稀缺 91

Schiller, F. 席勒 480

Schopenhauer, A. 叔本华 121,289,361,484

sequence of purposes/Zweckreihen 目的序列 204

sequence/Nacheinander 前后继替 488

series of interests/Interessenreihen 兴趣序列；利益序列 430

sexual honour/Sexualehre 性荣誉 379

sexual surrender/sexuelle Hingabe 性委身行为 377

sexuality/Sexualität 性欲 486

simultaneity/Nebeneinander 同时并发；同时并存 461；488

Smith, A. 亚当·斯密 173

social unity/sozialen Einheit 社会统一体 170

societal/gesellschaftlich 社交的 297

Socrates 苏格拉底 227, 255

Solomon 所罗门 329, 487

specialization/Spezialisierung 专门化 454

sphere of interest/Interessenprovinz 兴趣范围；利益范围 429

Spinoza 斯宾诺莎 62, 110, 118, 307, 435

spirituality/Seelenhaftigkeit 精神性；灵魂性 447, 467

stability of value/Wertkonstanz 价值恒定性 125

state of indifference/Indifferenzzustand 无差别状态 331

statistical laws/statistichen Gesetze 统计法则 180

stranger/Fremde 外乡人；陌生人 224

stylization/Stilisierung 风格化 474

subjective culture/subjektive Kultur 主观文化 449

subordination/Unterordnung 隶属；从属 334

substance/Substanz 物质；物质实体；质料 131, 168

substantive value/Sachwert 实物价值 399

Sully 苏利 501

superordination and subordination/über – und Unterordnung 尊卑贵贱的地位；高低不等的地位 336

supply of money/Geldvermehrung 货币供应量 498

supra – economic/über – äkonomische 超经济的 412

supra – subjective/übersubjektive 超主观的 405

synthesis/Synthese 综合 508

Taine, H. 泰纳 248, 249

thing-in-itself/Ding-an-sich 物自体 424

threshold of consciousness/Schwelle des Bewuβtsein 意识阈限 471,484

threshold/Schwelle 阈;阈限 264

Tiziano,Bella di 贝拉·德·蒂齐亚诺 341

total personality/Gesamt persönlichkeit 个人总体 334

truth/Wahrheit 真理 108

unconscious purpose/unbewuβten Zweck 无意识的目的 230

unearned increment of wealth/Superadditum des Reichtums 财富的自然增值现象 217

unity/Einheitlichkeit 一体性 331

unprpvable/Unbeweisbare 不可证明性 53

unskilled/unqualifiziert 不熟练的 433

use value/Gebrauchswert 使用价值 426

utility value/Nützlichkeitswert 实用价值 426

utility/Brauchbarkeit,Nützlichkeit 实用(性);效用 91,425

value as a substance/Substanzwert 物质性价值 131

Victoria,Queen 维多利亚女王 493

volition/Wollen 意志 378,430

Waldeck 瓦尔德克 508

Walpole,R. 沃尔浦尔 388

Welser 威尔士 216

Wenzel 文策尔国王 225

Wergild 偿命金;被杀赔偿金 355

will to power/Willen zur Marcht 强力意志;权力意志 245,330

without reference to/Beziehungslosigkeit 无关系;不关涉 340

world picture,world view/Weltbild 世界图景;世界图像;世界观 53,59

worldly/ungeistig 不具精神性的 496

Zola,E. 左拉 383

再版补记

2002年华夏出版社出版国内第一本《货币哲学》汉译全译本。此后12年的时间,国内的西美尔翻译和研究都呈上升趋势。汉译本《生命直观》(2003)和三卷本《西美尔文集》(2006)较为完整地展示了西美尔作为哲学家的面目。此外,还出现了两部西美尔研究专著《西美尔与现代性》(陈戎女,2006)与《现代性和距离》(杨向荣,2009),CNKI上更有数量众多的硕博学位论文以西美尔为题。看起来,西美尔在21世纪的中国出版界和学术界已经不算是一个"陌生人"。

《货币哲学》是西美尔著述中汉译复译频次最高的一部,没有之一。全译本起码有三种之多,更不必提各类节译了。这足以证明,在国人心目中,《货币哲学》是西美尔最重要的经典作品。经典值得一译再译,一读再读。华夏出版社和译者们决定再版此书,是抱持着经典最能与时间抗衡的信念,问世于1900年的《货币哲学》历经一百多年的时间淘洗仍深得21世纪人的青睐,即是明证。

此次再版,除了个别的讹误修订,文字没有大改。翻译中若有错误疏漏仍由译者负责,不当之处请读者诸君指正。承蒙刘小枫老师惠允,将其旧文《金钱、性别、生活感觉》作为全书序言以飨读者,为全书增色不少,深表谢意。另外,由衷地感谢华夏出版社的陈希米女士、马涛红女士一直不嫌麻烦,克服各种困难,热情推动此书的再版工作。

陈戎女
2014年11月于北京

看完清样已是 2018 年年中。距离上次写"补记","时间的镰刀"又刈割了三年多的岁月。此次再版,华夏出版社郑重其事,故再版的译稿幸运地经历了多人次的校读编辑,我最后勉力通看了清样,虽然尽力修订了若干地方,恐怕仍免不了错论。

今年是西美尔逝世 100 周年,《货币哲学》的再版正可以作为纪念和致敬。再次衷心感谢数年来为此书的再版默默奉献的诸位!

陈戎女

2018 年 5 月于北京

图书在版编目（CIP）数据

货币哲学/（德）西美尔著；陈戎女，耿开君，文聘元译.--北京：华夏出版社，2018.11（2024.11重印）
（西方传统：经典与解释）
ISBN 978-7-5080-9569-1

Ⅰ.①货… Ⅱ.①西…②陈… ③耿…④文… Ⅲ.①货币-哲学 Ⅳ.①F820-02

中国版本图书馆 CIP 数据核字（2018）第 191684 号

货币哲学

作　　者	［德］西美尔
译　　者	陈戎女　耿开君　文聘元
责任编辑	马涛红
责任印制	刘　洋
出版发行	华夏出版社有限公司
经　　销	新华书店
印　　刷	北京汇林印务有限公司
装　　订	北京汇林印务有限公司
版　　次	2018 年 11 月北京第 1 版 2024 年 11 月北京第 6 次印刷
开　　本	880×1230　1/32
印　　张	19.75
字　　数	515 千字
定　　价	138.00 元

华夏出版社有限公司　地址：北京市东直门外香河园北里 4 号　邮编：100028
网址：www.hxph.com.cn　电话：(010)64663331(转)
若发现本版图书有印装质量问题，请与我社营销中心联系调换。

西方传统：经典与解释
Classici et Commentarii
HERMES
刘小枫◎主编

古今丛编

欧洲中世纪诗学选译　宋旭红 编译
克尔凯郭尔　[美]江思图 著
货币哲学　[德]西美尔 著
孟德斯鸠的自由主义哲学　[美]潘戈 著
莫尔及其乌托邦　[德]考茨基 著
试论古今革命　[法]夏多布里昂 著
但丁：皈依的诗学　[美]弗里切罗 著
在西方的目光下　[英]康拉德 著
大学与博雅教育　董成龙 编
探究哲学与信仰　[美]郝岚 著
民主的本性　[法]马南 著
梅尔维尔的政治哲学　李小均 编/译
席勒美学的哲学背景　[美]维塞尔 著
果戈里与鬼　[俄]梅列日科夫斯基 著
自传性反思　[美]沃格林 著
黑格尔与普世秩序　[美]希克斯 等著
新的方式与制度　[美]曼斯菲尔德 著
科耶夫的新拉丁帝国　[法]科耶夫 等著
《利维坦》附录　[英]霍布斯 著
或此或彼（上、下）　[丹麦]基尔克果 著
海德格尔式的现代神学　刘小枫 选编
双重束缚　[法]基拉尔 著
古今之争中的核心问题　[德]迈尔 著
论永恒的智慧　[德]苏索 著
宗教经验种种　[美]詹姆斯 著
尼采反卢梭　[美]凯斯·安塞尔-皮尔逊 著
舍勒思想评述　[美]弗林斯 著
诗与哲学之争　[美]罗森 著

神圣与世俗　[罗]伊利亚德 著
但丁的圣约书　[美]霍金斯 著

古典学丛编

荷马笔下的诸神与人类德行　[美]阿伦斯多夫 著
赫西俄德的宇宙　[美]珍妮·施特劳斯·克莱 著
论王政　[古罗马]金嘴狄翁 著
论希罗多德　[古罗马]卢里叶 著
探究希腊人的灵魂　[美]戴维斯 著
尤利安文选　马勇 编/译
论月面　[古罗马]普鲁塔克 著
雅典谐剧与逻各斯　[美]奥里根 著
菜园哲人伊壁鸠鲁　罗晓颖 选编
劳作与时日（笺注本）　[古希腊]赫西俄德 著
神谱（笺注本）　[古希腊]赫西俄德 著
赫西俄德：神话之艺　[法]居代·德拉孔波 编
希腊古风时期的真理大师　[法]德蒂安 著
古罗马的教育　[英]葛怀恩 著
古典学与现代性　刘小枫 编
表演文化与雅典民主政制　[英]戈尔德希尔、奥斯本 编
西方古典文献学发凡　刘小枫 编
古典语文学常谈　[德]克拉夫特 著
古希腊文学常谈　[英]多佛 等著
撒路斯特与政治史学　刘小枫 编
希罗多德的王霸之辨　吴小锋 编/译
第二代智术师　[英]安德森 著
英雄诗系笺释　[古希腊]荷马 著
统治的热望　[美]福特 著
论埃及神学与哲学　[古希腊]普鲁塔克 著
凯撒的剑与笔　李世祥 编/译
伊壁鸠鲁主义的政治哲学　[意]詹姆斯·尼古拉斯 著
修昔底德笔下的人性　[美]欧文 著
修昔底德笔下的演说　[美]斯塔特 著
古希腊政治理论　[美]格雷纳 著

赫拉克勒斯之盾笺释　罗逍然 译笺
《埃涅阿斯纪》章义　王承教 选编
维吉尔的帝国　[美]阿德勒 著
塔西佗的政治史学　曾维术 编

古希腊诗歌丛编
古希腊早期诉歌诗人　[英]鲍勒 著
诗歌与城邦　[美]费拉格、纳吉 主编
阿尔戈英雄纪（上、下）
[古希腊]阿波罗尼俄斯 著
俄耳甫斯教祷歌　吴雅凌 编译
俄耳甫斯教辑语　吴雅凌 编译

古希腊肃剧注疏
欧里庇得斯与智术师　[加]科纳彻 著
欧里庇得斯的现代性　[法]德·罗米伊 著
自由与僭越　罗峰 编译
希腊肃剧与政治哲学　[美]阿伦斯多夫 著

古希腊礼法研究
宙斯的正义　[英]劳埃德-琼斯 著
希腊人的正义观　[英]哈夫洛克 著

廊下派集
剑桥廊下派指南　[加]英伍德 编
廊下派的苏格拉底　程志敏 徐健 选编
廊下派的神和宇宙　[墨]里卡多·萨勒斯 编
廊下派的城邦观　[英]斯科菲尔德 著

希伯莱圣经历代注疏
希腊化世界中的犹太人　[英]威廉逊 著
第一亚当和第二亚当　[德]朋霍费尔 著

新约历代经解
属灵的寓意　[古罗马]俄里根 著

基督教与古典传统
保罗与马克安　[德]文森 著
加尔文与现代政治的基础　[美]汉考克 著
无执之道　[德]文森 著

恐惧与战栗　[丹麦]基尔克果 著
托尔斯泰与陀思妥耶夫斯基
[俄]梅列日科夫斯基 著
论宗教大法官的传说　[俄]罗赞诺夫 著
海德格尔与有限性思想（重订版）
刘小枫 选编
上帝国的信息　[德]拉加茨 著
基督教理论与现代　[德]特洛尔奇 著
亚历山大的克雷芒　[意]塞尔瓦托·利拉 著
中世纪的心灵之旅　[意]圣·波纳文图拉 著

德意志古典传统丛编
黑格尔论自我意识　[美]皮平 著
克劳塞维茨论现代战争　[澳]休·史密斯 著
《浮士德》发微　谷裕 选编
尼伯龙人　[德]黑贝尔 著
论荷尔德林　[德]沃尔夫冈·宾德尔 著
彭忒西勒亚　[德]克莱斯特 著
穆佐书简　[奥]里尔克 著
纪念苏格拉底——哈曼文选　刘新利 选编
夜颂中的革命和宗教　[德]诺瓦利斯 著
大革命与诗化小说　[德]诺瓦利斯 著
黑格尔的观念论　[美]皮平 著
浪漫派风格——施勒格尔批评文集　[德]施勒格尔 著

巴洛克戏剧丛编
克里奥帕特拉　[德]罗恩施坦 著
君士坦丁大帝　[德]阿旺西尼 著
被弑的国王　[德]格吕菲乌斯 著

美国宪政与古典传统
美国1787年宪法讲疏　[美]阿纳斯塔普罗 著

启蒙研究丛编
论古今学问　[英]坦普尔 著
历史主义与民族精神　冯庆 编
浪漫的律令　[美]拜泽尔 著
现实与理性　[法]科维纲 著

论古人的智慧　[英]培根 著
托兰德与激进启蒙　刘小枫 编
图书馆里的古今之战　[英]斯威夫特 著

政治史学丛编

驳马基雅维利　[普鲁士]弗里德里希二世 著
现代欧洲的基础　[英]赖希 著
克服历史主义　[德]特洛尔奇 等著
胡克与英国保守主义　姚啸宇 编
古希腊传记的嬗变　[意]莫米利亚诺 著
伊丽莎白时代的世界图景　[英]蒂利亚德 著
西方古代的天下观　刘小枫 编
从普遍历史到历史主义　刘小枫 编
自然科学史与玫瑰　[法]雷比瑟 著

地缘政治学丛编

地缘政治学的起源与拉采尔　[希腊]斯托杨诺斯 著
施米特的国际政治思想　[英]欧迪瑟乌斯/佩蒂托 编
克劳塞维茨之谜　[英]赫伯格-罗特 著
太平洋地缘政治学　[德]卡尔·豪斯霍弗 著

荷马注疏集

不为人知的奥德修斯　[美]诺特维克 著
模仿荷马　[美]丹尼斯·麦克唐纳 著

品达注疏集

幽暗的诱惑　[美]汉密尔顿 著

阿里斯托芬集

《阿卡奈人》笺释　[古希腊]阿里斯托芬 著

色诺芬注疏集

居鲁士的教育　[古希腊]色诺芬 著
色诺芬的《会饮》　[古希腊]色诺芬 著

柏拉图注疏集

挑战戈尔戈　李致远 选编
论柏拉图《高尔吉亚》的统一性　[美]斯托弗 著
立法与德性——柏拉图《法义》发微　林志猛 编
柏拉图的灵魂学　[加]罗宾逊 著

柏拉图书简　彭磊 译注
克力同章句　程志敏 郑兴凤 撰
哲学的奥德赛——《王制》引论　[美]郝兰 著
爱欲与启蒙的迷醉　[美]贝尔格 著
为哲学的写作技艺一辩　[美]伯格 著
柏拉图式的迷宫——《斐多》义疏　[美]伯格 著
苏格拉底与希琵阿斯　王江涛 编译
理想国　[古希腊]柏拉图 著
谁来教育老师　刘小枫 编
立法者的神学　林志猛 编
柏拉图对话中的神　[法]薇依 著
厄庇诺米斯　[古希腊]柏拉图 著
智慧与幸福　程志敏 选编
论柏拉图对话　[德]施莱尔马赫 著
柏拉图《美诺》疏证　[美]克莱因 著
政治哲学的悖论　[美]郝岚 著
神话诗人柏拉图　张文涛 选编
阿尔喀比亚德　[古希腊]柏拉图 著
叙拉古的雅典异乡人　彭磊 选编
阿威罗伊论《王制》　[阿拉伯]阿威罗伊 著
《王制》要义　刘小枫 选编
柏拉图的《会饮》　[古希腊]柏拉图 等著
苏格拉底的申辩（修订版）　[古希腊]柏拉图 著
苏格拉底与政治共同体　[美]尼柯尔斯 著
政制与美德——柏拉图《法义》疏解　[美]潘戈 著
《法义》导读　[法]卡斯代尔·布舒奇 著
论真理的本质　[德]海德格尔 著
哲人的无知　[德]费勃 著
米诺斯　[古希腊]柏拉图 著
情敌　[古希腊]柏拉图 著

亚里士多德注疏集

《诗术》译笺与通绎　陈明珠 撰
亚里士多德《政治学》中的教诲　[美]潘戈 著
品格的技艺　[美]加佛 著

亚里士多德哲学的基本概念　[德]海德格尔 著
《政治学》疏证　[意]托马斯·阿奎那 著
尼各马可伦理学义疏　[美]伯格 著
哲学之诗　[美]戴维斯 著
对亚里士多德的现象学解释　[德]海德格尔 著
城邦与自然——亚里士多德与现代性　刘小枫 编
论诗术中篇义疏　[阿拉伯]阿威罗伊 著
哲学的政治　[美]戴维斯 著

普鲁塔克集
普鲁塔克的《对比列传》　[英]达夫 著
普鲁塔克的实践伦理学　[比利时]胡芙 著

阿尔法拉比集
政治制度与政治箴言　阿尔法拉比 著

马基雅维利集
解读马基雅维利　[美]麦考米克 著
君主及其战争技艺　娄林 选编

莎士比亚绎读
莎士比亚的罗马　[美]坎托 著
莎士比亚的政治智慧　[美]伯恩斯 著
脱节的时代　[匈]阿格尼斯·赫勒 著
莎士比亚的历史剧　[英]蒂利亚德 著
莎士比亚戏剧与政治哲学　彭磊 选编
莎士比亚的政治盛典　[美]阿鲁里斯/苏利文 编
丹麦王子与马基雅维利　罗峰 选编

洛克集
上帝、洛克与平等　[美]沃尔德伦 著

卢梭集
致博蒙书　[法]卢梭 著
政治制度论　[法]卢梭 著
哲学的自传　[美]戴维斯 著
文学与道德杂篇　[法]卢梭 著
设计论证　[美]吉尔丁 著
卢梭的自然状态　[美]普拉特纳 等著

卢梭的榜样人生　[美]凯利 著

莱辛注疏集
汉堡剧评　[德]莱辛 著
关于悲剧的通信　[德]莱辛 著
智者纳坦（研究版）　[德]莱辛 等著
启蒙运动的内在问题　[美]维塞尔 著
莱辛剧作七种　[德]莱辛 著
历史与启示——莱辛神学文选　[德]莱辛 著
论人类的教育　[德]莱辛 著

尼采注疏集
尼采引论　[德]施特格迈尔 著
尼采与基督教　刘小枫 编
尼采眼中的苏格拉底　[美]丹豪瑟 著
动物与超人之间的绳索　[德]A.彼珀 著

施特劳斯集
苏格拉底与阿里斯托芬
论僭政（重订本）　[美]施特劳斯 [法]科耶夫 著
苏格拉底问题与现代性（第三版）
犹太哲人与启蒙（增订本）
霍布斯的宗教批判
斯宾诺莎的宗教批判
门德尔松与莱辛
哲学与律法——论迈蒙尼德及其先驱
迫害与写作艺术
柏拉图式政治哲学研究
论柏拉图的《会饮》
柏拉图《法义》的论辩与情节
什么是政治哲学
古典政治理性主义的重生（重订本）
回归古典政治哲学——施特劳斯通信集
＊＊＊
追忆施特劳斯　张培均 编
施特劳斯学述　[德]考夫曼 著

论源初遗忘 [美]维克利 著
阅读施特劳斯 [美]斯密什 著
施特劳斯与流亡政治学 [美]谢帕德 著
驯服欲望 [法]科耶夫 等著

施特劳斯讲学录
追求高贵的修辞术
——柏拉图《高尔吉亚》讲疏（1957）
斯宾诺莎的政治哲学

施米特集
宪法专政 [美]罗斯托 著
施米特对自由主义的批判 [美]约翰·麦考米克 著

伯纳德特集
古典诗学之路（第二版） [美]伯格 编
弓与琴（重订本） [美]伯纳德特 著
神圣的罪业 [美]伯纳德特 著

布鲁姆集
巨人与侏儒（1960-1990）
人应该如何生活——柏拉图《王制》释义
爱的设计——卢梭与浪漫派
爱的戏剧——莎士比亚与自然
爱的阶梯——柏拉图的《会饮》
伊索克拉底的政治哲学

沃格林集
自传体反思录

朗佩特集
哲学与哲学之诗
尼采与现时代
尼采的使命
哲学如何成为苏格拉底式的
施特劳斯的持久重要性

迈尔集
施米特的教训
何为尼采的扎拉图斯特拉

政治哲学与启示宗教的挑战
隐匿的对话
论哲学生活的幸福

大学素质教育读本
古典诗文绎读 西学卷·古代编（上、下）
古典诗文绎读 西学卷·现代编（上、下）